横论财务

——财务行为论

胡振兴 著

中国社会科学出版社

图书在版编目（CIP）数据

横论财务：财务行为论/胡振兴著.—北京：中国社会科学出版社，2015.9

ISBN 978 - 7 - 5161 - 7382 - 4

Ⅰ.①横…　Ⅱ.①胡…　Ⅲ.①财务管理—研究　Ⅳ.①F275

中国版本图书馆 CIP 数据核字（2015）第 302249 号

出 版 人	赵剑英
责任编辑	卢小生
特约编辑	林　木
责任校对	周晓东
责任印制	王　超

出　　版	中国社会科学出版社
社　　址	北京鼓楼西大街甲 158 号
邮　　编	100720
网　　址	http：//www.csspw.cn
发 行 部	010 - 84083685
门 市 部	010 - 84029450
经　　销	新华书店及其他书店

印　　刷	北京君升印刷有限公司
装　　订	廊坊市广阳区广增装订厂
版　　次	2015 年 9 月第 1 版
印　　次	2015 年 9 月第 1 次印刷

开　　本	710×1000　1/16
印　　张	34.25
插　　页	2
字　　数	578 千字
定　　价	120.00 元

目　录

前　言

财务学科的起源虽然可以追溯到 15 世纪，但正式形成于股份制经济方兴未艾的 20 世纪初期。20 世纪 50 年代，随着资本结构理论（主流筹资理论）和资产组合理论（核心投资理论）的相继问世，随着现金流量取代净利润成为基本价值评价标准，随着财务杠杆原理在财务活动中的广泛应用，随着期权价值的引入对时间价值和风险价值的决策相关性进行完善，形成了相对完备的财务学科框架体系。20 世纪 80 年代以来，随着资本市场的快速发展，财务对象不断充实，财务手段不断创新，财务环境不断完善，财务目标不断优化，目前业已筑起财务学科大厦。

在市场竞争日趋激烈的今天，财务活动日渐居于企业活动的核心环节。做好财务活动，努力为股东创造财富，是经营者的中心工作和基本职责。经营者所做的，肯定是股东不敢做或做不了或做不好的。若经营者不能为股东增加财富，股东就会另请高明，或亲自上马。除非经营者勤勉尽责，忠于职守，努力实现股东目标，否则，经营者会面临物质利益、市场声誉、社会地位、职业生涯、人身自由的多重挑战。

本书分 8 章。第一至第三章为理论部分，第四至第八章为实务部分，其中第四、第八章为投资内容，第五、第七章为筹资内容，第六章有投资内容也有筹资内容。本书尽可能吸收现代财务理论和实务的最新成果，主要有以下特色与创新。

一　主要特色

（一）主张财务对象二分论

将具体财务对象分为投资和筹资，突破了以往财务对象五分论、四分论、传统三分论、变革三分论和改良三分论，认为投资是支点，以投定筹，投资决定筹资，筹资为投资服务，以往的"筹资是起点，以筹定投"不符合市场经济的基本原则，应当摒弃。

（二）主张财务目标起点论

将财务目标作为财务系统运行的起点，认为财务目标是组织财务活动、处理财务关系所达到的理想境地，是指导财务评价、考核财务绩效的基本圭臬，成为从事财务工作的立足点和规范财务行为的指南，位列财务系统的核心地位和最高层次。财务目标与财务主体、财务对象、财务手段、财务环境（五大财务要素），一起筑成财务活动系统，并与四大财务理论、三大财务观念共同构建财务概念框架。

（三）主张财务法则三元论

将财务观念分为时间价值、风险价值和期权价值，并引入期权价值对时间价值和风险价值的决策相关性进行了修正，拓展了以往财务观念二元论，并将三元论的财务法则贯彻到各项财务活动中，整合了三大财务观念。

（四）主张财务指标统一论

基于财务活动分为经营性活动和金融性活动，将财务指标分为经营性指标和金融性指标，如投资分为经营性投资和金融性投资（资产分为经营性资产和金融性资产）、筹资分为经营性筹资和金融性筹资（资本分为经营性资本和金融性资本）、负债分为经营性负债和金融性负债、成本分为经营性成本和金融性成本、杠杆分为经营性杠杆和金融性杠杆、风险分为经营性风险和金融性风险、现金流量分为经营性现金流量和金融性现金流量、营运资金分为经营性营运资金和金融性营运资金、租赁分为经营性租赁和金融性租赁等，建立了一套较为完整的财务指标体系。

二 主要创新

（一）对财务要素进行了详细解析

财务要素分为财务主体、财务对象、财务手段、财务环境和财务目标。财务主体是经营者。经营者有最广义（基层以下管理者及所有员工）、广义（中层以上管理者）、常义（高管）、狭义（CEO）、最狭义（企业家）之分。具体财务对象是投资与筹资（二分论）。经过投资与筹资的梳理和分合，财务行为分为长期经营性投资、长期外源性筹资、营运资金管控（短期经营性投资与短期外源性筹资）、内源性筹资和金融性投资五个部分。财务手段从纵向上划分财务活动（财务对象从横向上划分财务活动），包括基本手段和辅助手段，前者有财务决策、财务预算和财务控制；后者有财务预测、财务评价、财务战略和财务治理。财务环境分为微观环境和宏观环境。前者主要是指财务制度、体制和机制；后者分为金融市场（最直接）、税制结构（最现实）、经济与法律（最起码）。财务目标存在利润最大化和股东财富最大化两大流派。由于利润最大化存在一些难以逾越的致命弱点，股东财富最大化自然而然地走上了历史舞台。在股东财富最大化实现的过程中，股东与经营者、债权人与股东（唆使经营者）、其他利益攸关人与股东（误导经营者）、中小股东与大股东（控制经营者），不可避免地会发生目标冲突。股东与经营者之间的目标冲突最激烈、最频繁、最典型，往往演化为经营者腐败。治理经营者腐败，一靠完善激励与监控并重的防范机制，二靠健全行政制裁与司法制裁并举的惩处机制。

（二）对财务理论进行了系统归纳

现代财务理论主要包括现代资产组合理论、现代资本结构理论、现金流量理论和财务杠杆理论。现代资产组合理论的鼻祖是马柯维茨的均值—离差理论，属于核心投资理论。现代资本结构理论的代表是 MM 理论，属于主流筹资理论。现金流量理论之所以成为投资理论与筹资理论的支撑点，是因为现金流量取代净利润成为基本价值评价标准，成为投资决策和筹资决策的基本依据。财务杠杆理论之所以成为投资理论与筹资理论的结合部，是因为经营性杠杆的本质是经营性投资杠杆，金融性杠杆的实质是金融性筹资杠杆，其合理搭配方式是高经营性杠杆与低金融性杠杆，或者低经营性杠杆与高金融性杠杆。

（三）对财务法则进行了全面梳理

时间价值、风险价值和期权价值是客观存在的三种经济观念，是财务活动必须遵循的三条基本法则，贯穿于企业财务活动过程的始终。时间有价体现了"时间就是金钱，现在一块钱比未来一块钱值钱"，成为财务活动第一法则。风险溢价还原了财务活动的本来面目，成为财务活动第二法则。期权定价弥补了时间价值和风险价值的内在缺陷，成为财务活动第三法则。

（四）对财务行为进行了精要阐述

长期经营性投资、长期外源性筹资、营运资金管控、内源性筹资和金融性投资，依次成为企业第一财务行为、第二财务行为、第三财务行为、第四财务行为和第五财务行为。无论哪一种财务行为，主要涉及两个步骤或问题：一是价值估计，是财务决策的必经阶段，主要表现为事前财务行为；二是收益（成本）评价，是财务评价的必要步骤，属于事后财务行为。

本书得到河南理工大学博士基金项目（B2010－24）、河南省哲学社会科学规划项目（2015BJJ008）和河南理工大学能源经济研究中心的资助。

胡振兴　于焦作

2015 年 5 月 21 日

第一章　财务活动系统：五大构成要素

　　财务活动作为企业活动的关键组成部分和核心环节，直接关系到企业的生存与发展。财务活动由谁做（Who）？做什么（What）？怎样做（How）？从哪做（Where）？为何做（Why）？这五个要素及其对应的五个问题（4W1H），共同构成企业财务活动系统框架，分别涉及财务主体、财务对象、财务手段、财务环境和财务目标。如图1-1所示。

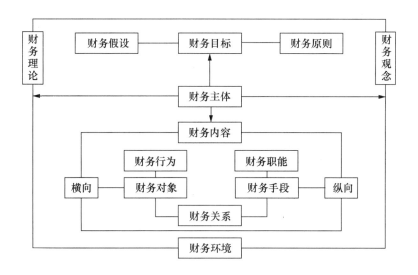

图1-1　财务活动系统

　　财务主体在财务目标的引导下，通过财务环境支持，运用财务手段，作用于财务对象，这种关系就是财务活动系统。发挥和利用财务主体的能动性、财务对象的反馈性、财务手段的创造性、财务环境的机遇性、财务目标的激励性，是财务活动的出发点。

第一节 财务主体——由谁做？

财务活动究竟由谁做，涉及财务主体。财务主体界定是一个很严肃的问题，这是因为：第一，只有科学地界定财务主体，才能明确财务对象，正确运用财务手段，完善财务内容体系；第二，财务主体若界定不清甚至不实，就会导致财务目标的模糊乃至混乱。

一 财务学科体系

要科学界定财务主体，必须对财务学科结构进行剖析。

（一）中西财务学科对比

西方财务学的起源虽然可以追溯到 15 世纪，但正式形成于企业组织形式发生重大变革的 20 世纪初期。20 世纪 50 年代之后，随着资本结构理论和资产组合理论（财务理论的两大基石）的相继创立，随着杠杆原理的广泛应用，随着财务观念的推陈出新，形成了相对完整的财务理论框架和方法体系。80 年代以来，随着资本市场的迅猛发展，财务对象不断充实，财务目标不断优化，财务环境不断完善，财务方法不断创新，财务理论不断升华，以资金及其运动为研究对象的财务学科大厦逐渐形成。

目前西方财务学大致有金融学、投资学和财务管理学三个分支。金融学主要研究货币、银行与非银行金融机构、金融工具、金融市场、金融体制和金融政策有关问题，主要涉及宏观领域的资本流通；投资学主要研究专业投资机构的现实投资的理性选择问题以及价值增值问题，主要涉及中观领域的资本流通；财务管理学主要研究实体组织的投资与筹资问题以及资产组合决策与资本结构决策问题，主要涉及微观领域的资本流通。

我国财务学建立和发展较晚。新中国成立后，我国沿袭采用苏联计划经济体制框架下的财务体制。改革开放后，我国开始引进西方发达国家的财务体制。随着我国社会主义市场经济体制的确立，我国逐步建立起具有中国特色的财务体制。

英文 finance，在我国通常译为财务或财务学，有时也译为金融或金融学，有时甚至译为财政或财政学，缘由是西方财务学将金融学、投资学和财务管理学作为一个大一统的学科体系。但是，在中国人观念中，财务往往与企业、会计相联系，金融往往与银行、证券、保险相联系，财政往往与政府、非营利组织相联系。

为什么西方财务学科的范围会如此之广？事实上，财务作为以资金及其运动为载体的社会经济现象，作用于经济社会中的每个人、每个企业或单位、每个产业或行业、每个国家或地区，乃至整个国际。其作用的空间有宏观的，有微观的；作用的时间有连续的，有间歇的；作用的程度有共性的，有个性的；作用的方式有直接的，有间接的。从某种意义上讲，只要资金渗透到哪里，财务问题就会波及哪里。无时不要财务，无事不是财务，无处不话财务；无官不懂财务，无商不倚财务，无民不做财务。这么说虽然有失偏颇，但足以诠释财务的重要性、牵涉面、影响力和普遍化。

（二）我国的财务学科体系

为什么我国财务学科的视阈又如此特殊？这涉及财务学科的划分问题。我们习惯上将财务分为常义财务和广义财务。

1. 常义财务

常义财务指企业财务，主要研究从企业（工商企业及其他盈利单位）层面如何组织资金运动以及相关的理论、微观制度设计和管理方法问题。企业财务在国外也称为企业金融，主要涉及企业的投资和筹资活动。由于企业目标是生存、发展和盈利，企业是股东的企业，企业财务的最终目标是实现股东财富的最大化。

企业财务属于私人财务。私人财务包括企业财务和个人财务。个人财务主要是指居民及家庭理财。随着城乡居民收入的不断提高，人们理财意识的不断增强，社会信用制度的不断完善，个人财务在不远的将来一定会堂而皇之地登上历史舞台。

2. 广义财务

广义财务除企业财务外，还包括政府财务和市场财务两个层次。

（1）政府财务。政府财务是通常所说的财政，主要研究从政府（包括中央政府和地方政府）层面如何组织财政收支以及与资金筹措和使用的相关理论、宏观制度安排和公共选择问题。财政收入主要来自税收；财政支出主要用于行政、外交、国防、公共安全、国家安全、文教科卫、社会保障、环境保护、"三农"等。政府财务主要服务于公众需要和社会整体利益，也称公共财政，其最终目标是提供公共产品，满足社会公众利益的最大化。当然，政府财务除公共财政外，还有公共金融。随着政府职能的转变，公共金融的重要性日渐加强。

（2）市场财务。市场财务是通常所说的金融，主要研究从市场（主要指金融市场）层面如何组织资金运动以及相关的理论、市场机制规范和管理方法问题。金融市场是社会资金集散地，是连接资金所有者（供给者、盈余者）和资金使用者（需求者、短缺者）的纽带，是引导社会闲散资金流入生产领域或者动员低效使用资金流入高效生产部门的桥梁。市场财务主要服务于社会资源的优化配置，为市场参与者提供不同类别金融服务和不同风险的金融工具，其最终目标是实现市场参与者报酬的最大化。

可见，从广义上讲，与西方财务学科的范围相比，我国财务学科的研究领域并无实质性差异，只是社会制度、文化习俗、思维方式、考察重点和研究视角有所不同罢了。

（三）财务学与金融学

本书所指财务是指常义财务，即企业财务。有两个问题需要澄清：一是财务活动、企业财务活动、公司财务活动三者之间不能画等号，其财务活动主体、财务活动对象的级次依次递减；二是企业财务与市场财务乃至政府财务有着千丝万缕的联系，因此，企业财务活动理论和实务中不免会或多或少带有金融学和财政学的痕迹。

财务与金融，目前属于社会科学中两个最热门的学科专业，两者既有一定区别，也有很大联系。

1. 区别与联系

财务（企业财务）隶属于"管理学—工商管理—会计学或企业管理"，为管理学三级学科；金融（市场财务）隶属于"经济学—应用经济学"，为经济学二级学科。因此，财务与金融的区别，可以大致遵从管理学与经济学的区别。管理学与经济学的区别涉及研究起点、研究假设、研究视角、研究目的、研究思路、研究对象、研究内容、研究方法等，但主要集中在两个方面：第一，管理学注重正确地做事；经济学强调做正确的事。第二，管理学追求效率；经济学讲究效果。

同样，财务与金融的联系可以粗略表现为管理学与经济学的联系。管理学和经济学的共同点有：第一，都是研究稀缺资源配置和使用的显学；第二，都是与现实结合紧密从而被誉为社会科学的皇冠；第三，管理学在社会科学中实用性最强，经济学在社会科学中科学性最强。更何况，财务学是管理学中最璀璨的宝石；金融学是经济学中最富饶的矿藏。因此，财务和金融的关系是宝石和矿藏、鱼和水的关系。

2. 对立统一

财务与金融的对立统一表现在：

（1）有的经济事项，这边看是财务，那边看是金融，所谓"横看成岭侧成峰"。如借款（企业）＝贷款（银行），企业的借款是筹资，是财务；银行的贷款是投资，是金融。又如发股（企业）＝买股（证券公司或基金公司），企业的发股是筹资，是财务；证券公司或基金公司的买股是投资，是金融。企业发债和基金公司买债同理。再如创业筹资（企业）＝风险投资（创业投资公司），创业筹资以自主创业为目的，解决创业企业筹资，在政策取向上更多地考虑资金需求者的利益，是财务；风险投资以风险管理为导向，涉及创业投资公司投资，在政策取向上更多地考虑资金供给者的利益，是金融。

（2）财务中有金融。企业财务活动有经营性和金融性①之分。企业除了采购、生产、销售等正常经营性活动外，有借款、发债、信贷投资（贷款）、证券投资（买股、买债）等金融性活动。因此，难怪有人说财务是工商企业金融，有的干脆将企业财务称为企业金融。

金融离不开财务。如金融企业的许多经营活动，如信贷筹资（借款）、证券筹资（发股、发债）、项目投资（固定资产）等，必须依赖财务手段，如财务战略、治理、预测、决策、预算、控制、评价等才能实现，并最终要反映到财务报表中。因此，难怪有人说金融是金融企业财务。

（3）社会经济运行，同时离不开财务和金融，两者在一定形式下并存，在一定条件下结合，在一定范围内相互影响。如在宏观经济运行中，企业发股对金融市场的影响，是财务对金融的作用体现。又如在微观经济运行中，央行提高利率对企业成本的影响，是金融对财务的作用体现。

二 财务主体界定

现代企业制度不仅造就了所有者、经营者、作业者的多元财务主体，

---

① 笔者将企业财务活动分为经营性活动和金融性活动。经营性活动与商品市场（产品市场、原材料市场、技术市场、劳务市场等）有关，不同于"现金流量表"的"经营活动"；金融性活动与资本市场（信贷市场、证券市场等）有关。财务管理要求将可以增加股东财富的经营性资产与利用闲散资金的金融性资产分开考察，也要求将有着本质区别的经营性负债与金融性负债分开处理。本书的许多创新性术语均来源于此。

而且构建了这些财务主体自上而下层层委托、自下而上层层代理的委托—代理关系，反映了公司财务是一个由所有者财务、经营者财务、作业者财务组成的财务治理和财务管理系统。

（一）财务层次：所有者财务、经营者财务、作业者财务

1. 所有者财务

所有者财务主体是所有者（股东），所有者财务的对象是信托财产，所有者财务的基础是公司财务治理结构的第一层委托代理关系（股东与董事会），所有者财务的核心是股东（大会）与董事会的财权配置，所有者财务的本质是一种治理型财务。两权分离后，股东在将自己的财产交给董事会代理后，为了保护自己的利益不受侵害，必然会想方设法对董事会进行激励和监督，这是所有者财务的产生基础。既然所有者财务的必要性毋庸置疑，那么所有者财务主体应当拥有完整的权、责、利，如股利分配权、股份转让权、股份优先认购权、剩余财产诉求权、投票表决权、质询监督权、经营者选择权等。

谢志华（2000）在所有者财务基础上，提出了出资者财务。这一主张，首先，解决了出资者（法人可以充任）可以作为派生或中间所有者，与终极或原始所有者（国家和自然人）区别开来。其次，解决了由出资者对董事会进行激励和监督，更直接、更便易。最后，解决了债权人与股东一样，成为企业的同位出资者。如国有资产经营公司对企业的股权投资，国家是所有者财务的主体，国有资产经营公司是出资者财务的主体。

2. 经营者财务

经营者财务主体是经营者（董事会与经理层），经营者财务的对象是法人财产，经营者财务的基础是公司财务治理结构的第二层委托代理关系（董事会与经理层、董事长与总经理）和公司财务管理结构的第一层委托代理关系（总经理与部门经理），经营者财务的核心是董事会与经理层、总经理与部门经理的财权配置，经营者财务的责任是对股东的资本增值责任和对债权人的还本付息责任的综合考察，经营者财务的本质是一种治理与管理结合型财务。经营者的财务着眼点是决策、组织和协调。财务决策主要涉及企业的全局性、系统性、战略性问题；财务组织主要涉及内部，即组织企业各部门职责分工、业务联系，目的是减少内部摩擦，使各项工作和谐有序，提高运营效率；财务协调主要涉及外部，即协调企业与股

东、债权人、政府、业务关联企业、社会监督部门、中介机构等关系，目的是树立良好的市场形象。

值得一提的是，按照国际惯例，在董事长与总经理之间，设立 CEO（Chief Executive Officer）。CEO 作为舶来品，最初被译成"首席执行官"，现在大多被译成"行政总裁"，是企业高管层核心人物，是企业实际的掌舵人，是企业真正的"一把手"，是企业名副其实的"老板"。CEO 制度之所以成为国际通行的公司治理方式，是因为它与现代企业制度非常契合。这种制度实际是将董事长和总经理的一部分决策权过渡到 CEO 手中，填补了董事长与总经理因决策权界限划分而引起的权力真空，实现了股东权益代言人与职业经理人两种身份的合二为一，衔接了所有权与经营权分离引起的断裂。因此，此处所指经营者包括董事会（董事长代表）、CEO 和经理层（总经理代表），从而经营者财务分为董事会财务（含董事长财务）、CEO 财务和经理层财务（含总经理财务）三个层次。

3. 作业者财务

作业者财务的主体是作业者（财务经理和其他相关部门经理），作业者财务的对象是经营财产，作业者财务的基础是公司财务管理结构的第二层委托代理关系（财务经理与财务人员、销售经理与销售人员等），作业者财务的核心是部门经理与部门雇员的财权配置，作业者财务的本质是一种管理型财务。例如，财务经理的职责主要是日常财务管理，比经营者财务更具体、更富有可操作性。财务经理财务的主要内容包括：处理与银行的关系、现金管理、筹资管理、信用管理，进行利润分配、财务预测、财务计划和财务分析等。

上述三者的关系是：经营者财务对所有者财务负责，作业者财务对经营者财务负责。三者的基本要素和关系，如表 1-1 和图 1-2 所示。

表1-1　　　所有者财务、经营者财务和作业者财务基本要素

财务层次	所有者财务	经营者财务	作业者财务
财务活动主体	股东（大会）出资者全权	董事会（董事长代表）CEO 经理层（总经理代表）	财务经理 其他相关部门经理
财务活动标的	信托财产	法人财产	经营财产

续表

财务层次	所有者财务	经营者财务	作业者财务
财务活动核心	股东与董事会的财权配置	董事会与经理层的财权配置 总经理与部门经理的财权配置	部门经理与部门雇员的财权配置
财务活动重点	决定经营方针和财务计划 选择董事 批准财务预算和决算 决议合并、分立和清算	制定财务战略 财务决策、组织和协调 聘任财务经理	拟订财务计划 实施财务预算和决策 进行财务分析和评价
财务活动特征	治理型财务 长远眼光 财务监控	治理与管理结合型财务 全局眼光 财务决策	管理型财务 短期眼光 财务控制

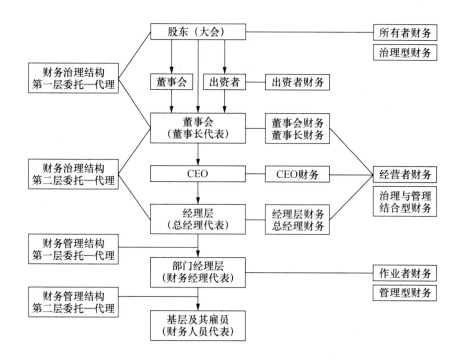

图1-2 所有者财务、经营者财务和作业者财务关系

所有者财务是治理型财务，作业者财务是管理型财务，经营者财务是

治理与管理结合型财务，况且，经营者财务可以排除所有者财务的直接干预，也可以监督作业者财务的正常操作。因此，公司财务应当由经营者财务主导。

（二）财务主体：经营者

既然公司财务由经营者财务主导，那么可以推断，公司财务主体是经营者。经营者是一个庞大、纷繁的概念体系，需要加以梳理。

1. 经营者层次

界定企业经营者需从以下几个层面进行分析：

（1）最广义经营者。相当于企业全部生产者，包括一般雇员和基层（含）以上管理者。生产者是与消费者相对应的另一方当事人，是指以营利为目的，向消费者销售其生产的商品或者提供其生产劳务的自然人（公民和非法人企业）和法人（法人企业和其他法人经济单位）。

（2）广义经营者。相当于企业中层（含）以上管理者，来源于：第一，治理层经营者，包括执行董事和监事。第二，管理层经营者，包括高层管理者即经理层（总经理及各副总经理）和中层管理者即部门经理层（财务部门和其他业务部门经理）。

上述执行董事，也称积极董事，是指在公司中担任重要岗位或领导职务的董事会成员。关于董事的划分，国际上通常有三种方法：一是将董事分为独立董事和非独立董事。世界上大多数国家采用。二是将董事分为外部董事和内部董事。美国采用，外部董事相当于独立董事，内部董事相当于非独立董事。三是将董事分为执行董事和非执行董事。英国采用，非执行董事相当于独立董事，执行董事相当于非独立董事。

（3）常义经营者。相当于企业高管。高管是决定企业经营成败的一群关键人物，是实现财务目标的执行者，分为两类：第一，治理层的执行董事；第二，管理层的经理层。企业高管在经营管理过程中负责计划、组织、领导（指挥、协调）、控制和创新，主导交易谈判、决定资源分配、传播财务信息、应对突发事件。

（4）狭义经营者。相当于企业CEO。迄今为止，能够担任企业CEO的，不是董事长，就是总经理。董事长担任CEO的，对应的是"强董事长，弱总经理"的包办型和咨询型董事会，一般出现在公司发展初期，董事长与总经理初次共事，未能建立基本信任关系。总经理担任CEO的，对应的是"弱董事长，强总经理"的看守型和监督型董事会，一般在公司稳定发展时期，董事长与总经理通过长期磨合，彼此相互了解。

（5）最狭义经营者。相当于企业家。企业家泛指冒险性的经营者和职业化的创业者。现有经济理论和企业理论认为，企业家是企业经营风险承担者，是企业控制权掌握者，是企业剩余索取者，等等。综观现代企业，企业家大致分为两类：第一，作为企业所有者的企业家；第二，受雇于企业所有者的职业企业家。

经营者与企业家至少有四个区别：一是含义不同。经营者不一定是企业家，但企业家一定是经营者。据有关统计，在整个 CEO 队伍中，能够称得上企业家的不足 10%，能够称得上优秀企业家的不足 1%，能够称得上成功企业家的更是凤毛麟角。二是素质结构不同。企业家的创新意识、冒险精神、经营管理（财务决策、市场开拓）能力更高更强更优。三是个人需求不同。企业家需求层次更高，不仅追求更高的经济收入和生活条件，而且追求更高的社会地位和政治资本。四是社会贡献不同。企业家是为国家富强、民族振兴、百姓福祉作出巨大贡献的弄潮儿。

可见，企业家不是一个静态的职业分类，而是一个动态的职业选择；不是一个实体概念，而是一个职能范畴。有人打了一个粗略的比喻，经营者之于企业家，犹如工匠之于艺术家。石工匠的作品再精美，也仅是对石头的深加工，没有生命价值。艺术家通过对石头的分析与思考，把自己的思想和理念融入作品中，使作品不仅富有时代感，而且能够流传百世。

本书所指的经营者，是常义的经营者，与企业高管基本相同。

2. 经营者职责

职责与权利的关系非常明晰：第一，职责与权利同时产生、存续和消灭。不存在只有权利，没有职责；反之亦然。第二，职责与权利是相对的。没有绝对的权利，也没有绝对的职责。第三，职责与权利呈正相关。权利越大，职责越多；反之亦然。尽管经营者层次各有千秋，但其职责与权利的类型基本相同，只是强度有所差异。

（1）经营者的权利。经营者权利由有关法规如《公司法》、公司章程等规定，如我国《价格法》赋予了经营者四种权利：第一，调节价格的权利。经营者享有自主制定属于市场调节价格的权利。第二，制定价格的权利。经营者享有在政府指导价规定的幅度内制定价格的权利。第三，制定新产品试销价格的权利。经营者享有制定属于政府指导价、政府定价产品范围内新产品试销价格的权利，特定产品除外。第四，有检举、控告侵犯其依法自主定价权利。经营者进行价格活动除享有上述依法制定价格的权利，同时还享有检举、控告侵犯其依法自主定价权利行为的权利，这是经营者定价自主权的重要法律保障。

（2）经营者的义务。经营者的义务相对于消费者权利而言。我国《消费者权益保护法》规定了经营者应当承担十种义务。第一，履行法律规定或合同的约定义务。第二，听取意见和接受监督的义务。第三，提供安全商品或服务的义务。第四，提供真实情况的义务。第五，标明名称和标记的义务。第六，出具购货凭证和服务单据的义务。第七，保证质量的义务。第八，承担"三包"责任及其他责任的义务。第九，不得用格式合同等损害消费者合法权益。第十，尊重消费者人格的义务。

（3）经营者的职责。企业经营者职责很多，按柳传志的观点是：建班子，定战略，带队伍。第一，建班子。没有好班子、光靠一把手不行。一把手决策往往受到其单一思维及其定式的严重制约。对一个公司而言，树立老板权威固然重要，但建设一个畅所欲言、交流思想、群策群力的公司班子更为重要。建班子要解决三个关键问题：一是选择德才兼备、以德为主的人才进入领导班子；二是明确班子成员的责、权、利；三是建立决策意见协调机制。第二，定战略。有了领导班子后，要对经营业务进行清理。哪些正在创造价值，哪些正在吞噬利润；哪些是有潜质的利润增长点，哪些是公司的核心竞争力；等等。面对这些问题，公司经营业务该如何调整就是公司战略。有了战略，公司上下才能心往一处想，力往一处使，集中人力、物力和财力把有限资源用得恰到好处。制定企业战略，经营者要重点关注三个问题：一是市场定位。企业"应该做什么"，而不是"能够做什么"，一定要"有所为有所不为"。二是行动目标。企业只有认清"走向何方"，才有动力压力，才能走得更远更好。三是竞争优势。企业必须分析外部环境和内部条件，培育企业核心竞争力，才能立于不败之地。第三，带队伍。说到底取决于三个要素：一是激励体系。激励体系是公司治理的一个永恒支点。如果没有利用好，战略目标会成为例行公事，毫无生机。二是用人方式。用人的关键是尊重和信任。只有员工认识到自己得到了充分的尊重和信任，才能有效发挥他们的积极性、主动性和创造性。三是企业文化。企业文化不是刻画在纸上的条条框框，而是存在于公司的工作气氛、办事风格、创新精神、人际关系，只有让员工身临其境，才能锻炼出一支能征善战的队伍。

第二节　财务对象——做什么？

财务活动究竟做什么，涉及财务对象。目前，国内外学者对财务对象尚未形成统一认识，可谓见仁见智。作者认为，财务对象有总体财务对象、具体财务对象和综合财务对象三个层面。

一　总体财务对象：资金及其运动

大多数学者认为，财务活动是企业财富创造的源泉，财务对象是资金及资金运动。事实上，即便是金融市场财务和政府财务，也是围绕资金及其运动展开的。因此，资金及资金运动是总体财务对象（抽象财务对象）。

（一）资金

资金是企业生产经营不可或缺的基本生产要素，是社会经济发展的重要推动力量。在现代市场经济条件下，谁拥有资金，谁就拥有创办企业并创造财富的机会。要了解资金内涵和外延，需要区分以下两组概念。

1. 资金、资产和资本

此三个概念容易混淆。在日常财务活动中，资产、资本均可以称为资金。即可以将资金与资产、资金与资本混用，但切忌将资产和资本混用。

（1）资金。在会计学中是一个笼统性概念，资产负债表中列示的资产、负债和所有者权益三个会计要素均可称为资金，企业供产销过程中形成的货币、应付账款、材料与设备、生产成本（在产品）、产成品与半成品、应收账款六种物品，分别可称为货币资金、债务资金、储备资金、生产资金、成品资金和债权资金。资金在财务学中是一个中立性概念，反映企业再生产过程中运动着的数量和价值，注重物品的价值表现形态，只有经济属性。从投资过程看，资金是一个流量；从投资结果看，资金是一个存量。正因为如此，资金与资产、资金与资本能够相互通用。例如，债权资金，既可称为债权资产，也可称为债权资本；股权资金，既可称为股权资产，也可称为股权资本。

（2）资产。在会计学中强调资金占用或运用去向，反映企业经营控制关系，意指企业将资金投入再生产过程中形成的各种特定对应物，分布在资产负债表的左边，会计核算将资产划分为流动资产和非流动资产。资产在财务学中强调物品的价值实现形态，企求"物尽其用"；内含资产使用权，为企业经营者所控制和行使；体现经营者的代理责任履行情况，必须对受托的企业法人资产进行有效经营，并希冀所经营的资产能够取得合理的收益；财务管理将资产划分为经营性资产和金融性资产，目的是加强资产经营者对所经营的不同性质资产的控制权。资产的内在特征是收益性（营利性）、安全性（风险性）和流动性，其中收益性是核心；资产的外在属性是自然属性、社会属性和经济属性。正因为如此，资产不能称为资本。例如，流动资产不能谓之流动资本，但可谓之流动资金；经营性资产不能谓之经营性资本，但可谓之经营性资金。

（3）资本。在会计学中强调资金权属或来源渠道，意指企业在经营前或经营中向有关利益相关人筹集的资金，分布在资产负债表的右边，会计核算将资本划分为债权人权益（负债）和所有者权益。资本在财务学中强调物品的价值创造形态，力保"物有所值"；内含资本所有权，为资本所有者所拥有和追求，体现了资本所有者的委托诉求，必然对让渡了资本使用权的资本使用情况进行有效监督，并期望所投入的资本能够得到合理的增值，财务管理将资本划分为债务资本和股权资本，目的是区别资本所有者对所投入的不同性质资本的诉求权。资本的内在特征是逐利性、稀缺性和垫支性，其中逐利性是核心；资本的外在属性是法律属性、社会属性和经济属性。正因为如此，资本不能称为资产。例如，股权资本不能谓之股权资产，但可谓之股权资金；债务资本不能谓之债务资产，但可谓之债务资金。

2. 资金、货币、财产和资源

这四个概念之间也有一定的关联性，并各自与上述资金、资产和资本有关。

（1）货币是资金的原始形态。一切资金最初总是以货币形式出现在一切市场（如商品市场、技术市场、劳动力市场）上，只有经过一个过程，货币才能转化为资金。

（2）财产是有经济实质的资产，也是有法律依据的资本。正因为如此，财产把资产和资本连在一起。资产的经济形式是资本；资本的法律形式是资产。同样，资产的价值实现和收益最大化是对资本所有者的利益驱动；资本的价值创造和逐利最大化是对资产经营者的责任约束。

（3）资源是一个多元综合体。货币、资金、资产、资本、权益均可称为资源。除此以外，还有许多东西如威望、学识、权力、关系等，亦可称为资源。

（二）资金运动

企业资金运动是社会资金运动的重要一环。社会资金运动总体方向是：居民→工商企业；低效使用部门→高效使用部门；低盈利产业→高盈利产业。而企业资金运动既以货币资金为起点，又以货币资金为终点，主要分布在三个环节，如图1-3所示。

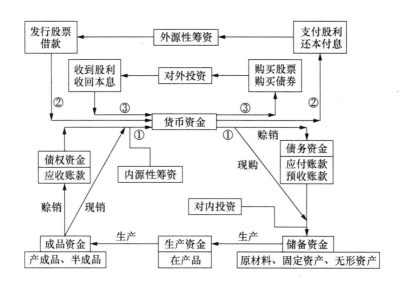

图1-3　资金运动

1. 供产销环节的资金运动

供产销环节的资金运动见图1-3中的①。在供产销过程中，资金具有不同的实物形态和价值形态组合：从货币资金（库存现金、银行存款）出发，历经债务资金（应付账款、预收账款）、储备资金（原材料、固定资产、无形资产）、生产资金（在产品）、成品资金（产成品、半成品）、债权资金（应收账款、预付账款），再回到货币资金。可见，随着采购、生产和销售的进行，商品价值形态随着商品实物形态的不断变化而发生相应变化。

供产销是一个完整再生产过程，既是商品使用价值的生产和交换过程，也是商品价值的形成和实现过程。一方面，企业劳动者运用劳动手段作用于劳动对象，生产出新的商品，通过出售使其使用价值得以实现；另一方面，企业将生产中已耗费的生产资料价值和劳动者支出的必要劳动价值转移到产品价值中去，创造新的价值，通过商品出售方式使新价值得以实现。这两个过程存在明显的区别。使用价值的生产和交换过程是有形的，是商品的实物运动过程；价值的形成和实现过程是无形的，是商品的价值运动过程。这种价值运动过程表示为：

$$G \rightarrow W \begin{Bmatrix} A \\ P_m \end{Bmatrix} \cdots P \cdots W' \rightarrow G' \ (G + \Delta G)$$

其中：$G \rightarrow W$ 反映了商品供应（采购）过程，是货币资金转化为商品资金过程；$W \begin{Bmatrix} A \\ P_m \end{Bmatrix} \cdots P \cdots W'$ 反映了商品生产过程，即采购的商品与劳动力结合，生产出新的商品过程，这个过程是商品资金转化为生产资金，继而转化为商品资金的过程；$W' \rightarrow G' (G + \Delta G)$ 反映了商品销售过程，是商品资金转化为货币资金的过程。

可见，货币资金职能是生产准备，生产资金的职能是生产剩余价值，商品资金的职能是实现剩余价值。

2. 外源性筹资环节的资金运动

外源性筹资环节的资金运动见图 1 - 3 中的②。这一环节是证券与货币资金的相互转换，从发行证券收取货币资金出发，经过支付股利或还本付息，再回到发行证券收取货币资金。

3. 对外投资环节的资金运动

对外投资环节的资金运动见图 1 - 3 中的③。这一环节也是货币资金与证券的相互转换，从支付货币资金购买证券出发，经过收取股利或收回本息，再回到支付货币资金购买证券。

企业资金运动的起点和终点是现金（货币资金），正因为如此，资金运动的转化形式和动态表现是现金流转。

二　具体财务对象：投资与筹资

纵观国内外学者近十年关于企业财务行为的论述，大致可以分为两大流派：一是以筹资为起点的财务行为论；二是以投资为支点的财务行为论。

（一）筹资起点论：五分论、四分论和三分论

1. 五分论

彭韶兵（2003）将企业财务行为分为筹资行为、投资行为、耗资行

为、回收行为和分配行为，简称"五分论"。此观点认为，筹资行为是起点环节，投资行为是中心环节，耗资行为是基础环节，回收行为是关键环节，分配行为是终点环节，并将投资、耗资和回收合称为资金使用，从而归纳出企业财务行为包括资金筹集、资金使用和资金分配。

此观点基本依据是，从企业资金运动着眼并从企业再生产环节出发，试图将财务行为和会计核算活动统一起来。其实，现行财务管理不是一个单独的学科，属于管理学中工商管理下的会计学。会计学的对象是资金运动，资金运动经历资本进入、资本循环和资本退出三个阶段，其中资本循环随着供产销的进行，资本依次采取如下形态：货币资本→商品资本→生产资本→商品资本→货币资本。可见，企业资金运动是三个再生产环节（采购、生产、销售）、三种资本形态（货币资本、商品资本和生产资本）和三个资本周转阶段（资本进入、资本循环和资本退出）的高度统一，是经营性活动和金融性活动的有机统一。"五分论"正是从这个角度，对企业财务行为进行了划分。

2. 四分论

陆正飞（2001）将企业财务行为分为筹资管理、投资管理、利润分配管理和营运资金管理，简称"四分论"。此观点表面上有些标新立异，但实质与"五分论"如出一辙，只不过是将"五分论"的耗资行为与回收行为合称为营运行为。持类似观点的有：郭复初、王庆成（2005）将财务行为分为资金筹集、资金投放、资金运营和收益分配；韩新宽（2007）将财务行为分为筹资行为、资金投放行为（投资行为与资金营运行为）和分配行为；赵振全（2003）将财务行为分为筹资行为的决策与管理、投资行为的决策与管理、营运行为的决策与管理、经营成果的分配与管理。

3. 三分论

熊剑、罗淑贞（2007）将企业财务行为分为筹资行为、投资行为和分配行为，简称"三分论"。此观点也不过是"五分论"或"四分论"的翻版，将"五分论"的投资行为、耗资行为和回收行为合称为投资行为，或者将"四分论"的利润分配管理与营运资金管理合称为分配行为。持类似观点的有：王文华（2003）将财务行为分为资金筹集、资金运用（包括资金投放、资金耗费和资金回收）和资金分配；栾庆伟、迟国秦（2004）将财务行为分为资金筹集、资金投放和使用、资金收入和分配；陈荣奎（2004）将财务行为分为筹资决策、投资决策和股利分配决策；曹中（2005）将财务行为分为资金筹集、资金运用和资金收回与分配；江景（2009）将财务行为分为资本筹集、资本运用和资本收回与分配。

（二）投资支点论：变革三分论和改良三分论

1. 变革三分论

陈雨露（2003）将企业财务行为分为投资决策、筹资决策和股利决策，简称"变革三分论"。此观点与"三分论"相比，内容看似相同，本质却完全不同。"三分论"以筹资为起点，"变革三分论"以投资为支点。持类似观点的还有：范霍恩（James C. Van Home，财务管理与政策，1998）将财务职能分为投资决策、融资决策和股利决策，并认为投资决策是最重要的财务决策。达摩达兰（Aswath Damodaran，2001）认为，公司财务的对象涉及三项具有财务意义的决策：与资源分配有关的投资决策；与项目筹资有关的资本结构决策；与制定再投资或退出经营现金额度有关的股利决策。

此观点的基本依据是，企业从资本市场筹资的目的是投资于经营性资产，满足其生产经营活动的需要，并将多余现金投资于金融性资产，取得利润后用于补充股权资本或者分配给股东。因此，企业财务行为分为投资、筹资和股利分配。

2. 改良三分论

谷祺、刘淑莲（2007）将企业财务行为分为长期投资管理、长期筹资管理和营运资本管理，简称"改良三分论"。黄虹、李贞玉、洪兰、欧阳越秀（2004）将财务活动分为投资决策、筹资决策和资产管理决策；卢家仪、蒋冀（财务管理，2006）将财务活动分为长期投资决策、长期筹资决策和流动资产管理。罗斯（Stephen A. Ross，2002）认为，财务经理必须关注三类基本问题：一是着眼于企业的长期投资（资本预算）；二是着眼于企业对支持其长期投资需要的长期筹资的获取和管理方式（资本结构）；三是着眼于对客户收款和向供应商付款等日常财务活动的管理（营运资本管理）。

此观点的基本依据是，企业投资分长期投资和短期投资，企业筹资也分为长期筹资和短期筹资，企业财务行为分为长期投资、短期投资、长期筹资、短期筹资和股利分配。短期投资和短期筹资属于企业日常管理活动，统称营运资本管理。股利分配（留存收益）决策构成企业内源筹资，是长期筹资的一部分。因此，企业财务行为分为长期投资、长期筹资和营运资本管理。

（三）投资支点论与筹资起点论的争议焦点

投资支点论与筹资起点论是两个截然相反的学术流派，代表当今财务学的两个不同理论起源，其争议焦点集中体现在：

1. "结合观"与"独立观"之争

对企业财务行为范畴的界定，究竟是将财务行为和会计核算结合起来，还是服从财务活动行为自身的独立发展规律。显然，筹资起点论是一种"结合观"导向；投资支点论是一种"独立观"导向。毋庸讳言，财务活动作为一种独立存在和不可或缺的企业活动，已经占据企业的核心地位，必然有其自身发展客观规律，投资支点论更能客观体现现代财务活动的对象和内容。

2. "环境观"与"目标观"之争

对企业财务行为范畴的界定，究竟以财务环境为依托，还是以财务目标为指南。显然，筹资起点论是一种"环境观"导向；投资支点论是一种"目标观"导向。目前，对财务系统概念框架的建立，学术界存在两大倾向：一是主张财务活动离不开一定的财务环境，财务环境对财务活动具有重大影响，财务环境位居财务活动系统的最高层次；二是主张财务目标是财务活动的根本出发点和归宿，是评价财务活动绩效的客观标准，决定财务活动的基本方向，财务目标处于财务活动系统的核心地位。不可否认，财务环境（尤其是金融市场环境）是筹资的基本平台，也是投资的前沿阵地。然而，财务目标（股东财富最大化）是财务活动的根本指导原则，而投资是实现财务目标的根本环节，投资成为财务活动的第一要务，投资支点论更能准确反映现代财务活动的真正内涵和实质。

3. "以筹定投"观与"以投定筹"观之争

对企业财务行为范畴的界定，究竟是遵循"以筹定投"，还是遵循"以投定筹"，如同企业经销观念是"以产定销"还是"以销定产"。显然，筹资起点论是一种"以筹定投"观导向；投资支点论是一种"以投定筹"观导向。毫无疑问，"以销定产"的经销观念和"以投定筹"的财务观念更加符合市场经济的基本原则。事实上，没有投资，无须筹资；没有投资的动力，不存在筹资的压力；筹资是企业做大的基础，投资是企业做强的根本。可见，投资是现代企业的首要财务活动，投资支点论更能全面符合现代财务活动的基本理念和原则。

（四）本书的"以投定筹"论：二分论

既然投资支点论是现代财务学的主流观点，那么，财务活动究竟包括什么内容？笔者认为，企业财务活动从横向上可以归结为两个问题：一是钱往何处去；二是钱从哪里来。前者是投资问题；后者是筹资问题。可见，投资和筹资构成具体财务对象，即"二分论"，与以往"五分论"、"四分论"、"三分论"形成鲜明对比。当然，"二分论"建立在"以投定筹"的基础上。

1. 投资与筹资的关系定位

财务对象通过投资和筹资表现出来，并在资产负债表中反映出来。既然资产是投资的结果，资本是筹资的结果，那么投资与筹资的关系是什么？投资与筹资的关系应当定位于"以投定筹"，其理由是：

（1）"以投定筹"更能客观地表达现代财务活动的基本内容。财务活动作为一项独立存在、不可或缺的企业管理活动，其核心地位越来越凸显。只有将财务学从会计学中分离出来，尊重财务活动自身的发展规律。从财务状况出发，将财务活动分为投资和筹资，并以投资为支点，更能客观地表达现代财务管理的基本内容。

（2）"以投定筹"更能全面地符合现代财务活动的根本理念。在市场经济条件下，没有合适的项目，就不会投资。没有投资，就没有必要筹资；没有投资的动力，就不存在筹资的压力。另外，筹资是为投资服务的，筹资的目的是投资。以投定筹，筹资服从投资，更能全面地符合现代财务管理的根本理念。

（3）"以投定筹"更能准确地反映现代财务活动的真正内涵。在现代企业制度下，公司是股东的企业，公司要做的是股东做不了或做不好的事情，股东目标、企业财务目标与企业目标应当一致。股东财富最大化这一企业财务目标是财务活动的根本立足点和指导原则，是评价公司绩效的客观标准，居于财务管理的核心地位。投资作为财务目标实现的根本源泉、基本手段和主要环节，成为财务活动的第一要务。虽然筹资是投资的基本平台和前沿阵地，但筹资是企业做大的基础，投资是企业做强的根本，更能准确地反映现代财务管理的真正内涵。

2. 二分论的财务活动范畴：经营性活动和金融性活动

财务行为分为投资和筹资，无论是投资还是筹资，都具有经营性和金融性。财务活动分为经营性活动和金融性活动，无论是经营性活动还是金融性活动，都包括投资和筹资。因此，企业财务活动是一个由投资、筹资、经营性、金融性相互交织的庞大驳杂的资金运动系统。

（1）经营性活动。分布在以下四个方面：

第一，分布在供产销环节（如图1-4中的①所示）上，包括三个部分：一是短期经营性投资（经营性流动资产），包括现金、应收账款、无息应收票据、预付款项、存货、应收股利（来源于控股并购的长期股权投资）等。二是短期经营性筹资（自发性流动负债），包括应付账款、无息应付票据、预收款项、应付职工薪酬、应交税费、应付股利（普通股）等。三是对内长期经营性投资，包括固定资产投资、无形资产投资。

第二，分布在内源性筹资环节（如图1-4中的①所示）上，专指留存收益（股利分配的结果）。

第三，分布在外源性股权筹资环节（如图1-4中的②所示）上，专指发行普通股，包括初次发行和再次发行。这是公司取得经营条件的第一步。

第四，分布在对外投资环节（如图1-4中的③所示）上，专指对外长期经营性投资，即经营性股权投资，主要是指控制型（无论是同一控制还是非同一控制）长期股权投资，从过程上包括对子公司的增资和对非子公司的控股增资。

（2）金融性活动。分布在以下两个方面：

第一，分布在外源性债务筹资环节（如图1-4中的②所示）上，包括三个部分：一是长期债务，包括银行借款（间接债务）和发行债券（直接债务）。二是发行优先股。对普通股而言，优先股相当于金融性负债。三是短期金融性筹资（临时性流动负债），包括短期借款、交易性金融负债、带息应付票据、应付利息（债券）、应付股利（优先股）等。

第二，分布在对外投资环节（如图1-4中的③所示）上，包括两个部分：一是短期金融性投资（金融性流动资产），包括交易性金融资产（含金融性股权投资和金融性债权投资）、带息应收票据、应收利息（来源于金融性债权投资）、应收股利（来源于金融性股权投资）。二是长期金融性投资，包括非控股并购的长期股权投资（金融性股权投资）、可供出售的金融资产（含金融性股权投资和金融性债权投资）、持有到期投资（金融性债权投资）。

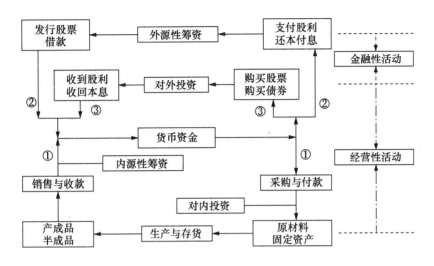

图1-4　经营性活动与金融性活动分布

3. 财务活动指标：经营性指标和金融性指标

基于"财务活动分为经营性活动和金融性活动"，本书将财务活动指标分为经营性指标和金融性指标。投资分为经营性投资和金融性投资，资产分为经营性资产和金融性资产，筹资分为经营性筹资和金融性筹资，资本分为经营性资本和金融性资本，负债分为经营性负债和金融性负债，股东权益分为经营性股东权益和金融性股东权益，收入分为经营性收入和金融性收入，成本分为经营性成本和金融性成本，利润分为经营性利润和金融性利润，现金流量分为经营性现金流量和金融性现金流量，营运资金分为经营性营运资金与金融性营运资金，杠杆分为经营性杠杆和金融性杠杆，风险分为经营性风险和金融性风险，困境分为经营性困境和金融性困境，危机分为经营性危机和金融性危机，安全分为经营性安全和金融性安全，租赁分为经营性租赁和金融性租赁，担保分为经营性担保和金融性担保，等等。这些全新指标概念，将会出现在相应章节。

沿着这一思路，可以扩展一些指标概念。企业目标分为业务目标和财务目标，财务目标分为经营性目标和金融性目标；企业战略分为业务战略和财务战略，财务战略分为经营性战略和金融性战略；企业预算分为业务预算和财务预算，财务预算分为经营性预算和金融性预算；企业控制分为业务控制和财务控制，财务控制分为经营性控制和金融性控制；企业评价分为业务评价和财务评价，财务评价分为经营性评价和金融性评价；等等。

（五）企业投资结构的重新梳理

剖析投资，要遵循一个逻辑起点。第一，资产负债表左边的资产分为流动资产和非流动资产，对应投资分为短期投资和长期投资。第二，短期投资和长期投资的收益与风险的评价原理和方法迥然不同。在两个起点基础上，投资按性质分为经营性投资和金融性投资；按方向分为对内投资和对外投资；按方式分为直接投资和间接投资。投资形式有实物（现金、存货、固定资产等）、证券（票据、股票、债券、基金份额等）和权力（控制权、经营许可权等）。投资级次结构如表1-2所示，并分为三个相互独立的部分。

1. 对内长期经营性投资

对内长期经营性投资也称对内资本化支出，是直接—直接投资①，形成对内长期经营性资产，如固定资产投资，目的是获取本企业生产经营所需要的劳动资料（劳动手段），并将其投入使用以赚取营业利润，而不是获取其再出售收益。位于资产负债表左下方，适用的评价原理和方法是现金流量折现法。

2. 对外长期经营性投资

对外长期经济性投资也称对外资本化支出，是间接—直接投资，形成对外长期经营性资产，即控制型长期股权投资，实质是一种"经营者集中"现象，目的是通过控制子公司的经营活动和财务活动，从而控制其资产以增加本企业的价值，而不是期待其再出售收益。位于资产负债表左中方下半部，适用的评价原理和方法是现金流量折现法。

---

① 笔者认为，企业投资按方式分为直接投资和间接投资。直接投资是经营性投资，分为直接—直接投资（企业以经营者身份进行的经营性投资，如固定资产投资）和间接—直接投资（企业以控股股东身份进行的经营性投资，如控制型长期股权投资）；间接投资是金融性投资，分为直接—间接投资（企业以一般股东和债权人身份分别进行的金融性投资，即出资企业投资于股票、债券等金融性资产，用资企业再投资于经营性资产）和间接—间接投资（企业以基金投资者身份进行的金融性投资，即出资企业投资于基金，基金再投资于股票、债券等金融性资产，用资企业再投资于经营性资产）。

表 1 - 2　投资结构分级

	一级（期限）	二级（性质）	三级（方向）	四级（方式）	资产负债表实例及形式	投资归类
投资分类及结构	短期投资	经营性投资	对内投资	直接—直接投资	现金——货币 应收款项①——权力 存货——实物	短期经营性投资
		金融性投资	对外投资	直接—间接投资	交易性金融资产②	金融性投资
				间接—间接投资	其他短期金融资产③	
	长期投资	金融性投资	对外投资	间接—间接投资	可供出售金融资产④——证券 持有至到期投资——债券	
				直接—间接投资	非控制型长期股权投资⑤——股票	
		经营性投资	对外投资	间接—直接投资	控制型长期股权投资——股权	长期经营性投资
			对内投资	直接—直接投资	固定资产⑥——实物 无形资产——权力 其他长期资产⑦——其他	

注：①应收款项包括对客户的应收账款、无息应收票据和对供应商的预付款项、应收股利（普通股）；②交易性金融资产有股票、债券和基金；③其他短期金融资产包括带息应收票据、对债务人的应收利息和对被投资者的应收股利；④可供出售金融资产有股票、债券和基金；⑤非控制型长期股权投资包括共同控制、重大影响、无共同控制且无重大影响的股权投资，即对合营企业、联营企业、其他企业的股权投资；⑥固定资产包括机器、设备、完工工程、在建工程、工程物资；⑦其他长期资产包括开发支出、长期待摊费用。

3. 短期经营性投资

短期经营性投资也称营运资金投资，是对内投资、直接—直接投资，形成短期经营性资产，如现金、应收账款和存货，目的是通过制定和实施短期经营性投资政策，决定分配多少经营性营运资金投资于应收账款和存货，保留多少现金以备支付。在营运资金管控中，通常将流动资产划分为波动性流动资产和永久性流动资产，位于资产负债表左上方，与之适用的评价原理和方法是成本收益原则。

4. 金融性投资

包括对外短期投资和对外长期投资。前者形成短期金融性资产，如交易性金融资产，通常除作为现金等价物、替代品之外的证券投资，位于资产负债表左上方；后者形成长期金融性资产，如可供出售金融资产、持有至到期投资、非控制型长期股权投资，位于资产负债表左中方上半部。金融性投资的结果是资产运用，目的是获取投资收益。金融性投资是间接投资，按对象分为股票投资、债券投资和基金投资。其中股票投资、债券投资属于直接—间接投资，基金投资属于间接—间接投资。适用的评价原理和方法是投资组合理论，不仅与长期经营性投资评价原理和方法大相径庭，也与短期经营性投资评价原理和方法相去甚远。

投资的详细划分见图 1 - 5。

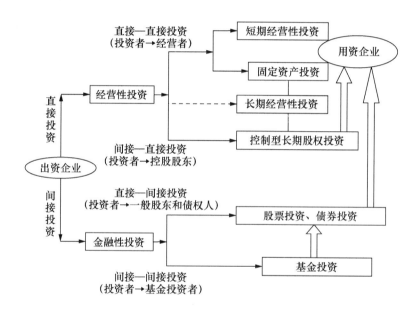

图 1 - 5　投资详细分类

企业作为投资者，通常扮演三种角色：一是作为实业投资者（经营者），其基本投资模式是买鸡卖蛋（当然也离不开借鸡生蛋），内容相当于对内长期经营性投资和短期经营性投资，是企业的正统业务。二是作为资本投资者（经营者），其基本投资模式是买蛋卖鸡（当然也离不开借蛋孵鸡），内容相当于对外长期经营性投资。三是作为市场投资者（投机者），其基本投资模式是买鸡卖鸡（当然也离不开借鸡还鸡），内容相当于金融性投资。

（六）企业筹资结构的重新梳理

剖析筹资要遵循一个逻辑起点。第一，资产负债表右边的权益分为负债（债权人权益）和股东权益，对应的筹资分为债务筹资和股权筹资。第二，债务筹资与股权筹资的成本及风险评价原理和方法大不一样。在两个起点基础上，筹资按期限分为短期筹资和长期筹资；按来源分为内源性筹资和外源性筹资；按方式分为直接筹资和间接筹资。筹资的级次结构见表1-3，并分为三个相互独立的部分。

表1-3　　　　　　　　　　　　　　　　筹资结构分级

	一级（性质）	二级（期限）	三级（来源）	四级（方式）	资产负债表实例及形式	筹资归类
筹资分类及结构	债务筹资	短期筹资	外源性筹资	间接筹资	短期借款——货币 应付款项①——权力	短期外源性筹资 （有些是经营性筹资）
				直接筹资	其他短期负债②——债权	（有些是金融性筹资）
		长期筹资	外源性筹资	间接筹资	长期借款——货币 专项应付款——债权 长期应付款③——实物	长期外源性筹资 （有些是经营性筹资） （有些是金融性筹资）
				直接筹资	长期应付款④——实物 发行债券——证券	
	股权筹资	长期筹资	外源性筹资	直接筹资	发行优先股——货币 发行普通股——货币	
			内源性筹资		盈余公积——收益 未分配利润——收益	内源性筹资 （经营性筹资）

注：①应付款项包括应付账款、对供应商的应付票据（无息和有息）、对客户的预收款项。②其他短期负债包括交易性金融负债、对企业经营者及普通员工的应付职工薪酬、对国家的应交税费、对债权人的应付利息、对股东的应付股利（优先股和普通股）。③长期应付款（金融性租凭）。④长期应付款（延期付款）。

1. 长期外源性筹资

包括股权筹资和债务筹资，位于资产负债表右中部。长期外源性筹资动机有经营性和金融性之分。长期经营性筹资是直接筹资，包括发行普通股（包括初次发行和再发行）和长期应付款——分次延期支付，前者出于公司设立动机和经营性扩张动机。长期金融性筹资包括长期借款、专项应付款、长期应付款——金融性租赁、发行债券、发行优先股、发行混合证券（认股权证、可转换债券）等，主要出于金融性扩张动机。长期外源性筹资的资本成本评价原理和方法，主要采用现金流量折现法，也可以采用其他方法。

2. 短期外源性筹资

短期外源性筹资也称营运资金筹资，位于资产负债表右上方。短期外源性筹资全部是流动负债筹资，其动机也有经营性和金融性之分。短期经营性筹资也称经营性流动负债，包括应付账款、应付票据（无息）、预收款项、应付职工薪酬、应交税费、应付股利（普通股）等。短期金融性筹资也称金融性流动负债，包括短期借款、交易性金融负债、应付票据（有息）、应付利息（债券）、应付股利（优先股）等。短期外源性筹资目的是通过制定和实施营运资金筹资政策，决定多少流动资产来源于流动负债。在营运资金管控中，通常将流动负债分为临时性流动负债和自发性流动负债，即金融性流动负债（短期金融性筹资）与经营性流动负债（短期经营性筹资）。

3. 内源性筹资

内源性筹资也称留存收益，是直接筹资、长期筹资、股权筹资、经营性筹资，位于资产负债表右下方。留存收益和股利发放是一个事物的两个方面，存在此消彼长的关系。正因为如此，内源性筹资的规模、结构和效率，不仅取决于当年盈利，而且取决于股利分配政策。

（七）投资与筹资的学理性分合：五大财务行为

具体财务对象分为投资和筹资。前者包括对内长期经营性投资、对外长期经营性投资、短期经营性投资和金融性投资，后者包括长期外源性筹资、短期外源性筹资和内源性筹资。由于对内长期经营性投资与对外长期经营性投资的评价方法相同，合称为长期经营性投资。由于短期经营性投资的结果是经营性流动资产，短期外源性筹资的结果是金融性流动负债和经营性流动负债，两者的天然联系及其差额，引起了财务人员的特别关注，通常将其归并在一起，统称为营运资金管控。因此，企业财务活动按重要性由大到小依次划分为长期经营性投资、长期外源性筹资、营运资金管控、内源性筹资和金融性投资五大财务行为，见表 1 − 4。

表 1-4

财务活动具体内容

资产				负债及所有者权益		
分类	要素	投资	财务活动（资产负债表）	筹资	要素	分类
流动资产	现金		营运资金管控（3）	短期外源性筹资	短期借款	流动负债
	提供商业信用	短期经营性投资			接受商业信用	
	存货				其他流动负债	
	交易性金融资产			长期外源性筹资（2）	长期借款	长期负债
	其他短期金融资产	金融性投资（5）			专项应付款	
	可供出售长期金融投资				长期应付款——金融租赁	
	持有至到期金融投资				长期应付款——延期付款	
	非控制型长期股权投资				应付债券	
非流动资产	控制型长期股权投资				优先股	
	固定资产	长期经营性投资（1）		内源性筹资（4）	普通股	所有者权益
	无形资产				盈余公积	
	其他长期资产				未分配利润	

1. 长期经营性投资

通过长期经营性投资，资金从货币形态转化到实物或权力形态。长期经营性投资决策的第一个核心问题是投资项目估价。一是现金流量的期望规模；二是现金流量的预计时间；三是现金流量的风险估计。资产收益评价是长期经营性投资决策的第二个核心问题。长期经营性投资的目的是提高企业产能，增加营业收入，缩短现金流量回收时间，降低投资风险，最大限度地实现股东财富最大化，是社会财富创造的发动机，是企业第一财务行为。

长期经营性投资的内容涉及对内长期经营性投资和对外长期经营性投资。

2. 长期外源性筹资

通过长期外源性筹资，资金形态大多处于货币形态。长期外源性筹资决策的核心问题是筹资项目定价。一是筹资来源；二是筹资现金流量分布；三是筹资风险。资本来源决定企业现金流量有多少流向股东，有多少流向债权人，决定筹资风险的性质和程度，是企业最根本的长期筹资决策。资本成本计量是长期外源性筹资决策的第二个核心问题。资本成本决定向谁筹资、何时筹资、怎么筹资、多大规模筹资、多少代价筹资，是长期筹资决策的根本依据。长期外源性筹资的目的是满足长期经营性投资的需要，是社会财富创造的输油库，是企业第二财务行为。

长期外源性筹资的内容涉及：长期经营性筹资和长期金融性筹资。

3. 营运资金管控

营运资金管控包括短期经营性投资和短期外源性筹资，分别形成经营性流动资产和经营性、金融性流动负债。营运资金的存在，表明流动负债仅提供了部分流动资产，另一部分流动资产要依靠长期筹资来源。短期经营性投资的目的是决定应当持有多少种类和多大规模经营性流动资产，各种流动资产如何分配，以确定波动性流动资产、永久性流动资产和非流动资产的组合比例。短期外源性筹资的目的是满足短期经营性投资的需要，并确定临时性流动负债、自发性流动负债和长期资本（长期债务和股东权益）的组合比例。

满足波动性流动资产的资金需求，最经济的资金供给是临时性流动负债；保障永久性流动资产的资金需求，最可靠的资金供给是自发性流动负债和长期资本。这正是营运资金管控的精髓所在。营运资金管控属于企业日常经营性活动，是社会财富创造的转化器，是企业第三财务行为。

营运资金管控内容涉及：短期经营性投资和短期外源性筹资（包括短期经营性筹资和短期金融性筹资）。

4. 内源性筹资

内源性筹资决策应当关注的主要问题是：一是当年盈利；二是股利分配政策。股利支付率是股利分配政策的核心条款，决定留存收益的大小和再投资规模，是企业一项重要的长期筹资决策。内源性筹资原本是企业优先考虑的筹资项目，但因其筹资规模受盈利和股利政策的影响，其筹资功能沦落为仅仅弥补外源性筹资的不足。然而，股利分配是社会财富创造的润滑剂，其对应的内源性筹资成为企业第四财务行为。

5. 金融性投资

金融性投资决策应当关注的主要问题是：一是投资价值的估价；二是投资收益和风险的大小。金融性投资的目的是提高企业闲置现金的收益性，增加企业资产的流动性，满足适度投机的需要。金融性投资已然成为企业投资多元化的重要渠道和风险分散的基本途径，可以称得上不可或缺的企业财务活动，成为社会财富放大的中转站，是企业第五财务行为。

综上所述，财务活动的具体对象粗略分解为投资和筹资（二分论），详细分解为长期经营性投资、长期外源性筹资、营运资金管控、内源性筹资和金融性投资（五大财务行为）。这是从横向上对财务活动的剖析，本书实务部分第四章至第七章按照这个设计顺序。

三 综合财务对象：财务关系

在资金运动（总体财务对象）中，财务行为（具体财务对象）反映财务对象的形式特征，以及人与物的关系；财务关系揭示财务对象的实质内容，以及人与人的关系，是综合财务对象。那么，财务关系的根源是什么？

（一）财务关系源于企业产权关系

现代企业（公司制企业）可以由物质资源所有者来控制，也可以由人力资源所有者来控制，但由于所有权与经营权的分离，即"两权分离"，企业产权及其产权安排较为复杂。

目前理论界和实务界比较认同的观点是，现代企业产权结构是以企业法人财产权为基础，以出资人所有权、企业法人财产权、经营者经营权的相互分离为特征来明确各自权力、责任和利益的一种法律和经济制度。其主要特点是：一是现代企业产权的分离是以企业法人财产权为中介的出资人所有权与经营者经营权的分离；二是具有法律意义上的出资人所有权与企业法人财产权的分离（这种分离是以法律为依据）；三是具有经济意义上的企业法人财产权与经营者经营权的分离（这种分离要服从经济的需要）。

1. 出资人所有权：所有者所有权和债权人所有权

也称资本所有权，是指出资人（包括股东和债权人）对其投入资本的原始或终极所有权，分为股权和债权。股权载体形式是股票或股份，股权不是物权，是由股东的财产所有权转化而来的，股东一旦将财产投入公司，就放弃了对财产的直接支配权而获得相应的股权，即股东不能对企业实际资产进行排他性的支配，因此，股权是一种价值（证券）形态和受限制的所有权。债权的载体形式是债券或贷款契约，债权同股权一样也不是物权，债权人不能直接实现权利，而需要通过相关义务人履行债务才能实现。股东不能要求抽回资本，股权主要表现为投票表决权（用手投票）、年终收益分配权、新股优先认购权、剩余财产清偿权、股份转让权（用脚投票）、监督检查权和诉讼权等。股权只能由合法行为才能取得；而债权可由合法行为引起，也可由非法行为引起。股权确认财产归属，而债权体现财产流转过程，流转结果往往导致所有权的转移。

2. 企业法人财产权

企业法人财产权是企业作为法人对其拥有的法人财产所享有的占有权、使用权、收益权和处置权。股份制公司成立时，通过发行股票筹集的资本有两种存在方式：一是股东持有的以股票形式存在的虚拟资本；二是企业法人控制的以实物形态存在的现实资本。因此，企业法人财产权是指企业在取得法人资格后，形成的相对脱离出资人所有权并受法律保护的独立产权，是从原始所有权中分离出来的派生所有权，与出资人所有权相对应。企业法人财产权与出资人所有权的最大区别是，企业法人财产权是一种托管性质的财产支配权，是一种物权（尽管是一种他物权）。正因如此，企业法人财产权是现代企业产权的基础和核心。

3. 经营者经营权

经营者经营权也称资产经营权，是经营者对企业法人财产依法享有的占有权、使用权以及部分处置权和收益权。经营权是从企业法人财产权中分离出来的独立产权，与企业法人财产权一样，也是一种他物权，但又不同于企业法人财产权：一是表述方法不同。经营权相对于所有权而言；而法人财产权相对于出资人所有权而言。二是权利内容不同。经营权中各项权能的行使受到许多限制，如占有权和使用权受到法律的制约，收益权和处置权同时受到法律和所有者的双重约束；而法人财产权中各项权能的行使较为独立，也较为全面。三是存续期限不同。经营权通常有期限约定；而法人财产权在理论上是永续的。四是产权地位不同。经营权的边界由法人财产权规定，而法人财产权的边界由出资人所有权规定。

（二）十大财务关系的分布

关于财务关系，有人说是货币关系，有人说是经济关系，有人说是产权关系，有人说是社会关系，但无论如何，财务关系分布在五个方面，每个方面都包括上游和下游，形成 10 种财务关系。如图 1 – 6 所示。

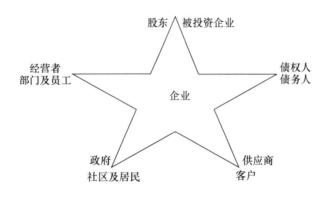

图 1 – 6　财务关系分布

1. 股东←企业→被投资企业

源于所有权与经营权分离。企业从股东那里取得原始资本，进行生产经营活动，对股东财产承担保值增值责任，并将所实现的利润按照股东持有的股份比例进行股利分配，支付股利。处理股东与企业的关系时，一些重要的股东（若有）要特别关注：一是控股股东（母公司）；二是有重大影响的股东。

企业有时向其他企业进行股权投资，并按其持有的股份比例大小，形成独资、控股或参股，并享有被投资企业的经营管理权和利润分配权。处理企业与被投资企业的关系时，一些重要的被投资企业（若有）要特别关注：一是子公司；二是对其有重大影响的被投资企业。

无论股东与企业的财务关系，还是企业与被投资企业的财务关系，都是所有权关系，体现了投资与被投资之间的产权关系。

2. 债权人←企业→债务人

源于债权与经营权的分离。当资金不足时，企业需要向银行借款或发行债券，成为债务人，相应的，银行或债券持有人成为企业的债权人。

当资金闲置时，企业可能会购买其他企业或机构（政府、金融机构）发行的债券，成为债权人，相应的，发债企业或机构成为企业的债务人。

无论是债权人与企业之间的财务关系，还是企业与债务人的财务关系，都是借贷关系和是债权债务关系。债权人虽然不像股东那样有权参与经营管理和享有剩余收益分配，但享有优先求偿权。同时，债务人承担到期偿还本息的责任。

3. 经营者←企业→部门及员工

源于经营权的分割。股东将企业委托给经营者管理，期望自己的财产能够保值增值，并要求经营者承担受托责任，经营者与企业之间形成委托代理关系。同时，企业向经营者支付满意的报酬，经营者与企业之间形成薪酬结算关系。

企业（由财务部门代表）与供、产、销各部门之间相互提供产品或劳务，也要进行计价核算；同时，也会发生领料、领款、借支、报销、代收、代付等事项。企业与各部门之间形成收支结算关系。

企业要向辛勤工作和倾情贡献的员工支付工资（基本工资、奖金、津贴和补贴）作为劳动报酬，同时要按照国家有关规定，为员工支付和交纳职工福利费、社会保障金（养老、医疗、失业、工伤、生育）、住房公积金、工会经费、职工教育经费等社会福利。企业与员工之间形成薪酬分配关系。

无论经营者与企业的财务关系，还是企业与部门及员工的财务关系，都是内部利益协调关系，其根本途径是明确责权利，找到利益均衡点。

4. 政府←企业→社区及居民

源于法人财产权的社会责任。政府为企业提供了公共产品（国防、法律、基础设施和社会服务等），企业当然地要承担纳税义务，以保证国家机器的正常运转。政府与企业之间的财务关系，体现了政府以行政管理者的身份参与企业收益分配，这种分配具有强制性、无偿性和固定性。

企业基于环境保护、产品质量等要求，会与社区及居民发生一定的财务关系。

5. 客户←企业→供应商

源于经营权的转移和交换。企业销售产品或提供劳务，要向顾客（包括主要客户和一般消费者）收取货款和流转税款，形成收支结算关系；同时，出于某种原因，企业只能延期收款或提前收款，形成应收账款或预收账款，构成商业信用关系。

企业购买商品（原材料、固定资产）或接受劳务，要向供应商支付货款和流转税款，形成收支结算关系；出于某种原因，企业还需要延期付款或提前付款，形成应付账款或预付账款，构成商业信用关系。

第三节　财务手段——怎样做？

财务活动究竟怎样做，涉及财务手段。一个财务主体，找到了合适的财务对象，这时所需要的是运用恰当的财务手段。

一　财务手段、财务行为和财务活动

如果说财务行为涉及财务活动的横向划分，财务手段涉及财务活动的纵向划分，因此，财务内容由财务对象与财务手段共同构成。

（一）财务手段体系

财务手段是指为了实现财务目标，发挥财务功能，在财务活动中采用的各种技术、方法、方式的总称。财务手段按性质分为定性手段和定量手段；按过程分为事前手段、事中手段和事后手段；按层次分为基本手段和辅助手段；按环节分为财务战略、财务治理、财务预测、财务决策、财务预算、财务控制和财务评价七个部分。财务活动手段体系如图1-7所示。

（二）财务活动内容：财务行为、财务手段

如果将财务行为分为长期经营性投资、长期外源性筹资、营运资金管控、内源性筹资和金融性投资五个方面，是从横向层面来观察和划分财务活动内容的，那么，将财务手段分为财务战略、财务治理、财务预测、财务决策、财务预算、财务控制和财务评价七个方面，是从纵向层面来观察和划分财务活动内容的。无论财务行为，还是财务手段，均不同程度地嵌入了财务关系。财务行为和财务手段共同构成财务活动内容，前者称为横观财务活动，后者称为纵观财务活动，如表 1 - 5 所示。

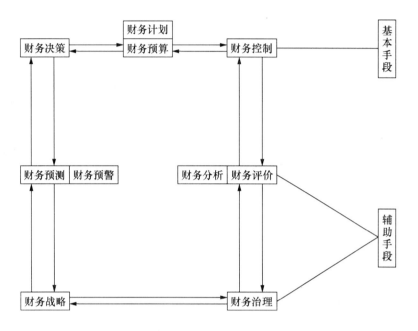

图 1 - 7　财务手段体系

表 1 - 5　　　　　　　　　　　　　财务内容体系

财务关系			财务对象				
			资金及运动				
			投资		投资与筹资	筹资	
			长期经营性投资	金融性投资	营运资金管控	长期外源性筹资	内源性筹资
财务手段	基本手段	财务决策	√	√	√	√	√
		财务预算	√		√	√	√
		财务控制	√	√	√	√	√
	辅助手段	财务预测	√		√	√	
		财务评价	√	√	√	√	√
		财务战略	√		√	√	√
		财务治理	√		√	√	√

注：带"√"的在现实财务活动中显著存在。

二　基本手段：财务决策、财务预算与财务控制

一般来说，财务管理的基本职能是财务计划和财务控制。财务计划分为项目计划和期间计划，前者的编制和采纳过程是财务决策，目的是实现财务目标；后者的编制和执行过程是财务预算，目的是落实财务决策。因此，财务决策、财务预算、财务控制是所有重大财务活动不可或缺的基本手段。

（一）财务决策

财务决策是指财务决策者在财务目标指导下，根据财务战略和财务预测提出的设想，运用专门方法，从若干备选方案中选择最佳方案。

1. 财务决策意义、内容与程序

财务决策意义包括：（1）财务决策是财务活动的基本环节。现代管理理论认为，企业活动的重心在经营，经营的重心在决策，关系企业的兴衰成败。（2）财务决策是财务战略的体现，是财务预测的深化，是编制财务预算（计划）的前提，在财务预测与财务预算之间起着桥梁作用。

财务决策内容分为投资决策和筹资决策。前者包括长期经营性投资决策、短期经营性投资决策、金融性投资决策等；后者包括长期外源性筹资决策、短期外源性筹资决策、内源性筹资决策等。

财务决策程度涉及：（1）收集决策情报。在财务预测基础上，结合初步设想的目标，收集有关决策情报，找出决策依据。（2）设计决策方案。根据所收集的决策信息，以企业所要解决的问题为目标，设计各种可能采取的备选行动方案，并分析评价每一方案的得失和利弊。（3）选择决策方案。根据企业历史经验、现实情况和未来预测，以一定价值标准评价所设计的各行动方案的优劣，并按照一定准则选择一个最优行动方案。（4）评价决策质量。根据实际发展进程与行动方案的比较，评价决策的效果以及主观符合客观的程度，以便改善后续决策。

2. 财务决策方法

按决策问题重复程度，分程序式决策（例行决策、常规决策、重复决策）和非程序式决策。按决策目标多寡，分为单目标决策和多目标决策。按决策权限安排，分为个人决策和集体决策。按决策要解决的问题性质，分为原始决策和追踪决策。按决策目标影响程度，分为战略决策和战术决策。按决策影响时间长短，分为长期决策、中期决策和短期决策。按决策者层级，分为高层决策、中层决策和基层决策。按决策思维方法，分

为直觉决策、经验决策和推理决策。按决策过程，分为权力型决策、妥协型决策和博弈型决策（竞争型决策）。按决策条件的可控程度，分为主观（定性）决策和客观（定量）决策，其中后者包括确定性决策、不确定性决策和风险性决策。

主观决策法包括德尔菲法、头脑风暴法和层次分析法（AHP）等。确定性决策法包括边际分析法、盈亏平衡分析法、线性规划法、信息熵法、神经网络法、灰色系统理论法、最大方差法、主成分分析法（PCA）等数学和运筹学方法；不确定性决策法包括最大收益值法（乐观准则法）、最大最小收益值法（小中取大法、悲观准则法）、折中法、最小最大后悔值法（大中取小法）等损益决策方法；风险性决策法包括最大可能法、决策表（矩阵）法、决策树法等概率决策方法。

（二）财务预算

财务预算是在财务计划基础上进行的。要做好财务预算，必须首先做好财务计划。财务计划是预先决定在特定时期内做什么、何时做、怎样做、谁去做。

1. 财务预算意义、内容与程序

财务预算意义包括：（1）财务计划是财务活动的基本手段。（2）财务计划是财务预测和财务决策的具体化。财务计划是根据财务预测提供的信息和财务决策确立的方案来编制的。（3）财务计划是财务预算编制的基础，是财务控制的标准和依据，是考核经营业绩的凭证。

财务预算是企业全面预算的重要组成部分，按涉及预算期限分为长期预算和短期预算。长期预算主要包括长期销售预算、长期投资预算（资本预算），有时也包含长期筹资预算和长期研发预算等。短期预算包括日常业务预算和财务预算。日常业务预算是与企业日常经营活动直接相关的预算，包括销售预算、生产预算、期末存货预算、直接材料预算、直接人工预算、制造费用预算、生产成本预算、产成品预算、销售费用预算、管理费用预算等。财务预算是以价值形式综合反映企业长期预算和日常业务预算的综合性预算，包括现金预算（预计现金流量表）、预计资产负债表和预计利润表。

财务预算程序涉及：（1）拟订预算（计划）指标。根据财务决策要求，分析和结合主客观条件，提出一系列主要预算（计划）指标。（2）提出保证措施。从需要和可能出发，合理安排企业人力、财力、物力，组织财务收支的动态协调和综合平衡，以保证预算（计划）指标的全面落实。
（3）编制具体预算（计划）。通过调整和分解各项指标，编制具体预算
（计划）表格。

2. 财务预算与财务计划的关系

财务计划分为长期财务计划和短期财务计划。长期财务计划是指一年
以上的计划。例如，企业通常制订五年财务计划。长期财务计划是实现财
务战略的工具，制订长期财务计划应以公司经营理念、业务范围、战略目
标为基础。

短期财务计划是指一年一度的财务预算。财务预算是数量化、货币化
的财务计划，是财务决策的具体化，是财务计划的终点和成果，是财务控
制的起点和依据，是连接财务计划与财务控制的桥梁，是一种财务激励形
式，也是一种财务控制手段。

随着计划重要性的不断提高，计划数量化趋势的日益增强，计划经济
学的逐渐发展，财务预算必将在财务手段体系中占有一席之地，甚至可能
抢夺制高点。

3. 财务预算方法

财务计划可以编制成财务预算，总体有以下编制方法。目前应用较多
的有：

（1）弹性预算。与固定预算相对应。固定预算是在预算期内按某一
固定经营水平编制的方法。其主要特点是预算编成后，除特殊情况外，预
算期内预算不能变动，具有相对稳定性。弹性预算是在预算期内按若干经
营水平编制的具有伸缩性的方法。其优点是始终使预算执行者既有近期目
标，也有长远目标，有效克服那种只顾眼前利益、不顾战略利益的错误倾
向。其缺点是编制工作比较麻烦，适用于随业务量变化的项目支出。

（2）滚动预算。与定期预算相对应。定期预算是按月、季、年甚至
更长时间编制的方法。滚动预算是在定期预算的基础上，每经过一段时期
（一旬、一月、一季、一年），根据变化后的环境和计划执行情况，对原
预算调整，使原预算期不变，将预算期顺次向前推进一段时间，使预算不
断滚动、延伸。例如，年度预算每季度编制一次，每次向后滚动1季度。
其优点是使预算更切合实际，体现了预算的变化性，增加了预算的准确
性，保证了预算的指导性，其缺点是编制工作比较复杂，工作量大。

（3）零基预算。与增量预算相对应。增量预算是在上期预算基础上

按一个增长水平或增长率编制的方法。零基预算是指不考虑过去的预算水平,以零为基点编制的方法。其特征是不受以往预算制订与执行情况的影响,在成本效益分析的基础上,根据需要和可能来编制财务预算。其优点是有利于提高员工的"投入—产出"意识,有利于发挥部门参与编制预算的创造性。其缺点是由于一切工作从"零"做起,编制工作量大,费用相对较高。

（三）财务控制

财务控制是根据财务预算目标,按照一定程序与方式,确保企业及各部门和人员全面落实和实现财务预算的过程。它是内部控制的核心,以价值形式为基本控制手段;以不同岗位、部门和层次的经济业务为综合控制对象;以日常现金流量为主要控制内容。

1. 财务控制意义、内容与程序

财务控制意义包括:（1）财务控制是财务活动的基本手段。（2）财务控制是一种连续性、系统性和综合性最强的控制。（3）财务控制是执行财务预算的手段。（4）财务控制是财务分析的基础。

财务控制通常分为制度控制、预算控制、激励控制、监督控制、评价控制,主要包括以下内容:

（1）授权批准控制。在某项财务活动发生前,按照既定程序对其正确性、合理性、合法性加以核准,并确定是否让其发生所进行的控制。其主要方法是通过授权通知书来明确授权事宜,保证既定方针执行和限制职权滥用。其核心原则是对在授权范围内的行为给予充分信任,对授权之外的行为予以拒绝。其基本要求是明确一般授权与特定授权;明确各类经济业务的授权批准程序;建立必要的检查制度。其主要内容是不经合法授权,任何人不能行使审批权力;有权授权的人不得越权授权;所有业务不经授权不能执行,一经授权必须执行。授权批准控制是一种制度控制,具有防护性。

（2）预算控制。根据财务预算的编制、执行与调整、评价与反馈所进行的控制,贯穿投资、筹资、采购、生产、销售全过程。有人认为,在现代企业制度下,法人治理结构具有三个制度保障:一是公司法;二是公司章程;三是公司预算。事实上,公司预算以公司法、公司章程为依据,明晰了股东（大会）、董事会、经营者、部门经理乃至每个员工的责、权、利关系,使财务决策、财务计划乃至企业财务目标得以细化落实。预算控制具有激励性。

（3）实物资产控制。分为限制接触控制和定期清查控制。前者是对实物资产（如现金、银行存款、有价证券、存货等）及其有关文件，除出纳人员和仓库保管人员外，其他人员被限制接触；后者是对实物资产定期进行清查，保证账证相符、账实相符、账表相符。

（4）成本控制。分为粗放型成本控制和集约型成本控制。前者是从原材料采购到产品销售过程所进行的控制，具体包括原材料采购成本控制、材料使用成本控制和产品销售成本控制；后者是通过改善生产技术、产品工艺来降低成本。

（5）风险控制。通过不断加强内部管理，及时根据市场需求转变经营理念，尽可能防范不利于企业经营目标实现的各类经营性风险和金融性风险。

（6）会计系统控制。依据《会计法》和企业会计准则，制定适合本单位会计制度，明确会计核算流程和工作规程，建立岗位责任制和会计档案制度，充分发挥会计监督职能。良好的会计系统控制是财务控制得以顺利进行的有力保障。

（7）内部审计控制。在企业内部对各种经营活动与内部控制系统进行独立评价，以鉴证既定政策是否贯彻，资源利用是否合理，经营目标是否实现，这是内部审计的功能。可见，内部审计对会计的审查和再监督，既是财务控制的有效手段，也是保证会计资料真实、完整的重要措施。

（8）业绩评价控制。企业业绩评价由评价目标、评价对象、评价指标、评价标准和评价报告五要素构成，在财务活动中处于承上启下的关键作用。业绩评价是本次财务活动循环的终点，又是对下次财务活动循环的起点，包括动态评价和综合评价。预算编制、执行、评价，周而复始的循环以实现对整个企业经营活动的最终控制。

财务控制程序涉及：（1）确定控制目标。财务控制目标一般按财务预算指标确定，对一些综合性的财务控制目标应按责任中心或个人进行分解，使之成为能够控制的目标。（2）建立控制系统。按照控制目标，具体落实财务控制目标的责任中心或个人，形成纵横交错的控制系统。（3）信息传递与反馈。既能自下而上反馈财务预算的执行情况，也能自上而下传递调整财务预算偏差的要求，做到上情下达，下情上报。（4）纠正实际偏差。根据信息反馈，及时发现实际脱离预算偏差的有无、大小及成因，采取有效措施加以纠正，以保证财务预算的完成。

2. 财务控制方法

（1）按对象，分为收支控制和现金控制。前者是对企业及各责任中心的财务收入和支出所进行的控制；后者是对企业及各责任中心的现金流入和流出所进行的控制。

（2）按手段，分为定额控制（绝对控制）和定率控制（相对控制）。前者是对企业及各责任中心用绝对额指标进行控制；后者是对企业及各责任中心用相对率指标进行控制。

（3）按功能，分为防护性控制、前馈性控制和反馈性控制。防护性控制（排除干扰控制）是在财务活动前，先制定有关制度和规章，排除可能产生的偏差。如为了保证现金安全与完整，先规定现金使用范围和制定内部控制制度。前馈性控制（补偿干扰控制）是通过对财务活动的监视，运用一定方法预测可能出现的偏差，采取一定措施，将偏差予以消除。如控制短期偿债能力时，要密切关注流动资产（速动资产）与流动负债的对比关系。当预测流动比率（速动比率）会朝着不合理的方向发展时，应当采取一定方法对流动资产（速动资产）和流动负债进行调整，使之朝着合理的方向发展。反馈性控制（平衡偏差控制）是在认真分析的基础上，发现实际与计划的偏差，查找偏差产生的原因，采取有效措施，调整实际财务活动或财务计划，将偏差予以消除或避免今后出现类似偏差。

（4）按时段，分为事前控制、事中控制和事后控制。事前控制是在财务活动前所进行的控制，如事前的授权与审批；事中控制是在财务活动中所进行的控制，如事中的监督与审查；事后控制是在财务活动后所进行的控制，如事后的考核与奖惩。

三　辅助手段：财务预测、财务评价、财务战略和财务治理

除财务决策、财务预算和财务控制三个基本手段外，还有一些辅助手段，或起监测、事先评估作用（财务预测），或起补充、善后问责作用（财务评价），或起引导、资源动员作用（财务战略），或起统领、风险防范作用（财务治理）。

（一）财务预测

财务预测是根据财务活动的历史资料，考虑企业现实条件和市场变化情况，运用特定方法，对企业未来财务活动的发展趋势做出科学的预计和

测算。

1. 财务预测意义、内容与程序

财务预测是财务决策的可靠依据；是编制财务计划的基础；是组织日常财务活动的必要前提。

财务预测内容按对象，分为投资预测和筹资预测、收入预测、成本预测和利润预测；按时间跨度，分为长期预测、中期预测和短期预测；按目标多寡，分为单项预测和多项预测；按态势，分为静态预测和动态预测。

财务预测程序涉及：（1）明确预测对象和目标。为了明确预测的范围、内容、要求和时间，提高预测效率和效果，应根据财务决策所需要的预测对象，确定预测目标。（2）制订预测计划和收集有关资料。预测计划包括组织领导、人事安排、工作进度、经费预算等。根据预测对象和目的，明确收集资料的内容、方式和途径，有针对性地收集资料，并检查资料的可靠性、完整性和典型性，排除偶发因素的影响，去伪存真，去粗取精，并对资料进行必要的归类、汇总和调整，使资料符合预测需要。（3）确定预测方法和进行实际预测。根据预测目的以及取得信息资料的特点，选择适当的预测方法。使用定量方法时，应建立数理统计模型；使用定性方法时，要按照一定的逻辑思维，草拟预算提纲。然后，运用选择的预测方法进行预测，并得出初步预测结果，用文字、表格或图等形式表示。（4）论证和修正预测结果。为了使预测结果符合预期要求，需要对预测结果进行必要的论证，对误差较大的预测进行修正，提高预测结果的准确性，为财务决策提供依据。

2. 财务预测方法

（1）定性预测。通过判断事物具有的各种因素、属性进行预测。定性预测在缺乏完备、准确历史资料的情况下采用，建立在经验判断、逻辑思维与推理基础上，主要特点是利用直观材料，依靠个人经验和专业知识进行主观判断和综合分析，对未来发展状况和趋势进行预测。经常采用的定性预测方法有：专家会、讨论会、座谈会、访问、实地调查、现场观察、咨询调查、征求意见等。

（2）定量预测。通过分析事物各种因素、属性数量关系进行预测。定量预测基于历史和现实资料，主要特点是根据数据资料寻找其内在规律，运用变量之间的数量关系（如时间关系、相关关系、回归关系等）建立数学模型，依据连贯性原则和类推性原则，通过数学运算，预测对未来发展状况和趋势。广泛应用的定量预测方法有：一是时间序列预测法，如算术（简单、加权）平均法、移动平均法、指数平滑法、最小二乘法等，其特点是简单和容易掌握，但精确度较低；二是因果关系预测法，如线性（一元、多元）回归法等，其特点是精确度高，但工作量大；三是概率预测法，马尔柯夫预测法，其特点是需要有较高的数学基础。

定性预测和定量预测各有利弊，相互补充。为了提高财务预测质量，既要进行定性分析，也要进行定量分析，将两者结合起来。

（二）财务评价

财务评价是在财务分析的基础上进行的，要做好财务评价，先要做好财务分析。财务分析是以财务报表以及相关会计资料为依据，运用有关专门分析方法，对企业财务状况、经营成果和现金流量进行解析和评价。由于财务分析的主要依据是财务报表，通常所指的财务分析是财务报表分析。

1. 财务评价意义、内容与程序

包括：帮助企业了解和掌握财务计划完成情况；帮助企业改善财务战略、财务预测、财务决策、财务预算和财务控制；将零散数据转换为有用信息，帮助财务报表使用人（股东、债权人、经营者、员工、政府、供应商、顾客等），了解企业过去，把握企业现在，预测企业未来，改善经济决策。

财务评价通常分为两类：（1）企业财务状况综合评价。主要运用财务评价指标体系，一般由偿债能力、营运能力、盈利能力、成长能力和市场表现能力构成。短期偿债能力指标包括流动比率、速动比率、现金比率等；长期偿债能力指标包括资产负债率、产权比率、权益乘数、利息保障倍数等。营运能力指标包括应收账款周转率、存货周转率、流动资产周转率、总资产周转率等。盈利能力指标包括销售利润率、总资产报酬率、净资产收益率等。成长能力指标包括销售增长率、利润增长率、净资产增长率等。市场表现能力指标包括市盈率、市净率、市销率等。（2）企业业绩评价。主要着眼于业绩评价基础，一般有盈利基础（每股收益 EPS、净资产收益率 ROE）、剩余收益基础（剩余股权收益、剩余经营收益）、经济增加值 EVA 基础、市场增加值 MVA 等。

财务评价程序包括：明确财务评价目的；收集有关财务信息；根据财务评价目的，将各个部分割裂开来，予以适当组织，使之符合需要；深入研究各个部分的特殊本质；进一步研究各个部分的相互联系；解释结果，提供对决策有用的信息。

2. 财务评价与财务分析的关系

财务分析是财务评价的基础，同时，财务评价过程是财务分析深化过程。财务评价是财务决策的主要依据，是财务控制的基本手段，是财务监督的关键内容。

3. 财务评价方法

（1）动态评价和静态评价。考虑了时间价值的动态评价，其重要性日益提高。

（2）定量评价和定性评价。运用了数理基础的定量评价，其范围逐渐扩大。

（3）综合评价和单项评价。分析了多种因素的综合评价，其意义越来越大。

（4）成因评价和结果评价。注重过程的成因评价，其效果越来越强。

（三）财务战略

企业财务战略与企业战略关系，宛如企业财务目标与企业目标的关系。正如企业目标最终体现为企业财务目标一样，企业战略最终体现为企业财务战略。

1. 财务战略意义、内容与程序

财务战略是指为实现企业财务目标和谋求竞争优势，在缜密分析企业内部财务资源和外部财务环境的基础上，对企业未来投资和筹资所做的全局性、长期性、前瞻性、决定性、系统性、准确性的方略或谋划。

财务战略有企业战略的共性，表现在：财务战略在空间上是对企业整体的全局性谋划；在时间上是对企业未来的长期性谋划；在依据上是对企业资源的前瞻性判断；在作用上是对企业发展的决定性影响；在本质上是对企业创新的系统性思考。

财务战略也有企业战略的个性，表现在：一是资金运动的相对独立性；二是资本来源的相对稀缺性；三是资产使用的相对效率性。

财务战略的划分通常遵循以下思路：（1）经营性战略和金融性战略。按职能，财务战略分为经营性战略和金融性战略。经营性战略包括经营性投资战略和经营性筹资战略，前者如研究与开发战略、技术创新战略、市场营销战略、人力资源战略等，后者如股票发行战略、股利分配战略等；

金融性战略包括金融性投资战略和金融性筹资战略，前者如证券投资战略，后者如偿债性银行借款战略。经营性战略和金融性战略并称为企业的职能战略，如果说经营性战略主要强调与外部环境和企业自身能力相适应，那么金融性战略主要强调必须适合企业所处的发展阶段并符合利益相关人的期望，为企业战略提供资金支持和资金调剂。

（2）投资战略和筹资战略。按对象，财务战略分为投资战略和筹资战略。事实上，财务战略的核心问题是企业资金到哪里去，从哪里来！前者是投资，后者是筹资。由于投资分为经营性投资和金融性投资，筹资分为经营性筹资和金融性筹资，财务战略的划分更加明细。

（3）扩张式战略、防御式战略和稳健式战略。按企业经营方针，财务战略分为扩张式战略、防御式战略和稳健式战略。扩张式战略以实现企业资产规模的迅速扩张为目的，表现为"高负债、低收益、少分配"；防御式战略以防范财务危机发生和求得生存和发展为目的，表现为"低负债、低收益、少分配"；稳健式战略以实现企业资产规模的平稳扩张和企业经营绩效的稳定增长为目的，表现为"低负债、高收益、中分配"。

（4）集权化战略、分权化战略和混合化战略。按企业财务体制，财务战略分为集权化战略、分权化战略和混合化战略。有关内容请见本章第四节第一问题。

财务战略程序。一般包括战略分析、战略制定和战略实施三个步骤。

（1）财务战略分析。第一，整合内部财务资源。一是有形财务资源，是实物资产、硬资源，如场地、设备等；二是无形财务资源、无形资产、软资源，如财务人员素质、财务核心竞争力等。第二，利用外部财务资源。一是宏观环境，如政治与法律、经济、社会与文化、技术（PEST），第二节已论述；二是微观环境，包括财务组织制度、体制与机制，第二节也做了论述；三是中观环境，如行业生命周期，供应商和顾客议价能力，潜在竞争者和替代产品的严重威胁，现实竞争者的竞争能力等。

（2）财务战略制定。第一，基本要求。一是与国民经济周期（繁荣、衰退、萧条、复苏）相适应；二是与企业发展阶段（初创期、成长期、扩张期、成熟期和衰退期）相匹配；三是与企业增长方式（外延、内涵）相协调。第二，主要依据。一是资本市场的有效性影响战略决策；二是管理层对待风险的态度左右战略目标；三是企业治理结构决定战略方向。

（3）财务战略实施。财务战略实施是将财务战略转化为实践，通常面临三大挑战：一是结构调整。涉及组织系统、业务流程、责权利关系的调整等，以满足战略要求。二是资源整合。涉及信息、人力、市场、技术等，适应战略的变化。三是管理变革。涉及诊断变革环境、确定变革风格、明晰变革职责等，发挥战略的作用。

2. 财务战略选择方法

企业在不同发展阶段的经营性风险和金融性风险①不同，财务战略可以根据经营性风险与金融性风险的互补性或互逆性原理进行选择。

（1）企业初创期的财务战略。初创期（种子期、发育期）的经营性风险最高。这种经营性风险来自：新技术能否开发成功；若能开发成功，新技术能否转化为新产品；若能转化，新产品能否被潜在的顾客所接受；若能被接受，企业能否达到一定的销售规模；若能达到，企业能否占据理想的市场份额。这种居高不下的经营性风险，必须匹配较低的金融性风险，才能将企业风险控制在一定范围内。

在投资战略上，面临的主要任务是迅速形成产能，但因资金匮乏而无力进行全面经营扩张，也没有足够的实力和心理基础来承受投资失败，况且一个重大项目的成败，会直接影响企业的未来，因此，长期经营性投资往往实行一体化战略，集中财力办大事。

在筹资战略上，内源性筹资、短期经营性筹资、外源性筹资中的负债筹资（无论是银行借款还是发行债券），这三者的基础均尚未形成，只有依靠外源性筹资中的股权筹资，但发行股票的条件同样不成熟或不具备，这时，只有一心追求高收益和敢于承担高风险的创业资本成为外源性股权筹资的首选。

（2）企业发展期的财务战略。发展期（成长期、扩张期）的经营性风险依然很高，必须将金融性风险控制在一定范围内。虽然此时的资金需求力远大于资金供给力，债务筹资成为首选，但往往行不通。外源性股权筹资主要靠两条途径：一是发行股票（新股）；二是实行低股利政策。

（3）企业成熟期的财务战略。成熟期面临的经营性风险依然较低，

---

① 笔者将企业风险分为经营性风险和金融性风险。将在第三章第四节详细论述。

可以承受的金融性风险较高。在投资战略上，出于对未来新产品、新技术、新领域的开拓，长期经营性投资以更新改造为主；由于现金流量充足，短期经营性投资可以实行紧缩型政策；出于对可能出现的闲置资金的利用，可以参与金融性投资。在筹资战略上，如果自身条件和外部因素都允许，外源性筹资可以实行高负债政策，充分利用财务杠杆；由于现金充足，内源性筹资可以趁机实行高股利政策，改善企业与股东的关系；短期经营性筹资可以实施激进式政策。

（四）财务治理

财务治理是公司治理的主体部分，从财务治理主体出发，主要有两个流派：一是股东至上主义。强调股东利益，这是狭义的财务治理。二是所有利益攸关人共享主义。强调公司是一种社会存在，其生存和发展必然受到各种社会力量的影响，除了要关注股东的权责利，也要关注债权人、政府、员工等其他利益攸关人的权责利，这是广义的财务治理。从财务治理对象出发，也主要有两个阶段：一是起源于股东与经营者之间的委托—代理关系，这种关系仍然是公司最核心、最重要的契约关系；二是发展到股东与债权人、政府、员工的委托—代理关系。因此，财务治理是指在所有权和经营权相分离的公司制度或有限合伙制度里，用来激励约束经营者尽心尽力地为股东和其他利益攸关人服务的艺术和招数，并有以下特点：

1. 财务治理作用

从静态角度看，表现为一种结构和关系，称为财务治理结构；从动态角度看，表现为一种机制和过程，称为财务治理机制。

（1）财务治理是一种问责机制。在两权分离下，股东对经营者的委托授权，相应形成经营者对股东的受托责任。在现代公司制度下，经营者对公司经营承担全部责任，所有者会定期或不定期对经营者工作情况进行问责。在狭义公司治理下，问责制是股东独自的问责；在广义公司治理下，问责制是利益相关者群体的问责。

（2）财务治理是一种制衡机制。通过明确划分股东（大会）、董事会、监事会和总经理各自的权力，即股东的资本所有权、董事会的财务决策权、经理的财务执行权和监事会的财务监督权，形成"四权"彼此分立和相互制约的格局，确保公司权力制度的有效运转。

（3）财务治理是一种激励相容机制。激励约束机制要解决的问题是，委托人应当采取什么方式，使代理人在实现自身效用最大化的同时，也能够实现委托人效用的最大化，即激励相容。

2. 财务治理功能

财务治理功能来源于产权功能，是产权功能在财务治理中的自然延伸和具体表现，是一种责权利的制度安排，体现在三个方面：

（1）权力配置功能。公司的所有财务契约能否生效，关键是当财务契约未预期的情况出现时，由谁作出财务决策，即谁拥有财务控制权，财务控制权分配是财务治理的基础。

（2）责任约束功能。有权必有责，一定权力必然要有一定责任来匹配和约束，权力没有约束必然导致腐败。只有建立有效的监督及相应的奖惩机制，对经营者的行为责任形成强力约束，才会遏制经营者滥用权力所导致的腐败。

（3）利益协调功能。有责必有利，一定责任必然要有一定利益来匹配和落实，责任得不到落实，即使表面上人人有责，但实际上无人负责。公司契约首先表现为一种利益关系。根据代理理论，当股东与经营者的利益的不兼容性和契约的不完备性，经理为自身利益而行动，甚至不惜以牺牲股东利益为代价，产生了道德风险和逆向选择两个基本代理问题。可见，如何有效协调各缔约人的利益关系尤显重要。

3. 财务治理模式

尽管财务治理是一个权责利体系，但激励约束机制及其设计是财务治理的基本手段，也是财务治理的主要内容。

（1）内部治理模式，包括股东管控模式和组织管控模式，前者主要依靠股东完善经营者报酬制度、董事会制度、股东表决制度来激励约束经营者；后者主要通过建立独立董事制度、专业委员会制度、财务总监制度激励约束经营者。

（2）外部治理模式，包括市场管控模式和社会管控模式，前者主要依靠资本市场（包括股票市场、控制权市场、信贷市场、债券市场）、经理人市场和商品市场力量来激励约束经营者，这种力量来自市场竞争机制、市场淘汰机制（让无效企业死亡，让无能经理下岗）和市场替代机制（无效企业被收购，无能经理被取代）；后者主要通过公众舆论、国家法律、政府监管来激励约束经营者。如图 1 - 8 所示。

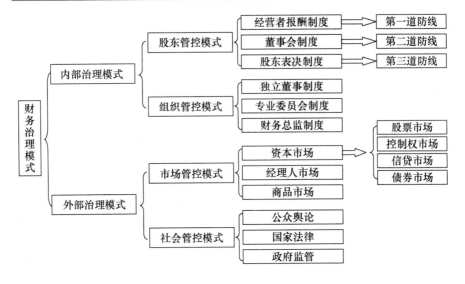

图1-8　财务治理模式

第四节　财务环境——从哪做？

财务活动究竟从哪儿做，涉及财务环境。财务活动总是在一定环境下进行的。所谓财务环境是影响企业财务活动的各种客观条件和相关因素的总和。财务环境的影响有正面效应，也有负面效应。因此，面对复杂纷呈的财务环境，研究财务环境变化的规律性，把握财务环境可能赋予的各种有利机会，抵御财务环境可能带来的各种潜在威胁，具有重大现实意义。从总体上讲，财务环境分为宏观环境和微观环境。宏观因子主要有金融、税制、经济、科技、文化、社会、法律、政策等，是财务活动的外部约束力量。微观因子主要有企业财务组织制度、财务管理体制、财务治理机制、供产销状况、管理者素质、企业文化、市场竞争能力等，是财务活动的内部限制条件。这里先简单介绍微观因子，后详细讲述宏观因子。

一　基本微观环境：财务制度、体制和机制

企业财务活动首先离不开自身内部条件，与财务活动紧密相关的内部因子是财务组织制度、财务管理体制、财务治理机制。

（一）财务组织制度

企业财务组织制度是规范企业财务活动、协调企业财务关系的行为准则，对企业财务管理的规范化和科学化意义重大。目前，我国财务组织通常以预算监控中心为起点，以资金管控中心为主线，以会计核算中心为终点，分为三个层次。

1. 企业财务通则

《企业财务通则》（财政部令第4号）发布于1992年11月，《企业财务通则》（财政部令第41号）修订于2006年12月，是在我国境内依法设立的具有法人资格的国有及国有控股企业从事财务活动必须遵循的基本原则，其他企业可以参照执行，金融企业另有《金融企业财务规则》。

《企业财务通则》对财务管理体制、资金筹集、资产营运、成本控制、收益分配、重组清算、信息管理、财务监督等做了详细规定，其主要特色有：

（1）还原财务本质。不再对税收扣除标准和会计要素的确认、计量做出规定，而是围绕与企业设立、经营、分配、重组过程伴生的财务活动，对资金筹集、资产营运、成本控制、收益分配等财务行为进行组织、协调、控制、评价和监督。

（2）适应财务变革。围绕产权制度改革，清晰界定国家、投资者与经营者之间的财务管理职权与责任，促进企业完善内部治理结构。

（3）拓宽财务领域。将企业重组、财务风险、财务信息管理作为财务管理的重要内容，以满足市场经济发展对企业财务管理的要求，增强企业财务管理的前瞻性。

《企业财务通则》是制定行业财务制度和企业内部财务制度的基本根据，在财务制度体系中居核心地位和主导作用，其制定与实施，是我国市场经济发展的内在要求，也是我国财务制度与国际通行财务制度接轨的现实需要。

2. 行业财务制度

不同行业在资金筹集、资产营运、成本控制、收益分配等方面有着不同的特点，为使财务通则的有关规定便于全面贯彻实施，必须结合各行业的特点，制定若干具体的财务规定。这些分行业的财务规定，就是行业财务制度。

3. 企业内部财务制度

由企业管理当局制定的用来规范企业内部财务行为、处理企业内部财务关系的具体规则，在财务制度体系中起补充作用。企业内部财务制度的制定要符合以下原则：一是遵守企业财务通则和行业财务制度；二是体现企业的生产技术和经营管理特点；三是考虑企业内部财务管理体制的特点和内容。因此，企业内部财务制度的内容细胞学包括资本金管理制度、资产管理制度、成本费用管理制度、利润分配管理制度、财务分析和考核制度等。

（二）财务管理体制

财务管理体制是划分企业财务权责利关系的一种制度，是财务关系的具体表现形式。按财务组织形式，企业财务体制分公司财务体制和企业集团财务体制两个层次。财务管理体制的核心问题是如何配置财权，如公司层面是如何配置股东大会、董事会、总经理、财务经理之间的财权，企业集团层面是如何配置母公司与子公司之间的财权。财务管理体制属于企业财务活动系统的"上层建筑"，对"经济基础"的具体财务活动起着推动、促进和导向作用。设计财务管理体制必须遵循产权明晰、权责利相结合、集权与分权相协调三项原则。按集权化程度，财务管理体制分为集权化财务体制、分权化财务体制和混合化财务体制。下面以企业集团财务体制为例，阐述三种财务体制的利弊。

1. 集权化财务体制

企业集团的重大财务决策权集中在母公司，母公司对子公司实现严格控制和统一管理。其优点是：（1）由最高决策层统一控制，有利于规范企业集团各成员公司的行为，便于整体政策的贯彻与执行；（2）最大限度地整合企业集团各项资源优势，集中力量，实现整体目标；（3）有利于发挥母公司财务专家的作用，降低子公司财务风险和经营风险；（4）有利于统一调度企业集团资金头寸，降低资本成本。其弊端有：（1）要求最高决策层必须具有极高的素质与能力，同时能够高效、迅速、详尽地汇集各方面的信息资料，否则可能导致主观臆断，出现重大决策失误；（2）财权的高度集中，容易抑制子公司的积极性、创造性和灵活性；（3）信息传递时间过长，延误决策时机，缺乏对市场的应变能力。

2. 分权化财务体制

企业集团的大部分重大财务决策权集中在子公司，母公司对子公司的管理以间接方式为主。其优点是：（1）可以调动子公司各层次管理者的积极性；（2）市场信息反应灵敏，决策快捷，易于捕捉商业机会，增加获利机会；（3）最高决策层可以将有限的时间和精力集中于企业集团最重要的战略决策问题上。其弊端有：（1）难以统一指挥和协调，有的子公司因追求自身利益而忽视甚至损害企业集团整体利益；（2）弱化母公司财务调控功能，不能及时发现子公司面临的经营风险和财务风险；（3）难以有效约束子公司的经营者，从而造成严重的"内部人控制"问题。

3. 混合化财务体制

适当集权与适度分权相协调，既能发挥母公司的财务调控职能，激发子公司的积极性和创造性，又能有效控制"内部人控制"和子公司风险。所以，混合财务体制是许多企业集团的理想目标。但是，如何把握其中的"度"，却是一个无法准确拿捏的难题。

（三）财务运行机制

财务运行机制是指财务活动各要素之间彼此依存、相互影响、有机结合和自行调整形成的内在关系、互动机理和作用方式。从理论上讲，财务运行机制是财务活动规律的内在表现，是财务管理体制存在并发挥作用的依据。从实践上看，随着现代企业制度的建立，企业已经成为自主经营自负盈亏的市场实体，构筑相对独立的财务运行机制必不可少。一个完整的财务运行机制至少应当包括：

1. 自主经营机制

自主经营机制是指企业围绕财务决策，自主经营财务活动。无论是政府还是大股东，不能越权干预企业的财务决策，政府是为企业服务的，大股东只能在股东大会和董事会行使法定和章定的权力。一是根据财务可行性、技术可行性和环境可行性（国民经济可行性），自主确定固定资产投资方向、时机、规模和结构，不受行政干预。二是根据财务预算，自主确定采购需要的原材料数量和价格，自主确定生产所要求的产品数量和质量，自主确定销售所对应的方式、渠道、市场、数量和价格。三是根据投资需要、资金市场供求关系和资金成本，自主选择筹资渠道、方式、规模和结构。四是根据企业盈利大小和股利政策，自主制定股利分配政策。

2. 自我发展机制

自我发展机制是指企业根据财务战略，自我发展财务活动。要求企业通过利用一切市场条件，从技术、管理等方面，增强自身的竞争实力。十五届四中全会强调大力发展科学技术，走科技发展之路。企业只有不断地注重产品升级换代，不断地进行科技创新，开发出高附加值的产品，才能在激烈的市场竞争中赢得一席之地。

3. 自动调节机制

自动调节机制是指企业服从财务治理，自动调节财务活动。要求企业通过不断理顺企业内外各种关系，健全自身功能。随着经济增长方式和经济体制的转变，企业所面临的生存和发展环境更加复杂，企业应当固本培元，充分利用市场机遇，更好地开发海内外资源，开拓国际市场，提高自己的适应能力。

二　最直接的宏观环境：金融市场

企业财务活动与金融市场最为密切。企业与金融市场通常会发生两类交易：一是现金短缺时发行金融工具，从而形成股东权益或持有金融性负债；二是现金多余时购买金融工具，从而持有金融性资产。一般来说，企业的金融性负债超过金融性资产，超过的部分称为净金融性负债，表明企业是债务市场的净筹资人，利用债务市场购置了经营性资产。随着经济对金融的依赖日渐加强，金融市场成为影响财务活动第一大宏观因子。

（一）金融市场要素

一个多元化、多层次、多功能的金融市场，通常由金融主体、金融中介、金融工具、金融制度构成。

1. 金融主体

金融主体也称交易主体，是指资金供给者和资金需求者，涉及五个经济部门：居民、工商企业、金融企业、政府和境外资金供求者。

（1）居民。包括个人和家庭，是金融市场最主要的资本供给者和最原始的资本所有者。居民出于节俭、预防动机或者延迟消费等目的，成为社会的资本储蓄者（盈余者）。当然，居民有时为了提前消费，如购房、购车等，以资本需求者的身份出现。

（2）工商企业。也称非金融企业，是金融市场最大的资本使用者和最终的资本需求者。工商企业通过发行股票、债券，或者通过银行信贷取得借款，用于生产经营，成为社会的资本投资者。当然，工商企业有时在生产经营中会有一定的闲置资本，这时，以资本供给者的身份出现。

（3）金融企业。也称企业化的金融机构，如金融企业购买国债后成为资本供给者，发行金融债券后成为资本需求者。

（4）政府。兼具资本供给者和资本需求者双重角色。政府出于弥补财政赤字、扩大基础设施建设、进行宏观调控等目的，通过发行债券来筹资，这时政府成为资本需求者。有时，政府也会以资本供给者的身份出现。

（5）境外资金供求者。包括外国政府、金融机构、工商企业和居民，既是本国金融市场的资本需求者，也是本国金融市场的资本供给者。

2. 金融中介

金融中介是指中介化的金融机构。金融机构虽然有时扮演金融主体（金融企业）角色，但主要充当金融中介。在现代经济体系运行中，缺少金融中介是无法想象的。2010 年，中国人民银行发布了《金融机构编码规范》，从宏观层面统一了中国金融机构分类标准，首次明确了中国金融机构涵盖范围，界定了各类金融机构具体组成，规范了金融机构统计编码方式与方法。其金融机构分类情况如表 1 - 6 所示。

表 1 - 6　　　　　　　　《金融机构编码规范》的分类情况

分类	组成
A. 货币当局	A - 1 中国人民银行；A - 2 国家外汇管理局
B. 监管当局	B - 1 中国银行业监督管理委员会；B - 2 中国证券监督管理委员会；B - 3 中国保险监督管理委员会
C. 银行业存款类金融机构	C - 1 银行；C - 2 城市信用合作社（含联社）；C - 3 农村信用合作社（含联社）；C - 4 农村资金互助社；C - 5 财务公司
D. 银行业非存款类金融机构	D - 1 信托公司；D - 2 金融资产管理公司；D - 3 金融租赁公司；D - 4 汽车金融公司；D - 5 贷款公司；D - 6 货币经纪公司
E. 证券业金融机构	E - 1 证券公司；E - 2 证券投资基金管理公司；E - 3 期货公司；E - 4 投资咨询公司
F. 保险业金融机构	F - 1 财产保险公司；F - 2 人身保险公司；F - 3 再保险公司；F - 4 保险资产管理公司；F - 5 保险经纪公司；F - 6 保险代理公司；F - 7 保险公估公司；F - 8 企业年金
G. 交易及结算类金融机构	G - 1 交易所；G - 2 登记结算类机构
H. 金融控股公司	H - 1 中央金融控股公司；H - 2 其他金融控股公司
I. 新兴金融企业	I - 1 小额贷款公司；I - 2 第三方理财公司；I - 3 综合理财服务公司

上述分类是按金融管理地位，将金融机构分为金融监管组织和接受金融监管的金融企业，前者如货币当局和监管当局；后者按行业分为银行业、证券业、保险业及其他。但从学术和现实角度看，金融中介主要从以

下角度来考察。

（1）从交易性质看，金融中介分为直接金融中介和间接金融中介。

第一，直接金融中介。若金融中介与资本供求双方无实质性交易关系，或不承担任何风险，则金融机构充当的是纯粹的交易中介，为直接金融中介，如证券承销商在证券买入人和证券发售人之间，证券经纪商在证券买入人和证券卖出人之间等。

与直接金融中介相对应的是直接金融。直接金融过程是：资金需求者向资金供给者发售直接证券[①]（股票、债券等），获得所需要的资金；资金供给者向资金需求者提供必要的资金，购买直接证券（股票、债券等）。直接金融中介仅仅充当代理人角色。

第二，间接金融中介。若金融机构与资本供求双方有实质性交易关系，且必须承担风险，则金融机构既充当交易主体，也充当交易中介，为间接金融中介，如商业银行在储蓄者和借款者之间，证券投资基金在证券投资者和证券发行人之间，创业投资基金在创业投资者和创业企业之间等。

与间接金融中介对应的是间接金融。间接金融过程是：间接金融中介向资金供给者发售间接证券[②]（存单、支票、储蓄账户、基金份额、保险单等），获得所需要的资金；再向资金短缺者购买初级证券（贷款合同、债券、股票），提供必要的资金。间接金融中介机构作为独立的交易主体，必须承担发售间接证券和购买直接证券的收益与风险。

直接金融中介与间接金融中介可以相互转化。如在证券发行市场，证券商承担证券承销中介的角色。若是代销，则证券商为直接金融中介；若是包销，则证券商为间接金融中介。再如在证券流通市场，证券商承担证券交易中介的角色。若是经纪人制度或指令驱动机制（主板常用），则证券商为直接金融中介；若是做市商制度或报价驱动机制（二板常用），则证券商为间接金融中介。直接金融过程和间接金融过程，如图1-9所示。

---

① 直接证券亦称初级证券，是指由金融主体（工商企业、居民、金融企业、政府和外资）发行或签署的作为直接金融工具的凭证，如公债、企业债券、金融债券、股票、抵押契约、借款合同及其他各种形式的票据等。直接证券对资金供给者而言，收益高，风险也大。

② 间接证券亦称次级证券，是指由金融中介（银行或非银行金融机构）发行或签署的作为间接金融工具的凭证，如存款单、大额可转让存款单、人寿保险单、基金股份和各种储蓄账户等。间接证券对资金供给者的风险小。

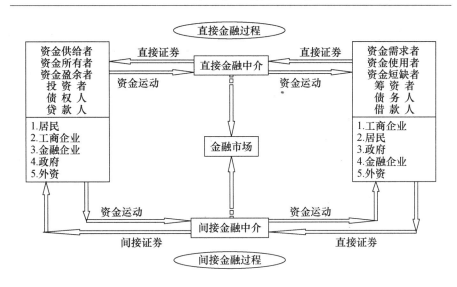

图1-9 直接金融过程和间接金融过程

（2）从盈利模式看，金融中介分为卖方金融中介和买方金融中介。

第一，卖方金融中介。典型代表有商业银行和证券公司，两者异同为：一是两者作为金融卖方，通过出售中介服务来谋取利润。不同的是，商业银行出售的主要是存款业务和贷款业务，盈利形式为存贷利息差；证券公司出售的主要是经纪业务和承销业务，盈利形式为各类佣金和。二是两者都是金融中介，为资金供求双方牵线搭桥。不同的是，商业银行承担间接金融中介，证券公司在多数情况下承担直接金融中介。三是两者作为金融主体，需要承担一定的经营风险。不同的是，商业银行特别关注信用风险和市场风险；投资银行侧重于控制在包销情形下需要承担的一定证券发行风险。

第二，买方金融中介。典型代表有证券投资基金和创业投资基金，两者异同为：一是两者作为金融买方，通过"为卖而买"来获得利润。不同的是，证券投资基金出售的是先期买入的上市公司证券，利润是证券买卖价差；创业投资基金出售的是原来买入的创业企业股权，利润是股权买卖价差。二是两者作为金融中介，为资金供求双方牵线搭桥，且承担的都是间接金融中介。不同的是，以证券投资基金为中介的资金供给者大多是公募投资者，资本需求者大多是上市公司；而以创业投资基金为中介的资本供给者是私募投资者，资本需求者是创业企业。三是两者作为金融主体，需要承担募资风险、注资风险和蜕资风险。不同的是，证券投资基金和创业投资基金分别投资的是上市公司和创业企业，相比而言，创业企业面临的经营风险要大得多，创业资本运营风险要大得多。各典型金融中介特征如表1-7所示。

表1-7　　　　　　　　典型金融中介特征

金融中介	卖方金融中介		买方金融中介	
典型代表	商业银行	证券公司	证券投资基金	创业投资基金
对资金供给者	主要是存款	代理买入证券（经纪）	从公募资本市场筹集资本	从私募资本市场筹集资本
对资金需求者	主要是贷款	代理卖出证券（承销）	先买入上市公司证券	先买入创业企业股权
对金融市场第三者	—	—	后卖出上市公司证券	后卖出创业企业股权
金融中介模式	间接中介	直接中介	间接中介	间接中介
风险管理模式	信用和利率风险	证券发行风险	募资、投资和蜕资风险较小	募资、投资和蜕资风险较大
业务盈利模式	存贷利差	经纪和承销佣金	证券买卖价差	产权买卖价差

（3）从信用创造看，金融中介分为银行和非银行金融机构。

第一，银行。从广义上讲，银行包括中央银行、政策性银行、开发性银行和商业银行；从常义上讲，银行仅指商业银行，即经营存款业务、创造信用货币的金融企业。中央银行不是金融企业，而是中央政府的行政部门；政策性银行、开发性银行属于非营利性银行。

第二，非银行金融机构。商业银行之外的金融企业和非营利性非银行金融机构，统称为非银行金融机构，其总体特点是不经营存款业务，不创造信用货币，涉及信托、证券、保险、基金、租赁、担保等金融业。

3. 金融工具

金融工具也称交易工具或信用工具，是交易对象，是金融资产和金融负债载体和外在表现形式，如存折是金融工具，而存款是金融资产，对资金供给者（投资者、买方）而言是金融资产，对资金需求者（筹资者、卖方）而言是金融负债。资本供求者对资本数量、期限和利率的多样化要求，决定金融工具的多样化。金融机构通过坚持不懈的金融创新，提供风险程度不同的金融工具，满足不同风险偏好的资本供给者。金融工具分为基本金融工具和衍生金融工具，基本金融工具见表1－8。

表1－8　　　　　　　　　　　　基本金融工具

金融市场	资本供给者采用的金融工具		资本需求者采用的金融工具	
	直接投资	间接投资	公募筹资	私募筹资
股权市场	股票	股票型证券投资基金 创业投资基金	股票 股票型证券投资基金	创业投资基金
债务市场	债券	债券型证券投资基金 银行储蓄	债券 债券型证券投资基金	银行借款

基本金融工具主要包括股票、债券、基金份额和信贷；衍生金融工具主要包括期货、期权、远期和互换。随着信息和网络技术的发展，越来越多的金融工具已经失去原有实物（纸质）形态，向无纸化、虚拟化、电子化方向发展。

4. 金融制度

金融制度也称交易规则，是约束金融主体和金融中介行为、指导金融工具发行和流通、确保金融市场正常运行的所有规范的总和，包括交易时间和地点、交易机制、交易双方权利和义务、交易争端解决、违反交易制度处罚等，其中交易机制包括价格机制、供求机制、竞争机制、风险补偿机制和利益协调机制等，是交易制度的核心，价格机制是核心的核心。

（二）我国金融机构体系

世界上存在两种典型性的金融体系：一是以英美为代表的市场主导型金融体系；二是以德日为代表的银行主导型金融体系。我国金融体系接近于后者。金融机构体系是金融体系的重要组成部分。

1. 我国银行体系

我国银行体系由商业银行和非营利性银行构成。要了解我国商业银行，先要对我国非营利性银行有所了解，因为两者之间有着难以割断的历史渊源。

（1）非营利性银行。包括中央银行、政策性银行和开发性银行。

第一，中央银行。我国的中央银行是中国人民银行，是我国金融管理体系的核心。中国人民银行作为中央政府的一个特殊行政部门，不以营利为目的，其运营依据是 1995 年颁布的《中国人民银行法》。其总体职能是制定和执行货币政策；防范和化解金融风险；维护金融稳定。具体职责是发布与履行其职责有关的命令和规章；依法制定和执行货币政策；发行人民币，管理人民币流通；监督管理银行间同业拆借市场和银行间债券市场；实施外汇管理，监督管理银行间外汇市场；监督管理黄金市场；持有、管理、经营国家外汇储备、黄金储备；经理国库；维护支付、清算系统的正常运行；指导、部署金融业反洗钱工作，负责反洗钱的资金监测；负责金融业的统计、调查、分析和预测；作为国家的中央银行，从事有关的国际金融活动；国务院规定的其他职责。

1998 年 11 月 15 日，党中央、国务院对我国中央银行管理体制进行改革，撤销了省级分行，按经济区设立了 9 个分行，分别是天津分行（管辖天津、河北、山西、内蒙古）、沈阳分行（管辖辽宁、吉林、黑龙江）、上海分行（管辖上海、浙江、福建）、南京分行（管辖江苏、安徽）、济南分行（管辖山东、河南）、武汉分行（管辖湖北、湖南、江西）、广州分行（管辖广东、广西、海南）、成都分行（管辖四川、云南、贵州、西藏）、西安分行（管辖陕西、甘肃、宁夏、青海、新疆）。北京和重庆分别由总行营业管理部和总行重庆营业管理部履行所在地中央银行职责。

第二，政策性银行。我国政策性银行是由中央政府发起设立的，为贯彻和配合中央特定经济政策和意图而从事金融活动，实行独立核算、自主保本经营，不以营利为目的的金融机构。事实上，我国一直存在政策性银行业务。1978 年前，政策性业务主要由当时的中国人民银行负责。1978年后，国内银行业呈现多元化发展格局。1994 年前，政策性业务由中国工商银行、中国农业银行、中国银行和中国建设银行承担。1994 年后，政策性业务由政策性银行承担。1993 年 12 月 25 日，国务院发布《国务院关于金融体制改革的决定》，将工、农、中、建四大银行建成国有商业银行，并将政策性业务剥离开来，专门组建政策性银行。国家开发银行（1994 年 3 月）注册资本 500 亿元人民币，主要承担国内开发型政策性金融业务，如向国家重点支持的基础设施、基础产业、支柱产业和高新技术等领域，以及城镇化、中小企业、教育、医疗卫生和环境保护等社会发展瓶颈领域等，提供贷款。中国农业发展银行（1994）注册资本 200 亿元人民币，主要承担农业政策性扶植业务，如向农业综合开发、农业基本建设及技术改造、农副产品收购及国家粮油储备等提供贷款。中国进出口银行（1994）注册资本33亿元人民币，主要承担大型机电设备进出口融资业务，如为我国机电产品、成套设备、高新技术产品出口提供金融支持。

第三，开发性银行。我国开发性银行从政策性银行中分离出来。2008年后，政策性银行改革悄然展开。2007年12月31日，中央汇金公司向国家开发银行注资200亿美元。2008年2月，国家开发银行改革实施总体方案获国务院批准。2008年12月，国家开发银行有限责任公司在京挂牌成立，成为我国第一家由政策性银行转型而成的商业银行，标志着政策性银行改革取得了重大进展。2015年4月，国家开发银行、中国农业发展银行、中国进出口银行改革方案正式获得批准，其中国家开发银行明确定位为开发性银行，中国农业发展银行、中国进出口银行进一步明确了政策性银行的定位。目前，银监会统计口径是将国家开发银行与政策性银行（中国农业发展银行、中国进出口银行）并列统计。

（2）商业银行。我国商业银行经历了曲折的发展过程。改革开放后，国家采取多项改革举措：一是恢复中国银行（1912）、中国农业银行（1951）、中国建设银行（原中国人民建设银行，1954）。二是新办中国工商银行（1984）、交通银行（1987）。三是允许深圳、广东、福建、上海四地政府分别创办平安银行（原深圳发展银行，1987）、广发银行（原广东发展银行，1988）、兴业银行（原福建兴业银行，1988）、上海浦东发展银行（1992），拉开地方政府创办银行的序幕。四是允许招商局集团、中信集团、光大集团、首钢集团四家企业分别创办招商银行（1987）、中信银行（原中信实业银行，1987）、中国光大银行（1992）、华夏银行（1992），打破了政府创办银行的垄断局面。五是获准设立国内住房储蓄的恒丰银行（原烟台住房储蓄银行，1987、2003）。六是获准民间资本合作的中国民生银行（1996）设立。七是获准中外合资的浙商银行（1993、2004）和渤海银行（2005）设立。八是获准城市信用社改组为城市商业银行（有限公司），有的改组为城市银行（股份公司），有的已上市。九是允许农村信用社改组为农村商业银行（有限公司）。十是允许村镇银行的设立。

商业银行的运营依据是1995年颁布的《商业银行法》和2005年颁布的《公司法》。商业银行分为特大型、大型、中型、小型和特小型，包括四个层次：

第一，全国性银行。共 6 家。除中国邮政储蓄银行正在筹备上市以外，其他均已上市，除交通银行总部设在上海以外，其他总部均设在北京。

第二，区域性银行。共 12 家。总部分别设于上海（第 1 家）、北京（第 2—5 家）、深圳（第 6—7 家）、福州、广州、天津、杭州、烟台，前 8 家已经上市，后 4 家正在积极筹备上市。

第三，城市银行。包括上市城市商业银行 3 家、未上市城市商业银行 145 家、城市信用合作社若干家。

第四，农村银行。包括农村商业银行（含农村合作银行）468 家、村镇银行约 900 家和城市信用合作社、农村资金互助社若干家，见表 1–9。

表 1–9　　　　　　　　　　商业银行分布

一级分类	二级分类	数量和代表
特大银行	全国性国有控股银行	5 家：中国工商银行、中国建设银行、中国银行、中国农业银行、交通银行
	全国性国有独资银行	1 家：中国邮政储蓄银行
大型银行	区域性股份制银行	12 家：上海浦东发展银行、中信银行、中国光大银行、中国民生银行、华夏银行、招商银行、平安银行、兴业银行、广发银行、渤海银行、浙商银行、恒丰银行
	上市城市商业银行	3 家：北京银行、南京银行、宁波银行（2007 年上市）
中型银行	未上市城市商业银行	145 家：汉口银行、郑州银行、江苏银行、徽商银行、盛京银行等
	农村商业银行	468 家：上海农村商业银行、武汉农村商业银行、重庆农村商业银行等
小型银行	村镇银行	约 900 家
	城市信用合作社	略
特小银行	农村信用合作社	略
	农村资金互助社	略

商业银行主要职能是信用中介、资本创造、支付中介和信用创造。商

业银行业务范围包括：吸收公众存款；发放短期、中期和长期贷款；办理国内外结算；办理票据承兑和贴现；发行金融债券；代理发行、代理兑付、承销政府债券；买卖政府债券、金融债券；从事同业拆借；买卖、代理买卖外汇；从事银行卡业务；提供信用证服务及担保；代理收付款项及代理保险业务；提供保管箱业务；经国务院银行业监督管理机构批准的其他业务。

20 世纪 90 年代，受历史和体制因素影响，4 大国有控股银行面临前所未有的困难和挑战。为此，经国务院批准，中国建设银行 1999 年 4 月 20 日成立了中国信达资产管理公司、中国银行 1999 年 10 月 15 日成立了中国东方资产管理公司，中国农业银行 1999 年 10 月 18 日成立了中国长城资产管理公司，中国工商银行 1999 年 10 月 19 日成立了中国华融资产管理公司，注册地均在北京，注册资本均为 100 亿元人民币，4 大资产管理公司均为具有独立法人资格的国有独资金融企业，在全国均设约 30 家办事处或分公司，服务网点遍及中国大陆 31 个省、直辖市、自治区，主要经营目标是收购、管理、经营、处置、回收 4 大国有控股银行剥离的不良资产，最大限度地保全资产，减少资产损失。

2. 我国非银行金融机构体系

非银行金融机构涉及金融行业较多，主要包括信贷业、证券业、保险业和其他金融业 4 大类 9 小类，如表 1 – 10 所示。这里的"信贷业"是指不吸储、只放贷的金融业，类似于"影子银行"。[①] 下面简要介绍较为常见的担保公司、信托公司、证券公司、基金管理公司、保险公司和养老基金。

---

① 影子银行也称平行银行，是指游离于银行监管体系之外、可能引发系统性风险和监管套利等问题的各类信用中介机构及业务活动，换言之，是指可以提供信贷的非银行金融机构，其主要特征是期限错配、流动性转换、信用转换和高杠杆。银监会发布的 2012 年年报显示，信托公司、企业集团财务公司、金融租赁公司、货币经纪公司、汽车金融公司、消费金融公司六类非银行金融机构及其业务、商业银行理财等表外业务不属于影子银行。2013 年国务院办公厅发布《关于加强影子银行监管的有关问题》规定，我国影子银行主要包括三类：一是不持有金融牌照、完全无监管的信用中介机构，如新型网络金融公司、第三方理财机构等；二是不持有金融牌照、存在监管不足的信用中介机构，如金融担保公司、小额贷款公司等；三是机构持有金融牌照，但存在监管不足或规避监管的业务，包括货币市场基金、资产证券化、部分理财业务等。

表1-10 非银行金融组织

一级分类	二级分类	基本名称
信贷业	专营贷款	金融租赁公司、贷款公司、小额贷款公司、典当公司、民间借贷（地下钱庄）、汽车金融公司、消费金融公司、商业保理公司
	兼营贷款	信托公司、金融资产管理公司、货币经纪公司、货币市场基金、金融控股公司、财务公司、第三方理财公司、综合理财服务公司
	经营贷款担保	金融担保公司
证券业	实业投资自营	创业投资公司、私募股权投资公司、创业投资基金管理公司、私募股权投资基金管理公司
	证券经纪、承销、自营、咨询	证券公司、证券投资基金管理公司、证券期货公司、证券期权公司、证券投资咨询公司、证券理财顾问公司
保险业	保险自营、经纪、代理、评估	财产保险公司、人身保险公司、再保险公司、保险资产管理公司、保险经纪公司、保险代理公司、保险公估公司
其他金融业	提供交易场所	交易所、登记结算公司
	构成资金载体	信托基金、担保基金、证券投资基金、创业投资基金、私募股权投资基金、保险基金、养老基金、企业年金、捐赠基金
	提供中介服务	资信评级公司、资产评估公司、会计师事务所、律师事务所

第一，担保公司。依据1995年颁布的《担保法》、1999年颁布的《合同法》、《中华人民共和国中小企业促进法》设立的经营担保业务的金融企业，俗称担保商，有信用担保公司、融资担保公司、投资担保公司等类型，也有再担保公司。其服务对象主要是中小企业或个人，从业资质包括：人员素质过硬，公司实力雄厚，业务办理规范，风险防控得力，代偿承诺到位。

第二，信托公司。依据2001年颁布的《信托法》、2005年颁布的《公司法》设立的从事信托业务的金融企业，俗称信托商。主要通过办理委托业务、代理业务、租赁业务和咨询业务为客户服务。其中，委托业务包括信托存款、信托贷款、财产信托、委托贷款、委托投资等。

第三，证券公司。依据2005年颁布的《证券法》和《公司法》设立的经营证券业务的金融企业，俗称证券商。主要业务范围：一是流通市场的证券经纪业务。代表客户交易金融资产，并提供金融交易的结算服务。

二是发行市场的证券承销与保荐业务（投资银行业务）。帮助客户创造金融资产，并将这些金融资产出售给其他市场参与者。三是证券自营业务。满足客户需求自营交易金融资产。四是咨询、信托和资产管理业务。向客户提供投资建议，保管金融资产，管理投资组合。

第四，基金管理公司。依据 2012 年颁布的《证券投资基金法》、1999 年颁布的《合同法》设立的从事证券投资基金管理业务的金融企业，全称为证券投资基金管理公司，以区别于其他投资基金管理公司或其他基金管理公司。通过公开发售基金份额筹集资本，然后以资产组合方式投资于证券（股票、债券等）。按组织形式，证券投资基金分为契约型基金和公司型基金。我国证券投资基金全部为契约型基金。

第五，保险公司。依据 2009 年颁布的《保险法》、2005 年颁布的《公司法》设立的办理国内外保险业务的金融企业，俗称《保险商》。主要业务是收取保费、将保费投资于股票、债券和贷款等资产，并将资产收益支付保单确定的权益。主要职责是聚集社会资本，组织经济补偿，增进社会福利，增强防灾能力，保障社会安定。业务范围包括两类：一是人身保险，如人寿保险、健康保险、意外伤害保险等；二是财产保险，如财产损失保险、责任保险、信用保险、保证保险等。我国保险公司不得兼营人身保险和财产保险。

第六，养老基金。分为私人养老基金和公共养老基金（政府退休基金）。养老基金为参加养老计划的公民提供了年金形式的退休金，其资本来源是参加养老计划的公民的缴款（有单位的由单位和个人共同缴款），其持有的金融资产主要是股票和企业债券。随着我国养老制度和社会保障体系的不断完善，养老基金将会成为金融市场的一个重要角色。

我国证券业和保险业发展势头很猛，与银行业一起，基本构建了三足鼎立格局，反映了我国金融分业监管体制改革的基本轨迹。成立于 1992 年 10 月的中国证券监督管理委员会（证监会）标志着中国金融分业监管体制的正式启动，由证监会对全国的证券、期货业进行集中统一监管，维护证券市场的合法、稳健运行，至此，出现了中国人民银行、证监会"一行一会"共同实施金融监管的格局。成立于 1998 年 11 月的中国保险监督管理委员会（保监会）标志着中国金融分业监管体制的初步形成，由保监会对全国保险市场实行集中统一监管，至此，出现了中国人民银行、证监会、保监会"一行二会"共同实施金融监管的格局。成立于

2003 年 4 月的中国银行业监督管理委员会（银监会）标志着中国金融分业监管体制的最终确立，由银监会集中统一监管银行、金融资产管理公司、信托投资公司以及各类存款性金融机构，维护银行业的合法、稳健运行，至此，出现了中国人民银行、银监会、证监会、保监会"一行三会"共同实施金融监管的格局。这三步改革借鉴国外的金融监管体系，顺应中国金融市场日益发展的客观趋势，面对金融监管对象日益复杂化、专业化、技术化的必然要求，对增强银行、证券、保险三大市场的竞争力，更大范围地防范金融风险有着非常重要的意义。

（三）金融市场体系

金融市场体系是金融体系的另一个重要组成部分。金融市场是资本供给者与资本需求者之间进行交易的场所。金融市场可能是一个有形交易场所，也可能是一个无形交易场所。金融市场是分层次的，主要有以下层次：

1. 国内市场和国际市场

金融市场第一层次是国内市场和国际市场的划分。这种划分是根据交易双方（债权人与债务人、投资者与筹资者）是否均为居民。国内市场是指交易双方均为居民，交易对象是本币或外币；国际市场是指交易一方为居民，另一方为非居民，或者双方均为非居民，交易对象是本币、外币和第三国货币，分为传统国际市场和欧洲市场，也包括外汇市场和黄金市场。

2. 货币市场和资本市场

金融市场第二层次是在第一层次基础上，将国内市场划分为货币市场和资本市场（国际市场也有相同划分）。这种划分是根据期限、利率、风险和功能等因素。货币市场（也称短期资金市场）交易期限不超过 1 年，利率较低且收益波动性较大，其主要功能是维持金融资产的流动性，主要包括同业拆借市场、商业票据市场、债券回购市场、短期债券市场和大面额可转让存单市场等。资本市场（也称长期资金市场）是指交易期限超过 1 年，利率较高且收益波动性较大。主要功能是引导金融资产的投资方向，达到社会资源的优化配置。

3. 信贷市场、证券市场、保险市场和衍生产品市场

金融市场第三层次是在第二层次的基础上，将资本市场划分为信贷市场、证券市场、保险市场和衍生产品市场（货币市场也有类似划分）。这种划分是按照交易中介。其实，资本市场大体上应当分为信贷类、证券

类、保险类和衍生产品类。信贷市场以商业银行为中介；证券市场以证券（承销、经纪）公司为中介；保险市场以保险公司为中介；衍生产品市场以期货（期权）经纪公司为中介。信贷市场、保险市场属于间接市场；证券市场和衍生产品市场属于直接市场。而以基金管理公司为中介的基金市场、以金融租赁公司为中介的金融租赁市场、以汽车（住房）金融公司为中介的消费金融市场等风生水起。但无论如何，信贷市场、证券市场和保险市场代表资本市场的最主要部分，映射了上述"一行三会"的基本事实。正是由于信贷市场、保险市场出现了证券化趋势，人们有时对资本市场与证券市场不作区分。

4. 股票市场、债券市场和基金市场

金融市场第四层次是在第三层次的基础上，将证券市场划分为债券市场、股票市场和基金市场。这种划分是按交易对象划分的。股票市场交易对象是股票。股票持有者可以不定期地收取股利，但没有到期期限。股票市场属于股权市场，股权市场还包括产权市场，但产权市场通常是私募股权市场，股票市场通常是公开股权市场。由于股票市场代表了证券市场的主流，人们有时将证券市场与股票市场混为一谈。债券市场的交易对象是债券。债券持有者可以定期获取利息，到期收到本金。债券市场属于债务市场，债务市场还包括信贷市场，但债券市场是直接债务市场，信贷市场是间接债务市场。基金市场交易对象是基金份额。基金份额持有者可以定期地取得基金分配的收益，目前我国的基金全部是契约型基金，也多数是开放式基金，基金份额持有者可以随时向基金管理人申购（买入）或赎回（卖出）基金份额。

以上四个层次金融市场，具有典型梯形结构，从金融市场到资本市场，再到证券市场，最后到股票市场，范围依次缩小，即"金融市场→资本市场→证券市场→股票市场"。

5. 发行市场和流通市场

金融市场第五层次是在第四层次的基础上，将股票市场分为发行市场和流通市场（债券市场、基金市场也有类似划分）。发行市场也称初级市场或一级市场，是资金需求者首次将证券出售给资金供给者，即新证券买卖的市场。证券发行有直接发行和间接发行之分。直接发行由证券发行人（资金需求者）和证券认购人（资金供给者）直接成交；间接发行涉及证券发行人、证券认购人和证券商三个市场主体，证券商履行证券承销的角色。现行法律要求采用间接发行方式。若证券商以代销方式承销证券，这时证券商仅充当金融中介；若证券商以包销方式承销证券，这时证券商既是金融中介，也是金融主体（交易双方）。

流通市场也称次级市场或二级市场，是在证券发行后证券在不同证券投资者之间进行交易，即旧证券买卖的市场。证券流通也有直接流通和间接流通之分。直接流通方式存在于四板市场中，由证券买入人（资金供给者）和证券卖出人（资金需求者）直接成交；主板、创业板（二板）和三板市场均采用间接流通方式。间接流通占据流通市场的绝对主流地位，涉及证券买入人、证券卖出人和证券商三个市场主体。在间接流通市场中，目前存在两种交易制度：经纪人制度（集合竞价制度，指令或订单驱动机制）和做市商制度（庄家对赌制度、报价驱动机制）。按国际惯例，主板市场适合于经纪人制度，创业板市场通常采用做市商制度。以经纪人身份出现的证券商，仅充当金融中介；以做市商身份出现的证券商，既是金融中介，也是金融主体。我国主板市场和创业板市场均采用经纪人制度。

发行市场和流通市场联系密切。发行市场是流通市场的前提，没有发行市场就没有流通市场；流通市场是发行市场存续的一个必要条件，流通市场要是萎缩了，发行市场就会随之萎缩。同时，发行市场与流通市场的区别明显。第一，发行市场中证券发行人获得的资金用于满足生产经营扩张的需要，购买存货、设备等生产要素；流通市场中证券投资者收回的资金用于满足下次投资的需要。流通市场仅能为证券投资者提供证券买卖便利，并不能直接为证券发行人筹集新的资金，也不能增加社会投资量，是一个零和博弈市场。第二，发行市场支持企业经营活动，是现实经济的重要组成部分；流通市场反映实体经济活动，是虚拟经济的一个缩影。第三，发行市场可以增加证券市场规模，创造社会财富，是社会经济的第一轨道；而流通市场能够提高证券市场流动性，放大社会财富，是社会经济的第一轨道，如图 1 - 10 所示。

6. 场内市场和场外市场

金融市场第六层次是在第五层次的基础上，将流通市场分为场内市场和场外市场（发行市场也有类似划分）。场内市场也称有形市场或证券交易所市场。证券交易所有固定的交易场所、交易时间和规范的交易规则，按拍卖市场的竞价机制进行交易，是一个专门、有组织的证券集中交易场所。

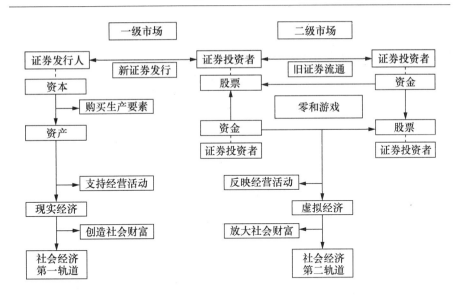

图 1－10　发行市场与流通市场的社会经济意义

证券交易所的主要特点是经国家批准设立，必须制定和执行一套完备的组织章程和管理细则；本身不买卖证券，只是为买卖双方提供交易设施和各种服务；吸收会员有严格的限制条件，只有会员有权在证券交易所内进行交易，非会员必须通过会员经纪人才能从事证券交易活动。

证券交易程序大体是：投资者欲买入或卖出证券，通过电话、电传、网络终端等方式，向指定证券商下达买入或卖出指令，证券商将买入或卖出指令输入证券交易所的撮合主机，撮合主机接到指令后，按价格从高到低或从低到高（若价格相同，按时间从先到后）排列，出价较高的买入人或要价较低的卖出人优先，出价最高的买入人与要价最低的卖出人最先捉对成交，其他以此类推。

证券交易所通过网络形成全国证券市场，甚至国际证券市场。目前，我国设有上海证券交易所和深圳证券交易所。两者主要区别是：沪市主要针对大型上市公司，设有国际板；深市主要针对中小型上市公司，设有中小企业板和创业板。

场外市场主要是指柜台市场，一般为无形市场。柜台市场是通过证券商所设立的专门柜台进行证券买卖的场所，也称店头市场。投资者可以直接通过柜台进行买卖，也可以委托经纪人代理买卖。在这里交易的证券主要是不具备上市条件或不愿意上市的证券。柜台交易在各证券公司分散进行，是一种松散的市场交易组织形式。我国目前的证券交易主要以交易所交易为主，柜台交易很少。

7. 现货市场和期货市场

金融市场第七层次是在第六层次的基础上，将场内市场分为现货市场和期货市场（场外市场也有类似划分）。现货交易是指交易双方成交后办理交收手续，多头支付资金并取得标的资产（如证券），空头交付标的资产并收到资金，即所谓"一手交钱，一手交货"。广义现货交易包括信用交易。信用交易是在现货交易基础上产生的，是交易双方通过交付保证金，取得经纪商信用而进行交易的，其主要特征是经纪商（如证券公司）向投资者（如证券投资者）提供信用，即多头按规定比例向经纪商借入资金买入标的资产（如上市证券），或者空头按规定比例向经纪商借入标的资产卖出标的资产，西方将前者称为买空，将后者称为卖空。我国将证券的信用交易称为融资融券交易。我国过去禁止融资融券交易。2005 年 10 月 27 日通过修订、2006 年 1 月 1 日实施的《证券法》取消了证券公司不得为客户交易融资融券的规定。2006 年 6 月 30 日中国证监会发布《证券公司融资融券业务试点管理办法》（2011 年 11 月 26 日进行了修改），2010 年 3 月 31 日，上海证券交易所和深圳证券交易所正式开通启动融资融券交易系统。

期货交易是交易双方约定在未来某一时点（或时间内）按照现在确定价格进行的交易，交易意向的达成是多头对标的资产价格看涨，空头对标的资产价格看跌。广义期货交易包括远期交易和期权交易。远期交易的巩固和发展，催生了期货交易。两者的相似之处是现在定约成交，将来交割。两者的主要区别是：远期合约是非标准化的，在场外市场进行交易，与现货交易一样以通过交割获取标的物为目的；期货合约是标准化的，一般在集中的期货交易所以公开竞价方式进行交易，在多数情况下不进行实物交收，而在合约到期前进行反向交易、平仓了结。

期货交易的巩固和发展衍生了期权交易。期权交易是指买权（或卖权）多头向买权（或卖权）空头支付一定费用后，在一定有效期内，有权利但无义务（可以但非必须）按一定执行价格买入（或卖出）一定数量的某种标的资产的标准化合约。可见，买权多头处于买权价格看涨且标的资产价格看涨的部位；卖权多头处于卖权价格看涨但标的资产价格看跌的部位；买权空头处于买权价格看跌且标的资产价格看跌的部位；卖权空头处于卖权价格看跌但标的资产价格看涨的部位。

期权合约和期货合约一样，最初为一种避险工具（对现货进行套期保值）、投机和套利工具。两者主要区别是：第一，避险、投机和套利原理不同。期货交易的避险、投机和套利原理是在期货市场和现货市场上进行方向相反的操作，一旦现货市场出现了亏损，就会用期货市场的盈利来弥补；而期权交易的避险、投机和套利原理是在两个期权市场上对标的资产进行方向相反的操作，用一个市场的利得弥补另一个市场的损失，以牺牲少许期权费为代价。第二，权利和义务不同。期货合约的权利和义务是对等的，当合约到期时，双方必须依合约严格履行；期权合约的权利和义务是不对等的，当合约到期时，期权多头有权利而义务，可以根据市场真实情况决定是否履行合约，期权空头有义务无和权利，双方必须依合约严格履行。第三，保证金缴纳不同。期货交易双方都要缴纳保证金，并要求随时维持在一定的水平；而期权多头无须缴纳保证金，空头要缴纳保证金，并随时维持在一定水平。四是风险和收益不同。期货交易双方潜在的盈利和亏损都是无限的，且双方获得意外利得和遭受意外损失的概率是均等的，这种状况称之为对称性风险和收益；期权交易双方由于双方权利和义务的不对等性，买权（卖权）多头的亏损固定（所支付的期权价格），买权多头的盈利在理论上无限（卖权多头的盈利在现实中有限），而买权（卖权）空头的盈利固定（所收到的期权费），买权空头的亏损在理论上无限（卖权空头的亏损在现实中有限），这种状况称之为不对称性风险和收益。

此外，还有一种金融交易，介于现货交易与期货交易之间，是回购交易，如国债回购交易，是指国债交易双方在成交同时，约定于未来某一时间以某一价格双方再进行反向交易的行为。当国债持有者（正回购方，资金融入方）产生短期资金需求时，将持有的国库券出让而融入资金；而国债需求者（逆回购方，资金融出方）在相应期间内因让渡资金使用权而获得一定的利息回报。一笔回购交易通常涉及交易双方（资金融入方和资金融出方）、两次交易契约行为（初始交易和回购期满时的回购交易）和两次相应清算。由于国债回购交易的国库券出让方式有质押式和买断式，国债回购交易分为质押式回购交易和买断式回购交易（也称开放式回购交易）。

综上所述，金融交易方式通常有现货交易、信用交易、远期交易、期货交易、期权交易、回购交易等。

金融市场的七个层次划分，如图1-11所示。

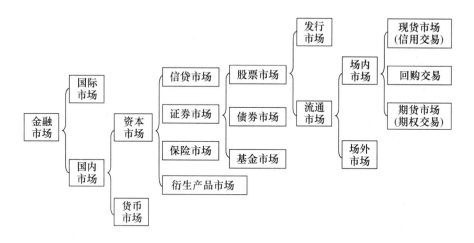

图1-11 金融市场层次

上述七个层次的划分是针对国内市场，国际市场也可做同样的层次划分。国际市场还有一种更具本质性的划分，将国际市场分为在岸市场和离岸市场。在岸市场是指传统国际市场。国内市场无疑是在岸市场，是市场所在地居民与居民以本币进行交易，要受到货币发行国中央银行的管辖、干预；传统国际市场是市场所在地居民与非居民以本币进行交易，但必须受市场所在国政府政策、法令管辖，包括国际外汇市场、国际货币市场、国际资本市场和国际黄金市场。我们熟悉的在岸市场是上海人民币在岸市场。

离岸金融市场也叫新型国际市场或境外金融市场，是指与市场所在国的国内金融体系相分离，既不受货币发行国政府法令管制，也不受市场所在国政府法令管制，主要为非居民之间的交易提供服务，如提供境外货币借贷或投资、贸易结算；外汇黄金买卖、保险服务及证券交易等。我们熟悉的离岸市场如香港人民币离岸市场、欧洲美元市场。

离岸金融市场也称离岸金融中心，一般有三种模式：一是分离型的，只限于非居民之间的交易，以纽约、新加坡、东京为代表；二是集中型的，将居民和非居民存贷混合在一起，以伦敦、中国香港为代表；三是避税型的，一般设在风景优美的岛屿或港口，如维尔京群岛、开曼群岛、巴哈马群岛、百慕大群岛、西萨摩亚群岛、安圭拉群岛等。

（四）金融市场功能①

金融市场属于要素市场，与消费品市场、生产资料市场、劳动力市场、技术市场、信息市场、土地市场等相互联系，相互依存，共同构成统一市场。同时，在现代市场经济中，消费品与生产资料的买卖、技术与劳动力的流动、信息与土地的交易等，都离不开金融市场的密切配合。从这个意义上说，金融市场是联系其他一切市场的纽带，对整个市场体系具有举足轻重的地位。其主要功能表现在：

1. 资源配置

资源配置是金融市场的一个基本功能。金融市场是社会资源配置的基本场所，主要职能有：第一，储蓄动员。金融体系提供了一条绿色通道（无论是有形的还是无形的），能够将社会资源从资金供给者（储蓄者）手中转移到资金需求者（投资）手中，将储蓄转化为投资；同时，可以为分散的社会资源提供一种聚集功能，产生资源规模效应。第二，权益保护。金融体系以其特有的高效运作、规范竞争、合理回报，为市场参与者提供了一种权益保护机制，激励投资者和筹资者积极参与市场交易。第三，流动性供给。现代社会极具不确定性，单一投资者和筹资者难以对项目、公司、经理、市场条件进行评估。有了金融体系，能够在极短时间内将社会资源迅速集中起来，投向国民经济中发展前景较好、技术创新较快但缺乏资源的企业和部门，合理调拨资金流向和流量。第四，效率引导。金融体系是一个资源"集散池"，是连接资金盈余者和资金短缺者的纽带和桥梁，资金供求双方的有效竞争创造了利率均衡机制，利率的上下波动会引导闲置资源流入生产领域或低效使用资源流入高效生产部门。

2. 风险分散

风险分散是金融市场的另一基本功能。金融市场是资产交换（产权交换和价值交换）的场所，也是风险交换的场所。金融体系能够为投资、筹资及其风险进行交易和定价，形成风险分散机制。由于存在信息不对称和交易成本，必须依靠金融体系对投资、筹资及其风险进行交易、分担、补偿和转嫁，将风险重新分配给资本供给者与资本需求者。如果找不到这

---

① 美国著名金融学家罗伯特·默顿认为，金融体系具有清算与支付、融资与股权细化、资源配置、风险管理、信息提供、激励六大基本功能。

种交易、分摊、抵补和转移机制，投资和筹资就无法进行。风险分散的主要意义是：第一，金融机构可以通过多元化效应，有能力向风险较高的资本需求者（筹资者）提供资本；同时，可以通过创造风险程度不同的金融工具，满足不同风险偏好的资本供给者（投资者）。第二，作为投资者的企业，可以通过投入不同性质、期限、风险的资产，在保证取得一定资产收益的同时，能够降低经营性风险。第三，作为筹资者的企业，可以通过筹集不同性质、期限、风险的资本，在保证维持一定资本成本的同时，可以降低金融性风险。

3. 价值发现

价值发现是金融市场的一个重要附带功能。金融体系的资金供求双方（买卖双方）相互竞争决定了交易对象（资产）的均衡交易价格（利率），因此，金融市场具有定价功能。第一，这个均衡价格可以反映企业的资产收益。企业筹资能否成功，取决于投资（尤其是长期经营性投资）收益能否超过这个均衡价格。若投资收益超过均衡价格，筹资就会成功；反之亦然。第二，这个均衡价格可以反映企业的资本成本。企业财务目标能否实现，取决于筹资（尤其是长期外源性筹资）成本能否低于这个均衡价格。若筹资成本低于均衡价格，财务目标就会实现；反之亦然。

4. 信息提供

信息提供是金融市场的另一个重要附带功能。由于金融体系能够生产与传递信息，投资者可以获取各种投资收益及其影响因素的信息，筹资者可以获取各种筹资成本及其影响因素的信息，金融监管部门可以获取金融交易是否正常进行、各种规则是否得到遵守的信息，各自据此能够做出正确的决策。如果没有金融体系，资本供给者要找到合适的资本需求者，或者资本需求者要找到合适的资本供给者，是非常困难的。即便能够找到，其信息成本也是非常昂贵的。完善的金融市场能够提供广泛而有效的信息，涉及政治、经济、法律、技术、文化、社会等，并迅猛、灵敏地影响市场动态，最终通过资金价格（利率）体现出来，这样，节约了投资者或筹资者寻找交易对手的成本，也节约了投资者或筹资者评估资产价值的成本。

此外，金融市场还有诸如产权激励、公司治理、宏观调控等其他功能，在此不再一一列举。尽管金融市场具有上述功能，但要实现这些功能，必须具备两个基本条件：一是完整、准确、及时的交易信息；二是完全由市场供求关系决定而不受其他力量干预的交易价格。现实中扭曲的价格和错误的信息，不仅妨碍上述功能的发挥，而且可能引发金融市场动荡、混乱和危机。

（五）金融市场对企业财务活动的影响

金融市场的功能是相对固定的，对财务活动有积极影响，也有消极影响，每个企业应当适应并利用之。每个企业的适应水平和利用程度有所不同。若适应得当，利用得好，则企业在金融市场中兴旺发达；否则，则企业在金融市场中江河日下。

1. 积极作用

金融市场能够为资金供给者提供多种投资出路，为资金需求者提供多种筹资来源，实现资本供给者和资本需求者的满意结合。

（1）为企业投资决策提供依据。三类企业投资（长期经营性投资、短期经营性投资、金融性投资）的资金预算、方式、方向、地点、规模、标准（资产收益率）、变现场所或时机等，需要金融市场的效率引导、风险定价、信息支持等。

（2）为企业筹资决策提供依据。三类企业筹资（长期外源性筹资、短期外源性筹资、内源性筹资）的来源、渠道、方式、场所、数额、标准（资本成本）等，需要金融市场的效率引导、风险定价、信息支持等。

2. 消极后果

（1）虚假信息的严重干扰。尽管金融体系总体上能够为企业提供灵敏而及时的信息，但内幕人员的交易操纵、工作人员的职务舞弊、监管人员的监守自盗，都会严重歪曲公共信息。企业若根据这些错误信息来进行财务决策，则有可能引起经营失误。

（2）投机活动的肆意猖獗。金融体系若没有投机，则是一潭死水。但是，投机活动的过分猖獗，会严重破坏金融体系的正常秩序。如有的投资者利用信用交易、期货交易和期权交易等方式，频繁卖空买空，肆意抛售证券以压低市场价格，或者肆意抢购证券以哄抬市场价格，从价格涨跌中牟取暴利。

（3）虚拟资本的过度膨胀。无论是单一企业还是整个社会，虚拟资本的运动虽然具有相对独立性，但应当与现实资本的运动并驾齐驱，相得益彰。一般来说，虚拟资本的增长速度总是大于现实资本。如果"大于"适度，就会形成合理的金融泡沫，有利于企业财务活动；如果"大于"

失控，就会形成虚假繁荣的金融泡沫，影响企业财务活动。

三 最现实的宏观环境：税制结构

财务活动与税制、税收休戚相关。企业财务行为应当遵守各种税收法律、法规和条例，这些税收法律、法规和条例对企业产生影响的总和称为税收环境。

（一）我国的税制结构

改革开放以来，我国对税制体系进行了一系列重大改革，目前形成了以流转税、所得税、其他税（资源税、财产税、行为税、特定目的税）为税种的税制结构。

1. 流转税类

流转税是间接税，主要是在生产、流通或者服务业中发挥调节作用，包括增值税、营业税、消费税和关税。

（1）增值税。我国境内销售货物、提供应税劳务、提供应税服务以及进口货物的单位和个人，为增值税纳税人。货物是指有形动产，包括电力、热力、气体；应税劳务是指加工（受托加工货物）、修理修配（受托对损伤和丧失功能的货物进行修复）；应税服务是指陆路运输、水路运输、航空运输、管道运输、邮政普遍、邮政特殊、邮政其他、基础电信、增值电信、研发和技术、信息技术、文化创意、物流辅助、有形动产租赁、鉴证咨询、广播影视。对一般纳税人实行三档税率：基本税率（17%）、低税率（13%、11%、6%）和零税率（出口）；对小规模纳税人一律采用3%的征收率（税收优惠除外）。从2009年1月1日起，我国废除生产型增值税，实行消费型增值税。增值税是价外税。

（2）消费税。在我国境内生产、委托加工和进口"应税消费品"的单位和个人，为消费税纳税人。金银首饰从1995年起由生产销售环节改为零售环节征收。"应税消费品"涉及烟、酒、化妆品、贵重首饰及珠宝玉石、鞭炮与焰火、成品油、小汽车、摩托车、高尔夫球及球具、高档手表、游艇、木制一次性筷子、实木地板、电池、涂料15个税目。消费税是价内税，实行比例税率和定额税率两种形式，采用从价计征、从量计征和从价从量复合计征三种方法。

（3）营业税。在我国境内提供应税劳务、转让无形资产或者销售不动产的单位和个人，为营业税纳税义务人。应税劳务包括建筑业、金融保险业（不包括有形动产融资租赁）、文化体育业（不包括文化创意服务、播映）、娱乐业、服务业（不包括"营改增"中的应税项目）5个税目。营业税是价内税，一律实行比例税率。建筑业、文化体育业的税率为3%，金融保险业、服务业、转让无形资产、销售不动产的税率为5%，娱乐业的税率为5%—20%。

（4）关税。进口货物的收货人、出口货物的发货人、进出境物品的所有人，为关税的纳税义务人。征税对象是准许进出境的货物和物品。货物是指贸易性商品；物品是入境游客随身携带的行李物品等。

2. 所得税类

所得税是直接税，主要是在国民收入形成后，对生产经营者利润和个人纯收入发挥调节作用，包括企业所得税和个人所得税。

（1）企业所得税。企业所得税的纳税义务人，包括在我国境内的企业和其他取得收入的组织。纳税人分为居民企业和非居民企业，前者负无限纳税义务，后者负有限纳税义务。征税对象是生产经营所得、其他所得和清算所得。如居民企业的征税对象包括销售货物所得、提供劳务所得、转让财产所得、股（息）（红）利所得、利息所得、租金所得、特许权使用费所得、接受捐赠所得和其他所得。计税依据是应纳税所得额。税率采用比例税率，分基本税率（25%）和低税率（20%）两档。

（2）个人所得税。个人所得税的纳税义务人，包括中国公民、个体工商户、个人独资企业、合伙企业投资者、在中国有所得的外籍人员（包括无国籍人员）和港澳台同胞。纳税人分为居民和非居民，前者负无限纳税义务，后者负有限纳税义务。征税范围包括工资、薪金所得，个体工商户的生产、经营所得，对企事业单位的承包经营、承租经营所得，劳务报酬所得，稿酬所得，特许权使用费所得，利息、股息、红利所得，财产租赁所得，财产转让所得，偶然所得，其他所得。计税依据是应纳税所得额。税率包括比例税率（20%）和超额累进税率两类，其中超额累进税率分为七级超额累进税率（适用于工资、薪金所得，税率3%—45%）、五级超额累进税率（适用于个体工商户的生产、经营所得和对企事业单位的承包经营、承租经营所得，税率5%—35%）和三级超额累进税率（适用于劳务报酬所得，税率20%—40%）三类。

3. 资源税类

资源税类主要是对因开发和利用自然资源差异而形成的级差收入发挥调节作用，包括资源税、土地增值税和城镇土地使用税。

（1）资源税。在我国领域及管辖海域从事应税矿产品开采和生产盐的单位和个人，为资源税纳税义务人。应税矿产品涉及原油（天然）、天然气（专门开采或与原油同时开采）、煤炭（原煤和以未税原煤加工的洗选煤）、其他非金属矿原矿（原油、天然气、煤炭、井矿盐以外）、黑色金属矿原矿（铁、锰、铬）、有色金属矿原矿（铜、铅、锌、铝、钨、锡、锑、镍、黄金、钒等）6个税目；盐包括固体盐（海盐原盐、湖盐原盐、井矿盐）和液体盐（卤水）。税率采取从价定率（如原油为销售额的6%—10%）或从量定额（如黑色金属矿原矿为每吨2—30元）两种方式。

（2）土地增值税。转让国有土地使用权、地上的建筑及其附着物（房地产），并取得收入的单位和个人，为土地增值税纳税义务人。征税范围包括转让国有土地使用权、地上的建筑及其附着物连同国有土地使用权一并转让、存量房地产买卖。实行四级超率累进税率，税率为30%—60%。

（3）城镇土地使用税。拥有土地使用权的单位和个人，为城镇土地使用税纳税人。征税对象是国有土地或集体土地。征税范围包括城市、县城、建制镇、工矿区。实行差别定额税率（如大城市1.5—30元/平方米）。

4. 财产和行为税类

财产和行为税类主要是对某些财产和行为发挥调节作用，包括房产税、车船税、印花税和契税。

（1）房产税。房屋产权所有人，为房产税纳税义务人。征税对象是房产。计税依据是房屋的计税余值或租金收入。征税范围包括城市、县城、建制镇、工矿区。实行比例税率，采用从价计征（房产原值一次扣除10%—30%后余值的1.2%）和从租计征（租金的12%，个人出租4%）两种方式。

（2）车船税。在我国境内车辆、船舶的所有人或管理人，为车船税的纳税义务人。征税对象和征税范围包括车辆和船舶。实行定额税率，从量计征。

（3）印花税。在我国境内书立、使用、领受应税凭证的单位和个人，为印花税纳税义务人。征税对象是在经济活动和经济交往中，书立、使用、领受应税凭证的行为。纳税义务人包括立合同人、立据人、立账簿人、领受人、使用人、各类电子应税凭证的签订人。应税凭证涉及购销合同，加工承揽合同，建设工程勘探设计合同，建筑安装工程承包合同，财产租赁合同，货物运输合同，仓储保管合同，借款合同，财产保险合同，技术合同，产权转移书据，营业账簿，权利、许可证照 13 个税目。实行比例税率（四档）和定额税率。

（4）契税。在我国境内转移土地、房屋权属的产权承受人，为契税纳税义务人。征税对象是转移的土地使用权、房屋所有权。征税范围包括国有土地使用权出让、土地使用权转让、房屋买卖、房屋赠与、房屋交换。实行 3%—5% 的幅度比例税率。

5. 特定目的税类

特定目的税类主要是为了达到特定目的，对特定对象和特定行为发挥调节作用，包括城市维护建设税、车辆购置税、耕地占用税、船舶吨税和烟叶税等。

（1）城市维护建设税。从事工商经营，缴纳增值税、消费税、营业税单位和个人，为城市维护建设税的纳税义务人。城市维护建设税是一种附加税，计税依据是纳税人实际缴纳的"三税"税额。如果"三税"因违反税法而加收的滞纳金和罚款，不作为城市维护建设税的计税依据。如果"三税"免征或减征，城市维护建设税同时免征或减征。出口产品退还增值税、消费税，但不退还已缴纳的城市维护建设税。实行三档地区差别比例税率，市区 7%，县城和镇 5%，其他 1%。

（2）车辆购置税。在我国境内购置规定车辆的单位和个人，为车辆购置税纳税义务人。"购置"（征税环节）包括购买使用行为、进口使用行为、受赠使用行为、自产自用行为、获奖使用行为以及以拍卖、抵债、走私、罚没等方式取得并使用的行为。征税范围包括汽车、摩托车、电车、挂车、农用运输车。车辆购置税是一种直接税，实行 10% 的统一比例税率。

（3）耕地占用税。占用耕地建房或从事其他非农业建设的单位和个人，为耕地占用税纳税义务人。耕地占用税是一种兼有资源税和行为税的税种，征税范围是纳税人为建房或从事其他非农业建设而占用的国有所有和集体所有的耕地。计税依据是实际占用的耕地面积。实行地区差别定额税率。

（4）船舶吨税。征税对象是自我国境外港口进入境内港口的船舶。实行优惠税率（船籍国与我国签订含有相互给予船舶税费最惠国待遇条款的）和普通税率。由海关征收。

（5）烟叶税。在我国境内收购烟叶的单位，为烟叶税的纳税义务人。征税范围包括晾晒烟叶、烤烟叶。计税依据是收购烟叶的金额。实行比例税率，税率20％。

除此之外，特定目的税类还包括固定资产投资方向调节税（缓征）、筵席税、屠宰税、社会保障税、证券交易税（拟征）等。

（二）税制结构对企业财务活动的影响

税制结构对企业税收负担具有较大影响。税种设置、税率调整对企业财务活动具有调节作用。因此，企业财务决策应当适应税收法规和税收政策，合理安排投资与筹资。

1. 影响长期经营性投资决策

国家通常通过税法调整产业结构布局，对一些需要鼓励的产业给予税收优惠，对一些需要限制的产业提高税率，这样会影响企业投资政策。

（1）影响项目投资地点、方向和方式的选择。如设在西部地区国家鼓励的产业企业，在2010年1月1日至2020年12月31日，减按15％的税率征收所得税；设在广东横琴、福建平潭、深圳前海得到政府鼓励的产业企业，减按15％的税率征收所得税等。投资于农、林、牧、渔业项目，免征或减半征收所得税；投资于国家重点扶持的公共基础设施项目、符合条件的环境保护和节能节水项目，享受所得税"三免三减半"；投资于国家重点扶持的高新技术企业，减按15％的税率征收所得税等。采用非货币性资产投资通常比采用现金投资要承担更多的税收，因为原料、设备投资，应当视同销售缴纳增值税。

（2）影响分支机构设置的选择。企业发展到一定阶段，会制定业务扩张战略。这些战略的实施，是设立分公司还是设立子公司，两者在税务处理上截然不同。分公司不具有法人资格，流转税在分公司所在地缴纳，所得税与总公司汇总缴纳；子公司具有法人资格，与母公司分别承担各自的纳税事宜。

（3）影响固定资产折旧年限和折旧方法的选择。税法规定了固定资产最低折旧年限，会计准则要求企业应当根据固定资产性质和使用情况合理确定固定资产折旧年限。税法规定除某些特殊固定资产计提折旧可以采用加速折旧法外，一般固定资产计提折旧应当采用平均年限法，会计准则要求企业应当根据与固定资产有关的经济利益的预期实现方式合理确定折旧方法。因此，按会计准则与税法规定分别确定的折旧年限、折旧方法存在差异，会产生账面价值与计税基础的差异。若账面价值大于计税基础，则为应纳税暂时性差异，应当确认为递延所得税负债；若账面价值小于计税基础，则为可抵扣暂时性差异，应当确认为递延所得税资产。

2. 影响长期外源性筹资决策

税法明确规定了公司哪些费用和支出可以在税前扣除，哪些不能在税前扣除，这样会影响公司的筹资政策。

（1）筹资方式的选择。债务筹资与股权筹资的资本成本有较大差异。非金融企业在生产经营期间向金融企业借款的利息支出、经批准发行债券的利息支出，可以据实扣除；非金融企业向非金融企业借款的利息支出，不超过按照金融企业同期同类贷款利率计算的数额的部分可据实扣除；非金融企业从其关联方接受的债权性投资与股权性投资的比例不超过规定标准（2:1）而发生的利息支出，准予扣除。

利息支出作为财务费用，减少了企业应纳税所得额，具有抵税效应，降低负债的实际成本。税率越高，抵税效应越大。当然，发挥抵税效应的前提是资产报酬率必须大于负债利率。在这个前提下，提高负债比率，可以相应提高净资产收益率，增加股东财富。然而，随着负债比率的提高，财务风险也会增大，资本成本相应提高，减少股东财富。因此，选择筹资方式，应当综合考虑，不能顾此失彼，更不能因小失大。

（2）金融性杠杆和经营性杠杆的选择。企业处于相对稳定时期，经营性风险较低，应当尽可能利用金融性杠杆，充分发挥负债的税盾效应，降低边际资本成本，用较高的金融性杠杆来平衡较低的经营性杠杆。反之，企业处于发展初期，经营性风险较高，应当减少对金融性杠杆的使用，减少负债经营，用较低的金融性杠杆来平衡较高的经营性杠杆。

3. 影响短期经营性投资决策

（1）影响经营方式的选择。我国税法将增值税纳税义务人分为一般纳税人和小规模纳税人，企业向一般纳税人和小规模纳税人购买原材料时所负担的增值税是不同的。

（2）影响内销与出口比例的选择。我国税法对不同出口产品分别采用又免又退、只免不退和不免不退三类政策，因此，企业在销售时内销与出口比例不同，所负担的税收不同。

（3）影响存货计价方法的选择。企业存货计价方法有先进先出法、移动加权平均法、月末一次加权平均法和个别计价法。存货计价方法不同，影响存货成本和销售成本（营业成本）此消彼长，从而影响利润大小，进而影响应纳税所得额和应纳所得税额。

4. 影响内源性筹资决策

税收影响企业可供分配利润。企业利润一定时，税负与企业可供分配利润呈反向关系。企业税负越重，可供分配利润必然越少；反之亦然。

税收也会影响股利分配政策。股利分配政策的核心是股利支付率，股利支付率的大小直接决定现金股利（当前利益）与留存收益（未来利益）的比例关系。现金股利需要缴纳股东个人所得税（红利税），留存收益可以使股东从未来股价上涨中获得资本利得，即使股价不上涨，也可以达到延期纳税的效果。

当红利税与资本利得税的税率不同或纳税时间不同时，会影响公司的股利分配政策。目前我国税法规定自然人股东取得的红利和资本利得的税率均为20%，法人股东取得的红利和资本利得的税率均为25%。考虑到我国证券市场的实际情况，对自然人股东的资本利得暂免征个人所得税。因此，对自然人股东而言，有红利税，但无资本利得税；对法人股东而言，尽管红利税税率与资本利得税税率相同，但资本利得具有推迟纳税的效果。因此，税收影响股利分配政策主要体现在税率差异和纳税期限差异上。

四　最起码的宏观环境：经济与法律

最起码的宏观环境主要指经济与法律。

（一）经济体系

经济体系是财务活动的重要环境，包括经济体制、经济周期、经济政策等。

1. 经济体制

经济体制是一国的基本经济制度，决定社会资源基本配置方式。最为典型的是计划经济体制和市场经济体制，相应有计划配置模式和市场配置模式，影响企业与政府的关系、企业的产权制度、治理结构和管理方式。现阶段我国实行的是社会主义市场经济体制，至少应当包括自主的市场主体、完整的市场体系和健全的市场机制。自主的市场主体涉及居民、企业、金融机构、政府等，其中企业作为商品或劳务的生产经营者，和其他市场主体一样，具有独立的经济利益，承担一定的社会责任，享受相应的民事权利。完整的市场体系包括商品市场（消费品市场、生产资料市场）和要素市场（金融市场、劳动力市场、技术市场、信息市场、土地市场等）。健全的交易机制涉及价格机制、供求机制、竞争机制、风险补偿机制和利益协调机制等。

2. 经济周期

经济发展往往呈周期性波动趋势，经历"繁荣→衰退→萧条→复苏→繁荣"的循环。在各个阶段，企业生产规模、销售水平、获利能力、资本需求都会出现重大差异，对财务管理产生重大影响。一般来说，在萧条阶段，整个宏观经济环境不景气，企业资本紧缩，产销下降，这时企业应当注重削减管理费用和存货，适当裁员，减少投资。在繁荣阶段，市场需求旺盛，销售大幅上升，这时企业为扩大生产，应当增添设备、存货和劳动力，并能够迅速筹集所需资本。在复苏阶段，企业应当增加厂房，建立存货，引入新产品，增加劳动力，实行长期租赁，为"负债经营"提供条件。在衰退阶段，企业应当停止扩张，出售多余设备，停产不利产品，终止长期采购，削减存货，裁减雇员，并实行较为稳健的负债经营策略。总之，面对经济周期，财务人员必须预测经济变化情况，适当调整财务政策。

3. 经济政策

经济政策分宏观经济政策和微观经济政策。前者是国家进行宏观经济调控的重要手段，如财政政策、货币政策、产业政策、收入分配政策、对外贸易政策等；后者是国家进行微观经济调控的基本手段，如对经济的干预，对反对干扰市场正常运行的立法等。其中，影响最大的是财政政策和货币政策，分别由财政部和中国人民银行执行，如实施货币政策后的货币供应量的增减、利率的升降等，都会影响企业的资本结构和投资项目的选择等。

4. 通货膨胀

通货膨胀始终伴随现代经济的发展。一般来说，在产品或服务质量没有明显改善的情况下，价格的持续上涨称为通货膨胀。通货膨胀不仅对消费者不利，也会严重影响企业的财务活动。例如，严重的通货膨胀会引起企业采购成本大幅提高，增加企业筹资成本，导致股票价格下跌，引起利润虚增，等等。

为了减轻通货膨胀带来企业损失，企业应当对通货膨胀有所预期，采取一定的防范措施。在通货膨胀初期，货币面临贬值，企业进行投资可以实现资产保值，与供应商签订长期购货合同，取得长期负债，等等。在通货膨胀持续期，企业可以采用比较严格的信用条件，减少应收账款，调整财务政策，防止资本流失等。

（二）法律体系

法律体系也是财务活动的重要环境。市场经济是法治经济。法律为企业财务活动规定了空间，也提供了"保护伞"。与企业财务活动相关的法律主要涉及民法、商法、经济法、行政法和社会法等。我国目前的相关法律主要包括：第一，市场主体法，如《独资企业法》、《合伙企业法》、《公司法》、《企业破产法》等；第二，市场主体行为法，如《合同法》、《物权法》、《海商法》、《证券法》、《会计法》、《票据法》等；第三，市场管理法，如《反不正当竞争法》、《反垄断法》、《反暴力法》、《产品质量法》、《环境保护法》、《消费者权益保护法》等；第四，市场要素规范法，如《专利法》、《商标法》、《知识产权法》、《土地法》等；第五，市场宏观调控法，如《中国人民银行法》、《商业银行法》、《税收征收管理法》、《企业所得税法》等。

严格来讲，与财务活动最为密切的法律是公司法、证券法、税法等，税法前已述及。

1. 公司法规

不同组织形式的企业适用的法律不同。按国际惯例，企业划分为独资企业、合伙企业和公司企业。公司财务管理仅涉及《公司法》。

任何依据《公司法》登记的机构被称为公司。公司是指股东依法以投资方式设立，以营利为目的，以其认缴的出资额或认购的股份为限对公司承担责任，并以其全部独立法人财产对公司债务承担责任的企业法人。公司作为营利性法人组织，独立于所有者和经营者。公司通常分为有限责任公司和股份有限公司两种形式。

公司的主要优点：一是有限责任。公司债务是法人的债务，不是股东的债务，股东的债务责任仅以出资额为限。二是无限存续。一个公司在最初的股东和经营者退出后仍然可以继续存在。三是股份易于转让。公司的所有者权益被划分为若干份额，每一份额可以单独转让，无须其他股东同意。四是容易筹资。有限责任和无限存续降低投资者的风险，股份易于转让提高了资产的流动性，这样投资者愿意将资本投入公司。

公司的主要缺点：一是双重课税。公司利润要缴纳企业所得税，税后利润进行分配时，股东还要缴纳个人所得税。二是组建公司困难。组建公司不比组建其他企业，需要提交一系列法律文件，经历时间长，花费成本高，接受监管严。三是存在代理问题。所有权与经营权分离以后，所有者和经营者形成委托代理关系，代理人可能为了自己的利益而伤害委托人的利益。

公司法规对公司的设立条件、设立程序、组织机构、组织变更、终止的条件和程序等作了明确的规定，特别是对股东人数、法定资本最低限额、出资方式、股票发行和交易、利润分配程序等，是财务管理最相关的强制性规范。

公司法规由法律、行政法规和部门规章构成。法律主要是《公司法》；行政法规由国务院发布，主要有《公司登记管理条例》；部门规章由证券监督管理委员会发布，主要有《上市公司治理准则》。

2. 证券法规

证券法规规定了证券发行、上市、交易和信息披露等内容，对各主体地位和权利义务关系进行了规范。证券发行后，资本供给者（投资者）的利益与资本需求者（公司）的利益紧紧连在一起。为了保护投资者尤其是中小投资者的利益，国家以法律形式规范了股份公司的财务行为，以维护证券市场的交易秩序，防止内幕交易、操纵市场、欺诈客户和虚假陈述等违法行为的发生。

证券法规由法律、行政法规和部门规章构成。法律主要有《证券法》；行政法规主要有《股票发行与交易管理暂行条例》；部门规章由证券监督管理委员会、证券交易所发布，主要有《禁止证券欺诈行为暂行办法》、《股票上市规则》等。

五　宏观环境共有因子：利率

利率作为资金供求双方经过讨价还价形成的均衡交易价格，是金融市场的核心要素，也是所有财务环境的关键因子。利率有不同称谓。投资时，利率是资产收益（率）；筹资时，利率是资本成本（率）；价值估计时，利率是折现率；等等。要保证市场交易顺利进行，则必须建立健全利率机制。

（一）利率构成

利率是资金的"交易价格"，实质是资金使用权价格。对资金供给者而言，是其让渡资金使用权所要求的投资收益率；对资金需求者而言，是其获得资金使用权所付出的资本成本。利率由纯利率、通胀贴水和风险溢价三个部分构成：

1. 纯利率

纯利率是指无通胀、无风险下的平均利率。马克思主义认为，利率从根本上取决于社会平均利润率，但在实际运行中，主要受两个因素的影响：一是政府宏观调控；二是市场供求关系。因此，利率有纯利率、市场利率和官方利率之分。

一般来说，纯利率以短期国库券利率作为界定标准，即实际无风险利率。

政府宏观调控对利率影响是：政府为了抑制经济过热，通过公开市场发售证券、提高再贴现率和存款准备金率等，减少货币供应量，于是市场资金供给减少，出现供不应求，官方利率上升，推行"紧缩"的货币政策。政府为了刺激经济发展，通过公开市场买入证券、降低再贴现率和存款准备金率等，增加货币供应量，于是市场资金供给增加，出现供过于求，官方利率下降，实施"扩张"的货币政策。

官方利率（法定利率）已经成为政府宏观调控的主要货币政策工具。适当的法定存款利率，可以鼓励居民储蓄，为发展经济筹集社会资金。适当的法定贷款利率，可以促进企业改善经营管理，加速资金周转，节约利息支出，提高企业利润水平。合理的法定差别利率，可以有效推行奖限措施，贯彻产业政策，调节货币投向，促使产业结构、产品结构的合理化和高级化。

市场供求关系对利率的影响是：在资金供给不变的情况下，当资金需求增加（对应于经济高涨）时，供不应求，市场利率上升；当资金需求减少（对应于经济低落），供过于求，市场利率下降。

既然市场供求关系能够影响利率，利率反过来可以调节市场供求，成为引导资金合理流向的重要杠杆。当资金供不应求，利率上升，增加资金供应或者减小资金需求；当资金供过于求，利率下降，减小资金供应或者增加资金需求。

2. 通胀贴水

预期有通货膨胀来临，货币将会贬值，资金供给者的实际收益率将下降，必然要求提高利率以补偿购买力下降所带来的损失。通胀水平越高，补偿程度越大。一般来说，国库券尽管鲜有甚至毫无其他金融风险，但难逃通货膨胀厄运。

纯利率与通胀贴水之和，称为名义无风险利率。

3. 风险溢价

当预期有风险发生，资金供给者的期望收益率将下降，必然要求提高利率以补偿其风险带来的损失。风险水平越高，补偿程度越大。资金供给者通常遭遇的风险有违约风险、流动性风险和到期风险。

（1）违约风险溢价。违约风险也称信用风险，是债权人无法按时收回债权本息而遭受的损失。债务人信用越差，违约风险越大。债权人为了补偿自己承担的违约风险，要求提高利率作为相应回报，违约风险越大，要求的违约风险溢价越高。

（2）流动性风险溢价。流动性风险也称变现力风险，是资产所有者无法将闲置或多余资产合理转化为现金而遭受的损失。这里的"合理"包括时间上的合理（迅速或及时变现）和价格上的合理（变现价格不能低于预期）。资产所有者为了补偿自己承担的流动性风险，要求提高利率作为相应的回报，流动性风险越大，要求的流动性风险溢价越高。

（3）到期风险溢价。到期风险也称利率变动风险，是投资者无法按变动利率实现长期债权投资收益而遭受的损失。期限越长，到期风险越大。投资者为了补偿自己承担的到期风险，要求提高利率作为相应回报。到期风险越大，要求的到期风险溢价越高。

一般来说，长期利率通常大于短期利率。因此，如果说长期债权投资面临利率上升的到期风险，那么短期债权投资存在利率下降的再投资风险。当投资者收回短期债权投资后，暂时可能找不到投资机会，或者利率风险降低，只能以较低利率进行再投资，导致短期债券投资的再投资风险大于长期债券投资的到期风险，此时短期利率会大于长期利率。如长期债券利率为12%，短期债券利率为9%，投资者为了减少到期风险，买入短期债券。收回短期债券本息后，若利率下降到7%，此时投资者只拥有利率为7%的投资机会，不如当初买入长期债券。

通过以上分析可以得知，利率构成为：

利率 = 纯利率 + 通胀贴水 + 风险溢价

　　 = 实际无风险利率 + 通胀贴水 + 风险溢价

　　 = 名义无风险利率 + 违约风险溢价 + 流动性风险溢价 + 期限风险溢价

（二）利率决定机制

财务环境对利率的影响理论大体分为两大派系：一是西方的利率决定论；二是马克思的利率决定论。

1. 西方的利率决定论

西方经济学家着眼于利率变动决定于供求对比关系。大多数都认为利率作为资金使用权的价格，是由资金的市场供求关系决定的，其主要分歧是什么样的供求关系决定利率。

马歇尔的实际利率理论，强调非货币的实际因素（生产率与节约）在利率决定中的作用。生产率用边际投资倾向表示，节约（抑制现在的消费或等待未来的报酬）用边际储蓄倾向表示。投资量是利率的递减函数，表示借贷资本的需求；储蓄量是利率的递增函数，表示借贷资本的供给。因此，利率的变化取决于投资量和储蓄量的均衡点。

凯恩斯的流动性偏好理论认为，利率决定于货币供给与需求。货币供应是一个国家某一时刻的货币总量，由中央银行控制，是外生变量；货币需求是内生变量，取决于公众的流动性偏好，包括交易、预防、投机等持币欲望，其中交易（含预防）欲望形成的交易需求与收入呈正相关，投机欲望形成的投机需求与利率呈负相关，货币需求是交易需求与投机需求之和。因此，均衡利率是由流动性偏好所决定的货币需求和货币供给共同决定的。

罗伯逊和俄林的可贷资金理论综合了前述两种利率决定论，认为利率是由可贷资金的供给与需求决定的。可贷资金的供给包括某期间的储蓄流量和货币供应量的增加（中央银行的货币发行和商业银行的信用创造），$SL = S + \Delta MS$，中央银行的货币发行是外生变量，储蓄和商业银行的信用创造同利率正相关。可贷资金的需求包括某期间的投资流量和公众希望保有的货币增加量（窖藏货币），$DL = I + \Delta MD$，投资和窖藏货币同利率负相关。因此，利率决定于商品市场和货币市场的共同均衡。

2. 马克思的利率决定论

马克思主义立足于利息的来源与本质。利息是借贷资本家（贷出资本）从职能资本家（借入资本）那里分割出来的一部分剩余价值，这是利息的"质"，决定了利息的"量"，利息取决于利润，利率取决于平均利润率。利率居于平均利润率与零之间，其具体高低取决于两个因素：一是利润率；二是利润在职能资本家和借贷资本家之间的分配比例。这一比例的大小主要取决于借贷双方的供求关系及其竞争程度。一般来说，供大于求时，利率下降；供不应求时，利率上升。此外，政策、法律、习惯等有较大的作用。

可见，利息是利润的一部分，是一种特殊利润，是剩余价值的转化形态。

（1）利息产生的外在条件——资金盈余者与资金短缺者的同时存在。再生产过程的特征导致资金盈余者与资金短缺者共同出现，导致借贷资本区别于职能资本。显然，没有借贷，就没有利息。借贷资本的总体特点是"双重支出"和"双重回流"。借贷资本家将货币出借给职能资本家，然后职能资本家用货币购买生产资料和劳动力；职能资本家将商品销售出去取得货币，然后连本带利归还给借贷资本家。

货币本身并不创造剩余价值。当货币被借贷资本家用于出借给职能资本家，货币被职能资本家用于购买生产资料（劳动工具和劳动对象）和劳动力，充当剥削雇佣工人剩余价值手段时，货币才能转化为资本，进而能够创造剩余价值。

（2）利息产生的内在前提——资本所有权与资本使用权的分离。职能资本家使用资本，去经营商品生产或商品流通，实现剩余价值的创造，直接剥削产业部门的雇佣劳动者。在通常情况下，职能资本家使用的资本，一部分来源于自有资本，另一部分来源于借贷资本家的借入资本。借贷资本家将资本使用权让渡给职能资本家，导致资本所有权与使用权的分离。

职能资本家既然使用了借贷资本家的借入资本，就不能完全占有雇用工人创造的剩余价值，要从企业利润中按期拿出一部分作为利息，支付给借贷资本家，支付利息后的余额，才能作为业主所得（以业主身份占有的收益）。

资本所有权与资本使用权分离后，企业利润分割为利息与业主所得，表面上体现为借贷资本家与职能资本家之间的对立，实际上掩盖了借贷资本家与职能资本家共同剥削雇佣工人和一起瓜分剩余价值的关系。一方面，利息从职能资本家手中直接支付给借贷资本家，看不出借贷资本家与雇佣工人之间有什么对立。另一方面，业主收入表现为职能资本家管理与监督劳动取得的报酬，似乎不是从剩余价值转化过来的，也看不出职能资本家与雇用工人之间的直接对立。

（3）利息的应用。第一，利息是资本所有权的果实。如果忽略借贷资本家与职能资本家共同瓜分雇用工人所创造的剩余价值这一事实，就会形成资本所有权天然具有收益性的观念。事实上，这一观念得到广泛认同和普遍接受。无论贷出资本与否，利息被视为借贷资本家（所有者）理所当然的收入。与此相对应，只要发生借入资本，职能资本家（使用者）总是将企业利润分解为利息和经营所得，似乎只有扣除利息后的利润才是经营所得。

第二，利率事先确定。虽然从实质而言，利息是利润的一部分，但利率与利润率的一个重要区别是，利率是一个事先确定的量。当其他因素一定时，利率大小直接制约企业收入的多少。因此，通常用利率衡量收益，用利息表示收益。如果预期投资利润率低于利率，就应该放弃投资。

第三，利息历史悠久。资本化货币可以滋生利息，是不争事实。但是，无论货币是否作为资本使用，也能带来收益，越来越被人们所接受。收益与利率之比，习称为资本化。如土地价格是地租的资本化，股票价格是股息的资本化；人力资本是工资的资本化等。只要存在利息，资本化规律（市场经济的基本规律）就会存在并发挥作用。

（三）利率市场化

利率市场化是生产要素价格市场化的重要步骤，包括利率决定、利率传导、利率结构和利率管理的市场化。它是指金融机构根据自身实际状况和市场行情判断，以中央银行基准利率为基础，以市场货币需求为依据，以货币市场利率为中介，自主调节存贷款利率水平的一种利率形成机制。

利率市场化对应的是利率管制。利率管制是指政府出于特定目的，对利率水平的变化，设置一个最高限（一般指存款利率）和一个最低限（一般指贷款利率），利率在限定范围内浮动或不允许浮动，将利率压低到市场均衡利率之下的一种政策措施。

国外利率市场化改革实践主要依据麦金农的"金融抑制理论"与"金融深化理论"，即利率管制导致金融抑制，导致利率远远低于市场均衡水平，资源无法得到有效配置，金融机构与企业行为发生严重扭曲。

我国利率市场化改革借鉴世界各国有益经验，按照国家统一部署稳步推进。总体思路是先推行货币市场和债券市场利率市场化，后推行贷款和存款的利率市场化。从 2013 年 7 月 20 日起，我国全面放开金融机构的贷款利率管制，目前正在加快推进这一改革。不久，我国将择机有序放开金融机构的存款利率管制。

1. 财务活动面临的机遇

利率市场化改革本身不是目的，不能为改革而改革，改革的目的是提高金融市场配置资源的功能和效率，促进实体经济增长。

（1）促进金融机构的经营模式转型。贷款利率市场化后，金融机构可能通过上浮贷款利率获得更多的贷款利息收入。除此以外，金融机构的经营模式会发生根本性改变。第一，金融机构为企业（尤其是中小企业）贷款时，可能附加更加严格的贷款条件，对信誉高、发展前景好的企业优先贷款，可以减少不良贷款；第二，金融机构之间的市场竞争加剧，经营压力扩大，促进金融机构加快服务创新，改善服务质量，提高服务水平；第三，金融机构的资产定价更加透明，经营动力增加，促进传统银行业务迅速向投资银行业务、财富管理业务转变，加快银行进一步升级。

（2）倒逼企业的信用水平提高。贷款利率市场化后，金融机构会更加严格审核客户的信用状况，优质客户会受到更多青睐，得到更多机会，迫使那些质量不高的客户收益下降，特别是风险大且信誉低的客户将会退出信贷市场。这样，会倒逼企业努力改善信用状况，提高信用水平，同时，推动企业征信体系的逐步健全。

（3）实现金融经济与实体经济的有效对接。金融机构采取差异化利率策略，加大对企业尤其是中小企业的支持力度，可以提高金融机构经营收益，降低企业筹资成本，进一步推进产业转型升级和经济结构调整。

2. 财务活动应对的挑战

利率市场化是一个国家金融市场化的关键一步，充满风险。

（1）违约风险增多。在我国转轨时期，利率市场化可能会引发一些企业违约现象。利率市场化也将使金融借款合同面临更大的不确定性，并影响宏观经济稳定。

（2）在信息不对称情况下，利率市场化可能会带来企业过度投资或投资不足。

（3）银行系统面临更大风险。为了争抢市场，银行将不断上调利率水平，这意味着银行将承担更多的风险。利率市场化给商业银行带来阶段性风险和恒久性风险。

第一，阶段性风险是在利率管制放开初期，商业银行不能适应市场化利率环境所产生的金融风险。在转轨阶段，利率市场化主要通过两种途径加大商业银行风险：一是由于长期的利率压制，市场化后的利率水平必然升高，银行之间吸收存款的竞争加剧。但是，利率上升过快、过高，会带来许多负面影响，如信贷中的"逆向选择效应"和"风险激励效应"使信贷资产平均质量下降，信贷风险增大，原来应由分散的存款人承担的风险，现在主要落在了银行身上。二是在利率水平整体升高的同时，利率的波动性迅速加大。但是，在长期利率管制环境中生存的商业银行往往难以适应这种变化，不能把握利率的变动趋势和规律，也没有合适的金融工具来规避利率风险。

第二，恒久性风险是通常所说的利率风险，来源于市场利率变动的不确定性。由于商业银行的利率敏感性，导致利率变动时银行的净利差（主要收入来源）产生波动。由于我国银行的存贷款期限失衡问题较为严重，随着利率逐步市场化，银行所面临的信用风险、市场风险、流动性风险和操作风险中，利率风险将逐渐成为最主要的风险。

第五节　财务目标——为何做？

财务活动究竟为何做涉及财务目标。财务目标是财务活动的根本出发点，是评价财务活动绩效的客观标准，决定着财务活动的价值取向。因此，财务目标在财务活动系统构架中居于核心作用。

一　财务目标体系及评价

（一）财务目标体系

财务目标是组织财务活动、处理财务关系达到的理想境地，是指导财务评价、考核财务绩效的基本圭臬，成为从事财务工作的根本出发点和归宿，是引领财务行为走向规范化的最终指南，位居财务活动系统最高层次。

1. 财务目标与企业目标关系

（1）从属性。财务目标是企业目标之一，企业目标通常分为生产活动目标、技术活动目标、营销活动目标、财务活动目标、人力资源活动目标等，因此，财务目标决定于、服务于、从属于企业目标。

（2）趋同性。企业目标最终表现为财务目标，财务目标（财务指标）全面、直接衡量了企业目标的实现程度，因此，企业目标综合于、统一于、趋同于财务目标。

2. 财务目标的典型模式

财务活动目标的基本模式，经历了利润最大化、收入最大化、每股收益最大化、净资产收益率最大化、股东财富最大化、每股市场价值最大化、企业价值最大化、所有利益攸关人财富最大化八种。但根据财务理论与实践，目前最具典型性的模式是：

（1）利润最大化。以净利润为指标。会计计量，简单。

（2）股东财富最大化。以股东财富净增加为指标。公开价格披露，直观；但内在价值评估，复杂。

（二）利润最大化及评述

这种观点认为，净利润（earnings after tax，EAT）是财务活动目标。净利润代表企业新创造的价值。净利润越多，说明企业价值增加越多，越接近企业目标。

1. 净利润相关指标

（1）收入。净利润等于收入减去费用。净利润最大化，要么表现为收入最大化，要么表现为费用最小化。因此，若费用不变，则净利润最大化与收入最大化的方向相同。

（2）每股收益。每股收益（earnings per share，EPS）的计算式为：

$$EPS = \frac{EAT}{N}$$

式中：N 为流通在外的股票数，EAT 为企业净利润。

若流通在外的股票数一定，则净利润最大化与每股收益最大化的方向相同。

（3）净资产收益率。净资产收益率（return of equity，ROE）的计算式为：

$$ROE = \frac{EAT}{E}$$

式中：E 为股东权益 E（equity，E），也称净资产 NA（net asset，NA）。

ROE 和 EPS 都是相对数，但本质相同。EPS 分母反映股权的折合股票数量，ROE 分母反映股权金额，且有两种表现形式：

第一，当净资产以账面价值形式出现时，净资产收益率的计算式为：

$$ROE = \frac{EAT}{E} = \frac{EAT}{BNA} = \frac{EAT/N}{BNA/N} = \frac{EPS}{BPS}$$

式中：BPS 为每股净资产（book value per share，BPS），等于净资产账面价值除以流通在外的股票数；BNA 为净资产账面价值。

可见，若账面净资产一定，则净利润最大化与净资产收益率最大化的方向相同。

第二，当净资产以市场价值形式出现时，净资产收益率的计算式为：

$$ROE = \frac{EAT}{E} = \frac{EAT}{PNA} = \frac{EAT/N}{PNA/N} = \frac{EPS}{PPS} = \frac{1}{P/E}$$

式中：PPS 为每股市场价格（price per share，PPS），等于净资产市场价值除以流通在外的股票数；P/E 为市盈率；PNA 为净资产市场价值。

可见，若净资产市场价值一定，则净资产收益率是市盈率的倒数，且净利润最大化与净资产收益率最大化的方向相同。

2. 净利润合理性

（1）净利润是权责发生制下的会计利润。既然净利润是会计核算的结果，若满足会计信息质量要求，如真实性、相关性等，则具有较强的客观性。

（2）净利润是经济学家提倡的指标。EAT 之微观经济学，如同 GDP 之宏观经济学。西方学者通常以净利润最大化的概念来分析和评价企业经营业绩。

（3）净利润是企业家（经营者）偏爱的指标。事实上，净利润反映了企业的短期经营成果，是许多公司董事会考核经营者业绩的一个重要指标，也是经营层考核部门经理的基本依据。

（4）净利润是权威评估机构倚重的指标。世界 500 强排名，以销售收入、净利润作为评价指标。2014 年排名榜中，沃尔玛营业收入、净利润分别为 4762.94 亿美元、160.22 亿美元，列第 1 位；皇家壳牌营业收入、净利润分别为 4595.99 亿美元、163.71 亿美元，列第 2 位；中国石化营业收入、净利润分别为 4572.01 亿美元、89.32 亿美元，列第 3 位。

（5）适用于简单组织形式的企业，如个人独资企业和合伙企业。

3. 净利润的致命缺陷

（1）没有考虑现金流量。在"现金为王"的今天，现金流量远远比净利润重要。

（2）没有考虑时间价值。同样盈利 100 万元，一个方案是现在取得，另一个方案是未来取得，这两个方案的价值显然不同。

（3）没有考虑风险价值。同样投资 500 万元，一个方案是几乎可以肯定获利 100 万元，另一个方案能否盈利 100 万元带有很大的不确定性，这两个方案的价值显然不同。

（4）片面反映过去经营业绩。净利润是会计利润而不是经济利润，容易驱使经营者追求短期行为，违法性地操纵利润，投机性地经营企业，掠夺性地使用资源。

（三）股东财富最大化及评述

这种观点认为，股东财富净增加（shareholders' wealth added，SWA）是财务活动目标。股东投资于企业的终极目的是增加财富。企业要做的，肯定是股东做不了或做不好的事情。若企业不能为股东增加财富，股东就会另请高明，或者干脆亲自经营。

股东财富净增加等于股权市场价值（market value of shareholders' equity，E）减去股东原始投资（shareholders' original investment，SI），即

$$SWA = E - SI$$

设每股市场价值为 PPS，发行在外股东持有的股票数 N，则股东财富净增加为：

$$SWA = E - SI = PPS \times N - SI$$

对上市公司，每股市场价值表现为每股公开（public）价格 PPS_{pub}，每股公开价格来自资本市场报价，这时，股东财富净增加为：

$$SWA = E - SI = PPS_{pub} \times N - SI$$

对非上市公司，每股市场价值表现为每股内在（intrinsic）价值 PPS_{int}，每股内在价值来自资产评估模型，这时，股东财富净增加为：

$$SWA = E - SI = PPS_{int} \times N - SI$$

式中：$PPS_{int} = \sum_{t=0}^{n} \dfrac{NCF_t}{(1+i)^t} = \sum_{t=0}^{n} NCF_t \times (P/F, i, t)$。

1. 股东财富净增加相关指标

（1）每股市场价值。$SWA = PPS \cdot N - SI$，假定股东原始投资 SI 一定，即不考虑新增股权，股东财富净增加最大化与每股市场价值 PPS 最大化的方向相同。每股市场价值（公开价格或内在价值）上涨表示股东财富增加，每股市场价值下跌表示股东财富减损，每股市场价值的涨跌代

表了资本市场对企业股票价值的客观评价。

（2）企业价值。企业价值（V）＝股权市场价值（E）＋债务市场价值（B）＝股东财富净增加（SWA）＋股东原始投资（SI）＋债务市场价值（B），假定股东原始投资不变，且债务市场价值不变，股东财富净增加最大化与企业价值最大化方向相同。

（3）所有利益攸关人财富。股东是企业风险的最终承担者，求偿权居于最后，索取和享有剩余权益。只有全部、优先满足其他利益攸关人的诉求，股东的目标才能实现。事实上，企业的一般偿付顺序是：第一，向供应商支付货款和为顾客提供满意的产品或劳务；第二，向经营者和员工支付薪酬；第三，向政府缴纳税款和为社会承担相应责任；第四，向债权人支付利息；第五，向优先股股东支付股息；第六，向普通股股东支付股利。可见，其他利益攸关人的诉求权都优先于普通股股东。当然，其他利益攸关人的诉求权是有限度的，必须根据有关契约和法规加以规制，否则，股东可能不会有"剩余"了。从这个意义上讲，假定其他利益攸关人财富实现了最大化，股东财富最大化与所有利益攸关人财富最大化的方向相同。

2. 股东财富净增加的优越性

（1）股东财富净增加是收付实现制下的经济价值。经济价值要么表现为公开价格，要么表现为内在价值，前者是当前、现实中的现金流量，后者是未来、预测中的现金流量。无论是公开价格，还是内在价值，都具有很强的客观性。

（2）股东财富净增加是管理学家提倡的指标。现代企业管理中，几乎所有的管理学家尤其是财务学家，都推崇和倡导价值管理。

（3）股东财富净增加是资本家（所有者）偏爱的指标。金融市场主要的、稳定的资金供给者，是热衷价值投资的财产所有者、资本家，注重资产的盈利性。

（4）股东财富净增加是战略投资者倚重的指标。在资本市场上，存在一大批战略投资者，目光敏锐，善于发现价值被严重低估的企业。

（5）适用任何组织形式的企业。

3. 被选择缘由和注意事项

（1）被选择缘由。财务理论与实务中，之所以选择股东财富最大化作为财务活动目标，是因为：第一，企业是股东的企业，企业目标是股东的目标，且最终体现为财务活动目标。第二，将许多财务活动观念（第三章将论述主要部分），尽收囊中。第三，将其他财务活动目标的基本思路，融为一体。

（2）注意事项。运用股东财富最大化时，需要明确两个关键问题：第一，企业与股东之间的交易，如股利分配、股票回购等，虽然会影响股票价格，但不会影响股东财富。一般来说，股利分配会引起股价下跌，股票回购会引起股价上升，但不会影响股东财富增减。第二，股东财富最大化不能被绝对化。一般来说，财务决策必须严格遵循股东财富最大化，以保证财务活动目标的唯一性。从理论上讲，任何财务决策需要一个统一的目标作为判断依据。符合这个目标的财务决策就对；反之亦然，以保证各项财务决策的内在一致性。不过，财务决策者应当根据不同的财务活动环境和实际需要，可以将其他七个财务活动目标作为临时目标，以提高财务决策的灵活性和适用性。

二　财务目标冲突及协调

利润最大化具有无法克服的天然缺陷，股东财富最大化自然而然地粉墨登场，成为财务活动目标的最佳选择。企业是股东的企业，企业目标是股东的目标。在实现股东财富最大化过程中，受各种因素影响，股东与经营者、债权人与股东、其他利益攸关人与股东之间往往会发生目标冲突。若不及时协调这些目标冲突，则会影响股东财富最大化的实现。

（一）财务目标冲突的一般性

即便选择股东财富最大化，也无法避免企业利益攸关人之间的目标冲突。为了系统阐述各种目标冲突，先描述目标冲突一般性，即所有"代理"关系面临的利益冲突。

1. 代理

代理包括意定代理、法定代理和指定代理。意定代理也称委托—代理，由契约当事人授意给定；法定代理由法律直接规定；指定代理由司法机关强力裁定。

代理有广义、常义、狭义和最狭义之分。广义代理是意定代理、法定代理和指定代理的总和。常义的代理仅指委托—代理，委托人授予代理人某些决策权并与之订立或明或暗的契约，主要涉及委托人与代理人两类当事人，如雇主与雇员、原告与律师、病人与医生、投保人与保险公司、证券投资者与经纪人等。多数情况涉及一个委托人与一个代理人。特殊情况有：第一，一个委托人与多个（复合）代理人，如总经理与若干部门经理；第二，多个（复合）委托人与一个代理人，如计算机用户与一家电脑公司；第三，多个委托人与多个代理人，如多家保险公司争夺市场投保人；第四，互为委托人与代理人，如瞎子背瘸子。无论哪种委托代理关系，委托人和代理人处于不同的市场地位。

狭义代理专指公司治理中的委托—代理，涉及股东与经营者、债权人与股东、其他利益攸关人与股东、中小股东与大股东等。

最狭义代理特指股东与经营者，是最典型、最广泛的委托—代理，具有两个鲜明特征：第一，股东与经营者是两类相互独立的理性经济人，且双方在自身约束条件下追求各自效用的最大化。一是股东拥有付酬能力以及决定付酬方式与数量的权力；二是经营者必须在许多可供选择的行动中选择一项既影响自身收益也影响对方（委托人）收益的行动。第二，股东与经营者均面临市场风险，且双方掌握的信息处于不对称状态。一是股东不能直接观察经营者的具体行动；二是经营者不能完全控制选择行动后的最终结果。

总之，凡在契约（如公司章程）中被明确规定的特定权利（剩余索取权），股东会授予经营者；凡在契约中未经指定的剩余权利（剩余控制权）归属股东。

2. 股东财富最大化目标冲突的分类

既然公司治理中的委托—代理，涉及股东与经营者的委托—代理、债权人与股东的委托—代理、其他利益攸关人与股东的委托—代理、中小股东与大股东的委托—代理等，那么，股东财富最大化目标冲突，包括股东与经营者的目标冲突、债权人与股东的目标冲突、其他利益攸关人与股东的目标冲突、中小股东与大股东的目标冲突等。

（二）股东与经营者的目标冲突及协调

股东财富最大化直接反映了股东利益，与经营者利益并不直接。股东为了实现自己的目标，总是千方百计地要求经营者尽最大努力去完成这个目标；然而，经营者并不总是按股东的意志行事，往往想方设法地体现自己的意志，这样就会出现目标冲突，通常被称为第一类目标冲突。

1. 第一类目标冲突的主要表现：经营者腐败

（1）经典案例。2010—2011 年发生的国美事件，在当时资本市场掀起了一场轩然大波，故事主人公黄光裕（股东）与陈晓（经营者）为了争夺财务控制权，达到自身效用最大化，打起了擂台。

陈晓作为国美 CEO，没有与在羁的黄光裕商量，私自引入贝恩资本、增发股票、实行高管股权激励等，这一系列行为虽然帮助国美渡过了当时公司的深重危机，但直接目的是"去黄光裕化"，最终导致黄光裕的股权被严重稀释，挑战了一个职业经理人的权力底线和道德红线。难怪黄光裕指责陈晓"怀有狼子野心"。

黄光裕作为国美创始人和最大股东，误以为国美同"股改上市"前一样，仍然姓"黄"，自己是唯一委托人，除了争取作为公司最大股东的正常利益诉求外，意欲谋求作为公司创始人对公司的绝对控制权，不免会损害其他股东尤其是中小股东利益。难怪陈晓指责黄光裕"不顾公司死活"。

可见，两人浴血争雄的起因是陈晓的独断专行（经营者腐败行为）；过程是黄光裕和陈晓对公司财务控制权的争夺；结局是陈晓黯然辞职。一般来说，此类案例程度最强烈，影响最广泛，意义最深刻。

（2）经营者腐败基本特征。当作为风险承担者的股东，将公司（财务）决策权授予作为风险制造者的经营者时，在一些因素干扰下，通常会出现两种直接后果：一是逆向选择，也称不利选择；二是道德危机，也称道德风险。

（3）逆向选择与道德危机的比较。共同之处是：一是根源相同，都是经营者隐匿知识或行动，企图欺瞒对方，不让对方知悉，造成信息系统不透明，信息渠道不畅通；二是本质相同，都是经营者具有机会主义倾向或行为，冒险做一些勾当，或者损人利己的丑事，或者损人不利己的蠢事，乃至损人害己的糗事。不同之处是：一是时间有异。逆向选择既可以发生在签约前，也可以发生在签约后；道德危机仅发生在签约后。二是程度有异。逆向选择通常牵涉法律责任，包括民事责任、行政责任、刑事责任；道德危机一般仅牵涉道德责任。

2. 经营者腐败的危害：阻碍股东目标实现

（1）逆向选择的危害。经营者为了自身效用最大化，可能为背离股东目标而费尽心机，劳心费神，绞尽脑汁。这是逆向选择的本质。其基本特征是滥用职权、玩忽职守等。主要行为有：一是肆意侵吞公司财产，如贪污、行贿受贿、洗钱等；二是任意享受在职消费，如装修豪华办公室、购置高档汽车、建造舒适别墅、借口工作需要而随意请客吃饭和送礼等；

三是恶意提供虚假报告，如虚计资产、少列负债、虚增收入、少扣费用；四是蓄意操纵股票价格，为自己借钱低价买入股票做铺垫。

（2）道德危机危害。经营者为了自身效用最大化，可能为轻慢股东目标而挖空心思，倾心尽力，殚精竭虑。这是道德危机的本质。其基本特征是不勤勉尽责、不忠于职守等。其主要行为有：偷懒、干私活、规避风险、投机取巧等。经营者觉得为提高股票价格去冒险是不值得的。若股价上涨，好处就会全归股东；若股价下跌，自己的身价就会下降。这种不求无功但求无过的做法，并不构成法律责任，只是道德缺陷。

（3）贪腐经营者与庸腐经营者的比较。腐败有贪腐和庸腐之分。经营者作为股东代理人，分为不贪不庸经营者、贪腐经营者、庸腐经营者、又贪又庸经营者。不贪不庸经营者与股东目标没有冲突，又贪又庸经营者与股东目标的冲突毋庸赘述。贪腐经营者与庸腐经营者究竟有何区别？哪个更糟？第一，贪腐是乱作为，一定是逆向选择；庸腐是不作为，大多是道德危机。第二，从国家政权讲，宁愿容忍风平浪静的庸腐，也绝不姑息惹是生非的贪腐。党的十八大至今，有多名央企高管（老虎级）被抓，均属于贪腐。第三，从百姓福祉上讲，贪腐固然可恨，但庸腐更为可怕。一般来说，一个碌碌无为的庸官与一个政绩卓著的贪官相比，社会评价要低得多。第四，无论是贪腐还是庸腐，都严重危及执政党的合法性、政府的公信力和社会的稳定基础，都是人民的公敌，都有高管或低管（高官或低官）的标榜，都有老虎或苍蝇的标签。第五，国家要反贪，更要治庸。目前正在严打贪腐，下一步该轮到严惩庸腐了。

3. 经营者腐败的滋生条件：信息不对称、欲望不一致和契约不完备

（1）信息不对称是经营者腐败滋生的必要条件。信息不对称指经营者占信息优势，侧重客观原因。经营者熟知自己的素质、能力、欲望等，而股东无法准确观察经营者的行动。必要条件的逻辑含义是：如果不存在信息不对称，就不会产生经营者腐败。

应当明确，若没有两权分离，就不会产生目标冲突。两权分离是经营者腐败产生的最起码必要条件。

（2）欲望不一致是经营者腐败滋生的充分条件。欲望不一致指经营者有自己的效用函数，强调主观动机。一般来说，两个市场主体，对待风险与收益（权力、地位、成就、工作、时间、消费、闲暇、享受等的得失和成败）的态度、理念、冲动、偏好、需求不吻合，效用不匹配，利

益不兼容，欲望不一致。例如，经营者通常是风险规避者，而股东大多是风险中性者甚至风险喜好者。充分条件的逻辑含义是：只要存在欲望不一致，就会产生经营者腐败。

欲望不一致与信息不对称具有一定关系：信息不对称间接加剧了欲望不一致；若信息对称且完全，理论上能够消除欲望不一致。事实上，信息不对称缘起于信息资源的有限性，欲望不一致来源于人类需求的无限性，两者的矛盾也是经济学研究的起点。

（3）契约不完备是经营者腐败滋生的充分必要条件。契约不完备指一个契约不可能把未来那些带有不确定性的所有交易博弈条款悉数罗列出来，既有客观原因，也有主观动机。充分必要条件的逻辑含义是：只要存在契约不完备，就会产生经营者腐败；如果不存在契约不完备，就不会产生经营者腐败。

契约不完备与信息不对称也具有一定关系：信息不对称，始终贯穿于契约签订和执行之中；若信息对称且完全，理论上应当克服契约不完备。

综上所述，两权分离是经营者腐败滋生的起始原因。信息不对称且不完全是经营者腐败滋生的终极原因。信息对称、欲望一致和契约完备是消弭经营者腐败的基本条件。

4. 经营者腐败的成因：公司财务控制权的失衡

（1）股东财务控制权的弱化。第一，股东的分散监督出现规模不经济，影响监督能力。各个股东的零星监督，由于知识、经验或者时间、精力的局限性，不能形成合力，会出现"规模不经济"，降低监督效率。第二，股东的分散监督出现外部经济，影响监督动力。某一股东的个别监督由于使其他股东受益，而又无法从其他股东那里得到补偿（收费），会出现"外部经济"，即"正外部性"，挫伤监督积极性。事实上，参与监督的股东，私人收益小于私人成本，成为利益牺牲者和风险承受者；而未监督股东，公共收益大于公共成本，成为"搭便车"者和机会主义者。

（2）经营者财务控制权的异化。第一，经营者的"内部人控制"使信息不对称加剧。经营者利用"内部人控制"地位，使其占据的信息优势，比其他委托代理关系更显著；第二，经营者的"马斯洛需求"，使欲望不一致扩大。经营者（企业家）作为社会财富的创造者，往往比资本家、政治家、学者，更加渴望得到社会尊重，实现自我。

总之，股东财务控制权弱化与经营者财务控制权异化的双重影响，直接导致公司财务控制权的失衡，若得不到遏制，就会蜕变为经营者财务控制权的滥用，即经营者腐败。

5. 经营者腐败的治理对策

治理经营者腐败，其根本宗旨是如何让经营者说真话，做实事。那么，其治理对策要施霹雳手腕，也要持菩萨心肠，自然离不开胡萝卜加大棒的基本框架。

（1）完善激励与监控相结合、诱逼并举的治理方式。第一，激励是治理经营者腐败的第一道防线。俗话说，重奖之下，必有勇夫。激励是正向约束，其实质是"诱"，其依据是"高薪养廉"，其目的是达到"不想腐"，形成有效激励。有效激励的根本途径是激励相容，即股东通过设计合理的报酬结构，允许经营者的部分报酬来自不确定性的剩余收益，让经营者能够与股东分享利润共担风险，与公司同命运共患难，刺激经营者采取符合股东财富最大化的行动。激励以物质刺激为主，以精神刺激为辅。物质刺激是指通过设计合理的薪酬结构，即相对固定、不要太高但能够让经营者趋之若鹜的工资；具有较大弹性但必须与经营者业绩挂钩的奖金、补贴和福利；将双方利益协调起来且可以让经营者怦然心动的年薪制、股票期权制，特别是将双方利益紧密拴在一起的股票期权制，能够使经营者从股票价格上涨中得到好处。不过，激励并不是万能的，操作得不好，也会出现问题。报酬过低，达不到激励效果，股东目标无法实现；报酬过高，导致激励成本过大，股东目标同样无法实现。因此，激励存在一定局限性，要建立有效的激励约束机制，需要股东精心布局。

第二，监控是治理经营者腐败的第二道防线。仅有激励，没有监控不行。监控是反向约束，其实质是"逼"，其依据是"高压反腐"，其目的是达到"不容（易、许）腐"，形成全面监控。全面监控是股东通过各种方式（如设立财务总监）并通过各种渠道（如查阅表账证或有关文件、观察、询问、函证等），获取一切所需要的信息，以便对经营者进行考核与奖惩，最大限度纠正经营者的机会主义倾向或行动。然而，全面监控往往行不通，即使行得通，其代价极其昂贵，很可能超过其所带来的收益。因此，监控也存在一定的局限性，要建立合理的监督约束机制，必须贯彻成本收益原则。

（2）健全预防与惩处相结合、恩威并施的治理机制。第一，预防是治理经营者腐败的事前约束，其实质是一种"恩"，其依据是"未雨绸缪、防微杜渐"，其目的是达到"不能腐"，形成长治久安局面。预防机制的基本特征是诱导式教育，有预警机制、防范机制、危机预控机制、应急预案机制等。

第二，惩处是治理经营者腐败的事后约束，其实质是"威"，其依据是"杀鸡儆猴、惩前毖后"，其目的是达到"不敢腐"，形成以儆效尤态势。惩处机制的基本特点是恐吓式震慑，有行政警告机制、解雇机制、法律制裁机制等。

当激励和监督都无法实现企业财务目标，换言之，激励成本和监督成本超过了股东预期，解雇便是股东的最后一张底牌。若激励和监督的作用到了尽头，股东就会召集（临时或特别）股东大会，通过表决方式辞退经营者，聘请勤勉尽责的职业经理人取而代之。解雇是一种用手投票机制，对股东而言是一种无奈选择；对经营者而言是一个强力约束，损失的不仅是物质利益，更重要的是精神财富，经营者的市场声誉和社会地位会直线下降，在发达的经理人市场，经营者的职业生涯会就此终结。

有几个问题需要明确：第一，"诱与逼"、"恩与威"是手段，不是目的，目的是股东通过这些手段，使经营者不撒谎，不偷懒。第二，"诱与逼"、"恩与威"是内部约束手段，许多外部约束手段，如股票市场的用脚投票机制、控制权市场的接管替换机制、经理人市场的优胜劣汰机制、产品市场的货币投票机制等，对经营者是一个巨大的无形压力。第三，"诱与逼"、"恩与威"是经济手段的遵循顺序，不能颠倒，否则，会成为强制手段（军事或政治）的执行次序。

（三）债权人与股东（唆使经营者）的目标冲突及协调

债权人与股东（通过唆使经营者）的关系不同于经营者与股东的关系。股东财富最大化直接反映股东的利益，与债权人利益根本没有直接关系。债权人把资金借给企业，期望到期及时收回本金，并获得约定利息，但同时失去了对资金使用的控制权。股东为了自身利益，通过挑唆、怂恿、指使公司经营者损害债权人的利益，从而出现债权人与股东之间的目标冲突，被称为第二类目标冲突。

1. 第二类目标冲突的特殊性

当股东通过公司向债权人借入资本后，会形成以债权人为委托人和以股东为代理人的委托代理关系。在这一委托代理关系中，由于上述各种原因（信息不对称、利益不一致等），会出现两类目标冲突：（1）例外投资。股东未经债权人同意，投资于借款合同之外的项目或比债权人预期风险更高的项目。若投资计划成功，超额利润归股东独享；但若投资计划失败，债权人有可能要与股东共同承担损失。（2）过度筹资。股东为了提高每股收益，未经债权人许可，指使公司管理当局不断举借新债，导致旧债价值下降，造成原有债权人受损。旧债价值下降的主要原因是发行新债后，公司负债比率上升，财务风险加大，破产可能性增大。

2. 第二类目标冲突的协调办法

为了防范和控制这类代理问题，债权人除了寻求立法保护（如破产时优先于股东分配剩余财产、优先接管等）外，通常采取至少以下措施：（1）在借款合同中加入限制性条款，如严格规定借入资金用途，加入苛刻的信用条件，要求提供担保，不得举借新债，限制举借新债规模等。（2）不再提供新的借款或提前收回借款。债权人一旦发现公司有损害其债权意图时，拒绝进一步合作，不再提供新的借款或提前收回借款。

（四）其他利益攸关人与股东（误导经营者）的目标冲突及协调

要了解其他利益攸关人与股东（通过误导经营者）的目标冲突及协调，先要梳理企业所有的利益攸关人。按其与企业关系分为外部利益攸关人和内部利益攸关人（经营者、部门员工）。外部利益攸关人分为市场利益攸关人和非市场利益攸关人（政府、社区居民）。市场利益攸关人分为资本市场利益攸关人（股东、债权人）和产品市场利益攸关人（主要顾客、一般消费者、供应商）。

企业所有的利益攸关人，按其重要性分为主要利益攸关人和次要利益攸关人。主要利益攸关人肯定是契约利益攸关人（股东、经营者、债权人）。次要利益攸关人分为契约利益攸关人（公司员工、主要顾客、供应商、政府）和非契约利益攸关人（一般消费者、社区居民）。

企业所有利益攸关人的分类及相互关系，见表1-11。

前面已经详细阐述了主要利益攸关人（股东与经营者、债权人与股东）的目标冲突，下面专门讨论次要利益攸关人（包括契约类和非契约类）与股东（通过误导经营者逃避企业应当承担的社会责任）的目标冲突。

表 1-11 企业所有的利益攸关人分类及相互关系

			外部利益攸关人						内部利益攸关人	
			市场利益攸关人				非市场利益攸关人		经营者	部门员工
			商品市场利益攸关人		资本市场利益攸关人		政府	社区居民		
			顾客		供应商	股东	债权人				
			主要顾客	一般消费者							
主要利益攸关人	契约利益攸关人	股东				√					
		债权人					√				
		经营者								√	
次要利益攸关人	契约利益攸关人	公司员工									√
		主要顾客	√								
		供应商			√						
		政府						√			
	非契约利益攸关人	一般消费者		√							
		社区居民							√		

1. 契约利益攸关人与股东的目标冲突及协调

契约利益攸关人与股东（由经营者全权代表）之间，既有目标趋同，也有目标冲突。股东为了自身利益可能会损害契约利益攸关人利益，反之亦然。但是，由于契约利益攸关人与企业之间存在契约关系，受法律制约，只要彼此严格遵守契约就可以基本满足对方的诉求，既有利于股东，也有利于契约利益攸关人。然而，仅有法律约束是不够的，需要道德规范，需要企业践行商业道德，承担一定社会责任，以缓和双方之间的矛盾。企业经营者（代表股东）对员工应当承担的社会责任主要包括：（1）提高福利待遇，如为员工足额缴纳社会保障金、延长休假时间、安置员工家属等；（2）改善工作条件，如优化劳动环境、完善体育设施、建立俱乐部等；（3）尊重员工权利，如尊重员工的人格和习俗、重视员工的意见和建议、安排传统节日聚会等；（4）实行人性管理，如实行人性化的工作方式、采取灵活的工作时间等。企业经营者（代表股东）对顾客和供应商应当承担的社会责任主要有友善对待顾客和供应商、促进交易公平、宽容对方失误等；企业经营者（代表股东）对政府应当承担的社会责任主要有遵守就业政策，如照顾少数民族、不轻易裁减员工等。

2. 非契约利益攸关人与股东的目标冲突及协调

非契约利益攸关人与股东之间，即使没有契约关系，也同样存在目标趋同和目标冲突。协调这类目标冲突，不能依靠法律（无法可依），只能依靠道德规范。企业经营者（代表股东）对非契约利益攸关人应当承担的社会责任主要包括：（1）环境保护，如降低排污标准（至规定标准以下）、节约能源等；（2）产品安全，如消费者使用产品即使不当也不会出现危险；（3）市场营销，如不发布低俗或虚假广告、不在限制范围销售产品等；（4）社会贡献，如赞助社区建设、支持公益活动、参与抗震救灾等。

（五）中小股东与大股东（控制经营者）的目标冲突及协调

中小股东与大股东（通过控制经营者）之间的目标冲突，在股权比较分散的美国上市公司不太常见，但在股权相对集中的我国上市公司有点严重。这类代理问题也会影响股东财富最大化的实现。大股东通过低价定向增发、高价资产注入等手段，稀释小股东的股权，以掠夺小股东的利益。中小股东通过要求完善现行的"资本多数决"或"人数多数决"制度、建立股东分类投票机制等，来维护自身的合法权益。

本章小结

财务主体是经营者。理由是：第一，现代企业制度铸造了由所有者财务、经营者财务、作业者财务构成的一个财务治理和财务管理系统，经营者财务兼具治理型财务与管理型财务，可以排除所有者财务的直接干预，也可以监督作业者财务的正常操作，成为公司财务的主导。第二，既然公司财务由经营者财务主导，那么可以推断，公司财务主体是经营者，经营者有最广义（基层以下管理者及所有员工）、广义（中层以上管理者）、常义（高管）、狭义（CEO）、最狭义（企业家）之分。

总体财务对象是资金及其运动，具体财务对象是投资与筹资，综合财务对象是财务关系。本书将企业财务活动分为经营性活动和金融性活动。可以推断，投资分为经营性投资和金融性投资。筹资分为经营性筹资和金融性筹资。经过投资与筹资的认真梳理和分合，企业财务行为分为长期经营性投资、长期外源性筹资、营运资金管控（短期经营性投资与短期外源性筹资）、内源性筹资和金融性投资五个部分。财务关系深深嵌入在财务行为中，涉及企业与股东及被投资者、企业与债权人及债务人、企业与经营者及部门员工、企业与政府及社会公众、企业与供应商和顾客。

财务手段是从纵向上对财务活动所做的划分，与上述五大财务行为是从横向上对财务活动所做的划分相对应。财务手段分为基本手段和辅助手段，前者包括财务决策、财务预算（财务计划）和财务控制；后者包括财务预测（财务预警）、财务评价（财务分析）、财务战略和财务治理。

财务环境对财务活动具有重大影响。财务制度、体制和机制是财务活动的微观影响因子。金融市场的资源配置、风险分散、价值发现、信息提供等功能，使其成为财务活动最直接、最重要的宏观影响因子。税收所具有的税盾效应、政府给予的税收优惠政策、税法与会计准则的差异，使税制结构成为财务活动最现实的宏观影响因子。经济体系和法律体系每时每刻就在我们身边，从这个意义上讲，它是财务活动最起码的宏观影响因子。

财务目标选择既要满足一定财务假定，如财务实体、财务预期、财务人员理性、财务信息可靠等，也要遵循一定财务原则，如系统、平衡、弹性、比例、优化等。财务目标一直存在泾渭分明的两大流派：利润最大化和股东财富最大化。由于利润最大化存在许多致命弱点，股东财富最大化自然而然成为财务目标的当然选择。在实现股东财富最大化过程中，股东与经营者、债权人与股东（唆使经营者）、其他利益攸关人与股东（误导经营者）、中小股东与大股东（控制经营者），往往会发生目标冲突，其中股东与经营者的目标冲突最激烈、最典型。在股东将公司管理权交给经营者后，在一定因素作用下，会滋生经营者腐败。经营者腐败或者背离股东目标（贪腐），或者轻慢股东目标（庸腐）。信息不对称、欲望不一致、契约不完备分别是经营者腐败滋生的必要条件、充分条件和充要条件。股东财务控制权弱化、经营者财务控制权异化是经营者腐败的主要成因。治理经营者腐败的途径有：一是完善激励与监控相结合的治理方式，诱逼并举；二是健全预防与惩处相结合的治理机制，恩威并施。

第二章 财务行为指南：四大理论基石

财务活动从横向分为投资和筹资（参见第一章第二节）。既然如此，财务理论应当分为投资理论和筹资理论。20世纪50年代，随着以资产组合理论为先驱的主流投资理论和以资本结构理论为化身的主流筹资理论的相继问世，财务理论大厦已经基本落成。随着"现金为王"对企业投资和筹资的深刻影响，随着杠杆在企业投资和筹资中的广泛应用，现金流量理论、财务杠杆理论从投资理论和筹资理论分离并独立出来，俨然与主流投资理论、主流筹资理论并驾齐驱，构成财务理论体系的四个分支。

财务理论是根据财务假设进行的科学推理或者对财务活动所做的科学总结建立起来的概念体系，来源于财务活动。另外，财务理论反过来指导财务活动，对财务活动具有本能性的促进作用，解释、评价、预测、引导、开拓财务活动，并在财务活动中不断得到检验和证实。财务理论体系的完善程度，是考量财务学成熟与否的主要标志。首尾一贯、前后一致、颠簸不破的财务理论，是财务行为的根本指南。

第一节 现代资产组合理论

资产组合理论也称投资组合选择理论，是继凯恩斯理论之后在西方主流经济学界出现的一种核心投资理论。1952年，马柯维茨（Harry M. Markowitz）发表《资产组合的选择》论文，开创了现代投资理论的先河。1959年，出版了同名专著。由于其在投资理论的特殊贡献和历史地位，于1990年获得诺贝尔经济学奖。

资产组合理论大致包括收益度量、风险度量、非系统风险分散、投资组合选择等。

一　资产收益及其数理统计量

在均衡市场中，不存在高风险、低收益的资产，也不存在低风险、高收益的资产，换言之，均衡市场不会出现一种资产明显优于另一种资产的情形。

（一）资产收益

资产收益（return，R）是财务学尤其是风险管理理论研究的随机变量。当其他因素不变时，资产收益用资产价格表示。衡量资产收益的形式有：一是绝对数，即资产卖出价格减去买入价格，或资产期末价值与期初价值之差，$\Delta P = P_1 - P_0$。二是相对数，即资产买卖价格差额与买入价格之比，$R = \Delta P \div P_0 = P_1 \div P_0 - 1$。

一般来说，资产收益用相对数表示，即资产收益率。

1. 资产收益形式及关系

（1）必要收益率。是指人们愿意投资所要求的最低报酬，能够准确反映未来现金流量风险的报酬，精确表达了投资风险的大小。必要收益率建立在机会成本的基础上，是在同等风险下选择这个方案而放弃其他方案的最大报酬率。

资产的内在价值评价以必要收益率作为折现率。

（2）期望收益率。是指人们从事投资所预计的报酬大小，是使净现值等于0的内含报酬率。当净现值等于零（$NPV = 0$）时，投资者能够赚取与其风险水平相应的收益水平。投资可行性的基本条件是期望收益率大于或等于必要收益率。

资产的买价估算以期望收益率作为折现率。

（3）实际收益率。是指人们投资后所获得的真实报酬，反映投资决策的现实回报情况，是无法改变的。投资经过一段时间后有了最终结果，若实际收益率与期望收益率有差异，则可以说这是风险造成的或发生了风险。总不能让时光倒流，去改变实际报酬率，只能根据以往的实际收益率做出新的投资决策。由于风险的存在，实际报酬率与期望报酬率并无必然的联系。

值得一提的是，必要收益率是机会成本；期望收益率不小于必要收益率是投资决策的基本依据；实际收益率与期望收益率的差异正是风险的本质内容。在有效资本市场中，期望收益率与必要收益率应当趋于一致，且均与实际收益率走向统一。

2. 资产收益概率分布

在现实经济中，一些在相同条件下可能发生也可能不发生的事件称为随机事件。随机事件发生的可能性大小称为概率。概率分布是随机事件可能出现的所有结果的概率集合，需要满足两个条件：所有可能结果发生的概率（P_i）介于0—1之间，即$0 \leq P_i \leq 1$；所有可能结果的概率之和等于1，即$\sum_{i=1}^{n} P_i = 1$。概率分布分为离散型分布和连续型分布。

（1）离散型分布。有些随机变量的所有可能取值是有限个（可列），这种变量称为离散型随机变量。对应于有限个取值，有确定的概率，则称这种变量服从离散型分布。

现有两个投资机会 X 和 Y。X 是高科技项目，市场竞争激烈，若做得好，利润很大，否则，会出现较大亏损；Y 是传统项目，销售前景能够较准确地预测。两个项目在未来经济状况好、中、差三种情况下，其预期收益率 R 及概率分布见表2-1。

表2-1　　　　　X、Y 项目在不同情况下的预期收益率及概率分布

经济状况	发生概率（P）	X 项目的预期收益率（R）	Y 项目的预期收益率（R）
好	0.3	90%	30%
中	0.4	20%	20%
差	0.3	-50%	10%

离散型分布是一种非连续概率分布，如图2-1所示。

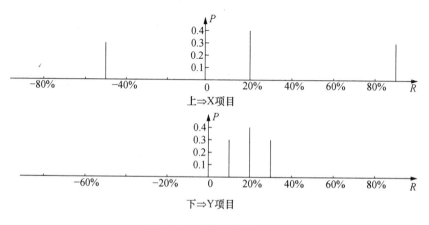

上⇒X项目

下⇒Y项目

图2-1　离散型分布示意

（2）连续型分布。实际上，未来经济状况的出现远不止上述好、中、差三种情况，从好到中，从中到差，会有无数种小的情况出现。若对每种小的情况都赋予一个概率，并仍然满足 $\sum\limits_{i=1}^{n} P_i = 1$，然后分别测定其对应的投资收益率，则称这种变量服从连续型分布。

连续型概率分布描述的是概率与资产收益率的关系为函数关系，表达式为 $P = f(R)$。图 2-1 中，若假定随机变量可以连续取值，且有对应概率，X 和 Y 项目的概率分布如图 2-2 所示。可见，概率分布越集中，概率曲线的峰度越大，实际收益率偏离期望收益率的可能性越小，投资风险越低。从图 2-1 和图 2-2 可以看出，X 方案与 Y 方案相比，其投资风险要大。

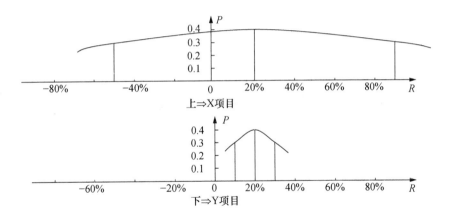

图 2-2　连续型分布示意

需要说明的是，无论是连续型分布，还是离散型分布，给出的例子通常是假定随机变量服从正态分布。事实上，并非所有的随机变量都呈正态分布。但是，根据统计学理论，无论总体是否服从正态分布，其样本平均数均呈正态分布。

根据概率分布，对投资项目，不仅要分析其期望收益，而且要研究收益风险程度。

（二）资产收益的数理统计量

根据数理统计原理，反映随机变量集中趋势或稳定程度的基本指标是期望值，反映随机变量离散趋势或波动程度的主要指标是标准差①。

1. 资产收益期望值

期望值也称均值，是资产收益率的所有可能取值，以各自相应的概率作为权数计算的加权算术平均数，用 μ 或 $E(R)$ 表示。

（1）概率未知。若资产收益情况出现的概率未知，则通常假定各情况概率相同，均为 $1/n$，资产收益期望值的计算式为：

$$\mu = E(R) = \sum_{i=1}^{n} R_i \div n$$

式中：R_i 为第 i 种情况的资产收益率；n 为所有可能出现的情况数。

【例 2 - 1】两种股票在 4 个年度的收益率见表 2 - 2。求 A、B 的收益期望值。

表 2 - 2   A、B 两种股票在 4 个年度的收益率

年份	2007	2008	2009	2010
A 股票收益率（%）	5	8	12	11
B 股票收益率（%）	13	11	9	15

解

A 股票收益期望值为：

$$\mu_A = \frac{5\% + 8\% + 12\% + 11\%}{4} = 9\%$$

B 股票收益期望值为：

$$\mu_B = \frac{13\% + 11\% + 9\% + 15\%}{4} = 12\%$$

（2）概率已知。当资产收益情况出现的概率已知，资产收益期望值的计算式为：

$$\mu = E(R) = \sum_{i=1}^{n} R_i \times P_i$$

式中：P_i 为第 i 种情况的资产收益率发生的概率。

【例 2 - 2】三种股票在三种可能情况下的收益率见表 2 - 3。求 A、

---

① 衡量资产收益风险的指标分为两类：一是用绝对数形式表示，如极差、平均差、标准差、方差；二是用相对数表示，如变异系数。

B、C 的收益期望值。

表 2 - 3　　　　A、B、C 三种股票在三种可能情况下的收益率

状态	概率	A 股票收益率（%）	B 股票收益率（%）	C 股票收益率（%）
牛市	0.3	90	70	80
鹿市	0.4	40	40	50
熊市	0.3	-10	10	20

解

A 股票收益期望值为：

$$\mu_A = 0.3 \times 90\% + 0.4 \times 40\% + 0.3 \times (-10\%) = 40\%$$

B 股票收益期望值为：

$$\mu_B = 0.3 \times 70\% + 0.4 \times 40\% + 0.3 \times 10\% = 40\%$$

C 股票收益期望值为：

$$\mu_C = 0.3 \times 80\% + 0.4 \times 50\% + 0.3 \times 20\% = 50\%$$

2. 资产收益标准差

标准差也称均方差，通常用 σ 表示，是方差的平方根。方差是资产收益率的所有可能取值与其期望收益率之差平方的期望值，通常用 σ^2 或 $D(R)$ 表示。

（1）概率未知。当资产收益情况出现的概率未知，资产收益标准差的计算式为：

$$\sigma = \sqrt{D(R)} = \sqrt{\sum_{i=1}^{n} [R_i - E(R)]^2 \div (n-1)}$$

$$= \sqrt{\sum_{i=1}^{n} (R_i - \mu)^2 \div (n-1)}$$

【例 2 - 3】承例 2 - 1，计算 A、B 两种股票的收益标准差。

解

A 股票收益标准差为：

$$\sigma_A = \sqrt{[(5\% - 9\%)^2 + (8\% - 9\%)^2 + (12\% - 9\%)^2 + (11\% - 9\%)^2] \div (4-1)}$$
$$= 3.16\%$$

B 股票收益标准差为：

$$\sigma_B = \sqrt{\left[(13\% - 12\%)^2 + (11\% - 12\%)^2 + (9\% - 12\%)^2 + (15\% - 2\%)^2\right] \div (4-1)}$$
$$= 7.75\%$$

（2）概率已知。当资产收益出现概率已知，标准差的计算式为：

$$\sigma = \sqrt{D(R)} = \sqrt{\sum_{i=1}^{n}\left[R_i - E(R)\right]^2 P_i} = \sqrt{\sum_{i=1}^{n} R_i^2 \times P_i - \mu^2}$$
$$= \sqrt{E\left[R_i - E(R)\right]^2} = \sqrt{E(R_i^2) - \mu^2}$$

【例2-4】承例2-2，计算A、B、C三种股票的收益标准差。

解

A股票收益标准差为：

$$\sigma_A = \sqrt{0.3 \times (90\% - 40\%)^2 + 0.4 \times (40\% - 40\%)^2 + 0.3 \times (-10\% - 40\%)^2}$$
$$= \sqrt{0.3 \times 90\%^2 + 0.4 \times 40\%^2 + 0.3 \times (-10\%)^2 - 40\%^2}$$
$$= \sqrt{15\%} = 38.72\%$$

B股票收益标准差为：

$$\sigma_B = \sqrt{0.3 \times (70\% - 40\%)^2 + 0.4 \times (40\% - 40\%)^2 + 0.3 \times (10\% - 40\%)^2}$$
$$= \sqrt{0.3 \times 70\%^2 + 0.4 \times 40\%^2 + 0.3 \times 10\%^2 - 40\%^2}$$
$$= \sqrt{5.4\%}$$
$$= 23.24\%$$

C股票收益标准差为：

$$\sigma_C = \sqrt{0.3 \times (80\% - 50\%)^2 + 0.4 \times (50\% - 50\%)^2 + 0.3 \times (20\% - 50\%)^2}$$
$$= \sqrt{0.3 \times 80\%^2 + 0.4 \times 50\%^2 + 0.3 \times 20\%^2 - 50\%^2}$$
$$= \sqrt{5.4\%}$$
$$= 23.24\%$$

标准差是用绝对数形式来衡量风险的。当两个方案的收益期望值相同，标准差越大，风险越大；反之亦然。当两个方案的收益标准差相同，期望值越大，风险越小；反之亦然。例2-2和例2-4中，A、B股票的收益期望值相同，但A股票的收益标准差较大，风险较大；B、C股票的收益标准差相同，但C股票的收益期望值较大，风险较小。

标准差只能用来比较收益期望值相同投资方案的风险大小。当收益期望值不同，标准差的判断功能失效。例2-2和例2-4中，A与B能比较，B与C能比较，A与C不能比较。为了解决这一问题，引入一个用相对数形式来衡量风险的变异系数。

3. 资产收益变异系数

变异系数也称标准离差率，是标准差与期望值之比，通常用 VC 表示，其计算式为：

$$VC = \frac{\sqrt{D(R)}}{E(R)} = \frac{\sigma}{\mu}$$

【例 2 - 5】承例 2 - 2 和例 2 - 4，计算各方案的资产收益变异系数。

解

A、B、C 股票的收益变异系数分别为：

$VC_A = 38.72\% \div 40\% = 0.968$

$VC_B = 23.24\% \div 40\% = 0.581$

$VC_C = 23.24\% \div 50\% = 0.4648$

可知，A、B、C 三种股票相比，A 的风险最大，B 次之，C 最小。

二　现代资产组合理论的先驱：$\sigma - \mu$ 理论

马柯维茨的资产组合理论之所以被称为 $\sigma - \mu$ 理论，是因为该理论主要讨论的是在不确定条件下投资组合选择的均值—离差法。

（一）$\sigma - \mu$ 理论的基本假设

$\sigma - \mu$ 理论的基本思想是在资产组合的收益期望值和收益标准差之间进行权衡，目的是风险一定收益最大，或收益一定风险最小，或风险最小且收益最大。

资产组合理论建立在一系列假设基础上：

（1）单期投资，即投资者期初投资，期末取得投资回报。单期模型分析虽然是对现实的一种近似描述，如对零息债券、欧式期权等投资，但作为一种简化形式，成为多期模型分析的基础。

（2）投资者事先知悉资产收益率的概率分布，并呈正态分布。

（3）证券市场是有效的，不存在税收和交易成本，投资者是价格的接受者，证券是无限可分的。

（4）投资者用期望收益率（收益率均值）来衡量未来实际收益率的总体水平，用收益率离差（标准差或方差）来衡量投资收益率的风险，因此，均值—离差（$\sigma - \mu$）成为投资者关注的主要决策变量。

（5）投资者是风险厌恶者，总是根据占优原则，在同一风险下选择收益较高的资产，或者在同一收益率下选择风险较低的资产。

（6）市场资产收益率的正态分布决定了资产由其均值和离差唯一确定。

（7）不允许买空，$w_i > 0$。

（8）投资者的效用函数是二次的，$U(w) = a + bw + cw^2$。

由于投资者是风险回避者，$\sigma - \mu$ 等效用曲线都是正斜率，但由于不同投资者的风险厌恶程度有所差异，斜率也有一定差异。投资者的 $\sigma - \mu$ 无差异曲线越陡峭，说明投资者的风险厌恶度越高；反之，$\sigma - \mu$ 无差异曲线越平坦，说明投资者的风险厌恶度越低。对于同一投资者，面临许多 $\sigma - \mu$ 无差异曲线，在同一 $\sigma - \mu$ 无差异曲线上，任何一点所代表的资产组合对投资者的满足程度都是相同的，在不同 $\sigma - \mu$ 无差异曲线上，点所代表的资产组合对投资者的满足程度是不同的，$\sigma - \mu$ 无差异曲线越靠近坐标的左上部分，对投资者的满足程度越大；反之，越靠近坐标右下部分，对投资者的满足程度越小。

最优资产组合 $\mu_p = f(\sigma_p)$：

资产组合通过多元化分散化投资来对冲一部分风险。

（二）两项风险资产组合的 $\sigma - \mu$ 指标

在财务活动中，投资者很少投资于单一资产，而往往投资两项或两项以上资产，构成资产组合，减少资产收益的波动性，降低整体风险。计量资产组合风险时，同样离不开期望值和标准差两个变量。

1. 两项风险资产组合的收益期望值

两项风险资产组合的收益期望值是组合中各资产的收益期望值，以其投资比例作为权数的加权算术平均数。设两项风险资产分别为 A 和 B，收益期望值分别为 $E(R_A)$ 或 μ_A、$E(R_B)$ 或 μ_B，投资比例分别为 w_A 和 w_B，则两项风险资产组合的收益期望值计算式为：

$$\mu_p = w_A \times E(R_A) + w_B \times E(R_B) = w_A \times \mu_A + w_B \times \mu_B$$

式中：μ_p 为资产组合的收益期望值。

【例 2 - 6】设两种股票 A、B 形成组合，投资比例分别占 60% 和 40%，在三种可能情况下的投资收益率见表 2 - 4。计算两项风险资产组合的收益期望值。

表2-4		A、B两项资产在三种情况下的投资收益率	
状态	概率	A股票投资收益率（%）	B股票投资收益率（%）
繁荣	0.25	90	30
正常	0.50	30	20
衰退	0.25	-20	0

解

$\mu_A = E(R_A) = 0.25 \times 90\% + 0.50 \times 30\% + 0.25 \times (-20\%) = 32.5\%$

$\mu_B = E(R_B) = 0.25 \times 30\% + 0.50 \times 20\% + 0.25 \times 0 = 17.5\%$

$\mu_p = E(R_p) = 0.6 \times 32.5\% + 0.4 \times 19.5\% = 29.5\%$

2. 两项风险资产组合的收益标准差

两项风险资产组合的收益期望值等于组合中各风险资产收益期望值的加权算术平均数，但其收益标准差并不一定等于组合中各风险资产收益标准差的加权算术平均数。设两种风险资产 A 和 B 的收益方差分别为 $D(R_A)$、$D(R_B)$，两者之间的收益协方差为 $Cov(R_A, R_B)$ 或 σ_{AB}，则风险资产组合的收益标准差计算式为：

$$\sigma_p = \sqrt{D(R_A, R_B)}$$
$$= \sqrt{w_A^2 \times D(R_A) + w_B^2 \times D(R_B) + 2w_A \times w_B \times Cov(R_A, R_B)}$$
$$\sigma_p = \sqrt{w_A^2 \times \sigma_A^2 + w_B^2 \times \sigma_B^2 + 2w_A \times w_B \times \sigma_{AB}}$$

式中：σ_p 为资产组合的收益标准差，$D(R_A, R_B)$ 为收益方差。

可见，两项风险资产组合的收益标准差取决于三个因素：一是两项风险资产本身的收益标准差；二是两项风险资产投资比例；三是两项风险资产之间的收益协方差。而风险资产 A、B 之间的收益协方差计算式为：

$$Cov(R_A, R_B) = \sigma_{AB} = \sum_{i=1}^{n} [R_{Ai} - E(R_A)][R_{Bi} - E(R_B)]P_i$$

$$= \sum_{i=1}^{n} R_{Ai} \times R_{Bi} \times P_i - E(R_A) \times E(R_B)$$

$$= E(R_{Ai} - \mu_A)(R_{Bi} - \mu_B)$$

$$= E(R_{Ai} \times R_{Bi}) - \mu_A \times \mu_B$$

【例2-7】承例2-6，计算两项风险资产 A、B 组合的收益标准差。

解

$$\sigma_A^2 = 0.25 \times (90\% - 32.5\%)^2 + 0.5 \times (30\% - 32.5\%)^2 + 0.25$$
$$\times (-20\% - 32.5\%)^2$$
$$= 0.25 \times 90\%^2 + 0.5 \times 30\%^2 + 0.25 \times (-20\%)^2 - 32.5\%^2$$
$$= 15.19\%$$

$$\sigma_A = 38.97\%$$

$$\sigma_B^2 = 0.25 \times (30\% - 17.5\%)^2 + 0.5 \times (20\% - 17.5\%)^2 + 0.25$$
$$\times (0 - 17.5\%)^2 = 0.25 \times 30\%^2 + 0.5 \times 20\%^2 + 0.25$$
$$\times 0^2 - 17.5\%^2 = 1.19\%$$

$$\sigma_B = 10.91\%$$

$$\sigma_{AB} = 0.25 \times 90\% \times 30\% + 0.5 \times 30\% \times 20\% + 0.25 \times (-20\%)$$
$$\times 0 - 32.5\% \times 17.5\% = 4.06\%$$

$$\sigma_p^2 = 0.6^2 \times 15.19\% + 0.4^2 \times 1.19\% + 2 \times 0.6 \times 0.4 \times 4.06\% = 7.61\%$$

$$\sigma_p = 27.59\%$$

此例证实了两项风险资产组合的收益标准差小于两项风险资产收益标准差的加权算术平均数，说明资产组合可以起到风险分散的作用。

$$w_A \cdot \sigma_A + w_B \cdot \sigma_B = 0.6 \times 38.97\% + 0.4 \times 10.91\% = 27.75\% > \sigma_p = 27.59\%$$

此例同样证实了两项风险资产组合收益方差小于两项风险资产收益方差的加权算术平均数，说明资产组合具有风险分散效应。

$$w_A \cdot \sigma_A^2 + w_B \cdot \sigma_B^2 = 0.6 \times 15.19\% + 0.4 \times 1.19\% = 9.59\% > \sigma_p^2 = 7.61\%$$

3. 两项风险资产之间的收益相关系数

引入相关系数后，则风险资产组合的收益标准差计算式为：

$$\sigma_p = \sqrt{w_A^2 \times \sigma_A^2 + w_B^2 \times \sigma_B^2 + 2w_A \times w_B \times \sigma_{AB}}$$
$$= \sqrt{w_A^2 \times \sigma_A^2 + w_B^2 \times \sigma_B^2 + 2w_A \times w_B \times \rho_{AB} \times \sigma_A \times \sigma_B}$$

式中：相关系数 ρ_{AB} 或 $Corr(R_A, R_B)$，取值介于 1 和 -1 之间，计算式为：

$$\rho_{AB} = \frac{\sigma_{AB}}{\sigma_A \times \sigma_B} = Corr(R_A, R_B) = \frac{Cov(R_A, R_B)}{\sqrt{\sqrt{D(R_A) \times D(R_B)}}}$$

$$\rho_{AB} = \frac{\sum_{i=1}^{n} [R_{Ai} - E(R_A)][R_{Bi} - E(R_B)]P_i}{\sqrt{\sum_{i=1}^{n} [R_{Ai} - E(R_A)]P_i} \sqrt{\sum_{i=1}^{n} [R_{Bi} - E(R_B)]P_i}}$$

$$= \frac{\sum_{i=1}^{n} R_{Ai} \times R_{Bi} \times P_i - E(R_A) \times E(R_B)}{\sqrt{\sum_{i=1}^{n} R_{Ai}^2 \times P_i - [E(R_A)]^2} \sqrt{\sum_{i=1}^{n} R_{Bi}^2 \times P_i - [E(R_B)]^2}}$$

$$\rho_{AB} = \frac{E(R_{Ai} - \mu_A)(R_{Bi} - \mu_B)}{\sqrt{E(R_{Ai} - \mu_A)^2} \sqrt{E(R_{Bi} - \mu_B)^2}} = \frac{E(R_{Ai} \times R_{Bi}) - \mu_A \times \mu_B}{\sqrt{E(R_{Ai}^2) - \mu_A^2} \sqrt{E(R_{Bi}^2) - \mu_B^2}}$$

【例2-8】承例2-7，计算A、B资产之间的收益相关系数。

解

$$\rho_{AB} = \frac{\sigma_{AB}}{\sigma_A \times \sigma_B} = \frac{4.06\%}{38.97\% \times 10.91\%} = 0.95$$

（三）两项风险资产组合"$\sigma_p - \mu_p$"投资机会线

引入相关系数后，影响两项风险资产组合收益标准差的三个因素改变为：两项风险资产本身的收益标准差σ_A和σ_B、两者的投资比例w_A和w_B、两者之间的收益相关系数ρ_{AB}（原来是两者之间的收益协方差σ_{AB}）。下面用一个综合性例题说明相关系数、投资比例对资产组合风险产生的影响以及如何做出投资选择。

【例2-9】投资于A、B股票，收益期望值分别为15%和10%，标准差分别为12%和8%，当投资比例出现为以下十一种情况：10:0、9:1、8:2、7:3、6:4、5:5、4:6、3:7、2:8、1:9、0:10，相关系数出现为以下九种情况：1、0.8、0.5、0.2、0、-0.2、-0.5、-0.8、-1，计算资产组合的收益期望值与标准差。

解

当投资比例为6:4，即$w_A = 0.6$时：

$\mu_p = 0.6 \times 15\% + 0.4 \times 10\% = 13\%$（收益期望值与相关系数无关）

$\rho_{AB} = 1$，$\sigma_p = w_A \sigma_A + w_B \sigma_B = 0.6 \times 12\% + 0.4 \times 8\% = 10.4\%$

$\rho_{AB} = -1$，$\sigma_p = |w_A \sigma_A - w_B \sigma_B| = 0.6 \times 12\% - 0.4 \times 8\% = 4.0\%$

$\rho_{AB} = 0$，$\sigma_p = \sqrt{w_A^2 \sigma_A^2 + w_B^2 \sigma_B^2} = \sqrt{0.6^2 \times 12\%^2 + 0.4^2 \times 8\%^2}$

$\qquad = \sqrt{0.006208} = 7.88\%$

$\rho_{AB} = 0.8$，$\sigma_p = \sqrt{w_A^2 \sigma_A^2 + w_B^2 \sigma_B^2 + 2\rho_{AB} w_A w_B \sigma_A \sigma_B} = 9.95\%$

$\rho_{AB} = 0.5$，$\sigma_p = \sqrt{w_A^2 \sigma_A^2 + w_B^2 \sigma_B^2 + 2\rho_{AB} w_A w_B \sigma_A \sigma_B} = 9.23\%$

$\rho_{AB} = 0.2$，$\sigma_p = \sqrt{w_A^2 \sigma_A^2 + w_B^2 \sigma_B^2 + 2\rho_{AB} w_A w_B \sigma_A \sigma_B} = 8.44\%$

$$\rho_{AB} = -0.2,\ \sigma_p = \sqrt{w_A^2\sigma_A^2 + w_B^2\sigma_B^2 + 2\rho_{AB}w_Aw_B\sigma_A\sigma_B} = 7.27\%$$

$$\rho_{AB} = -0.5,\ \sigma_p = \sqrt{w_A^2\sigma_A^2 + w_B^2\sigma_B^2 + 2\rho_{AB}w_Aw_B\sigma_A\sigma_B} = 6.25\%$$

$$\rho_{AB} = -0.8,\ \sigma_p = \sqrt{w_A^2\sigma_A^2 + w_B^2\sigma_B^2 + 2\rho_{AB}w_Aw_B\sigma_A\sigma_B} = 5.02\%$$

将 $w_A = 0.6$ 的 1 个期望值和 9 个标准差数据分别填入表 2 - 5 的 "6:4" 纵栏。

同理，分别计算其他十种情况 $w_A = 1$、$w_A = 0.9$、$w_A = 0.8$、$w_A = 0.7$、$w_A = 0.5$、$w_A = 0.4$、$w_A = 0.3$、$w_A = 0.2$、$w_A = 0.1$、$w_A = 0$ 的 1 个期望值和 9 个标准差，对应填入表 2 - 5。

表 2 - 5　　　　　　　不同资产组合比例在不同相关系数下的
资产组合的标准差和期望收益　　　　　单位:%

$w_A:w_B$		10:0	9:1	8:2	7:3	6:4	5:5	4:6	3:7	2:8	1:9	0:10
μ_p		15	14.5	14	13.5	13	12.5	12	11.5	11	10.5	10
	1	12	11.6	11.2	10.8	10.4	10.0	9.60	9.20	8.80	8.40	8
	0.8	12	11.45	10.9	10.42	9.95	9.51	9.11	8.75	8.44	8.19	8
	0.5	12	11.22	10.5	9.82	9.23	8.72	8.31	8.03	7.88	7.87	8
	0.2	12	10.99	10.0	9.19	8.44	7.85	7.44	7.24	7.27	7.53	8
ρ_{AB}（σ_p）	0	12	10.83	9.73	8.74	7.88	7.21	6.79	6.66	6.84	7.30	8
	-0.2	12	10.67	9.41	8.26	7.27	6.51	6.07	6.02	6.37	7.06	8
	-0.5	12	10.42	8.91	7.49	6.25	5.29	4.80	4.92	5.60	6.68	8
	-0.8	12	10.17	8.38	6.64	5.02	3.69	3.03	3.47	4.71	6.28	8
	-1	12	10	8.0	6	4.0	2	0	2	4	6	8

注：加灰底部分代表风险分散效应。

1. 相关系数对 $\sigma_p - \mu_p$ 的影响

从表 2 - 5 纵栏（除 "10:0"、"0:10" 外的中间 9 列）可以看出，从上到下，随着相关系数逐次减小，风险资产组合标准差也随之减小。具体表现为：当 $\rho_{AB} = 1$，风险资产组合的标准差最大。随着 ρ_{AB} 逐渐下降，风险资产组合的标准差也随之下降。当 $\rho_{AB} = -1$，风险资产组合的标准差最小。

（1）$\rho_{AB} = 1$，两种风险资产收益之间呈完全正相关。此时，两项风险资产收益的变动方向和变动幅度完全一致，其期望值和标准差满足：

$$\begin{cases} \mu_p = w_A \times \mu_A + w_B \times \mu_B = w_A(\mu_A - \mu_B) + \mu_B = \mu_A - w_B(\mu_A - \mu_B) \\ \sigma_p = w_A \times \sigma_A + w_B \times \sigma_B = w_A(\sigma_A - \sigma_B) + \sigma_B = \sigma_A - w_B(\sigma_A - \sigma_B) \\ w_A + w_B = 1 \Rightarrow w_A \geq 0, \ w_B \geq 0 \end{cases}$$

在现实财务活动中，完全正相关较罕见。当两种风险资产收益之间呈完全正相关，期望值和标准差同时随着 w_A 的增加而增加，由风险资产组合收益的期望值和标准差构成的机会集是一条直线 AB，如图 2 - 3（左）所示。将例 2 - 9 中 $\rho_{AB} = 1$ 在不同投资比例下各项数据连接起来的 $\sigma_p - \mu_p$ 线就是直线 AB。可以看出，机会线 AB 不存在无效集，机会集与有效集完全重合，即机会集全部是非劣集。风险资产收益之间完全正相关，资产组合的收益和风险，比收益和风险较大的 A 资产要小，比收益和风险较小的 B 资产要大。

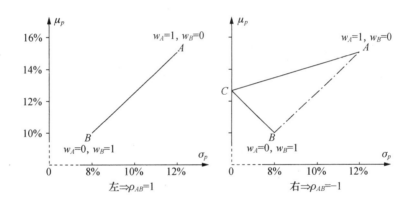

图 2 - 3　$\rho_{AB} = 1$（左）、$\rho_{AB} = -1$（右）时的两项风险资产组合机会集

（2）$\rho_{AB} = -1$，两种风险资产收益之间呈完全负相关。此时，两项风险资产收益的变动方向和变动幅度完全相反，其期望值和标准差满足：

$$\begin{cases} \mu_p = w_A \times \mu_A + w_B \times \mu_B = w_A(\mu_A - \mu_B) + \mu_B = \mu_A - w_B(\mu_A - \mu_B) \\ \sigma_p = |w_A \times \sigma_A - w_B \times \sigma_B| = |w_A(\sigma_A + \sigma_B) - \sigma_B| = |\sigma_A - w_B(\sigma_A + \sigma_B)| \\ w_A + w_B = 1 \Rightarrow w_A \geq 0, \ w_B \geq 0 \end{cases}$$

在均衡市场中，完全负相关几乎不存在。当两种风险资产收益之间呈完全负相关，期望值随着 w_A 的增加而增加，但标准差一开始随着 w_A 的增加而逐渐减小，直到 C 处为 0，然后又逐渐增加，由风险资产组合收益的期望值与标准差构成的机会集是一条折线 ACB，折点为 C，如图 2 - 3

（右）所示。将例 2 - 9 中 $\rho_{AB} = -1$ 在不同投资比例下的各项数据连接起来的 $\sigma_p - \mu_p$ 线就是折线 ACB。由于 C 的组合标准差 $\sigma_p = 0$，此时投资比例为 $w_A = \sigma_B \div (\sigma_A + \sigma_B)$ 或者 $w_B = \sigma_A \div (\sigma_A + \sigma_B)$，为无风险的投资组合。因此，在完全负相关情况下，若投资比例满足 $w_A = \sigma_B \div (\sigma_A + \sigma_B)$，则具有完全分散风险效应。可以看出，机会集上既存在有效集，也存在无效集。当 $\sigma_B \div (\sigma_A + \sigma_B) \leqslant w_A \leqslant 1$，有效；当 $0 \leqslant w_A < \sigma_B \div (\sigma_A + \sigma_B)$，无效。当风险资产收益之间呈完全负相关，组合具有最大的风险分散效果，能够消除大部分非系统性风险。

（3） $\rho_{AB} = 0$，两种风险资产收益之间呈完全不相关。此时，两项风险资产收益的变动方向和变动幅度完全相互独立，其期望值和标准差满足：

$$\begin{cases} \mu_p = w_A \times \mu_A + w_B \times \mu_B = w_A(\mu_A - \mu_B) + \mu_B = \mu_A - w_B(\mu_A - \mu_B) \\ \sigma_p = \sqrt{w_A^2 \times \sigma_A^2 + w_B^2 \times \sigma_B^2} < w_A \times \sigma_A + w_B \times \sigma_B \\ w_A + w_B = 1 \Rightarrow w_A \geqslant 0, \ w_B \geqslant 0 \end{cases}$$

这种情况在现实生活中也较少见。当两种风险资产收益之间呈完全不相关，由风险资产组合收益的期望值与标准差构成的机会集是一条向左弯曲度中等的曲线 AB，如图 2 - 4（A 和 B）所示。将例 2 - 9 中 $\rho_{AB} = 0$ 在不同投资比例下的各项数据连接起来的 $\sigma_p - \mu_p$ 线就是曲线 AB。可以看出，机会集上大多是有效集，也存在少量无效集。当 $\sigma_B^2 \div (\sigma_A^2 + \sigma_B^2) \leqslant w_A \leqslant 1$，有效；当 $0 \leqslant w_A < \sigma_B^2 \div (\sigma_A^2 + \sigma_B^2)$，无效。当风险资产收益之间完全不相关，组合具有一定风险分散效果，能够消除一定的非系统性风险。

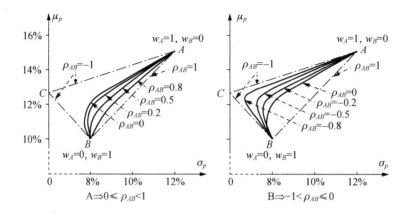

图 2 - 4　$0 \leqslant \rho_{AB} < 1$（A）、$-1 < \rho_{AB} \leqslant 0$（B）时的两项风险资产组合机会集

（4）$0 < \rho_{AB} < 1$，两种风险资产收益之间呈不完全正相关。此时，两项风险资产收益的变动方向相同，但变动幅度和频率不同，其期望值和标准差满足：

$$\begin{cases} \mu_p = w_A \times \mu_A + w_B \times \mu_B = w_A(\mu_A - \mu_B) + \mu_B = \mu_A - w_B(\mu_A - \mu_B) \\ \sigma_p = \sqrt{w_A^2 \times \sigma_A^2 + w_B^2 \times \sigma_B^2 + 2\rho_{AB} \times w_A \times w_B \times \sigma_A \times \sigma_B} < w_A \times \sigma_A + w_B \times \sigma_B \\ w_A + w_B = 1 \Rightarrow w_A \geq 0,\ w_B \geq 0 \end{cases}$$

在现实财务活动中，许多资产收益之间的相关系数通常为 0.5—0.7。当两种风险资产收益之间呈不完全正相关，由风险资产组合的收益期望值与标准差构成的机会集是一条向左弯曲度较小（较 $\rho_{AB} = 0$）的曲线 AB，如图 2-4（A）所示。将例 2-9 中 $\rho_{AB} = 0.8$、$\rho_{AB} = 0.5$、$\rho_{AB} = 0.2$ 在不同投资比例下的各项数据连接起来的 $\sigma_p - \mu_p$ 线就是弯曲度较小的曲线 AB。可以看出，相关系数越小，弯曲度越大，但要小于 $\rho_{AB} = 0$ 情况的弯曲度。值得一提的是，当 $\rho_{AB} = 0.8$ 时，弯曲度最小，这时有效边界与机会集重合。当 $\rho_{AB} = 0.5$、$\rho_{AB} = 0.2$ 时，均能找到无效集。更具体、更普遍来说，当 $\rho_{AB} < \sigma_B \div \sigma_A$，且 $(\sigma_B^2 - \rho_{AB}\sigma_A\sigma_B) \div (\sigma_A^2 + \sigma_B^2 - 2\rho_{AB}\sigma_A\sigma_B) \leq w_A \leq 1$，风险资产组合有效；而当 $0 \leq w_A < (\sigma_B^2 - \rho_{AB}\sigma_A\sigma_B) \div (\sigma_A^2 + \sigma_B^2 - 2\rho_{AB}\sigma_A\sigma_B)$，风险资产组合无效。当 $\sigma_B \div \sigma_A < \rho_{AB} < 1$，风险资产组合全部是有效的。

当风险资产收益之间不完全正相关，组合具有的风险分散效果小于 $\rho_{AB} = 0$ 情况，而且可以推断：ρ_{AB} 越小，机会集曲线越弯曲，风险分散效果越大；反之亦然。

（5）$-1 < \rho_{AB} < 0$，两种风险资产收益之间呈不完全负相关。此时，两项风险资产收益的变动方向相反，但变动幅度和频率不同，其期望值和标准差满足：

$$\begin{cases} \mu_p = w_A \times \mu_A + w_B \times \mu_B = w_A(\mu_A - \mu_B) + \mu_B = \mu_A - w_B(\mu_A - \mu_B) \\ \sigma_p = \sqrt{w_A^2 \times \sigma_A^2 + w_B^2 \times \sigma_B^2 - 2\rho_{AB} \times w_A \times w_B \times \sigma_A \times \sigma_B} > |w_A \times \sigma_A - w_B \times \sigma_B| \\ w_A + w_B = 1 \Rightarrow w_A \geq 0,\ w_B \geq 0 \end{cases}$$

这种情况在现实财务活动中也较常见。当两种风险资产收益之间呈不完全负相关，由风险资产组合的收益期望值与标准差构成的机会集是一条向左弯曲度较大（较 $\rho_{AB} = 0$）的曲线，如图 2-4（B）所示。将例 2-9 中 $\rho_{AB} = -0.2$、$\rho_{AB} = -0.5$ 和 $\rho_{AB} = -0.8$ 在不同投资比例下的各项数据连接起来的 $\sigma_p - \mu_p$ 线就是弯曲度较大的曲线 AB。可以看出，相关系数越大（绝对值越小），弯曲度越小，且无论如何要大于 $\rho_{AB}=0$ 情况的弯曲度。无论哪种情况，机会集上既存在有效集，也存在较多的无效集。

当风险资产收益之间不完全负相关，组合具有的风险分散效果要大于 $\rho_{AB}=0$ 情况，而且可以推断：$|\rho_{AB}|$ 越大，机会集曲线越弯曲，风险分散效果越大；反之亦然。

可见，相关系数与资产组合选择曲线弯曲度的关系是：相关系数越小，弯曲度越大。当 $\rho_{AB}=1$，弯曲度最小，等于 0，为直线；当 $0<\rho_{AB}<1$，弯曲度逐渐加大；当 $\rho_{AB}=0$，弯曲度趋于中等；当 $-1<\rho_{AB}<0$，弯曲度进一步加大；当 $\rho_{AB}=-1$，弯曲度最大，等于 1，为折线。因此，要使资产组合的风险趋于最小化，除实行多样化投资外，还要挑选相关系数较低的风险资产。

2. 投资比例对 $\sigma_p - \mu_p$ 的影响

从表 2-5 横栏（除 "1"、"0.8" 外的后面 7 行）可以看出，从左到右，随着风险较大的 A 资产投资比例的下降（风险较小的 B 资产投资比例的上升），风险资产组合的标准差也随之减小。具体表现为：当 $w_A=1$（$w_B=0$），不是资产组合，而是风险较大的 A 资产，"组合"标准差最大，等于 σ_A；随着风险较大的 A 资产投资比例的下降，风险资产组合标准差随之下降。当 $w_A=0$（$w_B=1$），也不是资产组合，而是风险较小的 B 资产，"组合"标准差最小，等于 σ_B。

下面仅以 $\rho_{AB}=0$ 为例说明投资比例的影响，将图 2-4 放大，并将例 2-9 中 $\rho_{AB}=0$ 时的 11 种资产组合绘制成图，如图 2-5 所示。

从图 2-5 可以看出，资产组合机会集曲线具有以下特征：

（1）揭示了风险分散效应。以虚线表示的直线代表 $\rho_{AB}=1$ 的机会集，以虚线表示的折线代表 $\rho_{AB}=-1$ 的机会集，以实线表示的曲线代表 $\rho_{AB}=0$ 的机会集，在同一 μ_p 水平上，直线的 σ_p 最大，曲线的 σ_p 居中，折线的 σ_p 最小，更重要的是，直线的 σ_p 虽然比 σ_A 小，却比 σ_B 要大，曲线和折线的 σ_p 不仅小于 σ_A，而且在许多情况下也小于 σ_B，说明曲线特别是折线的风险分散效果最显著。

（2）指出了最小风险组合。曲线最左端的 L 点是最小方差组合，称为最小风险组合。图 2-5 中，最小风险组合是 $w_A=0.3$，即 30% 投资于

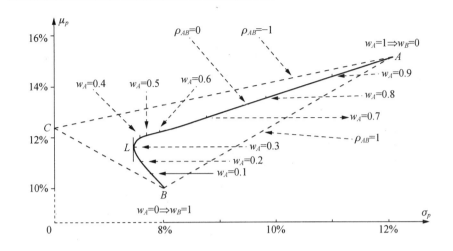

图 2-5　$\rho_{AB}=0$ 的两项风险资产在不同投资比例的机会集

A 资产，70% 投资于 B 资产。离开此点，无论是增加 A 资产还是 B 资产的投资，都会引起风险的增加。当然，机会集向左弯曲并不是资产组合中的必然现象，取决于相关系数的大小。在例 2-9 中，$\rho_{AB}=0.8$ 特别是 $\rho_{AB}=0.9$ 就不会出现这种向左弯曲现象。

（3）表达了组合有效边界。所有投资机会限定在机会集曲线上，不可能出现在机会集曲线以外的任意区域，改变投资比例只会改变资产组合在机会集曲线上的位置。例 2-9 中，机会集曲线上的三个组合（$w_A=0.2$、$w_A=0.1$、$w_A=0$）是无效的，即最小风险组合以下的部分线段是无效集。它们与最小风险组合相比，不仅风险大，而且报酬低。机会集曲线上的八个组合（$w_A=0.3$、$w_A=0.4$、$w_A=0.5$、$w_A=0.6$、$w_A=0.7$、$w_A=0.8$、$w_A=0.9$、$w_A=1$）是有效的，即最小风险组合及其以上的部分线段是有效集，从最小风险组合点起，到最大期望收益组合点止。但是，在机会集上，找不到风险最小且收益最大的组合。

（四）多项风险资产组合的"$\sigma_p-\mu_p$"投资机会面

以上讲述的是两项风险资产组合的风险分散原理对多项风险资产组合同样适用。

1. 多项风险资产组合的计量指标

（1）收益期望值。多项风险资产组合的收益期望值是组合中各项风险资产的收益期望值以其投资比例为权数的加权算术平均数，其计算

式为：

$$\mu_p = E(R_p) = \sum_{j=1}^{m} w_j \times E(R_j) = \sum_{j=1}^{m} w_j \times \mu_j = \sum_{j=1}^{m} w_j \sum_{i=1}^{n} R_{ji} \times P_i$$

式中：$E(R_p)$ 为多项风险资产组合的期望收益率；w_j 为第 j 项风险资产在组合中的投资比例；$E(R_j)$ 为第 j 项风险资产的期望收益率；R_{ji} 为第 j 项风险资产在第 i 种情况下的收益率；P_i 为第 i 种情况的概率；m 为资产组合中的资产数；n 为所有可能出现的情况。

（2）收益标准差。多项风险资产组合的收益期望值等于组合中各项风险资产的收益期望值的加权算术平均数，但多项风险资产组合的收益标准差并不一定等于各项风险资产的收益标准差的加权算术平均数，不能简单使用下式：

$$\sigma_p = \sum_{j=1}^{m} w_j \times \sigma_j = \sum_{j=1}^{m} w_j \sqrt{\sum_{i=1}^{n} R_{ji}^2 \times P_i - [E(R_j)]^2}$$
$$= \sum_{j=1}^{m} w_j \sqrt{E(R_{ji}^2) - \mu_j^2}$$

式中：σ_p 为多项风险资产组合的标准差；σ_j 为第 j 项风险资产的标准差。

更不能使用此式：$\sigma_p^2 = \sum_{j=1}^{m} w_j \times \sigma_j^2 = \sum_{j=1}^{m} w_j \left\{ \sum_{i=1}^{n} R_{ji}^2 \times P_i - [E(R_j)]^2 \right\} = \sum_{j=1}^{m} w_j [E(R_{ji}^2) - \mu_j^2]$

式中：σ_p^2 为多项风险资产组合的方差；σ_j^2 为第 j 项风险资产的方差。

严格讲，多项风险资产组合的标准差可能等于各项风险资产标准差的加权平均数，也可能等于零，但绝大多数介于这两者之间。这是因为，多种风险资产组合的标准差不仅取决于各项风险资产的方差，更重要的是取决于各项风险资产之间的协方差。随着风险资产种类的增加，方差的作用越来越小，协方差的作用越来越大。多项风险资产组合的收益标准差计算式为：

$$\sigma_p = \sqrt{D(R_p)} = \sqrt{\sum_{j=1}^{m} \sum_{k=1}^{m} w_j \times w_k \times \sigma_{jk}}$$

式中：$D(R_p)$ 为多项资产组合的方差；σ_{jk} 为第 j 项资产与第 k 项资产之间的协方差。

由于 $\sigma_{jk} = \rho_{jk} \times \sigma_j \times \sigma_k$，则：

$$\sigma_p = \sqrt{\sum_{j=1}^{m} \sum_{k=1}^{m} w_j \times w_k \times \sigma_{jk}} = \sqrt{\sum_{j=1}^{m} \sum_{k=1}^{m} \rho_{jk} \times w_j \times w_k \times \sigma_j \times \sigma_k}$$

令矢量 $W = (W_1, W_2, \cdots, W_m)$，矩阵 $\Sigma = \begin{bmatrix} \sigma_{11} & \sigma_{12} & \cdots & \sigma_{1m} \\ \sigma_{21} & \sigma_{22} & \cdots & \sigma_{2m} \\ \vdots & \vdots & \ddots & \vdots \\ \sigma_{m1} & \sigma_{m2} & \cdots & \sigma_{mm} \end{bmatrix}$

则：

$$\sigma_p = \sqrt{\sum_{j=1}^{m} \sum_{k=1}^{m} w_j \times w_k \times \sigma_{jk}} = \sqrt{W \sum W^T}$$

2. 多项风险资产组合的风险分散效应

由 m 项风险资产构成的组合的方差，包括 m 个各项风险资产本身的方差和 $(m^2 - m)$ 个各项风险资产之间的协方差。假定各风险资产所占的投资比例均为 $1/m$，方差均为 σ_j^2，协方差均为 σ_{jk}，相关系数均为 ρ_{jk}，则多种风险资产组合的标准差简化为：

$$\sigma_p = \sqrt{\sum_{j=1}^{m} \sum_{k=1}^{m} w_j \times w_k \times \sigma_{jk}} = \sqrt{\sum_{j=1,j=k}^{m} w_j^2 \times \sigma_j^2 + \sum_{j=1}^{m} \sum_{k=1,j \neq k}^{m} w_j \times w_k \times \sigma_{jk}}$$

$$= \sqrt{\left(\frac{1}{m}\right)^2 m \times \sigma_j^2 + \left(\frac{1}{m}\right)\left(\frac{1}{m}\right)(m^2 - m)\sigma_{jk}} = \sqrt{\frac{\sigma_j^2}{m} + \left(1 - \frac{1}{m}\right)\sigma_{jk}}$$

因 $\sigma_{jk} = \rho_{jk} \times \sigma_j \times \sigma_k = \rho_{jk} \times \sigma_j^2$

$$\sigma_p = \sqrt{\frac{\sigma_j^2}{m} + \left(1 - \frac{1}{m}\right)\sigma_{jk}} = \sqrt{\frac{\sigma_j^2}{m} + \left(1 - \frac{1}{m}\right)\rho_{jk}\sigma_j^2} = \sqrt{\sigma_{jk}} = \sigma_j \sqrt{\rho_{jk}} \quad （当 m \rightarrow \infty$$
时）

决定多种风险资产组合的标准差除各项风险资产自身标准差外，更重要的是各项风险资产之间的协方差。当风险资产数量增加到一定程度，多种风险资产组合的标准差仅受各项风险资产之间的协方差的影响，各项风险资产本身的方差就会完全分散掉。可见，风险资产组合不能分散全部风险，只能部分地分散非系统性风险（有时能全部分散），对全部系统性风险无能为力。

3. 多项风险资产组合"$\sigma_p - \mu_p$"投资机会面的理性选择

上述两项风险资产组合的选择原理对多种风险资产组合的选择同样适用。不过，多种风险资产组合的机会集不同于两种风险资产组合的机会集，两种风险资产构成的所有可能组合位于一条线上，如图 2-5 所示；而多种风险资产构成的所有可能组合落在一个面上，如图 2-6 所示。

若将市场所有的资产都画在"$\sigma - \mu$"面上，如图 2-6 所示，其中非劣风险资产组合形成区域的左上边界 *LH*，称为有效前沿（efficient frontier）。在均衡市场中，任何两种风险资产之间不可能呈负相关，所以，所有风险资产组合不可能出现无风险的情况，*L* 点不会落在 μ 轴上。

L 点位于机会集的最左端，是最小风险组合；*H* 点位于机会集的最上端，是最大收益组合。所以，*LH* 线从最小风险组合点起，到最大期望收益组合点止，称为有效机会集或有效边界。与有效边界的组合相比，有效边界外的组合，要么收益相同风险较高，要么风险相同收益较低，要么收益较低且风险较高，称为无效集。投资者应当在有效边界上构建投资组合，不能在无效集上空耗时间，需要通过改变资产组合比例，转换到有效集上去，以增加收益而不增加风险，或减少风险而不减少收益，或增加收益且减少风险。因此，有效机会集曲线反映了不同投资比例组合的风险与收益的权衡关系。

与单项资产投资决策一样，投资者也是以最大效用为目标，其最优决策是非劣投资组合中的一个。若 σ - μ 无差异曲线族是陡峭的，则最优决策应当接近 *H*；若 σ - μ 无差异曲线族是平坦的，最优决策应当接近 *L*。一般来说，任何最优决策都在弧线 *LH* 上。严格来讲，投资者无差异曲线与有效前沿的切点，就是最优投资组合。

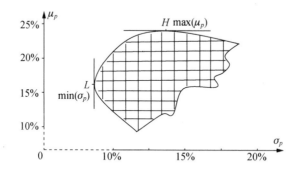

图 2-6　多项资产组合的投资机会集

（五）持有无风险资产混杂组合的"σ_p - μ_p"投资机会线

以上假定有效资产组合全部由风险资产构成。事实上，投资者除持有风险资产外，也可以持有无风险资产，即能够在资本市场上从事无风险借贷，将无风险资产与原有的风险资产组合构成一个二次性混杂组合。

1. 持有无风险资产的混杂组合形成的资本市场线

假定无风险资产的收益率为 R_f，因其没有风险，在 "$\sigma - \mu$" 面上，分布在 μ 轴上，坐标为 $(0, R_f)$。若投资者持有无风险资产的数量为正，则表示他是资本市场的贷出者；若投资者持有无风险资产的数量为负，则表示他是资本市场的借入者。

从无风险利率 R_f 出发，经过坐标 $(0, R_f)$ 做全部风险资产构成的投资组合的有效前沿的切线 R_fMN，切点是 M，坐标为 (σ_M, μ_M)，如图 2-7 所示。在市场均衡条件下，M 点就像一个高度浓缩的市场，反映了所有风险资产构成市场的基本特征，所以，人们将 M 点对应的投资组合称为市场组合，它包含所有市场上存在的风险资产，且各风险资产所占的比例与该风险资产市值所占的比例相同，也称风险资产组合。

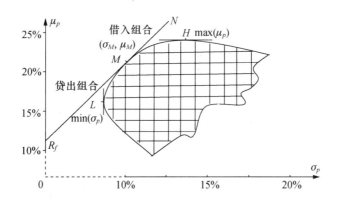

图 2-7 持有无风险资产的混杂组合有效集

从图 2-7 可以看出，射线 R_fMN 由 "两点两线段" 组成。"两点" 为：投资者按照 R_f 贷出其所有自有资本，即 R_f 点；投资者将其全部自有资本投资于市场组合 M 上，即 M 点。"两线段" 为：投资者按照 R_f 贷出其部分自有资本，将余下自有资本投资于市场组合 M 上，构成 R_fM 线段，该线段任意一点称为 "贷出组合"；投资者按照 R_f 借入一定数量资本连同其全部自有资本投资于市场组合 M 上，构成 MN 线段，该线段上任意一点称为 "借入组合"。该射线称为资本市场线（capital market line, CML）。

2. 资本市场线的基本特征

（1）在存在无风险资产的情况下，投资者可以在资本市场上借入资本，纳入其资本总额，或者将其多余的自有资本贷出。无论贷出还是借入，无风险资产收益率不变，其标准差等于0。

（2）在存在无风险资产情况下，风险厌恶者可以将自有资本部分或全部贷出，投资于无风险资产，风险减小了，但同时收益降低了；风险偏好者可以借入资本，增加对风险资产的投资，收益提高了，但同时风险上升了。

由无风险资产和市场组合构成的混杂组合的期望值为：

$$\mu_p = Q \times R_M + (1 - Q) R_f$$

式中：μ_p 为混杂组合的收益期望值，R_M 为市场组合 M 的平均收益，Q 为投资于市场组合 M（风险资产）的比例，$1 - Q$ 为投资于无风险资产的比例。

若为贷出组合，则 $Q < 1$；若为借入组合，则 $Q > 1$。

由无风险资产和市场组合构成的混杂组合的标准差为：

$$\sigma_p = Q \times \sigma_M$$

若为贷出组合，$Q < 1$，则投资者承担风险小于市场平均风险；若为借入组合，$Q > 1$，则投资者承担风险大于市场平均风险。

【例 2 - 10】某人考虑同时投资于股票（风险资产）和国库券（无风险资产），股票期望收益率为 15%，标准差为 20%；国库券收益为 8%，标准差为 0。假定投资者可以按照无风险利率自由贷出或借入资本。

若投资者将自有资本的 60% 投资于股票，40% 投资于国库券，即 $Q = 0.6$，则总体期望值和标准差分别为：

$$\mu_p = Q \times R_M + (1 - Q) R_f = 0.6 \times 15\% + (1 - 0.6) \times 8\% = 12.2\%$$

$$\sigma_p = Q \times \sigma_M = 0.6 \times 20\% = 12\%$$

若投资者借入资本，借入金额占自有资本的 30%，连同自有资本全部投资于股票，即 $Q = 1.3$，则总体期望值和标准差分别为：

$$\mu_p = Q \times R_M + (1 - Q) R_f = 1.3 \times 15\% + (1 - 1.3) \times 8\% = 17.1\%$$

$$\sigma_p = Q \times \sigma_M = 1.3 \times 20\% = 26\%$$

（3）切点 M 是市场均衡点，代表唯一最有效的资产组合，即市场组合或风险组合。在 M 点左侧，投资者可以同时持有无风险资产和市场组合；而在 M 点右侧，投资者仅能持有市场组合，并能借入一定资本进一步投资于市场组合。虽然理智的投资者可能会选择有效边界 LMH 上的任何组合，但若是风险厌恶者，不需要借入资本，还可以贷出资本，同时持有无风险资产和市场组合，从而会选择 $R_f M$ 线上的组合；但若是风险偏好者，需要借入资本，准备全部持有市场组合（风险资产），从而会选择 MN 线上的组合。与 LM 上的组合相比，$R_f M$ 上的组合，收益相同但风险较小；或风险相同但收益较高；或收益较高且风险较小。与 MH 上的组合相比，MN 上的组合，收益相同但风险较小；或风险相同但收益较高；或收益较高且风险较小。

（4）资本市场线描述的是投资者持有不同比例的无风险资产与市场组合下的收益与风险的权衡关系，其截距表示无风险利率，可视为时间价值（等待的回报）；其斜率代表风险溢价（额外的回报），即风险的市场价格。因此，射线的斜率可以表示为：

$$k = \frac{R_M - R_f}{\sigma_M - 0} = \frac{R_M - R_f}{\sigma_M}$$

投资者的期望收益率等于无风险利率加上风险报酬率，而风险报酬率是风险与风险价格乘积，风险用标准差表示，风险价格用射线斜率表示，则：

$$\mu_p = R_f + k \times \sigma_p = R_f + \frac{R_M - R_f}{\sigma_M} \sigma_p$$

这是资本市场线的函数表达式，表明了 $\sigma_p - \mu_p$ 存在线性关系。

【例 2 - 11】假定无风险利率为 7%，混合资产组合标准差为 0.4，市场组合的预期收益率和标准差分别为 15% 和 0.2，则该混合资产组合的必要收益率为多少？

解

$$\mu_p = R_f + \frac{R_M - R_f}{\sigma_M} \sigma_p = 7\% + \frac{15\% - 7\%}{0.2} \times 0.4 = 23\%$$

从图 2 - 7 可以看出，CML 实质是允许借贷条件下的有效资产组合线，规定了由无风险资产和市场组合构成的混杂组合的有效边界，反映了有效资产组合的风险与收益的权衡关系。

（5）投资者的风险态度仅影响借贷及其资本数量，不会影响最佳市场组合。原因是具有不同风险偏好的投资者，在存在无风险资产的情况下，能够以无风险利率自由地借贷，都会不约而同地选择风险组合。

（六）$\sigma - \mu$ 理论的评价

有效边界上最靠上的无差异曲线上的资产组合是投资者认为的所有资

产组合中的最满意组合，即无差异曲线族与有效边界相切的点对应的组合。

在投资者仅关心期望值和标准差的前提下，马柯维茨理论是科学、准确的。不足之处是计算量太大，尤其是在规模庞大的市场中。

1. 巨大贡献

马柯维茨理论对现代投资理论的贡献有：

（1）传统上，将预期收益最大化作为投资目标，不符合多样化投资的目标，投资分散化与均值—离差目标函数一致；

（2）均值—离差目标函数的提出，解决了理论上以期望收益最大化作为投资目标与实际上的投资多元化目标相矛盾的问题；

（3）均值—离差目标函数与具有二次效用函数的投资者追求预期效用最大化的目标一致；

（4）单一证券的风险取决于它与其他证券的相关性，这是对投资组合理论的重大贡献；

（5）理性的投资者在有效集上选择投资组合，在给定风险水平上选择收益率期望值最大化集；或者在给定收益水平上选择收益率标准差最大化集。

2. 应用局限性

（1）计算工作量太大。

（2）排除了消费对投资的影响，假定期初投资额是一个固定值。它虽然对单期投资的影响不大，但不适用于多期动态投资。

（3）以标准差（方差）作为风险度量，仅适用于对称分布的资产收益，有失一般性。

（4）均值—离差不能确定具体投资者的最优组合，需要考虑投资者的风险偏好。

第二节　现代资本结构理论

财务学家通常以 20 世纪 50 年代中期为分水岭，将之前的资本结构理论称为传统理论，将之后的资本结构理论称为现代理论。又以 20 世纪 70 年代中期为分界线，将之前的现代资本结构理论称为旧理论，将之后的现代资本结构理论称为新理论。如表 2-6 所示。

表 2-6 资本结构理论发展脉络

资本结构理论	主要学派	典型学说	代表人物	时间
传统理论		净收益模型 净营业收益模型	杜兰特	1952
现代理论	旧理论	MM 理论	无税模型	米勒、莫迪格里亚尼	1958
			存在企业所得税模型	米勒、莫迪格里亚尼	1963
		权衡理论	财务困境模型	梅耶斯、罗比切克	1966
			税差学派	法拉、塞尔文	1967
			米勒模型	米勒	1977
			破产成本主义	怀特、阿特曼	1984
	新理论	信息理论	信号传递理论	罗斯、利兰、派尔	1977
			啄食次序理论	梅耶斯、麦吉拉夫	1984
			机会窗口理论	梅耶斯、麦吉拉夫	1984
		代理理论	代理成本理论	詹森、麦克林	1976
			财务契约理论	史密斯、华纳、哈特	1979
			公司治理理论	哈里斯、拉维夫	1979

一　传统资本结构理论

1952 年，大卫·杜兰特（David Durand）在美国国家经济研究局召开的"企业理财研究学术会议"发表《企业债务和股东权益成本：趋势和计量问题》，系统总结了资本结构的三种理论，称为传统资本结构理论。

（一）净收益理论

净收益（net income，NI）理论认为，负债可以降低企业平均资本成本，且负债比率越高，平均资本成本越低，企业价值越大。其主要原因是：债务成本和股权成本均不受财务杠杆影响，而债务成本低于股权成本，随着负债比率的上升，平均资本成本会随之降低。

净收益理论下的平均资本成本表达式为：

$$K_W = \frac{B}{V}K_B + \frac{E}{V}K_E = K_E + \frac{B}{V}(K_B - K_E) = K_E + \frac{B/E}{1+B/E}(K_B - K_E)$$

式中：K_B 为债务成本，K_E 为股权成本，K_W 为平均资本成本，V 为企业价值。

净收益理论下的平均资本成本与企业价值的关系，如图2-8所示。

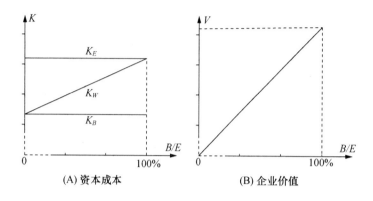

图2-8 净收益理论下的资本成本（A）和企业价值（B）

（二）净营业收益理论

净营业收益理论（net income，NI）认为，负债不会改变企业平均资本成本，因而不会改变企业价值。其主要原因是：随着负债比率的提高，即使债务成本不变，股权成本也会随之提高；当股权成本增加的部分正好抵消负债带来的抵税利益，平均资本成本不变，企业价值不变。因此，资本结构与企业价值无关，决定企业价值的是其净营业收益。

净营业收益理论下的资本成本表达式为：

$$K_E = \frac{V}{E}\left(K_W - \frac{B}{V}K_B\right) = K_W + \frac{B}{E}(K_W - K_B) = K_W + \frac{B/V}{1 - B/V}(K_W - K_B)$$

净营业收益理论下的资本成本与企业价值的关系，如图2-9所示。

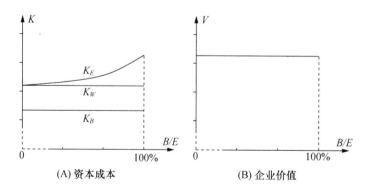

图2-9 净营业收益理论下的资本成本（A）和企业价值（B）

按照净营业收益理论推论，企业不存在最佳资本结构，筹资决策也就无关紧要。可见，净营业收益理论与净收益理论完全相反。

（三）折中理论

折中理论介于净收益理论和净营业收益理论之间。它认为，在一定范围内，负债尽管会引起股权成本上升，但不会完全抵消负债的抵税利益，从而企业平均资本成本下降，企业价值增大；若超过这一范围，股权成本的上升会超过负债的抵税利益，且债务成本也随之上升，与股权成本上升共同发生作用，从而企业平均资本成本上升，企业价值减小。

折中理论可以用图 2 - 10 描述。平均资本成本从下降转化为上升的转折点，是平均资本成本的最低点，这时的负债比率就是企业的最佳资本结构。

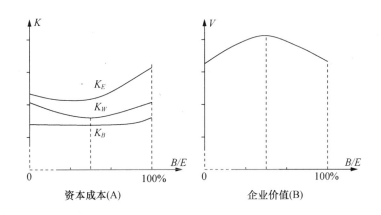

图 2 - 10　折中理论下的资本成本（A）和企业价值（B）

二　现代资本结构理论的化身：MM 理论

1958 年，美国学者莫迪格里亚尼（Modigliani）与米勒（Miller）在《美国经济评论》发表《资本成本、公司财务和投资理论》，提出两个基本定理，即 MM 理论。它的问世，开辟了现代资本结构理论先河，是资本结构理论发展史上最重要的里程碑。因此，MM 理论具有划时代的意义，是现代资本结构理论的先驱。

MM 理论建立在完善资本市场的假设基础上，其主要内容有：第一，企业经营风险用 *EBIT* 的标准差来衡量，具有相同经营风险的企业属于同一风险等级；第二，投资者（无论是现存的还是潜在的）对企业未来

EBIT 的估计完全相同，即投资者对企业未来的收益及其风险的预期基本一致；第三，资本市场是有效的，股票和债券的交易没有交易成本，投资者可以与被投资企业一样以同等利率获取借款；第四，无论举债多少，企业和个人的负债利率相同，且所有负债利率均为无风险利率，故企业没有破产成本；第五，投资者预期的 EBIT 不变，即企业的增长率为 0，从而企业所有现金流量（包括债息）均为永续年金。

MM 理论分为无税的 MM 模型与有税的 MM 模型。

（一）不存在企业所得税的 MM 模型

1958 年出现的 MM 理论是一个无税模型，是 MM 理论的雏形。该模型最大贡献是首次清晰揭示了资本结构、资本成本与企业价值之间的联系。

命题 I：企业价值独立于资本结构，不受财务杠杆 B/E 的影响。

计算式为：

$$V_L = V_U$$

式中：$V_L = E_L + B = EBIT/K_W$，$V_U = E_U = EBIT/K_{EU}$。其中，V_L 为负债企业的价值，V_U 为无负债企业的价值，EBIT 为预期息税前利润（每年不变且永续），K_W 为负债企业的平均资本成本，K_{EU} 为无负债企业的股权成本。

也就是说，负债企业的价值与无负债企业的价值相等，或者说，无论是否负债以及负债多少，企业价值与资本结构（是否有无财务杠杆）无关。

可见，企业价值与资产负债表左方的真实资产有关，由实际资产收益 EBIT 决定；至于这种真实资产如何取得，无关紧要，与资产负债表右方的资本结构无关。即无论企业是否负债，加权平均资本成本 K_W 不变，企业价值唯一取决于 EBIT。

无论企业是否负债，综合资本成本将保持不变，公司价值仅由预期收益所决定，即全部预期收益（永续）按照与企业风险等级相同的必要报酬率所结算的现值。无论债务多少，负债企业的综合资本成本都等于风险等级相同的无负债企业的权益资本成本。公司综合资本成本与其资本结构无关，仅取决于企业的经营风险。

命题 II：负债企业的股权成本等于无负债企业的股权成本加上风险报酬。计算式为：

$$K_{EL} = K_{EU} + (K_{EU} - K_b)B/E_L$$

式中：K_{EL} 为负债企业的股权成本，K_{EU} 为无负债企业的股权成本，B 为负债企业的债务市场价值，E_L 为负债企业的股权市场价值，K_b 为税前债务成本（K_B 为税后债务成本）。

既然平均资本成本不变，随着负债比率的上升，负债企业的股权成本会随着财务杠杆的提高而上升，主要原因是风险溢价与财务杠杆（B/E_L）呈正相关。

命题 Ⅰ 和命题 Ⅱ 综合表明：负债的利益（资本成本低）恰好被股权成本的上升所抵消，即使负债增多，企业价值不变，即平均资本成本不变。

在这种情况下，可以得出一个结论：$IRR \geqslant K_W = K_{EU}$。

无税条件下的 MM 理论的两个命题说明了财务杠杆的改变并不能改变企业价值，原因是以低成本债务得到的杠杆收益被股权成本的增加所抵消，最终使负债企业与无负债企业的综合资本成本相等。因此，企业价值与资本结构无关。

【例 2 - 12】设两个企业无所得税，资本总额均为 20000 万元，从现在起每年息税前利润均为 4000 万元。一个是无负债企业 U，其股权成本为 10%，另一个是无负债企业 L，债务占 40%，利率为 6%。其有关资料如表 2 - 7 所示。

表 2 - 7　　　　　　　　负债企业和无负债企业的财务资料

项目	负债企业（L）	无负债企业（U）
股权资本（E）	12000	20000，$K_{EU} = 10\%$
债务资本（B）	8000，$K_b = 6\%$	—
息税前利润（$EBIT$）	4000	4000
利息（I）	480	0
税前利润（EBT）	3520	4000

解

无债企业：

股权成本 $K_{EU} = 10\%$，企业资本成本 $K_W = 10\%$

$V_U = E_U = EBIT \div K_{EU} = EBIT \div K_W = 4000 \div 10\% = 40000$（万元）

有债企业：

$$K_{EL} = K_{EU} + \frac{B}{E_L}(K_{EU} - K_b) = 10\% + \frac{8000}{12000}(10\% - 6\%) = 12.67\%$$

$$K_W = \frac{E_L}{V}K_{EL} + \frac{B}{V}K_b = 0.6 \times 12.67\% + 0.4 \times 6\% = 10\%$$

$$E_L = (EBIT - I) \div K_{EL} = (4000 - 480) \div 12.67\% = 3520 \div 12.67\% =$$
27782（万元）

$$V_L = V_U = EBIT \div K_W = 4000 \div 10\% = 40000（万元）$$

（二）存在企业所得税的 MM 模型

1963 年，莫迪格里亚尼和米勒再次合作发表《公司所得税和资本成本：一项修正》，取消无税的假设。

命题 I ：负债企业的价值等于同一风险等级的无负债企业的价值加上负债的节税性抵免收益（税盾效应）的现值。计算式为：

$$V_L = V_U + PV(B \times T)$$

式中：$V_U = E_U = EBIT(1 - T) \div K_{EU}$，$B$ 为企业的债务数量，T 为企业所得税税率。

1963 年，无税 MM 理论模型得到修正，将公司所得税的影响因素引入模型，从而得出了有公司税的 MM 理论的结论：由于受公司所得税的影响，尽管权益资金成本会随负债比率的提高而上升，但上升速度却慢于负债比率的提高，所以在所得税法允许债务利息费用税前扣除时，负债越多，即资本结构中负债比率越高，综合资本成本越低，公司收益乃至公司价值越高。

命题 II ：负债企业的股权成本等于同一风险等级的无负债企业的股权成本加上风险报酬。该风险报酬的多寡视财务杠杆与企业所得税税率而定。计算式为：

$$K_{EL} = K_{EU} + (K_{EU} - K_b)(1 - T)B/E_L$$

无负债企业：$K_W = K_{EU} = EBIT(1 - T) \div E_U$

负债企业：$K_W = K_b \times (1 - T) \times B/V + K_{EL} \times E/V = K_{EU}(1 - T \times B/V)$

命题 I 和命题 II 综合表明：由于负债利息可以抵税，随着负债比率的提高，企业价值增大。也说明负债企业价值大于无负债企业价值，且负债比率越高，差额越大。由于（1 - T）小于 1，考虑公司所得税后，尽管股权成本会随负债比率的提高而上升，但其上升速率比未考虑公司所得税时要慢。

在这种情况下，我们得出一个结论：$IRR \geqslant K_W = K_{EU}(1 - T \times B/V)$

【例 2 - 13】 设两个企业的所得税税率均为 25%，资本总额均为 20000 万元，从现在起每年息税前利润均为 4000 万元。一个是无负债企业 U，其股权成本为 10%，另一个是无负债企业 L，债务占 40%，利率为 6%。其有关资料如表 2 - 8 所示。

表 2 - 8   负债企业和无负债企业的财务资料

项目	负债企业（L）	无负债企业（U）
股权资本（E）	12000	20000，$K_{EU} = 10\%$
债务资本（B）	8000，$K_b = 6\%$	—
息税前利润（EBIT）	4000	4000
利息（I）	480	0
税前利润（EBT）	3520	4000
所得税（T = 25%）	880	1000
净利润（EAT）	2640	3000

解

无债企业：

股权成本 $K_{EU} = 10\%$，企业资本成本 $K_W = 10\%$

$V_U = E_U = EBIT(1 - T) \div K_{EU} = EBIT(1 - T) \div K_W = 4000 \times (1 - 25\%) \div 10\% = 30000$（万元）

有债企业：

$K_{EL} = K_{EU} + \dfrac{B}{E_L}(K_{EU} - K_b)(1 - T) = 10\% + \dfrac{8000}{12000}(10\% - 6\%)(1 - 25\%) = 12\%$

$K_W = \dfrac{E_L}{V}K_{EL} + \dfrac{B}{V}K_B = \dfrac{E_L}{V}K_{EL} + \dfrac{B}{V}K_b(1 - T) = 0.6 \times 12\% + 0.4 \times 6\% \times (1 - 25\%) = 9\%$

或者：

$K_W = K_{EU}(1 - T \times B/V) = 10\% \times (1 - 25\% \times 0.4) = 9\%$

$E_L = (EBIT - I)(1 - T) \div K_{EL} = (4000 - 480) \times (1 - 25\%) \div 12\% =$ $2640 \div 12\% = 22000($万元$)$

$V_L = V_U + PV(B \times T) = 30000 + 8000 \times 25\% = 32000($万元$)$

三　现代资本结构理论的重大突破：权衡理论

20 世纪 60 年代，一些学者沿着 MM 理论假设条件，对公司资本结构展开了进一步研究，大体形成两大流派：一是破产成本主义；二是税差学说。

（一）破产成本主义

MM 理论的假设条件在现实中并不存在。事实上，负债成本会随着负债比率提高而上升。当负债比率达到某一程度时，息税前利润下降，企业破产的概率增加，需要承担相应的金融性困境成本（financial distress cost，FDC）。金融性困境成本分为直接成本和间接成本。前者是指现金形式的资产流出，如法律成本和管理成本，占比小；后者是指往往与公司的非金融利益攸关者有关，占比大。一般而言，间接成本可能高的行业分布在：一是将来要提供产品服务，如汽车、电脑企业；二是产品质量非常重要，但无法凭借简单观察进行判断，如药品企业；三是需要雇员和供应商投入特殊资本或培训。

由于金融性困境成本的存在，企业筹资不能全部由负债解决；同时，负债筹资能够给企业带来一定节税性抵免收益（税盾效应）。为此，梅耶斯和罗比切克（Myers and Robichek，1966）建立了一个在负债的节税性抵免收益和金融性困境成本之间进行权衡的模型，即负债企业的价值等于同一风险等级的无负债企业的价值加上负债的节税性抵免收益，再减去负债的金融性困境成本，其计算式为：

$V_L = V_U + PV(B \times T) - PV(FDC)$

式中：V_L 为既有节税性抵免收益也有金融性困境成本的企业价值，V_U 为无负债企业的价值，$B \times T$ 为节税性抵免收益，FDC 为金融性困境成本。

根据 MM 理论，在存在企业所得税的情况下，企业负债越多，可以获得的节税性抵免收益越大。但该理论没有注意，随着负债比率的提高，金融性风险在加大，金融性困境成本在上升，这些额外风险和成本会影响公司价值，不得不加以考虑。如图 2 - 11 所示。

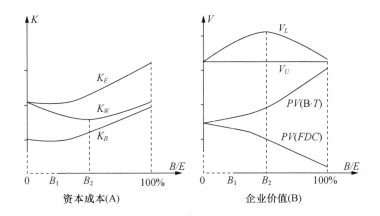

图 2 - 11　权衡理论下的资本成本（A）和企业价值（B）

V_L 由三条曲线叠加而成：一是无负债企业的价值曲线 V_U；二是节税性抵免收益的现值曲线 $PV（B × T）$；三是金融性困境成本的现值曲线 $PV(FDC)$。

随着负债比率的上升，V_L 开始随之上升，达到一定点时，V_L 达到最大，随后开始下降。当负债比率未超过 B_1 点时，金融性困境成本不明显；当负债比率达到 B_1 点时，金融性困境成本开始显得重要，节税性抵免收益开始被金融性困境成本抵消；当负债比率达到 B_2 点时，边际节税性抵免收益恰好等于边际金融性困境成本，公司价值最大，达到最佳资本结构；当负债比率超过 B_2 点后，金融性困境成本大于节税性抵免收益，导致公司价值下降。

（1）最大点前，节税性抵免收益的上升速度大于金融性困境成本抵消节税性抵免收益上升速度，即第一效应大于第二效应；

（2）最大点上，节税性抵免收益的上升速度等于金融性困境成本抵消节税性抵免收益的上升速度，即第一效应等于第二效应；

（3）最大点后，节税性抵免收益的上升速度小于金融性困境成本抵消节税性抵免收益的上升速度，即第一效应小于第二效应。

（二）税差学说

MM 模型认为，负债可以带来节税性抵免收益；金融性困境模型和代理成本模型认为，负债分别会带来金融性困境成本和代理成本，这些或有额外成本对节税性抵免收益是一个抵消，而税差学派认为税收差异对资本结构产生影响。

法拉和塞尔文（Farrar and Selwyn，1967）将美国税制结构分为四类：一是同时不存在个人所得税和企业所得税。在这种情况下，若没有交易成本，个人债务和企业债务可以随意地互换，税收不会影响企业资本结构。这个结论与无税 MM 模型相同。二是存在企业所得税，但不存在个人所得税。在这种情况下，利息要税前扣除，个人债务和企业债务不再完全可以互换，企业应当充分利用金融性杠杆和税盾效应。这个结论与有税 MM 模型相同。三是存在个人所得税（红利税和资本利得税），但不存在企业所得税。这种情况与现实的差距过大。四是既存在企业所得税，也存在个人所得税（红利税和资本利得税）。这种情况最接近现实。在这种情况下，企业收益可以通过三个渠道转化为个人收益：第一，发放现金股利，投资者缴纳红利税；第二，回购公司股票，投资者立马实现资本利得并缴纳资本利得税；第三，发放股票股利，投资者推后实现资本利得并缴纳资本利得税。如果资本利得税增加速度低于红利税的增加速度，企业负债对个人负债的优势就会逐渐消失。

（三）同时存在公司所得税和个人所得税的米勒模型

1977 年，米勒在税差学派的研究基础上，单独发表《债务与税收》，建立了一个包括企业所得税和个人所得税的经典市场均衡模型。其基本命题是：负债企业的价值等于同一风险等级的无负债企业的价值加上负债的税盾效应。

$$V_L = V_U + PV\{B \times [1 - (1 - T)(1 - T_E) \div (1 - T_B)]\}$$

$$V_U = E_U = EBIT(1 - T)(1 - T_E) \div K_{EU}$$

式中：T_E、T_B 分别为股东的个人所得税税率和债权人的个人所得税税率。

个人所得税的存在，在一定程度上影响企业负债的税盾效应。常见的情形是：

（1）当 $T_E < T_B$，因 $1 - (1 - T)(1 - T_E) \div (1 - T_B) < T$，则 $V_L < V_U + PV(B \cdot T)$，说明有负债公司因使用金融性杠杆而获得的税盾效应小；此时，个人所得税的作用，有负债公司要高于无负债公司。

（2）当 $T_E > T_B$，因 $1 - (1 - T)(1 - T_E) \div (1 - T_B) > T$，则 $V_L > V_U + PV(B \cdot T)$，说明有负债公司因使用金融性杠杆而获得的税盾效应大。

特别情形是：

（1）当 $T = T_E = T_B = 0$，则 $V_L = V_U$，为典型的无税模型；

当 $(1-T)(1-T_E)=1-T_B$，则 $V_L=V_U$，为变相的无税模型。

（2）当 $T_E=T_B=0$，则 $V_L=V_U+PV(B\times T)$，为典型的有税模型；

当 $T_E=T_B$，则 $V_L=V_U+PV(B\times T)$，为变相的有税模型。只要股东的个人所得税税率等于债权人的个人所得税税率，个人所得税的引入不会影响企业资本结构。

此后，资本结构理论可谓百家争鸣，如代理理论、啄食次序理论和信号传递理论等。这些资本结构理论对企业筹资决策具有重要参考价值，指导筹资决策行为。但是，应当指出的是，由于筹资活动和外部环境的复杂性，仍然难以准确显示存在于财务杠杆、每股收益、资本成本和企业价值之间的关系。因此，在一定程度上，筹资决策需要依靠有关人员的经验推理和主观判断。

四　现代资本结构理论的最新发展

20 世纪 70 年代以来，资本结构研究吸收了信息不对称理论和博弈论的营养，以所有者与经营者的相互作用为出发点，从对公司价值的影响角度，提出了两大分支：一是信号理论；二是代理理论。

（一）信号理论

1. 信号传递理论

信号传递理论探讨的是在信息不对称的条件下，企业选择何种方式向市场传递企业价值信息。利兰和派尔（Leland and Pyle，1977）最早将信息不对称理论引入资本结构研究，认为在信息不对称的情况下，为了投资项目的顺利进行，借贷双方就必须进行信息的交流，而这种信息交流可以通过信号的传递来实现。当掌握了内幕消息的企业家对需要融资的项目投资进行投资时，那么他们进行投资的意愿就可以作为投资项目质量好坏的信号，即该投资项目是否具有较强的可行性。

通过对信号模型分析，利兰和派尔得出以下结论：

（1）投资项目可行的标志是投资项目的真实市价大于成本。

（2）无论投资项目的信号价值有多大，投资项目本身风险的增加或企业家对风险厌恶程度的增加都会减少均衡状态下企业家在投资项目中的权益比例。

（3）企业家的预期效用与风险大小呈正相关，与相关投资项目的信号水平无关。

（4）在给定投资项目下，债务的最优水平与项目的风险呈负相关。

2. 啄食次序理论

完美市场在现实生活中是不存在的。啄食次序理论（Pecking Order Theory），也称筹资优序理论，放宽了 MM 理论完全信息假定，以非对称信息和交易成本存在为前提，得出不论是内源性筹资还是外源性筹资都会给企业带来一定损失，例如内源性筹资会传递企业经营的负面信息，外源性筹资会产生不必要的成本费用，因此，企业一般要按照内源性筹资、债务筹资、股权筹资的先后顺序进行筹资。

由于信息不对称的存在，与公司管理者相比，投资者掌握的公司资产价值的信息并不充分，因此，公司股票价格往往会被市场错误报出。当公司需要通过发行股票来为新项目筹资时，与原有投资者相比，定价过低，会使新的投资者获得更多的利益，这时，企业可能放弃净现值大于零的投资项目，从而出现投资不足的问题。因此，当企业资金不足时，公司会优先考虑低风险的证券，例如债券，最后才会考虑股权筹资。

啄食次序理论的结论主要有：

（1）企业更倾向于内源性筹资；

（2）外源性筹资的变化可以通过企业净现金流量的变化体现出来；

（3）企业进行外源性筹资时，要遵循先债务后股权的原则；

（4）债务比率是企业对外源性筹资累计需求的反应。

啄食次序理论为企业实际筹资行为提供了一种合理顺序。从国外企业筹资实践来看，内源性筹资的比例大幅度增加，在外源性筹资中，股权筹资的比例逐步萎缩甚至出现负增长，占据主导地位的依旧是债务筹资。

3. 机会窗口理论

机会窗口是指资本市场中存在的一种公司股价被错误估计的时机，公司可以相机选择股价高估时增发新股，股价低估时回购旧股，从而获得超额收益。Myers 和 Majluf（1984）认为，市场投资者与公司经营者之间存在信息不对称，且企业经营者筹资决策出发点是在册股东的利益，只有当公司股价被高估时，公司经营者才会考虑增发新股（股权筹资），同时，理性的市场投资者也会做出这样的判断。因此，一旦公司宣告增发新股，就等于向投资者发出了公司股价被高估的信号，投资者会据此修正其预期判断，这样公司股价在公告日会不可避免地下降，引起价格负效应。不过，市场投资者并非完全理性的，尽管按照不对称信息理论，增发新股公告作为利空信息会使股价下降，但非理性的市场投资者对这种不利信号的反应可能是不足的，会导致增发新股时公司股价仍然被高估。当然，公司股价不能长期偏离其实际价值，长期处于股价被高估状态，增发后投资者会根据公司经营活动发出的各种信号不断地修正其估计，因此，增发新股后公司收益率在很长时间内会下降，即长期收益率走低。

总之，机会窗口理论突破了传统金融学有效资本市场的有关假设，从信息不对称出发，认为公司有能力发行定价过高的股票，以此获得超额收益。公司经营者选择增发新股窗口的结果表现为增发前的股价上升、增发公告日的价格负效应、增发后则长期业绩不佳。

机会窗口理论认为，公司筹资决策随着债务与股权价值相对变化而变化，筹资顺序也会调整，其筹资顺序为：

（1）在正常情况下，内源性筹资→债券筹资→外源性股权筹资

（2）当股权便宜时，内源性筹资→外源性股权筹资→债券筹资

（3）当股权异常便宜时，外源性股权筹资→内源性筹资→债券筹资

（4）当债务便宜时，债券筹资→内源性筹资→外源性股权筹资

（二）代理理论

1. 代理成本理论

在不同筹资方式（股权筹资和债权筹资）下，由于信息不对称，股东、债权人和经营者利益冲突所付出的各种代价。这里主要是指股东对债权人的代理成本。债权人担心股东会投资高风险项目而将风险转嫁给自己，在提供贷款时，或要求较高利率，或在借款合同中加入许多限制性条款。前者直接增加资本成本，后者增加债权人的监督成本。同时，公司使用资本的灵活性降低，也会付出代价。

财务困境的发生放大了股东与债权人的利益冲突，增加了代理成本。此外，股东采取投资于高风险项目、投资不足和转移财富等手段，侵害债权人的利益。

后来将破产成本进一步扩展到代理成本。

$$V_L = V_U + PV(B \times T) - PV(FDC + AC)$$

2. 财务契约理论

传统资本结构理论研究假定各种筹资契约是固定的，契约双方均没有办法将它的形式改变，但这一假设条件与现实存在很大的差距。对于企业各利益主体筹资过程中的行为，传统理论并不能给予合理的解释，因而，人们开始将原有的研究进行改进，转向了一个新的方向，即改变筹资契约

形式的不变性，研究如何设计一种筹资契约来实现最优的资本结构与财务治理。

财务契约论的核心问题是解决股东和债权人之间的冲突，最早提出该理论的是 Smith 和 Warner（1979）。他们认为，提高企业总价值的关键是控制债权人和股东之间的冲突，因此财务契约论可以发挥有效的作用。

按照财务契约理论的观点，在企业中契约的订立和执行都是有交易成本的。股东和债权人之间存在强烈的利益冲突，因此，企业不具有共同的企业价值最大化的目标。该理论的提出隐含了两层假设：第一，假设企业引进风险债务肯定是有利可图的，因而存在一个最优资本结构问题；第二，假设财务契约可以对风险债务施加控制，所以存在最优财务契约的问题。契约理论所要解决的关键性问题是如何设计一组契约来缓解企业内不同利益主体之间的冲突。在融资问题上，各方的利益主要是通过合理的财务契约设计来实现均衡。

从财务契约理论思路看：一方面，债务融资的企业要能够解决股东因自身资源不足而难以把握有利可图的投资机会的处境；另一方面，财务契约要能够给债权人提供规避财务风险的帮助。契约理论的支持者最后得出以下结论：财务契约减少了企业内债权人和股东之间的利益冲突和代理成本，实现了"双赢"。

3. 公司治理理论

公司治理结构规定着企业内部各利益集团之间的关系，特别是通过有形和无形合同对剩余索取权和控制权进行分配，达到影响企业家和资本家关系的目的。公司治理是一种通过监督管理者，防止管理者行使机会主义，能够在代理成本最小化情况下，保证投资者能从其投资中得到应有收益并实现企业价值最大化的机制设计。

公司治理结构学派主要讨论的是股东和管理者之间的冲突所引发的代理成本问题，并将管理者控制企业所有权对资本结构的影响进行了解释。由于股东和债权人有着不同的利益目标，因此管理者出于对自身利益的考虑可能不会从股东利益最大化角度出发，这使得对管理者进行监督显得格外重要。而监督最有效的工具则是债务，债务为股东从管理者那里获得企业各个方面的信息提供了法律保障，并可以通过获得的信息来进行决策。

无论投资者是否要求企业破产，管理者总是希望公司可以继续经营下去。投资者和债权人通过债务这个介质，可以强迫资金匮乏的企业破产清算，通过这样来缓解当下的问题。投资者为了获得这样的目标必然会产生一部分的成本费用。因此，该理论主要代表人物 Harriss 和 Raviv 认为，最优资本结构出现在破产决策与信息成本之间的均衡。

五　现代资本结构理论的另一分支：股利理论

股利是指股份有限公司发放给股东的投资报酬。股利理论主要研究两个问题：股利支付对股东财富是否会产生影响；若有影响，股利支付是如何影响的。

股利政策是指公司在平衡企业内外部相关集团利益的基础上，对于提取了各种公积金后的未分配利润如何进行分配而采取的基本态度和方针政策。公司廉价的资金来源于合理的股利政策；此外公司的股价也受股利政策的影响。股利政策之所以引起理论界和实务界的广泛关注不仅因为它与股东的利益息息相关，而且对公司的融资政策、资本结构、管理层的监督以及公司的持续发展都会产生影响。

股利政策的研究经历了漫长的过程，从起初的古典政策理论到具有开拓性的 MM 股利无关论，再到对 MM 理论假设不断放宽的现代股利政策理论，主要研究成果包括了"一鸟在手"理论、税差理论、信号传递理论和代理成本理论。其研究的方向也从股票价格是否受股利政策的影响逐步转移到股利政策是通过怎样的方式来影响股票价格。股利政策的核心问题是：确定股利和留存收益的合理比例。

（一）传统股利理论：股利无关论、股利有关论

1. 股利无关论：MM 理论

股利无关理论即 MM 股利无关论，代表人物是 Miller 和 Modigliani。该理论的一个重要假设条件是存在"完美的资本市场"。在这样的市场中，假设企业的投资和融资决策都已经确定，不受股利支付行为影响。投资者是理性的并可以自由选择现金股利和自制股利，当公司需要额外的资金进行投资时，可以无成本无限制地从市场筹集，不需缴纳企业所得税，基于严密的完美市场假设，股利政策不会对企业的价值或股价产生任何影响。一个公司的股价完全取决于其投资决策所确定的获利能力和风险组合，与公司的利润分配政策无关。

Miller 和 Modigliani 提出的股利无关论，主要有以下假设：

（1）投资者理性；

（2）不存在公司所得税；

（3）公司具有既定的投融资政策；

（4）股利政策不受股利政策及财务杠杆的影响。

在这些严密假设的基础上，MM 阐述了三个重要的观点：

（1）企业价值完全由投资决定；

（2）企业不论采取何种比例的融资政策，企业价值都不受股利支付方式的影响；

（3）公司价值取决于未来的盈利能力、投资政策和公司价值，与股利政策无关。

2. 股利有关论："在手之鸟"论和税差论

（1）"在手之鸟"论。"在手之鸟"理论又称为右派理论，源于谚语"双鸟在林不如一鸟在手"。该理论是流行最广泛和最持久的股利理论，最初表现形式是股利重要论，后经威廉姆斯（Willianms）、林特纳（Lintner）、华特（Walter）和麦伦·戈登（Gordon）等发展为"在手之鸟"理论。该理论认为，由于股票价格具有波动性较大的特点，再加上投资者对风险的厌恶，因此投资者会偏好于现金股利，认为其比留存收益再投资带来的收益更为可靠，因此公司需要定期向股东支付较高的股利。"在手之鸟"理论认为，公司经营具有很大的不确定性，那么投资者通过留存收益再投资获得的资本利得也具有很大的不确定性，再加上随着时间的推移投资风险进一步增大，因此，投资者偏好红利，且公司支付的股利越多，投资者承担的风险也就越小，他们愿意接受较低的报酬率，从而降低企业平均资本成本，提高企业价值。

该理论表明：红利风险小于资本利得风险，股东出于对当前收入的偏好，赞成高股利政策。公司分配股利越多，公司市场价值越大。

（2）税差论。税差即红利税率高于资本利得的税率，税差理论就是放宽 MM 理论中无税收的假设得到的股利政策理论。一般情况下，股东收到的现金股利按普通收入征税，而资本利得使用的税率通常较低。此外，现金股利在发放时就需要纳税，而资本利得税可以递延到股票实际售出时才征收。因此，对于投资者来说股利收入的实际税率要高于资本利得的税率。

税差理论认为：第一，在不考虑股票交易成本的情况下，股利分配率越高，股东的股利收益纳税负担会越重，且远高于资本利得税负，股东一般倾向于低比率的股利支付政策，因此企业应采取低现金股利比率的分配政策。第二，若存在交易成本，甚至当股利收益税小于资本利得税与交易成本之和时，由于股东偏好定期取得股利收益，因此更乐意企业采用高现金股利支付率政策。

（二）现代股利理论

1. 信号传递理论

信号传递理论主要代表人物是 Modigliani、Miller 和 Rock，首先由 Miller 和 Modigliani 提出，并由 Miller 和 Rock 进一步完善，直到 20 世纪 70 年代末信号模型才真正有所发展。该理论进一步放宽完美市场假设，其基本思想是由于信息不对称的存在，逆向选择和道德风险问题不可避免，拥有信息优势和信息劣势的各方试图通过某种信号向对方传递自己掌握的真实信息。

在信息不对称条件下，公司通常通过三种信号模式向外界传递公司内部信息：一是利润宣告；二是股利宣告；三是筹资宣告。其中比较可信的是第二类信号模式。股利是管理层传递其掌握的企业内部信息的一种手段，管理层选择的现金股利政策在某种程度上传递了企业前景的信息，作为一个信号它可以影响甚至改变市场对企业未来盈余的预期。企业发放现金股利的水平隐含了企业未来的盈利水平，公司价值和现金流量将因这个积极的信号而得到重新评估，从而会引起股价的上涨。

信号传递模型的基本观点是企业可以通过对现金股利调整向市场传递有关公司未来发展前景的信息。现金股利的增加一般意味着企业未来业绩的增长，而减少则意味着业绩的下滑。这些理论在一定程度上可以解释企业倾向于将大量盈余作为现金股利发放的原因。

信号传递理论表明股利发放成为公司未来业绩的指示器，股利支付可以提高企业价值，给股东提供利好消息。

2. 代理成本理论

MM 理论假设企业形成过程中契约完全，公司经营者与股东之间的利益完全一致，经营者致力于股东财富最大化。进一步放宽该假设，可以发现在企业内部运作过程中存在不同利益集团。它们之间不可避免地存在目标冲突，代理问题的产生源于各集团对自身利益的维护。其中股东、管理层以及债权人之间的代理问题对企业的现金股利政策影响最大。

管理者和股东之间的代理问题在理论界备受关注。Jensen 和 Meckling 提出，公司的管理层在具体经营活动中主要考虑如何实现自己的利益，而不是依照股东的委托行事，这就表明管理层存在过度投资和盲目扩张的动机。当企业存在多余现金时，管理层将会进行低效率的投资或并购，企业的价值将因此大受影响。股东为避免自身利益的损失，将对经理层的行为进行监督和约束，代理成本便由此产生，而股东越保守，代理成本就越高，对债权人就越有利，而对股东就越不利。因此，股东需要在这两者之间权衡利弊得失，而最优股利政策应该使代理成本和交易成本之和最小。

另一个代理问题存在于股东和债权人之间。股东可以通过缩减投资来增加现金股利或者直接举债支付现金股利，这样股东通过过度的现金股利对债权人财富进行掠夺。如果债权人未能获悉这种损害其利益行为的信息，企业的负债价值就会下降而权益市价则会上升，从而股东便将财富从债权人手中转移到自己手中。

该理论放宽了三者之间的利益完全一致，股利政策有利于减缓股东、债权人和经营者之间的目标冲突，减缓矛盾，降低代理成本，从而提高公司价值。

第三节　现金流量理论

财务学家在寻求价值评价标准的历史进程中，先后发现了两个最具影响力和最有代表性的指标：净利润与现金流量。无论是投资理论还是筹资理论，尤其是其中的财务估价理论，以收付实现制为基础的现金流量逐渐取代了以权责发生制为基础的净利润。

一　现金流量涉及的基本范畴

现金流量是一种财务管理工具，与企业整个生产经营过程交织在一起。现金流量管理好坏，决定企业的财务状况和经营业绩，从而决定企业的生存和发展。

（一）现金流量在财务活动中的重要性

在"现金为王"的今天，理性的股东、经营者、债权人等，不再把目光仅仅锁定在净利润上，而是认识到现金流量才是最有价值的相关财务决策法则。

1. 现金流量与净利润的区别

现金流量和净利润都是衡量企业财务状况和经营成果的主要指标，除了前者注重财务状况、后者注重经营成果外，两者的根本基础不同。

（1）计量基础不同。净利润的核算以权责发生制为基础，收入和费用均要考虑归属期，哪个期间受益，就将收入计入哪个期间；哪个期间受损，就将费用计入哪个期间，得出该期间的利润。现金流量的估算以收付实现制为基础，流入和流出只考虑实际收付期，什么期间实际流入和流出，就将流入和流出归属于什么期间，作为该期间的现金流量。

（2）涵盖内容不同。我国企业会计准则及会计制度规定，净利润一般包括营业利润、公允价值变动损益、投资收益、补贴收入、营业外收支等层次和内容。现金流量虽然包含了利润，且为重要组成部分，但也包含了其他内容，如销售商品或提供劳务、购买商品或接受劳务、购建固定资产、出售固定资产、投资与收回投资、银行借款与偿还债务等。

（3）经济含义不同。净利润大小很大程度上反映了企业生产经营活动所取得的经济效益，表明了企业在某一会计期间的最终经营成果。现金流量的多少能够清楚地表明企业资金周转状态、资金紧缺情况、偿债能力大小以及经营规模的适度性、对外投资的恰当性、资本扩张的有效性，为股东、债权人、经营者提供更有用的决策信息。

此外，财务学与会计学指的现金也略有不同。会计学的现金是一个静态概念，指可以随时动用的货币资金，主要包括库存现金和银行存款。财务学的现金是一个动态概念，是指货币资金运动的流向、流程、流速和流量。

2. 现金流量的地位与作用

现金流量作为企业一种特殊的经济变量，在企业财务活动中具有不可替代的地位。

（1）便利市场交易。现金流量这种生产要素，便于持有、携带和转移，可以在金融市场中直接或间接换取生产经营所需要的其他生产要素。

（2）优化财务管理。现金流量这种财务观念或财务法则，一直在财务管理（如财务决策、财务评价等）中扮演关键角色。例如，资产价值的基本估计方法是奠定财务估价理论基础的现金流量折现法 DCF，其核心原理是假定资产价值等于资产的未来现金流量的现值之和。企业价值的估计同理。DCF 模型为：

$$V = \sum_{t=0}^{n} \frac{CF_t}{(1 + K_W)^t}$$

式中：V 为资产价值，CF_t 为资产各期的现金流量，K_W 为资产对应的资本成本。

此外，现金流量在企业财务活动中具有不可或缺的作用。

（1）维持企业流动性。现金是企业正常运行的血液。流动性代表企业经营效率，决定企业成败，而丧失流动性的企业，意味着企业生命的终结，改善流动性可以提高企业竞争力。

（2）衡量企业安全性。企业安全分为经营性安全和金融性安全。经营性安全主要体现在供产销环节，现金流量对采购环节的影响最大。材料供应是企业经营的基础，若不能正常采购，就会影响后续经营环节。金融性安全主要体现在偿债环节。决定企业偿债能力是现金的充足性，而不再是传统上的资产负债率。

（3）体现企业营利性。长期以来，净利润是企业财务活动关注的主要内容，成为评价企业盈利能力的关键指标。但由于会计利润的确认和计量，易受会计政策的影响和管理层操纵。

3. 现金流量的相对优势

财务决策依据的重点价值信息是现金流量，与会计净利润相比的优势有：

（1）时间价值的全面考虑。构成净利润的收入和费用，不一定是当期实际收入和支出的现金，不利于考虑时间价值因素。不同时点的现金流量，是按实际发生的具体时间确定的，反映了各期的现金流入和现金流出，有利于考虑时间价值因素，容易确定其现值或终值。更重要的是，由于现金流量信息与项目发展阶段的各个时点密切结合，有助于进行动态投资效果的综合评价，以便做出追加或削减投资决策。

（2）投资决策的客观反映。项目投资评价与分析假设以其收回的现金再投资为前提。显然，现金流量状况比利润盈亏状况更重要。净利润大于零的年份，不一定有相应的现金能够用于再投资，只有现金流量为正的年份，才有相应的现金用于再投资。因此，一个投资项目能否开展，与该项目有无利润关系不大，与该项目有无现金休戚相关。

（3）财务评价的根本保证。净利润的计算受人为因素影响较大，如固定资产折旧、无形资产摊销、存货计价等，具有较大的主观随意性，因此，对不同投资项目采取不同的固定资产折旧方法、无形资产摊销方法、存货估价方法，会导致不同投资方案净利润信息的相关性、真实性和可比性差，且透明度不高。更何况，净利润是以应计现金收入而非实际现金收入作为收益的，具有较大风险。

现金流量分布一般不受人为因素的影响，能够准确地揭示未来期间现金收支运动，如实地反映现金流量的发生金额、时间甚至风险，动态地反映投资方案的流出与回收之间的投入产出关系，使决策者站在客观的立场上，完整、准确、全面地评价投资项目的经济效益。

（二）现金流量对企业价值的影响

就企业而言，只有获得足够现金，才能促进供、产、销等生产经营活动的顺利进行。因此，现金流量是从事价值投资的前提，是实现价值创造的基础。

1. 现金流量决定企业价值创造

不可否认，现金流量已经成为企业财务活动的第一要素。第一，只有投入足够的现金，才能保证"供"。"供"是购买生产经营所必需的劳动资料（劳动工具和劳动对象），并支付现金，是一种价值型经营性投资，其中长期经营性投资是解决劳动工具（固定资产）的基本手段，短期经营性投资是解决劳动对象（原材料）的基本手段。第二，只有准备足够的现金，才能推动"产"。"产"是投入劳动力，并支付现金，与劳动资料一起形成生产力，生产既定的产品或劳务。第三，只有收回足够的现金，才能完成"销"。"销"是销售产品或劳务，并收回现金，是实现本次价值创造的关键，也是开启下次价值创造的必要条件。

2. 现金流量反映企业盈利质量

现金流量比净利润更能说明企业收益质量。在现实生活中，经常会遇到"有利润却无现金的企业"现象，一些企业"借钱缴纳所得税"。根据权责发生制确定的净利润，在反映企业收益时，确实带有一定"水分"；现金流量恰恰弥补了这一不足，甩干了净利润中的"水分"，剔除了企业可能发生的坏账因素，使投资者、债权人等更能充分、全面地了解企业财务状况。

3. 现金流量影射企业生存能力

据不完全统计，破产企业中有 85% 是盈利较好的企业。残酷现实中的破产案例，20 世纪末发生的令世人惊悚未定的金融危机，让人对"现金为王"有了更深的感悟。反映偿债能力的传统指标主要有资产负债率、流动比率和速动比率，而这些指标以总资产、流动资产和速动资产为基础，衡量其与应偿还债务的匹配情况，或多或少会掩盖企业经营中的实际问题。其实，企业偿债能力从根本上取决于现金流量，比如，现金流量债务比（净营业现金流量/全部债务），比资产负债率更能反映企业的债务偿付能力，现金流量比率（净营业现金流量/金融性流动负债），比流动比率更能反映企业的短期偿债能力。

（三）几个重要概念

1. 现金流量和现金存量

现金流量是一定时期内发生的现金流动量，如现销收入、付现成本等，其特点是归属于时期的总量指标，与时间维度正相关，具有动态性。现金存量是一定时点发生的现金储存量，如投资额、营运资金回收额等，其特点是归属于时点的总量指标，与时间长短无直接联系，具有静态性。

2. 现金流入和现金流出

各期现金流量包括现金流入和现金流出。现金流入（cash flow in，CFI）是指现金从企业外部向企业内部流入及其数额，其主要表现为收到客户的商品或劳务销售价款。现金流出（cash flow out，CFO）指现金自企业内部往企业外部流出及其数额，其主要表现为投资款、支付给供应商的商品或劳务采购价款、支付给国家的税款等。

现金流入与企业现金存量正相关，现金流出与企业现金存量负相关。由现金流入和现金流出引出两个相关概念：一是净现金流量（net cash flow，NCF）。等于现金流入与现金流出的差额。若某时期的现金流入大于现金流出，净现金流量为正，企业的现金存量增加；若某时期的现金流入小于现金流出，净现金流量为负，企业的现金存量减少。二是内部现金流量（internal cash flow，ICF）。表现为现金流动在企业内部循环，不会增加或减少企业的现金存量。

3. 经营性现金流量和金融性现金流量

在会计学中，现金流量表将现金流量分为经营活动产生的现金流量、投资活动产生的现金流量、筹资活动产生的现金流量。

财务活动分为经营性活动和金融性活动，现金流量可分为经营性现金流量和金融性现金流量。经营性现金流量（operational cash flow，OCF）是经营性投资和经营性筹资引起的现金流量。长期经营性投资如固定资产投资、控制型长期股权投资等，短期经营性投资如采购原材料、应收账款等；长期经营性筹资如发行普通股等，短期经营性投资如应付账款等。

金融性现金流量（financial cash flow，FCF）是金融性投资和金融性筹资引起的现金流量。金融性投资（一般不区分长期和短期）如股票投资、债券投资等；长期金融性筹资如发行债券、长期借款、金融租赁等，短期金融性投资如短期借款等。

4. 自由现金流量和限制性现金流量

自由现金流量没有严格的定义，因而名称众多，如袭击者现金流量、超额现金流量、剩余现金流量、可分配现金流量、可支配现金流量、非限制性现金流量等。自由现金流量有项目自由现金流量、企业自由现金流量、股东自由现金流量等，如企业自由现金流量是指企业履行了财务义务后，可以用于战略投资和战略筹资的现金流量，其计算式为：

企业自由现金流量 = 净营业现金流量 − 限制性现金流量

限制性现金流量是指由法律规定的企业必须承担的现金流出，如根据借款协议必须偿付给银行的债务本息。

二　现金流量的层次体系

现金流量因不同资产特征而异。

（一）投资项目现金流量

企业投资项目主要是指包括固定资产项目、研发项目等。项目现金流量是指从筹划、设计、动工、实施、投产到结束（报废、转让等）的整个期间的现金流入和现金流出的总称。

现金流量因不同资产的特征而异。从时间上看，现金流量由三部分组成。

1. 建设期各年现金流量

建设期各年现金流量主要表现为现金流出，如固定资产投资、无形资产投资、开办费投资等，有时也有现金流入，如原有固定资产的变价收入等。营运资金垫支虽然有时也发生在营业期，但通常被视为发生在建设期。

建设期各年净现金流量 = 该年现金流入 − 该年现金流出

　　　　　　　　　　 = 0 − （该年建设投资 + 该年营运资金净增加）

　　　　　　　　　　 = − 该年原始投资

$NCF_t = -I_t$

式中：I_t 为原始投资（initial investment，I）。

原始投资包括建设投资和营运资金净增加，其中建设投资是固定资产投资、无形资产投资、开办费投资等长期资产的总和。

2. 营业期各年现金流量

营业期各年现金流量既有现金流入，如营业收入；也有现金流出，如付现营业成本（包括价内流转税，如消费税、营业税等①）、所得税等。

（1）采用直接法

营业期各年净现金流量

= 该年营业收入 – 该年付现营业成本（不包括利息）– 该年所得税支付

$$NCF_t = S_t - C_t - TP_t$$

式中：S_t 为营业收入，C_t 为付现营业成本，TP_t 为所得税支付。

（2）采用间接法

营业期各年净现金流量

= 营业收入 – 付现营业成本（不包括利息）– 所得税支付

= 营业收入 –（营业成本 – 折旧）– 所得税支付

= 营业收入 – 营业成本 – 所得税支付 + 折旧

= 息税前利润 ×（1 – 税率）+ 折旧

$$NCF_t = EBIT_t(1 - T) + D_t = (S_t - C_t - D_t)(1 - T) + D_t$$

式中：$EBIT_t$ 为息税前利润（earnings before interest and tax）；D_t 为折旧（depreciation or amortization），$D_t = (OV - R_T) \div n$，其中 OV 为固定资产原值，R_T 为税法规定的固定资产残值，n 为税法规定的固定资产折旧年限；T 为所得税税率。

（3）所得税对折旧的影响

营业期各年净现金流量

= 营业收入 – 付现营业成本（不包括利息）– 所得税支付

= 营业收入 ×（1 – 税率）– 付现营业成本 ×（1 – 税率）+ 折旧 × 税率

$$NCF_t = S_t \times (1 - T) - C_t \times (1 - T) + D_t \times T$$

3. 终结点现金流量

终结点现金流量主要表现为现金流入，如固定资产残值收入、收回的

---

① 增值税作为价外税，收到客户的销项税款等于支付给供应商的进项税款和支付给国家的应交增值税，故对现金流量无影响。

营运资金等。

终结点净现金流量

＝营运资金回收额＋固定资产残值回收额

＝营运资金原有垫支额＋实际残值－（实际残值－税法残值）×所得税税率

$$NCF_n = L_n + R_n - (R_n - R_T)T$$

式中：L_n 为营运资金回收额，R_n 为实际残值（有时用会计残值），R_T 为税法残值。

项目现金流量是项目价值评价的基础，是常用的现金流量，由于其使用简便，尤其在资本预算时作为经营性净现金流量的估计数。

【例2－14】某企业现有A、B两个固定资产投资项目。

A项目投资100万元，于建设起点一次投入，建设期为0，营业期5年，投产后营业收入每年增加54万元，付现营业成本每年增加20万元。

B项目投资200万元，于建设起点一次投入，建设期1年，营运资金垫支50万元，于建设期末一次投入，营业期5年，投产后营业收入每年增加114万元，付现成本每年增加38万元。

A、B两项固定资产均按直线法计提折旧，税法规定残值均为固定资产原值的10%，会计规定A、B设备的实际残值分别为6万元和24万元。

解

（1）A项目

建设期净现金流量为：

$NCF_0 = -100$ 万元

营业期各年净现金流量为：

$$D_{1-5} = \frac{100(1 - 10\%)}{5} = 18(万元)$$

$$NCF_{1-5} = (54 - 20 - 18)(1 - 25\%) + 18 = 30(万元)$$

或 $NCF_{1-5} = 54 \times (1 - 25\%) - 20 \times (1 - 25\%) + 18 \times 25\% = 30(万元)$

终结点净现金流量为：

$$NCF_5 = 0 + 6 - (6 - 100 \times 10\%) \times 25\% = 7(万元)$$

（2）B项目

建设期净现金流量为：

$NCF_0 = -200$ 万元

$NCF_1 = -50$ 万元

营业期各年净现金流量为:

$$D_{2-6} = \frac{200(1 - 10\%)}{5} = 36(万元)$$

$$NCF_{2-6} = (114 - 38 - 36)(1 - 25\%) + 36 = 66(万元)$$

或 $NCF_{2-6} = 114 \times (1 - 25\%) - 38 \times (1 - 25\%) + 36 \times 25\% = 66(万元)$

终结点净现金流量为:

$$NCF_6 = 50 + 24 - (24 - 200 \times 10\%) \times 25\% = 73(万元)$$

(二) 企业现金流量

企业现金流量或实体现金流量,也称企业自由现金流量 (free cash flow in corporation,FCFC) 或实体自由现金流量,是指营业现金流量扣除必要的资本化支出和营运资金净增加后,能够支付给所有的求偿权者 (主要包括股东和债权人) 的剩余现金流量。企业现金流量是企业价值评价的基础。

许多现金支出,如采购、利息、租金、保险金等,财务上通常有两种处理方式:一是将支出予以资本化,计入长期资产的价值,分期摊销,摊余价值列示于当年资产负债表;二是将支出予以费用化,计入当年损益,全部列示于当年利润表。

估算企业现金流量,通常从营业现金流量出发。

某年企业营业现金流量 = 营业收入 - 付现营业成本(不包括利息) - 所得税

= 企业息税前利润 × (1 - 所得税税率) + 折旧

$$OCF_t = EBIT_t(1 - T) + D_t$$

某年企业自由现金流量 = 营业现金流量 - 资本化支出 - 营运资金净增加。

= 企业息税前利润 × (1 - 所得税税率) + 折旧 - 资本化支出 - 营运资金净增加

= 企业息税前利润 × (1 - 税率) - (资本化支出 - 折旧) - 营运资金净增加

= 企业息税前利润 × (1 - 税率) - 资本化支出净增加 - 营运资金净增加

$$FCFC_t = OCF_t - CE_t - \Delta WC_t = EBIT_t(1 - T) - \Delta CE_t - \Delta WC_t$$

式中：CE_t 为资本化支出，ΔCE_t 为资本化支出净增加，ΔWC_t 为营运资金净增加。

【例2-15】某企业2014年实现销售收入50亿元，息税前利润占销售收入的20%，营运资金占销售收入的5%，今后几年销售保持相对稳定，2015年销售增长率为10%，资本化支出、折旧分别为4.5亿元、3.8亿元，所得税税率为25%。

解

2015年息税前利润 $= 50 \times (1 + 10\%) \times 20\% = 11(亿元)$

2015年营运资金净增加 $= 50 \times 10\% \times 5\% = 0.25(亿元)$

2015年资本化支出净增加 $= 4.5 - 3.8 = 0.70(亿元)$

$FCFC_t = EBIT_t(1 - T) - \Delta CE_t - \Delta WC_t = 11 \times (1 - 25\%) - 0.70 - 0.25$
$= 7.30(亿元)$

（三）股东现金流量

股东现金流量或股权现金流量，也称股东自由现金流量（free cash flow to equity，FCFE）或股权自由现金流量，是企业自由现金流量扣除债权人自由现金流量或债务自由现金流量余额。若有优先股，还要考虑优先股。股东现金流量是股权价值评价的基础。

估计股东自由现金流量，通常从企业自由现金流量出发。股权现金流量是企业现金流量与债务现金流量之差，那么，

某年股权自由现金流量 = 企业自由现金流量 - 债务自由现金流量

= 企业自由现金流量 - （债务本金清偿 - 新增债务）- 债务利息支付 ×（1 - 税率）

= 企业自由现金流量 - （债务本息偿还 - 新增债务）+ 债务利息支付 × 税率

$FCFE_t = FCFC_t - (BP_t - NB_t) - I_t(1 - T) = FCFC_t - (BPI_t - NB_t) + I_t \times T$

式中：BP_t 为债务本金（boon principal，BP）清偿，BPI_t 为债务本息（boon principal and interest，BPI）偿还，NB_t 为新增债务（new boon，NB）。

上式假定债务现金流量已知，来反映企业现金流量与股权现金流量的关系。若反过来，企业自由现金流量的计算式为：

$FCFC_t = FCFE_t + (BP_t - NB_t) + I_t \times (1 - T)$

再深入分析上述股权现金流量计算式，就会发现：

某年股权自由现金流量

　　= 企业自由现金流量 – （债务本金清偿 – 新增债务） – 债务利息支付 ×（1 – 税率）

　　= 企业息税前利润 ×（1 – 税率） – 资本化支出净增加 – 营运资金净增加 – （债务本金清偿 – 新增债务） – 债务利息支付 ×（1 – 税率）

　　= 企业税前利润 ×（1 – 税率） – 资本化支出净增加 – 营运资金净增加 – （债务本金清偿 – 新增债务）

　　= 企业净利润 – 资本化支出净增加 – 营运资金净增加 – （债务本金清偿 – 新增债务）

$$FCFE_t = FCFC_t - (BP_t - NB_t) - I_t(1 - T)$$
$$= EBIT_t \times (1 - T) - \Delta CE_t - \Delta WC_t - (BP_t - NB_t) - I_t \times (1 - T)$$
$$= (EBIT_t - I_t) \times (1 - T) - \Delta CE_t - \Delta WC_t - (BP_t - NB_t)$$
$$= EBT_t \times (1 - T) - \Delta CE_t - \Delta WC_t - (BP_t - NB_t)$$
$$= EAT_t - \Delta CE_t - \Delta WC_t - (BP_t - NB_t)$$

　　式中：EBT_t 为税前利润（earnings before tax，EBT），EAT_t 为净利润（earnings after tax，EAT）。

　　【例 2 – 16】某企业 2013 年和 2014 年利润表以及资本化支出、营运资金垫支、债务偿还和新增债务如表 2 – 9 所示，当前企业所得税税率 25%。

表 2 – 9　　　　　　　　　　**2013 年和 2014 年利润**　　　　　　　　单位：万元

项目	2013 年利润	2014 年利润
销售收入（S_t）	4200	4500
付现销售成本（C_t）	2800	3000
折旧（D_t）	500	520
息税前利润（$EBIT_t$）	900	980
债务利息（I_t）	100	120
税前利润（EBT_t）	800	860
所得税（TP_t）	200	215
净利润（EAT_t）	600	645
其他项目		

续表

项目	2013 年利润	2014 年利润
资本化支出（CE_t）	550	600
营运资金垫支（WC_t）	95（上年90）	115
债务本金清偿（BP_t）	180	270
新增债务（NB_t）	60	100

解

2013 年度：

$\Delta CE_t = 550 - 500 = 50$（万元）

$\Delta WC_t = 95 - 90 = 5$（万元）

$FCFC_t = EBIT_t(1 - T) - \Delta CE_t - \Delta WC_t = 900 \times (1 - 25\%) - 50 - 5 = 620$（万元）

$FCFE_t = FCFC_t - (BP_t - NB_t) - I_t \times (1 - T) = 620 - (180 - 60) - 100 \times (1 - 25\%) = 425$（万元）

或 $FCFE_t = EAT_t - \Delta CE_t - \Delta WC_t - (BPP_t - NB_t) = 600 - 50 - 5 - (180 - 60) = 425$（万元）

2014 年度：

$\Delta CE_t = 600 - 520 = 80$（万元）

$\Delta WC_t = 115 - 95 = 20$（万元）

$FCFC_t = EBIT_t(1 - T) - \Delta CE_t - \Delta WC_t = 980 \times (1 - 25\%) - 80 - 20 = 635$（万元）

$FCFE_t = FCFC_t - (BP_t - NB_t) - I_t \times (1 - T) = 635 - (270 - 100) - 120 \times (1 - 25\%) = 375$（万元）

或 $FCFE_t = EAT_t - \Delta CE_t - \Delta WC_t - (BPP_t - NB_t) = 645 - 80 - 20 - (270 - 100) = 375$（万元）

值得一提的是，从原始意义上讲，股权现金流量最终表现为股利现金流量，换言之，股利现金流量是股权现金流量的立足点和归宿。如果公司实行留存收益为 0 的股利分配政策，股权现金流量与股利现金流量的关系为：

股权现金流量 = 股利现金流量

因此，股权现金流量取决于收益、股利分配政策以及相应的资本结构决策。

三 现金流量的指标体系

现金流量的估算是资本预算的首要环节和关键问题。现金流量估算不当，则会影响项目评价的准确性和科学性。

（一）流动性指标

常见的流动性指标有流动比率、速动比率等，这些指标反映的是企业某一时点上的流动性水平，容易造成判断误差。现金流量指标能够较好地解决这一问题。

（1）现金流量比率

现金流量比率 = 企业自由现金流量 ÷ 流动负债

（2）现金流量债务比

现金流量债务比 = 企业自由现金流量 ÷ 债务总额

（3）现金流量到期债务比

现金流量到期债务比 = 企业自由现金流量 ÷ 本期到期债务

（4）现金流量债息保障倍数

现金流量债息保障倍数 = 企业自由现金流量 ÷ 债务利息

（5）现金流量股利保障倍数

现金流量股利保障倍数 = 股东自由现金流量 ÷ 现金股利

（二）营利性指标

常见的营利性指标有投资利润率、总资产报酬率、净资产收益率等，这些指标有很强的应用价值。若加入现金流量指标，则营利性的可靠性会进一步增强。

（1）营业现金流量比

投资利润率 ROI = 营业利润 EBT ÷ 投资

营业现金流量比 = 营业现金流量 ÷ 投资

（2）企业现金流量比

总资产报酬率 ROA = 息税前利润 EBIT ÷ 总资产

企业现金流量比 = 企业自由现金流量 ÷ 总资产

（3）股权现金流量比

净资产收益率 ROE = 税后利润 EAT ÷ 净资产

股权现金流量比 = 股权自由现金流量 ÷ 净资产

（三）安全性指标

常见的安全性指标有安全边际销售量等，这个指标有很广的应用范围。若加入现金流量指标，安全性的可靠性会进一步增强。安全边际销售量的计算式为：

安全边际销售量 = 实际(预计)销售量 - 盈亏平衡点销售量

若从现金流量角度来考虑安全边际，则应当从回收期和内含报酬率两个指标着手。

（1）基于回收期的安全边际现金流量

安全边际现金流量 = 实际(预计)现金流量 - 静态回收期现金流量

安全边际现金流量 = 实际(预计)现金流量 - 动态回收期现金流量

（2）基于内含报酬率的安全边际现金流量

安全边际现金流量 = 实际(预计)现金流量 - 内含报酬率现金流量

回收期和内含报酬率的有关内容，请参见第四章。

第四节　财务杠杆理论

阿基米德曾经说过："给我一个支点，我会撬起地球。"在自然界，只要利用杠杆，就能够以一个很小的力量来撬起一个很重的物体，这就是杠杆原理及效应。企业财务活动也存在类似的杠杆原理及效应：由于固定费用（固定经营性成本、固定金融性成本）的存在，当一个财务变量发生较小幅度的变动，另一个相关财务变量就会发生较大幅度的变动，这就是财务杠杆及效应。

一　财务杠杆原理涉及的基本概念

依据财务活动分为经营性活动与金融性活动基本框架，财务杠杆分为经营性杠杆和金融性杠杆，还有由经营性杠杆和金融性杠杆的合力形成的联合性杠杆。要掌握这些杠杆原理，首先需要了解相关术语及其内涵。

（一）第一风险表述：经营性风险和金融性风险

与会计学要素一样，财务学要素分为资产和资本（所有者权益和债权人权益）；与会计学要素不同，财务学要素对资产和资本都有经营性和金融性之分。同经营性杠杆和金融性杠杆相关的经营性风险和金融性风险，是从经营者角度并结合风险成因划分的。

1. 经营性风险

经营性风险是由经营性投资（包括长期和短期）引起的，亦称经营性投资风险。经营性投资决定企业的生产经营条件，贯穿企业供、产、销等商业活动过程，经营性风险亦称商业风险。从企业设立的那天起，经营性风险就如影随形，伴随企业经营性投资过程的始终，因此，经营性风险是企业的固有风险。企业进入供、产、销环节后，是否发生经营性风险以及经营性风险的大小，取决于四个因素：

（1）产品销售量。一般来说，市场需求越大，产品销售量增长越快，销售收入越高，经营性风险越小；反之亦然。

（2）销售单价。一般来说，企业市场占有率越大，价格调整能力越强，产品售价变动幅度越小，销售单价越稳定，经营性风险就越小；反之亦然。

（3）单位变动经营性成本。成本是收入的抵减，单位变动经营性成本越稳定，利润就越稳定，经营性风险就越小；反之亦然。

（4）固定经营性成本比重。在企业全部经营性成本中，固定经营性成本所占的比重越大，单位销售量分摊的固定经营性成本就多。若销售量发生变动，导致息税前利润发生更大幅度变动的可能性越大，经营性风险就越大；反之亦然。

在这四个因素中，最直接、最猛烈、最综合的因素是固定经营性成本的比重，经营性杠杆就来源于此。

2. 金融性风险

金融性风险是由金融性筹资（包括长期和短期）引起的，亦称金融性筹资风险。金融性筹资主要包括负债（大多是金融性的，包括长期和短期）和发行优先股，金融性风险分负债风险和优先股风险。若企业没有优先股，只有负债，就只存在负债风险；若企业既没有优先股也没有负债，就没有金融性风险。因此，金融性风险是企业的附加风险。当企业举债或发行优先股后，是否存在金融性风险以及金融性风险的大小，取决于四个因素：

（1）资产报酬率。其他因素不变，资产报酬率越高，金融性风险越小；反之亦然。若预期的资产报酬率不足以抵偿债务利率，则股本就会受到侵蚀，从而引起负债风险。

（2）债务成本。当其他因素不变，负债利率越高，负债风险越大；

反之亦然。

（3）优先股成本。当其他因素不变，优先股股息率越高，优先股风险越大；反之亦然。

（4）产权比率。当其他因素不变，产权比率（或负债比率）较高，股东除了享有较多的节税利益外，还要承担较多的金融性成本（债息），并遭受较大的由负债经营带来的不确定性；反之亦然。

这四个因素中，最直接、最猛烈、最综合的因素是产权比率，金融性杠杆也来源于此。

这种风险划分表述方法认为企业风险等于经营性风险与金融性风险之和，是正确运用经营性杠杆和金融性杠杆的前提。与第三章第二节的风险划分表述方法，构成财务学两种典型的风险分类体系。

（二）财务成本分类：经营性成本和金融性成本

财务学成本与会计学成本（生产成本或营业成本和期间成本）截然不同。分别同经营性杠杆和金融性杠杆相关的另一财务要素是经营性成本和金融性成本。

1. 经营性成本

经营性成本是指在经营性投资中发生的成本，也称经营性投资成本，是指供产销环节（长期经营性投资和短期经营性投资）发生的各种代价，包括会计学的营业成本（生产成本）、营业税费、营业费用（销售费用）等。以下从成本习性将经营性成本分为固定经营性成本和变动经营性成本。

2. 金融性成本

金融性成本是指在金融性筹资中发生的成本，也称金融性筹资成本，是指负债和发行优先股环节发生的各种代价，对负债利息和优先股股息，会计学分别称为财务费用和可供股东分配利润，财务学统称为资本成本。以下从成本习性将金融性成本分为固定金融性成本和变动金融性成本。

经营性成本无论种类还是数额，均占企业成本的绝大比例。

（三）成本习性：固定成本和变动成本

成本习性是指某种成本按其与业务量（如销售量、筹资量）之间是否存在相关关系，分为固定成本和变动成本。

1. 固定成本

固定成本是指在一定时期和一定业务量范围内，成本金额不随业务量变化而变化，分为固定经营性成本和固定金融性成本。

随着销售量（追溯至生产量）的增加，固定经营性成本将分配给更多产品，也就是说，单位产品分摊的固定经营性成本随着销售量的增加而逐渐变少。一般来说，固定经营性成本分为约束性成本和酌量性成本。前者是指企业为维持一定销售量必须支付的最低费用，属于最低经营能力成本，如厂房、设备折旧费、租赁费、保险费、管理人员薪酬、水电费、取暖费等；后者是指企业为完成特定业务而支出的费用，属于特定经营方针成本，如广告费、研究与开发费、培训费等。应当指出的是，固定经营性成本只是在一定时期和一定销售量范围内保持不变。超出了这个范围，固定经营性成本也会发生变动。

同样，随着筹资量的增加，固定金融性成本将分配给更多资本，也就是说，单位资本分摊的固定金融性成本随着筹资量的增加而逐渐变小。当然，固定金融性成本只是在一定时期和一定筹资量范围内保持不变。超出了这个范围，固定金融性成本也会发生变动。

2. 变动成本

变动成本是指成本金额随着业务量的变动而呈同比例的变动，分为变动经营性成本和变动金融性成本。

变动经营性成本分为酌量性成本和约束性成本。前者是指企业管理当局的决策可以改变其支出数额的成本，如按件计酬的员工薪酬、按业绩计提的推销佣金、按加工量计提的折旧等；后者是企业管理当局的决策无法改变其支出数额的成本，如直接材料、产品包装费等。

与固定经营性成本一样，变动经营性成本也存在相关范围，即只有在一定范围内，产量和成本才能呈完全的线性关系，超过了一定范围，这种线性关系将不复存在。

变动金融性成本在财务活动中不太常见。由于金融性成本占企业成本比例较小，且金融性成本主要是固定成本。因此约定：成本习性是针对经营性成本。经营性成本分为固定经营性成本和变动经营性成本，金融性成本全部是固定金融性成本。

用 TC 表示经营性成本，F 表示固定经营性成本，V 表示变动经营性成本，v 表示单位变动经营性成本，v' 表示变动经营性成本率，Q 表示销售量（假定销量与产量相等），S 表示销售额，则经营性成本习性模型为：

$$TC = F + V = F + v \times Q = F + v' \times S$$

　　一些成本虽然随业务量的变动而变动，但不呈同比例变动，不能简单地归入变动成本或固定成本，称为混合成本。当然，混合成本又按一定方法分解为固定成本和变动成本。

　　（四）企业收益层次体系

　　1. 边际贡献

　　边际贡献是指企业销售收入减去变动经营性成本之后的差额，其计算式为：

　　边际贡献 = 销售收入 − 变动经营性成本

　　　= 销售单价 × 销售量 − 单位变动经营性成本 × 销售量

　　　= （销售单价 − 单位变动经营性成本）× 销售量

　　　= 单位边际贡献 × 销售量 = 边际贡献率 × 销售额

　　用 M 表示边际贡献；p 表示销售单价；m 表示单位边际贡献；m' 表示边际贡献率，其他符号同上，则上式为：

$$M = S - V = p \times Q - v \times Q = (p - v)Q = m \times Q = \left(1 - \frac{v}{p}\right)p \times Q = (1 - v')S = m' \times S$$

　　式中：$m = p - v$，$v' + m' = 1$。

　　2. 息税前利润

　　息税前利润是指企业支付利息和交纳所得税之前的利润，其计算式为：

　　息税前利润 = 销售收入 − 变动经营性成本 − 固定经营性成本

　　　= 边际贡献 − 固定经营性成本

　　用 $EBIT$ 表示息税前利润，其他符号同上，则上式为：

$$EBIT = S - V - F = (p - v)Q - F = (1 - v')S - F = M - F$$

　　3. 税前利润

　　税前利润是指企业支付利息之后交纳所得税之前的利润，其计算式为：

　　税前利润 = 息税前利润 − 债务利息

　　　　　= 息税前利润 − 固定金融性成本

　　用 EBT 表示税前利润，I 为债务利息，其他符号同上，则上式为：

$$EBT = EBIT - I = EBIT - i \times B$$

　　4. 净利润

　　净利润是指企业交纳所得税之后的利润，也称税后利润，其计算

式为：

净利润 = 税前利润 - 所得税

用 EAT 表示净利润，T 表示所得税税率，其他符号同上，则上式为：

$$EAT = (EBIT - I)(1 - T) = (EBIT - i \times B)(1 - T)$$

5. 每股收益

每股收益也称每股利润或每股盈余，是指企业支付优先股股利后由普通股股东享有的每股净利润，是平均净利润的第一种计算形式，其计算式为：

每股收益 = (净利润 - 优先股股利)/流通在外的普通股股数

用 EPS 表示每股收益，D 表示优先股股利，N 表示流通在外的平均普通股股数，其他符号同上，则上式为：

$$EPS = \frac{EAT - D}{N} = \frac{(EBIT - I)(1 - T) - D}{N}$$

流通在外的平均普通股股数 N 有两种表示和计算方法：一是来自账面静态，采用期初与期末普通股股数的简单算术平均数；二是来自市场动态，采用变化中的普通股股数的加权算术平均法，其计算式为：

$$N = N_0 + \frac{12 - Y_1}{12} \times N_1 - \frac{12 - Y_2}{12} \times N_2$$

式中：N_0 为期初普通股股数，N_1 为当期发行的普通股股数，Y_1 为新股发行月份，N_2 为当期回购的普通股股数，Y_2 为股票回购月份。

【例 2 - 17】某公司年初普通股 7900 万股，3 月发行票 400 万股，4 月回购股票 300 万股，8 月回购股票 600 万股，9 月发行股票 800 万股，计算当年的普通股股数。

解

$N_0 = 7900$ 万股，$N_{11} = 400$ 万股，$N_{12} = 800$ 万股，$N_{21} = 300$ 万股，$N_{22} = 600$ 万股

$Y_{11} = 3$，$Y_{12} = 9$，$Y_{21} = 4$，$Y_{22} = 8$

$$N = 7900 + \frac{12 - 3}{12} \times 400 + \frac{12 - 9}{12} \times 800 - \frac{12 - 4}{12} \times 300 - \frac{12 - 8}{12} \times 600 = 8400 \text{（万股）}$$

若不考虑优先股，每股收益的计算式变为：

$$EPS = \frac{(EBIT - I)(1 - T)}{N}$$

6. 净资产收益率

净资产收益率也称股权净利率，是指企业支付优先股股利后由普通股股东享有的单位股本净利润，是平均净利润的第二种计算形式，其计算式为：

净资产收益率 =（净利润 - 优先股股利）/普通股资本

用 ROE 表示净资产收益率，E 表示普通股资本，其他符号同上，则上式为：

$$ROE = \frac{EAT - D}{E} = \frac{(EBIT - I)(1 - T) - D}{E}$$

若不考虑优先股，净资产收益率的计算式变为：

$$ROE = \frac{(EBIT - I)(1 - T)}{E}$$

普通股资本 E，也称股东权益或净资产，有两种表示和计算方法：

（1）账面价值。普通股资本账面价值采用期初与期末普通股资本的简单算术平均数，为了简化或某种需要，有时直接以期末普通股资本代替。

（2）市场价值。严格来说，普通股资本市场价值更加符合实际情况，采用动态普通股资本的加权算术平均法，其计算式为：

$$E = E_0 + \frac{12 - Y_1}{12} \times E_1 - \frac{12 - Y_2}{12} \times E_2$$

式中：E_0 为期初普通股资本市值，E_1 为当期发行的普通股资本市值，E_2 为当期回购的普通股资本市值，其他符号同上。

【例 2 - 18】承例 2 - 17，某公司年初普通股资本 45820 万元（市值），3 月发行股票价格 6.3 元，4 月回购股票价格 7.2 元，8 月回购股票价格 7.0 元，9 月发行股票价格 6.8 元，计算当年的普通股资本。

解

$E_0 = 45820$ 万元，$E_{11} = 400 \times 6.3 = 2520$（万元），$E_{12} = 800 \times 6.8 = 5440$（万元），$E_{21} = 300 \times 7.2 = 2160$（万元），$N_{22} = 600 \times 7.0 = 4200$（万元）

$$N = 45820 + \frac{12 - 3}{12} \times 2520 + \frac{12 - 9}{12} \times 5440 - \frac{12 - 4}{12} \times 2160 - \frac{12 - 8}{12} \times 4200$$

$$= 46230$$（万元）

二 经营性杠杆

经营性杠杆与经营性成本相联系，与经营性杠杆收益与经营性杠杆损失（经营性风险）相对应。而经营性成本、经营性杠杆收益、经营性风险等，主要源于经营性投资。

（一）经营性杠杆的实质：经营性投资杠杆

企业经营性成本由固定经营性成本和变动经营性成本构成。固定经营性成本不受销售变动影响，变动经营性成本随销售变动而变动。

企业销售收入 S 扣除变动经营性成本 V 等于边际贡献 M，计算式为：

$$M = S - V = (1 - v')S = m' \times S = (p - v)Q = m \times Q$$

边际贡献 M 扣除固定经营性成本 F 等于息税前利润 $EBIT$，计算式为：

$$EBIT = M - F = (1 - v')S - F = m' \times S - F = (p - v)Q - F = m \times Q - F$$

上述 $EBIT$ 的计算式两边同时除以 M 或 S 或 Q，得：

$$EBIT/M = 1 - F/M$$

$$EBIT/S = m' - F/S$$

$$EBIT/Q = m - F/Q$$

可见，若其他因素一定，当销售（销售收入、销售量、边际贡献）增加，单位销售所分摊的固定经营性成本（F/M、F/S、F/Q）会随之减少，单位销售所贡献的息税前利润（$EBIT/M$、$EBIT/S$、$EBIT/Q$）随之增加，引起息税前利润的增长率大于销售的增长率。反之，当销售减少，单位销售所分摊的固定经营性成本随之增加，单位销售所贡献的息税前利润随之减少，导致息税前利润的下降率大于销售的下降率。由于固定经营性成本 F 的存在，导致息税前利润 $EBIT$ 的变动率总是大于销售（S、Q、M）的变动率，这是经营性杠杆的本来面目。因此，经营性杠杆是企业经营性投资对固定经营性成本的利用，也称经营性投资杠杆。

（二）经营性杠杆效应的衡量

衡量经营性杠杆效应的指标是经营性杠杆度 DOL（degree of operating leverage，DOL），也称经营性杠杆系数，是指企业息税前利润对销售的变动敏感性的数量化测度。

1. 经营性杠杆计算的定义式

根据定义，可知：

经营性杠杆度 = 息税前利润的变动率/销售的变动率

由于销售有销售收入、销售量、边际贡献三种表述，经营性杠杆度应当有三个计算式。

若销售价格 p 有变化，以销售收入 S 表示销售的计算式为：

$$DOL = \frac{\Delta EBIT/EBIT_0}{\Delta S/S_0}$$

若销售价格 p 不变，以销售量 Q 表示销售的计算式为：

$$DOL = \frac{\Delta EBIT/EBIT_0}{\Delta S/S_0} = \frac{\Delta EBIT/EBIT_0}{\Delta Q/Q_0}$$

若单位边际贡献 m 或边际贡献率 m' 不变，以边际贡献 M 表示销售的计算式为：

$$DOL = \frac{\Delta EBIT/EBIT_0}{\Delta S/S_0} = \frac{\Delta EBIT/EBIT_0}{\Delta M/M_0}$$

上述三式中，DOL 为报告期经营性杠杆度，$EBIT_0$、S_0、Q_0、M_0 分别为基期息税前利润、基期销售收入、基期销售量、基期边际贡献，$\Delta EBIT$、ΔS、ΔQ、ΔM 分别为息税前利润变动量、销售收入变动量、销售量变动量、边际贡献变动量。

2. 经营性杠杆计算通用标准式

将 $EBIT_0 = M_0 - F = m' \times S_0 - F = m \times Q_0 - F$ 代入定义计算式，则以基期数据表示的通用标准式为：

$$DOL = \frac{M_0}{M_0 - F}$$

即经营性杠杆度 = 基期边际贡献/基期息税前利润

可见，若企业没有固定经营性成本，即全部经营性成本均为变动经营性成本，经营性杠杆度等于 1，也就是没有经营性杠杆效应。

3. 经营性杠杆计算的其他表达式

经营性杠杆度 DOL 的其他表达式，可谓五花八门，下面可以略见一斑。

以基期边际贡献 M_0、息税前利润 $EBIT_0$ 表示的 DOL 为：

$$DOL = \frac{M_0}{EBIT_0} = \frac{M_0}{M_0 - F} = \frac{1}{1 - F/M_0} = \frac{EBIT_0 + F}{EBIT_0} = 1 + \frac{F}{EBIT_0}$$

以基期销售量 Q_0 表示的 DOL 为：

$$DOL = \frac{M_0}{EBIT_0} = \frac{(p-v)\ Q_0}{(p-v)\ Q_0 - F} = \frac{p-v}{p-v-F/Q_0} = \frac{m}{m - F/Q_0} = \frac{1}{1 - F/m \times Q_0}$$

以基期销售收入 S_0 表示的 DOL 为：

$$DOL = \frac{M_0}{EBIT_0} = \frac{S_0 - V_0}{S_0 - V_0 - F} = \frac{1 - v'}{1 - v' - F/S_0} = \frac{m'}{m' - F/S_0} = \frac{1}{1 - F/m' \cdot S_0}$$

以基期临界点销售量 Q^*、销售收入 S^* 表示的 DOL 为：

$$DOL = \frac{1}{1 - F/m \times Q_0} = \frac{1}{1 - Q^*/Q_0} = \frac{Q_0}{Q_0 - Q^*} = \frac{1}{1 - F/m' \times S_0} = \frac{1}{1 - S^*/S_0}$$

$$= \frac{S_0}{S_0 - S^*}$$

式中：$Q^* = \frac{F}{m} = \frac{F}{p - v}$，$S^* = \frac{F}{m'} = \frac{F}{1 - v'}$

有了经营性杠杆度，可以预测报告期息税前利润，其计算式为：

报告期息税前利润 = (1 + 销售额变动率 × 经营性杠杆度) × 基期息税前利润

$$EBIT_1 = (1 + DOL \cdot \Delta S/S_0)EBIT_0 = (1 + \Delta EBIT/EBIT_0)EBIT_0$$

【例 2 – 19】甲、乙两公司有关资料见表 2 – 10。计算 2014 年两个公司的经营性杠杆度和预测 2015 年的息税前利润。

表 2 – 10　　　　　　　　　甲乙公司有关资料　　　　　　　　单位：万元

项目	甲公司		乙公司	
	2013 年	2014 年	2013 年	2014 年
销售量（件）（Q）	1000	1250	4000	5000
销售价格（p）	10	10	10	10
销售收入（S）	10000	12500	40000	50000
单位变动经营性成本（v）	6	6	7.5	7.5
变动经营性成本（V）	6000	7500	30000	37500
边际贡献（M）	4000	5000	10000	12500
固定经营性成本（F）	2000	2000	6000	6000
息税前利润（$EBIT$）	2000	3000	4000	6500

解

（1）甲公司 2014 年的经营性杠杆度。根据 DOL 定义式：

$\Delta EBIT = 3000 - 2000 = 1000$ 万元，$\Delta EBIT/EBIT_0 = 1000/2000 = 50\%$

$\Delta S = 12500 - 10000 = 2500$ 万元，$\Delta S/S_0 = 2500/10000 = 25\%$

$DOL = 50\% \div 25\% = 2$

根据基期数据表示的 DOL：

$$DOL = \frac{M_0}{M_0 - F} = \frac{4000}{4000 - 2000} = 2$$

根据基期临界点销售收入表示的 DOL：

$$DOL = \frac{S_0}{S_0 - S^*} = \frac{10000}{10000 - 2000/ \ (1 - 6/10)} = \frac{10000}{10000 - 5000} = 2$$

经营性杠杆度等于 2 的含义是：在基期实际销售（销售收入 10000 万元、销售量 1000 件、边际贡献 4000 万元）远远大于临界点销售（销售收入 5000 万元、销售量 500 件、边际贡献 2000 万元）的基础上，若销售增长 1 倍，则息税前利润增长 2 倍；若销售下降 1 倍，则息税前利润下降 2 倍。前者表现为经营性杠杆正效应；后者表现为经营性杠杆负效应（经营性风险）。

（2）乙公司 2014 年的经营性杠杆度。根据 DOL 定义式：

$\Delta EBIT = 6500 - 4000 = 2500$ 万元，$\Delta EBIT \div EBIT_0 = 2500 \div 4000 = 62.5\%$

$\Delta S = 50000 - 40000 = 10000$ 万元，$\Delta S \div S_0 = 10000 \div 40000 = 25\%$

$DOL = 62.5\% \div 25\% = 2.5$

根据基期数据表示的 DOL：

$$DOL = \frac{M_0}{M_0 - F} = \frac{10000}{10000 - 6000} = 2.5$$

根据基期临界点销售额表示的 DOL：

$$DOL = \frac{S_0}{S_0 - S^*} = \frac{40000}{40000 - 6000 \div (1 - 7.5 \div 10)} = \frac{40000}{40000 - 24000} = 2.5$$

可见，甲公司 DOL 小于乙公司 DOL。其主要原因有：一是变动经营性成本、单位变动经营性成本、变动经营性成本率、变动经营性成本占全部经营性成本比重均较小，甲公司分别为 6000 万元、6 元/件、60%、3/4，乙公司分别为 30000 万元、7.5 元/件、75%、5/6。二是单位边际贡献分摊的固定经营性成本较小，甲公司 50%，乙公司 60%。三是距离临界点销售收入较远，甲公司 50%，乙公司 40%。

此例是假定甲、乙两个公司的销售（销售收入、销售量、边际贡献）增长率 25% 相同。其实，DOL 的大小与销售增长率无关。可以验证，假定乙公司的销售增长为 40%，计算出来的乙公司 DOL 还是 2.5。只不过，在既定的 DOL 下，销售增长越大，息税前利润增长越快。

可以推断，在资产总额、销售（销售收入、销售量、边际贡献）相同的情况下，固定经营性成本越高，经营性杠杆效应（正、负）越大；反之亦然。因此，企业应当通过合理安排资产结构，适度提高固定经营性成本，充分发挥经营性杠杆的作用。

（3）2015 年甲公司息税前利润的预测值为：

$$EBIT_1 = (1 + DOL \times \Delta S/S_0) EBIT_0 = (1 + 2 \times 25\%) \times 3000 = 4500（万元）$$

2015 年乙公司息税前利润的预测值为：

$$EBIT_1 = (1 + DOL \times \Delta S/S_0) EBIT_0 = (1 + 2.5 \times 25\%) \times 6500 = 10562.5（万元）$$

（三）经营性杠杆效应的双面性

经营性杠杆是一柄"双刃剑"。运用得好，则可以放大经营性杠杆利益；运用不当，则会加剧经营性风险。

1. 放大经营性杠杆利益

经营性杠杆利益是指当销售额（销售量）增长，息税前利润更大幅度增长，从而给企业带来额外利益。营业规模和资产结构一定，变动经营性成本随着销售收入的增加而增加，而固定经营性成本保持不变。然而，随着营业规模的扩大，单位销售额所负担的固定经营性成本会相对减少，息税前利润会相对增加，从而给企业带来额外利润。因此，只要存在固定经营性成本，就有可能获得经营性杠杆利益，这时的经营性杠杆，是正的经营性杠杆。

2. 加剧经营性风险

经营性风险是指当销售额（销售量）减少，息税前利润以更大幅度减少，从而给企业造成额外损失。同样，企业只要存在固定经营性成本，就有可能产生经营性风险，这时的经营性杠杆，是负的经营性杠杆。

3. 经营性杠杆度与经营性风险关系

经营性杠杆度的计算表明，在其他因素一定的情况下，固定经营性成本越高，经营性杠杆度越大，经营性杠杆利益和经营性风险均越大；反之亦然。随着长期经营性资产（主要是固定资产）的扩大与相应的固定经营性成本的增加，企业意欲获得可能带来的经营性杠杆利益，必须承担由此引发的经营性风险。也就是说，经营性杠杆既有可能给企业带来额外利益，也有可能给企业造成意外损失。

经营性杠杆度的大小虽然能够用来描述经营性风险的高低，但所描述的仅仅是企业经营性风险的一部分。一般来说，不同行业的企业，经营性风险差异较大；即使是同一行业的企业，经营性风险的大小也有所不同。

引起企业经营性风险的主要原因是销售额（销售量、单价）和经营性成本（固定经营性成本、单位变动经营性成本）的不确定性。经营性杠杆度本身并不是息税前利润的不确定性的产生根源，也不是引起经营性风险的缘由，只是衡量经营性风险大小的量化指标。

事实上，息税前利润之所以变动，是因为销售量和经营性成本的变动。经营性杠杆度只不过是在销售量和经营性成本的变动引起息税前利润的变动中起到了一个推波助澜的放大作用。若企业拥有稳定的销售水平和经营性成本结构，则经营性杠杆度的高低就没有实质性的外部影响。因此，经营性杠杆度反映的是企业的"潜在经营性风险"，只有在销售量和经营性成本变动的条件下才能被"激活"，产生实际作用。

三　金融性杠杆

金融性杠杆与金融性成本相联系，与金融性杠杆收益与金融性杠杆损失（金融性风险）相对应。而金融性成本、金融性杠杆收益、金融性风险等，主要源于金融性筹资。

（一）金融性杠杆的实质：金融性筹资杠杆

企业资本由债务资本和股权资本构成，股权资本分为优先股资本和普通股资本。债务资本成本通常是固定的，且在税前利润中扣除；优先股资本成本尽管在税后利润中支付，但一般是固定的；普通股资本成本是可变的，在税后利润中支付。

其企业息税前利润 $EBIT$ 扣除债务资本成本（利息，I）等于税前利润，其计算式为：

$$EBT = EBIT - I = EBIT - i \times B(i \text{ 为债务利率，} B \text{ 为债务资本})$$

若企业为非股份公司（以有限责任公司为例），净利润代表权益资本收益，其计算式为：

$$EAT = (EBIT - I)(1 - T)$$

若企业虽然为股份公司但不存在优先股，普通股资本收益的计算式为：

$$EPS = EAT/N = (EBIT - I)(1 - T) \div N(N \text{ 为普通股股数})$$

$$ROE = EAT/E = (EBIT - I)(1 - T) \div E(E \text{ 为股东权益或净资产})$$

若企业为股份公司且存在优先股，企业净利润 EAT 扣除优先股资本成本（股息，D），等于普通股资本收益，其计算式为：

$EPS = EAT/N = [(EBIT - I)(1 - T) - D] \div N$

$ROE = EAT/E = [(EBIT - I)(1 - T) - D] \div E$

以上五个股权资本收益计算式两边同时除以 $EBIT$，得：

$EAT/EBIT = (1 - I/EBIT)(1 - T)$

$EPS/EBIT = (1 - I/EBIT)(1 - T) \div N$

$ROE/EBIT = (1 - I/EBIT)(1 - T)$

$EEPS/EBIT = [(1 - I/EBIT)(1 - T) - D/EBIT] \div N$

$ROE/EBIT = [(1 - I/EBIT)(1 - T) - D/EBIT] \div E$

可见，若其他因素不变，当息税前利润增加，单位息税前利润所分摊的固定金融性成本（$I/EBIT$、$D/EBIT$）随之减少，单位息税前利润所贡献的普通股资本收益（$EAT/EBIT$、$ROE/EBIT$、$EPS/EBIT$）随之增加，引起普通股资本收益的增长率大于息税前利润的增长率。反之，当息税前利润减少，单位息税前利润所分摊的固定金融性成本随之增加，单位息税前利润所贡献的普通股资本收益随之减少，导致普通股资本收益的下降率大于息税前利润的下降率。由于固定金融性成本 I、D 的存在，导致普通股资本收益 EAT、ROE、EPS 的变动率总是大于息税前利润 $EBIT$ 的变动率，这是金融性杠杆的真正含义。金融性杠杆是企业金融性筹资对固定金融性成本的利用，也称金融性筹资杠杆。

（二）金融性杠杆效应的衡量

衡量金融性杠杆效应指标是金融性杠杆度 DFL（degree of financial leverage，DFL），也称金融性杠杆系数，是指企业普通股资本收益对息税前利润变动敏感性的数量化测度。

1. 金融性杠杆计算的定义式

根据定义，可知：

金融性杠杆度 = 普通股资本收益的变动率 ÷ 息税前利润的变动率

由于普通股资本收益有净利润、净资产收益率、每股收益三种表述，金融性杠杆度的衡量应当有三个计算定义式。

对非股份公司，可以用净利润 EAT 或净资产收益率 ROE 表示普通股资本收益。

$$DFL = \frac{\Delta EAT/EAT_0}{\Delta EBIT/EBIT_0}$$

$$DFL = \frac{\Delta ROE/ROE_0}{\Delta EBIT/EBIT_0}$$

对股份公司（无论是否存在优先股）可以用每股收益 EPS 或净资产收益率 ROE 表示普通股资本收益，可见，净资产收益率 ROE 是通用的。

$$DFL = \frac{\Delta EPS/EPS_0}{\Delta EBIT/EBIT_0}$$

上述三式中：EAT_0、ROE_0、EPS_0、$EBIT_0$ 分别为基期净利润、基期净资产收益率、基期每股收益、基期息税前利润，ΔEAT、ΔROE、ΔEPS、$\Delta EBIT$ 分别为净利润变动量、净资产收益率变动量、每股收益变动量、息税前利润变动量。

2. 金融性杠杆计算通用标准式

将 $ROE_0 = [(EBIT_0 - I)(1-T) - D] \div E_0$ 或 $EPS_0 = [(EBIT_0 - I)(1-T) - D] \div N_0$，代入计算定义式，若债务利息 I、优先股股息 D 不变，则 DFL 的通用标准式为：

$$DFL = \frac{EBIT_0}{EBIT_0 - I - D/(1-T)}$$

下面看看 DFL 的分解：

$$DFL = \frac{EBIT_0}{EBIT_0 - I - D/(1-T)} = \frac{EBIT_0}{EBIT_0 - I} \times \frac{EBIT_0 - I}{EBIT_0 - I - D/(1-T)}$$

$$DFL = \frac{EBIT_0}{EBIT_0 - I} \times \frac{EBIT_0 - I}{EBIT_0 - I - D/(1-T)}$$

$$= \frac{EBIT_0}{EBIT_0 - I} \times \frac{(EBIT_0 - I)(1-T)}{(EBIT_0 - I)(1-T) - D}$$

$$DFL = \frac{EBIT_0}{EBIT_0 - I} \times \frac{(EBIT_0 - I)(1-T)}{(EBIT_0 - I)(1-T) - D} = \frac{EBIT_0}{EBIT_0 - I} \times \frac{EAT_0}{EAT_0 - D}$$

$$DFL = \frac{EBIT_0}{EBIT_0 - I} \times \frac{EAT_0}{EAT_0 - D} = DFL_1 \times DFL_2$$

式中：$DFL_1 = \dfrac{EBIT_0}{EBIT_0 - I}$，$DFL_2 = \dfrac{EAT_0}{EAT_0 - D}$

可见，金融性杠杆可以分解为负债杠杆和优先股杠杆。企业有负债但无优先股，则 DFL 的通用式为：

$$DFL = \frac{EBIT_0}{EBIT_0 - I}$$

若企业无负债但有优先股，则 DFL 的通用式为：

$$DFL = \frac{EAT_0}{EAT_0 - D}$$

不难看出，企业没有负债和优先股，金融性杠杆度等于 1，即没有金融性杠杆效应。

3. 金融性杠杆计算的其他表达式

金融性杠杆度 DFL 的其他表达式，也是纷繁复杂，下面可以管中窥豹。

以息税前利润 $EBIT_0$、税前利润 EBT_0、净利润 EAT_0 表示的 DFL 为：

$$DFL = \frac{EBIT_0}{EBIT_0 - I} \times \frac{EAT_0}{EAT_0 - D} = \frac{EBIT_0}{EBT_0} \times \frac{EAT_0}{EAT_0 - D}$$

以边际贡献 M_0 表示的 DFL 为：

$$DFL = \frac{EBIT_0}{EBT_0} \times \frac{EAT_0}{EAT_0 - D} = \frac{M_0 - F}{M_0 - F - I} \times \frac{(M_0 - F - I)(1 - T)}{(M_0 - F - I)(1 - T) - D}$$

以销售额 S_0 表示的 DFL 为：

$$DFL = \frac{EBIT_0}{EBT_0} \times \frac{EAT_0}{EAT_0 - D} = \frac{S_0 - V_0 - F}{S_0 - V_0 - F - I} \times \frac{(S_0 - V_0 - F - I)(1 - T)}{(S_0 - V_0 - F - I)(1 - T) - D}$$

以销售量 Q_0 表示的 DFL 为：

$$DFL = \frac{EBIT_0}{EBT_0} \times \frac{EAT_0}{EAT_0 - D} = \frac{(p - v)Q_0 - F}{(p - v)Q_0 - F - I}$$

$$\times \frac{[(p - v)Q_0 - F - I](1 - T)}{[(p - v)Q_0 - F - I](1 - T) - D}$$

以总资产报酬率 ROA_0、资产负债率 DAR_0 表示的 DFL 为：

$$DFL = \frac{EBIT_0}{EBIT_0 - I} \times \frac{EAT_0}{EAT_0 - D} = \frac{EBIT_0/V_0}{EBIT_0/V_0 - i \times B_0/V_0} \times \frac{EAT_0}{EAT_0 - D}$$

$$DFL = \frac{ROA_0}{ROA_0 - i \times B_0/V_0} \times \frac{EAT_0}{EAT_0 - D} = \frac{1}{1 - DAR_0 \times i/ROA_0} \times \frac{EAT_0}{EAT_0 - D}$$

式中：企业价值 = 债务价值 + 股权价值，即 $V_0 = B_0 + E_0$，$DAR_0 = B_0/V_0$

有了金融性杠杆度，能够预测报告期净资产收益率，其计算式为：

$$ROE_1 = (1 + DFL \times \Delta EBIT/EBIT_0)ROE_0 = (1 + \Delta ROE/ROE_0)ROE_0$$

同理，能够预测报告期每股收益和净利润。

【例 2 - 20】承例 2 - 19，再附加一些资料，见表 2 - 11。计算甲乙两个公司 2014 年的金融性杠杆度和 2015 年的每股收益。

表 2 - 11　　　　　　　　甲乙公司有关资料　　　　　　　单位：万元

项目	甲公司		乙公司	
	2013 年	2014 年	2013 年	2014 年
息税前利润（EBIT）	2000	3000	4000	6500
负债利息（I）	750	750	800	800
税前利润（EBT）	1250	2250	3200	5700
所得税（税率25%）	312. 5	562. 5	800	1425
净利润（EAT）	937. 5	1687. 5	2400	4275
优先股股利（D）	337. 5	337. 5	900	900
普通股股数（万股）	1000	1000	2000	2000
每股收益（EPS）（元/股）	0. 6	1. 35	0. 75	1. 6875

解

（1）甲公司 2014 年的金融性杠杆度。根据 DFL 定义式：

$\Delta EPS = 1.35 - 0.60 = 0.75$（元/股），$\Delta EPS/EPS_0 = 0.75/0.60 = 125\%$

$\Delta EBIT = 3000 - 2000 = 1000$（万元），$\Delta EBIT/EBIT_0 = 1000/2000 = 50\%$

$DFL = 125\%/50\% = 2.5$

根据基期数据表示的 DFL：

$$DFL = \frac{EBIT_0}{EBIT_0 - I - D/(1-T)} = \frac{2000}{2000 - 750 - 337.5/(1-25\%)} = 2.5$$

$$DFL = \frac{EBIT_0}{EBIT_0 - I} \times \frac{EAT_0}{EAT_0 - D} = \frac{2000}{2000 - 750} \times \frac{937.5}{937.5 - 337.5} = 1.6 \times$$

$1.5625 = 2.5$

金融性杠杆度等于 2.5 的含义是：在基期息税前利润 2000 万元的基础上，息税前利润增长 1 倍，则每股收益增长 2.5 倍；息税前利润下降 1 倍，则每股收益下降 2.5 倍。前者表现为金融性杠杆正效应，后者表现为金融性杠杆负效应。

（2）乙公司 2014 年的金融性杠杆度。根据 DFL 定义式：

$\Delta EPS = 1.6875 - 0.75 = 0.9375$ 元/股，$\Delta EPS/EPS_0 = 0.9375/0.75 = 125\%$

$\Delta EBIT = 6500 - 4000 = 2500$ 万元，$\Delta EBIT/EBIT_0 = 2500/4000 = 62.5\%$

$DFL = 125\%/62.5\% = 2$

根据基期数据表示的 DFL：

$$DFL = \frac{EBIT_0}{EBIT_0 - I - D/(1-T)} = \frac{4000}{4000 - 800 - 900/(1 - 25\%)} = 2$$

$$DFL = \frac{EBIT_0}{EBIT_0 - I} \times \frac{EAT_0}{EAT_0 - D} = \frac{4000}{4000 - 800} \times \frac{2400}{2400 - 900} = 1.25 \times 1.60 = 2$$

可见，甲公司 DFL 大于乙公司 DFL，主要原因是：一是虽然债务利息稍低，甲公司 750 万元，乙公司 800 万元，但单位息税前利润分摊的债务利息要高得多，甲公司 37.5%，乙公司 20%。债务杠杆在两个公司所起的作用差别较大。二是虽然优先股股息低得多，甲公司 337.5 万元，乙公司 900 万元，但单位净利润分摊的优先股股息稍低，甲公司 36%，乙公司 37.5%。优先股杠杆在两个公司所起的作用差别较小。

DFL 的大小也与息税前利润增长率无关。此例中，甲、乙公司的息税前利润增长率分别为 50% 和 60%，但两者的 DFL 分别为 2.5 和 2.0。只不过，在既定的 DFL 下，息税前利润增长越大，普通股资本收益（净利润、净资产收益率、每股收益）增长越快。

可以推断，在资本总额、息税前利润相同的情况下，负债越多，金融性杠杆效应（正、负）越大；同时，在股权资本、净利润相同的情况下，支付的优先股股息越多，金融性杠杆效应（正、负）越大。因此，企业应当通过合理安排资本结构，适度负债，适度发行优先股，充分发挥金融性杠杆的作用。

（3）2015 年甲公司每股收益的预测值为：

$EPS_1 = (1 + DFL \times \Delta EBIT/EBIT_0)EPS_0 = (1 + 2.5 \times 50\%) \times 1.35 = 3.0375$（元/股）

2015 年乙公司每股收益的预测值为：

$EPS_1 = (1 + DFL \times \Delta EBIT/EBIT_0)EPS_0 = (1 + 2.0 \times 62.5\%) \times 1.6875 = 3.796875$（元/股）

（三）金融性杠杆效应的其他衡量方式

1. 从净资产收益率与资产报酬率的关系出发

用 B 表示债务资本，E 表示股权资本，V 表示总资产，i 表示债务利率，T 表示所得税税率，ROA 表示资产报酬率，ROE 表示净资产收益率，则净利润计算式为：

$$EAT = (EBIT - I)(1 - T) = (ROA \times V - B \times i)(1 - T)$$

$$EAT = [ROA \times (E + B) - B \times i](1 - T) = [ROA \times E + (ROA - i)B](1 - T)$$

若不考虑优先股，两边同时除以股权资本 E，则：

$$ROE = \frac{EAT}{E} = \left[ROA + (ROA - i)\frac{B}{E} \right](1 - T)$$

可见，只要企业资产报酬率大于债务利率，金融性杠杆会产生净资产收益率大于资产报酬率效应，且负债比率越高，这种效应就越显著。若企业资产报酬率小于债务利率，金融性杠杆会产生净资产收益率小于资产报酬率后果，且负债比率越高，这一后果越严重。

2. 从有无负债的每股收益的比较出发

若没有优先股，且股票价格 P_0 和债务利率 i 不随金融性杠杆（负债）的变化而变化。

假定无负债，则每股收益为：

$$EPS_U = \frac{EBIT(1 - T)}{N_U} = \frac{EBIT(1 - T)}{V/P_0}$$

假定有负债，则每股收益为：

$$EPS_L = \frac{(EBIT - I)(1 - T)}{N_L} = \frac{(EBIT - B \times i)(1 - T)}{(V - B)/P_0}$$

$$= \frac{EBIT(1 - i \times B/EBIT)(1 - T)}{(1 - B/V)V/P_0}$$

$$EPS_L = EPS_U \times \frac{(1 - i \times B/EBIT)}{(1 - B/V)} = EPS_U \times \frac{V}{V - B}\left(1 - \frac{B}{EBIT} \times i \right)$$

$$= EPS_U \left(\frac{E + B}{E} - \frac{V}{E}\frac{B}{EBIT} \times i \right)$$

$$EPS_L = EPS_U \left[1 + \frac{B}{E}\left(1 - \frac{i}{EBIT/V} \right) \right] = EPS_U \left[1 + \frac{B}{E}\left(1 - \frac{i}{ROA} \right) \right]$$

可见，有债的每股收益比无债的每股收益，要多 $(1 - i/ROA)$ B/E 倍。同样，只要资产报酬率大于债务利率，金融性杠杆效应为正；否则，金融性杠杆效应为负。

（四）金融性杠杆效应的双面性

金融性杠杆也是一柄"两刃剑"。运用得好，则可以放大金融性杠杆利益；运用不当，则会加剧金融性风险。

1. 放大金融性杠杆利益

金融性杠杆利益是指当息税前利润增长，净资产收益率以更大的幅度增长，从而给股东带来额外利益。当金融性筹资规模和资本结构一定，企业从息税前利润中支付的债务利息，而后从净利润中支付的优先股股息相对不变。然而，随着金融性筹资规模的扩大，单位息税前利润所负担的固定金融性成本会相对减少，会给股东带来额外收益。因此，只要存在固定金融性成本，就有可能获得金融性杠杆利益，这时的金融性杠杆，是正的金融性杠杆。

从金融性杠杆度的其他衡量式可以看出，取得金融性杠杆利益的必要条件是资产报酬率大于债务利率。只有这样，由债务资本所取得的一部分收益才能转化给股权资本，从而引起净资产收益率 ROE 的上升，有利于股东财富最大化目标的实现。

2. 加剧金融性风险

金融性风险指当息税前利润减少，净资产收益率以更大的幅度减少，从而给股东造成额外损失。同样，企业只要存在固定金融性成本，就有可能产生金融性风险，这时的金融性杠杆，是负的金融性杠杆。

从金融性杠杆度的其他衡量式可以看出，发生金融性风险的根源是债务资本所获得的收益弥补不了债务利息，不得不动用股权资本来偿付利息，导致股东财富被侵蚀。

3. 金融性杠杆度与金融性风险的关系

金融性杠杆度的计算表明，在其他因素不变的情况下，固定金融性成本越高，金融性杠杆度越大，金融性杠杆利益和金融性风险均越大；反之亦然。随着金融性资本（债务资本和优先股资本）的扩大与相应的固定金融性成本（债务利息和优先股股息）的增加，股东意欲获得可能带来的金融性杠杆利益，必须承担由此引发的金融性风险，也就是说，金融性杠杆既有可能给股东带来额外利益，也有可能给股东造成意外损失。

值得一提的是，金融性杠杆利益并没有增加整个社会的财富，是既定财富在普通股股东与债权人或优先股股东之间的重新分配。同理，金融性风险也没有增加整个社会的风险，是经营性风险从企业转移到普通股股东。因此，那种只顾金融性杠杆利益、无视金融性风险而不恰当地使用金融性杠杆的做法，是企业资本结构决策的重大失误，最终损害普通股股东的利益。

四　联合性杠杆

由于固定经营性成本（如折旧）的存在，销售（销售收入、销售量、边际贡献）的变动对息税前利润变动有放大作用，使息税前利润变动率总是大于销售变动率，这是经营性杠杆。由于固定金融性成本（债务利息、优先股股息）的存在，息税前利润的变动对普通股资本收益（净利润、净资产收益率、每股收益）的变动有放大作用，使普通股资本收益的变动率总是大于息税前利润的变动率，这是金融性杠杆。若这两种杠杆共同起作用，只要企业同时存在固定经营性成本和固定金融性成本，则销售的变动对普通股资本收益的变动有放大作用，使普通股资本收益的变动率总是大于销售的变动率，这就是联合性杠杆。

（一）联合性杠杆的度量

衡量联合性杠杆效应指标是联合性杠杆度 DCL（degree of combined leverage，DCL），也称联合性杠杆系数，是指企业普通股资本收益对销售的变动敏感性的数量化测度，其计算式为：

联合性杠杆度 = 普通股资本收益的变动率 / 销售的变动率

由于普通股资本收益有净利润、净资产收益率、每股收益三种表述，销售有销售收入、销售量、边际贡献三种表述，联合性杠杆度应当有九个计算式。为避免重复，仅举例说明：

1. 对非股份公司

用净利润表示权益资本收益，用销售额表示销售，其计算式为：

$$DCL = \frac{\Delta EAT / EAT_0}{\Delta S / S_0}$$

实际上，联合性杠杆度是经营性杠杆度和金融性杠杆度的乘积。

$$DCL = \frac{\Delta EAT / EAT_0}{\Delta S / S_0} = \frac{\Delta EAT / EAT_0}{\Delta EBIT / EBIT_0} \times \frac{\Delta EBIT / EBIT_0}{\Delta S / S_0} = DOL \times DFL$$

因不存在优先股，用基期数据表示的 DCL 表达式为：

$$DCL = DOL \times DFL = \frac{M_0}{M_0 - F} \times \frac{EBIT_0}{EBIT_0 - I}$$

2. 存在优先股的股份公司

用每股收益表示普通股资本收益，用销售额表示销售，其计算式为：

$$DCL = \frac{\Delta EPS/EPS_0}{\Delta S/S_0}$$

若用经营性杠杆度与金融性杠杆度的乘积表示联合性杠杆度。

$$DCL = \frac{\Delta EPS/EPS_0}{\Delta S/S_0} = \frac{\Delta EPS/EPS_0}{\Delta EBIT/EBIT_0} \times \frac{\Delta EBIT/EBIT_0}{\Delta S/S_0} = DOL \times DFL$$

因存在优先股，用基期数据表示的 DCL 表达式为：

$$DCL = DOL \times DFL = \frac{M_0}{M_0 - F} \times \frac{EBIT_0}{EBIT_0 - I - D/(1 - T)}$$

$$DCL = DOL \times DFL = DOL \times DFL_1 \times DFL_2 = \frac{M_0}{M_0 - F} \times \frac{EBIT_0}{EBIT_0 - I} \times \frac{EAT_0}{EAT_0 - D}$$

【例 2 - 21】承例 2 - 19 和例 2 - 20，计算两个公司 2014 年的联合性杠杆度。

解

（1）甲公司 2014 年的联合性杠杆度。根据 DCL 定义式：

$\Delta EPS/EPS_0 = (1.35 - 0.60) \div 0.60 = 125\%$

$\Delta S/S_0 = (12500 - 10000) \div 10000 = 2500 \div 10000 = 25\%$

$DCL = \Delta EPS/EPS_0 \div \Delta S/S_0 = 125\% \div 25\% = 5.0$

根据基期数据表示的 DCL 通用式为：

$$DCL = \frac{4000}{4000 - 2000} \times \frac{2000}{2000 - 750} \times \frac{937.5}{937.5 - 337.5} = 2 \times 1.6 \times 1.5625$$

$= 5.0$

联合性杠杆度等于 5.0 的意义是：在销售收入等于 10000 万元基础上，销售增长 1 倍，每股收益增长 5.0 倍；销售下降 1 倍，每股收益下降 5.0 倍。前者表现为联合性杠杆正效应；后者表现为联合性杠杆负效应（联合性风险）。

联合性风险直接反映了企业风险。在其他因素不变的情况下，联合性杠杆度越大，企业风险越大；反之亦然。

（2）乙公司 2014 年的联合性杠杆度。根据 DCL 定义式：

$\Delta EPS/EPS_0 = (1.6875 - 0.75) \div 0.75 = 0.9375 \div 0.75 = 125\%$

$\Delta S/S_0 = (50000 - 40000) \div 40000 = 10000 \div 40000 = 25\%$

$DCL = \Delta EPS/EPS_0 \div \Delta S/S_0 = 125\% \div 25\% = 5.0$

根据基期数据表示的 DCL 通用式为：

$$DCL = \frac{10000}{10000-6000} \times \frac{4000}{4000-800} \times \frac{2400}{2400-900} = 2.5 \times 1.25 \times 1.6 = 5.0$$

可见，甲公司 DCL 等于乙公司 DCL。原因是：甲公司 DOL 大于乙公司 DOL，甲公司 DFL 小于乙公司 DFL，且大于幅度正好与小于幅度相等。这隐含了一个财务法则，当经营性杠杆处于高位时，应当降低对金融性杠杆的运用；反之亦然。

（二）经营性风险与金融性风险的关系

剖析经营性风险与金融性风险的关系，要从三个视角：经营性成本与金融性成本的关系；经营性收益分布与金融性收益分布的关系；经营性杠杆与金融性杠杆的关系。

1. 从第一视角看，经营性风险与金融性风险均具有层次性

经营性风险指经营性投资风险，有常义和广义之分。

（1）常义经营性风险。是指供产销环节所带来的不确定性，也称对内经营性投资风险，是商业风险，是企业的固有风险。通常由经营层分级负责控制。

常义经营性风险 = 对内经营性投资风险

= 短期经营性投资风险 + 对内长期经营性投资风险

（2）广义经营性风险。等于常义经营性风险与对外长期经营性投资风险之和。对外长期经营性投资是控制型长期股权投资，通常由治理层共同负责控制。

广义经营性风险 = 常义经营性风险 + 对外长期经营性投资风险

金融性风险是指金融性筹资风险，有常义和狭义之分。

（1）常义金融性风险。包括债务筹资风险和优先股筹资风险。债务筹资产生的制度基础是"两权分离"，主要分为银行借款（间接债务）和发行债券（直接债务）。债务筹资所带来的不确定性是负债风险，是企业的附加风险。优先股筹资不同于普通股筹资，前者是金融性的，后者是经营性的。

常义金融性风险 = 负债风险 + 优先股筹资风险

（2）狭义金融性风险。所有权与经营权分离后，若企业大量举债，可能导致资产报酬率不足以抵偿债务利率，导致股本遭受侵蚀。

狭义金融性风险 = 常义金融性风险 - 优先股筹资风险 = 负债风险

表 2 - 12   经营性风险与金融性风险级次

分类	分级	发生环节	附注
经营性风险	常义经营性风险	对内经营性投资环节（供产销）	商业风险，经营者分级控制
	广义经营性风险	加：对外长期经营性投资	治理层参与控制
金融性风险	常义金融性风险	金融性筹资环节	经营者分级控制
	狭义金融性风险	减：优先股筹资	负债风险，管理层实施控制

2. 从第二视角看，经营性风险与金融性风险之间具有稳定数量关系

（1）从净资产收益率和资产报酬率的关系出发：

$$ROE = \left[ROA + (ROA - i)\frac{B}{E} \right](1 - T) = \left[ROA\left(1 + \frac{B}{E}\right) - \frac{B}{E} \times i \right](1 - T)$$

两边同时取期望值：

$$\mu(ROE) = \left[\mu(ROA)\left(1 + \frac{B}{E}\right) - \frac{B}{E} \times i \right](1 - T)$$

两边同时取方差：

$$\sigma^2(ROE) = \sigma^2(ROA)\left(1 + \frac{B}{E}\right)(1 - T)$$

此式表明，一个企业净资产收益率的风险 $\sigma^2(ROE)$ 是资产报酬率风险 $\sigma^2(ROA)$ 的 $(1 + B/E)(1 - T)$ 倍，其中 $\sigma^2(ROA)(1 - T)$ 是经营性风险，$\sigma^2(ROA)(1 - T)B/E$ 是金融性风险，且金融性风险是经营性风险的 B/E 倍。

（2）从有无负债的净资产收益率比较出发，无负债企业的净资产收益率为：

$$ROE_U = \frac{EBIT(1 - T)}{E} = \frac{EBIT(1 - T)}{V}$$

负债企业的净资产收益率为：

$$ROE_L = \frac{(EBIT - I)(1 - T)}{E} = \frac{(EBIT - I)(1 - T)}{V - B}$$

从负债企业净资产收益率计算式出发：

$$ROE_L = \frac{(EBIT - I)(1 - T)}{V - B} = \frac{(EBIT - i \times B)(1 - T)}{E}$$

$$= \frac{(EBIT \times V - i \times B \times V)(1 - T)}{E \times V}$$

$$ROE_L = \frac{[EBIT(E + B) - i \times B \times V](1 - T)}{E \times V}$$

$$= \left[\frac{EBIT}{V}\left(1 + \frac{B}{E}\right) - \frac{B}{E} \times i\right](1 - T)$$

$$ROE_L = \frac{EBIT}{V}(1 - T) + \frac{B}{E}\left(\frac{EBIT}{V} - i\right)(1 - T)$$

$$= ROE_U + \frac{B}{E}[ROE_U - i \times (1 - T)]$$

两边同时取期望值：

$$\mu(ROE_L) = \mu(ROE_U) + \frac{B}{E}[\mu(ROE_U) - i \times (1 - T)]$$

此式说明，有债企业的净资产收益率期望值等于无债企业的净资产收益率的期望值加上金融性杠杆效应。

两边同时取方差：

$$\sigma^2(ROE_L) = \sigma^2(ROE_U) + \frac{B}{E}\sigma^2(ROE_U) = \sigma^2(ROE_U)\left(1 + \frac{B}{E}\right)$$

此式表明，有债企业的净资产收益率的风险 $\sigma^2(ROE_L)$ 是无债企业的净资产收益率的风险 $\sigma^2(ROE_U)$ 的 $(1 + B/E)$，其中 $\sigma^2(ROE_U)$ 是经营性风险，$\sigma^2(ROE_U) B/E$ 是金融性风险，且金融性风险是经营性风险的 B/E 倍。

总之，企业风险是经营性风险与金融性风险之和，金融性风险是经营性风险的 B/E 倍。

3. 从第三视角看，经营性风险与金融性风险互逆与互补

企业联合性杠杆度 $DCL = DOL \times DFL$，则 $DFL = DCL/DOL$ 或 $DOL = DCL/DFL$。当联合性杠杆度一定，若过多使用经营性杠杆，则应当减少使用金融性杠杆加以平衡；若过多地使用金融性杠杆，则应当减少使用经营性杠杆来加以平衡。也就是说，当企业风险一定，经营性风险与金融性风险此消彼长，需要合理搭配经营性杠杆与金融性杠杆。

合理的搭配方式有：（1）高经营性杠杆与低金融性杠杆。如创业企业的经营性风险高，可以实行低负债比率政策，能够同时满足股东和债权人的期望。（2）低经营性杠杆与高金融性杠杆。如成熟企业经营性风险低，可以实行高负债比率政策，能够同时满足股东和债权人的期望。

不正确的搭配方式有：（1）高经营性杠杆与高金融性杠杆。如创业

企业的经营性风险高，若实行高负债比率政策，则不符合债权人的要求。
（2）低经营性杠杆与低金融性杠杆。如成熟企业经营性风险低，若实行低负债比率政策，则不符合股东的要求。

本章小结

　　财务理论主要包括现代资产组合理论、现代资本结构理论、现金流量理论和财务杠杆理论，分别代表核心投资理论、主流筹资理论、投资理论与筹资理论的支撑点、投资理论与筹资理论的结合部。

　　现代资产组合理论鼻祖是马柯维茨，讨论用均值－离差（$\mu - \sigma$）法在不确定条件下进行投资组合选择。资产组合的风险不仅取决于各种资产的非系统性风险，更重要的是取决于资产之间的系统性风险。当资产数量增加到一定规模时，非系统性风险不复存在，只剩下系统性风险。可见，资产组合能够分散非系统性风险，不能分散系统性风险。当存在无风险资产时，投资组合选择的有效集（有效边界）是资本市场线 SML。

　　现代资本结构理论代表是 MM 理论。若不存在企业所得税时，企业价值与资本结构无关；若存在企业所得税时，则有债企业价值等于无债企业价值与负债的税盾效应之和。由于 MM 理论的假设条件过于苛刻，一些财务学家沿着 MM 理论的研究路径，主张破产成本主义和税差学说。随着信息不对称理论和博弈论的问世，出现了信息理论（信号传递理论、啄食次序理论、机会窗口理论）和代理理论（代理成本理论、财务契约理论、公司治理理论），促进了财务理论的发展。

　　现金流量理论之所以说是投资理论与筹资理论的支撑点，是因为现金流量是指投资决策和筹资决策的基本依据。现金流量之所以取代净利润成为价值评价标准，是因为现金流量具有不可比拟的优势。现金流量有项目现金流量、企业现金流量、股东现金流量三个层次，分别是项目价值、企业价值、股权价值评价的依据。现金流量指标的划分是根据流动性、营利性和安全性进行的。

　　财务杠杆理论之所以成为投资理论与筹资理论的结合部，是因为财务杠杆分为经营性杠杆和金融性杠杆，前者实为经营性投资杠杆，后者实为金融性筹资杠杆。经营性杠杆是指由于固定经营性成本（如折旧）的存在，导致息税前利润的变动率总是大于销售（销售收入、销售量、边际贡献）的变动率。运用得好，可以放大经营性杠杆利益；否则，将会加剧经营性风险。金融性杠杆是指由于固定金融性成本（债务利息、优先股股息）的存在，导致普通股资本收益（净利润、净资产收益率、每股收益）的变动率总是大于息税前利润的变动率，运用得好，可以放大金融性杠杆利益；否则，会加剧金融性风险。经营性杠杆与金融性杠杆的连锁作用，就是联合性杠杆。经营性杠杆有常义和广义之分，金融性杠杆有常义和狭义之分。金融性风险是经营性风险的 B/E 倍，因此，经营性风险是企业的固有风险，金融性风险是企业的附加风险。两种杠杆的合理搭配方式是高经营性杠杆与低金融性杠杆，或者低经营性杠杆与高金融性杠杆。

第三章 财务行为法则：三大价值观念

所有财务活动均需要耗费时间，时间价值在财务活动中具有普遍意义，时间价值观念成为财务行为第一法则。任何财务活动无一例外的是在风险环境下进行的，撇开风险因子，无法还原财务活动的本来面目，风险价值观念成为财务行为的第二法则。由于时间价值和风险价值的科学确定与广泛应用，均离不开期权概念，自期权定价理论问世以来，期权价值观念已然成为财务行为的第三法则。

第一节 时间价值观念

时间价值是客观存在的经济范畴，时间价值观念贯穿于财务活动全过程。这是因为，企业财务活动在一定时空中进行，自然离不开特定时空环境。

一 时间及其价值

在市场经济中，存在这样一种现象：今天的1元钱不等于明天的1元钱，现在的1元钱比未来的1元钱更值钱，即便不存在通货膨胀也是如此。一定数量货币在不同时点，其价值大小不同，不能简单相加，也不能直接比较，需要进行换算，这就是最基本、最原始的时间价值概念。

（一）时间价值形式和本质

效用价值论和劳动价值论分别详尽阐释了时间价值的形式和本质。

效用价值论认为，某种物品的效用是该物品能够满足人们某种需要的有用性，如粮食可以充饥、衣服可以御寒等，因此，效用价值是使用价值的价值表现形式。实用经济学家认为，不同使用价值的物品所以能够按一定比例交换，是因为它们之间存在一个共同的价值观念取向，即物品的效用。物品效用越大，其价值也越大。边际效用学派认为，人们对现在物品的评价和需求总要高于未来物品，现在物品的边际效用总要大于未来物品的边际效用。因此，相同数目的现在物品和未来物品交换时，会出现价格差异，这种差异就是时间价值。可见，时间价值是效用价值的具体表现形式，是现在效用价值与未来效用价值的"时差"，是"低估未来"造成的。这种"低估"基于以下原因：一是现在物品是确定的，而未来物品是不确定的；二是物品的边际效用是递减的；三是人们能够以现在物品为本金，生产新的未来物品和创造新的价值。

从形式上讲，时间价值是指在不考虑风险和通货膨胀的情况下，物品经过一定时间后所增加的收益。今天的1元钱，与数年后的1元钱的价值是不相等的。例如，现在将1元钱存入银行，若银行存款利率为10%，一年后可得到1.10元，两年后可得到1.21元，以此类推。可见，随着时间的推移，物品（如货币、资本等）的价值在增加。

劳动价值论认为，价值是凝结在商品中的社会必要劳动，具体劳动创造使用价值，抽象劳动创造价值，商品的价值由社会必要劳动时间决定。也就是说，商品的效用是由劳动创造的，边际效用的递减是由于剩余劳动得不到社会的承认而不是一种社会必要劳动。

从本质上讲，时间价值是指在不考虑风险和通货膨胀的情况下，物品在不同领域（不同行业、不同企业、不同项目等）所获得的平均社会必要劳动报酬。在社会必要劳动时间决定商品价值量规律的作用下，各领域的社会必要劳动报酬会趋于平均化，无论将物品（如货币、资本等）投资于哪个领域，都应获得大体相当的投资收益，即平均社会资金利润率。否则，投资者就会涌向其他收益更高的领域。

总之，无论从形式上讲，还是从本质上讲，时间价值均是一种机会成本。例如，投资者要进行投资就必须推迟现时消费，从而丧失了现在使用这笔投资的权利，这种牺牲现时消费的代价大小是以时间为自变量计算的，这个代价就是资金的时间价值。

企业资金运动的起点和终点是货币资金。企业再生产过程表现为从货币资金到储备资金（债务资金），然后到生产资金，再到成品资金（债权资金），最后回到货币资金的循环与周转中。货币之所以具有时间价值，是因为其在社会再生产过程中经投入、使用或转化、退出等环节所形成的增量，尽管这个增量有时会表现为负数。

（二）时间价值与财务活动

时间价值是财务活动的基础法则，重要原理及其意义如下：

时间价值是企业财务决策的基本依据。既然时间价值是扣除通胀和风险之后的社会平均收益率，那么，一个投资项目至少应当获得社会平均收益率；否则，该投资项目是不成功的。因此，在投资决策中，离开了时间价值，很难对投资方案做出科学的财务可行性分析。同样，在筹资决策中，应当根据时间价值原理，比较不同筹资方案的成本，选择最优资本结构。

时间价值是企业业绩评价的重要标准。不同企业，其财务状况和经营成果在不同时间是不同的。离开时间价值原理，就无法正确衡量不同时期的财务收支，无法正确比较不同时期的现金流量，无法正确判断企业的真实盈亏。

时间价值指导财务人员工作的根本法则。财务人员工作的出发点和归宿是创造价值，增加股东财富。为此，掌握不同时点上资本之间的换算关系，是财务人员搞好各项财务管理工作必须牢记的重要价值观念。

（三）时间价值的计算

时间价值大小主要取决于资本的多少、时间的长短和利率的高低。因此，时间价值计算必须首先了解有关情形和有关变量。

时间价值可以用绝对数表示，即资金（货币）的时间价值增加额；也可以用相对数表示，即时间价值增加率。在实务中，人们往往用相对数来表示时间价值。时间价值与一般利率不同，时间价值是扣除通胀和风险之后的利率，是纯利率。一般情况下，如果通货膨胀率可以忽略不计，加上几乎不存在风险，通常将国债利率视为资本时间价值。

1. 时间价值计算的有关情形

从现金流量分布看，时间价值计算分为一次性收付和分期等额收付。分期等额收付（年金）不过是时隔相同、方向一致、金额相等的多个一次性收付。

从计息方式看，时间价值计算分为单利和复利。复利既能反映时间价值的本质，更能体现财务活动的要求。因此，采用复利计算时间价值更为普遍。

从时点基准看，时间价值计算分为终值和现值。与终值相比，现值有更低的不确定性，更能还原时间价值本质，更能提示财务活动的目的。

2. 时间价值计算的有关变量及符号

时间价值计算通常涉及以下6个变量：

（1）现金流量（cash flow，CF），也称现金流入或流出，即各种款项收入或支付。

（2）现值（present value，P），也称期初款项或本金。

（3）终值（future value，F），也称期末款项或本利和。

（4）利率（interest rate，i），每年利息与现值的比率，或者每年利息对终值的折现率。

（5）期限（n），也称计息时间，通常以年为时间单位。

（6）年金（annuity，A），每期等额收付的款项，通常以年为期限。

（四）系列现金流量的时间价值模型

为了不失一般性，设各期现金流量为 $CF_t(i=1, 2, \cdots, n)$，各期现金流量的终值、现值分别为 F_t、P_t，所有现金流量终值之和、现值之和分别为 F、P。

1. 系列现金流量的终值

（1）单利。在单利方式下，每期现金流量本金要计息，但每期现金流量的利息不要计息。各期现金流量的终值为：$F_t = CF_t \times [1 + (n - t) \times i]$，如图 3－1（A）所示，所有现金流量的终值之和为：

$$F = CF_0 \times (1 + n \times i) + CF_1 \times [1 + (n - 1) \times i] + CF_2 \times [1 + (n - 2) \times i] + \cdots + CF_{n-1} \times (1 + i) + CF_n$$

（2）复利。在复利方式下，每期现金流量的本金要计息，且每期现金流量利息也要计息。各期现金流量的终值为：$F_t = CF_t \times (1 + i)^{n-t}$，如图 3－1（A）所示，所有现金流量的终值之和为：

$$F = CF_0 \times (1 + i)^n + CF_1 \times (1 + i)^{n-1} + CF_2 \times (1 + i)^{n-2} + \cdots + CF_{n-1} \times (1 + i)^1 + CF_n$$

如无特殊说明，财务活动通常涉及的是复利，俗称"利滚利"。

2. 系列现金流量的现值

（1）单利。在单利方式下，各期现金流量现值为：$P_t = CF_t \times (1 + t \times i)^{-1}$，如图 3－1（B）所示，所有现金流量的现值之和为：

$$P = CF_0 + CF_1 \times (1 + i)^{-1} + CF_2 \times (1 + 2i)^{-1} + \cdots + CF_{n-1} \times [1 + (n - 1) \times i]^{-1} + CF_n \times (1 + n \times i)^{-1}$$

（2）复利。在复利方式下，各期现金流量现值为：$F_t = CF_t \times (1 +$

$i)^{-t}$，如图 3 - 1（B）所示，所有现金流量的现值之和为：

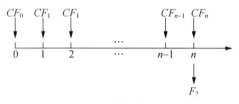

A⇒终值计算

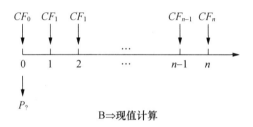

B⇒现值计算

图 3 - 1 终值和现值计算示意

$$P = CF_0 + CF_1 \times (1 + i)^{-1} + CF_2 \times (1 + i)^{-2} + \cdots + CF_{n-1} \times (1 + i)^{-(n-1)} + CF_n \times (1 + i)^{-n}$$

下面讲述两种特殊形式的系列现金流量的终值与现值计算：（1）系列现金流量是一次性现金流量（起点或终端）；（2）系列现金流量是分期等额现金流量（年金）。

二 一次性现金流量的时间价值

一次性现金流量指系列现金流量是一次性收或付的，现金流入或现金流出要么发生在起点 CF_0，要么发生在终端 CF_n。发生在中间的现金流量，可视为特例。

（一）一次性收付的终值

一次性现金流量终值计算的已知条件是现值 P（起点现金流量 CF_0）、利率 i 和期限 n，其经济含义是指一定时间起点收取（或支付）一定数量的本金，按一定利率和计息方式，这个时间终端应当支付（或收取）的本利和，计算过程从"本金"到"本利和"。

1. 单利条件下的终值计算

据 $F = CF_0 \times (1 + n \times i) + CF_1 \times [1 + (n - 1) \times i] + CF_2 \times [1 + (n - 2) \times$

$i] + \cdots + CF_{n-1} \times (1+i) + CF_n$，如图 3-1(A)所示，这时的一次性现金流量 $CF_0 = P$。因此，单利条件下终值计算式为：

$$F = CF_0 \times (1 + n \times i) = P \times (1 + n \times i)$$

【例 3-1】某企业现从银行借入 10 万元，用于某项工程建设。若借款利率为 8%，期限为 6 年，合同规定借款利率为单利，6 年后应当偿还银行借款多少？

解

$P = 10$ 万元，$i = 8\%$，$n = 6$ 年

$F = P \times (1 + n \times i) = 10 \times (1 + 6 \times 8\%) = 14.8(万元)$

在财务活动中，一般不以单利方式计算资金时间价值。单利仅在一些特定情况下适用，如银行储蓄利息的计算、债券票面利息的计算等。

2. 复利条件下的终值计算

据 $F = CF_0 \times (1+i)^n + CF_1 \times (1+i)^{n-1} + CF_2 \times (1+i)^{n-2} + \cdots + CF_{n-1} \times (1+i)^1 + CF_n \times (1+i)^0$，如图 3-1(A)，这时的一次性现金流量 $CF_0 = P$。因此，复利条件下的终值计算式为：

$$F = CF_0 \times (1+i)^n = P \times (1+i)^n = P \times (F/P, i, n)$$

式中：$(1+i)^n$ 是利率为 i、期数为 n 时的一元复利终值系数，用符号 $(F/P, i, n)$ 表示。

一元复利终值系数只与利率、期限有关，三者的关系，如图 3-2(A) 所示。可以看出，一元复利终值系数的最小值为 1。当利率一定时，期限越长，一元复利终值系数越大；当期限一定时，利率越高，一元复利终值系数越大。

【例 3-2】承例 3-1，若借款利率为复利，结果如何？

解

$P = 10$ 万元，$i = 8\%$，$n = 6$ 年

$F = P \times (F/P, i, n) = 10 \times (F/P, 8\%, 6) = 10 \times 1.5809 = 15.809$（万元）

3. 多次复利(包括连续复利)条件下的终值计算

在复利条件下，通常以一年作为期限单元，所用利率为年利率。但在许多情况下，一年计息次数不止一次。每年计息次数为 m 的终值计算式为：

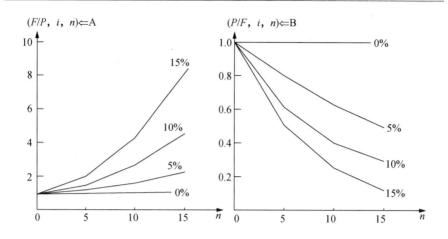

图 3-2 一元复利终值系数（A）、一元复利现值
系数（B）与利率、期限的关系示意

$$F = P \times \left(1 + \frac{i}{m} \right)^{m \times n} = P \times (F/P, \ i/m, \ m \times n)$$

【例 3-3】承例 3-2，若一年计息两次，结果如何？

解

$P = 10$ 万元，$i = 8\%$，$n = 6$ 年，$m = 2$ 次

$F = P \times (F/P, \ i/m, \ m \times n) = 10 \times (F/P, \ 4\%, \ 12) = 10 \times 1.6010 = 16.01$ 万元

当 m 趋向于无穷大时，称为连续复利。连续复利下的终值计算式为：

$$F = P \times \left(1 + \frac{i}{m} \right)^{m \times n} = P \times e^{n \times i} （当 \ m \rightarrow \infty \ 时）$$

根据经验，当 $m > 100$ 时，可应用连续复利下的终值计算式。表 3-1 证实了这一情况。

表 3-1 连续复利下的终值

P	i	n	m	F
100	10%	1	1（每年）	110.00
100	10%	1	2（每半年）	110.25
100	10%	1	4（每季）	110.38
100	10%	1	12（每月）	110.47
100	10%	1	52（每周）	110.51
100	10%	1	360（每日）	110.52

【例3－4】承例3－3，在连续复利条件下，结果如何？

解

$P = 10$ 万元，$i = 8\%$，$n = 6$ 年，$m \to \infty$

$F = P \times e^{n \cdot i} = 10 \times e^{6 \times 8\%} = 10 \times e^{0.48} = 10 \times 1.6161 = 16.161$（万元）

可见，从例3－1到例3－4，终值越来越大。

（二）一次性收付的现值

一次性现金流量现值计算的已知条件是终值 F（终点现金流量 CF_n）、利率 i 和期限 n，其经济含义是指一定时间终端收取（或支付）一定数量的本利和，按一定利率和计息方式，这个时间起点应当支付（或收取）的本金，计算过程从"本利和"到"本金"。

一次性收付的现值计算与一次性收付的终值计算，互为逆运算。由终值求现值的过程称为折现，这时所用的利率称为折现率。

1. 单利条件下的现值计算

据 $P = CF_0 + CF_1 \times (1+i)^{-1} + CF_2 \times (1+2i)^{-1} + \cdots + CF_{n-1} \times [1+(n-1) \times i]^{-1} + CF_n \times (1+n \times i)^{-1}$，如图3－1（B）所示，这时的一次性现金流量 $CF_n = F$。因此，单利条件下的现值计算式为：

$P = CF_n \times (1+n \times i)^{-1} = F \times (1+n \times i)^{-1}$

【例3－5】某企业预测5年后需要用款150万元，现在准备一笔银行存款，假定年利率为10%，这笔银行存款应当是多少？

解

$F = 150$ 万元，$i = 10\%$，$n = 5$ 年

$P = F \times (1+n \times i)^{-1} = 150 \div (1+5 \times 10\%) = 100$（万元）

2. 复利条件下的现值计算

据 $P = CF_0 + CF_1 \times (1+i)^{-1} + CF_2 \times (1+i)^{-2} + \cdots + CF_{n-1} \times (1+i)^{-(n-1)} + CF_n \times (1+i)^{-n}$，如图3－1（B）所示，这时的一次性现金流量 $CF_n = F$。因此，复利条件下的现值计算式为：

$P = CF_n \times (1+i)^{-n} = F \times (1+i)^{-n} = F \times (P/F, i, n)$

式中：$(1+i)^{-n}$ 是利率为 i、期数为 n 时的一元复利现值系数，用符号 $(P/F, i, n)$ 表示。

一元复利现值系数只与利率、期限有关，三者的关系如图3－2（B）所示。可以看出，一元复利现值系数最大值为1。当利率一定时，期限越

长，一元复利现值系数越小；当期限一定时，利率越高，一元复利现值系数越小。

【例 3 - 6】承例 3 - 5，若借款利率为复利，结果如何？

解

$F = 150$ 万元，$i = 10\%$，$n = 5$ 年

$P = F \times (P/F, i, n) = 150 \times (P/F, 10\%, 5) = 150 \times 0.6209 = 93.135$（万元）

3. 多次复利（包括连续复利）条件下的现值计算

一年多次复利下的现值计算式为：

$$P = F \times \left(1 + \frac{i}{m}\right)^{-m \times n} = F \times (P/F, i/m, m \times n)$$

【例 3 - 7】承例 3 - 6，若一年计息两次，结果如何？

解

$F = 150$ 万元，$i = 10\%$，$n = 5$ 年，$m = 2$ 次

$P = F \times (P/F, i/m, m \times n) = 150 \times (P/F, 5\%, 10) = 150 \times 0.6139 = 92.085$（万元）

连续复利下的现值计算式为：

$$P = F \times \left(1 + \frac{i}{m}\right)^{-m \times n} = F \times e^{-n \times i}（当 m \to \infty 时）$$

【例 3 - 8】承例 3 - 7，在连续复利的条件下，结果如何？

解

$F = 150$ 万元，$i = 10\%$，$n = 5$ 年，$m \to \infty$

$P = F \times e^{-n \times i} = 150 \times e^{-5 \times 10\%} = 150 \times e^{-0.5} = 150 \times 0.6065 = 90.975$（万元）

可见，从例 3 - 5 到例 3 - 8，现值越来越小。

三　分期等额现金流量的时间价值

分期等额现金流量是指系列现金流量是分期等额收付的，现金流入或现金流出在一定时间按照"三同"（相同时隔、相同方向、相同金额）原则在各期发生。在市场交易中，特殊现金收付除一次性收付外，还有分期等额收付，俗称年金。年金普遍存在于日常生活中，如折旧、利息、租金、保险费、零存整取、整存零取、存本取息等。

年金按时间特征，分为普通年金（后付年金）和先付年金。普通年金的时间价值计算是财务估价的基础，在现实应用中扩展到递延年金和永

续年金。

（一）普通年金的终值与现值

普通年金也称后付年金，用 A 表示，指从第一期起，一定时间每期期末发生的分期等额现金流量，即 $CF_0 = 0$，$CF_{1-n} = A$，见图 3 − 1 和图 3 − 3。顾名思义，普通年金在财务活动中最常见，若无特殊说明，平常所谓年金指普通年金。

1. 普通年金的终值计算

普通年金的终值计算的已知条件是年金 A（$CF_0 = 0$，$CF_{1-n} = A$）、利率 i 和期限 n，其经济含义是指一定时间各期期末收取（或支付）一定数量的系列等额本金，按一定利率和计息方式，这个时间终端应当支付（或收取）的总本利和。计算过程从"系列等额本金"到"总本利和"，如图 3 − 3 所示。

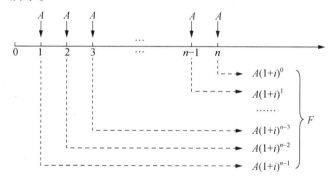

图 3 − 3　普通年金终值计算过程示意

据 $F = CF_0 \times (1+i)^n + CF_1 \times (1+i)^{n-1} + CF_2 \times (1+i)^{n-2} + \cdots + CF_{n-1} \times (1+i)^1 + CF_n \times (1+i)^0$

因 $CF_0 = 0$，$CF_{1-n} = A$

第 n 期末普通年金终值的计算式为：

$$F = A \times (1+i)^{n-1} + A \times (1+i)^{n-2} + \cdots + A \times (1+i)^1 + A \times (1+i)^0$$

$$= A \times \left[(1+i)^{n-1} + (1+i)^{n-2} + \cdots + (1+i)^1 + (1+i)^0 \right]$$

$$F = A \sum_{t=0}^{n-1} (1+i)^t = A \frac{(1+i)^n - 1}{i} = A \times (F/A,\ i,\ n)$$

式中：$\dfrac{(1+i)^n - 1}{i}$ 为利率为 i、期数为 n 时的一元年金终值系数，用符号$(F/A, i, n)$表示。

一元年金终值系数与一元复利终值系数的关系为：

$$(F/A, i, n) = \frac{(F/P, i, n) - 1}{i}$$

根据一元年金终值系数与一元复利终值系数之和，可以推知：

$$(F/A, i, n) + (F/P, i, n) = \frac{(1+i)^n - 1}{i} + (1+i)^n = \frac{(1+i)^{n+1} - 1}{i}$$

$$= (F/A, i, n+1)$$

由此可以推知：

$$(F/P, i, n) = (F/A, i, n+1) - (F/A, i, n)$$

一元年金终值系数仅与利率、期限有关，三者的关系，如图 3 – 4 （A）所示。可以看出，一元年金终值系数的最小值为 1。当利率一定时，期限越长，一元年金终值系数越大；当期限一定时，利率越高，一元年金终值系数越大。

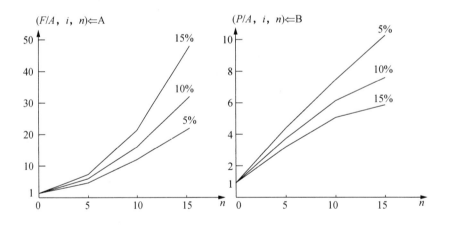

图 3 – 4　一元年金终值系数（A）、一元年金现值
系数（B）与利率、期限关系示意

【例 3 – 9】某企业在未来 6 年中每年末投资 10 万元，若投资收益率为 8%，则第六年末的该项投资价值规模是多大？

解

$A = 10$ 万元，$i = 8\%$，$n = 6$ 年

$F = A \times (F/A, i, n) = A \times (F/A, 8\%, 6) = 10 \times 7.3359 = 73.359$（万

元）

2. 年偿债基金的计算

年偿债基金的计算的已知条件是年金终值 F、利率 i 和期限 n，其经济含义是指一定时间终端收取（或支付）一定数量的总本利和，按一定利率和计息方式，这个时间各期期末应当支付（或收取）的系列等额本金。计算过程从"总本利和"到"系列等额本金"。

年偿债基金的计算是普通年金终值计算的逆运算，将普通年金终值折合为年金。这里的普通年金终值通常表现为特定清偿的债务，期限通常以年为表示，故曰年偿债基金。因此，年偿债基金是为使一定时间的年金终值达到既定金额而于每期期末应当分次等额提取的准备金。特定清偿债务额为 F，每年提取准备金为 A，年偿债基金计算式为：

$$A = F \div (F/A, \ i, \ n) = F \times (A/F, \ i, \ n)$$

式中：$(A/F, \ i, \ n)$ 表示年偿债基金系数，是一元年金终值系数的倒数。

【例 3-10】 某企业 6 年后需要偿还到期债务 100 万元，若存款利率为 8%，则需要建立多大规模的年偿债基金？

解

$F = 100$ 万元，$i = 8\%$，$n = 6$ 年

$A = F \times (A/F, \ i, \ n) = F \div (F/A, \ 8\%, \ 6) = 100 \div 7.3359 = 13.632$（万元）

3. 普通年金的现值计算

普通年金的现值计算的已知条件是年金 $A(CF_0 = 0, \ CF_{1-n} = A)$、利率 i 和期限 n，其经济含义是指一定时间各期期末收取（或支付）一定数量的系列等额本利和，按一定利率和计息方式，这个时间起点应当支付（或收取）的总本金。计算过程从"系列等额本利和"到"总本金"，如图 3-5 所示。

据 $P = CF_0 + CF_1 \times (1+i)^{-1} + CF_2 \times (1+i)^{-2} + \cdots + CF_{n-1} \times (1+i)^{-(n-1)} + CF_n \times (1+i)^{-n}$

因 $CF_0 = 0$，$CF_1 = CF_2 = CF_3 = \cdots = CF_{n-1} = CF_n = A$

第 n 期末普通年金终值的计算式为：

$$P = A \times (1+i)^{-1} + A \times (1+i)^{-2} + \cdots + A \times (1+i)^{-(n-1)} + A \times (1+i)^{-n}$$
$$= A \times [(1+i)^{-1} + (1+i)^{-2} + \cdots + (1+i)^{-(n-1)} + (1+i)^{-n}]$$

$$P = A \sum_{t=1}^{n} (1+i)^{-t} = A \frac{1-(1+i)^{-n}}{i} = A \times (P/A,\ i,\ n)$$

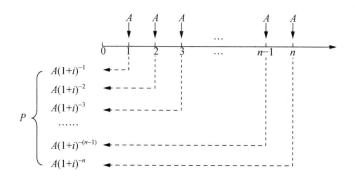

图 3-5　普通年金现值计算示意

式中：$A \dfrac{1-(1+i)^{-n}}{i}$ 为利率为 i、期数为 n 时的一元年金现值系数，用符号 $(P/A,\ i,\ n)$ 表示。

一元年金现值系数与一元复利现值系数的关系为：

$$(P/A,\ i,\ n) = \frac{1-(P/F,\ i,\ n)}{i}$$

根据一元年金现值系数与一元复利现值系数之和，可以推知：

$$(P/A,\ i,\ n) + (P/F,\ i,\ n+1) = \frac{1-(1+i)^{-n}}{i} + (1+i)^{-(n+1)} =$$

$$\frac{1-(1+i)^{-(n+1)}}{i} = (P/A,\ i,\ n+1)$$

由此可以推知：

$$(P/F,\ i,\ n) = (P/A,\ i,\ n) - (P/A,\ i,\ n-1)$$

一元年金现值系数仅与利率、期限有关，三者关系如图 3-4（B）所示。可以看出，年金现值系数的最小值为 1。当利率一定时，期限越长，年金现值系数越大；当期限一定时，利率越高，年金现值系数越小。

【例 3-11】某企业融资租入一台设备，期限 5 年，市场利率 10%，每年年末支付租金 10 万元。若租赁期满后设备报废且无残值，则该设备的当前交易价格是多少？

解

$A = 10$ 万元，$i = 10\%$，$n = 5$ 年

$P = A \times (P/A, i, n) = A \times (P/A, 10\%, 5) = 10 \times 3.7908 = 37.908$（万元）

4. 年资本回收额的计算

年资本回收额的计算的已知条件是年金终值 P、利率 i 和期限 n，其经济含义指一定时间起点收取（或支付）一定数量的总本金，按一定利率和计息方式，这个时间各期期末应当支付（或收取）的系列等额本利和。计算过程从"总本金"到"系列等额本利和"。

年资本回收额的计算是普通年金的现值计算的逆运算，将普通年金现值折合为年金。在现实生活中，初始投资是年金现值，每年收回的等额投资回报是年金，故曰年资本回收额。年资本回收额是指为使初始投资能够及时足额回收而在一定时期内每期期末应当分次等额收取的金额。因此，年资本回收额的计算式为：

$A = P \div (P/A, i, n) = A \times (A/P, i, n)$

式中：$(A/P, i, n)$ 表示年资本回收系数，是一元年金现值系数的倒数。

【例 3 - 12】某企业现在准备投资 100 万元，期限 5 年，投资收益率 10%。若投资后每年获得的收益相同，则每年收益至少要多大，该项投资才是划算的？

解

$P = 100$ 万元，$i = 10\%$，$n = 5$ 年

$A = A \times (A/P, i, n) = P \div (P/A, 10\%, 5) = 100 \div 3.7908 = 26.38$（万元）

（二）先付年金的终值与现值

先付年金（annuity due）又称预付年金，用 A_d 表示，是指从第一期起，一定时间每期期初发生的分期等额现金流量，即 $CF_{0-(n-1)} = A_d$，$CF_n = 0$。先付年金与普通年金的区别仅表现在现金流量发生的时点不同，普通年金的现金流量收付发生在每期期末，而先付年金的现金流量收付发生在每期期初，如图 3 - 6 所示。

1. 先付年金的终值计算

先付年金的终值计算的已知条件是先付年金 A_d（$CF_{0-(n-1)} = A_d$，CF_n

=0)、利率 i 和期限 n，其经济含义是指一定时间各期期初收取（或支付）一定数量的系列等额本金（年金），按一定利率和计息方式，这个时间终端应当支付（或收取）的总本利和。计算过程从"系列等额本金"到"总本利和"。不难看出，n 期先付年金与 n 期普通年金相比，尽管款项发生次数相同，但由于款项发生时间不同，在计算终值时要多计息一次。

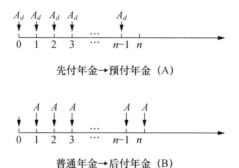

先付年金→预付年金（A）

普通年金→后付年金（B）

图 3-6 先付年金（A）与普通年金（B）的比较示意

据 $F = CF_0 \times (1+i)^n + CF_1 \times (1+i)^{n-1} + CF_2 \times (1+i)^{n-2} + \cdots + CF_{n-1} \times (1+i)^1 + CF_n \times (1+i)^0$

因 $CF_{0-(n-1)} = A_d$，$CF_n = 0$

第 n 期末先付年金终值的计算式为：

$F = A_d \times (1+i)^n + A_d \times (1+i)^{n-1} + A_d \times (1+i)^{n-2} + \cdots + A_d \times (1+i)^2 + A_d \times (1+i)^1 = A_d \times (1+i) [(1+i)^{n-1} + (1+i)^{n-2} + (1+i)^{n-3} + \cdots + (1+i)^1 + (1+i)^0]$

$F = A_d \sum_{t=1}^{n} (1+i)^t = A_d \times (1+i) \sum_{t=0}^{n-1} (1+i)^t = A_d \times (1+i) (F/A, i, n) = A_d \times (1+i) \dfrac{(1+i)^n - 1}{i}$

$F = A_d \left[\dfrac{(1+i)^{n+1} - 1}{i} - 1 \right] = A_d \times (F/A_d, i, n) = A_d \times [(F/A, i, n+1) - 1]$

式中：$\left[\dfrac{(1+i)^{n+1} - 1}{i} - 1 \right]$ 为利率为 i、期数为 n 的一元先付年金终值系数，用符号 $(F/A_d, i, n)$ 或 $[(F/A, i, n+1) - 1]$ 表示。可见，一元先

付年金终值系数与一元普通年金终值系数相比，期数加1，系数减1。

【例3－13】 承例3－9，投资由年末改为年初，结果如何？

解

$A_d = 10$ 万元，$i = 8\%$，$n = 6$ 年

$F = A_d \times (F/A_d, i, n) = A_d \times [(F/A, i, n+1) - 1]$

$F = A_d \times [(F/A, i, n+1) - 1] = 10 \times [(F/A, 8\%, 7) - 1] = 10 \times$ $(8.9228 - 1) = 79.228$（万元）

可见，在相同条件下，与普通年金相比，先付年金的终值要大。

2. 先付年金的现值计算

先付年金现值计算的已知条件是先付年金 A_d（$CF_{0-(n-1)} = A_d$，$CF_n = 0$）、利率 i 和期限 n，其经济含义指一定时间各期期初收取（或支付）一定数量的系列等额本利和（年金），按一定利率和计息方式，这个时间起点应当支付（或收取）的总本金。计算过程从"系列等额本利和"到"总本金"。可以不难看出，n 期先付年金与 n 期普通年金相比，尽管款项发生次数相同，但由于款项发生时间不同，在计算现值时须少折现一次（少折现一次相当于多计息一次）。

据 $P = CF_0 + CF_1 \times (1+i)^{-1} + CF_2 \times (1+i)^{-2} + \cdots + CF_{n-1} \times (1+i)^{-(n-1)} + CF_n \times (1+i)^{-n}$

因 $CF_{0-(n-1)} = A_d$，$CF_n = 0$

第 n 期末先付年金现值的计算式为：

$P = A_d + A_d \times (1+i)^{-1} + A_d \times (1+i)^{-2} + \cdots + A_d \times (1+i)^{-(n-2)} + A_d \times (1+i)^{-(n-1)}$

$= A_d \times (1+i)[(1+i)^{-1} + (1+i)^{-2} + (1+i)^{-3} + \cdots + (1+i)^{-(n-1)} + (1+i)^{-n}]$

$P = A_d \sum_{t=0}^{n-1} (1+i)^{-t} = A_d \times (1+i) \sum_{t=1}^{n} (1+i)^{-t} = A_d \times (1+i)(P/A, i, n) = A_d \times (1+i)\dfrac{1-(1+i)^{-n}}{i}$

$P = A_d \left[\dfrac{1-(1+i)^{-(n-1)}}{i} + 1\right] = A_d \times (P/A_d, i, n) = A_d \times [(P/A, i, n-1) + 1]$

式中：$\left[\dfrac{1-(1+i)^{-(n-1)}}{i} + 1\right]$ 为利率为 i、期数为 n 时的一元先付年

金现值系数，用符号$(P/A_d, i, n)$或$[(P/A, i, n-1)+1]$表示。可见，一元先付年金现值系数与一元普通年金现值系数相比，期数减1，系数加1。

【例3-14】承例3-11，租金支付由年末改为年初，结果如何？

解

$A=10$ 万元，$i=10\%$，$n=5$ 年

$P=A_d \times (P/A_d, i, n) = A_d \times [(P/A, i, n-1)+1]$

$P=A_d \times [(P/A, i, n-1)+1] = 10 \times [(P/A, 10\%, 4)+1] = 10 \times (3.1699+1) = 41.699$（万元）

可见，在同等条件下，与普通年金相比，先付年金的现值要大。

（三）特殊普通年金现值计算

在现实生活中，有两种特殊形式的普通年金：递延年金和永续年金。前者的现值计算远比终值计算重要；后者只有现值计算，没有终值计算。

1. 递延年金的现值计算

递延年金是指间隔若干期（假设为 m 期，$m \geq 1$）后，一定时间（假定为 n 期）每期期末等额收付的现金流量，即存在递延期的普通年金，如图3-7（A）所示。可以看出，前 m 期没有款项发生，称为递延期；后 n 期有等额款项发生，称为收付期。如一条生产线，建设期3年，期初一次性投入3000万元，建设期不再投入，营业期10年每年获得净营业现金流量900万元，就是递延年金。

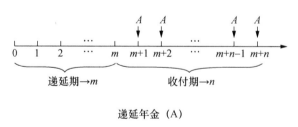

图3-7 递延年金（A）和永续年金（B）示意

递延年金的终值计算与递延期 m 无关，计算原理与"普通年金的终值计算"相同。因此，递延年金的时间价值计算重点是现值，其计算方法有三种。

（1）两次折现相乘法。先将收付期（n）的分期等额现金流量，折现至收付期期初即递延期期末，后将其现值作为一次性现金流量，折现至递延期期初。计算过程：收付期从"系列等额本利和"到"总本金"，递延期从"本利和"到"本金"，两者相乘计算式为：

$$P = A \times (P/A, i, n)(P/F, i, m)$$

（2）两次折现相减法。先将整个期间（$m+n$）的分期等额现金流量折现至递延期期初，后扣除递延期实际未发生现金流量的现值，剩下的是收付期实际已发生现金流量的现值。计算过程：整个期间从"系列等额本利和"到"总本金"，递延期从"系列等额本利和"到"总本金"，两者相减的计算式为：

$$P = A \times [(P/A, i, m+n) - (P/A, i, m)]$$

（3）一次折现法。先将收付期（n）的分期等额现金流量计息至收付期期末，后将终值作为一次性现金流量，折现至递延期期初。计算过程：收付期从"系列等额本金"到"总本利和"，整个期间从"本利和"到"本金"，两者相乘的计算式为：

$$P = A \times (F/A, i, n)(P/F, i, m+n)$$

【例3-15】某企业现在筹划一项投资，投资收益率9%，假定前2年无收益，第3—8年每年获得收益10万元。那么，这笔投资应当在什么范围内才是划算的？

解

$A = 10$ 万元，$i = 9\%$，$m = 2$ 年，$n = 6$ 年

采用两次折现相乘法：

$P = 10 \times (P/A, 9\%, 6)(P/F, 9\%, 2) = 10 \times 4.4859 \times 0.8417 = 37.758$（万元）

采用两次折现相减法：

$P = 10 \times [(P/A, 9\%, 8) - (P/A, 9\%, 2)] = 10 \times (5.5348 - 1.7591) = 37.757$（万元）

采用一次折现法：

$P = 10 \times (F/A, 9\%, 6)(P/F, 9\%, 8) = 10 \times 7.5233 \times 0.5019$

=37.759（万元）

可见，这笔投资不能大于 37.758 万元，才划算。

2. 永续年金的现值计算

永续年金（perpetuity）是指无限期的每期期末等额收付的现金流量，即不存在到期日的普通年金。如金额固定而无到期日的优先股股利就是永续年金。永续年金示意如图 3 - 7（下）所示。可以看出，永续年金没有存续期，无须也无法计算终值。

永续年金的现值计算可以通过普通年金的现值计算推导，其计算式为：

$$P = A \frac{1 - (1 + i)^{-n}}{i} = \frac{A}{i} (\text{当 } n \rightarrow \infty \text{ 时})$$

【例 3 - 16】某企业购买了一种股票，经预测该股票每年每股发放现金股利 1.2 元，在市场利率为 8% 的情况下，该股票的每股价值有多大？

解

$A = 1.2$ 元/股，$i = 8\%$

$$P = \frac{A}{i} = \frac{1.2}{8\%} = 15 \text{ （元/股）}$$

四 几个特殊的时间价值问题

以上实际解决了六类问题：（1）一次性收付从"本金"到"本利和"的计算，已知现值、利率、期限，求终值；（2）一次性收付从"本利和"到"本金"的计算，已知终值、利率、期限，求现值；（3）分期等额收付从"系列等额本金"到"总本利和"的计算，已知年金、利率、期限，求终值；（4）分期等额收付从"总本利和"到"系列等额本金"的计算，已知终值、利率、期限，求年偿债基金；（5）分期等额收付从"系列等额本利和"到"总本金"的计算，已知年金、利率、期限，求现值；（6）分期等额收付从"总本金"到"系列等额本利和"的计算，已知现值、利率、期限，求年资本回收额。需要说明的是，分期等额收付分普通年金和先付年金，递延年金与永续年金是普通年金的两种特殊形式。

至少还有五类问题需要解决：（1）时间价值系数的换算。一元复利终值系数（或一元复利现值系数）、一元年金终值系数（或年偿债基金系数）、一元年金现值系数（或年资本回收系数）6 个时间价值系数之间存在换算关系。(2) 利率的推算。已知一次性收付的现值、终值和期限，或已知分期等额收付的年金、终值和期限，或已知分期等额收付的年金、现值和期限，求利率。（3）期限的推算。已知一次性收付的现值、终值和利率，或已知分期等额收付的年金、终值和利率，或已知分期等额收付的年金、现值和利率，求期限。（4）时间价值系数的推算。已知期限为整数或系数表可查、利率不为整数或系数表不可查，或已知期限不为整数或系数表不可查、利率为整数或系数表可查，或已知期限不为整数或系数表不可查、利率不为整数或系数表不可查，求一元复利终值系数、一元年金终值系数、一元年金现值系数。（5）三个"利率"的关系梳理。每年计息次数大于1时，有效利率会大于名义利率，这时准确评估有效利率非常必要；通货膨胀发生时，实际利率会小于名义利率，这时正确考量实际利率具有重大意义。

这五个问题，可以合并为以下三类问题。

（一）利率和期限的推算

1. 利率推算

利率推算出现在以下三种情况下：一是已知终值、现值和期限，求利率；二是已知终值、年金和期限，求利率；三是已知现值、年金和期限，求利率。

（1）公式法。对第一种情况，因 $F = P \times (1 + i)^n$，则 $i = \sqrt[n]{F/P} - 1$。

在连续复利的条件下，因 $F = P \times e^{n \times i}$，则 $i = \ln(F/P) \div n$。

对第二、第三种情况，因公式复杂，用公式法较为困难。

（2）插值法。以第三种情况为例。设 $(P/A, i, n) = \alpha$，并令与 i 接近且小于 i 的利率为 i_1，与 i 接近且大于 i 的利率为 i_2，且 $(P/A, i_1, n) = \alpha_1$，$(P/A, i_2, n) = \alpha_2$，如图 3-8（A）所示。

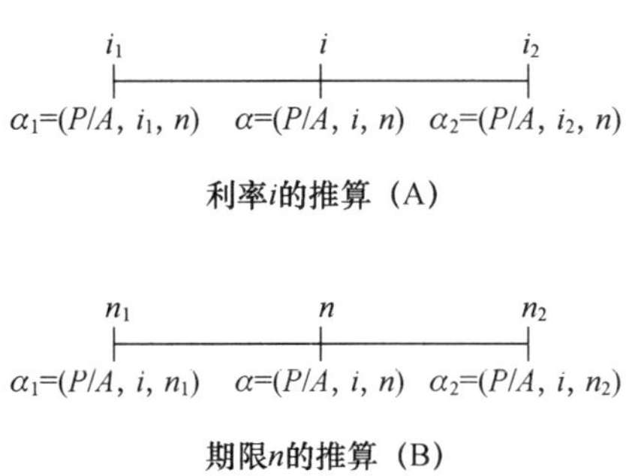

$$
\begin{array}{ccc}
i_1 & i & i_2 \\
\vdash & + & \dashv \\
\alpha_1 = (P/A, i_1, n) & \alpha = (P/A, i, n) & \alpha_2 = (P/A, i_2, n)
\end{array}
$$

利率 i 的推算（A）

$$
\begin{array}{ccc}
n_1 & n & n_2 \\
\vdash & + & \dashv \\
\alpha_1 = (P/A, i, n_1) & \alpha = (P/A, i, n) & \alpha_2 = (P/A, i, n_2)
\end{array}
$$

期限 n 的推算（B）

图 3-8 插值法示意

根据内部线性插值原理，得：

$$i = i_1 + \frac{\alpha - \alpha_1}{\alpha_2 - \alpha_1}(i_2 - i_1) = i_2 - \frac{\alpha - \alpha_2}{\alpha_1 - \alpha_2}(i_2 - i_1)$$

【例 3 - 17】 现在存入银行 40 万元，从第一年年末起，每年支取 10 万元，当期限为 6 年，利率应为多少？

解

$A = 10$ 万元，$P = 40$ 万元，$n = 6$ 年

$(P/A, \ i, \ 6) = P/A = 4 = \alpha$

$(P/A, \ 12\%, \ 6) = 4.1114 = \alpha_1$

$(P/A, \ 14\%, \ 6) = 3.8887 = \alpha_2$

$$i = i_1 + \frac{\alpha - \alpha_1}{\alpha_2 - \alpha_1}(i_2 - i_1) = 12\% + \frac{4 - 4.1114}{3.8887 - 4.1114} \times (14\% - 12\%)$$

$= 13\%$

2. 期限推算

期限推算出现在以下三种情况下：一是已知终值、现值和利率，求期限；二是已知终值、年金和利率，求期限，求 n；三是已知现值、年金和利率，求期限。

（1）公式法。对第一种情况，因 $F = P \times (1 + i)^n$，则 $n = \ln(F/P) \div \ln(1 + i)$。

在连续复利的条件下，因 $F = Pe^{in}$，则 $n = \ln(F/P) \div i$。

对第二种情况，因

$$F = A \frac{(1 + i)^n - 1}{i}$$

则 $n = \ln[(F \times i \div A) + 1] \div \ln(1 + i)$

对第三种情况，因

$$P = A \frac{1 - (1 + i)^{-n}}{i}$$

则 $n = -\ln[1 - (P \times i \div A)] \div \ln(1 + i)$

（2）插值法。以第三种情况为例。设 $(P/A, \ i, \ n) = \alpha$，并设与 n 接近且小于 n 的期限为 n_1，与 n 接近且大于 n 的期限为 n_2，且 $(P/A, \ i, \ n_1) = \alpha_1$，$(P/A, \ i, \ n_2) = \alpha_2$，参照图 3 - 8(B)，则：

$$n = n_1 + \frac{\alpha - \alpha_1}{\alpha_2 - \alpha_1}(n_2 - n_1) = n_2 - \frac{\alpha - \alpha_2}{\alpha_1 - \alpha_2}(n_2 - n_1)$$

【例 3 - 18】若干年后需要花费 80 万元，从现在起，每年末存入 10 万元，若利率为 9%，需要多少年？

解

$A = 10$ 万元，$F = 80$ 万元，$i = 9\%$

$(F/A,\ 9\%,\ n) = F/A = 8 = \alpha$

$(F/A,\ 9\%,\ 6) = 7.5233 = \alpha_1$

$(F/A,\ 9\%,\ 7) = 9.2004 = \alpha_2$

$$i = i_1 + \frac{\alpha - \alpha_1}{\alpha_2 - \alpha_1}(i_2 - i_1) = 6 + \frac{8 - 7.5233}{9.2004 - 7.5233} \times (7 - 6) = 6.28(\text{年})$$

财务学中有一个 72 法则（来源于 69.3 法则），对期限推算有一定指导意义。该法则指以 1% 复利计算，大约 72（准确数为 $100\ln 2 = 69.3$）年之后，本金翻番。据此，若利率分别为 2%、3%、4%、6%、8%、9%、12%、18%、24%、36%，则本金翻番时间依次大约为 36 年、24 年、18 年、12 年、9 年、8 年、6 年、4 年、3 年、2 年（前 4 个稍多，后 6 个稍少）。

（二）时间价值系数的换算和推算

时间价值系数包括一元复利终值系数或一元复利现值系数、一元年金终值系数或年偿债基金系数、一元年金现值系数或年资本回收系数三对。

这三对时间价值系数的典型换算关系为：

$$(F/P,\ i,\ n) = \frac{1}{(P/F,\ i,\ n)} = \frac{(F/A,\ i,\ n)}{(P/A,\ i,\ n)} = \frac{(A/F,\ i,\ n)}{(A/P,\ i,\ n)}$$

$$(F/A,\ i,\ n) = \frac{1}{(A/F,\ i,\ n)} = \frac{(F/P,\ i,\ n)}{(A/P,\ i,\ n)} = (F/P,\ i,\ n)(P/A,\ i,\ n)$$

$$(P/A,\ i,\ n) = \frac{1}{(A/P,\ i,\ n)} = \frac{(P/F,\ i,\ n)}{(A/F,\ i,\ n)} = (P/F,\ i,\ n)(F/A,\ i,\ n)$$

可以看出，只要知道其中两个时间价值系数，就可以求出另一个时间价值系数。

时间价值系数的推算出现在以下三种情况下：一是已知期限为整数或系数表可得但利率不为整数或系数表不可得，求上述三类时间价值系数；二是已知期限不为整数或系数表不可得但利率为整数或系数表可得，求上述三类时间价值系数；三是已知期限和利率均不为整数或系数表均不可得，求上述三类时间价值系数。

1. 利率为小数或系数表查不可得，但期限为整数或系数表可查

以一元复利终值系数为例。n 为整数，i 为小数，$(F/P, i, n) = F \div P = \alpha$，设接近且小于 i 的整数利率为 i_1，接近且大于 i 的整数利率为 i_2，$(F/P, i_1, n) = \alpha_1$，$(F/P, i_2, n) = \alpha_2$，见图 3-8，则：

$$\alpha = \alpha_1 + \frac{i - i_1}{i_2 - i_1}(\alpha_2 - \alpha_1) = \alpha_2 - \frac{i - i_2}{i_1 - i_2}(\alpha_2 - \alpha_1)$$

2. 期限为小数或系数表查不到，但利率为整数或系数表可查

以一元年金终值系数为例。i 为整数，n 为小数，$(F/A, i, n) = F/A = \alpha$，设接近且小于 n 的整数期限为 n_1，接近且大于 n 的整数期限为 n_2，$(F/A, i, n_1) = \alpha_1$，$(F/A, i, n_2) = \alpha_2$，参见图 3-8，则：

$$\alpha = \alpha_1 + \frac{n - n_1}{n_2 - n_1}(\alpha_2 - \alpha_1) = \alpha_2 - \frac{n - n_2}{n_1 - n_2}(\alpha_2 - \alpha_1)$$

3. 利率、期限均为小数或在系数表中找不到

以一元年金现值系数为例。i、n 均为小数，$(P/A, i, n) = \alpha$，设接近且小于 i 的整数利率为 i_1，接近且大于 i 的整数利率为 i_2，另设接近且小于 n 的整数期限为 n_1，接近且大于 n 的整数期限为 n_2，可以在系数表中查到：$(P/A, i_1, n_1) = \alpha_{11}$，$(P/A, i_1, n_2) = \alpha_{12}$，$(P/A, i_2, n_1) = \alpha_{21}$，$(P/A, i_2, n_2) = \alpha_{22}$，如表 3-2 中 4 个角上的数字。

表 3-2   一元年金现值系数

	n_1	n	n_2
i_1	$(P/A, i_1, n_1) = \alpha_{11}$ （已知）	$(P/A, i_1, n) \rightarrow \alpha_{10}$ （未知，先求）	$(P/A, i_1, n_2) = \alpha_{12}$ （已知）
i	$(P/A, i, n_1) \rightarrow \alpha_{01}$ （未知，先求）	$(P/A, i, n) \rightarrow \alpha$ （未知，后求）	$(P/A, i, n_2) \rightarrow \alpha_{02}$ （未知，先求）
i_2	$(P/A, i_2, n_1) = \alpha_{21}$ （已知）	$(P/A, i_2, n) \rightarrow \alpha_{20}$ （未知，先求）	$(P/A, i_2, n_2) = \alpha_{22}$ （已知）

通过这 4 个已知数字，先求出表 3-2 中第 2 行第 1、第 3 列的两个未知数字：

$$\alpha_{01} = \alpha_{11} + \frac{i - i_1}{i_2 - i_1}(\alpha_{21} - \alpha_{11}), \quad \alpha_{02} = \alpha_{12} + \frac{i - i_1}{i_2 - i_1}(\alpha_{22} - \alpha_{12})$$

后求出：

$$\alpha = \alpha_{01} + \frac{n - n_1}{n_2 - n_1}(\alpha_{02} - \alpha_{01})$$

或者通过 4 个已知数字，先求出表 3 - 2 中 2 列第 1、第 3 行的两个未知数字：

$$\alpha_{10} = \alpha_{11} + \frac{n - n_1}{n_2 - n_1}(\alpha_{12} - \alpha_{11}), \quad \alpha_{20} = \alpha_{21} + \frac{n - n_1}{n_2 - n_1}(\alpha_{22} - \alpha_{21})$$

后求出：

$$\alpha = \alpha_{10} + \frac{i - i_1}{i_2 - i_1}(\alpha_{20} - \alpha_{10})$$

【例 3 - 19】利率为 9.8%，期限为 5.3 年的一元年金现值系数。

解

$i = 9.8\%$，$n = 5.3$ 年，可查：

$\alpha_{11} = (P/A, 9\%, 5)$

    $= 3.8897$，$\alpha_{12} = (P/A, 9\%, 6) = 4.4859$

$\alpha_{21} = (P/A, 10\%, 5)$

    $= 3.7908$，$\alpha_{22} = (P/A, 10\%, 6) = 4.3553$

先求出：

$\alpha_{01} = (P/A, 9.8\%, 5)$

    $= 3.8897 + \dfrac{9.8\% - 9\%}{10\% - 9\%} \times (3.7908 - 3.8897) = 3.8106$

$\alpha_{02} = (P/A, 9.8\%, 6)$

    $= 4.4859 + \dfrac{9.8\% - 9\%}{10\% - 9\%} \times (4.3553 - 4.4859) = 4.3814$

后求出：

$\alpha = (P/A, 9.8\%, 5.3)$

    $= 3.8106 + \dfrac{5.3 - 5}{6 - 5} \times (4.3814 - 3.8106) = 3.9818$

或者先求出：

$\alpha_{10} = (P/A, 9\%, 5.3)$

    $= 3.8897 + \dfrac{5.3 - 5}{6 - 5} \times (4.4859 - 3.8897) = 4.0686$

$\alpha_{20} = (P/A, 10\%, 5.3)$

$$= 3.7908 + \frac{5.3 - 5}{6 - 5} \times (4.3553 - 3.7908) = 3.9602$$

后求出：

$$\alpha = (P/A, \ 9.8\%, \ 5.3)$$

$$= 4.0686 + \frac{9.8\% - 9\%}{10\% - 9\%} \times (3.9602 - 4.0686) = 3.9819$$

（三）名义利率、有效利率与实际利率

1. 有效利率与名义利率

前面给定的利率通常是年利率。然而，在实际工作中，并不一定总是以一年为基础计算利息，可能是季、月、周甚至日，如半年计息一次的企业债券，每月计息一次的抵押贷款，每日计息一次的银行拆借资金等。

一年计算利息超过一次时，所给定的年利率不过是一个形式上的利率，称为名义利率。由于名义利率通常由银行等金融机构提供，也称报价利率。与这种名义利率相对应的是有效利率，需要通过换算才能得出。当每年计息次数等于 1 时，有效利率等于名义利率。当每年计息次数等于 1 时，有效利率大于名义利率。在后一种情况下，按有效利率支付的利息大于按名义利率计算的利息，是因为利滚利程度加大的结果。

假设名义利率为 i，有效利率为 i_E，每年付息次数为 m，期限为 n，则有效利率的推算可以采用下列方法。

(1)公式法。因 $1 + i_E = \left(1 + \frac{i}{m}\right)^m$，在复利的情况下，$i_E = \left(1 + \frac{i}{m}\right)^m - 1$；在连续复利的情况下，$i_E = \left(1 + \frac{i}{m}\right)^m - 1 = e^i - 1$（当 $m \to \infty$ 时）。

(2)插值法。设 $(F/P, \ i_E, \ n) = (1 + i_E)^n = \left(1 + \frac{i}{m}\right)^{m \times n} = \alpha$，并设接近且小于 i_E 的利率为 i_1，接近且大于 i_E 的利率为 i_2，且 $(F/P, \ i_1, \ n) = \alpha_1$，$(F/P, \ i_2, \ n) = \alpha_2$，参见图 3 - 8，则：

$$i_E = i_1 + \frac{\alpha - \alpha_1}{\alpha_2 - \alpha_1}(i_2 - i_1)$$

【例 3 - 20】年利率为 12%，每季计息一次，期限为 5 年，则有效利率为多少？当每日计息一次时，有效利率为多少？

解

$i = 12\%$，$n = 5$ 年

当 $m = 4$ 次（每季计息一次）

若用公式法：

$$i_E = (1 + \frac{12\%}{4})^4 - 1 = 12.55\%$$

若用插值法：

$(F/P, i_E, 5) = (F/P, i/m, 5m) = (F/P, 3\%, 20) = 1.8061 = \alpha$

$(F/P, 12\%, 5) = 1.7623 = \alpha_1$

$(F/P, 13\%, 5) = 1.8424 = \alpha_2$

$$i = i_1 + \frac{\alpha - \alpha_1}{\alpha_2 - \alpha_1}(i_2 - i_1) = 12\% + \frac{1.8061 - 1.7623}{1.8424 - 1.7623} \times (13\% - 12\%)$$

$= 12.547\%$

当 $m = 360$ 次（每日计息一次），则：

$$i_E = e^i - 1 = e^{0.12} - 1 = 12.75\%$$

2. 实际利率与名义利率

这里指的实际利率在第一章已经论及，就是所谓纯利率，不同于上述的有效利率。实际利率与有效利率尽管均对应于名义利率，但含义不同。有效利率是针对每年复利次数而言的。若仅一次，有效利率等于名义利率；若超过一次，有效利率大于名义利率。实际利率是针对通货膨胀而言的。若无通胀，实际利率等于名义利率；若有通胀，实际利率小于名义利率。

设名义利率为 i，实际利率为 i_R，通货膨胀率为 i_p，则名义利率与实际利率的关系为：

$$1 + i = (1 + i_R)(1 + i_p)$$

经变形，$i_R = \frac{1 + i}{1 + i_p} - 1$

通常近似地表示为：$i_R = \frac{i - i_p}{1 + i_p} \approx i - i_p$

第二节 风险价值观

上一节讨论时间价值时，没有考虑风险的影响。但是，企业财务活动无一不是在风险环境下进行的。撇开风险因子，无法揭示风险和收益之间的均衡关系，无法正确评价投资报酬和筹资成本的高低，无法做出正确的财务决策。因此，风险价值是财务活动所遵循的第二法则。

一　风险及其价值

在现代经济生活中，人们享受高枕无忧的时光越来越少了，这是因为风险无时不有，无处不在。因此，弄清风险本质、特征、类型，非常必要。

（一）什么是风险

风险是什么，经济学家、管理学家、统计学家、行为学家和社会学家从不同学科角度、从不同观察维度，有不同看法。

1. 风险的理论解释

（1）将风险视为机会和收益。认为风险是积极事件，竭力突出风险是机会产生和存在的前提和基础。风险越大，可能获得的收益越大。风险喜爱者、风险追求者通常持有这种态度。当然，这类人毕竟占少数。

（2）将风险视为危险和损失。认为风险是消极事件，过分强调风险累积到一定程度会引发危险和发生损失。风险越大，可能承受的损失越大。风险厌恶者、风险回避者通常持有这种态度。实际上，人们在日常生活中所指的风险，就是危险，意味着亏损、损失、失败等，是一种不好的事情。

（3）将风险视为中性。认为风险既有积极性（利用得好时），也有消极性（利用得不好时），带有深厚的学术意味。风险中性者通常持有这种态度。事实上，这一观点最有理论说服力。风险既有可能给人们带来意外损失（负面效应），也有可能给人们带来预期收益（正面效应）；既存在危险，也存在机会，可谓危险与机会并存。

2. 风险的实务解释

（1）利益获取的不确定性。认为风险是未来随机事件的发生使当事人牟取利益的不确定性，主要表现为发生与否不确定、发生时间不确定、发生地点不确定、盈亏状况不确定、后果严重程度不确定等。这种不确定性通常由主观不确定性、客观不确定性、过程不确定性、博弈不确定性构成，是一种主观看法，注重当事人的心理状况。风险与利益的不确定性联系在一起，体现了风险外在形式。世界上唯一确定的是不确定性，就是这个道理。

（2）损失遭受的可能性。认为风险是未来随机事件的发生使当事人遭受一定损失的可能性。这种可能性描述的是某一当事人暴露在某一损失面前的程度，即风险敞口。例如，进出口企业比国内企业要面对更大的外汇风险敞口。风险与损失的可能性联系在一起，体现了风险的直接表达，反映了"有风险才需要止损"的管理动机。

（3）结果差异的波动性。认为风险是未来随机事件的发生使当事人的实际结果与期望结果的差异呈现波动性，这种波动性可以用概率来描述，概率越大，风险越大。其中概率为0，表示不会发生偏差；概率为1，表示必定会发生偏差。风险与差异的波动性联系在一起，反映了风险内在本质。

（二）风险基本特征

揭示风险本质的目的是明确风险与收益的权衡关系，并在此基础上准确地进行风险定价。同时，必须清醒认识到，只有以赚取盈利、获得利益、谋求成功等为代价的不确定性、损失和波动性，才是财务活动所关注的风险。

1. 风险的内在特征

（1）客观性。风险是客观存在的，不以人的意志为转移，它源于随机事件本身的不确定性。这是因为影响随机事件的因素，有些是确定的，有些是不确定的，再说，对确定性因素，确定是相对的，不确定是绝对的。正是因为风险具有客观性和普遍性，所以，人们只能在一定时空条件下改变风险产生的环境，降低风险发生的概率，减少风险带来的损失，而不能彻底"消灭"风险。

（2）可变性。风险是在特定时空条件下的一个管理范畴，随着环境的变化而变化，它是现实因素的不确定性在未来事件中的一种客观反映，因此，风险的大小随着时间和空间的变化而变化。

（3）损失性。风险一旦出现，就有发生损失的可能，如造成人员伤亡、财产毁损甚至生产力破坏等。若风险发生后没有损失，则没有必要研究风险了。

2. 风险的外在特征

（1）主观性。风险不仅与风险客体，即风险事件本身所处的时空环境有关，而且与风险主体，即从事风险活动的人有关。事实上，不同的人，由于自身的条件、能力以及所处环境的不同，对同一风险事件，采取的态度可能有所不同。

（2）目标性。风险事件的结果本身并无利弊、好坏之分，取决于人们的主观期望和目标约束。目标大，存在的风险可能大；目标小，面临的风险可能小甚至没有。

（3）可控性。风险是在特定条件下某种不确定性的一种表现，在一定程度上是可以预测的，也就是说，当客观环境和主观条件发生改变时，风险事件的后果究竟如何，人们可以预测。既然风险可以预测，那么风险也可以控制。

（三）风险的第二表述：非系统性风险、系统性风险

划分企业风险方法很多，但目前最典型、最成熟、最常见的做法是，从投资者角度，结合风险本质，将企业风险分为非系统性风险和系统性风险。

1. 非系统性风险

非系统性风险是指某一特定企业可以避免、控制、分散的内生风险，如研发失败、采购中断、市场萎缩、销售下降、员工罢工、法律纠纷等。非系统性风险只与特定企业及其从事的特定项目有关，其发生与否、过程和后果是随机事件，由企业经营性活动和金融性活动造成的，企业可以通过一定方法加以化解。

非系统性风险的关键词是"特定企业、内生、随机、可分散"。非系统性风险按成因分为经营性风险和金融性风险，前文已做论述，不再赘述。

2. 系统性风险

系统性风险是指所有企业无法避免、控制、分散的必须面对的外生风险，由整个经济系统的各种因素及其运行状况共同决定，如政局动荡、战争、瘟疫、自然灾害、经济周期波动、通货膨胀、市场变化等。具体表现为政治风险、经济风险、法律风险、体制风险、国际风险、自然风险、市场风险等。

有人将市场风险等同于系统性风险是不对的。当然，市场风险是企业面临的最大系统性风险，分为商品市场风险和金融市场风险。商品市场风险是商品市场价格发生剧烈波动产生的风险，包括产品价格波动风险、生产要素（原料、设备、技术、人力等）价格波动风险等。如产品价格下降会引起企业收入下降，生产要素价格上涨会引起企业成本上升等。金融市场风险是金融市场价格发生剧烈波动产生的风险，包括利率风险、汇率

风险、股价风险等。如利率上升会导致企业实际利息支出增加，汇率提高会导致企业进口成本上升，股票价格上涨导致企业股票发行收入降低或者发行成本提高。

系统性风险的关键词是"所有企业、外生、非随机、不可分散"。系统性风险也可以分为经营性风险和金融性风险，尽管这种划分既有难度也无必要。

企业风险是系统性风险与非系统性风险之和，这种风险划分方法是诠释非系统性风险的分散原理、均衡风险与收益的依存关系、建立系统性风险补偿机制、贯彻风险价值观的基本依据。企业对系统性风险和非系统性风险的态度、承担方式、处理方法有所不同。对企业内生的能够分散的非系统性风险，企业应当设法自行化解；对企业外生的无法分散的系统性风险，资本市场必须给予一定补偿。

（四）风险价值与时间价值的关系

前面讲到的时间价值实际上就是纯利率，等于未来价值与现在价值的"时差"，由"低估未来"造成的。由于未来时间具有不确定性和波动性，时间价值也是一种风险价值。

风险价值由"不确定性、损失和波动性"引起的，也与"未来时间"高度相关。由于不同时点（现在与未来）的风险价值不同，风险价值也是一种时间价值。

为严格区分时间价值和风险价值，以一定阈值的不确定性、损失和波动性作为基数，将基数之内的不确定性、损失和波动性视为无风险，将超过基数的不确定性、损失和波动性称为风险。因此，无风险的回报称为时间价值，有风险的回报称为风险价值。

（五）风险偏好与效用函数

前文已说到，风险具有主观性。风险的主观性意味着投资者对待风险态度有所不同，这种风险偏好会在一定程度上影响风险价值。

针对企业在财务目标实现过程中所面临的风险，风险管理框架提出了风险偏好和风险容忍度两个重要概念。

1. 风险偏好

风险偏好是指企业在财务目标实现过程中愿意接受的风险数量。不同企业对待风险态度有差异，通常分为风险回避者、风险追求者和风险中性者。

（1）风险回避（厌恶）者。他们对待风险的态度是：当收益相同时，偏好于低风险的资产；而当风险相同时，钟情于高收益的资产。风险价值的计量正是建立在风险厌恶的基础之上的。当风险超乎了投资者的预期，用风险溢价来补偿风险所带来的负效用成为必然。

（2）风险追求（喜爱）者。与风险回避者恰恰相反，他们通常主动追求风险，喜欢收益的动荡胜于喜欢收益的稳定，对待风险的原则是：当收益相同时，选择高风险的资产，只有这样，才能带来更大的效用。

（3）风险中立者。通常既不刻意回避风险，也不主动追求风险，选择资产的唯一标准是预期风险的大小，而不管风险状况如何。

2. 风险容忍度

风险偏好概念建立在风险容忍度概念之上。风险容忍度也称风险忍耐力，是指企业在财务目标实现过程中对风险的可接受程度。换言之，在风险偏好的基础上设定的对在财务目标实现过程中所出现差异的可容忍限度。一般来说，风险容忍度越大，说明企业的风险承受能力越强。风险容忍度由内部审计人员根据企业的经营环境、经营规范、资本结构等确定，并提出具体应对措施。当然，能够量化的是主要风险或关键风险的容忍度。

虽然风险容忍度与风险偏好的关系密切，但两者要说明的侧重点有所不同。风险偏好说明的是投资者承担风险时的效用状况：获得正效用的是风险喜爱者，正效用越大，风险喜爱程度越大；获得负效用的是风险厌恶者，负效应越大，风险厌恶程度越大。风险容忍度说明的是投资者承担风险的意愿和能力，本身并不能直接说明风险偏好的程度。影响投资者风险容忍度的因子除了风险偏好（主观因子）外，还有诸如资本规模、风险管理能力等客观因子。如某投资者的风险容忍度高，并不意味着该投资者爱好风险；相反，若某投资者的风险偏好类型是风险厌恶，要求用风险溢价来补偿承担风险所带来的负效用。

3. 期望效用函数

期望效用函数奠基人约翰·冯·纽曼（John Von Neumann）和奥斯卡·摩根斯坦（Oskar Morgenstern）认为，人们关心的是财富的效用，而不是财富的价值。也就是说，20% 的收益不一定与 2 倍 10% 的收益一样好，20% 的损失也不一定与 2 倍 10% 的损失一样差。

设一赌局 $G(h_1, h_2, P)$，赌博结果只有赢输两种且绝对公平。出现

赢 h_1 的概率为 P，出现输 h_2 的概率为 $1-P$，且满足以下条件，$P \times h_1 + (1-P) \times h_2 = 0$。对一个具有初始财富 w_0 和效用函数 $U(x)$ 的投资者来说，若他满足现状，仅本分地消费自己的财产，其效用值为 $U(w_0)$；若他不满足于现状，想参与赌博，但赌博会导致财富变化，出现 $x_1 = w_0 + h_1$ 的概率为 P，出现 $x_2 = w_0 - h_2$ 的概率为 $1-P$，则：

$$E(w) = w_0 = P \times (w_0 + h_1) + (1-P) \times (w_0 - h_2) = Px_1 + (1-P)x_2,$$

如图 3-9 所示。

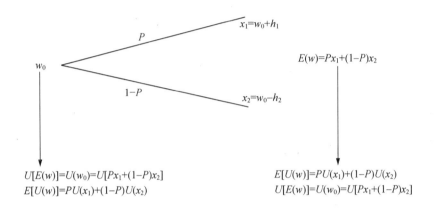

图 3-9 风险状态示意

（1）风险厌恶者的效用函数。若 $U[E(w)] > E[U(w)]$，即期望值效用大于效用的期望值，投资者不愿参与任何公平的赌博，宁要确定性的低收入，不要非确定性的高收入。

在这种情况下，效用函数为凹函数 concave。一阶导数大于 0，$U'(w) > 0$，表示财富越多越好；但二阶导数小于 0，$U''(w) < 0$，表示财富增加带来的边际效用递减。如图 3-10 所示。

（2）风险喜爱者的效用函数。若 $U[E(w)] < E[U(w)]$，即期望值的效用小于效用的期望值，投资者喜欢参与所有公平的赌博，重视非确定性的高收入，漠视确定性的低收入。

在这种情况下，效用函数为凸 convex 函数。一阶导数大于 0，$U'(w) > 0$，表示财富越多越好；且二阶导数大于 0，$U''(w) > 0$，表示财富增加带来的边际效用递增。如图 3-11 所示。

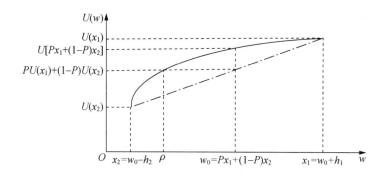

图3-10　风险厌恶者的效用函数示意

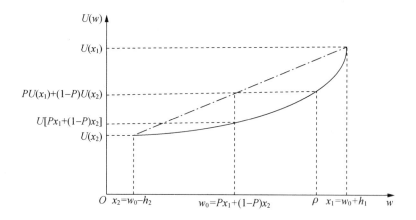

图3-11　风险喜爱者的效用函数示意

（3）风险中性者的效用函数。若 $U[E(w)] = E[U(w)]$，即期望值的效用等于效用的期望值，投资者对确定性的低收入和非确定性的高收入没有倾向性。

在这种情况下，效用函数为线性函数。一阶导数大于0，$U'(w) > 0$，表示财富越多越好；二阶导数等于0，$U''(w) = 0$，表示财富增加所带来的边际效用不变。如图3-12所示。

4. 确定性等值与风险溢价

对于任何满足 $E(\varepsilon) = 0$，$\sigma(\varepsilon) > 0$ 的随机变量 ε，若风险厌恶者为回避一项公平博彩而愿意放弃的收益为 ρ，则有 $E[U(w_0 + \varepsilon)] = U(w_0 - \rho)$。

令 $U(CE) = U(w_0 - \rho) = E[U(w)]$，则 CE 称为确定性等值（Certainty Equivalent，CE）或确定性等价财富，指某一时点要求的确定金额与同一

时点期望收到的一个有风险的金额，没有差异。为达到期望的效用水平所要求的财富保证。

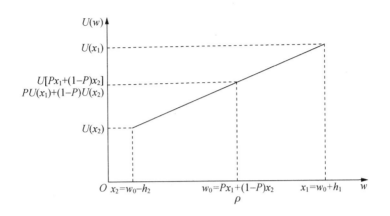

图 3 – 12 风险中性者的效用函数示意

确定性等值大于期望值，风险偏好；确定性等值等于期望值，风险中性；确定性等值小于期望值，风险厌恶。

因 $U(w_0 - \rho) = E[U(w)] = U(CE)$，故 $w_0 - \rho = CE$，得 $\rho = w_0 - CE$，称为马柯维茨风险溢价。

【例 3 – 21】给定效用函数 $U(w) = \ln w$，满足条件 $G(30，5，20\%)$，初始财富 w_0 为 10 万元。

解

$E(w) = P \times (w_0 + h_1) + (1 - P) \times (w_0 - h_2) = 20\% \times 30 + (1 - 20\%) \times 5$
$= 10$

$U[E(w)] = U(w_0) = U[P \times (w_0 + h_1) + (1 - P) \times (w_0 - h_2)] = U(10)$
$= \ln 10 = 2.3$

$E[U(w)] = P \times U(w_0 + h_1) + (1 - P) \times U(w_0 - h_2) = 20\% \times U(30) +$
$(1 - 20\%) \times U(5)$
$= 20\% \times \ln 30 + 80\% \times \ln 5 = 1.97$

$E[U(w_0 + \varepsilon)] = U(w_0 - \rho) = \ln(w_0 - \rho) = \ln(10 - \rho) = 1.97$

解对数方程，得：

$\rho = 2.83$，马柯维茨风险溢价为 2.83 万元。

$CE = w_0 - \rho = 7.17$，确定性等价财富为 7.17 万元。

从例 3 – 19 得知，马科维茨风险溢价为：

$\rho = -\dfrac{1}{2}\dfrac{U''(w)}{U'(w)}Var(\varepsilon)$，来源于泰勒级数展开式。

$$U(w) + \frac{1}{2}U''(w) \times Var(\varepsilon) \cong U(\varepsilon) + U'(w) \times \rho$$

$A(w) = U''(w) \div U'(w)$，称为阿罗—伯瑞特系数，即绝对风险厌恶系数；

$T(w) = 1 \div A(w) = U'(w) \div U''(w)$，称为风险容忍系数；

$R(w) = A(w) \times w = \dfrac{U''(w)}{U'(w)}w = \dfrac{dU'}{U'} \times \dfrac{dw}{w}$，称为相对风险厌恶系数。

二 非系统性风险的衡量与分散

根据数理统计原理，反映随机变量集中趋势（平均程度）的基本指标是期望值，反映随机变量离散趋势（波动程度）的核心指标是标准差。因此，用标准差计量风险时，必须联系期望值。

（一）两项资产组合的风险衡量与分散机制

两项资产组合收益率期望值是资产组合中两资产的收益率期望值以其投资比重作为权数的加权算术平均数。设两项资产分别为 A 和 B，收益率期望值分别为 $E(R_A)$ 或 μ_A 和 $E(R_B)$ 或 μ_B，所占投资比例分别为 w_A 和 w_B，则投资组合收益率期望值的计算式为：

$$\mu_p = w_A \times E(R_A) + w_B \times E(R_B) = w_A \times \mu_A + w_B \times \mu_B$$

两项资产组合收益率期望值等于组合中各资产收益率期望值的加权算术平均数，但两项资产组合的收益率标准差并不一定等于组合中各资产收益率标准差的加权算术平均数，设 $D(R_A, R_B)$ 为两项资产组合的收益率方差，$D(R_A)$、$D(R_B)$ 分别为资产 A、B 的方差，σ_{AB} 或 $Cov(R_A, R_B)$ 为资产 A、B 之间的协方差，则组合收益率标准差的计算式为：

$$\sigma_p = \sqrt{D(R_A, R_B)} = \sqrt{w_A^2 \times D(R_A) + w_B^2 \times D(R_B) + 2w_A \times w_B \times Cov(R_A, R_B)}$$

$$\sigma_p = \sqrt{w_A^2 \times \sigma_A^2 + w_B^2 \times \sigma_B^2 + 2w_A \times w_B \times \sigma_{AB}}$$

而资产 A、B 之间的协方差计算式为：

$$Cov(R_A, R_B) = \sigma_{AB} = \sum_{i=1}^{n}[R_{Ai} - E(R_A)][R_{Bi} - E(R_B)]P_i = \sum_{i=1}^{n}R_{Ai} \times R_{Bi} \times P_i - E(R_A) \times E(R_B)$$

$$Cov(R_A, R_B) = \sigma_{AB} = E(R_{Ai} - \mu_A)(R_{Bi} - \mu_B) = E(R_{Ai} \times R_{Bi}) - \mu_A \times \mu_B$$

计算资产 A、B 之间协方差时，可以先行计算两者相关系数 ρ_{AB} 或 $Corr(R_A，R_B)$，相关系数的取值介于 1 和 -1 之间，其计算式为：

$$Corr(R_A，R_B) = \frac{Cov(R_A，R_B)}{\sqrt{D(R_A)}\sqrt{D(R_B)}} = \rho_{AB} = \frac{\sigma_{AB}}{\sigma_A \times \sigma_B}$$

$$\rho_{AB} = \frac{\sum_{i=1}^{n}[R_{Ai} - E(R_A)][R_{Bi} - E(R_B)]P_i}{\sqrt{\sum_{i=1}^{n}[R_{Ai} - E(R_A)]P_i}\sqrt{\sum_{i=1}^{n}[R_{Bi} - E(R_B)]P_i}}$$

$$= \frac{\sum_{i=1}^{n} R_{Ai} \times R_{Bi} \times P_i - E(R_A) \times E(R_B)}{\sqrt{\sum_{i=1}^{n} R_{Ai}^2 \times P_i - [E(R_A)]^2}\sqrt{\sum_{i=1}^{n} R_{Bi}^2 \times P_i - [E(R_B)]^2}}$$

$$\rho_{AB} = \frac{E(R_{Ai} - \mu_A)(R_{Bi} - \mu_B)}{\sqrt{E(R_{Ai} - \mu_A)^2}\sqrt{E(R_{Bi} - \mu_B)^2}} = \frac{E(R_{Ai} \times R_{Bi}) - \mu_A \times \mu_B}{\sqrt{E(R_{Ai}^2) - \mu_A^2}\sqrt{E(R_{Bi}^2) - \mu_B^2}}$$

引入相关系数后，则组合收益率标准差计算式为

$$\sigma_p = \sqrt{w_A^2 \times \sigma_A^2 + w_B^2 \times \sigma_B^2 + 2w_A \times w_B \times \sigma_{AB}} = \sqrt{w_A^2 \times \sigma_A^2 + w_B^2 \times \sigma_B^2 + 2w_A \times w_B \times \rho_{AB} \times \sigma_A \times \sigma_B}$$

【例 3 - 22】投资于 A、B 股票，投资比例为 3:2，收益率情况如表 3 - 3 所示。

表 3 - 3　　　　　　　　　　概率与收益率情况

状态	概率	A 股票收益率（%）	B 股票收益率（%）
繁荣	0.3	80	30
正常	0.4	20	10
萧条	0.3	0	-30

解

$\mu_A = 80\% \times 0.3 + 20\% \times 0.4 + 0 \times 0.3 = 32\%$

$\mu_B = 30\% \times 0.3 + 10\% \times 0.4 + (-30\%) \times 0.3 = 4\%$

$\mu_p = w_A\mu_A + w_B\mu_B = 0.6 \times 32\% + 0.4 \times 4\% = 20.8\%$

$\sigma_A^2 = 80\%^2 \times 0.3 + 20\%^2 \times 0.4 + 0^2 \times 0.3 - 32\%^2 = 10.56\%$

$\sigma_A = 32.50\%$

$\sigma_B^2 = 30\%^2 \times 0.3 + 10\%^2 \times 0.4 + 30\%^2 \times 0.3 - 4\%^2 = 5.64\%$

$\sigma_B = 23.75\%$

$\sigma_{AB} = 80\% \times 30\% \times 0.3 + 20\% \times 10\% \times 0.4 + 0\% \times (-30\%) \times 0.3 - 32\% \times 4\% = 6.72\%$

$\sigma_p^2 = w_A^2 \sigma_A^2 + w_B^2 \sigma_B^2 + 2w_A w_B \sigma_{AB}$

$= 0.6^2 \times 10.56\% + 0.4^2 \times 5.64\% + 2 \times 0.6 \times 0.4 \times 6.72\% = 7.9296\%$

$\sigma_p = 28.16\%$

可见，两项资产各自的收益率标准差或方差的加权算术平均数要大于两项资产组合的收益率标准差或方差。

$w_A \times \sigma_A + w_B \times \sigma_B = 0.6 \times 32.50\% + 0.4 \times 23.75\% = 29\% > \sigma_p$
$= 28.16\%$

$w_A \times \sigma_A^2 + w_B \times \sigma_B^2 = 0.6 \times 10.56\% + 0.4 \times 5.64\% = 8.592\% > \sigma_p^2$
$= 7.9296\%$

从这个例题看到，资产组合的风险分散效应已初露端倪。

（二）多项资产组合的风险衡量与分散原理

同样，多项资产组合的收益率期望值是组合中各资产收益率期望值以其投资比重作为权数的加权算术平均数，其计算式为：

$$\mu_p = E(R_p) = \sum_{j=1}^{m} w_j \times \mu_j = \sum_{j=1}^{m} w_j \times E(R_j) = \sum_{j=1}^{m} w_j \sum_{i=1}^{n} R_{ji} \times P_i$$

式中：μ_p 或 $E(R_p)$ 为资产组合的收益率期望值，w_j 为第 j 项资产在资产组合中所占的投资比例，$E(R_j)$ 为第 j 项资产的收益率期望值，R_{ji} 为第 j 项资产在第 i 种情况下的收益率，P_i 为第 i 种情况的概率，m 为资产组合中的资产数，n 为所有可能出现的情况。

资产组合收益率期望值等于组合中各资产收益率期望值的加权算术平均数，但资产组合的收益率标准差并不一定等于各资产收益率标准差的加权算术平均数，其计算式为：

$$\sigma_p = \sqrt{D(R_p)} = \sqrt{\sum_{j=1}^{m} \sum_{k=1}^{m} w_j \times w_k \times \sigma_{jk}} = \sqrt{\sum_{j=1}^{m} \sum_{k=1}^{m} \rho_{jk} \times w_j \times w_k \times \sigma_j \times \sigma_k}$$

式中：$D(R_p)$ 为资产组合的收益率方差，σ_{jk} 为第 j 项资产与第 k 项资产之间的收益率协方差，ρ_{jk} 为第 j 项资产与第 k 项资产之间的相关系数。

严格来讲，资产组合收益率标准差可能等于各资产的收益率标准差的加权算术平均数，也可能等于零，但绝大多数情况下是介于这两者之间。这是因为，资产组合的收益率标准差不仅取决于各资产自身的收益率标准差，更重要的是取决于各资产之间的收益率协方差。更有甚者，随着资产种类的增加，各资产自身标准差影响越来越小，各资产之间的协方差影响越来越大。

由 m 项资产构成的资产组合的方差，包括 m 项各资产自身的方差和 $(m^2 - m)$ 项各资产之间的协方差。若设各资产所占的投资比例均为 $1/m$，方差均为 σ_j^2，协方差均为 σ_{jk}，相关系数均为 ρ_{jk}，则资产组合的标准差可简化为：

$$\sigma_p = \sqrt{\sum_{j=1}^{m} \sum_{k=1}^{m} w_j \times w_k \times \sigma_{jk}} = \sqrt{\sum_{j=1,j=k}^{m} w_j^2 \times \sigma_j^2 + \sum_{j=1}^{m} \sum_{k=1,j\neq k}^{m} w_j \times w_k \times \sigma_{jk}}$$

$$\sigma_p = \sqrt{\left(\frac{1}{m}\right)^2 m \times \sigma_j^2 + \left(\frac{1}{m}\right)\left(\frac{1}{m}\right)(m^2 - m)\sigma_{jk}} = \sqrt{\frac{\sigma_j^2}{m} + \left(1 - \frac{1}{m}\right)\sigma_{jk}}$$

因 $\sigma_{jk} = \rho_{jk} \times \sigma_j \times \sigma_k = \rho_{jk} \times \sigma_j^2$

$$\sigma_p = \sqrt{\frac{\sigma_j^2}{m} + \left(1 - \frac{1}{m}\right)\sigma_{jk}} = \sqrt{\frac{\sigma_j^2}{m} + \left(1 - \frac{1}{m}\right)\rho_{jk} \times \sigma_j^2} = \sqrt{\sigma_{jk}} = \sigma_j \sqrt{\rho_{jk}}$$

（当 $m \to \infty$ 时）

可见，决定资产组合的标准差，除了各资产自身的标准差或方差外，更重要的是各资产之间的协方差或相关系数。当资产种类增加到一定数量时，资产组合的标准差仅受各资产之间协方差或相关系数影响，受各资产自身的标准差或方差的影响已经微不足道。因此，资产组合不能消除全部风险，也就是说，只能分散部分乃至全部非系统性风险（各资产自身的标准差或方差），不能分散系统性风险（各资产之间的协方差或相关系数）。

关于非系统性风险的分散，具有以下三点结论：

（1）风险分散效应。资产组合中，只要各资产之间的相关系数小于1，资产组合的标准差就一定小于各资产自身标准差的加权算术平均数。

（2）风险分散实质。资产组合中，随着资产种类的不断增加，各资产自身的标准差或方差的影响越来越小，但各资产之间的协方差或相关系数的影响不会完全消失。

（3）风险分散内容。构建资产组合，能够分散的是非系统性风险，即能够降低乃至消除组合中各资产自身的标准差或方差的影响；不能分散的是系统性风险，也即不能完全消除组合中各资产之间的协方差或相关系数的影响。

三 系统性风险的计价与补偿

企业仅投资单一资产，必须承担所有风险；企业投资于资产组合，因多元化效应的作用，仅承担部分风险。在资产组合充分的情况下，投资者不会在乎单项资产的风险，只会关注资产组合的风险。不过，投资者关注的并不是资产组合的全部风险，仅会重视与决策相关的系统性风险，而不会重视与决策无关的非系统性风险。这是因为，非系统性风险是内生的，企业可以通过自身努力得到解决，如固本培元、加强管理、实行投资多元化等，其中最直接的是多元化效应，资本市场自然不会对非系统性风险给予任何补偿。但是，系统性风险是外生的，企业无法避免且必须面对和承担，只有依靠市场救济才能得到解决，如风险共担、风险转移、风险补偿等，其中最直接的是风险补偿，资本市场对系统性风险的适当补偿是最有效率的。

（一）系统性风险的计价

资本市场对系统性风险的补偿程度取决于系统性风险的大小。也就是说，一项资产或资产组合收益率期望值的高低取决于该资产或资产组合系统性风险的大小。如果相关系数反映的是非系统性风险的分散效应，那么，回归系数反映的是系统性风险的补偿程度。回归系数用贝塔系数（beta coefficient，β）表示，以衡量资产收益率与市场平均收益率之间的回归性关系。

1. 单项资产的系统性风险

单一资产的系统性风险用 β_j 表示。β_j 反映了相对于市场平均风险而言，单项资产所内含的系统性风险的大小。

对某一资产的 β_j，一般由专业中介服务机构给出，企业可以直接采用，企业也可以根据回归量模型求得。根据风险与收益均衡原理，单一资产的一元线性回归模型为：

$$R_j = \alpha_j + \beta_j \times R_M + \varepsilon_j$$

式中：R_j 为 j 资产的收益率，α_j 为 j 资产收益率中与市场无关的部分（代表无风险利率），β_j 为回归系数（代表系统性风险），R_M 为整个市场的平均收益率，ε_j 为随机干扰项（代表非系统性风险）。

将上式两边取均值：

$$E(R_j) = \alpha_j + \beta_j \times E(R_M) \text{ 或 } \mu_j = \alpha_j + \beta_j \times \mu_M$$

根据线性回归原理，通过同一时间内资产收益率与整个市场平均收益率的历史数据，采用最小二乘法（OLS），对回归系数 β_j 做出估计：

$$\beta_j = \frac{Cov(R_j,\ R_M)}{D(R_M)} = \frac{\sum\limits_{i=1}^{n} \left[R_{ji} - E(R_j) \right] \left[R_{Mi} - E(R_M) \right] P_i}{\sum\limits_{i=1}^{n} \left[R_{Mi} - E(R_M) \right]^2 P_i}$$

$$= \frac{\sum\limits_{i=1}^{n} R_{ji} \times R_{Mi} \times P_i - E(R_j) \times E(R_M)}{\sum\limits_{i=1}^{n} R_{Mi}^2 \times P_i - \left[E(R_M) \right]^2}$$

$$\beta_j = \frac{E(R_{ji} - \mu_j)(R_{Mi} - \mu_M)}{E(R_{Mi} - \mu_M)^2} = \frac{E(R_{ji} \times R_{Mi}) - \mu_j \times \mu_M}{E(R_{Mi}^2) - \mu_M^2} = \frac{\rho_{jM} \times \sigma_j \times \sigma_M}{\sigma_M^2} =$$

$\rho_{jM} \dfrac{\sigma_j}{\sigma_M}$

式中：σ_j 为 j 资产的标准差，σ_M 为整个市场的标准差，ρ_{jM} 为 j 资产与整个市场的相关系数，其计算式为：

$$\rho_{jM} = Corr(R_j,\ R_M) = \frac{\sigma_{jM}}{\sigma_j \times \sigma_M} = \frac{Cov(R_j,\ R_M)}{\sqrt{D(R_j) \times D(R_M)}}$$

$$\rho_{jM} = \frac{\sum\limits_{i=1}^{n} \left[R_{ji} - E(R_j) \right] \left[R_{Mi} - E(R_M) \right] P_i}{\sqrt{\sum\limits_{i=1}^{n} \left[R_{ji} - E(R_j) \right]^2 P_i} \sqrt{\sum\limits_{i=1}^{n} \left[R_{Mi} - E(R_M) \right]^2 P_i}}$$

$$= \frac{\sum\limits_{i=1}^{n} R_{ji} \times R_{Mi} \times P_i - E(R_j) \times E(R_M)}{\sqrt{\sum\limits_{i=1}^{n} R_{ji}^2 \times P_i - \left[E(R_j) \right]^2} \sqrt{\sum\limits_{i=1}^{n} R_{Mi}^2 \times P_i - \left[E(R_M) \right]^2}}$$

$$\rho_{jM} = \frac{E(R_{ji} - \mu_j)(R_{Mi} - \mu_M)}{\sqrt{E(R_{ji} - \mu_j)^2 \times E(R_{Mi} - \mu_M)^2}} = \frac{E(R_{ji} \times R_{Mi}) - \mu_j \times \mu_M}{\sqrt{\left[E(R_{ji}^2) - \mu_j^2 \right] \times \left[E(R_{Mi}^2) - \mu_M^2 \right]}}$$

可以发现，一项资产系统性风险大小取决于三个因素：一是该资产自身收益或风险（标准差 σ_j 代表）；二是整个市场的平均收益或风险（标准差 σ_M 代表）；三是该资产与整个市场相关性（相关系数 ρ_{jM} 代表）。

【例 2 – 23】2014 年 5 月的前 10 个交易日，某股票价格 R_j 与整个市场平均价格 R_M 见表 3 – 4 的第 II、第 III 栏。求其系统性风险。

表 3 - 4 　　　　　　　　　　　某股票的相关信息

I	II	III	IV	V
交易日	股票价格 R_j	整个市场平均价格 R_M	R_M^2	$R_j \times R_M$
1	9.60	8.40	70.56	80.64
2	10.20	8.50	72.25	86.70
3	10.10	8.60	73.96	86.86
4	10.50	8.70	75.69	91.35
5	10.80	8.80	77.44	95.04
6	11.20	8.90	79.21	99.68
7	11.50	9.00	81.00	103.50
8	11.80	9.20	84.64	108.56
9	12.30	9.40	88.36	115.62
10	12.00	9.50	90.25	114.00
合计	110.00	89.00	793.36	981.95
平均数	11.00	8.90	79.34	98.20

解

$\mu_j = E(R_j) = 110/10 = 11$，$\mu_M = E(R_M) = 89/10 = 8.9$

$E(R_{Mi}^2) = 793.36/10 = 79.34$，$E(R_{ji} \times R_{Mi}) = 981.95/10 = 98.20$

$$\beta_j = \frac{E(R_{ji} \times R_{Mi}) - \mu_j \times \mu_M}{E(R_{Mi}^2) - \mu_M^2} = \frac{98.20 - 11 \times 8.9}{79.34 - 8.9^2} = \frac{0.3}{0.13} = 2.3$$

可见，β_j 的实际计算过程十分复杂。幸运的是，某一股票的 β_j 通常不需要由投资者（企业）亲自计算，而由专业中介服务机构定期计算并公布。

当 $\beta_j = 1$ 时，说明该资产收益率与整个市场平均收益率呈相同方向和相同比例变化，系统性风险与整个市场平均风险趋于一致。整个市场平均收益率上升 10%，则该资产收益率也上升 10%，如图 3 - 13 中的证券 B 所示。

当 $\beta_j > 1$ 时，说明该资产的系统性风险大于整个市场平均风险。例如，$\beta_j = 1.5$，表示若整个市场平均收益率上升 10%，则该资产收益率将上升 15%，如图 3 - 13 中的证券 A 所示。

当 $\beta_j < 1$ 时，说明该资产的系统性风险小于整个市场平均风险。例

如，$\beta_j = 0.5$，表示若整个市场平均收益率上升 10%，则该资产收益率将上升 5%，如图 3 - 13 中的证券 C 所示。

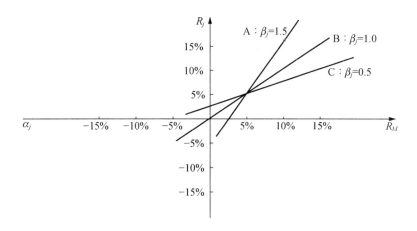

图 3 - 13 单项资产系统性风险分布示意

股票市场绝大多数股票的情形是 $\beta > 0$。若某股票出现 $\beta < 0$ 的情形，则说明该股票收益率的变动方向与整个市场平均收益率的变动方向相反。

2. 资产组合的系统性风险

资产组合的系统性风险用 β_p 表示，其大小等于资产组合中各资产自身的 β_j 以各资产所占投资比例 w_j 作为权数的加权算术平均数，其计算式为：

$$\beta_p = \sum_{j=1}^{m} w_j \times \beta_j$$

【例 3 - 24】某资产组合由 A、B、C 和 D 四种证券组成，其投资比例分别占 10%、20%、30% 和 40%，其 β_j 分别为 0.6、1.2、2.0 和 3.0，计算该资产组合的 β_p。

解

$\beta_p = 0.1 \times 0.6 + 0.2 \times 1.2 + 0.3 \times 2.0 + 0.4 \times 3.0 = 2.1$

（二）系统性风险的补偿：CAPM 和 SML

某资产或资产组合的风险与收益的均衡关系可以描述为：

期望收益率 ≥ 必要收益率 = 时间价值 + 通胀贴水 + 风险价值

= 纯利率 + 通胀贴水 + 风险价值

= 无风险利率 + 风险价值

1. 风险与收益的均衡关系

对某资产（或资产组合）而言，其风险与收益的均衡关系表达式为

$$\mu_j \geqslant R_j = R_f + R_R$$

式中：μ_j 为某资产期望收益率，R_j 为某资产必要收益率，R_f 为无风险利率，R_R 为某资产的系统性风险补偿。

若用 b 表示风险系数，用 V 表示风险程度，则系统性风险补偿的计算式为：

$$R_R = bV$$

风险与收益的均衡关系表达式变化为 $\mu_j \geqslant R_j = R_f + R_R = R_f + bV$，如图 3 – 14 所示。

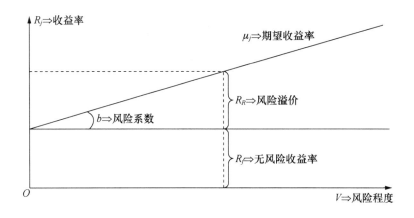

图 3 – 14　单项资产的风险与收益均衡示意

对风险与收益的均衡式 $R_j = R_f + bV$，风险补偿大体有两条路径：一是由权威中介机构估算风险溢价，如股票收益率等于国债利率加上一个估算的风险溢价；二是财务学家夏普等提出的资本资产定价模型 CAPM。

2. 资本资产定价模型 CAPM

系统性风险系数用 β_j 或 β_p 来衡量，资产收益与系统性风险的大小呈正相关关系。β_j 或 β_p 越大，要求的风险补偿收益越高。期望收益和风险的关系，可以用资本资产定价模型（capital asset pricing model，CAPM）来进行描述。CAPM 是夏普和林特纳在马柯维茨 1952 年提出的资产组合理论的基础上，于 20 世纪 60 年代各自独立提出，它的问世是财务理论的

一个重大突破和新的里程碑，其最大贡献是首次量化市场风险程度，并对风险进行定价。CAPM 认为，某资产的必要收益率由无风险收益率和风险收益率两部分组成，具体可描述为：

$$R_j = R_f + \beta_j \times (R_M - R_f)$$

式中：R_j 为某资产的必要收益率，R_f 为无风险利率，β_j 为该资产的系统性风险系数，R_M 为整个市场平均收益率（当 $\beta_j = 1$ 时某资产的必要收益率，或整个市场的必要收益率），（$R_M - R_f$）为市场风险补偿率，为补偿承担超过无风险收益的平均风险要求的额外收益，即风险价格。

CAPM 对资产组合也同样适用。

$$R_p = R_f + \beta_p \times (R_M - R_f)$$

CAPM 建立在一系列假设的前提下，对投资者、资产和市场三者作了限定。

（1）所有投资者都是理性的，投资目标是追求单一期间财富的期望效用最大化，投资依据是资产组合的收益率期望值、标准差和协方差；

（2）所有投资者可以按照市场给定的无风险利率无限制地借入或贷出资本，借款利率和贷款利率相同，且市场设置了做空机制；

（3）所有投资者对所有资产的收益率期望值、标准差和协方差拥有同样的预计，即完全相同的主观估计，因而具有相同的有效边界；

（4）所有资产均可以上市交易，均可以完全细分，均可以有均值—方差有效性，且其市场供给规模是固定的；

（5）没有交易成本和税金，即不存在市场摩擦；

（6）所有投资者是价格接受者，其买卖行为不会对市场价格产生影响。

上述假定满足资本市场均衡定价条件。从 CAPM 可以看出，某资产或资产组合的必要收益率是无风险收益率 R_f、整个市场平均收益率 R_M 和系统性风险系数 β_j 或 β_p 三个因素共同作用的结果。在同一时期和同一市场，R_f 和 R_M 通常是一个稳定值，此时，一个资产或资产组合的必要收益率仅决定于 β_j 或 β_p，且呈正相关关系。

【例 3 – 25】承例 3 – 24，若当前整个市场平均收益率为 12%，无风险收益率为 8%，计算该资产组合的必要收益率。

解

因 $\beta_p = 2.1$，则：

$$R_p = R_f + \beta_p \times (R_M - R_f) = 8\% + 2.1 \times (12\% - 8\%) = 16.4\%$$

【例 3 - 26】一个投资组合资料如下：

（1）购买 A、B 股票，投资比例为 3:2，收益率情况如表 3 - 5 所示。

表 3 - 5

状态	概率	A 股票收益率（%）	B 股票收益率（%）
繁荣	0.3	80	20
正常	0.4	30	10
萧条	0.3	0	- 10

（2）市场平均收益率 15%，标准差 18%。

（3）该资产组合收益率与市场平均收益率的相关系数为 0.9263。

若无风险收益率为 6%，则投资者要求的收益率为：

解

（1）计算 AB 各自的均值和组合均值

$$\mu_A = 80\% \times 0.3 + 30\% \times 0.4 + 0 \times 0.3 = 36\%$$

$$\mu_B = 20\% \times 0.3 + 10\% \times 0.4 + (-10\%) \times 0.3 = 7\%$$

$$\mu_p = w_A \times \mu_A + w_B \times \mu_B = 0.6 \times 36\% + 0.4 \times 7\% = 24.4\%$$

（2）计算 AB 各自的方差（标准差）和 AB 之间的协方差：

$$\sigma_A^2 = 80\%^2 \times 0.3 + 30\%^2 \times 0.4 + 0^2 \times 0.3 - 36\%^2 = 9.84\%, \ \sigma_A = 31.37\%$$

$$\sigma_B^2 = 20\%^2 \times 0.3 + 10\%^2 \times 0.4 + (-10\%)^2 \times 0.3 - 7\%^2 = 1.41\%, \ \sigma_B = 11.87\%$$

$$\sigma_{AB} = 80\% \times 20\% \times 0.3 + 30\% \times 10\% \times 0.4 + 0 \times (-10\%) \times 0.3 - 36\% \times 7\% = 3.48\%$$

$$\rho_{AB} = \frac{\sigma_{AB}}{\sigma_A \times \sigma_B} = \frac{3.48\%}{31.37\% \times 11.87\%} = 0.9345$$

（3）计算 AB 组合的方差或标准差

$$\sigma_p^2 = w_A^2 \times \sigma_A^2 + w_B^2 \times \sigma_B^2 + 2w_A \times w_B \times \sigma_{AB}$$

$$= 0.6^2 \times 9.84\% + 0.4^2 \times 1.41\% + 2 \times 0.6 \times 0.4 \times 3.48\% = 5.4384\%$$

$$\sigma_p = 23.32\%$$

（4）计算 AB 组合对整个市场组合的回归系数

$$\beta_p = \rho_{pM} \frac{\sigma_p}{\sigma_M} = 0.9263 \times \frac{23.32\%}{18\%} = 1.2$$

（4）计算 AB 组合要求的收益率（根据 PAPM）

$$R_p = R_f + \beta_p \times (R_M - R_f) = 6\% + 1.2 \times (15\% - 6\%) = 16.8\%$$

3. 证券市场线 SML

CAPM 认为证券市场线（security market line，SML）是一条市场均衡线，在均衡市场条件下，资产的期望收益率都落在这条线上，即期望收益率等于必要收益率。如图 3 - 15 所示。

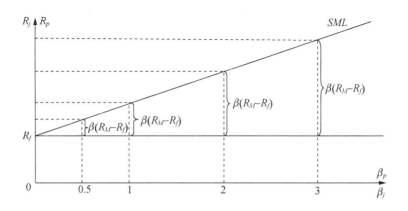

图 3 - 15 证券市场线 SML 示意

（1）SML 与 CML 的关系。SML 与 CML 都能够反映收益与风险关系，但存在较大区别：

第一，SML 反映的是必要收益率与系统风险（贝塔系数）的线性关系，衡量证券本身的风险与收益之间的对应关系；CML 反映的是期望收益率与总体风险（标准差）的线性关系，揭示了持有不同比例的无风险资产与市场组合情况下的风险与收益之间的权衡关系。

第二，SML 适用于单项资产和资产组合（无论有效还是无效）；CML 只适用于有效资产组合。

第三，SML 的风险测度工具是贝塔系数，根据必要收益率，利用一定计量模型，估计股票内在价值；CML 的风险测度工具是标准差，确定投资组合。

第四，SML 的斜率反映资产或资产组合每单位系统风险的超额收益；

CML 的斜率反映资产组合每单位总体风险的超额收益。

（2）SML 的基本特征。从图 3 - 15 可以看出，SML 具有以下特征：第一，资产期望收益率与 β 呈线性正相关；第二，无风险资产的 $\beta = 0$；第三，整个市场的 $\beta = 1$。

从 SML 看出，必要收益率取决于系统性风险系数 β、无风险利率（SML 截距）和系统性风险补偿程度（SML 斜率）。这三个因素通常处于不断变化之中，SML 会随之变化。

若预计通货膨胀率上升，则无风险利率会随之提高，SML 向上平移，如图 3 - 16（A）所示。当通货膨胀率为 5%，无风险利率 R_f 从 10% 上升到 15%，在 $\beta = 1$ 情况下，证券市场线从 SML_1 变化到 SML_2。

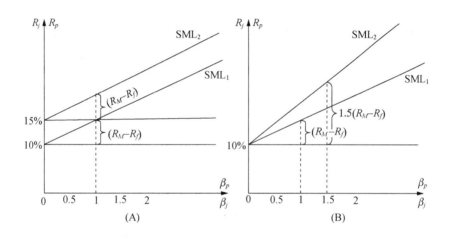

图 3 - 16　SML 受通货膨胀的影响　3 - 16　SML 受投资者风险偏好的影响

若所有投资者的风险厌恶程度都增加，则要求的系统性风险补偿程度会提高，SML 斜率就会变大。如图 3 - 16（B）所示。在无风险利率为 10% 的情况下，β 从 1.0 增加到 1.5，证券市场线从 SML_1 变化到 SML_2。

第三节　期权价值观

上两节分别讲述了时间价值和风险价值，从一般逻辑讲，财务活动价值等于时间价值与风险价值之和。但是，几乎所有财务活动都存在"可以但非必须"的期权，会极大地影响时间价值和风险价值的真实性，必须加入期权价值对时间价值和风险价值加以修正。这种修正包括两个方面：一是期权价值要素包含时间（有效期）和风险（市场价格波动率）；二是许多财务活动仅用必要收益率（时间价值加上风险价值）来判断不行，需要用期权价值来佐证。

一　期权及其价值

期权是指期权多头向期权空头支付一定费用后，在一定时期内，有权利但无义务（可以但非必须）按一定价格买入或卖出一定数量的某种标的资产的标准化合约。形式上，期权表现为一项标准化合约；本质上，期权表现为一项不附带义务的买卖选择权。期权涉及期权头寸、期权性质、期权合约、期权价值等问题。

（一）期权头寸：多头、空头

期权头寸，即期权交易人或期权买卖方，分期权多头和期权空头。

1. 期权多头与期权空头

期权多头，也称期权合约买入者或买方，买入期权合约后，成为期权做多人或期权持有人，处于期权价格看涨部位。期权多头向期权空头支付一定费用后，取得买入或卖出某类标的资产的权利。以下将看到，期权多头有买权多头和卖权多头之分。

期权空头，也称期权合约卖出者或卖方，卖出期权合约后，成为期权做空人或期权签发人，处于期权价格看跌部位。期权空头向期权多头收取一定费用后，承担了卖出或买入某类标的资产的义务。以下将看到，期权空头有买权空头和卖权空头之分。

2. 期权取得与期权行使

从期权多头角度看，期权交易实质涉及两个过程：一是期权取得。期权多头必须向期权空头支付一定费用后，才能取得期权，这一过程决定了期权头寸，即谁是期权多头，谁是期权空头；二是期权行使。期权多头取得期权后，在未来一定时刻，视市场情况，决定是否行使期权，这一过程标志着标的资产的交割，资产交割取决于期权性质，即买权和卖权。

（二）期权性质：买权、卖权

在规定有效期内，期权多头有权利按约定价格买入或卖出一定数量的某种标的资产；期权空头有义务按约定价格卖出或买入相应数量的该种标的资产。期权多头有权利买入某种标的资产，同时，期权空头有义务卖出该种标的资产，是买权赋予的；期权多头有权利卖出某种标的资产，同时，期权空头有义务买入该种标的资产，是卖权赋予的。

因此，期权按性质分为买权和卖权。

（1）买权。若期权多头拥有在有效期内，以一定价格买入标的资产的权利，称为买权。买权多头之所以买入买权，直接基于对买权价格看涨，间接基于对标的资产价格看涨（怕涨或盼涨），以便在未来标的资产市场价格上涨时购买有利，如采购商和进口商惧怕价格上涨而锁定成本，进仓的投资商盼望价格上涨而增加盈利。买权的实质是对标的资产价格"看涨"，故也称看涨期权；买权的表象是最终"购买"标的资产，故也称认购期权、择购期权。

买权有买权多头和买权空头之分。买权多头对买权价格看涨，对标的资产价格看涨；相反，买权空头对买权价格看跌，对标的资产价格看跌。

（2）卖权。若期权多头拥有的是在有效期内，以一定价格卖出标的资产的权利，称为卖权。卖权多头之所以买入卖权，直接基于对卖权价格看涨，间接基于对标的资产市场价格看跌（怕跌或盼跌），以便在未来标的资产市场价格下跌时售卖有利，如经销商和出口商惧怕价格下跌而锁定收入，出仓的投资商盼望价格下跌而增加盈利。卖权的实质是对标的资产价格"看跌"，故也称看跌期权；卖权的表象是最终"售卖"标的资产，故也称认售期权、择售期权。

卖权有卖权多头和卖权空头之分。卖权多头对卖权价格看涨，对标的资产价格看跌；相反，卖权空头对卖权价格看跌，对标的资产价格看涨。

（三）期权合同：标的资产、有效期、执行价格

期权买卖是基于期权多头和期权空头签订的期权合约，分买权合约和卖权合约。无论买权合约，还是卖权合约，都包括但不限于以下条款：

1. 标的资产

标的资产是买权合约规定的买权多头买入或卖权合约规定的卖权多头卖出的资产种类。标的资产包括经营性资产和金融性资产。前者如粮食、石油、钢铁、贵金属等现货及期货；后者如股票、债券、外汇等现货及期货。基于标的资产的类型，将期权分为经营性期权和金融性期权；基于标的资产性质，将期权分为现货期权和期货期权。每一类标的资产都有买权和卖权之分，如股票（现货、期货）期权有股票（现货、期货）买权和股票（现货、期货）卖权之分。

2. 有效期

有效期是期权合约规定的期权行使期限，常用 T 表示，期权行使是有期限的，过期作废。一般金融性期权合约有效期不超过 1 年。

与有效期相关的是到期日，即期权合约期满或标的资产交割日期。基于有效期，将期权分为欧式期权和美式期权。

（1）美式期权。在合约有效期内任何时间，期权多头可以行使权利，即要求期权空头履行合约，如一个 3 月 20 日到期的期权，多头可以在 3 月 20 日之前的任何一天决定是否行使期权。美式期权有美式买权和美式卖权之分。

（2）欧式期权。只有在合约有效期到期的当日，期权多头才能行使权利，即要求期权空头履行合约，如一个 3 月 20 日到期的外汇期权，多头只能在 3 月 20 日决定是否行使期权。欧式期权有欧式买权和欧式卖权之分。

鉴于美式期权具有更大的灵活性，交易量已然超过欧式期权，成为主流期权，其价格相对昂贵。当然，美式期权和欧式期权的划分并非地理概念。还有一种介于两者之间，在到期日前两周执行期权，称为百慕大期权。

3. 交易单位

交易单位也称合约规模。如股票期权，交易所通常规定的交易单位是 1 手（100 股）标的股票的整倍数，因此，一份股票期权对应的股票数量是 100 股。

4. 执行价格

执行价格也称履约价格、协定价格、敲定价格，常用 X 表示，即期权多头和期权空头在期权合约中商定的某种标的资产买卖价格。一经约定，该价格在合约有效期内一般不变。执行价格有买权执行价格和卖权执行价格之分。

（四）期权价值及其影响因素

中国人常说"天上不会掉下馅饼"，西方人常说"天下没有免费午餐"，这两句话应验了期权"多头"地位的取得，需要付费。这个付费的数额就是期权价格，即期权合约买卖的价格。期权价格也称期权费或权利金，是指在订立期权合约时，期权多头为获取期权，必须付出代价，支付给期权空头一笔无追索权费用，即"权钱交易"额。

1. 期权价值的本质

（1）期权价格有买权价格和卖权价格之分。

（2）期权价格是期权多头的买价（成本），是期权空头的卖价（收入）。

（3）对期权价格看涨是期权多头买入期权的基本动因；对期权价格看跌是期权空头卖出期权的基本动因。

（4）期权价格是期权多头弃权时遭受的最大损失；也是期权空头在期权多头弃权时得到的最大收益。

（5）期权价格相当给期权多头投了一个资产增值保险，又称为期权保险费；也相当于给期权空头添加了一份担保责任，又称为履约保证金。

2. 期权价值构成

期权价值的大小决定了期权价格的高低，是内在价值与时间价值之和。

（1）内在价值。是指期权行使时所产生的经济价值，其大小取决于标的资产的市场价格与执行价格的对比。内在价值是期权交易的最低价格，只能大于或等于零。正因为如此，期权分为价内期权和价外期权。

价内期权，也称溢价期权、实值期权，是指内在价值大于 0 的期权，或者说当期权多头要求期权空头履约时，期权多头可以从中获利的期权。如买权合约中标的资产市场价格高于执行价格（$S > X$），买权多头行权会获利；卖权合约中标的资产市场价格低于执行价格（$S < X$），卖权多头行权会获利。

价外期权，也称折价期权、虚值期权，是指内在价值等于 0 的期权，或者说当期权多头要求期权空头履约时，期权多头不得不蒙受损失的期权。如买权合约中标的资产市场价格低于执行价格（$S < X$），买权多头行权会亏损；卖权合约中资产市场价格高于执行价格（$S > X$），卖权多头行权会亏损。

有时还会出现一种平价期权，如期权合约中标的资产的市场价格等于执行价格。平价期权内在价值等于 0。

内在价值不同于到期日价值。当然，若当期权到期，内在价值与到期日价值相等。价内买权的内在价值用 c_i 表示，如图 3 – 17（A）所示。可以看出，买权多头的内在价值为 $c_i = \max(S - X, 0)$；买权多头的到期日价值为 $c_i = \max(S_T - X, 0)$；买权空头的内在价值为 $c_i = -\max(S - X, 0)$

$= \min(X - S, 0)$；买权空头的到期日价值为 $c_i = \min(X - S_T, 0)$。

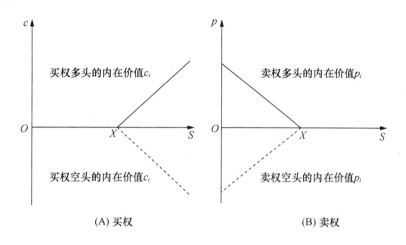

(A) 买权　　　　　　　　　　　(B) 卖权

图 3 - 17　买权和卖权的内在价值

价内卖权的内在价值用 p_i 表示，如图 3 - 17(B)所示。可以看出，卖权多头的内在价值为 $p_i = \max(X - S, 0)$；卖权多头的到期日价值为 $p_i = \max(X - S_T, 0)$；卖权空头内在价值为 $p_i = -\max(X - S, 0) = \min(S - X, 0)$；卖权空头的到期日价值为 $p_i = \min(S_T - X, 0)$。

以上是针对价内期权而言的，也就是说，仅价内期权才有内在价值。价外期权和平价期权的内在价值等于零。

（2）时间价值。是指期权多头向期权空头所支付的高于内在价值的剩余期权费，即期权价值超过内在价值的部分。

买权价值用 c 表示，买权时间价值用 c_t 表示，买权内在价值用 c_i 表示，则：

$c_t = c - c_i$

买权价值、买权的时间价值、买权的内在价值三者的关系，如图 3 - 18 （A）所示。

卖权价值用 p 表示，卖权的时间价值用 p_t 表示，卖权的内在价值用 p_i 表示，则：

$p_t = p - p_i$

卖权价值、卖权的时间价值、卖权的内在价值三者的关系，如图 3 - 18 （B）所示。

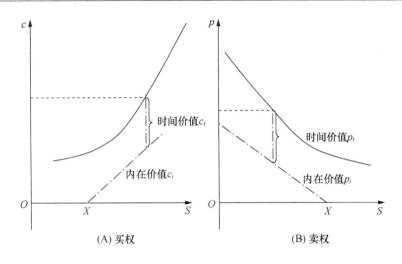

图 3 - 18　买权和卖权的时间价值、内在价值关系

期权的时间价值产生于期权交易双方风险承担的不对称性，很难估算。数额只能用期权价值与期权的内在价值之差来推算。由于价外期权和平价期权的内在价值等于 0，其期权价值等于时间价值。

期权的时间价值是期权的风险溢价，其大小主要受市场价格与执行价格的关系、期权到期日等因素影响。

期权的时间价值是一种等待的价值。在其他条件相同的情况下，离到期日越远，标的资产波动幅度和频率越大，期权的时间价值越大。可以推知，到期日的时间价值等于零。

期权的时间价值不同于货币的时间价值。期权的时间价值是时间和价格波动的函数，时间越长，价格波动的可能性越大，时间价值越大；而货币的时间价值是时间和利率的函数，时间越长，利率越大，时间价值越大。

3. 期权价格的影响因素

（1）与标的资产相关的因素。包括市场价格 S、市场价格波动率 σ 和现金流量 CF。

市场价格 S 的变化尤其是大幅变化，会极大地改变期权价值。事实上，期权与其他衍生金融工具一样，是一种价值取决于标的资产市场价值的资产。

买权内在价值表现为标的资产市场价格与执行价格之间的差额。当资产价格上升，买权内在价值随之增加；反之亦然。可见，买权价格与标的资产市场价格呈正相关。

卖权内在价值表现为执行价格与标的资产市场价格之间的差额。当资产价格上升，卖权内在价值随之减小；反之亦然。可见，卖权价格与标的资产市场价格呈反相关。

市场价格波动率 σ 是标的资产价格的年度期望标准差，随着市场价格波动率的提高，标的资产收益率期望值上涨或下跌的幅度或概率就会增加。

对标的资产持有者（多头）而言，上涨和下跌两种变动趋势将会相互抵消，期望收益率期望值是加权算术平均数。对期权持有者（多头）而言，情况就会大不一样。买权多头将从标的资产价格上涨中获利，即使价格下跌，其最大损失是期权费，两者不会抵消；卖权多头将从标的资产价格下跌中获利，即使价格上涨，其最大损失也是期权费，两者也不会抵消。因此，无论是买权价格还是卖权价格，与标的资产价格波动率都呈正相关。

严格来讲，标的资产市场价格波动率（收益波动率）是期权的最大影响因素。若一种资产的价格变动幅度和频率小，其对应期权并不值钱。

现金流量 CF 是标的资产价值分割或收益分配所引起的现金流出。如股票期权，在除权除息日后，红利的分派会导致股票价格的下跌，对股票买权而言是一个利空，但对股票卖权而言是一个利好。因此，股票买权价格与预期红利大小呈反相关，而股票卖权价格与预期红利大小呈正相关。

（2）与期权合约相关因素。包括执行价格 X 有效期 T。

执行价格 X 是期权多头和期权空头在期权合约中商定的对应标的资产的交割价格。一经约定，这种价格在合约有效期内一般固定不变。

买权内在价值表现为标的资产市场价格与执行价格之差。当执行价格上升，买权内在价值随之减小；反之亦然。因此，买权价格与执行价格呈反相关。

卖权内在价值表现为执行价格与标的资产市场价格之差。当执行价格上升，卖权内在价值随之增加；反之亦然。因此，卖权价格与执行价格呈正相关。

有效期 T 是指期权合约规定的行使期权的时间限制。期权行使是有时间限制的，过期作废。金融性期权合约的有效期不超过 1 年。

美式期权可以在有效期内任何时刻行权，有效期较长的期权的行权机会，不仅涵盖了相应有效期较短的期权的所有行权机会，而且由于期限越长，标的资产价格波动率可能越大，行权机会越多。因此，无论是美式买权价格还是美式卖权价格，与有效期都呈正相关。

欧式期权只能在到期日行权，无论有效期较长的期权价格，还是有效期较短的期权价格；无论欧式买权价格，还是欧式卖权价格，与有效期并不存在必然的相关性。

（3）与资本市场有关的因素。主要是无风险利率 r。严格地说，无风险利率对期权价格的影响并不那么直接和显著。当市场利率上升，标的资产（如股票）价格在总体上倾向于预期增长，同时，资产持有者的未来收益的折现值趋向于减小。这两种影响趋势都会降低卖权价值。因此，卖权价格与无风险利率呈反相关。对买权而言，当市场利率上升，资产价格预期增长会提高买权价值，资产未来收益现值减小会降低买权价值，只是前者所起的作用占据主导地位，仍使买权价值处于增长状况。因此，买权价格与无风险利率呈正相关。

二　期权定价模型

期权价格是期权合约的根本要素，那么，期权价格怎么确定？目前影响最大的定价模型是 B—S 模型，其次是二叉树模型。

（一）B—S 模型

B—S 模型是布莱克—斯科尔斯（Black – Scholes）模型的简称，它建立在一系列的假设基础上：第一，标的资产价格服从对数分布；第二，不存在交易成本或税收；第三，不存在无风险套利机会；第四，投资者能够以同样无风险利率贷款或借款；第五，股票期权在有效期内没有红利支付。

1. 欧式买权的 B—S 模型

$$c = S \times N(d_1) - X \times e^{-rT} \times N(d_2)$$

式中：c 为买权价值，S 为标的资产市场价格，X 为执行价格，$N(d)$ 为标准正态分布 $N(0, 1)$ 下变量值不大于标准差（个数），即 $x \leq d$ 的累计概率，e^{-rT} 为连续复利下一元复利现值系数：

$$d_1 = \frac{\ln \dfrac{S}{X} + (r + \dfrac{\sigma^2}{2})T}{\sigma \times \sqrt{T}} = \frac{\ln \dfrac{S}{X \times e^{-rT}}}{\sigma \times \sqrt{T}} + \frac{\sigma \times \sqrt{T}}{2}$$

$$d_2 = \frac{\ln \frac{S}{X} + \left(r - \frac{\sigma^2}{2}\right) T}{\sigma \times \sqrt{T}} = \frac{\ln \frac{S}{X \times e^{-rT}}}{\sigma \times \sqrt{T}} - \frac{\sigma \times \sqrt{T}}{2} = d_1 - \sigma \times \sqrt{T}$$

经营性期权中，常用 $(P/F, r, T) = (1+r)^{-T}$ 近似代替 e^{-rT}。

2. 欧式卖权的 B—S 定价模型

$$p = X \times e^{-rT} \times N(-d_2) - S \times N(-d_1)$$

式中：p 为卖权价值，$N(-d) = 1 - N(d)$

【例 3 – 27】一个欧式股票期权，有效期 6 个月，股票现价 42 元，期权执行价格 40 元，无风险年利率 10%，股票价格波动率 20%。计算股票的买权价值和卖权价值。

解

$S = 42$ 元，$X = 40$ 元，$\sigma = 0.2$，$r = 0.1$，$T = 0.5$ 年

$e^{-rT} = e^{-0.1 \times 0.5} = e^{-0.05} = 0.9512$

$$d_1 = \frac{\ln \frac{S}{X \times e^{-rT}}}{\sigma \times \sqrt{T}} + \frac{\sigma \times \sqrt{T}}{2} = \frac{\ln \frac{42}{40 \times 0.9512}}{0.2 \times \sqrt{0.5}} + \frac{0.2 \times \sqrt{0.5}}{2} = 0.7694, \quad N$$

$(d_1) = 0.7792$

$$d_2 = d_1 - \sigma \times \sqrt{T} = 0.7694 - 0.2 \times \sqrt{0.5} = 0.6280, \quad N(d_2) = 0.7350$$

$$c = S \times N(d_1) - X \times e^{-rT} \times N(d_2) = 42 \times 0.7792 - 40 \times 0.9512 \times 0.7350$$
$$= 4.76(\text{元})$$

股票买权价值为 4.76 元。

$N(-d_1) = 1 - N(d_1) = 1 - 0.7792 = 0.2208$，$N(-d_2) = 1 - N(d_2) = 1 - 0.7350 = 0.2650$

$$p = X \times e^{-rT} \times N(-d_2) - S \times N(-d_1) = 40 \times 0.9512 \times 0.2650 - 42 \times 0.2208 = 0.81(\text{元})$$

股票卖权价值为 0.81 元。

（二）二叉树模型

二叉树模型也称二项式模型。

1. 欧式买权的二叉树模型

$$c = e^{-nrT} \sum_{j=0}^{n} \left[\frac{n}{j(n-j)} P^j (1-P)^{n-j} c_{ujdn-j} \right]$$

式中：标的资产价格上升幅度 u，下降幅度 d，价格上升或下降所需

要时间 T，期权期限内价格上升或下降的次数 n，上升期次 j，下降期次 $n-j$，期次上的资产价格 $u^j d^{n-j} \times S$，j 期次上的买权价格 $c_{u^j d^{n-j}} = \max (u^j d^{n-j} \times S - X, 0)$，上升或下降的概率 P，其具体计算式如下：

$$P = \frac{(P/F, r, T) - d}{u - d} = \frac{(1+r)^T - d}{u - d}$$

此式适用于每年复利一次，通常在经营性期权中使用。

$$P = \frac{e^{rT} - d}{u - d}$$

此式适用于连续复利，通常在金融性期权中使用。

有时干脆用单利，$P = \dfrac{(1+rT) - d}{u - d}$。

当 $n = 1$，标的资产价格和买权价格分解如图 3-19(A)所示，欧式买权价值为：

$$c = e^{-rT} [Pc_u + (1-P)c_d]$$

当 $n = 2$，标的资产价格和买权价格的分解如图 3-19(B)所示，欧式买权的价值为：

$$c = e^{-2rT} [P^2 c_{u^2} + 2P(1-P)c_{ud} + (1-P)^2 c_{d^2}]$$

当 $n = 3$，标的资产价格和买权价格的分解如图 3-19(C)，欧式买权的价值为：

$$c = e^{-3rT} [P^3 c_{u^3} + 3P^2(1-P)c_{u^2d} + 3P(1-P)^2 c_{ud^2} + (1-P)^3 c_{d^3}]$$

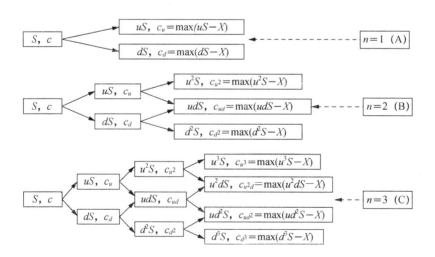

图 3-19　标的资产市场价格和买权价格的二叉树

以此类推。

当 $n = 4$

$$c = e^{-4rT}\big[P^4 c_{u^4} + 4P^3(1-P)c_{u^3 d} + 6P^2(1-P)^2 c_{u^2 d^2} + 4P(1-P)^3 c_{ud^3} + (1-P)^4 c_{d^4}\big]$$

当 $n = 5$

$$c = e^{-5rT}\big[P^5 c_{u^5} + 5P^4(1-P)c_{u^4 d} + 10P^3(1-P)^2 c_{u^3 d^2} + 10P^2(1-P)^3 c_{u^2 d^3} + 5P(1-P)^4 c_{ud^4} + (1-P)^5 c_{d^5}\big]$$

当 $n = 6$

$$c = e^{-6rT}\big[P^6 c_{u^6} + 6P^5(1-P)c_{u^5 d} + 15P^4(1-P)^2 c_{u^4 d^2} + 20P^3(1-P)^3 c_{u^3 d^3} + 15P^2(1-P)^4 c_{u^2 d^4} + 6P(1-P)^5 c_{ud^5} + (1-P)^6 c_{d^6}\big]$$

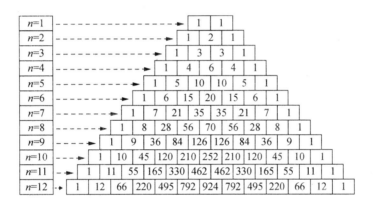

图 3-20　二叉树分解的系数

2. 欧式卖权的二叉树模型

$$p = e^{-nrT} \sum_{j=0}^{n}\left[\frac{n!}{j!\,(n-j)!}P^j(1-P)^{n-j}p_{u^j d^{n-j}}\right]$$

式中：$p_{u^j d^{n-j}} = \max(X - u^j d^{n-j} \times S,\ 0)$

同样，当 $n = 1$，欧式卖权价值为 $p = e^{-rT}\big[Pp_u + (1-P)p_d\big]$

当 $n = 2$，欧式卖权价值为 $p = e^{-2rT}\big[P^2 p_{u^2} + 2P(1-P)p_{ud} + (1-P)^2 p_{d^2}\big]$

当 $n = 3$，欧式卖权价值为 $p = e^{-3rT}\big[P^3 p_{u^3} + 3P^2(1-P)p_{u^2 d} + 3P(1-P)^2 p_{ud^2} + (1-P)^3 p_{d^3}\big]$

以此类推。标的资产价格和卖权价格分解如图 3-21 所示。

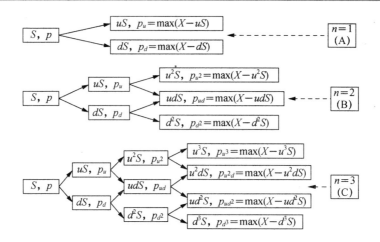

图 3-21 标的资产市场价格和卖权价格的二叉树

【例 3-28】一个欧式股票期权，有效期 9 个月，股票现价 80 元，期权执行价格 85 元，无风险年利率 10%，股票价格每 3 个月上升或下降 20%。计算股票买权和股票卖权价值。

解

已知 $S=80$，$X=85$，$r=0.1$，$T=0.25$，$n=3$，$u=1.2$，$d=0.8$

$u^3S=1.2^3 \times 80=138.24$，$c_{u^3}=\max(u^3S-X, 0)=\max(138.24-85, 0)=53.24$

$u^2dS=1.2^2 \times 0.8 \times 80=92.16$，$c_{u^2d}=\max(u^2dS-X, 0)=\max(92.16-85, 0)=7.16$

$ud^2S=1.2 \times 0.8^2 \times 80=61.44$，$c_{ud^2}=\max(ud^2S-X, 0)=\max(61.44-85, 0)=0$

$d^3S=0.8^3 \times 80=40.96$，$c_{d^3}=\max(d^3S-X, 0)=\max(40.96-85, 0)=0$

$e^{rT}=e^{0.1 \times 0.25}=e^{0.025}=1.0253$，$P=\dfrac{e^{rT}-d}{u-d}=\dfrac{1.0253-0.8}{1.2-0.8}=0.5632$

$e^{-3rT}=e^{-3 \times 0.1 \times 0.25}=e^{-0.075}=0.9278$

$c=e^{-3rT}[P^3c_{u^3}+3P^2(1-P)c_{u^2d}+3P(1-P)^2c_{ud^2}+(1-P)^3c_{d^3}]$

$c=0.9278 \times [0.5632^3 \times 53.24+3 \times 0.5632^2 \times 0.4368 \times 7.16+3 \times 0.5632 \times 0.4368^2 \times 0+0.4368^3 \times 0]$

$c=0.9278 \times (9.51+2.98+0+0)=11.58(元)$

欧式买权价值为 11.58 元。

$u^3 S = 1.2^3 \times 80 = 138.24$，$p_{u^3} = \max(X - u^3 S, 0) = \max(85 - 138.24, 0) = 0$

$u^2 dS = 1.2^2 \times 0.8 \times 80 = 92.16$，$p_{u^2 d} = \max(X - u^2 dS, 0) = \max(85 - 92.16, 0) = 0$

$ud^2 S = 1.2 \times 0.8^2 \times 80 = 61.44$，$p_{ud^2} = \max(X - ud^2 S, 0) = \max(85 - 61.44, 0) = 23.56$

$d^3 S = 0.8^3 \times 80 = 40.96$，$p_{d^3} = \max(X - d^3 S, 0) = \max(85 - 40.96, 0) = 44.04$

$$p = e^{-3rT} \left[P^3 p_{u^3} + 3P^2(1 - P) p_{u^2 d} + 3P(1 - P)^2 p_{ud^2} + (1 - P)^3 p_{d^3} \right]$$

$$p = 0.9278 \times \left[0.5632^3 \times 0 + 3 \times 0.5632^2 \times 0.4368 \times 0 + 3 \times 0.5632 \times 0.4368^2 \times 23.56 + 0.4368^3 \times 44.04 \right]$$

$$p = 0.9278 \times (0 + 0 + 7.59 + 3.67) = 10.44 (元)$$

欧式卖权价值为 10.44 元。

虽然二叉树模型计算结果较粗糙，且计算难度较大，但是，当 n 越大时，二叉树模型的计算结果越稳定，也与 B—S 模型的计算结果越趋于一致，这是二叉树模型的合理性和实用性的真谛。

当 n 很大时，上升率和下降率计算式为 $u = e^{\sigma \sqrt{T}}$，$d = e^{-\sigma \sqrt{T}}$，$ud = 1$，这样既方便计算，也将二叉树模型与 B—S 模型统一起来。

【例 3 - 29】一个欧式股票期权，有效期 9 个月，股票现价 40 元，期权执行价格 42 元，无风险年利率 10%，股票价格每个月上升或下降一次，价格波动率 20%。比较二叉树模型与 B—S 模型。

解

已知 $S = 40$，$X = 42$，$r = 0.1$，$T = 1 \div 12$，$n = 9$，$T = 0.75$（B—S 模型），$\sigma = 20\%$

采用二叉树模型：

$u = e^{\sigma \sqrt{T}} = e^{0.2 \times \sqrt{1 \div 12}} = 1.0592$，$d = 1 \div u = 0.9441$

$u^9 S = 1.0592^9 \times 40 = 67.12$，$c_{u^9} = \max(u^9 S - X, 0) = \max(67.12 - 42, 0) = 25.12$

$u^8 dS = 1.0592^8 \times 0.9441 \times 40 = 59.82$，$c_{u^8 d} = \max(u^8 dS - X, 0) = \max(59.82 - 42, 0) = 17.82$

$u^7 d^2 S = 1.0592^7 \times 0.9441^2 \times 40 = 53.32$，$c_{u^7 d^2} = \max(u^7 d^2 S - X, 0) =$

$\max(53.32 - 42, \ 0) = 11.32$

$u^6 d^3 S = 1.0592^6 \times 0.9441^3 \times 40 = 47.52$，$c_{u^6 d^3} = \max(u^6 d^3 S - X, \ 0) =$ $\max(47.52 - 42, \ 0) = 5.52$

$u^5 d^4 S = 1.0592^5 \times 0.9441^4 \times 40 = 42.35$，$c_{u^5 d^4} = \max(u^5 d^4 S - X, \ 0) =$ $\max(42.35 - 42, \ 0) = 0.35$

可以推断：$c_{u^4 d^5} = c_{u^3 d^6} = c_{u^2 d^7} = c_{u d^8} = c_{d^9} = 0$

$e^{rT} = e^{0.1 \times 1 \div 12} = e^{1 \div 120} = 1.0083$，$P = \dfrac{e^{rT} - d}{u - d} = \dfrac{1.0083 - 0.9441}{1.0592 - 0.9441} = 0.5578$

$e^{-9rT} = e^{-9 \times 0.1 \times 1 \div 12} = e^{-0.075} = 0.9278$

$$c = e^{-9rT} \begin{bmatrix} P^9 c_{u^9} + 9 P^8 (1 - P) c_{u^8 d} + 36 P^7 (1 - P)^2 c_{u^7 d^2} \\ + 84 P^6 (1 - P)^3 c_{u^6 d^3} + 126 P^5 (1 - P)^4 c_{u^5 d^4} \\ + 126 P^4 (1 - P)^5 c_{u^4 d^5} + 84 P^3 (1 - P)^6 c_{u^3 d^6} \\ + 36 P^2 (1 - P)^7 c_{u^2 d^7} + 9 P (1 - P)^8 c_{u d^8} + (1 - P)^9 c_{d^9} \end{bmatrix}$$

$$c = 0.9278 \times \begin{bmatrix} 0.5578^9 \times 25.12 + 9 \times 0.5578^8 \times 0.4422 \times 17.12 \\ + 36 \times 0.5578^7 \times 0.4422^2 \times 11.32 \\ + 84 \times 0.5578^6 \times 0.4422^3 \times 5.52 + 126 \times 0.5578^5 \\ \times 0.4422^4 \times 0.35 + 126 \times 0.5578^4 \times 0.4422^5 \times 0 \\ + 84 \times 0.5578^3 \times 0.4422^6 \times 0 + 36 \times 0.5578^2 \times 0.4422^7 \\ \times 0 + 9 \times 0.5578 \times 0.4422^8 \times 0 + 0.4422^9 \times 0 \end{bmatrix}$$

$c = 0.9278 \times (0.13 + 0.66 + 1.34 + 1.21 + 0.09 + 0 + 0 + 0 + 0 + 0)$

$\quad = 3.18$（元）

股票买权价值为 3.18 元。

$d^9 S = 0.9441^9 \times 40 = 23.82$，$p_{d^9} = \max(X - d^9 S, \ 0) = \max(42 - 23.82, \ 0) = 18.18$

$u d^8 S = 1.0592 \times 0.9441^8 \times 40 = 26.76$，$p_{u^8 d} = \max(X - u d^8 S, \ 0) = \max(42 - 26.76, \ 0) = 15.24$

$u^2 d^7 S = 1.0592^2 \times 0.9441^7 \times 40 = 29.98$，$p_{u^2 d^7} = \max(X - u^2 d^7 S, \ 0) =$ $\max(42 - 29.98, \ 0) = 12.02$

$u^3 d^6 S = 1.0592^3 \times 0.9441^6 \times 40 = 33.65$，$p_{u^3 d^6} = \max(X - u^3 d^6 S, \ 0) =$ $\max(42 - 33.65, \ 0) = 8.35$

$u^4 d^5 S = 1.0592^4 \times 0.9441^5 \times 40 = 37.76$，$p_{u^4 d^5} = \max(X - u^4 d^5 S, \ 0) =$

$\max(42 - 37.76,\ 0) = 4.24$

$u^5 d^4 S = 1.0592^5 \times 0.9441^4 \times 40 = 42.36$，$p_{u^5 d^4} = \max(X - u^5 d^4 S,\ 0) =$
$\max(42 - 42.36,\ 0) = 0$

同样，$p_{u^6 d^3} = p_{u^7 d^2} = p_{u^8 d} = p_{u^9} = 0$

$$p = e^{-9rT} \begin{bmatrix} P^9 p_{u^9} + 9P^8(1-P) p_{u^8 d} + 36P^7(1-P)^2 p_{u^7 d^2} \\ + 84P^6(1-P)^3 p_{u^6 d^3} + 126P^5(1-P)^4 p_{u^5 d^4} \\ + 126P^4(1-P)^5 p_{u^4 d^5} + 84P^3(1-P)^6 p_{u^3 d^6} \\ + 36P^2(1-P)^7 p_{u^2 d^7} + 9P(1-P)^8 p_{u d^8} + (1-P)^9 p_{d^9} \end{bmatrix}$$

$$p = 0.9278 \times \begin{bmatrix} 0.5578^9 \times 0 + 9 \times 0.5578^8 \times 0.4422 \times 0 + 36 \\ \times 0.5578^7 \times 0.4422^2 \times 0 + 84 \times 0.5578^6 \times 0.4422^3 \times 0 \\ + 126 \times 0.5578^5 \times 0.4422^4 \times 0 + 126 \times 0.5578^4 \\ \times 0.4422^5 \times 4.24 + 84 \times 0.5578^3 \times 0.4422^6 \times 8.35 \\ + 36 \times 0.5578^2 \times 0.4422^7 \times 12.02 + 9 \times 0.5578 \\ \times 0.4422^8 \times 15.24 + 0.4422^9 \times 18.18 \end{bmatrix}$$

$p = 0.9278 \times (0 + 0 + 0 + 0 + 0 + 0.87 + 0.91 + 0.45 + 0.11 + 0.01) =$
$2.18(元)$

股票卖权价值为 2.18 元。

采用 B—S 模型：

$e^{-rT} = e^{-0.1 \times 0.75} = e^{-0.075} = 0.9278$

$$d_1 = \frac{\ln \dfrac{S}{X \times e^{-rT}}}{\sigma \times \sqrt{T}} + \frac{\sigma \times \sqrt{T}}{2} = \frac{\ln \dfrac{40}{42 \times 0.9278}}{0.2 \times \sqrt{0.75}} + \frac{0.2 \times \sqrt{0.75}}{2} = 0.2379,\ N$

$(d_1) = 0.5940$

$d_2 = d_1 - \sigma \times \sqrt{T} = 0.2379 - 0.2 \times \sqrt{0.5} = 0.0647$，$N(d_2) = 0.5258$

$c = S \times N(d_1) - X \times e^{-rT} \times N(d_2) = 40 \times 0.5940 - 42 \times 0.9278 \times 0.5258$
$= 23.76 - 20.49 = 3.27(元)$

股票买权价值为 3.27 元，与二叉树模型 3.18 元非常接近。

$N(-d_1) = 1 - N(d_1) = 1 - 0.5940 = 0.4060$，$N(-d_2) = 1 - N(d_2) = 1$
$- 0.5258 = 0.4742$

$p = X \times e^{-rT} \times N(-d_2) - S \times N(-d_1) = 42 \times 0.9278 \times 0.4742 - 40 \times$
$0.4060 = 18.48 - 16.24 = 2.24(元)$

股票卖权价值为 2.24 元，与二叉树模型 2.18 元非常接近。

三 期权在财务活动中的应用

在财务活动尤其是财务决策中，财务活动主体面临诸多选择，拥有许许多多"可以但非必须"的灵活性。如在研究开发上，有产品研发、设备研发、技术研发选择的灵活性；在不失研发机会的前提下，有马上研发、等待研发选择的灵活性；在着手研发的情况下，有增加研发规模、缩小研发规模选择的灵活性。人们把这种财务活动的灵活性称为实物期权。

实物期权分为三类：一是增长期权。或表现为规模扩大，称为扩张期权；或表现为范围扩大，称为进入期权。二是放弃期权。或表现为规模缩小，称为压缩期权；或表现为范围缩小，称为退出期权。三是延迟期权，主要表现为时间的等待，称为时机期权。

（一）长期经营性投资中的期权：固定资产、无形资产、并购

1. 固定资产投资：一项买权

在固定资产投资中，虽然企业未来现金流量不足以弥补初始投资，即净现值小于 0，但企业拥有一些无形资产（如专利权、许可证等），具有很高的盈利空间和实际价值，企业可以将其充分利用，或将其转让。因此，未来投资（后期投资）是目前未被充分利用的盈利机会，这个盈利机会相当于买入或拥有了一个买权，这个买权以未来原始投资为执行价格、以未来净营业现金流量的现值为现行市场价格。

有关内容在第四章第二节中详细论述。

2. 专利权：一项买权

企业购买一项专利，相当于持有一个买权。购买专利所支付的专利费是该买权的购买价格或购买成本。为使专利投产运营而进行的研发、生产、销售、管理等投资，相当于买权的执行价格；专利投产运营后所产生的净营业现金流量的现值，相当于买权的当前市场价格。与专利权类似的，还有商标权、著作权等。

【例 3 – 30】购买了一项专利，为实现投产运营，前期投资（厂房、设备、人员配备、原材料投入、生产调试等）为 200 万元，建设及投产前准备时间为 9 个月，投产后产生的净营业现金流量的现值为 220 万元，据估计，经营收益波动率为 30%，无风险收益率为 5%。

解

已知 $S = 220$，$X = 200$，$r = 0.05$，$T = 0.75$，$\sigma = 30\%$

解得：$c = 37.7$ 万元

3. 其他难以计量的无形资产：一项买权

既然专利权、商标权、著作权是一项买权，其他难以计量的无形资产（包括商誉）相当于一种买权，就在情理之中。一个企业无形资产价值，等于总资产价值超过有形资产价值的部分，可能来源于研发者创新能力、经营者开拓能力、管理者运筹效率、企业市场声誉等。

针对"总资产价值 = 有形资产价值 + 无形资产价值"，存在这样一个基本事实：有形资产价值相对稳定，单纯有形资产无法实现价值增值；无形资产价值具有极大的不确定性，只有无形资产是价值增值的源泉。根据期权性质，企业未来前景越不确定，无形资产的重要性就越大，其价值也就越大。

若把无形资产价值看成一项买权，有形资产价值是该项买权的执行价格，总资产价值（未来净营业现金流量的现值）是该项买权的现行市场价格。这是因为，当总资产价值小于有形资产价值，无形资产价值等于0；当总资产价值大于有形资产价值，无形资产价值大于0，且总资产价值越大，无形资产价值越大。

【例 3 – 31】一个创业企业，准备花 4 年时间，有形资产规模达到 3000 万元，在此期间，准备引进大量研发人员、经营管理人员和财务人员，4 年后产生的净营业现金流量的现值为 8000 万元，专家估计，经营收益波动率为 40%，无风险收益率为 10%。

解

已知 $S = 8000$，$X = 3000$，$r = 0.1$，$T = 4$，$\sigma = 40\%$

解得：$c = 6041$ 万元

4. 特许经营权：一项卖权

国家出于经济安全和政治稳定的全盘考虑，对关乎国计民生的重要产品和物资都制定了收购牌价，最普遍的是农产品。

农产品业主获得农产品收购牌价，相当于拥有一个卖权，农产品收购牌价是该项卖权的执行价格，农产品市场价格是该项卖权的现行市场价格。这是因为，当农产品供不应求，市场价格高于收购牌价，农产品业主就会选择将农产品卖给市场，卖权价值等于0；当农产品供过于求，市场价格低于收购牌价，业主就会选择将农产品卖给国家，卖权价值大于0，且市场价格越低，卖权价值越大。

农产品业主拥有的与市场价格并行的农产品收购牌价，是国家"免费"赠送给农产品业主的卖权，是对农业、农民、农村的扶持。那么，这种扶持力度的价值有多大？

【例3－32】目前小麦的市场价格是1.9元/公斤，国家下年同时制定并实施的小麦收购牌价是2.0元/公斤。根据以往近几年数据分析，小麦价格波动率为20%，无风险收益率为5%。

解

已知 $S=1.9$，$X=2$，$r=0.05$，$T=1$，$\sigma=20\%$

解得：$p=0.152$ 元

5. 研发（R&D）投资：一项买权

研发投资作为一项买权，与固定资产投资、并购投资有诸多相似之处，不再赘述。

6. 并购（M&A）投资：一项买权

在并购中，虽然目标企业的未来现金流量不足以弥补并购成本，但其拥有的无形资产（如专利权、许可证等）具有很高实际价值，并购企业可以将其充分利用。因此，这些无形资产是目前没有被充分利用的投资机会，并购相当于买入一个买权。

【例3－33】假定目标企业有10年的销售许可证，预计重组生产部门、员工培训、销售推广等初始投资10000万元。并购企业利用销售许可证产生的未来现金流量的现值8000万元。然而，尽管当前生产成本高，业务量小，但是，随着销售增加，生产成本会下降，同时，生产技术的改进也会降低生产成本，从而降低产品价格，进而扩大销售量。通过对过去类似产品的分析，预测资产收益的方差为3%。假定10年的无风险利率为10%。

解

已知 $S=8000$，$X=10000$，$r=0.1$，$T=10$，$\sigma^2=3\%$

解得：$c=3128$ 万元

（二）证券评价中的期权：股票、债券、混合证券

1. 股票价值：一项买权

股东对公司债务负有限责任。若股东不能如期清偿债务，公司就会存在破产或被接管的危险，股东剩余为0，股票价值为0；若股东按期全额支付债务本息，股东不仅仍然可以拥有公司，而且可以获得全部剩余。因

此，股票价值相当一个买权。

事实上，针对"公司价值＝债务价值＋股权价值"，存在这样一个前提：债务价值相对稳定，股权价值具有极大的不确定性。若把股权价值看成一项买权，债务价值（到期本利和）是该买权的执行价格，公司价值（未来净营业现金流量的现值）是该买权的现行市场价格，债务期限是该买权的有效期。这是因为，当公司价值小于债务价值，股权价值等于 0；当公司价值大于债务价值，股权价值大于 0，且公司价值越大，股权价值越大。

【例 3 - 34】某公司目前有 2 年到期的债务本息 660 万元，经评估，公司价值为 2000 万元，公司收益波动率 30%，假定无风险利率 5%。

解

已知 $S = 2000$，$X = 660$，$r = 0.05$，$T = 2$，$\sigma = 30\%$

解得：$c = 1403$ 万元

2. 债券价值：一种买权空头

股权价值是以债务价值为执行价格、以公司价值为市场价格的买权，而债务价值是公司价值与股权价值的差额，那么，债务价值等于公司价值减去买权多头（加上买权空头）就显而易见了。事实上，债务到期时，若公司价值低于债务本息，债权人拥有公司，债务价值等于公司价值；若公司价值高于债务本息，无论高多少，债务价值等于债务本息。

3. 混合证券价值：嵌入一项买权/卖权

混合证券大体上分为六类：一是认股权证，包括认购权证与认沽权证；二是可转换证券，包括可转换债券与可转换优先股；三是可交易证券，主要指可交易债券；四是附认股权证债券；五是可回购（赎回）证券，包括可回购债券与可回购股票；六是可回售（退回）证券，包括可回售债券与可回售股票。这些混合证券中嵌入一项期权，有买权，也有卖权；有赋予证券投资者的，也有赋予证券发行人的。

（三）债务担保中的期权

债务担保是常见的财务活动。各种债务尤其是长期债务（发行债券和长期借款）往往需要担保，涉及债权人、债务人和保证人三方。债务担保分全额担保和非全额担保，其中后者有差额担保和比率担保之分。

1. 全额担保：一项卖权

假定甲（一般为银行）向乙（一般为企业）提供一笔到期本息为 X

的贷款，丙（一般为融资担保公司或政府）作为债务的保证人。全额担保是指无论乙是否发生财务困难甚至破产，甲能够如期得到偿还资金 X，原因是丙为这笔债务提供了百分之百的担保。

保证人提供债务担保的价值，相当于拥有一个卖权，债务到期账面价值为该卖权的执行价格，债务人的资产价值为该卖权的市场价格，债务到期时间为该卖权的有效期。这是因为，当债务人资产价值大于或等于债务账面价值 X，保证人提供担保的内在价值为 0；当债务人资产价值小于债务账面价值 X，保证人提供担保的内在价值大于 0，且债务人资产价值越小，保证人提供担保的内在价值越大。

【例 3 - 35】 假定乙公司价值经评估为 5000 万元，且仅有一笔 5 年期贷款，到期本息为 2000 万元，经测算，公司收益波动率为 25%，无风险收益率为 5%。

解

已知 $S = 5000$，$X = 2000$，$r = 0.05$，$T = 5$，$\sigma = 25\%$

解得：$p = 10.14$ 万元

2. 差额担保：仍为一项完整卖权

差额担保通常约定，当债务人资产价值小于债务账面价值 X 在一定范围 Y 内，保证人不予补偿。如果债务人出现资不抵债时，归还的债务金额（债务人资产变卖价值）加上保证人的补偿金额仍会小于债务账面价值 X，这便是"差额"的含义。也即，当债务人资产价值低于债务账面价值的差额不超过补偿限额时，保证人无须承担补偿责任，这样，尽管有担保，但不能保证能够足额偿还本息。

差额担保属于非全额担保，反观之，全额担保是特殊的差额担保，即担保差额为 0 的差额担保。差额担保仍是一个完整卖权，与全额担保相比，只是执行价格较小，执行价格的减小数就是担保差额。

【例 3 - 36】 承例 3 - 34，其他条件不变。但规定，一旦乙公司出现财务危机，保证人负责如期补偿公司资产变卖价值低于债务账面价值 X 超过 120 万元（Y）的部分。

解

已知 $S = 5000$，$X = 2000 - 120 = 1880$，$r = 0.05$，$T = 5$，$\sigma = 25\%$

解得：$p = 6.91$ 万元

3. 比率担保：一项不完整卖权

比率担保通常约定，当债务人资产价值小于债务账面价值 X，保证人如期按小于 100% 的某一比率 Z 予以补偿。

比率担保属于非全额担保，反观之，全额担保是特殊的比率担保，即担保比率为 100% 的比率担保。从期权意义上讲，担保比率为 100% 的全额担保，当债务人资产价值低于债务账面价值，这个差额由保证人全额补偿，故内在价值与横轴夹角为 45 度，而比率担保要乘以补偿比率，故内在价值线与横轴的夹角就会小于 45 度，等于 45 度乘以担保比率。因此，尽管比率担保仍为一项卖权，但已然不是一项完整卖权。譬如，当担保比率为 50%，可以说半个卖权。

【例 3-37】承例 3-35，其他条件不变。但规定，一旦乙公司出现财务危机，保证人负责如期补偿公司资产变卖价值低于债务账面价值 X 的部分的 80%（Z）。

解

已知全额担保：$p = 10.14$ 万元

比率担保：$p = 10.14 \times 80\% = 8.11$（万元）

（四）日常经营中的期权

1. 订金合同：一项买权/卖权

预付/预收订金购销合同在现实中大量存在。订金合同作为一项期权，其性质取决于具体的市场条件。在卖方市场（供不应求）下，买方预付订金旨在取得按一定价格购买某一商品的权利，这个订金合同的买权特征显而易见。在买方市场（供过于求）下，卖方预收订金旨在取得按一定价格售卖某一商品的权利，这个订金合同的卖权特征不言而喻。

订金标准如何制定？对卖方而言，虽然较低的订金能够吸引客户，但过低的订金却不容易锁定客户，买方宁愿放弃买权。

【例 3-38】一个注明用料、尺寸、式样的家具购销合同，合同价款为 30000 元，交货期 1 个月，卖方预收订金 1000 元，买方在 1 个月后收到家具时，再一次性补付余下货款 29000 元。假定此类家具的年度收益波动率为 30%，无风险利率为 5%。

解

第一种情况：执行价格受订金影响

已知 $S = 30000$，$X = 30000 - 1000 = 29000$，$r = 0.05$，$T = 1/12$，σ

=30%

解得：$c = 1678$ 元；$p = 557$ 元

第二种情况：执行价格不受订金影响

已知 $S = 30000$，$X = 30000$，$r = 0.05$，$T = 1/12$，$\sigma = 30\%$

解得：$c = 1097$ 元；$p = 938$ 元

2. 招标/投标：一项卖权/买权

招标/投标中，投标人（卖方，如承包商）常常面临两难选择：要价太高，则不容易中标；要价太低，则不利于盈利。另外，中标后，还会面对价格波动的风险。尽管事先预算能够盈利，但因价格变化而转盈为亏，落个赔本赚吆喝。

这种情况尤其出现在以外币计价的国际招标/投标中，投标人常常面临汇率波动（上升或下降）的风险。

【例 3 - 39】某中国承包商参加一次国际招标/投标，以美元计价。为避免中标后收入面临汇率下降风险，买入了一个执行价格 1 美元 = 6.15 元人民币的美元卖权。假定该承包商要价 10 亿美元。

在中标情况下，若市场汇率小于 6.15，则该承包商按执行价格将美元兑换为人民币，收入锁定为 61.5 亿元人民币；若市场汇率大于 6.15，则该承包商按市场价格将美元兑换为人民币，收入会超过 61.5 亿元人民币。

在未中标的情况下，若市场汇率小于 6.15，则该承包商按卖权合约赚取汇率价差，盈利为 10 × （6.15 - 市价）亿元人民币；若市场汇率大于 6.15，则该承包商放弃卖权即可。

【例 3 - 40】某中国承包商参加一次国际货物招标/投标，以人民币元计价。为避免中标后的收入面临汇率上升的风险，买入了一个执行价格 1 欧元 = 8.23 元人民币的欧元买权。假定该承包商要价 20 亿元人民币。

在中标情况下，若市场汇率大于 8.23，则该承包商按执行价格将人民币兑换为欧元，成本锁定为 10.0 亿欧元；若市场汇率小于 8.23，则该承包商按市场价格将人民币兑换为欧元，成本会低于 10.0 亿欧元。

在未中标的情况下，若市场汇率大于 8.23，则该承包商放弃买权即可；若市场汇率小于 8.23，则该承包商按买权合约赚取汇率价差，成本节约为 26.2 ÷ （S - 8.10）亿元人民币。

3. 投保：一项卖权

投保（购买保险）与期权有天然联系。保险有财产保险和人寿保险。财产保险的常规做法是投保人（企业）按其财产价值的一定比例向保险公司交纳保费，保险公司在投保人财产价值受到损失时，按损失额赔付给投保人，保全其财产价值。

投保人相当于持有一个卖权，执行价格为财产价值，有效期是保单的期限。当财产没有受损，价值不变，投保人不会执行卖权；当财产受损，价值下降，投保人就会执行卖权，保险公司将按损失额赔付给投保人，从而保证投保人现有的财产价值仍然等于原有的财产价值。因此，投保的实质是投保人将可能受损的财产按原有财产价值卖给了保险公司。

然而，标准卖权的价值由标的物价格决定，但这个投保卖权的价值由标的物是否受损决定，同时，一般标的物价格波动的随机性决定了标的物的未来价值可能高于或低于当前价值，但此处标的物的价值根据是否受损，只有可能等于（或一定程度上低于）当前价值，而不会高于当前价值。因此，估计投保卖权的价值，运用 B—S 模型存在不少障碍，但运用二叉树模型恰如其分，这里就不再举例了。

4. 承租：一项卖权

承租也与期权密不可分。假定取得一台专用设备只有两种选择：购买或租入。

若购买，预计使用若干年后，若未来营业现金流量现值小于设备账面余值，则意味着收不回投资，不能续用。由于专用设备不能转产，只能变卖。若市场状况不好，则只能按低于设备账面价值卖掉。因此，购买设备没有多少选择余地。

若租入，情况就大不相同。预计使用若干年后，若市场前景看好，可以续签租赁合同，保证设备的净现值大于 0；市场行情看淡，可以中止租赁合同，相当于将设备按账面价值卖出。

这样，租赁业务为承租人提供了卖权，设备到期账面价值为该卖权的执行价格，设备产生的未来营业现金流量的净现值为该卖权的现行市场价格，预计使用年限为该卖权的有效期。

（五）经营者激励中的期权

激励中涉及的期权主要是经理股票期权（executive stock option，ESO），指公司授予经理在未来一定期限以一定价格购买公司一定数量股票的权力，属于一项买权。其激励逻辑是：经理获得股票买权→经理勤勉尽责→公司价值提高→股票价格上升→经理行使股票买权→经理从市场价格与执行价格的差异中获利。

期权是一种衍生证券，是一种直接信用工具，是投资和筹资的主要管理手段，在企业财务活动中具有极为重要的作用。通常所指的期权包括三类：一是市场期权。企业利用商品期权和金融期权来规避经营风险（产品价格波动、股价波动、外汇变化、利率升降）。二是实物期权。企业利用实物期权（管理期权）来进行财务决策（如研发、项目投资、并购等）。三是激励期权。企业利用激励期权来进行财务控制（如财务预算、业绩评价）。

本章小结

时间价值、风险价值和期权价值是客观存在的三种经济现象，是企业财务活动必须遵循的三条基本法则，贯穿于企业财务活动过程始终。

时间价值原始含义是，资金在不同时点上的价值不同，不能简单相加和直接比较，需要换算。时间价值计算，从现金流量分布上分为一次性收付和分期等额收付（年金）；从计息方式上分为单利和复利；从参考基准上分为终值和现值。年金相当于时隔相同、方向一致、金额相等的多个一次性收付，同时，复利计算更能体现财务要求，现值计算更加符合财务实质。时间价值通常用纯利率代表。

一次性收付的时间价值计算包括终值、现值、利率和期限四个变量，只要知道其中三个变量，就可以求出另一个变量。最常见、最重要的是已知终值、利率和期限，求现值。普通年金的时间价值计算包括年金、终值、利率和期限四个变量，或者年金、现值、利率和期限四个变量，只要知道其中三个变量，就能求出另一个变量。最常见、最重要的是已知年金、利率和期限，求现值，或者已知现值、利率和期限，求年金。先付年金的时间价值计算原理与普通年金完全相同，只是收付时点不同。递延年金仅需要现值计算。永续年金仅存在现值计算。

风险价值，从形式上讲，是指在时间价值之外，投资者所要求的对所承担风险进行收益补偿的价值；从本质上讲，是指由不确定性、可能性、波动性产生，与"未来时间"高度相关的时间价值。风险定价的基本依据是，对企业内生的能够分散的非系统性风险，企业应当设法自行化解；对企业外生的无法分散的系统性风险，资本市场应当给予一定补偿。

风险价值大小，取决于衡量风险补偿程度的系统性风险系数 β。如果说相关系数 ρ_{jk} 反映的是非系统性风险的分散效应，那么，回归系数 β_j 或 β_p 反映的是系统性风险的补偿程度。β_j 的大小取决于资产自身的标准差 σ_j、整个市场的标准差 σ_M、资产与整个市场的相关系数 ρ_{jM} 三个因素。对风险与收益的均衡关系式 $R_j = R_f + bV$，资本资产定价模型 CAPM 科学地解决风险溢价问题，同时指出，在市场均衡下，资产的期望收益率限定在证券市场线 SML 上，等于必要收益率。

期权价值是内在价值与时间价值之和。内在价值指期权多头行权时所产生的经济价值。对买权多头而言，买权内在价值 $c_i = \max\ (S - X,\ 0)$。市场价格大于执行价格 $S > X$，为价内买权，否则，为价外买权。对卖权多头而言，卖权内在价值 $p_i = \max\ (X - S,\ 0)$。$S < X$，为价内卖权，否则，为价外卖权。时间价值是期权多头向期权空头所支付的高于内在价值的剩余期权费，是到期日 T 和价格波动率 σ 的函数，到期日越长，价格波动越大，时间价格越高。对买权多头而言，买权时间价值 $c_t = c - c_i$。对卖权多头而言，卖权时间价值 $p_t = p - p_i$。期权定价方法有 B—S 模型和二叉树模型。当期限一定，期间内价格波动次数越多，两种模型的计算结果越趋于一致。期权在财务活动中有着广泛的应用，如固定资产投资、并购投资、无形资产投资、证券评价、债务担保、招标、投保、承租等。

第四章　长期经营性投资：第一财务行为

　　长期经营性投资（本章）、短期经营性投资（第六章第二节）、金融性投资（第八章）一起构成企业投资体系。投资通常涉及三个阶段：评估与决策（事前行为）、实施与监控（事中行为）、审计与考评（事后行为）。长期经营性投资与短期经营性投资、金融性投资相比，前者期限长，三个阶段界限清晰；后者期限有长有短，三个阶段界限模糊。长期经营性投资、短期经营性投资与金融性投资相比，前者是经营性资产，后者是金融性资产。因此，此三类投资不能归在一起讨论。长期经营性投资对应的资产，分布在资产负债表的左下部，见表1-4。

第一节　长期经营性投资与财务目标

　　长期经营性投资之所以是企业的第一财务行为，是因为：第一，长期经营性投资是长期筹资的目的。投资是先导，筹资是为投资服务的，长期经营性投资规模、结构和时机决定了长期筹资的规模、结构和时机。第二，长期经营性投资是生产经营的起点。不同的生产经营活动需要不同的资产，长期经营性投资决定了购建的长期资产类别，决定了日常经营活动的特点和方式。第三，长期经营性投资是财务估价的核心。财务活动的核心是财务决策，财务决策的核心是财务估价，财务估价的核心是长期经营性投资，诚然，长期经营性投资估价最困难、最关键、最重要。

一　长期经营性投资概述

　　投资要解决的基本问题是资金往何处去。长期经营性投资决定企业投资总体方向，是实现企业战略的根本前提，创造企业财富的关键手段，降低企业风险的重要方法。

（一）长期经营性投资性质

长期经营性投资过程主要分为以下步骤：第一，提出有创意、有价值的项目（大型战略投资方案通常由企业管理层提出，战术投资方案通常由部门经理提出），并进行分类；第二，估算各个项目的寿命、收益分布以及相应的现金流量；第三，运用某一评价指标，对各个项目进行可行性分析研究，并进行排序；第四，考虑资本限量等约束因素，编写评价报告和相应的投资预算，并报请审批；第五，交由企业管理层决策，是采纳该项目，还是放弃该项目。

对长期经营性投资，要读懂其真正含义，领会其重大意义，必须还原其本来面目。

1. 经营性资产投资

投资按对象分为经营性资产投资和金融性资产投资。经营性资产投资是指投资者首先买入投入物，然后进行生产，最后卖出产出物，其投资主体是工商企业，投资结果是资本形成，投资方式是投入物投资，分为劳动对象（原材料）投资和劳动手段（主要是固定资产）投资。金融性资产投资是投资者首先买入金融产品，然后持有等待市场时机，最后卖出金融产品，其投资主体主要是金融企业（专业投资机构），有时也指工商企业，投资结果是资产运用，投资方式是金融产品投资。因此，长期经营性投资归属于一种经营性资产投资。

2. 长期投资

投资按时间长短分为长期投资和短期投资。长期投资需要在一年以上才能收回，投资对象主要包括固定资产、无形资产、长期股权投资、持有至到期投资等。短期投资能够且准备在一年以内变现，投资对象主要包括现金、应收账款、存货、交易性金融资产等。因此，长期经营性投资归属于一种长期投资。

3. 直接投资

投资按控制程度分为直接投资和间接投资。直接投资是投资者对投入的资产能够直接控制，其方式分为直接—直接方式（如固定资产投资）和间接—直接方式（如控制型长期股权投资）。间接投资是投资者对投入的资产不能直接控制，让渡资产使用权，仅保留资产所有权，其方式也分为直接—间接方式（如股票投资）和间接—间接方式（如基金投资）。因此，长期经营性投资归属于一种直接投资。

4. 生产性投资

投资按投入领域分为生产性投资和非生产性投资。生产性投资发生在物质生产领域，形成生产能力，创造社会财富，投资结果是形成生产性资产（包括固定资产、无形资产等），是价值创造的物质基础和社会财富的真实载体。非生产性投资发生在社会服务领域，为生产服务，满足人民物质文化生活消费需要，投资成果是形成非生产性资产。因此，长期经营性投资多半是一种生产性投资。

5. 有对内投资，也有对外投资

投资按交易关系分为对内投资和对外投资。对内投资面对本企业，供本企业生产经营使用，扩大本企业生产能力，均为经营性投资，分为长期投资（如固定资产投资）和短期投资（如存货投资）。对外投资面向其他企业，供其他企业生产经营使用，以期取得投资回报，分为经营性投资（如控制型长期股权投资）和金融性投资（如股票投资）。因此，长期经营性投资包括：一是对内投资，主要是固定资产投资；二是对外投资，即控制型长期股权投资。当然，有的企业并非拥有控制型长期股权投资，甚至并非拥有非控制型长期股权投资。

（二）长期经营性投资特征

长期经营性投资事关企业战略全局，涉及人、财、物等资源的合理配置，关系供、产、销等环节的正常运转，全面影响企业生存和发展，必须慎之又慎，认真做好可行性研究。

1. 投资的一般性

所有投资均具有以下特征：第一，投资前提是牺牲现在价值，垫付是投资的起始要求和基本手段；第二，投资目的是赚取未来价值，要么实现保值增值，要么实现战略意图，为的是增加未来收入、消费或投资；第三，现在投入的资源是确定的，未来获得的收益是不确定的；第四，投资过程越长，未来收益的不确定性越大，风险越大；第五，投资报酬方式多种多样，可以是本金增值，可以是资本利得（因价格变动），可以是权利获取；等等。

2. 长期经营性投资的特殊性

与短期经营性投资相比，长期经营性投资主要具有以下特征：

（1）投入多。一个投资项目特别是战略性的投资项目通常需要大量甚至巨额资本的运用，在很大程度上制约企业的财务状况和经营成果。这是因为，一个企业项目投资发生次数往往较少，一旦需要发现盈利项目，资本投入通常较大，项目投资额往往来自企业多年的资本积累，在企业总资产中占有相当大的比重，一旦投资决策失误，会对企业未来的各项生产经营活动带来不良甚至灾难性的后果。

（2）时间长。一个项目投资决策一旦做出，便会在较长时间内影响企业。通常情况下，投资项目都需要几年、十几年甚至几十年才能收回，在收回之前，会持续发挥作用，直接决定企业目前和未来的现金流量，对企业的生产经营活动、经济效益乃至企业生存产生重大影响。投资一旦成功，企业会在相当一段时间内取得较好的投资回报，投资一旦失败，会给企业带来持续性的破坏。

（3）盈利高。一般来说，在资产负债表左边"资产"栏，从上至下，资产流动性越来越小，资产营利性越来越高。长期资产的营利性比流动资产营利性高得多。

（4）流动慢。一个长期经营性投资的对象主要是厂房、机器、设备等，这些资产的专用性较强、流动性较弱和不可逆性较高，不易改变用途，通常不准备在一年或一个营业周期内变现。即使想在短期内变现，变现能力极差。因此，一个投资项目一旦完成，要想改变是相当困难的，不是无法实现，就是代价太大。

（5）风险大。一个项目投资决策往往是在错综复杂财务环境下做出的。但是，项目未来的投资收益不可避免地会受到许多不确定性因素的影响，加上投入金额多、影响时间长和变现能力弱，使企业的实际收益与预期收益会发生严重背离，必然会给企业造成较大的损失。

值得一提的是，营利性、流动性和风险性（相反的是安全性）是检验一项投资质量好坏的三个基本特征。当然，这三个特征往往是相互矛盾的。

二　长期经营性投资类型

长期经营性投资有对内和对外之分。前者指固定资产投资，包括无形资产投资；后者指控制型长期股权投资，即对子公司的股权投资。

（一）对内长期经营性投资：固定资产投资

对内长期经营性投资是增加企业产能的基本载体。一些企业仅仅拥有对内长期经营性投资。有的企业即便同时拥有对内、对外长期经营性投资，但对内长期经营性投资占绝大比重。对内长期经营性投资的基本方式是固定资产投资，涉及无形资产投资。

1. 投资形式

固定资产投资直接与新建、扩建、改建有关。新建属于"从无到有"、"平地起家"，净增加生产能力。有的原有基础设施很小，经过建设其新增的固定资产价值超过原有固定资产原值3倍以上，也属于新建。

扩建属于扩大原有产品的生产能力，在工厂内增建主要生产车间、主要工程、独立的生产线甚至分厂，也属于扩建。为充分发挥现有生产能力，进行填平补齐而增建不增加本单位主要产品生产能力的车间等，也属于改建。

新建与扩建统称为基本建设投资，属于外延式扩大再生产，是以增加生产能力为目的的净投资，按内容分为单纯固定资产项目和完整工业项目。前者只涉及固定资产投资，后者有固定资产投资，也有无形资产投资，还有营运资金垫支。

改建，也称更新改造投资，指为了促进技术进步，提高产品质量，增加花色品种，加快产品升级换代，降低产品成本，加强资源综合利用和"三废"治理、劳保安全等，运用新技术、新工艺、新设备、新材料等，对现有设施、工艺条件进行技术改造或更新（包括配套的辅助性生产、生活福利设施）。改建按内容分为更新项目和技术改造项目。前者指用新设备替换型号相同的旧设备，能够恢复设备的生产效率，属于简单再生产，属于以恢复生产能力为目的的重置投资；后者指以新设备取代型号落后的旧设备，能够改善企业的生产条件，属于内涵式扩大再生产，属于以增加生产能力为目的的净投资。随着可持续经济发展的要求，后者的呼声越来越高。

2. 投资模式创新

随着经济全球化、金融一体化、贸易自由化的发展，各国出现了许多建设规模巨大、社会影响广泛、持续周期长久、评价方法特殊的项目，如PPP（public - private - partnership）项目、BOT（build - operate - transfer）项目、TOT（transfer - operate - transfer）项目、BT（build - transfer）项目、TBT（transfer - build - transfer）项目等，出现全新的投资模式。

3. 投资额构成

投资额分为多个层次，有原始投资、建设投资、固定资产投资、无形投资、营运资金垫支之分。

原始投资（初始投资）反映项目所需现实资金多少，即为使项目完全达到所设计的生产能力、开展正常经营而垫支的全部现实资金，包括建设投资和营运资金垫支，即：

原始投资 = 建设投资 + 营运资金垫支

建设投资是指建设期内按一定经营规模与建设内容进行的投资，包括固定资产投资、无形资产投资和其他长期资产投资，计算式为：

建设投资 = 固定资产投资 + 无形资产投资 + 其他长期资产投资

固定资产投资是指项目用于购建固定资产所发生的资本性支出，包括价款、运输费、保险费、装卸费、安装费等，是任何项目不可缺少的基本内容。值得说明的是，用于计提折旧的固定资产原值与固定资产投资之间可能存在差异，原因是固定资产原值可能包括建设期资本化利息。固定资产原值（OV）、固定资产投资（I）与资本化利息（K）的关系为：

$$OV = I + K$$

无形资产投资指项目用于购置无形资产所发生的资本性支出；其他长期资产投资指为组织项目管理所发生的不能计入固定资产和无形资产价值的那些资本性支出。

营运资金垫支指项目投产后一次或分次投放于项目供周转的流动资金，也称流动资产投资。

本年营运资金垫支 = 本年营运资金需用额 - 上年营运资金需用额

　　　　　　　= 本年营运资金需用额 - 截至上年营运资金垫支

本年营运资金需用额 = 本年流动资产需用额 - 本年流动负债可用额

【例 4 - 1】某企业拟新建一条生产线，需要在建设起点进行固定资产投资 100 万元，无形资产投资 20 万元，开办费投资 5 万元，建设期 1 年，建设期资本化利息 8 万元，投产后预计第一年和第二年所需的流动资产分别为 20 万元和 35 万元，两年相应的流动负债分别为 5 万元和 10 万元。计算原始投资和固定资产原值。

　　解

固定资产原值 = 固定资产投资 + 资本化利息 = 100 + 8 = 108 万元

建设投资 = 固定资产投资 + 无形资产投资 + 其他长期资产投资

　　　　 = 100 + 20 + 5 = 125（万元）

营运资金垫支 = (20 - 5) + [(35 - 10) - (20 - 5)] = 15 + 10 = 25（万元）

原始投资 = 建设投资 + 营运资金垫支 = 125 + 25 = 150（万元）

4. 投资项目寿命

投资项目寿命指投资项目从建设到生产经营再到最终清理的整个过程所占的全部时间，即项目的有效持续期间。完整的项目寿命包括建设期和营业期。

从建设起点到投产日之间的时间间隔称为建设期（记为 s，$s \geq 0$）。建设期第一年初（记为 0）谓之建设起点，建设期最后一年末（记为 s）谓之投产日。

从投产日到终结点之间的时间间隔称为营业期（记为 p，$p > 0$）。营业期指项目预计的经济使用寿命，通常包括试产期和达产期。营业期第一年初（记为 s）谓之投产日，营业期最后一年末（记为 n）谓之终结点。

项目寿命 n、建设期 s、营业期 p 三者之间的关系为：

$n = s + p$

5. 投资注入方式

投资注入方式分为一次性注入和分次性注入。一次性注入指投资集中发生于建设期某个年度的年初或年末。若建设期为 1 年，通常发生在年初，也可能发生在年末；若建设期为 0，则只能采用一次性注入。

若投资涉及两个或两个以上年度，或者虽只涉及一个年度但同时发生在该年初和年末，则属于分次性注入。若某项目采用分次性注入，则意味着该项目建设期 $s \geq 1$。

项目投资方式与项目类型、项目寿命有关。如工程建设项目可采用年初预付方式，也可采用年末结算方式，其对应的投资方式，可以是一次性投入，也可以是分次性投入。

（二）对外长期经营性投资：控制型长期股权投资

并非所有企业都具有对外长期经营性投资。即使有的企业同时具有对内、对外长期经营性投资，但对外长期经营性投资占比例较小，否则，企业的经营性质会发生改变，则非金融企业（工商公司）转为金融企业（投资公司）。

对外长期经营性投资是指控制型长期股权投资。从起源看，是形成控股收购的长期股权投资；从状态看，是拥有控制权的长期股权投资；从表现看，是对子公司的长期股权投资。为此，有必要从长期股权投资谈起，甚至要追溯到企业合并。

1. 控制型长期股权投资的发轫：企业合并

企业合并分为兼并与收购。

（1）兼并与收购的划分。兼并包括吸收兼并和新设兼并。前者是一个企业吸收其他一个及以上企业，组合在一起，前者存续，后者消失，$A+B=A$；后者是两个及以上企业组合在一起，原来所有企业均不再以法律实体形式存在，而是建立一个新企业，$A+B=C$。收购包括控股收购和非控股收购，两者均指一个企业以现金购买、发行股票、承担债务等方式购买另一个企业股权，两者均存续，$A+B=A+B$。所不同的是，前者取得了控制权，后者未取得控制权。

（2）兼并与收购的关系。兼并与收购的主体称为并购企业（买方企业），兼并与收购的对象称为目标企业（卖方企业）。其共同之处是：第一，兼并与收购的实质是买方企业展现经营实力的对外扩张，对外扩张的根本动因是内在动力和外在压力（法律、政策、市场等）。第二，兼并与收购是一种以企业产权交易为对象的资本经营形式，是企业间资产、负债、股权的重组，尽管这种重组不会增加社会生产要素的供给（增加社会财富总量），但会改变社会经济资源的布局（调整社会财富结构）。

其不同之处是：第一，兼并后，目标企业丧失法人资格或改变法人实体；收购后，目标企业仍然保留法人地位。第二，兼并使并购企业成为目标企业的债权、债务承担者；收购使并购企业以出资额为限承担风险，对目标企业债务不承担责任。第三，兼并常发生在目标企业经营状况和财务状况欠佳时；收购常发生在目标企业处于正常经营状况时。

2. 控制型长期股权投资的来源：控股收购

其实，长期股权投资真正来源于收购（控股收购和非控股收购），与兼并（吸收兼并和新设兼并）无关。不同来源的长期股权投资决定了其性质有着根本差异。

（1）形成控股收购的长期股权投资。包括同一控制下控股收购形成的长期股权投资和非同一控制下控股收购形成的长期股权投资。

控股收购与控制相联系。控制是指企业拥有对被投资单位的权力，通过参与被投资单位的相关活动（根据具体情况进行判断）而享有可变回报，并且有能力运用对被投资单位权力影响其回报金额。企业能够对某一被投资单位实施控制，企业成为该被投资单位的母公司，该被投资单位成为企业子公司。

第一，企业享有现时权力使其目前有能力主导被投资单位的相关活动，而不论其是否实际行使该权力，视为企业拥有对被投资单位的权力。

第二，企业在判断是否拥有对被投资单位的权力时，应当仅考虑与被投资单位相关的实质性权力，包括自身所享有的实质性权力以及其他方所享有的实质性权力。仅享有保护性权力的企业不拥有对被投资单位的权力。

第三，除非有确凿证据表明企业不能主导被投资单位相关活动，下列情况，表明企业对被投资单位拥有权力：一是企业持有被投资单位半数以上的表决权的；二是企业持有被投资单位半数或以下的表决权，但通过与其他表决权持有人之间的协议能够控制半数以上表决权的。

第四，企业持有被投资单位半数或以下表决权，但综合考虑下列事实和情况后，判断企业持有的表决权足以使其目前有能力主导被投资单位相关活动的，视为企业对被投资单位拥有权力：一是企业持有的表决权相对于其他投资人持有的表决权份额的大小，以及其他投资人持有表决权的分散程度；二是企业和其他投资人持有的被投资单位的潜在表决权，如可转换公司债券、可执行认股权证等；三是其他合同安排产生的权力；四是被投资单位以往的表决权行使情况等其他相关事实和情况。

第五，在某些情况下，企业可能难以判断其享有的权力是否足以使其拥有对被投资单位的权力。在这种情况下，企业应当考虑其具有实际能力以单方面主导被投资单位相关活动的证据，从而判断其是否拥有对被投资单位的权力。企业应考虑的因素包括但不限于下列事项：一是企业能否任命或批准被投资单位的关键管理人员；二是企业能否出于其自身利益决定或否决被投资单位的重大交易；三是企业能否掌控被投资单位董事会等类似权力机构成员的任命程序，或者从其他表决权持有人手中获得代理权；四是企业与被投资单位的关键管理人员或董事会等类似权力机构中的多数成员是否存在关联方关系。

（2）不形成控股收购的长期股权投资。包括以支付现金取得的长期股权投资、以发行权益性证券取得的长期股权投资、通过非货币性资产交换取得的长期股权投资和通过债务重组取得的长期股权投资。

非控股收购与非控制（共同控制、重大影响）相联系。

第一，共同控制。共同控制是指按照相关约定对某项安排所共有的控制，并且该安排的相关活动（对该安排的回报产生重大影响的活动，应当根据具体情况进行判断）必须经过分享控制权的参与方一致同意才能决策。

一是在判断是否存在共同控制时，先判断所有参与方或参与方组合是否集体控制该安排，再判断该安排相关活动的决策是否必须经过这些集体控制该安排的参与方一致同意。如果存在两个或两个以上的参与方组合能够集体控制某项安排的，不构成共同控制。仅享有保护性权利的参与方不享有共同控制。

二是合营安排是指一项由两个或两个以上的参与方共同控制的安排。可见，各参与方均受到该安排的约束；两个或两个以上的参与方对该安排实施共同控制。因此，任何一个参与方都不能够单独控制该安排，对该安排具有共同控制的任何一个参与方均能够阻止其他参与方或参与方组合单独控制该安排。

三是合营安排不要求所有参与方都对该安排实施共同控制。合营安排参与方既有对合营安排享有共同控制的参与方（即合营方），也有对合营安排不享有共同控制的参与方。

四是合营安排分为共同经营和合营企业。共同经营是指合营方享有该安排相关资产且承担该安排相关负债的合营安排。合营企业是指合营方仅对该安排的净资产享有权力的合营安排。

第二，重大影响。重大影响指企业对被投资单位的财务和经营政策有参与决策的权力，但并不能够控制或者与其他方一起共同控制这些政策的制定。企业能够对某一被投资单位施加重大影响，该被投资单位成为企业的联营企业。当企业直接或通过子公司间接持有被投资单位20%以上但低于50%表决权股份时，一般认为对被投资单位具有重大影响，除非有明确的证据表明在该种情况下不能参与被投资单位的生产经营决策。在确定能否对被投资单位施加重大影响时，既要考虑企业直接或间接持有被投资单位的表决权股份，也要考虑企业和其他方持有的当期可执行潜在表决权在行权后所产生的影响，如被投资单位发行的可转换债券、认股权证、股票期权等，当期行权后的影响。判断能否对被投资单位具有重大影响，企业通常可以通过以下一种或几种情形：一是在被投资单位董事会或类似权力机构中派有代表；二是参与被投资单位的财务和经营政策制定过程；三是与被投资单位之间发生重要交易；四是向被投资单位派出管理人员；五是向被投资单位提供关键性技术资料。

不同来源的长期股权投资分为控制型和非控制型,如图 4 – 1 所示。

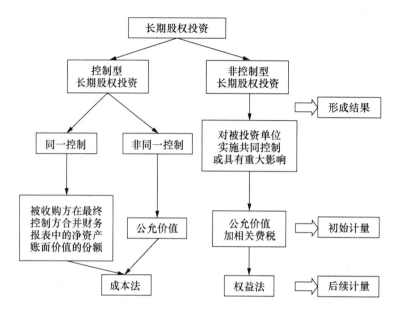

图 4 – 1　长期股权投资结构

3. 控制型长期股权投资的过程与结果

从图 4 – 1 可以看出,只有控制型长期股权投资才是对外长期经营性投资,非控制型长期股权投资是金融性投资(属于第八章的内容)。有两点需要说明:第一,原来属于非控制型长期股权投资(如对联营企业的长期股权投资),后来追加了投资,当数量或其他条款达到了实质性控制,会变成控制型长期股权投资(对子公司的长期股权投资)。第二,控制型长期股权投资的主体是工商企业,而不是金融企业。若主体为金融企业,如私募股权投资机构、风险投资机构、创业投资公司、养老基金、主权财富基金、其他投资基金等,其投资目的仅是获取资本增值或投资收益,抑或两者兼而有之。一般而言,工商企业以拥有被投资单位控制权为目的的长期股权投资,承担的是被投资单位的经营风险,而金融企业并非以长期持有被投资单位为目的的长期股权投资,更多承担的是投资资产的价格变动风险、被投资单位的信用风险。

事实上,在会计处理上可以看出几分端倪:第一,金融企业对不纳入合并财务报表的子公司的长期股权投资,在初始确认时按照《企业会计准则第22号——金融工具确认和计量》的规定，以公允价值计量且其变动计入当期损益的金融资产。第二，金融企业若是母公司，则母公司应当仅为其投资活动提供相关服务的子公司（如有）纳入合并范围并编制合并财务报表，对其他子公司的投资应当按照公允价值计量且其变动计入当期损益。

控制型长期股权投资来源于控股收购，其"收购"过程与结果有所不同。

（1）"收购"按实现过程分为现金购入式、股票发行式、债务承担式。现金购入式收购是买方企业用现金购入目标企业的部分或全部股票。根据购入股票比例，判断目标企业成为买方企业的联营企业、控股或全资子公司。股票发行式收购，也称股权置换、换股，是买方企业向目标企业发行自己的股票，以交换目标企业的部分或全部股票，使目标企业的股东转变为买方企业的股东。根据所交换的股票比例，判断目标企业成为买方企业的联营企业、控股或全资子公司。债务承担式收购是买方企业以承担目标企业的全部或大部分债务，换取目标企业的部分或全部股票，取得目标企业的所有权和经营权。根据所换取的股票比例，判断目标企业成为买方企业的联营企业、控股或全资子公司。

收购按意图分为要约收购（敌意收购）和协商收购（善意收购）；按行业性质分为横向收购（水平收购）和纵向收购（垂直收购）；按资金来源分为杠杆收购（金融收购）和非杠杆收购；按主体分为独立收购和联合收购；按动机分为战略收购和财务收购。

（2）"收购"按最终结果分为公开式和私募式。公开式收购主要通过公开市场进行要约收购，受法律、政策的约束较多；私募式收购是通过私募市场进行协商收购，受法律、政策的约束较少。下面仅说说私募式收购。

私募式收购的结果主要有创业投资（VC）和私募股权投资（PE）。创业投资与私募股权投资都属于"风投"[①]，有联系，也有区别。两者的联系在于：第一，受企业青睐的直接投资。两者均可分为直接投资与间接投资。直接投资是投资企业直接投入受资企业，间接投资是投资企业通过

---

① "风投"即风险投资，包括创业投资VC、私募股权投资PE、并购投资MA、重组投资、麦则恩投资等。

创业资本基金（VCF）或私募股权基金（PEF）间接投入受资企业。虽然间接投资目前已经成为主流模式，但企业热衷于直接投资。第二，缺乏流动性的长期投资。投资企业之所以愿意投资，是因为看中了受资企业的高度成长性、巨大创新潜力和超额预期收益。投资契约一旦达成，投资企业和创业企业就形成了命运共同体，走过了漫长的艰难岁月（一般要经历3—7年甚至更长时间）。第三，具有综合性的专业化投资。项目选择的复杂性需要投资企业能够把握受资企业所处行业现状和未来发展潜力；投资后管理的复杂性，需要投资企业直接参与受资企业的重大经营决策，提供管理咨询和价值增值服务，帮助受资企业制订发展战略和经营计划。第四，无须担保的产权性投资。行业监管机构或行业协会既不要求投资企业像公开股票市场那样必须披露有关信息，也不要求受资企业像信贷市场那样必须出具筹资担保，这类投资是纯粹的私有产权交易。第五，具有外部经济的经营性投资。投资企业通过对受资企业提供资金支持、管理咨询和增值服务，孵化了一个又一个的成功企业，培养了一个又一个的成功企业家，更重要的是，为受资企业相关产业创造或拉动了市场需求，输送了许多高素质的综合型人才，带动了相关知识和技术的产生，促进了产业结构升级和国民经济发展，具有不可估量的正外部性。

两者的区别是：第一，创业投资的对象是创业企业（未上市科技型中小企业）；私募股权投资的对象既可以是创业企业，也可以是成熟企业（有的为大型上市公司）。第二，创业投资强调创新精神，需要同时具有创业精神的创业投资企业与创业企业的共同努力；私募股权投资注重战略意识，需要买方企业经营者与卖方企业经营者的理念、目标趋同。

三　长期经营性投资对股东财富的影响

长期经营性投资中，对内长期经营性投资与对外长期经营性投资动机虽然有差异，但对企业价值的创造殊途同归。毋庸置疑，在三大投资行为或五大财务行为中，长期经营性投资对股东财富或财务目标实现的影响最大，这种影响主要体现在：

（一）形成关键经营条件

社会生产力要素包括劳动者、劳动资料（也称劳动手段，核心是劳动工具）和劳动对象，所谓生产过程是劳动者运用劳动资料作用于劳动对象，生产使用价值。在人类社会发展史上，劳动资料的使用和创造，是生产过程最突出的本质特征。事实上，一个经济时代区别于另一个经济时代的根本标志，不是在于生产什么，而是在于怎样生产，用什么劳动资料进行生产。在农业经济时代，劳动资料主要是石头、木料、金属等手工工具；在工业经济时代，劳动资料主要是机器；在知识经济时代，劳动资料主要是能源、运输、自动控制、信息传递系统。当然，与间接劳动资料（道路、供水管道、存货仓库等）相比，直接劳动资料（如劳动工具）对社会生产力发展具有决定作用，同时，机械性的直接劳动资料（各种机器，相当于生产的肌肉系统和骨骼系统）比容器性的直接劳动资料（管、桶、罐等，相当于生产的脉管系统），更能显示社会生产力的发展水平。因此，劳动资料特别是劳动工具，是人类与自然相互作用的媒介，是社会生产力发展水平的时代标志，当然也是企业生产经营的关键的条件之一。

长期经营性投资，尤其对内长期经营性投资是获取劳动资料的唯一途径。诚然，企业生产经营所需要的机器设备购置、厂房建造等资本性支出，都属于长期经营性投资。当然，某一类型的资本性支出，如机器设备（农业机械、矿山采掘机械、建筑工程机械、生产加工机械、产品包装机械等）购置，决定了行业类型和性质。同样，同一行业不同企业的资本性支出，决定了该企业长期经营性资产结构，从而决定该企业的生产经营特征。可见，资本性支出是获得劳动手段、提供生产经营条件、形成生产力的根本保障。

（二）坐拥核心财务决策

作为"第一财务行为"的长期经营性投资投入多，影响大，事关企业成败；时间长，风险高，给企业现金流量及其价值估计、净利润及其收益评价，带来了极大的麻烦。俗话说，管理的重心是决策，财务决策的核心是长期经营性投资决策。

企业价值估计的基本方法是奠定财务估价理论基础的现金流量折现法DCF，其基本原理是假定企业价值等于企业未来现金流量的现值之和。设企业价值为 V，各期的企业现金流量为 CF_t，企业资本成本为 K_W，其现金流量折现模型为：

$$V = \sum_{t=0}^{n} \frac{CF_t}{(1 + K_W)^t}$$

可以看出，长期经营性投资对财务目标的最大贡献是确定各期的企业

现金流量 CF_t。

（三）提供最大盈利来源

评价一项资产质量是否优良，要看流动性、营利性和安全性三个衡量标准。这三个资产性质往往相互矛盾。在资产负债表"资产"栏中，从上到下，资产的流动性、安全性下降，但资产的营利性增强。缺乏流动性但富有营利性的长期经营性投资，是企业的最大盈利源，是股东财富、社会财富创造的发动机。

第二节　投资项目估价

任何类型的投资，尤其是长期经营性投资，首先要解决的一个基本问题是，如何对投资项目进行估价，即如何确定投资内涵价值，以便做出正确的投资决策。那么，价值估计方法有哪些？

一　投资项目估价方法

对长期经营性投资项目进行价值估计，遇到的第一个问题是寻找有效的估价方法。价值估计按是否考虑时间价值，分为动态估计和静态估计。

（一）动态估价方法：净现值 NPV

动态估计（折现估计）主要方法是现金流量折现法。既然企业价值是企业未来的现金流量的现值之和，那么资产价值是资产的未来现金流量的现值之和。动态估计的典型指标是净现值（net present value，NPV），是指在项目寿命内，投资项目按一定折现率计算的各年净现金流量现值之和。计算式为：

$$NPV = \sum_{t=0}^{n} \frac{NCF_t}{(1+k)^t} = \sum_{t=0}^{n} NCF_t \times (P/F, k, t)$$

式中：NPV 为净现值，NCF_t 为各年的净现金流量；k 为该项目的折现率；$(P/F, k, t)$ 为第 t 年、折现率为 k 的一元复利现值系数，n 为该项目的期限。

1. 净现值的计算

净现值在项目投资评价中占据核心地位，必须迅速、准确掌握与运用。净现值的计算式展开后为：

$$NPV = \frac{NCF_0}{(1+k)^0} + \frac{NCF_1}{(1+k)^1} + \frac{NCF_2}{(1+k)^2} + \cdots + \frac{NCF_n}{(1+k)^n}$$

从展开式可以看出，净现值的结果取决于净现金流量分布。若净现金流量分布没有规律，净现值计算较难；若净现金流量分布有一定规律，净现值计算较为简便。

【例4-2】某企业拟投入15500元从事一个项目，预计营业期3年。项目投产后预计每年增加净营业现金流量分别为5750元、7250元和9250元，要求的必要收益率为10%。计算该投资的净现值。

解

第一种方法是直接采用公式。

$NCF_0 = -15500$ 元，$NCF_1 = 5750$ 元，$NCF_2 = 7250$ 元，$NCF_3 = 9250$ 元 $n = 3$，$k = 10\%$

$$NPV = \frac{NCF_0}{(1+k)^0} + \frac{NCF_1}{(1+k)^1} + \frac{NCF_2}{(1+k)^2} + \frac{NCF_3}{(1+k)^3} = \frac{-15500}{(1+10\%)^0} +$$

$$\frac{5750}{(1+10\%)^1} + \frac{7250}{(1+10\%)^2} + \frac{9250}{(1+10\%)^3}$$

$NPV = -15500 + 5750 \times 0.9091 + 7250 \times 0.8264 + 9250 \times 0.7513 = 2668.26(元)$

第二种方法是通过列表。计算过程如表4-1所示。

表4-1　　　　　　　　　　　　净现值计算　　　　　　　　　　　单位：元

时间	0	第1年	第2年	第3年	合计
净现金流量（NCF_t）	(15500)	5750	7250	9250	6750
折现系数（P/F，k，t）	1	0.9091	0.8264	0.7513	
净现值（NPV）	(15500)	5227.33	5991.40	6949.53	2668.26

如果项目各年的净现金流量 NCF_t（$t = 0$，1，2，…，n）服从一定规律，则按简化的特殊方法计算净现值。

【例4-3】承例4-2，若项目投产后每年增加净营业现金流量为7250元，其他条件不变，计算该项目的净现值。

解

$NCF_0 = -I = -15500$ 元，$NCF_{1-3} = A = 7250$ 元

$n = 3$，$k = 10\%$

$NPV = -I + A \times (P/A, k, n)$

$NPV = -15500 + 7250 \times (P/A, 10\%, 3)$

$NPV = -15500 + 7250 \times 2.4869 = -15500 + 18030.03 = 2530.03（元）$

净现值法是正向、主导、绝对数评价指标。对于某一投资方案，若 $NPV > 0$，方案具有财务可行性，应采纳；若 $NPV \leqslant 0$，方案不具有财务可行性，应放弃。对于几个净现值均大于 0 的投资方案，若原始投资相同且项目寿命相同，净现值最大的方案为最优方案；若原始投资相同或项目寿命相同，如何以 NPV 作为决策标准，要视这些方案的关系（是独立关系还是互斥关系）而定，下面将详细论述。

2. 考虑风险的净现值

净现值的计算需要进一步考虑风险价值。前面分析隐含了一个假定，那就是净现金流量是确定的。任何投资项目总是有风险的，未来净现金流量不免会有一定的波动性。为此，需要对这种波动性进行调整。

对净现值 NPV 的计算式为：

$$NPV = \sum_{t=0}^{n} \frac{NCF_t}{(1+k)^t}$$

可以发现，要对 NPV 的计算进行调整，大致可以遵从两个方向：一是调整分子，即现金流量；二是调整分母，即折现率。

（1）调整现金流量法。此法的基本思路是将不确定性的净现金流量调整为确定性的净现金流量，然后以无风险利率作为折现率来计算净现值，其计算式为：

$$NPV = \sum_{t=0}^{n} \frac{ce_t \times NCF_t}{(1+R_f)^t}$$

式中：ce_t 为第 t 年净现金流量的肯定当量系数，R_f 为无风险利率。

肯定当量系数是指把不肯定的现金流量换算为肯定的现金流量的系数，等于肯定的现金流量与不肯定的现金流量之商。它与风险大小负相关。风险越小，肯定当量系数越大；反之亦然。

【例 4 - 4】某企业净现金流量分布情况如表 4 - 2 第二纵栏所示。假定无风险利率为 5%。

表 4 - 2　　　　　　　　　　调整现金流量法

年份	净现金流量	肯定当量系数	确定性等值	现值系数5%	未调整值	调整后现值
0	-1240	1.00	-1240	1.0000	-1240	-1240
1	-160	0.95	-152	0.9524	-152.38	-144.76
2	225	0.90	202.5	0.9070	204.08	183.67
3	243.75	0.85	207.19	0.8638	210.55	178.99
4	264.38	0.80	211.50	0.8227	217.51	174.00
5	277.99	0.75	208.49	0.7835	217.81	163.35
6	292.42	0.70	204.69	0.7462	218.20	152.74
7	307.71	0.65	200.01	0.7107	218.69	142.14
8	313.12	0.60	187.87	0.6768	211.92	127.15
9	576.13	0.55	316.87	0.6446	371.37	204.26
合计					477.75	-58.46

经调整后，净现值 NPV 小于0，说明此投资方案不可行。

（2）调整折现率法。此法基本思想是若项目有风险，则用有风险的折现率计算净现值；若是较高风险项目，则用较高的折现率计算净现值。其计算式为：

$$NPV = \sum_{t=0}^{n} \frac{NCF_t}{(1 + R_r)^t}$$

式中：R_r 为给定现金流量主体所要求的必要收益率或所负担的资本成本。

【例 4 - 5】承例 4 - 4，有关情况，如表 4 - 3 所示。假定无风险利率为5%，经某种方法测定的有风险利率为15%。

表 4 - 3　　　　　　　　　　调整折现率法

年份	现金流量	无风险现值系数5%	未调整现值	有风险现值系数15%	调整后现值
0	-1240	1.0000	-1240	1.0000	-1240
1	-160	0.9524	-152.38	0.8696	-139.14
2	225	0.9070	204.08	0.7561	170.12
3	243.75	0.8638	210.55	0.6575	160.27
4	264.38	0.8227	217.51	0.5718	151.17

续表

年份	现金流量	无风险现值系数 5%	未调整现值	有风险现值系数 15%	调整后现值
5	277.99	0.7835	217.81	0.4972	138.22
6	292.42	0.7462	218.20	0.4323	126.41
7	307.71	0.7107	218.69	0.3759	115.69
8	313.12	0.6768	211.92	0.3269	102.39
9	576.13	0.6446	371.37	0.2843	163.79
合计			497.75		−251.08

经调整后，净现值 NPV 小于 0，说明此投资方案不可行。

（3）两种方法的比较与结合。这两种调整方法各有利弊，前者是调整净现值计算式分子现金流量，主要关注项目的非系统性风险；后者是调整净现值计算式分母折现率，主要关注项目的系统性风险。当然，最理想的做法是同时调整分子和分母，即根据项目的系统性风险调整分母的折现率，根据项目的非系统性风险调整分子的现金流量。

对于调整折现率 R_r 的计算，一般根据 CAPM 模型。

$$R_r = R_f + \beta_r(R_M - R_f)$$

在实际应用时，要注意三个环环相扣的问题：

第一，以企业平均资本成本（企业必要收益率）作为项目折现率相对简单。这是因为，股权资本成本（股东必要报酬率）不但受经营性杠杆的影响，也受金融性杠杆的左右，估计起来十分困难。更何况，企业平均资本成本对应的是企业现金流量，股权资本成本对应的是股权现金流量，然而，股权现金流量的风险因为包含金融性风险，所以比企业现金流量的风险要大，折现率应当反映这一实际情况。

第二，以企业平均资本成本作为项目折现率必须满足两个条件：一是项目的风险与目前企业资产的平均风险大致相同；二是企业继续维持相同的资本结构为新项目筹资。若等风险条件或资本结构不变条件缺失，则不能使用企业平均资本成本作为项目的折现率。

第三，若项目风险与目前企业资产的平均风险显著不同，则需要估计项目的系统性风险。项目系统性风险的估计远远难以企业系统性风险的估计，因为企业对应的 β 值有完善的资本市场提供，而项目对应的 β 值缺乏充分的交易市场，解决的有效办法是可比公司法，其基本步骤是：

一是卸载可比公司金融性杠杆。可比公司的资本结构与目标企业不同，要将资本结构因素排除掉，确定可比公司不含金融性杠杆的 β 值，该过程称为"卸载金融性杠杆"，其计算式为：

$$\beta_0 = \beta_C \div [1 + (1 - T) B_C / E_C]$$

式中：β_0 为没有金融性杠杆的 β 值，此时股东仅承担经营性风险（资产的风险），β_C 为可比公司含有金融性风险的 β 值，B_C / E_C 为可比公司的金融性杠杆。

二是装载目标企业金融性杠杆。根据目标企业资本结构，调整 β 值，该过程称为"装载金融性杠杆"，其计算式为：

$$\beta_T = \beta_0 \times [1 + (1 - T) B_T / E_T]$$

式中：β_T 为目标企业含有金融性风险的 β 值，B_T / E_T 为目标企业的金融性杠杆。

三是计算目标企业股权资本成本（股东必要收益率）。β_T 既包含了项目的经营性风险，也包含了目标企业的金融性风险，据此可以计算股权资本成本，其计算式为：

$$R_{TE} = R_f + \beta_T (R_M - R_f)$$

式中：R_{TE} 为目标企业股权资本成本。

四是计算目标企业平均资本成本（企业必要收益率）。若用 R_{TB} 代表债务资本成本，则目标企业平均资本成本计算式为：

$$R_W = R_{TE} \times \frac{E_T}{E_T + B_T} + R_{TB} \times \frac{B_T}{E_T + B_T}$$

【例 4 - 6】某大型企业甲公司，拟进入飞机制造业，其目前资本结构为 $B_T / E_T = 2/3$，进入飞机制造业后仍维持此资本结构，所有债务利率为 6%。飞机制造业的典型代表是乙公司，其资本结构为 $B_C / E_C = 3/5$，含金融性杠杆的 $\beta_C = 1.2$。已知无风险收益率为 5%，市场平均收益率为 15%，甲企业和乙公司适用的所得税税率为 25%。

解

将可比企业——乙公司含负债的 β_C 转换为无负债的 β_0。

$\beta_0 = \beta_C \div [1 + (1 - T) B_C / E_C] = 1.2 \div [1 + (1 - 25\%) \times 3/5] = 0.8276$

将无负债的 β_0 转换为目标企业——甲公司含负债的 β_T：

$\beta_T = \beta_0 \times [1 + (1 - T) B_T / E_T] = 0.8276 \times [1 + (1 - 25\%) \times 2/3] = 1.2414$

计算目标企业股权资本成本（股东必要收益率）。

$$R_{TE} = R_f + \beta_T(R_M - R_f) = 5\% + 1.2414 \times (15\% - 5\%) = 17.41\%$$

若采用股权现金流量计算净现值，17.41% 是合适的折现率。

计算目标企业平均资本成本（企业必要收益率）。

$$R_W = R_{TE} \times \frac{E_T}{E_T + B_T} + R_{TB} \times \frac{B_T}{E_T + B_T} = 17.41\% \times \frac{3}{3+2} + 6\% \times (1 - 25\%)$$

$$\times \frac{2}{3+2} = 12.25\%$$

若采用企业现金流量计算净现值，12.25% 是合适的折现率。

3. 进一步考虑期权的净现值

净现值的计算还要进一步考虑期权价值。人们在财务活动中越来越意识到，上述现金流量折现（discounted cash flow，DCF）法往往不能提供一个项目的全部信息，仅仅依赖 DCF 可能导致错误的长期投资决策。诚然，长期经营性投资与金融性投资不同。投资于金融性资产，投资人只能被动等待而无法影响其产生的现金流量，故金融性投资是被动性投资；投资于经营性资产尤其是长期经营性资产，投资人可以通过管理行动而影响其所产生的现金流量，故长期经营性投资是主动性投资。也就是说，经营性资产的投资人面临诸多选择，拥有许多"可以但非必须"的灵活性，即经营性期权。忽视项目本身内含的经营性期权，是 DCF 的局限性。

项目的经营性期权价值，有的很小，有的很大，究竟是大是小，要视项目的不确定性而定，不确定性越大，期权价值越大。只要未来是不确定的，投资人（管理者）就可以利用经营性期权来增加价值，其基本原理是：

投资项目的总价值 = 用传统方法计算的净现值 + 管理期权价值（MOV）

下面讨论常见的三种经营性期权：扩张期权、放弃期权和延迟期权。

（1）扩张期权。扩张期权有时也称进入期权，在日常经济活动中很多。如采矿公司投资于采矿权，以获得开发或不开发的选择权，尽管目前不值得开发，但矿产价格升高后开发价值逐步攀升。医药公司要控制药品专利，不一定马上投产，而是根据市场行情推出新药。

【例4-7】某企业是一家计算机软件制造商，于 2012 年开始经营这种软件。考虑到市场成长需要时间较长，该项目分两期进行。第一期 2001 年投产，生产能力 100 万只；第二期 2004 年投产，生产能力 200 万只。通过专家估计，投资收益率为20%，可比公司的投资收益波动率为35%，无风险利率为10%，投资和营业现金流量如表4-4所示。

表4-4　　　　　　　　　**两期的现金流量分布**

年份	2012	2013	2014	2015	2016	2017
第一期投资	-1000	320	320	320	320	320
年份	2015	2016	2017	2018	2019	2020
第二期投资	-2500	800	800	800	800	800

解

按传统净现值判断，

NPV（2012年，第一期）$= -1000 + 320(P/A, 20\%, 5) = -1000 + 956.99 = -43.01$（万元）

NPV（2015年，第二期）$= -2500 + 800(P/A, 20\%, 5) = -2500 + 2392.48 = -107.52$（万元）

NPV（2012年，第二期）$= NPV$（2015年，第二期）$(P/F, 20\%, 3) = -1446.75 + 1384.54 = -62.21$（万元）

按传统净现值判断，无论第一期投资还是第二期投资，均不可行。但是，基本事实是，是否进行第一期投资应当尽快决定，不然，投资机会稍纵即逝，无可挽回。更重要的是，第二期投资是3年以后的事情，企业可以根据自身条件和环境变化见机行事。

显然，第一期投资为第二期投资提供了战略机会，这个机会的价值相当于以第一期净现值-43.01万元为买价、以第二期投资成本2500万元为执行价格、以第二期投资产生的营业现金流量现值1384.54万元（以市场利率为折现率）为市场价格的一个买权。

$S = 1384.54$，$X = 2500$，$\sigma = 0.35$，$r = 0.1$，$T = 3$

$e^{-rT} = e^{-0.1 \times 3} = e^{-0.3} = 0.7408$

$$d_1 = \frac{\ln\dfrac{S}{X \times e^{-rT}}}{\sigma \times \sqrt{T}} + \frac{\sigma \times \sqrt{T}}{2} = \frac{\ln\dfrac{1384.54}{2500 \times 0.7408}}{0.35 \times \sqrt{3}} + \frac{0.35 \times \sqrt{3}}{2} = -0.1766$$

$N(d_1) = N(-0.1766) = 0.4300$

$d_2 = d_1 - \sigma \times \sqrt{T} = -0.1766 - 0.35 \times \sqrt{3} = -0.7828$

$$N(d_2) = N(-0.7828) = 0.2170$$

$$c = S \times N(d_1) - X \times e^{-rT} \times N(d_2)$$

$$= 1384.54 \times 0.4300 - 2500 \times 0.7408 \times 0.2170 = 193.47$$

可见，不考虑期权的第一期投资项目净现值为 -43.01 万元，相当于为取得第二期买权的代价（买权价格或成本）。正因为有了第一期投资，才有了是否进行第二期投资的扩张买权，该买权的价值为 193.47 万元，因此，考虑了期权的第一期投资项目净现值为 150.46 万元（193.47 - 43.01）。

需要说明的是，项目投资不需要金融产品投资那么精确，可以用 $(P/F, r, T)$ 代替 e^{-rT}，即用复利代替连续复利，计算结果相差不大。

（2）放弃期权。从普遍意义上讲，有些资产（通用性）可以转作他用，有些资产（专用性）不能转为他用。显然，具有一种转为他用的灵活性对投资人是有利的，这种转为他用的机会或选择权，就是放弃期权，分为压缩期权和退出期权。前者是规模缩小期权，后者是范围收缩期权。一个企业既然能够从某一领域及时扩张或进入，且非常重要，也能够从某一领域及时放弃或退出，且非常重要。若有限的资源占用在应该退出的领域，则必然会妨碍企业及时进入应该进入的领域。

（3）延迟期权。延迟期权也称等待期权，或时机期权，从普遍意义上讲，是指不必立即实行某项目，通过等待，企业能够获取关于市场、价格、成本和其他信息，存在等待接受新信息的期权。但等待意味着企业放弃项目早期的现金流量，而且可能失去抢先优势。例如，对一个新产品进行决策时，管理人员拥有现在推出这种产品或推迟到将来再推出该产品的期权。若现在推出这种新产品，则相对于等待来说，公司将较早获得现金流量；但若等待的话，公司可能以更有利的方式推出该种产品。

（二）静态估价方法：回收期 SPP

静态估计（非折现估计）的典型指标是回收期。回收期是直观、明了的评价指标，在财务实践中应用广泛。由于静态回收期没有考虑时间价值，出现了动态化趋势。

1. 回收期计算

这里所说的回收期，实际上就是静态回收期（static payback period, SPP），是指使投资项目的净现金流量的代数和等于 0 所需要的年限，其计算式为：

$$\sum_{t=0}^{SPP} NCF_t = NCF_0 + NCF_1 + NCF_2 + \cdots + NCF_{SPP} = 0$$

回收期的计算结果也取决于净现金流量的分布。若净现金流量分布没有规律，计算较难；若净现金流量分布有一定规律，计算过程较易。

【例 4 - 8】某企业的累计净现金流量表，见表 4 - 5。

表 4 - 5   累计净现金流量表

t	0	1	2	3	4	5
NCF_t	- 5400	- 600	1770	2520	3120	2370
$\sum NCF_t$	- 5400	- 6000	- 4230	- 1710	1410	…

解

在累计净现金流量时有两种可能：一是在"累计净现金流量"栏中可直接找到 0，则其所在列的 t 值是（SPP）；二是在"累计净现金流量"栏中找不到 0，则应用内插法计算 SPP。

从表 4 - 5 可知，第 3 年的累计净现金流量小于 0，第 4 年的累计净现金流量大于 0，由此，可以推断 SPP 介于第 3 年和第 4 年之间，用插值法：

$$SPP = 3 + \frac{0 - (-1710)}{1410 - (-1710)} = 3.55（年）$$

若净现金流量分布服从一定规律，如投资期 s 年，投资 $I = \sum_{t=0}^{s} I_t$，投产后前 m 年每年净营业现金流量相等，即 $NCF_{(s+1)-(s+m)} = A$，且 $m \cdot A \geqslant I$，则回收期 SPP 计算式为：

$$SPP = \frac{I}{A} + s$$

特别地，当建设期等于 0，全部投资于建设期一次投入，SPP 的计算式为：

$$SPP = I_0 / A$$

【例 4 - 9】承例 4 - 8，某企业的累计净现金流量表，见表 4 - 6。

表 4－6 累计净现金流量

t	0	1	2	3	4	5
NCF_t	－5400	－600	2400	2400	2400	2400
$\sum NCF_t$	－5400	－6000	－3600	－1200	1200	…

解

$s = 1$ 年，$I = I_0 + I_1 = 5400 + 600 = 6000$ 万元，$NCF_{2-4} = A = 2400$ 万元

$m = 3$ 年，$m \cdot A = 3 \times 2400 > I = 6000$

$$SPP = \frac{I}{A} + s = \frac{6000}{2400} + 1 = 3.5（年）$$

此例仅介绍了投产期的净现金流量分布有规律。如果投资期的净现金流量有规律，就更简便了。如承此例，当建设期等于0，全部投资于建设期一次投入。

$m = 3$ 年，$m \cdot A = 3 \times 2400 > I = 6000$

$$SPP = I_0 / A = 6000 / 2，400 = 2.5（年）$$

SPP 是一个反向、辅助、绝对数指标。只有项目的回收期小于设定的回收期，才具有财务可行性。SPP 能够直观地反映原始投资的返本期限，便于理解，也不难计算，是应用较为广泛的传统评价指标，现在许多上市公司仍然青睐这种指标，但由于该指标既没有考虑时间价值，也没有考虑回收期后续的现金流量和营利性，误导企业采纳短期项目而放弃具有战略意义的长期项目，所以，其弊端同样较为突出。

2. 回收期的动态化

静态回收期是人们常指的传统回收期。但严格来讲，既然有静态回收期，那就有动态回收期（dynamic payback period，DPP）。动态回收期是指使投资项目的净现值等于 0 所需要的年限，其计算式为：

$$\sum_{t=0}^{DPP} \frac{NCF_t}{(1+k)^t} = \sum_{t=0}^{DPP} NCF_t \times (P/F, k, t) = 0$$

与静态回收期的计算相比，动态回收期的计算原理基本相同。

【例 4－10】承例 4－8，假定企业所要求的投资报酬率 10%。计算动态回收期。

解

编制累计现金流量表，见表 4－7。

表4-7 累计现金流量

t	0	1	2	3	4	5
NCF_t	-5400	-600	1770	2520	3120	2370
$(P/F, k, t)$	1	0.9091	0.8264	0.7513	0.6830	0.6209
$NCF_t \times (P/F, k, t)$	-5400	-545	1463	1893	2131	1472
$\sum NCF_t \times (P/F, k, t)$	-5400	-5945	-4482	-2589	-458	1014

从表4-7可知，第4年的累计净现金流量现值小于0，第5年的累计净现金流量现值大于0，由此，可以推断DPP介于第4年与第5年之间，用插值法。

$$DPP = 4 + \frac{0-(-458)}{1014-(-458)} = 4.31(年)$$

若净现金流量分布服从一定规律。如投资期 s 年，投资 $I = \sum_{t=0}^{s} I_t$，投产后前 m 年每年净营业现金流量相等，即 $NCF_{(s+1)-(s+m)} = A$，且 $A \times (P/A, k, m)(P/F, k, s) \geqslant \sum_{t=0}^{s} I_t \times (P/F, k, t)$，则动态回收期 DPP 计算式为：

$$DPP = m - \frac{A \times (P/A, k, m)(P/F, k, s) - \sum_{t=0}^{s} I_t \times (P/F, k, t)}{A \times (P/A, k, m)(P/F, k, s) - A \times (P/A, k, m-1)(P/F, k, s)} + s$$

因 $(P/F, k, m) = (P/A, k, m) - (P/A, k, m-1)$，上式变为：

$$DPP = m - \frac{A \times (P/A, k, m)(P/F, k, s) - \sum_{t=0}^{s} I_t \times (P/F, k, t)}{A \times (P/F, k, m)(P/F, k, s)} + s$$

特别地，当建设期等于0，全部投资于建设期一次投入，$A \times (P/A, k, m) \geqslant I_0$，DPP 的计算式为：

$$DPP = m - \frac{A \times (P/A, k, m) - I_0}{A \times (P/F, k, m)} = m - [(F/A, k, m) - I_0 \times (F/P, k, m) \div A]$$

【例4-11】 承例4-9，假定企业所要求的投资报酬率10%。计算动态回收期。

解

$I_0 = 5400$ 万元，$I_1 = 600$ 万元，$s = 1$ 年，$NCF_{2-4} = A = 2400$ 万元

编制累计现金流量表，见表 4 – 8。

表 4 – 8   **累计现金流量**

t	0	1	2	3	4	5
NCF_t	– 5400	– 600	2400	2400	2400	2400
$(P/F, k, t)$	1	0.9091	0.8264	0.7513	0.6830	0.6209
$NCF_t \cdot (P/F, k, t)$	– 5400	– 545.5	1983.4	1803.1	1639.2	1490.2
$\sum NCF_t \cdot (P/F, k, t)$	– 5400	– 5945.5	– 3962.1	– 2159.0	– 519.8	970.4

$m = 4$ 年

$$A \times (P/A, k, m)(P/F, k, s) \geqslant \sum_{t=0}^{s} I_t \times (P/F, k, t)$$

$2400 \times (P/A, 10\%, 4)(P/F, 10\%, 1) \geqslant 5400 + 600 \times I \times (P/F, 10\%, 1) 6916.21 > 5945.46$

$$DPP = m - \frac{A \times (P/A, k, m)(P/F, k, s) - \sum_{t=0}^{s} I_t \times (P/F, k, t)}{A \cdot (P/F, k, m)(P/F, k, s)} + s$$

$$= 4 - \frac{2400 \times (P/A, 10\%, 4)(P/F, 10\%, 1) - 5400 - 600 \times (P/F, 10\%, 1)}{2400 \times (P/F, 10\%, 4)(P/F, 10\%, 1)} + 1$$

$$= 4 - \frac{2400 \times 3.1699 \times 0.9091 - 5400 - 600 \times 0.9091}{2400 \times 0.6830 \times 0.9091} + 1$$

$$= 4 - \frac{970.4}{1490.2} + 1 = 4.35 (年)$$

此例仅介绍了投产期的净现金流量分布规律。如果投资期的净现金流量有规律，就更简便了。如承此例，当建设期等于 0，全部投资于建设期一次投入。

$m = 4$ 年，$A \times (P/A, k, m) \geqslant I_0$

$2400 \times (P/A, 10\%, 4) = 2400 \times 3.1699 = 7607.8 \geqslant 6000$

$$DPP = m - [(F/A, k, m) - I_0 \times (F/P, k, m) \div A] = 4 - \Big[4.4610 -$$

$$\left. \frac{6000 \times 1.4641}{2400} \right] = 3.02(年)$$

二　投资项目的现金流量

对长期经营性投资项目进行价值估计（无论是动态估计还是静态估计）遇到的第二个问题是如何估算现金流量。当然，固定资产投资项目与控制型长期股权投资现金流量，在构成内容、涵盖年限、估计难度上具有较大差异。

（一）固定资产投资项目的现金流量

现金流量估算是固定资产投资项目的首要环节和关键问题。若现金流量估算不当，就会影响项目评价准确性和科学性。

1. 现金流量确定的假设

为了便于确定现金流量，简化现金流量的估算过程，特作如下假设：

（1）财务可行性。确定项目现金流量时，假设项目投资从企业财务决策者的立场出发，是为了对项目进行财务可行性分析，该项目已经具备技术可行性和国民经济可行性。

（2）资金统一性。确定项目现金流量时，假定只考虑全部投资的运行情况，而不区分自有资本和借入资本。即使存在借入资本，也将其视为自有资本。但在计算固定资产原值时，需要考虑利息资本化因素。

（3）年限一致性。确定项目现金流量时，假定主要固定资产的使用寿命与营业期相同，也就是说，固定资产的折旧计算以营业期为基础。

（4）指标时点性。确定项目现金流量时，假定所涉及的指标，无论是时点指标（存量指标）还是时期指标（流量指标），均按时点指标处理。如建设投资按建设期有关年度的年初或年末确认；营运资金投资按建设期末确认；各年收入、成本、折旧、摊销、利润、税金等均按该年年末确认；项目报废清理均按终结点确认（但更新改造项目除外）。

（5）产销平衡性。确定项目现金流量时，假定建立在产销平衡基础上，即营业期各年产量等于该年销量，并在这个前提下，假定有关价格、产销量、成本水平、所得税率等均为已知变量。

2. 现金流量确定的难点

确定项目现金流量是在收付实现制的基础上预计并反映现实资本在项目寿命内未来各年中的收支情况。在现实财务活动中，了解一个项目的现金流量包括的内容并反映其具体数量，并在此基础上确定其现金流量，不是一件容易的事情，必须视特定的决策角度和现实的时空条件而定。影响项目现金流量的因素较多，概括起来包括以下几个方面：

（1）不同项目的差异。在财务活动中，不同项目在类型、资金构成、项目寿命构成、投资方式、投资主体等方面均存在较大差异，可能出现多种情况的组合，也可能有不同组合形式的现金流量，其内容千差万别。

（2）不同角度的差异。即便同一项目，也可能出现不同角度的现金流量。如从不同决策者的立场出发，有国民经济现金流量和企业现金流量之分；从不同投资主体的角度看，有股东现金流量和债权人现金流量之分。

（3）不同时期的差异。由于项目寿命不同，各阶段的现金流量内容也可能不同，不同现金流入或现金流出在其发生时间上也存在不同特征，如有的发生在年初，有的发生在年末；有的属于时点指标，有的属于时期指标。此外，固定资产的折旧年限与营业期长短也可能出现差异。

（4）相关因素的差异。由于与项目相关的投入物和产出物价格、数量等受到未来市场环境等诸多不确定因素的影响，不可能完全预测出它们的未来变动趋势和发展水平，这就必然影响现金流量估算的准确性。

3. 现金流量确定的注意事项

在估算现金流量时，为了防止多算或漏算，需要注意以下问题：

（1）重视相关现金流量。增量现金流量、税后现金流量和经营性现金流量才是相关的现金流量。无论是现金流入还是现金流出，只有增量现金流量才是与项目相关的现金流量。所谓增量现金流量，是指接受或拒绝某个方案后，现金流量因此发生的变动。只有那些由于采纳某项目后引起的现金支出增加额，才是该项目的现金流出；只有那些由于采纳某项目后引起的现金流入增加额，才是该项目的现金流入。

（2）关注决策相关成本。机会成本与决策有关；沉没成本与决策无关。机会成本是采纳一个方案而放弃其他方案所丧失的最大潜在收益。一笔资金用在一个项目上，就必然不能同时用在另一个项目上。因此，采纳一个项目的收益往往建立在放弃另一个项目的收益的基础之上。尽管放弃的项目收益并不构成企业的真实现金流出，也无须作为账面成本，但必须作为所采纳的项目成本加以考虑。否则，就无法正确判断一个项目的优劣。在项目决策中，必须将已经放弃的方案也许可以得到的潜在收益，与已经采纳方案能够得到的期望收益比较，如果前者大于后者，则说明决策是失误的。沉没成本是已经发生的不能收回的历史成本，对于一个正在评估的项目，无论采纳与否，沉没成本（如其前期的研发费用）早已发生，其数额不会影响投资决策。

（3）利用现有会计数据。现销收入、付现营业成本、资产变现价值等是能够利用的会计资料，在估算现金流量时，尽管不能直接用会计利润代替现金流量，但由于在会计报表中比较容易获得利润资料和其他会计数据，并在会计利润基础上进行一些必要调整，使之转化为净现金流量。

（4）考虑有关影响因素。采纳一个项目后，必须考虑系统风险、通货膨胀、税收、折旧政策等对项目的影响。另外，也要考虑项目对企业其他部门的影响，如决定开设第二家销售点，很可能会减少已有销售点的销售量。因此，项目决策时，必须将这些影响因素视为项目的成本或收入，否则，不能正确评价项目对公司整体产生的影响。

4. 现金流量确定的涉税处理

企业涉及的税多达 16 种，税收作为一种现金流出，是怎么影响现金流量的？

（1）消费税、营业税、城市维护建设税、关税、资源税、土地增值税、教育费附加。这六税一费，是项目现金流出，其会计处理是产品成本化，计入"营业税金及附加"，已经归入付现营业成本，不再单独列示。

（2）房产税、车船税、城镇土地使用税、印花税。这四税俗称有房有车有地有花，是项目现金流出，其会计处理是费用化，计入"管理费用"，已经归入付现营业成本，不再单独列示。

（3）契税、耕地占用税、车辆购置税。这三税是项目现金流出，其会计处理是资本化，计入相应资产的成本，按一定年限分期计提折旧、摊销，已经归入不付现营业成本。不付现成本虽然影响营业期净现金流量，但不再单独列示。

（4）增值税。增值税作为一种收入税与流转税，是价外税，不同于消费税等价内税。随着"营改增"的普遍推行，增值税征收范围越来越广，增值税的社会影响越来越大。增值税有时表现为企业的现金流出，有时表现为企业的现金流入，总体不影响项目乃至企业的净现金流量。企业向供应商支付增值税进项税额时，表现为现金流出；向顾客收取增值税销项税额时，表现为现金流入。当销项税额大于进项税额，企业要向税务局缴纳应交增值税，表现为现金流出。当销项税额小于进项税额，企业可以留转下期抵扣。这样，由增值税引起的现金流量会达到平衡，净现金流量为 0。

（5）个人所得税。企业只是为本企业职工承担个人所得税的代扣代缴义务，并不是个人所得税的实际负税人，因此，个人所得税并非项目或企业的现金流出。

（6）企业所得税。企业所得税作为一种收益税，是项目或企业承担的最终费用，是一项重要的现金流出，其有无与利润的有无直接挂钩，其大小与利润或税率的大小直接相关。而利润等于收入与成本之差，当税率一定时，收入或成本的变动，会引起所得税的变动。正因为如此，企业所得税需要单独列示。

5. 现金流量构成内容

项目现金流量可以从不同角度观察。

（1）项目空间上观察的现金流量。从空间上观察，现金流量分为：

第一，现金流入。包括五类：一是营业收入，是营业期所有项目的最主要现金流量。二是回收的固定资产净残值或变价净收入。三是回收的营运资金。回收的固定资产净残值或变价净收入和回收的营运资金统称为回收额，是终结点所有项目的基本现金流量。四是停止使用土地变价收入，是终结点完整工程项目的基本现金流量。五是旧固定资产变价收入，是建设期更新项目的常用现金流量。

第二，现金流出。包括四类：一是资产投资，是建设期所有项目的最主要现金流量。二是垫支的营运资金，是建设期许多项目尤其是完整工业项目的基本现金流量。三是付现成本，是营业期所有项目的最主要现金流量。四是所得税，是营业期所有项目的基本现金流量。

（2）项目时间上观察的现金流量。从时间上观察，现金流量分为：

第一，建设期现金流量。包括三类：资产投资、垫支的营运资金和旧固定资产变价收入。前两个表现为现金流出，后一个表现为现金流入。

第二，营业期现金流量。包括三类：营业收入、付现成本和所得税。前一个表现为现金流入，后两个表现为现金流出。

第三，终结点现金流量。包括三类：回收的固定资产净残值或变卖净收入、回收的营运资金和停止使用土地变价收入。三者均为现金流入。

（3）项目类型上观察的现金流量。

第一，单纯固定资产项目的现金流量。现金流入包括二类：一是增加的营业收入，即固定资产投产后每年增加的产品销售收入；二是回收的固定资产净残值，即固定资产在终结点报废清理时回收的实际残值与实际残值超过税法残值所缴纳的所得税的差额。

现金流出包括三类：一是固定资产投资；二是增加的付现成本，即固定资产投产后每年增加的现金支出，包括消费税、营业税及其附加税费；三是增加的所得税，即固定资产投产后因应纳税所得额增加而增加的所得税。

第二，完整工业项目的现金流量。现金流入包括四类：一是营业收入，即项目投产后每年实现的产品销售收入；二是回收的固定资产净残值或变价净收入，即项目涉及的固定资产终结点报废清理时所回收的实际残值与实际残值超过税法残值所缴纳的所得税的差额，或中途变卖处理时所获得的变价收入与变价收入超过税法规定折余价值所缴纳的所得税的差额；三是营运资金回收，即项目在项目寿命结束时（终结点）因不再发生新的替代投资而回收的原来垫支的全部流动资金；四是项目涉及的停止使用土地变价收入。

现金流出包括四类：一是建设投资，即建设期内按一定生产规模和建设内容进行的固定资产投资、无形资产投资和其他长期资产投资等的总称；二是营运资金垫支，即项目所发生的用于营业期周转使用的流动资金；三是付现成本，即营业期内为满足正常生产经营而发生的全部现金支出，包括各项成本、消费税、营业税及其附加税费；四是所得税，即项目投产后因应纳税所得额发生而依法缴纳的所得税。建设投资与营运资金垫支合称原始投资。

第三，更新改造项目的现金流量。现金流入包括四类：一是使用新固定资产所引起的营业收入与使用旧固定资产所引起的营业收入的差额；二是处置旧固定资产所取得的变现收益（变价收入减去清理费用）与变现收益超过折余价值所缴纳的所得税的差额；三是新固定资产净残值回收与旧固定资产净残值回收的差额；四是新固定资产的营运资金回收与旧固定资产的营运资金回收的差额。

现金流出包括四类：一是新固定资产投资；二是使用新固定资产所产生的付现成本与使用旧固定资产所产生的付现成本的差额（正号表示超过，负号表示节约）；三是使用新固定资产所缴纳的所得税与使用旧固定资产所缴纳的所得税的差额（正号表示超过，负号表示节约）；四是使用新固定资产所匹配的营运资金垫支与使用旧固定资产所匹配的营运资金垫支的差额（正号表示超过，负号表示节约）。

单纯固定资产项目、完整工业项目和更新改造项目的现金流量一览表，如表4-9所示。

表4-9 现金流量一览

项目类型	项目时间	项目空间	
		现金流入	现金流出
单纯固定资产项目	建设期	—	固定资产投资
	营业期	增加的营业收入	增加的付现成本 增加的所得税
	终结点	固定资产净残值回收	—
完整工业项目	建设期	—	建设投资 营运资金垫支
	营业期	营业收入	付现成本 所得税
	终结点	固定资产净残值回收 营运资金回收 停止使用土地变价收入	—
更新改造项目	建设期	处置旧固定资产的净收入	新固定资产投资 使用新资产所增加的营运资金垫支
	营业期	使用新资产所增加的营业收入	使用新资产所增加的付现成本 使用新资产所增加的所得税
	终结点	新旧资产净残值回收差额 新旧资产营运资金回收差额	—

6. 净现金流量的估算

根据第二章第三节净现金流量定义，假定 CFI_t 为第 t 年的现金流入，CFO_t 为第 t 年的现金流出，则第 t 年净现金流量的计算式为：

$$NCF_t = CFI_t - CFO_t (t = 1, 2, \cdots, n)$$

（1）单纯固定资产项目的净现金流量估算。这类项目的现金流量估算比较简单。

第一，建设期净现金流量估算。若单纯固定资产项目的全部投资均在建设期内发生，假定第 t 年原始投资（如仅固定资产投资）为 I_t，则建设期净现金流量计算式为：

$$NCF_t = -I_t(t = 1, 2, \cdots, s)$$

当建设期不等于 0，建设期净现金流量的数量特征取决于其投资方式是一次性投入还是分次性投入。

第二，营业期净现金流量估算。若单纯固定资产项目在营业期内不再追加投资，假定第 t 年增加的营业收入为 S_t，第 t 年增加的付现营业成本为 C_t，第 t 年增加的净利润为 EAT_t，固定资产原值为 OV，资本化利息为 K，第 t 年增加的折旧额为 D_t，税法规定残值为 R_T，第 t 年所得税支付为 TP_t，所得税税率为 T，则营业期净现金流量计算式为：

$$OV = I + K(I = \sum I_t)$$

$$D_t = \frac{OV - R_T}{n - s}$$

$$NCF_t = S_t - C_t - TP_t(t = s + 1, s + 2, \cdots, n)$$

或：$NCF_t = (S_t - C_t - D_t)(1 - T) + D_t = EAT_t + D_t$

或：$NCF_t = S_t(1 - T) - C_t(1 - T) + D_t \times T = (S_t - C_t)(1 - T) + D_t \times T$

第三，终结点净现金流量估算。若单纯固定资产项目在终结点 n 预计残值收入（或实际残值收入、会计规定残值，下同）为 R_n，税法规定残值为 R_T，所得税税率为 T，则终结点净现金流量计算式为：

$$NCF_n = R_n - (R_n - R_T)T$$

【例 4 - 12】某企业拟购建一项固定资产，需投资 100 万元，税法规定采用直线法折旧，税法规定使用寿命 10 年，税法规定残值 10 万元，最终实际残值 12 万元。在建设起点一次性投入 100 万元，建设期 1 年，发生资本化利息 10 万元。预计投产后每年可增加营业收入 75 万元，增加付现营业成本 53 万元。估算其时期的净现金流量。

解

$I_0 = 100$ 万元，$K = 10$ 万元，$OV = 100 + 10 = 110$ 万元，$n = s + p = 1 + 10 = 11$ 年，$R_n = 12$ 万元，$R_T = 10$ 万元，$D_{2-11} = \dfrac{OV - R_T}{n - s} = \dfrac{110 - 10}{11 - 1} = 10$ 万元，$S_{2-11} = 75$ 万元，$C_{2-11} = 53$ 万元

建设期净现金流量：

$$NCF_0 = -I_0 = -100 \text{ 万元}$$

$NCF_1 = 0$

营业期净现金流量：

$NCF_{2-11} = (S_{2-11} - C_{2-11} - D_{2-11})(1 - T) + D_{2-11} = (75 - 53 - 10)(1 - 25\%) + 10 = 19(万元)$

终结点净现金流量：

$NCF_{11} = R_{11} - (R_{11} - R_T)T = 12 - (12 - 10) \times 25\% = 11.5(万元)$

（2）完整工业项目净现金流量估算。

第一，建设期净现金流量估算。完整工业项目的全部原始投资均在建设期内投入，假定第 t 年固定资产投资为 I_t，无形资产及其他长期资产投资为 J_t，垫支的营运资金为 L_t，则建设期净现金流量计算式为：

$NCF_t = -I_t - J_t - L_t(t = 1, 2, \cdots, s)$

当建设期不等于 0 时，建设期净现金流量的数量特征取决于其投资方式是分次性投入还是一次性投入。

第二，营业期净现金流量估算。若完整工业项目在营业期内不再追加投资，假定第 t 年营业收入为 S_t，第 t 年付现营业成本为 C_t，第 t 年净利润为 EAT_t，固定资产原值为 OV，资本化利息为 K，第 t 年折旧额为 D_t，第 t 年摊销额为 M_t，第 t 年所得税 TP_t，税法规定固定资产折旧和其他长期资产摊销采用直线法，税法规定残值为 R_T，所得税税率为 T，则营业期净现金流量的计算式为：

$OV = I + K(I = \sum I_t)$

$D_t = \dfrac{OV - R_T}{n - s} \quad M_t = \dfrac{J}{n - s} \quad (J = \sum J_t)$

$NCF_t = S_t - C_t - TP_t(t = s + 1, s + 2, \cdots, n)$

或：$NCF_t = (S_t - C_t - D_t - M_t)(1 - T) + D_t + M_t = EAT_t + D_t + M_t$

或：$NCF_t = S_t(1 - T) - C_t(1 - T) + (D_t + M_t)T = (S_t - C_t)(1 - T) + (D_t + M_t)T$

第三，终结点净现金流量估算。完整工业项目在终结点 n 回收营运资金为 L_n，预计残值收入为 R_n，税法规定残值为 R_T，所得税税率为 T，则终结点净现金流量计算式为：

$NCF_n = L_n + R_n - (R_n - R_T)T(L_n = \sum L_t)$

【例 4 - 13】某企业拟投资一条生产线，需要原始投资 1400 万元。固定资产、无形资产、开办费分别投资 1000 万元、200 万元和 40 万元，于建设起点投入，建设期为 1 年，固定资产发生资本化利息 50 万元。流动资金投资 160 万元，于工程完工时投入，于项目结束时一次性收回。对固定资产，税法规定按直线法计提折旧，税法规定使用寿命 8 年，税法规定残值 90 万元，预计残值 100 万元；无形资产和开办费按平均年限法计提摊销。投产后第一年取得营业收入 450 万元，发生付现营业成本 200 万元，以后营业收入和付现成本前 2 年每年增长 10%，中间 3 年每年增长 6%，后 2 年每年增长 2%。所得税税率为 25%。估算其时期的净现金流量。

解

$n = s + p = 1 + 8 = 9$ 年，$I_0 = 1000$ 万元，$K = 50$ 万元，$OV = 1000 + 50 = 1050$（万元）

$J_0 = 200 + 40 = 240$ 万元，$L_1 = 160$ 万元，$R_T = 90$ 万元，$R_n = 100$ 万元，$L_n = 160$ 万元

$D_{2-9} = \dfrac{1050 - 90}{8} = 120$（万元），$M_{2-9} = \dfrac{240}{8} = 30$（万元），$S_2 = 450$ 万元，$C_2 = 200$ 万元

建设期净现金流量：

$NCF_0 = -(I_0 + J_0) = -(1000 + 240) = -1240$（万元）

$NCF_1 = -L_1 = -160$ 万元

营业期净现金流量：

$NCF_{2-9} = (S_{2-9} - C_{2-9})(1 - T) + (D_{2-9} + M_{2-9})T$

$NCF_2 = (450 - 200)(1 - 25\%) + (120 + 30) \times 25\% = 250 \times (1 - 25\%) + 150 \times 25\% = 225$（万元）

$NCF_3 = 250 \times (1 + 10\%)(1 - 25\%) + 150 \times 25\% = 243.75$（万元）

$NCF_4 = 250 \times (1 + 10\%)^2(1 - 25\%) + 150 \times 25\% = 264.38$（万元）

$NCF_5 = 250 \times (1 + 10\%)^2(1 + 6\%)(1 - 25\%) + 150 \times 25\% = 277.99$（万元）

$NCF_6 = 250 \times (1 + 10\%)^2(1 + 6\%)^2(1 - 25\%) + 150 \times 25\% = 292.42$（万元）

$NCF_7 = 250 \times (1 + 10\%)^2(1 + 6\%)^3(1 - 25\%) + 150 \times 25\% = 307.71$（万元）

$NCF_8 = 250 \times (1 + 10\%)^2 (1 + 6\%)^3 (1 + 2\%)(1 - 25\%) + 150 \times 25\%$
$= 313.12$（万元）

$NCF_9 = 250 \times (1 + 10\%)^2 (1 + 6\%)^3 (1 + 2\%)^2 (1 - 25\%) + 150 \times 25\%$
$= 318.63$（万元）

终结点净现金流量：

$NCF_9 = NCF_n = L_n + R_n - (R_n - R_T)T = 160 + 100 - (100 - 90) \times 25\% = 257.5$（万元）

（3）更新改造项目的净现金流量估算。更新改造项目现金流量内容比完整工业项目简单，比单纯固定资产项目复杂，但更新改造项目通常涉及新、旧固定资产，其现金流量估算比完整工业项目复杂，更遑论单纯固定资产项目了。更新改造项目的净现金流量估算既可以采用总量法，也可以采用差量法。一般来说，若新、旧设备的使用年限不一致，运用总量法；若新、旧设备的使用年限一致，运用差量法。但是，差量法总是以总量法为基础。

第一，建设期净现金流量估算。更新改造通常在当年较短时间内完成，即建设期为0，建设期净现金流量的估算过程如下：

一是采用总量法。若续用旧设备，设旧设备丧失的变现收入为 E，旧设备折余价值为 F，营运资金垫支为 L_1，则旧设备建设期净现金流量计算式为：

$NCF_{01} = -[E - (E - F)T] - L_1 = -E + (E - F)T - L_1$

若改用新设备，设新设备的投资为 I，营运资金垫支为 L_2，则新设备的建设期净现金流量的计算式为：

$NCF_{02} = -I - L_2$

二是采用差量法：

$\Delta NCF_0 = NCF_{02} - NCF_{01} = -I + [E - (E - F)T] - (L_2 - L_1)$

第二，营业期净现金流量估算。更新改造通常在营业期内不再追加投资，营业期净现金流量估算过程如下：

一是采用总量法。若续用旧设备，设旧设备第 t 年营业收入为 S_{t1}，第 t 年付现营业成本为 C_{t1}，第 t 年净利润为 EAT_{t1}，第 t 年折旧额为 D_{t1}，第 t 年所得税支付为 TP_{t1}，所得税税率为 T，旧设备折余价值为 F，税法规定的尚可使用年限为 n_1，税法规定残值为 R_{T1}，税法规定折旧方法为直线法，则营业期旧设备第 t 年净现金流量计算式为：

$$D_{t1} = \frac{F - R_{T1}}{n_1}$$

$$NCF_{t1} = S_{t1} - C_{t1} - TP_{t1}(t = s+1, \ s+2, \cdots, \ n)$$

或：$NCF_{t1} = (S_{t1} - C_{t1} - D_{t1})(1 - T) + D_{t1} = EAT_{t1} + D_{t1}$

或：$NCF_{t1} = S_{t1}(1 - T) - C_{t1}(1 - T) + D_{t1} \times T = (S_{t1} - C_{t1})(1 - T) + D_{t1} \times T$

若改用新设备，设新设备第 t 年营业收入为 S_{t2}，第 t 年付现营业成本为 C_{t2}，第 t 年净利润为 EAT_{t2}，第 t 年折旧额为 D_{t2}，第 t 年所得税支付为 TP_{t2}，所得税税率为 T，新设备投资为 I（假定不存在资本化利息），税法规定使用年限为 n_2，税法规定残值为 R_{T2}，税法规定折旧方法为直线法，则营业期新设备第 t 年净现金流量计算式为：

$$D_{t2} = \frac{I - R_{T2}}{n_2}$$

$$NCF_{t2} = S_{t2} - C_{t2} - TP_{t2}(t = s+1, \ s+2, \cdots, \ n)$$

或：$NCF_{t2} = (S_{t2} - C_{t2} - D_{t2})(1 - T) + D_{t2} = EAT_{t2} + D_{t2}$

或：$NCF_{t2} = S_{t2}(1 - T) - C_{t2}(1 - T) + D_{t2} \times T = (S_{t2} - C_{t2})(1 - T) + D_{t2} \times T$

二是采用差量法：

$$\Delta D_t = D_{t2} - D_{t1} = \frac{I - R_{T2}}{n_2} - \frac{F - R_{T1}}{n_1}$$

$$\Delta S_t = S_{t2} - S_{t1}, \ \Delta C_t = C_{t2} - C_{t1}, \ \Delta TP_t = TP_{t2} - TP_{t1}, \ \Delta EAT_t = EAT_{t2} - EAT_{t1}$$

$$\Delta NCF_t = \Delta S_t - \Delta C_t - \Delta TP_t(t = s+1, \ s+2, \cdots, \ n)$$

或：$\Delta NCF_t = (\Delta S_t - \Delta C_t - \Delta D_t)(1 - T) + \Delta D_t = \Delta EAT_t + \Delta D_t$

或：$\Delta NCF_t = \Delta S_t(1 - T) - \Delta C_t(1 - T) + \Delta D_t \times T = (\Delta S_t - \Delta C_t)(1 - T) + \Delta D_t \times T$

第三，终结点净现金流量估算。更新项目在终结点 n 回收额计算较为复杂。终结点净现金流量估算过程如下。

一是采用总量法。若续用旧设备，设预计残值收入为 R_{n1}，税法规定残值为 R_{T1}，营运资金回收为 L_{n1}，则旧设备回收额计算式为：

$$NCF_{n1} = L_{n1} + R_{n1} - (R_{n1} - R_{T1})T$$

若改用新设备，设预计残值收入为 R_{n2}，税法规定残值为 R_{T2}，营运资金回收为 L_{n2}，则新设备回收额计算式为：

$$NCF_{n2} = L_{n2} + R_{n2} - (R_{n2} - R_{T2})T$$

二是采用差量法：

$$\Delta L_n = L_{n2} - L_{n1} , \quad \Delta R_n = R_{n2} - R_{n1} , \quad \Delta R_T = R_{T2} - R_{T1}$$

$$\Delta NCF_n = \Delta L_n + \Delta R_n - (\Delta R_n - \Delta R_T) T$$

【例 4 - 14】某企业目前生产一种产品，该产品适销期预计还有 8 年。生产该产品的设备有两个方案：一是续用旧设备，已使用 5 年，由于设备陈旧，运行成本（能耗、维修费和人工费）和残次品率较高；二是改用新设备，虽买价较高，但由于生产能力和生产技术较高，但运行成本和残次品率较低，且可以减少存货占用资金。有关资料见表 4 - 10。

表 4 - 10　　　　　　　　　　新、旧设备有关资料

续用旧设备		改用新设备	
原价（元）	200000	原价（元）	300000
当前市场价值（元）	70000	效率提高减少半成品占用（元）	20000
税法规定折旧年限（年）	10	税法规定折旧年限（年）	10
税法规定折旧方法	直线法	税法规定折旧方法	直线法
税法规定残值率（%）	10	税法规定残值率（%）	10
已使用年限（年）	5	已使用年限（年）	0
尚可使用年限（年）	6	计划使用年限（年）	8
年销售收入（元）	140000	年销售收入（元）	150000
年运行成本（元）	110000	年运行成本（元）	85000
年残次品成本（元）	10000	年残次品成本（元）	5000
预计 6 年后残值收入（元）	0	预计 8 年后残值收入（元）	96000

要求：用总量法估算新、旧设备的各期净现金流量。

解

$$I = 300000 \text{ 元}, \quad E = 70000 \text{ 元}, \quad F = 200000 - \frac{200000 \times (1 - 10\%)}{10} \times 5 = 110000 (\text{元})$$

$$L_1 = 0, \quad L_2 = -20000, \quad R_{T1} = 200000 \times 10\% = 20000 (\text{元}), \quad R_{T2} = 300000 \times 10\% = 30000 (\text{元})$$

$R_{n1} = 0$，$R_{n2} = 96000$，$D_{(1-5)1} = \dfrac{110000 - 20000}{5} = \dfrac{200000(1 - 10\%)}{10} =$ 18000（元）

$$D_{(1-10)2} = \dfrac{300000 - 30000}{10} = \dfrac{300000(1 - 10\%)}{10} = 27000，S_{(1-6)1} = 140000$$

（元）

$C_{(1-6)1} = 110000 + 10000 = 12000$，$S_{(1-8)2} = 150000$，$C_{(1-8)2} = 85000 + 5000 = 90000$

$L_{n1} = 0$，$L_{n2} = -20000$（元）

（1）建设期净现金流量

续用旧设备：

$$NCF_{01} = -E + (E - F)T - L_1 = -70000 + (70000 - 110000) \times 25\% - 0$$
$$= -80000（元）$$

改用新设备：

$$NCF_{02} = -I - L_2 = -300000 - (-20000) = -280000（元）$$

（2）营业期净现金流量

续用旧设备：

第1—5年营业净现金流量为：

$$NCF_{(1-5)1} = (S_{(1-5)1} - C_{(1-5)1})(1 - T) + D_{(1-5)1} \times T = (140000 -$$
$$120000)(1 - 25\%) + 18000 \times 25\% = 19500（元）$$

第6年的营业净现金流量为：

$$NCF_{61} = (S_{61} - C_{61})(1 - T) + D_{61} \times T = (140000 - 120000)(1 - 25\%)$$
$$+ 0 \times 25\% = 15000（元）$$

改用新设备：

第1—8年的营业净现金流量为：

$$NCF_{(1-8)2} = (S_{(1-8)2} - C_{(1-8)2})(1 - T) + D_{(1-8)2} \times T = (150000 -$$
$$90000)(1 - 25\%) + 27000 \times 25\% = 51750（元）$$

（3）终结点净现金流量

续用旧设备：

旧设备属于超期使用，第6年的残值回收额为：

$$NCF_{61} = NCF_{n1} = L_{n1} + R_{n1} - (R_{n1} - R_{T1})T = 0 + 0 - (0 - 20000) \times 25\%$$
$$= 5000（元）$$

改用新设备：

新设备属于提前报废，还有 2 年折旧没有提取，最终进入税法残值，最终税法残值为：

$$R_{T2} = 300000 \times 10\% + 27000 \times 2 = 84000（元）$$

第 8 年的残值回收额为：

$$NCF_{82} = NCF_{n2} = L_{n2} + R_{n2} - (R_{n2} - R_{T2})T = -20000 + 96000 - (96000 - 84000) \times 25\% = 73000（元）$$

（二）控制型长期股权投资项目的现金流量

与短期投资不同，企业进行长期股权投资首要目的不是获取投资收益，更不是准备随时变现，而是为了长期持有股权，更是为了通过影响、控制被投资单位的重大财务和经营政策，使被投资单位采取有利于企业相关活动的经营方针和股利分配方案，强化与被投资单位（如充当企业的原材料供应商或产品经销商）商业纽带，等等。

控制型长期股权投资尤为如此。控制型长期股权投资的现金流量比固定资产投资（尤其是包括无形资产投资）的现金流量要简单得多，无论是投资取得时，还是投资持有期间或者投资处置时。

1. 投资取得时的现金流量

控制型长期股权投资由控股收购形成，先看看长期股权投资的会计初始确认。同一控制下和非同一控制下长期股权投资的初始会计确认有一定区别，如表 4 - 11 所示。

尽管会计处理较为复杂，但财务分析比较简单。投资取得时的现金流量为初始现金流量，其确定必须以公允价值（市场价格）为基础，其计算式为：

初始现金流量 = 公允价值 + 中介费用

式中：公允价值的计算式为：

公允价值 = 支付现金 + 转让非现金资产的公允价值 +
　　　　　承担或发生债务的公允价值 + 发行权益性证券的公允价值

投资取得时的现金流量主要表现为现金流出，称为初始投资。可见，会计上的初始投资与财务的初始投资有所不同。

值得一提的是，前述控制型长期股权投资是一次性取得的。企业原持有的对被投资单位无控制、无共同控制、无重大影响的按照金融工具确认和计量的权益性投资（会计处理采用公允价值计量），或对联营企业、合营企业的非控制型长期股权投资（会计处理采用权益法核算），因追加投资等，能够对非同一控制下的被投资单位实施控制，即通过多次交换交易，分步取得的控制型长期股权投资（会计处理从公允价值计量到成本法，或从权益法到成本法），现金流量的确认可以比照一次性取得的控制型长期股权投资，等于原有股权投资的公允价值加上新增投资成本。

表4－11　长期股权投资在同一控制、非同一控制下的初始会计确认

事项	同一控制下	非同一控制下
初始投资成本	在合并日按照所取得的被合并方在最终控制方合并财务报表中的净资产账面价值的份额	按支付现金、转让非现金资产、承担或发生债务、发行权益性工具的公允价值（合并成本）
合并对价差额	以支付现金、转让非现金资产、承担或发生债务作为合并对价的，份额与支付现金、转让非现金资产、承担或发生债务的账面价值的差额，以发行权益性工具作为合并对价的，份额与发行股份的面值（记入股本）的差额，调整资本公积（资本或股本溢价）；资本公积不足冲减的，依次冲减盈余公积和未分配利润	以支付现金、转让非现金资产、承担或发生债务作为合并对价的，公允价值与支付现金、转让非现金资产、承担或发生债务的账面价值的差额，计入当期损益①；以发行权益性工具作为合并对价的，公允价值与发行股份的面值（记入股本）的差额，入资本公积（扣除股票发行费用）
中介费用	审计、法律服务、评估咨询等费用发生时，计入当期损益（管理费用）	
证券发行费用	与以发行权益性工具、债务性工具作为合并对价的直接相关交易费用，分别计入权益性工具、债务性工具的初始确认金额	
商誉	不会产生新的商誉	可能会产生新的商誉

2. 投资持有期间的现金流量

投资持有期间的现金流量大体分为两类：

（1）现金股利。企业从投资取得当年开始，从被投资单位分得的现金股利（会计上作为投资成本的冲减），其计算式为：

股利现金流量＝被投资单位分派的现金股利×企业持股比例

---

① 合并对价为固定资产、无形资产的，公允价值与账面价值的差额，计入营业外收入或营业外支出；合并对价为长期股权投资或金融资产的，公允价值与其账面价值的差额，计入投资损益；合并对价为存货的，作为销售处理，以其公允价值确认收入，同时结转相应成本；合并对价为投资性房地产的，以其公允价值确认其他业务收入，同时结转其他业务成本。

值得一提的是，企业取得的投资收益作为收入，应当缴纳企业所得税。但按照税法规定，居民企业直接投资于其他居民企业的投资收益免税。

（2）追加投资和削减投资。追加投资会增加现金流出，其现金流量的确定原理与初始投资相同。当然，追加投资的上限是被投资单位成为企业的全资子公司。

削减投资会发生现金流入，其现金流量的确定以实际收到的价款为依据。当然，削减投资的下限是企业占被投资单位的股权比例不低于50%（仅从数量上看）。

3. 投资处置时的现金流量

投资处置时的现金流量表现为现金流入。投资处置分为全部处置和部分处置。全部处置指企业从被投资单位全部退出，企业不再是被投资单位的股东（一般股东也不是，更遑论母公司），控制型长期股权投资全部转化为现金，按实际收到的全部价款确定为现金流入。

部分处置指企业从被投资单位部分退出，企业由母公司转化为一般股东，控制型长期股权投资一部分转化为现金，另一部分转化为金融性投资。分为以下两种情况：

（1）丧失控制权，控制型长期股权投资转化为非控制型长期股权投资。企业原持有的对被投资单位的控制型长期股权投资，因处置投资等原因导致持股比例下降，不能再对被投资单位实施控制，只能对被投资单位具有重大影响或者与其他投资方一起实施共同控制（会计处理由成本法到权益法），按处置投资实际收到的价款确定为现金流入。

（2）丧失控制权，控制型长期股权投资转化为按公允价值计量和核算的金融资产。企业原持有的对被投资单位的控制型长期股权投资，因处置投资等原因，导致对被投资单位由能够实施控制转为公允价值计量的成本法转公允价值计量核算。按处置投资实际收到的价款确定为现金流入。

第三节 资产收益评价

任何类型投资，尤其是长期经营性投资要解决的另一个基本问题是，如何对投资回报进行评价，即如何确定投资收益率，以便正确评判投资效果和效率。

一　动态资产收益评价

如果说价值估计是财务决策的基本参考依据，那么收益度量就是财务评价的基本考核依据。同样，收益评价按是否考虑时间价值，分为动态评价和静态评价。

（一）动态资产收益评价标准：内含报酬率 IRR

资产收益的动态度量指标是内含报酬率。内含报酬率（internal return rate，IRR）也称内部收益率，是指使投资项目的净现值等于零的折现率，或者使投资项目的未来现金流入现值等于未来现金流出现值的贴现率，其计算式为：

$$NPV = \sum_{t=0}^{n} \frac{NCF_t}{(1 + IRR)^t} = \sum_{t=0}^{n} NCF_t \times (P/F, IRR, t) = 0$$

可以看出，内含报酬率计算式与净现值、动态回收期的计算式有些相似，但实质完全不同。净现值的计算式是已知未来现金流量、期限和折现率，求现值；动态回收期的计算式是已知现值（等于0）、未来现金流量和折现率，求期限（回收期）；内含报酬率的计算式是已知现值（等于0）、未来现金流量和期限，求折现率（内含收益率）。

内含报酬率计算非常麻烦，可以采用简便法和逐次测试逼近法。

1. 简便法

若同时满足以下三个条件，则采用简便法。建设期为0，$s = 0$；原始投资于建设起点一次投入，$NCF_0 = -I_0$；投产后每年的净营业现金流量相等，即 $NCF_{1-n} = A$。在这种情况下，内含收益率的计算式为：

$NPV = -I_0 + A \times (P/A, IRR, n) = 0$

$(P/A, IRR, n) = I_0/A$

前已说过，回收期的简便计算式为 $SPP = I_0 \div A$，与内含收益率简便计算式相同。因此，在上述三个条件下，以内含收益率作为折现率的一元年金现值系数恰好等于回收期。

【例4-15】承例4-3，计算内含报酬率。

解

$s = 0$，$p = 3$ 年，$n = 3$ 年，$I_0 = -15500$ 元，$A = 7250$ 元

项目期限、现金流量全部满足内含报酬率的简便计算式，即：

$(P/A, IRR, 3) = 15500 \div 7250 = 2.1379$

查表得：$(P/A，18\%，3) = 2.1743$，$(P/A，20\%，3) = 2.1065$

利用内插法得：

$$IRR = 18\% + \frac{2.1379 - 2.1743}{2.1065 - 2.1743} \times (20\% - 18\%) = 19.07\%$$

2. 逐次测试逼近法

若不同时满足上述三个条件，则采用逐次测试逼近法。其计算过程和具体步骤如下：

（1）首次测试。根据一定标准（如计算 NPV 所采用的折现率），给出一个设定折现率 r_1，用折现率 r_1 计算 NPV_1，可能会出现下列三种结果：

若 $NPV_1 = 0$，则说明该设定折现率等于内含报酬率，即 $r_1 = IRR$，测试结束。这种情况极为罕见。

若 $NPV_1 > 0$，则说明设定折现率过低，小于内含报酬率，即 $r_1 < IRR$，应继续测试。

若 $NPV_1 < 0$，则说明设定折现率过高，大于内含报酬率，即 $r_1 > IRR$，应继续测试。

（2）反复测试。对第二、第三种结果，需要继续测试，遵循两条路径。

若 $NPV_1 > 0$，应逐次提高设定折现率，逐次（可能不止一次）进行测试，直至 n 次测试后出现 $NPV_n < 0$，中止测试。

若 $NPV_1 < 0$，应逐次降低设定折现率，逐次（可能不止一次）进行测试，直至 n 次测试后出现 $NPV_n > 0$，中止测试。

（3）计算内含报酬率。选定最后两次测试的 NPV_n 和 NPV_{n-1} 一起作为计算 IRR 的依据。无论是第一路径 $NPV_{n-1} > 0$，$NPV_n < 0$，$r_{n-1} < r_n$，还是第二路径 $NPV_{n-1} < 0$，$NPV_n > 0$，$r_{n-1} > r_n$，内含报酬率计算式为：

$$IRR = r_n - \frac{NPV_n - 0}{NPV_n - NPV_{n-1}}(r_n - r_{n-1}) = r_{n-1} + \frac{NPV_{n-1} - 0}{NPV_{n-1} - NPV_n}(r_n - r_{n-1})$$

$$= r_n + \frac{NPV_n - 0}{NPV_n - NPV_{n-1}}(r_{n-1} - r_n) = r_{n-1} - \frac{NPV_{n-1} - 0}{NPV_{n-1} - NPV_n}(r_{n-1} - r_n)$$

【例 4 - 16】一个项目的净现金流量资料见表 4 - 12，计算内含报酬率。

| 表 4 – 12 | | | | | 项目的现金分布 | | | | | | 单位：万元 |

t	0	1	2	3	4	5	6	7	8	9	10	11
NCF_t	– 100	0	36	36	36	36	36	36	36	25	25	25

解

第一步：给定一个折现率 $r_1 = 10\%$ ，计算 NPV_1 。

$NPV_1 = -100 + 36(P/A，10\%，7)(P/F，10\%，1) + 25(P/A，$
$10\%，3)(P/F，10\%，8)$

$\qquad = -100 + 36 \times 4.8684 \times 0.9091 + 25 \times 2.4869 \times 0.4665$

$\qquad = -100 + 159.33 + 29 = 88.33（万元）$

第二步：因 $NPV_1 > 0$ ，需要继续反复测试，应逐次提高折现率，设 $r_2 = 15\%$ 。

$NPV_2 = -100 + 36(P/A，15\%，7)(P/F，15\%，1) + 25(P/A，$
$15\%，3)(P/F，15\%，8)$

$\qquad = -100 + 36 \times 4.1604 \times 0.8696 + 25 \times 2.2832 \times 0.3269$

$\qquad = -100 + 130.24 + 18.66 = 48.90（万元）$

$NPV_2 > 0$ ，再提高折现率，设 $r_3 = 20\%$

$NPV_3 = -100 + 36(P/A，20\%，7)(P/F，20\%，1) + 25(P/A，$
$20\%，3)(P/F，20\%，8)$

$\qquad = -100 + 36 \times 3.6046 \times 0.8333 + 25 \times 2.1065 \times 0.2326$

$\qquad = -100 + 108.13 + 12.25 = 20.38（万元）$

$NPV_3 > 0$ ，再提高折现率，设 $r_4 = 24\%$

$NPV_4 = -100 + 36(P/A，24\%，7)(P/F，24\%，1) + 25(P/A，$
$24\%，3)(P/F，24\%，8)$

$\qquad = -100 + 36 \times 3.2423 \times 0.8065 + 25 \times 1.9813 \times 0.1789$

$\qquad = -100 + 94.14 + 8.86 = 3.01（万元）$

$NPV_4 > 0$ ，再提高折现率，设 $r_5 = 26\%$

$NPV_5 = -100 + 36(P/A，26\%，7)(P/F，26\%，1) + 25(P/A，$
$26\%，3)(P/F，26\%，8)$

$\qquad = -100 + 36 \times 3.0833 \times 0.7937 + 25 \times 1.9234 \times 0.1574$

$\qquad = -100 + 88.10 + 7.57 = -4.33（万元）$

$NPV_5 < 0$ ，中止测试。

第三步：选定最后两次测试的 NPV_5 和 NPV_4 一起作为计算 IRR 的依据。

因 $NPV_4 = 3.01$ 万元，$NPV_5 = -4.33$ 万元，$r_4 = 24\%$，$r_5 = 26\%$

$$IRR = r_n - \frac{NPV_n - 0}{NPV_n - NPV_{n-1}}(r_n - r_{n-1}) = 26\% - \frac{-4.33 - 0}{-4.33 - 3.01} \times (26\% - 24\%) = 24.82\%$$

内含报酬率是一个正向、主要、相对数指标，是收益计量的主导指标。一般而言，项目的内含报酬率越大越好。若一个项目内含报酬率大于企业要求的必要收益率，则说明该项目达到了预定的财务目标；否则，这个项目是失败的。

(二) 内含报酬率应用现状

内含报酬率是一个相对数，其优势直观明了，便于企业之间的比较。但其劣势同样突出，主要有：一是其本身的技术缺陷；二是其相对于净现值的不足。

1. 内含报酬率的技术缺陷

(1) 内含报酬率是"虚拟的再投资收益率"。在项目期间，如果未来产生的现金流入能够以项目的 IRR 进行再投资，那么这个再投资收益率就是项目的 IRR。事实上，这是一种建立在"虚拟的再投资收益率"基础上的再投资假设，但在真实的投资市场，企业并不一定每次都能够找到再投资收益率为项目 IRR 的投资机会。

(2) 内含报酬率解应当有 n 个。每个项目应当只有一个净现值，但在某些特殊方案中，因现金流入和现金流出的分布排序不同，内含报酬率的结果可能不止一个。因为内含报酬率的求解方程实际上是一个一元 n 次方程，应当有 n 个解，计算非常复杂。

为了克服上述缺陷，一些学者对 IRR 进行了改良，提出 $MIRR$（modified IRR）。其基本步骤是：

第一，以机会成本作为再投资收益率，直至项目结束。对期间所有现金流入，用投资者要求的报酬率计算终值；对期间所有现金流出，用投资者要求的报酬率计算现值。

$$F_{CFI} = \sum_{t=1}^{n} CFI_t \times (1+k)^t, P_{CFO} = \sum_{t=1}^{n} CFO_t \times (1+k)^{-t}$$

第二，项目现金流出现值等于现金流入终值现值的贴现率，就是

$MIRR_\circ$

$P_{CFO} = F_{CFI} \div (1 + MIRR)^n = F_{CFI}/(F/P, MIRR, n) = F_{CFI} \times (P/F, MIRR, n)$

$(F/P, MIRR, n) = F_{CFI} \div P_{CFO}$ 或 $(P/F, MIRR, n) = P_{CFO} \div F_{CFI}$

$MIRR$ 与 IRR 的根本区别是：IRR 假定所有现金流入能够用求得的 IRR 进行再投资，$MIRR$ 是假定所有现金流入能够用合理的机会成本进行再投资。

【例 4 - 17】 承例 4 - 15，计算修正的内含报酬率。

解

$s = 0$，$n = 3$ 年，$CFO_0 = -I_0 = -15500$ 元，$CFI_{1-3} = 7250$ 元

假定企业的要求的投资收益率为18%。

$$P_{CFO} = \sum_{t=0}^{s} CFO_t \times (1 + k)^{-t} = 15500(元)$$

$$F_{CFI} = \sum_{t=s+1}^{n} CFI_t \times (1 + k)^t = 7250 \times (F/A, 18\%, 3) = 7250 \times 3.5724$$
$= 25899.90(元)$

存在以下数量关系：$(F/P, MIRR, 3) = 25899.90/15500 = 1.6710$

查表得：$(F/P, 18\%, 3) = 1.6430$，$(F/P, 20\%, 3) = 1.7280$

利用内插法得：

$$MIRR = 18\% + \frac{1.6710 - 1.6430}{1.7280 - 1.6430} \times (20\% - 18\%) = 18.66\%$$

假定企业的要求的投资收益率为20%。

$$F_{CFI} = \sum_{t=s+1}^{n} CFI_t \times (1 + k)^t = 7250 \times (F/A, 20\%, 3) = 7250 \times 3.6400$$
$= 26390.00(元)$

存在以下数量关系：$(F/P, MIRR, 3) = 26390.00/15500 = 1.7026$

查表得：$(F/P, 18\%, 3) = 1.6430$，$(F/P, 20\%, 3) = 1.7280$

利用内插法得：

$$MIRR = 18\% + \frac{1.7026 - 1.6430}{1.7280 - 1.6430} \times (20\% - 18\%) = 19.40\%$$

通过此例可以看出，修正的内含报酬率是随着机会成本的增加而增加的。

2. 内含报酬率相对于净现值的不足

内含报酬率 IRR 除了用于收益评价外，也可以用于价值估计，这时，

内含报酬率 *IRR* 与净现值 *NPV* 就存在一个优劣比较问题。净现值 *NPV* 法是现金流量折现 *DCF* 法的经典模型，理论上最完善，应用上最广泛。而内含报酬率的技术缺陷具有致命性，与净现值相比，存在一些不足。

（1）内含报酬率与净现值关系。内含报酬率与净现值的根本区别有。第一，指标性质不同。*NPV* 是绝对数，*IRR* 是相对数；第二，指标用途和目的不同。*NPV* 是事前的投资决策依据，是价值估计；*IRR* 是事后的投资考核依据，是收益度量。对某一项目，净现值与其计算所采用的折现率（k）存在固定的函数关系，这个函数关系可以用净现值线表示，如图 4 - 2 所示。

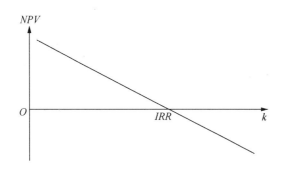

图 4 - 2　净现值线

从图 4 - 2 可看出，净现值线与横轴的交点是 *IRR*，即 *NPV* = 0，且 *IRR* = k。因此，*NPV*、*IRR* 和 k 三者具有以下关系：

若 *NPV* > 0；则 *IRR* > k；反之亦然。

若 *NPV* < 0；则 *IRR* < k；反之亦然。

可见，对于同一项目，尽管用净现值进行价值估计和用内含报酬率进行收益度量处于财务活动的两个不同环节，但两者得出相同结论具有高度一致性。

（2）内含报酬率与净现值的矛盾。对不同项目，用净现值与内含报酬率进行判断，得出的结论往往会有矛盾，有时甚至完全对立。例如，当一个项目的投资规模大于另一个项目时，可能会出现这样一种现象：规模较小的项目，净现值较小，但内含报酬率较大。

【例 4 - 18】甲、乙两个项目，建设期均为 0，营业期均为 3 年，均无残值。甲项目原始投资 110 万元，每年获得营业净现金流量 50 万元；乙项目原始投资 10 万元，每年获得营业净现金流量为 5.05 万元。所用折现率 14%，比较两个项目的净现值和内含报酬率。

解

甲项目：

$NPV = -NCF_0 + NCF_{1-3} \times (P/A，14\%，3) = -110 + 50 \times 2.3216 = -110 + 116.08 = 6.08（万元）$

$(P/A，IRR，3) = 110/50 = 2.2$

$(P/A，16\%，3) = 2.2459，(P/A，18\%，3) = 2.1743$

$IRR = 16\% + \dfrac{2.2459 - 2.2}{2.2459 - 2.1743} \times (18\% - 16\%) = 17.28\%$

乙项目：

$NPV = -NCF_0 + NCF_{1-3} \times (P/A，14\%，3) = -10 + 5.05 \times 2.3216 = -10 + 11.72 = 1.72（万元）$

$(P/A，IRR，3) = 10/5.05 = 1.9802$

$(P/A，24\%，3) = 1.9813，(P/A，28\%，3) = 1.8684$

$IRR = 24\% + \dfrac{1.9813 - 1.9802}{1.9813 - 1.8684} \times (28\% - 24\%) = 24.03\%$

在折现率为 14% 的情况下，甲、乙两项目的净现值分别为 6.08 万元和 1.72 万元；而甲、乙两项目的内含报酬率分别为 17.28% 和 24.03%。可见，投资规模较小的乙项目，虽然净现值较小，但内含报酬率较大。

面对这种情况，财务决策者实际要在投资效果（财富数量）和投资效率（财富质量）之间做出选择。净现值代表投资效果，内含报酬率代表投资效率。在投资项目决策中，效果优于效率，净现值法优于内含报酬率法。

二　静态资产收益评价

动态资产收益评价固然重要，但只有与静态资产收益评价一起，才能构成一个完整的资产收益评价体系。

（一）静态资产收益评价标准：投资利润率 ROI

资产收益的静态度量指标是投资利润。投资利润率（return of investment，ROI）也称会计利润率，是指投资项目在营业期内的年均会计利润（或正常年份的会计利润）占原始投资的百分比，其计算式为：

$ROI = EBT \div I$

式中：EBT 为营业期内年均会计利润总额；I 为原始投资。

【例 4 - 19】企业拟购建一项固定资产，在建设起点一次性投入 1000 万元，建设期 1 年，预计投产后企业每年平均获得会计利润 120 万元。计算会计利润率。

解

$EBT = 120$，$I = 1000$

$ROI = EBT \div I = 120 \div 1000 = 12\%$

投资利润率是一个正向、辅助、相对数指标。只有项目的会计利润率大于设定会计利润率（通过预算落实的），才会说明该项目达到预定财务目标；否则，这个项目是失败的。

投资利润率的优点是简单和易懂，不受建设期的有无及其长短、投资方式、净现金流量的大小等因素的影响。但其缺点也显而易见：第一，该指标计算没有考虑时间价值，不能正确反映投资方式、折旧对项目的影响；第二，该指标计算没有直接考虑现金流量信息，忽视了项目收益时间分布对项目的影响；第三，该指标的分子是时期指标（流量），分母是时点指标（存量），计算口径存在不一致性。

（二）不同层面的资产收益率：总资产报酬率（ROA）、净资产收益率（ROE）

值得一提的是，投资利润率（ROI）与总资产报酬率（ROA）、净资产收益率（ROE）有联系，也有区别。三个指标基本性质一致，但计算依据和决策标准不同：

1. 总资产报酬率（ROA）

总资产报酬率是企业筹资决策的依据，其计算式为：

$ROA = EBIT \div V$

式中：$EBIT$ 为企业息税前利润，V 为总资产。

（1）账面价值形式。当总资产 V 表现为账面价值 BA，ROA 计算式为：

$ROA = EBIT \div V = EBIT \div BA$

企业总资产账面价值 BA 是息税前利润产生当年的年初总资产与年末总资产的平均数，但在实际评价中，用年末总资产来代替。总资产账面价值 V 等于股权账面价值 E 与债务账面价值 B 之和，即 $V = E + B$。

（2）市场价值形式。当总资产 V 表现为市场价值 PA，ROA 计算

式为：

$ROA = EBIT \div V = EBIT \div PA$

企业总资产市场价值 PA 实际是企业市场价值 V，等于股权市场价值 E 与债务市场价值 B 之和，即 $V = E + B$。

为什么说总资产报酬率是企业筹资决策的依据，这是因为筹资的必要条件是总资产报酬率要大于债务利率，即：

$ROE = [ROA + (ROA - i) B \div E] (1 - T)$

式中：ROE 为净资产收益率，i 为债务利率，B/E 为杠杆比率，T 为企业所得税税率。

总资产报酬率在财务决策中具有以下作用：

第一，反映企业投入产出水平。总资产报酬率越高，说明企业的投入产出状况越好，企业的资产运营越有效率。

第二，反映企业全部资产收益水平。通过对总资产报酬率的深入分析，可以增强各方面对企业资产运营的关注，促进企业提高单位资产的收益水平。

第三，反映企业资产运营市场效果。通过对总资产报酬率与市场利率进行比较，可以进行筹资决策。如果总资产报酬率大于市场利率，就表明企业尚有空间利用金融性杠杆。

2. 净资产收益率（ROE）

净资产收益率是企业投资决策的依据，其计算式为：

$ROE = EAT/E$

式中：EAT 为企业净利润，E 为股东权益，也称净资产。

（1）账面价值形式。当股东权益 E 表现为净资产账面价值 BNA，ROE 计算式为：

$$ROE = \frac{EAT}{E} = \frac{EAT}{BNA} = \frac{EAT \div N}{BNA \div N} = \frac{EPS}{BPS}$$

式中：N 为流通在外的股票数，BPS 为每股净资产（book value per share，BPS），等于净资产账面价值除以流通在外的股票数，EPS 为每股收益。

严格讲，企业净资产账面价值是税后利润产生当年的年初股东权益与年末股东权益的平均数，但在杜邦体系中，常用年末股东权益代替。

净资产收益率＝净利润/年度末股东权益

$$= 销售利润率 \times 资产周转率 \times 权益乘数$$

式中：

销售净利率 = 净利润 ÷ 销售收入，代表企业盈利能力；

资产周转率 = 销售收入 ÷ 总资产，代表企业营运能力；

权益乘数 = 总资产 ÷ 净资产 = 1 ÷（1 – 资产负债率），代表企业偿债能力。

（2）市场价值形式。当股东权益 E 表现为净资产市场价值 PNA，ROE 计算式为：

$$ROE = \frac{EAT}{E} = \frac{EAT}{PNA} = \frac{EAT \div N}{PNA \div N} = \frac{EPS}{PPS} = \frac{1}{P/E}$$

式中：PPS 为每股市场价格（price per share，PPS），等于净资产市场价值除以流通在外的股票数；$P \div E$ 为市盈率。

为什么净资产收益率是企业投资决策的依据，这是因为投资的必要条件是期望投资报酬率不小于必要投资报酬率（净资产收益率）。

需要说明的是，净利润存在"质量"问题。有时，部分甚至全部净利润并非表现为现金流量，因为在权责发生制体系中，销售收入可以不收到现金，采购成本可以不支付现金，导致净利润与现金流量的脱节。因此，净资产收益率仅仅代表企业的盈利能力，并不代表企业的赚钱能力。能够代表企业的赚钱能力的指标是净资产现金回收率，其计算式为：

净资产现金回收 = 净营业现金流量/净资产

净资产现金回收率是正指标，越大越好，反映了企业的赚钱能力，可以作为是否分红及其大小的参考指标。只有赚钱了，分红才能真正进行。

第四节　长期经营性投资决策

前面讲述的价值估计和收益评价是针对某一项目而言的，但长期经营性投资决策往往涉及若干个方案的评价与选择由于条件限制，不能全部选择这些方案，需要对这些方案进行排序，以便选出符合条件的方案。这些方案集合的关系，不是相互独立，就是相互排斥。

一　独立方案决策

独立方案是这样一个方案集合：采纳一种方案，不会考虑其他方案的采纳或不采纳，也不会受其他方案决策的影响，只需考虑自身是否具有财务可行性。例如，新建一幢办公楼，扩建一个生产线，购置一台运输设备等，属于一组独立方案。

独立方案的要点是"彼此共存"。独立方案之间既不相互冲突，也不相互依赖，企业可以从中接受一个，也可以多个，甚至全部。

独立方案决策，在资金供应是否有限制的情况下，有所区别。

（一）不存在项目预算约束时

不存在项目预算约束，资金供应无限制，这时，只要独立方案均具有财务可行性，不存在排序问题，最多是这个方案实施早一点，那个方案实施晚一点。总之，无资本预算约束的独立方案决策的基本依据是财务可行性。财务可行性的评判标准如下：

1. 具有财务可行性

（1）完全具有财务可行性。对某一方案，主导指标处于可行区间，净现值大于0，即 $NPV>0$；辅助指标也处于可行区间，回收期小于项目寿命的一半，即 $SPP<n\div2$，则该方案完全具有财务可行性。

（2）基本具有财务可行性。对某一方案，主导指标处于可行区间，净现值大于0，即 $NPV>0$；而非折现指标处于不可行区间，回收期小于项目寿命的一半，即 $SPP\geqslant n\div2$，则该方案基本具有财务可行性。

完全具有或基本具有财务可行性方案，应当采纳。

2. 不具有财务可行性

（1）基本不具有财务可行性。对某一方案，主导指标处于不可行区间，净现值小于0，即 $NPV<0$；而辅助指标处于可行区间，回收期小于项目寿命的一半，即 $SPP<n\div2$，则该方案基本不具有财务可行性。

（2）完全不具有财务可行性。对某一方案，主导指标处于不可行区间，净现值小于0，即 $NPV<0$；非折现指标也处于不可行区间，回收期小于项目寿命的一半，即 $SPP\geqslant n\div2$，则该方案完全不具有财务可行性。

基本不具备或完全不具备财务可行性的方案，必须放弃。

（二）存在项目预算约束时

项目资金供应无限制在现实经济生活中极为罕见，或多或少地会存在资本预算约束。有时企业无法为所有的盈利项目筹集到所需要的资金，这时需要将有限的资金分配给优先考虑的项目，从而涉及资金分配问题。也就是说，对于一组独立方案，若存在资金总量预算约束，则需要排序，从中选择有效组合。排序的具体步骤如下：第一，将全部方案按净现值率（获利指数）的从大到小排队；第二，比较原始投资与资金总量，排列出不同的组合，各组合的原始投资之和不超过限定资金总量；第三，计算各组合的累计净现值，选择累计净现值最大的组合。

【例4-20】A、B、C、D、E五个投资项目为非互斥方案，有关原始投资、净现值、获利指数等数据见表4-13。当现有资金总量为40万元，应当如何进行组合决策？

表4-13 各方案有关数据

项目	原始投资（万元）	净现值（万元）	获利指数
A	15	7.95	1.53
B	12.5	2.1	1.17
C	12	6.7	1.56
D	10	1.8	1.18
E	30	11.1	1.37

解

第一步，按获利指数由大到小对各方案排序，见表4-14。

表4-14 各方案排序

项目	原始投资（万元）	净现值（万元）	获利指数
C	12	6.7	1.56
A	15	7.95	1.53
E	30	11.1	1.37
D	10	1.8	1.18
B	12.5	2.1	1.17

第二步，构建现有资金限量内的各种可能组合，见表4-15。

表4-15	各种可能组合	单位：万元
项目组合	组合原始投资之和	累计净现值
C + A + D	37	16.45
C + A + B	39.5	16.75
C + A	27	14.65
C + D	22	8.5
C + B	24.5	8.8
A + D + B	37.5	11.85
A + D	25	9.75
A + B	27.5	10.05
E + D	40	12.9
D + B	22.5	3.9

第三步，计算各组合的累计净现值，选择净现值最大的组合。

从上可知，C + A + B组合为最优组合。

值得一提的是，资金供应受到限制本身不符合有效资本市场理论。按照资本市场原理，好项目能够有效筹集到必要资金。企业有投资机会时，管理层的一个重要职责是筹资，并且应当筹集到足额的资金，无论投资规模有多大。否则，说明资本市场缺乏有效性，资源配置功能较差。另外，资金分配方法仅适用于单期间的资金分配，多期间的资金分配更加复杂。

二　互斥方案决策

互斥方案是这样一个方案集合：采纳一种方案时，必然会自动放弃其他方案的采纳。例如，增加一台设备，可制造（可自行制造，也可委托制造），可购买（可国内购买，也可国外购买），也可租赁（可国内租赁，也可国际租赁）等，属于一组互斥方案。

互斥方案的要点是"非此即彼"。互斥方案之间具有排他性，可以彼此相互替代。互斥方案决策过程就是在各个备选方案具有财务可行性的前提下，利用具体决策评价方法从中选出一个最优方案的过程。

互斥方案决策，在原始投资是否相同尤其是项目寿命是否相同的情况下，迥然不同。

（一）项目寿命相同时

在项目寿命相同情况下，若原始投资相同，则可以直接运用净现值法抑或负净现值法；若原始投资不同，则需要运用差量净现值法。

1. 净现值法

当项目寿命相同且原始投资相同时，可以运用净现值法对互斥方案进行比较决策。在这种情况下，将所有具有财务可行性的项目投资方案的净现值进行比较，净现值最大的方案为最优方案。

【例4-21】现有甲、乙两个项目，原始投资均为100万元，均无残值。甲项目建设期为0，营业期5年，每年产生的营业净现金流量35万元，乙项目建设期1年，营业期4年，每年产生的营业净现金流量45万元。所用折现率为10%，选择最优方案。

解

甲方案的净现值为：

$$NPV = -NCF_0 + NCF_{1-6} \times (P/A, 10\%, 5) + NCF_n \times (P/F, 10\%, 5)$$
$$= -100 + 35 \times 3.7908 + 0 \times 0.6209 = -100 + 132.68 = 32.68(万元)$$

乙方案的净现值为：

$$NPV = -NCF_0 + NCF_{1-6} \times (P/A, 10\%, 4)(P/F, 10\%, 1) + NCF_n \times (P/F, 10\%, 5)$$
$$= -100 + 45 \times 3.1699 \times 0.9091 + 0 \times 0.6209 = -100 + 129.68 = 29.68(万元)$$

甲方案的净现值大，应选择甲方案。

2. 负净现值法

负净现值法也称成本法，是指当项目寿命相同且原始投资相同时，若项目现金流量大多表现为现金流出，则可以运用负净现值法代替净现值法。

负净现值法与净现值法如出一辙。有些项目，没有明确指出销售收入，只是假定设备的生产能力相同，从而假定销售收入相同。在没有考虑收入的情况下，计算出来的净现值往往表现为负数，即带负号的净现值。可见，负净现值法与净现值法没有实质性差异。

有些设备可以买，也可以租，如何在购买与承租之间进行选择。目标资产的生产能力、运行成本、产品销售价格均相同，那么，哪种方式更合理？承租会引起租赁费用的支付，购买会引起折旧的提取，折旧和租赁费用均具有抵税效应。

【例4-22】某企业现需一台生产设备，使用寿命10年。若购买，市场价格 100 万元，税法规定残值率 4%，采用直线法计提折旧；若承租，每年需要支付 15 万元的租金。假定所用折现率为 10%，所得税税率 25%，应当选择买还是租？

解

两个方案现金流量几乎为现金流出，且两个方案的寿命相同，故可以采用成本法，即负净现值法。

若选择购买：

$$NCF_0 = -I_0 = -100（万元），D_{1-10} = \frac{100（1 - 4\%）}{10} = 9.6（万元）$$

$$NCF_{1-10} = （S_{1-10} - C_{1-10}）（1 - T） + D_{1-10} \times T = （0 - 0）（1 - 25\%） +$$
$$9.6 \times 25\% = 2.4（万元）$$

可见，折旧具有抵税效果：

$$NCF_{10} = NCF_n = L_n + R_n - （R_n - R_T）T = 0 + 100 \times 4\% - （4 - 4）\times 25\%$$
$$= 4（万元）$$

净现值为：

$$NPV = -NCF_0 + NCF_{1-10} \times （P/A, k, n） + R_n \times （P/F, k, n）$$
$$= -100 + 2.4 \times （P/A, 10\%, 10） + 4 \times （P/F, 10\%, 10）$$
$$= -100 + 2.4 \times 6.1446 + 4 \times 0.3855 = -100 + 14.75 + 1.54$$
$$= -83.71（万元）$$

若选择承租：

$$NCF_{1-10} = （S_{1-10} - C_{1-10}）（1 - T） + D_{1-10} \cdot T = （0 - 15）（1 - 25\%） + 0$$
$$\times 25\% = -11.25（万元）$$

可见，租赁费用具有抵税效果。

净现值为：

$$NPV = -NCF_0 + NCF_{1-10} \times （P/A, k, n） + R_n \times （P/F, k, n）$$
$$= -0 - 11.25 \times （P/A, 10\%, 10） + 0 = -11.25 \times 6.1446$$
$$= -69.13（万元）$$

租赁的成本或负净现值较低，即净现值较大，应当选择租赁。

3. 差量净现值法

项目寿命相同但原始投资不同时，应当慎用净现值法，否则，会得出不同甚至相反的结论（前已介绍了折现指标之间存在矛盾）。也就是说，若项目寿命相同但原始投资不同，不宜运用净现值法，应当运用差量净现值法。其基本步骤如下：第一，计算差量净现金流量 ΔNCF；第二，计算差量净现值 ΔNPV；第三，以差量净现值最大或较大（只有两个方案）作为优先选择的方案。

差量净现值法与净现值法计算原理和判断方法完全相同。差量净现值法经常应用于更新改造项目决策中，当该项目的差量净现值大于0，应当进行更新改造；反之，应当放弃更新改造。

【例3－23】某企业计划用新设备替换旧设备。新设备市场价格150000元，预计使用年限6年，旧设备折余价值40000元，尚有折余使用年限6年，当前变价收入60000元。若续用旧设备，在未来6年内每年营业收入25000元，付现营业成本15000元。若改用新设备，在未来6年内每年增加营业收入16000元，降低付现成本8000元。

假定新、旧设备的会计规定残值分别为5000元和3000元，税法规定残值分别为6000元和4000元。若企业要求的投资收益率为10%，用差量净现值法判断是否可以替换。

解

$I = 150000$ 元，$E = 60000$ 元，$F = 40000$ 元，$L_1 = L_2 = 0$

$\Delta R_T = 68000 - 4000 = 2000$ 元，$\Delta R_n = 5000 - 3000 = 2000$ 元，$\Delta L_n = 0 - 0 = 0$

$$\Delta D_{1-6} = \frac{150000 - 6000}{6} - \frac{40000 - 4000}{6} = 18000（元）$$

$\Delta S_{1-6} = S_{(1-6)2} - S_{(1-6)1} = 16000（元）$，$\Delta C_{1-6} = C_{(1-6)2} - C_{(1-6)1} = -8000（元）$

建设期差量净现金流量：

$$\begin{aligned}\Delta NCF_0 &= NCF_{02} - NCF_{01} = -I + [E - (E - F)T] - (L_2 - L_1) \\ &= -150000 + [60000 - (60000 - 40000) \times 25\%] - (0 - 0) \\ &= -95000（元）\end{aligned}$$

营业期差量净现金流量：

$$\begin{aligned}\Delta NCF_{1-6} &= NCF_{(1-6)2} - NCF_{(1-6)1} = (\Delta S_{1-6} - \Delta C_{1-6})(1 - T) + \Delta D_{1-6} \times T \\ &= (16000 + 8000)(1 - 25\%) + 18000 \times 25\% = 22500（元）\end{aligned}$$

终结点差量净现金流量：

$$\begin{aligned}\Delta NCF_n &= NCF_{n2} - NCF_{n1} = \Delta L_n + \Delta R_n - (\Delta R_n - \Delta R_T)T \\ &= 0 + 2000 - (2000 - 2000) \times 25\% = 2000（元）\end{aligned}$$

差量净现值为：

$$\Delta NPV = - \Delta NCF_0 + \Delta NCF_{1-6} \times (P/A, 10\%, 6) + \Delta NCF_n \times (P/F, 10\%, 6)$$

$$= -95000 + 22500 \times 4.3553 + 2000 \times 0.5645$$

$$-95000 + 97994.25 + 1129 = 4123.25 (元)$$

差量净现值大于 0，应以新设备替换旧设备。

（二）项目寿命不同时

在项目寿命不同情况下，无论原始投资是否相同，一律不能使用净现值法，需要寻求以净现值为基础的变异净现值法，这些变异方法包括年均净现值法、年均负净现值法、共同寿命净现值法、最短寿命净现值法等。

1. 年均净现值法

顾名思义，年均净现值（average NPV per year，ANPV）是净现值的年平均数。不过，这个平均数不是常用的算术平均数，也不是几何平均数或调和平均数，而是一个项目的净现值除以与计算该净现值所采用的折现率和期限相一致的一元年金现值系数，或者乘以与计算该净现值所采用的折现率和期限相一致的年资本回收系数，计算式为：

$$ANPV = \frac{NPV}{(P/A,i,n)} = \frac{\sum_{t=0}^{n} NCF_t \times (P/F,k,t)}{(P/A,k,n)} = \sum_{t=0}^{n} NCF_t \times (P/F,k,t)(A/P,k,n)$$

正因如此，年均净现值法也称年等额回收额法，是指在各互斥方案中选择年均净现值最大的方案为最优方案的决策方法。

【例 4 - 24】某企业拟新建一条生产线，现有 3 个互斥方案可供选择：甲方案原始投资 125 万元，项目计算期 11 年，净现值 108 万元；乙方案原始投资 110 万元，项目计算期 10 年，净现值 105 万元；丙方案原始投资 100 万元，项目计算期 9 年，净现值 -2 万元。假定所用折现率为 10%，选择最优方案。

解

甲方案和乙方案净现值均大于 0，具有财务可行性，丙方案净现值小于 0，不具有财务可行性。因此，需要在甲、乙两个方案中做出选择。

$$ANPV_1 = \frac{NPV}{(P/A, k, n)} = \frac{108}{(P/A, 10\%, 11)} = \frac{108}{6.4951} = 16.63 (万元)$$

$$ANPV_2 = \frac{NPV}{(P/A,\ k,\ n)} = \frac{105}{(P/A,\ 10\%,\ 10)} = \frac{105}{6.1446} = 17.09(万元)$$

故应选择乙方案。

2. 年均负净现值法

当项目寿命不同时，若项目现金流量大多表现为现金流出，应当用年均负净现值代替年均净现值，就像用负净现值代替净现值一样。年均负净现值也称年均成本，就像负净现值也称成本一样。

有些功能严重下降的旧设备，可以修理，也可以替换。若维持现有生产能力不变，即使产品销售价格不会改变，但运行成本也会发生改变。

【例 4 – 25】某企业现有一台生产设备，重置成本 6 万元，年运行成本 4 万元（含修理费用 1.5 万元），4 年后报废，无残值。若购买一台新设备，买价 30 万元，年运行成本 3 万元，使用寿命 8 年，税法规定净残值 3 万元。假定新旧设备的生产能力和产品销售价格相同，均按直线法计提折旧，所用折现率10%，所得税税率为25%。在维持现有生产能力的情况下，是选择修理后继续使用旧设备，还是将旧设备淘汰，购买性能更好、价格更低的新设备？

解

两个方案的现金流量几乎为现金流出，且两个方案寿命不同，故可以采用年均成本法，即年均负净现值法。

若续用旧设备：

$$NCF_0 = -F = -6\ 万元,\quad D_{1-4} = \frac{6-0}{4} = 1.5(万元)$$

$$NCF_{1-4} = (S_{1-4} - C_{1-4})(1-T) + D_{1-4} \times T = (0-4)(1-25\%) + 1.5 \times$$

$$25\% = -2.625(万元)$$

可见，折旧具有抵税效果。

$$NCF_4 = NCF_n = L_n + R_n - (R_n - R_T)T = 0 + 0 - (0-0) \times 25\% = 0$$

负净现值为：

$$NPV = -NCF_0 + NCF_{1-4} \times (P/A,\ k,\ n) + R_n \times (P/F,\ k,\ n)$$

$$= -6 - 2.625 \times (P/A,\ 10\%,\ 4) + 0 \times (P/F,\ 10\%,\ 4)$$

$$= -6 - 2.625 \times 3.1699 + 0 = -6 - 8.32 = -14.32(万元)$$

年均负净现值为：

$$ANPV = NPV \div (P/A,\ k,\ n) = -14.32/(P/A,\ 10\%,\ 4) = -14.32 \div$$

3. 1699 = -4. 52(万元)

若改用新设备：

$$NCF_0 = -I = -30 \text{ 万元}, \quad D_{1-8} = \frac{30-3}{8} = 3.375(\text{万元})$$

$NCF_{1-8} = (S_{1-8} - C_{1-8})(1-T) + D_{1-8} \times T = (0-3)(1-25\%) + 3.375 \times 25\% = -1.41(\text{万元})$

可见，折旧具有抵税效果。

$NCF_8 = NCF_n = L_n + R_n - (R_n - R_T)T = 0 + 3 - (3-3) \times 25\% = 3 \text{ 万元}$

负净现值为：

$$\begin{aligned}
NPV &= -NCF_0 + NCF_{1-8} \times (P/A, \ k, \ n) + R_n \times (P/F, \ k, \ n) \\
&= -30 - 1.41 \times (P/A, \ 10\%, \ 8) + 3 \times (P/F, \ 10\%, \ 8) \\
&= -30 - 1.41 \times 5.3349 + 3 \times 0.4665 = -30 - 7.52 + 1.40 \\
&= -36.12(\text{万元})
\end{aligned}$$

年均负净现值为：

$ANPV = NPV \div (P/A, \ k, \ n) = -36.12 \div (P/A, \ 10\%, \ 8) = -36.12 \div 5.3349 = -6.77(\text{万元})$

因续用旧设备的年均负净现值较低，即年均净现值较大，故选择继续使用旧设备。

要替换旧设备，如何选择最佳更新期？一般来说，设备使用初期，运行成本（包括能耗、维护、修理等）较低，持有成本（资金占用）较高；随着时间的推移，运行成本逐渐提高，持有成本逐渐降低。假定若干年以后需要进行设备更新，那么 t 年后设备的总成本（负净现值）为：

$$NPV_t = OV - \frac{F_t}{(1+k)^t} + \sum_{i=1}^{t} \frac{C_i}{(1+k)^i}$$

式中：OV 为设备原价，F_t 为 t 年后的设备余值，C_t 为第 t 年的运行成本。

若设备使用年限为 n，每年折旧为 D_t，残值为 R_n，t 年后的设备余值为。

$$F_t = OV - D_t \times t = OV - \frac{OV - R_n}{n}t$$

那么，t 年后设备的年均成本（年均负净现值）为：

$ANPV_t = NPV_t \div (P/A, \ k, \ t)$

【例 4 – 26】某企业现购置一台设备，买价 30 万元，使用寿命 7 年，预计净残值为 2 万元，按直线法计提折旧。第一年运行成本 3 万元，从第二年起，每年分别增加 0.2 万元、0.3 万元、0.4 万元、0.6 万元、0.8 万元、1.0 万元。若企业要求的投资收益率 10%，求最优更新期。

解

$$n = 7 \text{ 年}, \quad R_n = 2 \text{ 万元}, \quad OV = 30 \text{ 万元}, \quad D_t = \frac{OV - R_n}{n} = \frac{30 - 2}{7} = 4 \text{（万元）}$$

$$C_1 = 3.0 \text{ 万元}, \quad C_2 = 3.2 \text{ 万元}, \quad C_3 = 3.5 \text{ 万元}, \quad C_4 = 3.9 \text{ 万元},$$

$$C_5 = 4.5 \text{ 万元}, \quad C_6 = 5.3 \text{ 万元}, \quad C_7 = 6.3 \text{ 万元}$$

具体计算见表 4 – 16。

表 4 – 16　　　　　　　　　　　年均成本计算　　　　　　　　　　　单位：万元

更新年限	第 1 年	第 2 年	第 3 年	第 4 年	第 5 年	第 6 年	第 7 年
设备原值 OV	30	30	30	30	30	30	30
每年折旧 D_t	4	4	4	4	4	4	4
t 年后的设备余值 F_t	26	22	18	14	10	6	2
$(P/F, k, t)$	0.9091	0.8264	0.7513	0.6830	0.6209	0.5645	0.5132
$F_t \times (P/F, k, t)$	23.637	18.181	13.523	9.562	6.209	3.387	1.026
第 t 年的运行成本 C_t	3.0	3.2	3.5	3.9	4.5	5.3	6.3
$C_t \times (P/F, k, t)$	2.728	2.644	2.630	2.664	2.794	2.992	3.233
$\sum C_t \times (P/F, k, t)$	2.728	5.372	8.002	10.666	13.460	16.452	19.685
t 年后的总成本 NPV_t	9.091	17.191	24.479	31.104	37.251	43.065	48.659
$(P/A, k, t)$	0.9091	1.7355	2.4869	3.1699	3.7908	4.3553	4.8684
年均成本 $ANPV_t$	10.000	9.906	9.843	9.812	9.827	9.888	9.995

可见，设备运行到第 4 年，平均成本最低，这时是最佳更新期。

3. 共同寿命净现值法

顾名思义，共同寿命净现值（NPV based on common life，NPVCL）是以各方案的共同寿命为基础的净现值，具体是指将各方案寿命最小公倍数作为各方案的共同寿命，以共同寿命为基础调整而成的净现值。调整方法有两种：

第一种方法：分两步。先计算各方案本身的净现值；后按照各方案寿命的最小公倍数确定的共同年限和重复次数，对各方案的净现值再折现，求出共同寿命净现值。

第二种方法：一步到位。按照各方案寿命最小公倍数确定的共同寿命和重复次数，对各方案的净现金流量分别折现，求出共同寿命净现值。

共同寿命净现值法因为有重复次数存在，也称方案复制法。

【例 4 - 27】现有甲、乙两种方案，甲方案建设期为 0，营业期 6 年，原始投资 10 万元，残值 1.5 万元，每年营业净现金流量 3 万元；乙方案建设期为 0，营业期 9 年，原始投资 20 万元，残值 3 万元，每年营业净现金流量 4 万元。设所用折现率为 10%，要求按共同寿命净现值法进行决策。

解

甲、乙方案寿命的最小公倍数为 18。这期间内，甲方案重复 3 次，乙方案重复 2 次。

采用第一种方法：

甲方案本身的净现值为：

$$NPV_1 = -10 + 3 \times (P/A, 10\%, 6) + 1.5 \times (P/F, 10\%, 6)$$
$$= -10 + 3 \times 4.3553 + 1.5 \times 0.5645 = 3.91(万元)$$

乙方案本身的净现值为：

$$NPV_2 = -20 + 4 \times (P/A, 10\%, 9) + 3 \times (P/F, 10\%, 9)$$
$$= -20 + 4 \times 5.7590 + 3 \times 0.4241 = 4.30(万元)$$

甲方案的共同寿命净现值为：

$$NPVCL_1 = 3.91 \times [1 + (P/F, 10\%, 6) + (P/F, 10\%, 12)] = 3.91 \times$$
$$(1 + 0.5645 + 0.3186) = 7.37(万元)$$

乙方案的共同寿命净现值为：

$$NPVCL_2 = 4.30 \times [1 + (P/F, 10\%, 9)] = 4.30 \times (1 + 0.4241) = 6.14$$
（万元）

采用第二种方法：

甲方案的共同寿命净现值为：

$$NPVCL_1 = -10 \times [1 + (P/F, 10\%, 6) + (P/F, 10\%, 12)] + 3 \times (P/A, 10\%, 18) + 1.5 \times [(P/F, 10\%, 6) + (P/F, 10\%, 12) + (P/F, 10\%, 18)]$$

$$= -10 \times (1 + 0.5645 + 0.3186) + 3 \times 8.2014 + 1.5 \times (0.5645 + 0.3186$$

$+0.1799)$

$= -18.83 + 24.60 + 1.59 = 7.36(万元)$

乙方案的共同寿命净现值为：

$NPVCL_2 = -20 \times [1 + (P/F, 10\%, 9)] + 4 \times (P/A, 10\%, 18) + 3 \times [(P/F, 10\%, 9) + (P/F, 10\%, 18)]$

$= -20 \times (1 + 0.4241) + 4 \times 8.2014 + 3 \times (0.4241 + 0.1799) = -28.48 + 32.81 + 1.81 = 6.14(万元)$

故应选择甲方案。

4. 最短寿命净现值法

顾名思义，最短寿命净现值（NPV based on shortest life，NPVSL）是以各方案最短寿命为基础的净现值，指以最短寿命方案的净现值作为比较基础，将其他方案的净现值调整为与最短寿命方案的年限相一致的净现值。

【例 4 - 28】 承例 4 - 27，用最短寿命净现值法决策。

解

甲、乙两个方案的最短寿命为 6 年，以甲方案的项目寿命为比较基础

甲方案的最短寿命净现值为：

$NPVSL_1 = NPV_1 = 3.91$ 万元

乙方案的最短寿命净现值为：

$NPVSL_2 = NPV_2 \times \dfrac{(P/F, k, n_1)}{(P/F, k, n_2)} = 4.30 \times \dfrac{(P/F, 10\%, 6)}{(P/F, 10\%, 9)} = 4.30 \times$

$\dfrac{4.3553}{5.7590} = 3.25(万元)$

故应选择甲方案。

本章小结

长期经营性投资是企业第一财务行为，具有投入多、时间长、盈利高、流动慢、风险大等特点，它能够形成关键经营条件，坐拥核心财务决策，提供最大盈利来源，对财务目标产生重大影响。长期经营性投资项目分为对内项目和对外项目。前者主要是指固定资产投资，分为新建项目

（单纯固定资产项目和完整工程项目）和更新改造项目；后者是指控制型长期股权投资，主要来源于控股收购，基本方式有创业投资和私募股权投资。

项目估价是长期经营性投资决策的基础，估价方法有动态法和静态法，前者代表是净现值 NPV 法，NPV 法是现金流量折现 DCF 模型的具体应用，在长期投资决策中有着广泛的应用。考虑风险和期权后，NPV 法的应用难度增加。后者代表是回收期 SPP 法，SPP 法简单明了，历久弥新，但也出现动态化改良。做好估价的关键是恰当确定现金流量。各类固定资产投资，尽管单纯固定资产项目、完整工业项目和改新改造项目的现金流量存在较大差异，但有许多共同之处：建设期的现金流量是投资，表现为现金流出；营业期的现金流量包括营业收入、付现营业成本、所得税等，有现金流入，也有现金流出，但总体上是现金流入大于现金流出；终结点的现金流量是回收额（固定资产残值和营运资金垫支），表现为现金流入。折旧具有抵税效应。控制型长期股权投资的现金流量非常简单。投资取得时的现金流量，表现为现金流出。投资持有期间的现金流量，主要是现金股利，表现为现金流入。当然，也有追加投资和削减投资。前者表现为现金流出；后者表现为现金流入。投资处置时的现金流量，表现为现金流入。

收益评价是检验长期经营性投资决策好坏的关键步骤，评价指标也分为动态指标和静态指标，前者是内含报酬率 IRR（一个项目净现值等于 0 的折现率）。IRR 有着较大的技术缺陷，许多学者提出 MIRR。后者是投资利润率 ROI（项目层面的资产收益），与企业层面的资产报酬率 ROA、股东层面的净资产收益率 ROE 的计算原理相同，但本质具有根本差异。

长期经营性投资决策分为独立方案决策和互斥方案决策。独立方案决策在是否存在项目筹资约束的情况下有所不同。前者遵循的基本原则是财务可行性，后者需要按获利指数对各方案排序，选择累计净现值最大的组合。互斥方案决策在项目寿命是否相同的情况下存在较大差异。当项目寿命相同且原始投资相同时，运用净现值法（或其他替代方法）；当项目寿命相同而原始投资不同时，运用差量净现值法；当项目寿命不同，无论原始投资是否相同时，均需要根据实际情况，运用年均净现值法、共同寿命净现值法和最短寿命净现值法等。

第五章 长期外源性筹资：第二财务行为

　　长期外源性筹资（本章）、短期外源性筹资（第六章第三节）、内源性筹资（第七章）一起构成企业筹资体系。此三类筹资程序、机制、市场表现、代价等差异太大，不能归在一起讨论。长期外源性筹资对应的负债与股东权益分布在资产负债表的右中部，见表1-4。所以说，长期外源性筹资是企业的第二财务行为，是因为：第一，如果说投资要解决的基本问题是资金到哪里去，那么筹资要解决的基本问题是资金从哪里来。长期外源性筹资的直接目的是最终满足长期经营性投资（第一财务行为）的需要。第二，筹资是企业资金运动的起点，是决定投资规模乃至生产经营规模的关键环节。基于一定筹资动机，通过一定筹资渠道，采取一定筹资方式，组织筹集企业生产经营活动所需要的资金，是企业财务活动的一项关键内容。

第一节　长期外源性筹资与财务目标

　　妥善组织长期外源性筹资，经济、有效、合理、合法筹措到企业所需要的长期资本，对优化资本结构，降低资本成本，提高企业价值，实现财务目标，关系重大。

一　长期外源性筹资概述

　　外源性筹资是指企业向外部有关交易方筹措与集中生产经营所需要的资金，与内源性筹资的称谓相对应。外源性筹资有长期与短期之分，本章仅涉及长期外源性筹资。

　　（一）长期外源性筹资特征与动机

　　资金是企业的血液，是企业进行生产经营活动的必要条件。企业创建，需要法定的注册资金；开展日常生产经营业务，购置设备、材料等生产要素，需要一定数量的生产经营资金；扩大生产规模，开发新产品，提高技术水平，更需要扩张资金。

1. 长期外源性筹资特征

（1）长期筹资。顾名思义，长期外源性筹资无疑是长期筹资，以区别于短期外源性筹资。短期外源性筹资全部是流动负债，将在第六章后半部分论述。

（2）外源性筹资。顾名思义，长期外源性筹资无疑是外源性筹资，以区别于内源性筹资。内源性筹资是指留存收益，将在第六章论述。

（3）有直接筹资，也有间接筹资。直接筹资有发行普通股、发行债券和优先股，间接筹资是银行借款、金融性租赁。

（4）有股权筹资，也有债务筹资与混合筹资。长期外源性筹资通常分三类：一是股权筹资，如发行普通股；二是债务筹资，如发行债券、银行借款、金融性租赁；三是混合筹资，如发行优先股、发行认股权证、发行可转换债券等。

（5）有经营性筹资，也有金融性筹资。经营性筹资如发行普通股，补偿贸易等；金融性筹资如发行债券、银行借款、金融性租赁、发行优先股、发行认股权证、发行可转换债券等。

2. 长期外源性筹资动机

筹资除设立性动机外，主要出于以下两个动机：

（1）扩张性动机。企业因扩大生产经营规模需要筹资，这是一种通常、主要、长远动机。大凡具有良好发展前景、处于发展（发育、成长、扩张）时期的企业会有这种筹资动机。例如企业产品供不应求，需要增加市场供应，为了提高产能，往往需要大量筹资。扩张性筹资的直接结果是企业资产规模扩大，同时负债或者所有者权益规模随之扩大，既给企业增加了收益增长的机会，也带来了更大的风险。这是扩张性筹资动机的典型特征。

（2）偿债性动机。企业为偿还债务需要筹资，主要表现为借新债还旧债。一般分两种情况：一是调整性偿债性动机。企业虽然有足够的支付能力偿还到期旧债，但为了调整资本结构（维持或者改变原有的资本结构），仍然举借新债；二是恶化性偿债性动机。企业现有的支付能力不足以偿还到期旧债，只好被迫举借新债。

（二）长期外源性筹资来源

从外部环境看，企业长期外源性筹资难易程度取决于金融市场发达程度。衡量金融市场的完善性，有两个标准：一是金融中介的数量与结构，能够将资金供给主体的能力与意愿转化为现实；二是金融工具的创新与使用，能够将资金需求主体的欲望及程度转化为现实。前者反映了筹资来源渠道；后者反映了筹资来源方式。

1. 长期外源性筹资来源渠道

筹资渠道是企业筹资来源的方向与通道，反映了资金源泉，主要由社会的资金供给者及其数量分布决定。基本渠道有：

（1）银行投入。商业银行的各种贷款是我国目前各类企业重要的资金供应源。商业银行信贷资金的一个重要特征是还本付息的压力能够促使企业讲求经济效益。

（2）非银行金融机构投入。是指信托投资公司、保险公司、证券公司、金融性租赁公司等，通过贷款、债券投资、股票投资、金融性租赁等形式，向特定企业注入资金。

（3）其他企业投入。是指盈余企业通过长期商业信用、债券投资、股票投资等形式向短缺企业注入资金。

（4）财政投入。国有企业最主要的资金供应源，尤其是国有独资企业，其股权资本全部由财政投资形成。随着股份制改革的不断深入，尽管财政投资在企业股权资本中的占比会越来越小，但仍将是基础性行业和公益性行业的公司股权资本的基本来源。

（5）员工投入。是指本企业员工通过债券投资、股票投资、管理层收购、员工持股计划等形式，将手中的暂时闲置未用的"游离"资金向企业注入。

（6）城乡居民投入。是指城乡居民通过债券投资、股票投资等形式，将手中暂时闲置未用的"游离"资金向短缺企业注入。

（7）外资投入。包括境外的政府、金融机构、企业、居民等，通过长期商业信用、补偿贸易、贷款、债券投资、股票投资、金融性租赁等多种形式，向企业注入资金。

上述各种筹资渠道的资金供应量存在较大差别。有的渠道资金供应量较大，如银行投入；有的渠道资金供应量相对较小，如居民投入。

2. 长期外源性筹资来源方式

筹资方式是企业筹资来源所采取的具体形式与工具，体现着资本的属性，取决于企业资本组织形式和金融市场的发达程度。主要分为两类：

（1）经营性筹资。如发行普通股（包括吸收直接投资），所筹集的资金为股权资本；如补偿贸易筹资，所筹集的资金为债务资本。

（2）金融性筹资。如发行公司债券、长期借款、金融性租赁，所筹集的资金为债务资本；如发行优先股、发行认股权证、发行可转换债券，所筹集的资金为混合资本。

对公司财务人员来说，选择什么样的筹资方式十分重要，直接关系到公司筹资的数量、成本和风险。

3. 筹资渠道和筹资方式的对应关系

筹资渠道说的是资本来源的方向与通道，筹资方式说的是筹资来源的形式与工具，两者必然存在一定的对应关系。一定的筹资方式可能只适用于某一特定的筹资渠道，但同一筹资渠道往往可以采用不同筹资方式。见表 5-1。

表 5-1　　　　　　　　　　筹资渠道和筹资方式的对应关系

筹资方式 ＼ 筹资渠道	银行投入	非银行金融机构投入	其他企业投入	财政投入	员工投入	城乡居民投入	外资投入
普通股		√	√	√	√	√	√
补偿贸易							√
公司债券		√	√		√	√	√
长期借款	√	√					
金融性租赁		√	√				√
优先股		√	√		√	√	√
认股权证		√	√		√	√	√
可转换债券		√	√		√	√	√

注：表中的"√"表示在一般情况下，某种筹资方式可利用的相关筹资渠道的资金，或取得某种筹资渠道的资金可利用的筹资方式。

二　长期外源性筹资分类

长期外源性筹资分为长期经营性筹资和长期金融性筹资。前者包括普通股筹资和补偿贸易筹资；后者包括债务筹资和混合证券筹资。

（一）长期经营性筹资之一：发行普通股

长期经营性筹资全部是直接筹资，包括两类：一是发行普通股；二是补偿贸易。

普通股筹资按来源分为内源性股权筹资和外源性股权筹资。前者反映在资产负债表上，是指盈余公积和未分配利润，是企业经营盈利和股利分配的结果，统称留存收益，俗称旧股，将在第七章论述；后者反映在资产负债表上，是指股本（实收资本）和资本公积，是股东的原始投入，是企业筹资的结果，俗称新股。这里仅讨论新股。

外源性股权筹资按形成分为：一是股份制企业发行的普通股；二是其他企业（如有限责任公司、合伙企业）的吸收直接投资。这里仅讨论普通股。

1. 普通股特征

普通股是股份有限公司为筹集股权资本发行的、表示股东按其持有的股份享有权利和承担义务的可转让凭证，具有以下特征：

（1）最普遍的证券。普通股是最基本的股票，甚至是最大众化的证券，具有"一股一权"的最一般特征，是相对于优先股而言的，在剩余索取权上居于优先股之后。

（2）有价证券。股票之所以有价值，能够在资本市场上自由转让、买卖、流通、继承、赠送或者作为抵押，是因为它代表着对一定经济利益的索取权和支配权。

（3）代表股东权益的证券。股东作为公司所有者，根据其投入的资本份额享有权利，股票为这种权利起到了一个证明作用。

2. 普通股分类

（1）按有无记名，分为记名股和不记名股。记名股是在股票票面上载有股东的姓名或名称，并将其记入公司股东名册的股票。按照《公司法》规定：公司向发起人、国家授权投资机构、法人发行的股票，应当为记名股票；向社会公众发行的股票，可以为记名股票，也可以为不记名股票。记名股东只有同时具有股票和股权手册，才能领取股息或红利。记名股票的转让需要办理过户手续。

不记名股票在股票票面上不记载股东姓名或名称，公司只记载股票数量、编号及发行日期。无记名股票的转让无须办理过户手续。只要将股票交给受让人，就可发生转让效力。

（2）按是否标明票面金额，分为面值股和无面值股。面值股是在股票票面上标明一定金额的股票。持有这种股票的股东，对公司享有权利和承担义务的大小，依其所持有的股票票面金额之和占公司发行在外股票总面值的比例而定。

无面值股是在股票票面上不标明金额，只载明所占公司股本总额的比例或股份数的股票。无面值股票的价值随公司财产的增减而变动，而股东对公司享有权利和承担义务的大小，直接依股票标明的比例而定。目前，《公司法》规定的是面值股，并且其发行价格不得低于票面金额。

（3）按股票发行时间，分为始发股和增发股。始发股是公司设立时发行的股票，而增发股是公司增资时发行的股票。尽管两者的发行条件、目的、价格不尽相同，但股东的权利和义务并无二致。

（4）按股票是否上市，分为上市股和非上市股。已经在我国两个证券交易所（沪市、深市）以及海外证券交易所买卖流通的股票为上市股票；否则，为非上市股票。

（5）按股票流通区域，分为境内股和境外股。境内上市的股票，为境内股，有 A 股和 B 股之分，其中 A 股是以人民币标明票面金额，并以人民币认购和交易的股票；B 股是以人民币标明票面金额，但以外币认购和交易的股票。

境外上市股票为境外股，有 H 股、N 股、L 股、S 股和 T 股之类，系分别在我国香港、纽约、伦敦、新加坡、东京证券交易所上市的股票。

3. 普通股构成要素

普通股票构成要素是股票发行、上市和交易的基础，包括：

（1）票面价值。也称面值，是记载在股票票面上的金额。面值的计算是用公司股本总额除以发行在外的股份数。例如，某公司发行了 1 亿元的股票，股份总额为 1 亿股，则每股面值为 1 元。股票面值可以用来计算股权比例，也是确定股票发行价格的依据之一。《公司法》规定，股票的发行价格可以和面值相等，也可以超过面值，但不得低于面值。

（2）账面价值。也称每股净资产或每股净值，是公司净资产总额除以发行在外的股份数。它通常与股票面值相比，反映公司净资产的变动情况。

（3）市场价值。也称市场价格，受各种错综复杂因素的影响，有多种表现形式：股票发行时（一级市场）表现为发行价格，股票流通时（二级市场）表现为流通价格，股票除权时（股利分配）表现为除权价格，股票清算时表现为清算价格。其中流通价格最复杂，分为开盘价、收盘价、最高价和最低价等，但往往以收盘价代表流通价。

（4）内在价值。也称理论价格，是公司未来各年支付的每股股利折现值之和。发行普通股的成本是股利，表现为现金流出，将各年现金流出的折现值就是股票内在价值。

（5）股利。股利是股东所有权在分配上的体现。股利来自公司税后利润的一部分，取决于公司的股利分配方案，通常有现金股利和股票股利之分。

4. 普通股的法定权利与义务

持有普通股股份的投资者是公司的股东。根据《公司法》，普通股是股份有限公司依法发行的具有管理权利但收益不固定的股票，是公司资本的最基本部分。在通常情况下，股份公司只发行普通股。普通股的最大特点是股利不确定，随着公司盈利的多少及股利政策的松紧而变化。普通股股东的权利包括两大类：

（1）管理权。如通过出席或委托代理人出席股东大会，行使表决权；选举董事的投票权；对公司账目、股东大会决议、董事会决议的查阅权；对公司事务的质询权；对公司发展的提案权；对自身利益受到侵害的诉讼权等。管理权是一种共益权、公利权。

（2）收益权。如股利分配请求权、股份转让权、剩余财产求偿权、优先认股权等。收益权是一种自益权、私利权。

同时，《公司法》规定，股东具有遵守公司章程、缴纳股款、不得退股等义务。

（二）长期经营性筹资之二：补偿贸易

补偿贸易属于直接、长期债务筹资。一般来说，长期债务筹资属于长期金融性筹资，唯独"长期应付款——分期付款购入固定资产或无形资产"属于长期经营性筹资，其本质是长期商业信用。较常见的"长期应付款——补偿贸易引进国外设备或技术"为补偿贸易筹资。

补偿贸易是指国内企业（买方）以国外企业（卖方）提供的设备、技术及其各种服务作为借款，待投资项目投产后，买方以该项目产品或其他商定方式予以偿还。补偿贸易作为一种买方信贷，其财务模式是"借鸡还蛋"，对身处筹资难又贵的中小企业尤为重要。

1. 补偿贸易形式

（1）直接补偿。也称回购或返销，是指买方用进口设备、技术制造的有关产品返销对方，即以产品直接支付进口设备、技术的价款，是基本方式，适用于设备、技术贸易，我国的补偿贸易多为直接补偿。

（2）间接补偿。也称反向购买或互购，是指买方不是以设备、技术制造的产品偿付贷款，而是以双方商定的商品（如原材料）或劳务（如加工、装配）偿付。通常需要签订两个合同：一是买卖设备、技术合同；二是反向购买合同。两个合同均以现款支付。

（3）混合补偿。也称部分补偿，是指以多种补偿方式混合使用的形式，如部分以现汇偿付，部分以产品偿付；部分以直接产品偿付，部分以间接产品偿付；部分以投资项目所得的收入或利润偿付，部分以劳务形式分期偿付，等等。

2. 补偿贸易特征

（1）筹资、投资与贸易相结合。卖方是出口商和投资者，提供全套设备、技术及其各种服务和培训，买方是进口商和筹资者，提供厂房、原材料和人员，双方进行合作生产。买方向卖方清偿完毕后，设备等归买方所有。在这个过程中，买方以延期付款方式取得了设备的使用权（最后的所有权），卖方出口了商品，以利息方式获得了利润。

（2）商品贸易、技术贸易与买方信贷相结合。买方在买方信贷基础上从卖方进口设备、技术和其他物资，在约定期限内，以引进的设备生产的商品、劳务等分期偿还。在这种方式中，卖方在出口设备和技术时，同时承诺由买方以其生产的产品抵消贷款。

（3）买方的外汇短缺缓解和卖方的利息保障相结合。补偿贸易合同由买卖双方直接签订，买方一般不是以现汇而是以设备生产的产品偿还，这对外汇短缺的国家十分有利；卖方虽然没有得到政府的利率补贴，但利率通常比出口信贷高，利息收入稳定。

3. 补偿贸易程序

（1）准备阶段。第一，做好引进设备、技术和补偿产品项目的调研工作，对引进项目进行可行性研究。第二，对客户的资信和国际市场行情进行调查研究。第三，做好建设项目的国内配套工作，如资金配套，国内厂房、设备、原材料、动力、交通运输配套，国内劳动力、技术力量配套，环境保护设施、取暖用气、生产和生活用水等。第四，对投资效益进行初步估算、如销售及利润估算、补偿返还情况估算、投资收益估算等。第五，办理项目申报，提交项目建议书，内容包括企业基本情况，项目名称，项目内容，进口国家及厂商，产品名称、规格与生产能力及销售方向，国内主要资金、设施、劳动力的配套工作情况，项目进度安排，项目效益估算报告等。

（2）询价阶段。项目被批准的30天内，由主办单位将技术引进和设备进口项目的正式询价条件提交承办的外贸机构或其他单位，向国外厂商发出正式询价报告。

（3）谈判阶段。谈判人员要事先制订谈判计划、方案和策略，内容包括：第一，确定设备的技术性能、价格、数量、零配件供应、维修、人员培训等；第二，双方的权利和义务；第三，支付条件；第四，补偿品的种类、数量、价格、偿还期限、销售地、索赔等。

（4）签约阶段。第一，进口商与出口商对设备、技术的进出口事宜签订贸易合同，由承办的外贸公司主签，进口公司附签；第二，对购买一定数量的直接产品或双方商定的其他商品事宜，出口商要与进口商签订回购合同。

（5）执行阶段。双方签订合同后，设备、技术出口方按合同规定按时把设备运送到进口方；进口方用设备所生产的直接产品或其他产品，按合同规定分期偿还设备贷款。

（三）长期金融性筹资之一：债务筹资

长期金融性筹资分为债务筹资和混合证券筹资。债务筹资分为直接债务筹资和间接债务筹资。前者是证券化债务筹资，即发行公司债券；后者是非证券化债务筹资，分为货币性债务筹资和实物性债务筹资，即银行借款和金融性租赁。

1. 发行公司债券

公司债券是公司依照法定程序发行的、约定在一定期限内还本付息的、用以记载和反映债权债务关系的有价证券。公司债券是长期债券，发行目的通常为建设大型项目筹集大笔长期资金。

（1）公司债券与普通股的比较。公司债券与普通股相比，主要存在以下差异性：

第一，债券是债权凭证，是对债权的证明，反映的是一种借贷关系；

而普通股是所有权凭证，是对所有权的证明。

第二，债券发行费用较低，使用费用是债息支出，与发行公司经营状况无关，税前支付，且一般固定，具有节税功能；普通股发行费用较高，使用费用是股利支出，由发行公司盈利水平决定，税后支付，且不固定。

第三，因债息固定，不会因公司利润增加而增加债权人收益，从而能为股东带来财务杠杆效益；同时，债券发行要承担按期还本付息的义务，风险较大，为保障债券持有人的安全，债券发行规模还会受到一定限制。

第四，债券持有者无权参与公司管理决策，有利于保障股东对公司的控制权。同时，随着债券发行数量的增加，公司负债比率升高，会降低公司的再筹资能力。

（2）公司债券分类。方法很多，主要有：

第一，按利息支付方式，分为附息债券和零息债券。附息债券的特点是设有固定票面利率、每年计算和支付利息、到期归还本金。零息债券分为利随本清债券和贴现债券。利随本清债券的特点是按计息利率和面值，于到期日一次性还本付息。贴现债券的特点是未设有利息回报条款，只有面值，于到期日按面值还本。

本书主要采用这种分类方式。

第二，按是否记名，分为记名债券和无记名债券。这一分法类似于记名股票与无记名股票的划分。在公司债券上记载持券人姓名或名称的为记名债券；反之，为无记名债券。

第三，按票面利率是否浮动，分为固定利率债券和浮动利率债券。这一划分类似于固定利率借款与浮动利率借款的划分。

第四，按有无担保，分为信用债券和担保债券。这一划分类似于信用借款与担保借款的划分。信用债券也称无担保债券，是指债券发行人以自身的信用发行的债券。政府债券一般属于信用债券，一个信誉良好的公司也可发行信用债券。担保债券是债券发行人提供一定担保后发行的债券，具体分为抵押债券（以资产作为抵押担保）、质押债券（以资产作为质押担保）、保证债券（以保证人作为信用担保）等。

第五，按有无转换条款，分为可转换债券和不可转换债券。可转换债券是指根据债券发行人有关债券募集办法的规定，债券持有人在一定时期内，可以按某一固定价格或一定比例将所持有的债券转换为一定数量的普通股。不可转换债券就是普通债券。一般来说，可转换债券的利率要低于普通债券。按照《公司法》的规定，发行可转换债券的主体只限于上市公司。

第六，按发行是否公开，分为公募债券和私募债券。公募债券是通过公开市场发行的债券；私募债券是不通过公开市场发行的债券。

第七，按发行人所在地与市场所在地、货币发行地的关系，分为国内债券和国际债券。国内债券是指我国企业在我国市场上发行以人民币为面值的债券，发行人所在地、市场所在地、货币发行地同属一个国家或地区。国际债券包括外国债券和欧洲债券。外国债券是一国企业在另一国市场上发行以市场所在国货币为面值的债券，如扬基债券（美国）、武士债券（日本）、猛犬债券（英国）、斗牛士债券（西班牙）、伦布朗债券（荷兰）、龙债券（新加坡等东南亚国家）、熊猫债券（中国）等，发行人所在地是一个国家或地区，市场所在地、货币发行地属于同一国家或地区。欧洲债券是一国企业在另一国市场上发行以第三国货币为面值的债券，发行人所在地是一个国家或地区，市场所在地是另一个国家或地区，货币发行地是第三个国家或地区。

（3）公司债券要素构成。一般来说，债券由面值、票面利率和到期日三个要素构成。随着债券进入市场，债券价格表现为市场价格。

第一，面值。即债券的票面金额，代表债券发行人借入并承诺于债券到期时偿付债券持有人的金额。一般来说，我国的公司债券面值是1000元。

第二，票面利率。是指债券发行人预计一年内向债券投资者支付的利息占票面金额的比率。多数债券的票面利率在债券持有期间不会改变。

债券的计息和付息方式有所不同。计息可能使用单利，也可能使用复利。付息可能一年一次，也可能半年、一季、一月一次；可能是发行日一次支付，也可能是到期日一次支付。所有这些，都导致债券的票面利率不等于有效利率。

第三，到期日。是指偿还本金的日期。债券有固定的偿还期限，通常短则3—5年，长则多达30—50年。

第四，市场价值。也指市场价格，在债券发行时表现为发行价格，在债券流通时表现为流通价格，受到各种复杂因素的影响，债券市场价格与债券面值有一定的背离。

第五，内在价值。也指理论价值，是指债券发行人未来所支付的所有现金流量（利息和本金）的现值之和，而债券投资者是未来所收到的所有利息和本金的现值之和。

（4）公司债券发行条件。根据我国《公司法》规定，只有股份有限公司、国有独资公司和两个以上的国有公司或者国有投资主体投资设立的有限责任公司，才具有发行债券的资格。根据《证券法》第十六条规定，公开发行公司债券的公司必须具备以下条件：

第一，股份有限公司的净资产不低于 3000 万元人民币，有限责任公司的净资产不低于 6000 万元人民币。

第二，累计债券余额不超过公司净资产的 40%。

第三，最近三年平均可分配利润足以支付公司债券 1 年的利息。

第四，筹集的资金投向符合国家产业政策。

第五，债券的利率不超过国务院限定的利率水平。

第六，国务院规定的其他条件。

另外，发行公司债券筹集的资金必须用于核准用途，不得用于弥补亏损和非生产性支出。上市公司发行可转换公司债券时，除符合上述规定外，还应当符合《证券法》关于公开发行股票的条件。

（5）公司债券信用评级。国际著名债券评级机构有穆迪公司、标准普尔公司等，如标准普尔公司将公司债券评级标准从优到劣分为三等九级，见表 5 - 2。

表 5 - 2　　　　　　　　　公司债券信用等级分类及含义

级别等级	级别分类	符号表示	含义
一等	最高级	AAA	具有极高的还本付息能力，投资者没有风险
	高级	AA	还本付息能力很高，投资者风险很小
	中上级	A	具有一定的还本付息能力，投资者风险较低
二等	中级	BBB	具有一定的还本付息能力，但通常需要一定的保护措施，投资者要承受一定的风险
	中下级	BB	视为有投机性的因素，还本付息能力低，投资者风险较大
	投机级	B	不具备理想的投资条件，还本付息能力低，投资风险很大
三等	完全投机级	CCC	还本付息能力很低，有可能违约，投资风险极大
	最大投机级	CC	还本付息能力极低，投资风险最大
	最低级	C	没有还本付息能力，投资者面临绝对风险

公司公开发行债券通常需要由债券评信机构评定信用等级。信用评级对债券投资人和发债公司都非常重要。对债券投资人而言，可以更加广泛、全面、深入地了解该债券，拓宽投资眼界，选择投资标准，把握投资风险，减少投资盲目性；对发债公司而言，可以扩大公司知名度和影响力，吸引更多投资者，提高金融市场参与度，增强筹资灵活性。

（6）公司债券的偿还。债券在偿还时间、偿还形式、付息频率上有一定差异。

第一，债券的偿还时间。按偿还实际发生与债券到期日的关系，分为到期偿还、提前偿还和滞后偿还。

第二，债券的偿还形式。按支付手段，分为现金、发行新债券、债券转股票等。

第三，债券的付息频率。分为年息、半年息、季息、月息、到期日一次性付息、发行日一次性付息。一般来说，付息频率越高，对债券投资者的吸引力越大。

（7）公司债券的有关规定。2014 年 12 月 5 日证监会发布的《公司债券发行与交易管理办法（征求意见稿）》，为公司债券市场发展注入新的活力。这一管理办法与以往有关规定相比有如下内容修订：一是扩大发行主体范围；二是丰富债券发行方式；三是增加债券交易场所；四是简化发行审核流程；五是实施信用分类管理；六是完善债券市场监管；七是强化持有人权益保护。

2. 长期借款

长期借款是指企业向银行（一些非银行金融机构有时也经营贷款）借入的使用期限超过一年的借款，主要用于购建长期资产和满足流动资产长期滚动使用的需要。

（1）长期借款与公司债券的比较。长期借款与公司债券相比，主要有以下差异性：

第一，两者都是长期债权债务凭证，反映的是借贷双方的权利义务关系，所不同的是公司债券将债权合同予以证券化。

第二，长期借款是间接信用，属于间接筹资；公司债券是直接信用，属于直接筹资。

第三，长期借款是私募筹资，交易费用和使用成本（利息）较低；公司债券是公募筹资，发行费用和使用成本较高。

第四，长期借款筹资速度快，企业不需要经过像债券发行前的一系列准备程序，可以迅速取得资金；同时，长期借款的筹资弹性大，企业可以直接与银行接触，协商借款金额、期限和利率，借款后一旦情况有变，还可以再次协商。但由于长期借款合同附有许多保护性条款，不仅约束了企业生产经营，而且在很大程度上影响了金融性杠杆作用。

（2）长期借款分类。企业可以根据自身情况和外部条件，选择不同的长期借款：

第一，按用途，分为固定资产投资借款、更新改造借款、新产品开发借款等。

第二，按提供贷款机构，分为商业银行借款和政策性银行借款。

第三，按有无担保，分为信用借款和担保借款。信用借款是指企业无须提供任何担保，仅凭其信用而取得的借款。担保借款分为抵押借款（主要以不动产作为抵押）、质押借款（主要以动产作为质押）和保证借款（以第三方作为保证）。

（3）长期借款取得条件。商业银行对企业发放贷款的基本原则是按计划发放、择优扶植、有资产担保、按期归还。企业取得借款包括但不限于以下条件：

第一，独立核算，自负盈亏，具有法人资格；

第二，经营业务范围符合国家产业政策，借款用途属于银行贷款办法规定的范围；

第三，具有一定的财产用于担保，担保人具有相应的经济实力；

第四，具有偿还贷款的能力；

第五，财务管理和经济核算制度健全，资金使用效益及企业经济效益良好；

第六，在银行设有账户，办理结算。

具备上述条件的企业欲取得借款，先要向银行提出申请，陈述借款原因与金额、用款时间与计划、还款期限与计划。银行根据企业借款申请，对企业的财务状况、信用情况、盈利稳定性、发展前景、投资项目的可行性等进行审查。银行审查同意贷款后，再与借款企业进一步协商借贷的具体条件，明确借款的种类、用途、金额、利率、期限、还款的资金来源及方式、保护性条款、违约责任等，并以借款合同的形式将其合法化。借款合同生效后，企业便可取得借款。

（4）长期借款保护性条款。长期借款通常金额大、期限长、风险高，按国际惯例，商业银行一般要对借款企业提出一些有助于保证贷款按时足额偿还的条款，并写入贷款合同，形成保护性条款。

第一，例行性条款。几乎出现在所有借款合同中，主要包括：一是定期向银行提交财务报表，目的是及时掌握企业的财务状况和经营成果；二是不准在正常情况下出售较多资产（不包括产成品），目的是保持企业正常的生产经营能力；三是如期缴纳税费和偿还其他到期债务，目的是防止被罚款而造成不必要的现金流失；四是不准企业以任何资产作为其他承诺的担保（如抵押），目的是避免企业负担过重；五是不准贴现应收票据或出售应收账款，目的是避免企业或有负债；六是限制固定资产租赁规模，目的是防止企业租金负担过重；等等。

第二，一般性条款。出现在大多数借款合同中，主要包括：一是要求企业有适当的流动资产持有量，目的是维持偿债能力；二是限制企业支付现金股利、购入股票和职工加薪规模，目的是减少过度现金流出；三是限制企业资本性支出规模，目的是减少企业日后不得不变卖固定资产以偿还贷款的可能性；四是限制企业其他长期债务规模，目的是防止其他债权人取得对企业资产的优先求偿权；等等。

第三，特殊性条款。出现在特殊借款合同中，主要包括：一是贷款专款专用；二是不准企业投资于短期内不能收回资金的项目；三是限制企业高级职员的薪酬总额；四是要求企业主要领导人在借款合同有效期内担任领导职务；五是要求企业主要领导人购买人身保险；等等。

此外，第六章讲述的短期借款有关周转授信协定、补偿性余额等条款，也适用于长期借款。上述各类条款应当结合使用，有利于促进企业合法经营，更有利于全面保护银行合法权益。但借款合同由银企双方充分协商后形成，其最终结果取决于双方的谈判地位和能力，并非完全取决于银行的主观愿望。

（5）长期借款的偿还。长期借款在设定利率、偿还方式上有一定差异。

第一，选择有利的设定利率。一般来说，长期利率高于短期利率，但信誉较好或担保条件较优的借款企业，可以争取到较低的长期利率。长期利率有固定利率与浮动利率之分，且浮动利率设有最高限和最低限。对借款企业而言，若能够预测市场利率会上升，应与银行签订固定利率合同；

反之，则应签订浮动利率合同。

第二，选择有利的偿还方式。长期借款偿还方式很多，但比较普遍的有：一是分期付息，到期一次还本；二是到期一次还本付息；三是分期等额偿还本利和。显然，这些方式各有利弊，请见下例。

【例 5 - 1】某企业从银行取得 5 年期借款 100 万元，年利率 8%。试分析不同的偿还方式对企业财务活动的影响。

解

方式一：分期付息，到期一次还本。

各期支付利息 8 万元，到期偿还本金 100 万元，利息总额也是 40 万元，偿还总额也是 140 万元，虽然偿还的本息现值比"方式二"要高，但到期还款压力要小。设折现率（市场利率）等于借款利率，这种方式的本息现值为：

$$PV = 8 \times (P/A, 8\%, 5) + 100 \times (P/F, 8\%, 5) = 8 \times 3.9927 + 100 \times 0.6806 = 100(万元)$$

方式二：到期一次还本付息。

到期偿还金额为 140 万元，其中本金 100 万元，利息 40 万元，本息一并支付，加大了企业到期偿还债务的压力，但本息现值比"方式一"要低。这种方式的本息现值为：

$$PV = 140 \times (P/F, 8\%, 5) = 140 \times 0.6806 = 95.28(万元)$$

方式三：分期等额偿还本利和。

到期偿还本利和为 140 万元，平均各期偿还 28 万元，虽然偿还的本金和利息与上述两种方式相同，但这种偿还的本息现值最高，使有效利率上升。这种方式的本息现值为：

$$PV = 28 \times (P/A, 8\%, 5) = 28 \times 3.9927 = 111.8(万元)$$

3. 金融性租赁

上述补偿贸易是直接长期债务筹资，对应"长期应付款——补偿贸易引进国外设备或技术"，而金融性租赁是间接长期债务筹资，对应"长期应付款——金融性租赁引入设备"。金融性租赁作为一种筹资方式，首先表现为一种租赁方式。租赁是承租人向出租人交付租金，出租人在合同规定期限内将资产的使用权让渡给承租人的一种经济行为。

（1）金融性租赁本质。这里所指的金融性租赁，是从企业（承租者）角度讲的，也称融资租赁。当然，对融资租赁公司（出租者）而言，是融资租赁；但对金融租赁公司（出租者）而言，是金融租赁。其实，融资租赁与金融租赁均属于金融性租赁，其法理、业务操作原理、会计处理基本相同。然而，融资租赁与金融租赁有以下微小区别：第一，国家统计口径不同。前者归为第三产业——L门—租赁和商务服务业——7310大类；后者归为第三产业——J门——金融业——7120大类。第二，监管部门不同。前者为商务部；后者为银监会。第三，财税政策不同。融资租赁公司不是金融机构，不能享有《金融企业呆账准备提取管理办法》规定的税收优惠待遇；金融租赁公司属于金融机构，可以享受上述优惠。

（2）金融性租赁与经营性租赁比较。租赁分为经营性租赁和金融性租赁。两者相比，具有以下差异性：

经营性租赁从期限看，大多属于短期租赁；从目的看，基本属于服务性租赁；从实质看，属于购买经营性资产使用权，用以代替经营性资产投资，其主要特点有：第一，出租物（如设备）一般由出租人根据市场需求选定，然后再寻找承租人；第二，租赁期大大短于设备的有效使用期，在合理的限制条件内承租人可以中途解约，当新设备出现时，有利于承租人；第三，在租赁期间内，设备的维修与保养由出租人负责；第四，租赁期满或者合同中止后，出租设备由出租人收回。

金融性租赁从期限看，属于长期租赁；从目的看，属于筹资性租赁；从实质看，属于采取租赁方式筹资，用以代替银行借款筹资。其主要特点有：第一，通常由承租人向出租人提出正式申请，由出租人筹资买进承租人所需要的设备；第二，租赁期接近于设备的有效使用期，在租赁期内双方均无权取消合同，既能保证承租人长期使用设备，又能保证出租人在基本租期内收回投资并盈利；第三，在租赁期间内，由承租人负责设备的维修、保养与保险；第四，租赁期满后，按事先约定的方法处理设备，如退还出租人、承租人留购（相当于设备残值的市场售价买下设备）、续租等，以承租人留购的情况居多，这样可以避免出租人处理设备的麻烦。

（3）金融性租赁与长期借款比较。两者相比，具有以下差异性：

第一，金融性租赁的形式是筹物，实质是筹资。筹资与筹物相结合，减少了承租企业直接购买设备的中间环节和费用，有助于迅速形成生产能力。

第二，金融性租赁的期限与设备的经济寿命接近，比许多长期借款的期限要长，减轻了承租企业的偿债压力。

第三，当企业资金短缺，而举债非常困难时，金融性租赁更能显示"借鸡生蛋，以蛋还鸡"的优势，但其租金一般比长期借款利息要高一些，会加重企业的财务负担。

（4）金融性租赁性质。金融性租赁具有以下性质：

第一，完全补偿租赁。按租金总额是否超过租赁资产成本，租赁分为不完全补偿租赁和完全补偿租赁。前者是租金总额不足以补偿租赁资产的购置成本，一般指经营性租赁；后者是租金总额不低于补偿租赁资产的购置成本，是指金融性租赁。

第二，不可撤销租赁。按租赁合同是否可以随时解除，租赁分为可撤销租赁和不可撤销租赁。前者是在租赁期内，租赁合同可以提前中止，一般指经营性租赁；后者是在租赁期内，任何一方不能单方面终止租赁合同，指金融性租赁。

第三，净租赁。按出租人是否负责租赁资产的维护（包括维修、保险、纳税等），租赁分为毛租赁和净租赁。前者是由出租人负责租赁资产的维护，一般指经营性租赁；后者是由承租人负责租赁资产的维护，是指金融性租赁。

第四，资本化租赁。按会计准则判断租赁资产的主要风险和收益是否发生转移，租赁分为费用化租赁和资本化租赁。前者由出租人承担租赁资产的主要风险和报酬，一般指经营性租赁；后者由承租人承担租赁资产的主要风险和报酬，是指金融性租赁。

（5）金融性租赁分类。典型金融性租赁方式有：

第一，直接租赁。最普遍、最典型的租赁形式，只涉及出租人与承租人两个当事人，由出租人直接向承租人提供租赁资产，并收取租金。

第二，售后回租。是指承租人先将某资产卖给出租人，后再将该资产从出租人那里租回。这样承租人通过资产出卖获得了生产经营所需要的现金，同时通过资产租赁满足了生产经营对该资产的需要。

第三，杠杆租赁。一种有贷款人参与的租赁形式，涉及出租人、承租人和贷款人三方当事人。出租人购买资产时通常只需要支付资产价款的一部分（约为30%），其余货款以该资产或出租权为抵押，向贷款人借入，资产出租后，以收取租金分期向贷款人还款。从承租人角度看，杠杆租赁与其他租赁形式并无多大区别。但从出租人角度看，出租人具有双重身份，既是资产的出租人，也是贷款的借入人，既要收取租金，又要支付债息。之所以称为杠杆租赁，是因为：一是出租人只需垫付购置资产价款的一部分，可以做成一笔金额大得多的杠杆交易；二是租赁收益通常大于借款成本，出租人可以获得一定杠杆收益。

（6）金融性租赁要素。租赁要素与租赁合同的基本条款大体相当，主要包括以下几方面：

第一，租赁当事人。至少包括承租人和出租人，出租人是租赁资产所有者，承租人是租赁资产使用者，均承担一定的权利和义务。

第二，租赁资产。租赁合约涉及的标的资产。早期的标的资产主要是土地和建筑物，20世纪50年代以来，许多资产进入了租赁行列，大至一个工厂，小至一部电话。承租资产的目的是获得资产使用权。

第三，租金报价形式。租金是指承租人向出租人提供的一系列现金支付，是出租人的租赁收入，是承租人的租赁费用。对出租人而言，租赁收入的经济内容是成本和利润，其中成本包括租赁资产的购置成本、营业成本和相关利息。租金的报价形式一般没有统一标准，则租赁双方相互协商，灵活安排。在现实财务活动中，租金的报价形式有三种：

一是租赁合同分别规定租金（狭义）、利息和手续费。如租赁资产购置成本100万元，租赁期10年，每年支付租金10万元，于租赁起始日首付。尚未偿还的租赁资产购置成本按年利率6%计算并支付利息，于租赁起始日首付。租赁手续费8万元，于租赁起始日一次性支付。此时，租金仅指租赁资产购置成本。

二是租赁合同分别规定租金（常义）和手续费。如上例，租金110万元，分10年支付，每年11万元，于租赁起始日首付。租赁手续费8万元，于租赁起始日一次性支付。此时，租金包括租赁资产购置成本和相关利息。

三是租赁合同仅规定租金（广义）。如上例，租金118万元，分10年支付，每年11.8万元，于租赁起始日首付。此时，租金包括租赁资产购置成本、相关利息和手续费。

第四，租金影响因素。无论哪一种租金的报价形式，租金的确定是关键。那么，究竟是什么因素影响租金呢？主要有：

一是计算方法。对某笔租赁交易，运用的计算方法不同，直接影响到租金的大小。计算方法主要有特定比率法、成本回收法、等额年金法等。

二是利率。当租赁资产购置成本一定时，利率是影响租金的最重要因素。在固定利率条件下，若其他因素不变，利率越高，租金越大；反之亦然。

三是租期。租期是指租赁起始日至终止日所涵盖的时间，其长短直接影响租金大小。一般来说，经营性租赁的期限明显小于租赁资产的经济寿命，金融性租赁的期限大致接近租赁资产的经济寿命。租期越长，承租人占用出租人资金时间越长，出租人的利息负担越重。因此，租金与租期正相关，租期越长，租金越大；反之亦然。

四是付租方式。付租方式有期初付租和期末付租之分。典型的付租方式是预付年金，即期初等额支付。当然，也可以是后付年金，即期末等额支付；也可以根据各期尚未支付的租金余额计算并支付。若采用后付年金，承租人占用出租人资金的时间相对提前，则租金相对较少；采用预付年金的租金相对较多。

五是付租间隔期。两个租金支付日的时间间隔，有年付、半年付、季付、月付等。付租间隔期越长，承租人占用出租人资金的时间相对延长，租金较多；反之亦然。

六是支付币种。一般而言，在国际租赁中，若支付的币种汇率越高，则承租人支付的租金就越高；反之亦然。

七是计息日和租赁起始日。计息日和租赁起始日确定方法不同，导致两者之间的时间间隔不同，利息累积存在差异，对租金将产生一定影响。

（7）金融性租赁程序。金融性租赁程序比较复杂，其主要过程如下：

第一，做出租赁决策。当企业需要长期使用某项资产而没有现实购买能力时，一般有两种选择：一种是通过借入资金购买该项资产，另一种是通过金融性租赁取得该项资产的使用权。企业通常借助于两者的现金流量分布，依据相应的资本成本，分别计算两者净现值，并据此进行比较分析后做出筹资决策。

第二，选择出租人。当企业决定采用金融性租赁方式取得所需设备时，应当开始选择出租人。企业应了解各候选出租人经营范围、经营能力、资信情况、融资条件和租赁费用率等，分析比较，选定一家作为出租人。

第三，办理租赁委托。当企业选定出租人后，便可向其提出申请，办理委托。这种委托需要承租人填写租赁申请书，说明所需租赁物的具体要求，并向其提供有关企业财务状况和经营情况的文件资料。

第四，签订购货协议。出租人受理租赁委托后，即由承租人与出租人中的一方或双方选定租赁物的制造商或销售商，与其进行技术与商务谈判，签订购货协议。

第五，签订租赁合同。租赁合同由承租人与出租人签订。租赁合同用以明确双方权利与义务，它是租赁业务最重要的文件，具有法律效力。

第六，办理验货及投保。承租人收到租赁物后，要按照购货协议中的有关条款进行验收，验收合格后签发交货及验收证书并提交出租人，出租人据此向制造商或销售商付款。同时，承租人到保险公司办理投保事宜。

第七，交付租金。承租人在租赁期内按租赁合同规定的租金数额、支付日期、支付方式，向出租人交付租金。

第八，合同期满处理设备。根据合同约定，对设备留购、退租或续租。

（四）长期金融性筹资之二：混合证券筹资

以上介绍了三种债务筹资，下面介绍混合证券筹资。混合证券情形很多，如优先股（内含许多衍生品种）、认股权证、可转换债券、附认购权证债券、可交换债券、可回购证券（股票和债券）、可回售证券（股票和债券）等，但常见的主要是前三种。

1. 优先股

优先股是求偿权、索取权优先于普通股的股票。

（1）优先股与普通股、公司债券的比较。优先股具有普通股和公司债券的双重性质，既不同于普通股，也不同于公司债券。

第一，优先股与普通股相比。优先股股息与普通股股利通常都是税后支付，且求偿权均在债券之后，但有以下明显区别：一是优先股虽属于所有者权益，但优先股发行不会增加具有管理权的股东数，不会稀释原有普通股股东的控制权。二是优先股在股利分配、剩余财产诉求上拥有优先权，影响普通股股东在公司经营不稳定时的收益，可见，优先股享有的优先收益权是以失去管理权为代价的。三是优先股股息在盈利下降的情况下会成为公司沉重的财务负担，若不得不延期支付，则会影响公司形象。

第二，优先股与公司债券相比。优先股股息与债券利息通常都是固定支付，且求偿权均在普通股之前，但有以下明显区别：一是优先股股息在税后发放，资本成本较高，不像具有税收庇护效应的在税前支付的债券利息。二是优先股没有还本的资金周转压力。三是发行优先股不需要资产担保，使公司可以保留一些资产作为必要的借债担保，增强了公司的筹资能力。四是优先股尤其是附有回购权的优先股更富有财务弹性，财务状况不利时发行，财务状况向好时赎回，有利于公司控制资本结构。

（2）优先股分类。优先股可以按不同标准和角度进行不同分类。

第一，累积优先股和非累积优先股。累积优先股是指公司将当年应付的股息累积到以后年度一起发放的优先股。一般来说，积欠的股息一般不付息，且公司只有在兑付所积欠的全部优先股股息后，才能发放普通股股利。例如，某公司当年经营不善，没有支付面值 100 元、股息率 10% 的每股优先股股息 10 元，次年公司经营状况好转，有能力支付优先股股息和普通股股利。那么，公司要在发放上年和当年的每股优先股股息 20 元后，才能发放普通股股利。

非累积优先股指公司不再补发所积欠股息的优先股。如上例，公司只要在发放当年的每股优先股股息 10 元后，就可发放普通股股利。

第二，参加优先股与非参加优先股。参加优先股是指既能取得固定股息，也有权与普通股一起参与利润分配的优先股。根据参与利润分配的程度不同，又分为全部参加优先股和部分参加优先股。前者表现为优先股股东有权与普通股股东共同分享本期全部剩余利润，后者表现为优先股股东有权与普通股股东在规定额度内共同参与利润分配，超过规定额度的部分，归普通股股东所有。

非参加优先股指不能参加剩余利润分配，仅能取得固定股息的优先股。

第三，可转换优先股与不可转换优先股。可转换优先股是指优先股股东可以在一定时期内按一定比例将优先股转换为普通股从而成为普通股股东的优先股。转换比例是事先确定的，其数值大小取决于优先股与普通股的现行价格。例如，每股可转换优先股价格为 100 元，每股普通股价格为 25 元，此时就有可能规定在今后一定时期（如两年）内，1 股优先股转换为 4 股普通股。显然，在今后两年内，只有当普通股价格不小于 25 元，或者优先股价格不超过 100 元，这种转换才会有利于优先股股东。

不可转换优先股是指不能转换成普通股的优先股。

第四，可赎回优先股与不可赎回优先股。可赎回（回购）优先股指公司可以按一定价格回购的优先股。发行这种优先股时，附有赎回条款，规定赎回该股票的价格和时间。赎回价通常略高于优先股面值。至于最终是否行使以及何时行使赎回权，由优先股发行公司决定。

不可赎回优先股是指公司不能回购的优先股。不可赎回优先股一经发行，其固定股利便成为一项永久性的财务负担。实务中，大多数优先股是可赎回优先股。

第五，可退回优先股与不可退回优先股。可退回优先股是指优先股股东可以按一定价格回售的优先股。发行这种优先股时，附有退回条款，规定退回该股票的价格和时间。退回价通常略小于优先股面值。至于最终是否行使以及何时行使退回权，由优先股股东决定。

不可退回优先股指优先股股东不能回售的优先股。

（3）优先股构成要素。优先股具有普通股和债券的双重性质，由以下要素构成：

第一，面值。优先股通常有面值，其作用在于：一是作为确定股息的依据；二是作为确定转换价、回购价、回售价的依据；三是作为优先股股本会计核算的依据；四是作为优先股股东在企业清算时分配剩余财产的依据。据 2014 年 3 月 21 日发布的《优先股试点管理办法》，我国优先股每股票面金额为 100 元。

第二，股息率。优先股股息通常表示为面值的百分比。例如，某公司发行的优先股面值是 100 元，股息率 5%，则优先股股东每持有 1 股每年可获得股息 5 元。

第三，权利。一般情况下，优先股股东因享有收益权的优先权，会失去管理权。但是，公司在特定时间内无法向优先股股东支付股息，优先股股东出于自身保护的目的，也可以行使一定的投票表决权（通过公司章程规定）。

第四，期限。优先股通常没有期限，只是有些优先股附有转换、回购、回售期限。例如，公司可以在一定时期按特定价格从资本市场赎回发行在外的优先股，赎回权通常在股票发行后一定年限才能行使。赎回权行使后，公司解除了支付优先股股息的义务。当然，有些优先股无赎回期。有无赎回期一般在发行优先股时已经注明。

（4）优先股筹资的有关规定。《优先股试点管理办法》出台后引起了争议。有人认为优先股发行是利差。不管优先股上市交易价格比发行价格是高还是低，对股票二级市场所带来的压力，如同当年限售股解禁后对股票二级市场的冲击一样。有人认为优先股发行是利好。优先股发行可以提高上市公司的流动性，提高资金使用效率。《优先股试点管理办法》主要规定有：

第一，允许三类上市公司先行，试点发行优先股。三类上市公司分别为：普通股为上证 50 指数成分股；以公开发行优先股作为支付手段，收购（控股合并）或兼并（吸收合并）其他上市公司；以公开发行优先股作为支付手段，回购以减少注册资本为目的的普通股，或者在回购方案实施完毕后，可公开发行不超过回购减资总额的优先股。可见，公司发行优先股可以用于并购，也可以用于回购，但不能转换为普通股。

第二，申请一次核准，分次发行。上市公司发行优先股，申请一次核准，分次发行。非上市公司非公开发行优先股，仅向合格投资者发行，每次不得超过 200 人。优先股发行后可以申请上市交易或转让，不设限售期。发行价格不得低于面值。公开发行优先股，任何投资者都可以参与，在市场上公开买卖，没有任何限制；非公开发行优先股规定了合格投资者范围，不符合投资门槛的投资者，可通过基金、信托、理财产品方式间接投资优先股。

第三，避免利益输送，严格限制可转换优先股。针对容易出现利益输送的环节，严格限制可转换优先股，防止优先股成为新的"大小非"摊薄股东的权益，不得发行可转换优先股。同时，上市公司发行优先股，要满足三年连续盈利的条件，最近三年平均可分配利润，不少于优先股一年的股息。

2. 认股权证

要认识认股权证，就先要了解权证。权证分为认股权证和备兑权证。两者共同点是：一是权证与期权一样，其持有者有权利而无义务。二是权证具有杠杆效应，收益和风险较大。三是权证是以股票为原生证券的衍生证券。两者的差异处有：一是发行主体不同。认股权证由股票发行人（公司）发行，认股权证发行是经营性活动，也是金融性活动；备兑权证由第三方（金融机构）发行，备兑权证发行是纯粹的金融性活动。二是发行时间不同。认股权证通常由上市公司在发行债券、配股时发行，备兑权证发行没有时间限制。三是发行目的不同。认股权证发行是为了提高投资者的积极性，促进上市公司证券的发行；备兑权证发行是满足金融机构的业务多元化。四是发行规定不同。认股权证规定投资者认购或认沽认股权证发行公司的股票；备兑权证规定投资者认购一组打包股票。

在现实财务活动中，较常见的是认股权证。

（1）认股权证与普通股的比较。两者具有以下差异：

第一，普通股是纯粹证券，是基本证券，是现货股票，认股权证是嵌入期权的证券，是混合证券，是衍生证券，是期货股票。

第二，普通股发行是一种纯粹经营性活动，认股权证发行是一种兼具经营性活动的金融性活动。

（2）认股权证分类。严格来讲，认股权证分为认购权证和认沽权证，前者是股票买权性质的权证，后者是股票卖权性质的权证，但人们通常所指的认股权证就是认购权证。

第一，认购权证与股票买权。认购权与股票买权都是看涨期权，具有一定联系和区别。两者的共同处是：一是以股票为标的资产，价值随股票价格波动；二是具有固定的执行价格；三是到期时可以行权，也可以弃权。两者的差异点有：一是认购权行使时，其股票来自公司新发股票，引起公司股份数的增加，从而会稀释每股价格和每股收益；股票买权行使时，其股票来自二级股票市场，不存在控制权稀释问题，更何况标准化股票买权的行使，往往只需要交易双方结清价差，根本不涉及股票交易。二是认购权期限长，有的长达 10 年，不能不考虑股利支付的影响，不能运用 B—S 模型；股票买权期限短，通常只有几个月，可以假定没有股利支付，能够运用 B—S 模型。

第二，认沽权证与股票卖权。许多学者并非主张将认股权证等同于认购权证，而是严格区分认购权证和认沽权证。事实上，许多上市公司既发行认购权证，也发行认沽权证。认沽权与股票卖权都是看跌期权，其关系类似于认购权与股票买权关系。

（3）认股权证意义。认股权证在财务活动中具有以下积极作用。

第一，作为筹资手段，认股权证通常与公司债券同时发行，吸引投资者购买票面利率低于市场要求的债券。

第二，作为激励手段，对管理者的激励效应与股票期权并不完全相同。

第三，作为市场手段，认股权证发行通常是面向原有股东，不会稀释原有股东对公司的控制权，具有与配股相近的效果。

3. 可转换债券

可转换债券是一种嵌入期权的混合证券，也是特殊的公司债券，既有债券性质，也有股票性质，其价格受市场利率和股票价格双重影响。对发行人来说，既可以取得金融性杠杆利益，也可以锁定资本金额。

（1）可转换债券与公司债券的比较。两者具有以下差异：

第一，公司债券是普通债券，是基本证券，是现货债券，可转换债券是嵌入期权的债券，是混合证券，是衍生证券，是期货债券。

第二，公司债券发行通常是独立发行，可转换债券发行通常是伴随公司债券发行。

（2）可转换债券的构成要素。可转换债券合同的条款较多，主要有：

第一，标的股票。可转换债券相对应的转换物。这种转换在资产负债表上只是"债转股"，并不增加额外资本。

第二，票面利率。可转换债券票面上载明的利率，通常低于普通债券利率，因为其附着的转换权是给予投资者的，投资者愿意接受较低的利率。

第三，转换价格。即转股价格，是将债券转换为股票的每股价格，其计算式为：

转换价格＝公司债券面值/转换比率

如一种面值1000元、转换比率为5的可转换债券，转换价格为200元（1000÷5）。可见，只有当股票市场价格大于转换价格200元时，可转换债券持有人才会行使转换权。

转换价格的确定与认股权证约定价格类似，一般以可转换债券出售时的公司股票价格为基础，并上浮一定幅度（约25%）。具体上浮幅度由债券发行人与主承销商商定。

第四，转换比率。一张可转换债券可转换为多少股普通股，与转换价格互为倒数，其计算式为：

转换比率＝公司债券面值/转换价格

如一种面值1000元，转换价格为40元的可转换债券，转换比率为25（1000÷40）。也就是说，每张债券能够转换25股普通股。

第五，转换期限。可转换债券转换为股票起始日至结束日所涵盖的时间。可转换债券的转换期可以与债券期限相同，也可以短于债券期限。

第六，回购条款。即赎回条款，它赋予债券发行人的一项选择权，使债券发行人有权在一定期限内按事先约定条款赎回尚未转股的可转换债券，其目的主要有：一是促进债券持有人尽快"债转股"；二是保护债券发行人因市场利率下降所蒙受的损失；三是限制债券持有人过度分享公司收益大幅上升所带来的收益。赎回条款包括：不可赎回期、赎回期、赎回价格、赎回条件等。

第七，回售条款。即退回条款，赋予债券投资者的一项选择权，使债券投资者有权在一定期限内按事先约定条款将可转换债券退回给发行公司（当股票价格连续低于转换价格并达到一定幅度时），目的是保护债券投资者的利益。回售条款包括回售时间、回售价格等。

第八，强制性转换条款。当某些条件完全具备后，债券持有人必需"债转股"，无权要求偿还本金，目的是实现公司的股权筹资。

（3）可转换债券与附认购权证债券的区别。两者均包含一个买权，其重大区别是：

第一，前者与其所包含的买权不可分割，当行使转换权后，债券不复存在；后者与其所包含的买权可以分离，当行使认购权后，债券依然存在，正因如此，附认购权证债券也称可分离转换债券。

第二，前者行权后，不会增加公司资本规模，只是改变资本结构（债转股，负债比率下降）；后者行权后，会增加资本规模，也会改变资本结构（股权增加，负债比率下降）。

三　长期外源性筹资对股东财富的影响

长期经营性筹资中，长期经营性筹资与长期金融性筹资动机虽然不尽相同，但对财务目标的实现具有一致的职能和功效。

（一）满足长期经营性投资的需要

号称"第二财务行为"的长期外源性筹资，其直接目的是满足"第一财务行为"的长期经营性投资的需要，长期外源性筹资决策必须以长期经营性投资决策为依据。

长期外源性筹资在金融市场与长期经营性投资之间起着桥梁作用。一旦作出长期经营性投资决策，财务主体就必须深入到金融市场中，制订和落实长期外源性筹资方案。

长期外源性筹资决策是指为满足企业融资需要，对筹资途径、数量、时间、成本、风险等进行评价，判断、选择和确定一个最优资本结构的过程。因此，长期外源性筹资决策的核心，就是在筹资渠道、筹资方式多元化的背景下，如何利用不同的筹资方式搜集到最经济（资金成本最低）的资金来源，其根本宗旨是形成最佳资金来源结构，使企业平均资金成本达到最低时的资本结构。可见，长期外源性筹资决策是仅次于长期经营性投资决策的重大财务决策，具有深远影响和战略意义。

（二）优化企业资本结构

长期金融性筹资（以债务为例）在一定范围内具有财务杠杆效应，能够降低资本成本，但随着企业负债比率（资产负债率）的提高，金融性风险在加大，资本成本在上升。

长期经营性筹资（以普通股为例）虽然可以降低企业负债比率，遏制金融性风险，但随着企业负债比率（资产负债率）的下降，资本成本增大，金融性风险升高。

企业价值估计的现金流量折现模型为：

$$V = \sum_{t=0}^{n} \frac{CF_t}{(1 + K_W)^t}$$

式中：企业价值为 V，各期的企业现金流量为 CF_t，企业资本成本为 K_W。

从式中可以看出，如果说长期经营性投资对财务目标的最大贡献是确定企业现金流量 CF_t，那么，长期外源性筹资对财务目标的最大贡献是确定企业资本成本 K_W。

因此，长期外源性筹资的一个重要目的是，要在长期经营性筹资与长期金融性筹资之间寻求均衡，找到企业资本成本最低、企业风险最小、企业价值最大的负债比率，即最优资本结构。

（三）贯彻筹资战略意图

长期外源性筹资除了优化企业资本结构外，筹资战略目的也各有千秋：

对非 IPO 股权筹资而言，有的出于改制，如由有限责任公司转为股份有限公司。有的出于重组，如发行股票进行兼并、收购（换股）。有的出于纯粹扩张，如增资。

对 IPO 股权筹资而言，有的出于扩大社会影响，急于获得更多消费者的认可和信赖。有的出于分散企业风险，让更多投资者来分担公司的经营性风险。有的出于再筹资，IPO 既为再次发股也为发债提供了坚实的条件。有的出于公开市场竞价，让公开市场成为衡量企业价值的指示器。

对债务筹资而言，有的出于纯粹增资，有的出于利用财务杠杆，有的出于借新债还旧债，有的出于债转股，有的出于增强股票发行的吸引力等。

第二节　筹资项目定价

长期外源性筹资要解决的基本问题有：一是如何选择筹资方式，是采用长期经营性筹资，还是长期金融性筹资；二是对所选择的筹资方式的价格如何确定，如股票发行价应多大，以便作出正确的筹资决策；三是对所选择的筹资方式的成本如何估计，如企业资本成本应多大，以便正确评判筹资效率。上节讲述了第一个问题，本节讲述第二个问题，下节再讲述第三个问题。

涉及定价的长期外源性筹资项目主要是普通股发行和公司债券发行。普通股发行是长期经营性筹资项目的代表，公司债券发行是长期金融性筹资项目的代表。

一　普通股发行及定价

股票发行分首次发行和再发行。同样，股票发行定价主要在两个环节上：一是首次发行环节；二是再发行环节。

（一）首次发行

首次发行，也称初次发行，分为设立发行和改组发行。设立发行是指组建股份有限公司时发行股票，其中发起设立发行由发起人认购公司的全部股票，募集设立发行由发起人认购的公司股份不低于35%，其他部分向社会公开募集或者向特定对象募集。改组发行指由有限责任公司（包括国有独资企业、一人有限责任公司）改组为股份有限公司而发行股票。股份发行要遵循的基本原则是：同股同权、同股同利。

1. 首次发行条件

按照《公司法》、《证券法》的有关规定，公司发行股票，应符合以下条件：

（1）同次发行的股票，每股的发行条件和价格应当相同。

（2）股票的发行价格可以按票面金额，也可以超过票面金额，但不得低于票面金额。

（3）股票应当载明公司名称、公司登记日期，以及股票种类、编号、票面金额和所代表的股份数等主要事项。

（4）向发起人、国家授权投资的机构、法人发行的股票，应当为记名股票；对社会公众发行的股票，既可以为记名股票，也可以为无记名股票。

（5）公司发行记名股票的应当设置股东名册，记载股东的姓名或名称、住所，以及各股东所持股份、股票编号和取得股份的日期；发行无记名股票的，公司应当记载其股票数量、编号及发行日期。

（6）首次公开发行，必须具备下列条件：一是具备健全且运行良好的组织结构；二是具有持续盈利的能力，财务状态良好；三是最近3年的财务会计文件无虚假记载，无其他重大违法行为；四是证券监督管理机构规定的其他条件。

2. 首次发行程序

通常分为以下步骤：

（1）提出募集股份申请。

（2）公告招股说明书，制作认股书，签订承销协议和代收股款协议。

（3）招认股份，缴纳股款。

（4）召开创立大会，选举董事会、监事会。

（5）办理设立登记，交割股票。

3. 发行募集方式

公司发行股票，应当选择适宜的股票发行方式，以便及时募足资本。股票发行方式是指公司通过何种途径发行股票，一般分为公开间接发行和非公开直接发行。

（1）公开间接发行。是指通过中介机构，公开向社会公众发行股票。我国股份有限公司采取募集设立方式向社会公开发行新股时，须由证券机构承销的做法，就属于股票的公开间接发行。这种发行方式的发行范围广，发行对象多，易于足额筹资资本；股票的变现性强，流通性好；并且这种发行方式有助于提高发行公司的知名度和扩大其影响力。当然这种发行方式也有其不足，主要是手续繁杂，发行成本高。公开发行由于发行范围广、发行对象多，对社会影响也大。因此，需要对其进行限定。《证券法》规定有下列情形之一者属于公开发行：向不特定对象发行证券；向累计超过200人的特定对象发行证券；法律、行政法规规定的其他发行行为。

（2）非公开直接发行。是指不公开对外发行股票，只向少数特定对象直接发行，因而不需要经中介机构承销。我国股份有限公司采用发起设立方式和以不向社会公开募集的方式发行新股的做法，即属于股票的不公开直接发行。这种发行方式弹性较大，发行成本低，但发行范围小，股票变现性差。《证券法》规定非公开发行证券，不得采用广告、公开劝诱和变相公开方式。

4. 发行销售方式

发行销售方式是指股份有限公司向社会公开发行股票时所采取的股票销售方法，有自行销售和委托中介机构销售两种方式。

（1）自销。也称自行销售方式，是指公司自己直接将股票销售给认购者。这种销售方式可由发行公司直接控制发行过程，实现发行意图，并可以节省发行费用；但是缺点是筹资时间长，发行公司要承担全部发行风险，并需要发行公司有较高的知名度、信誉和实力。

（2）代销。也称委托销售方式，是指发行公司将股票销售业务委托给证券经营机构代理。这种发行方式是发行股票普遍采用的。《公司法》规定，股份有限公司向社会公开发行股票，必须与依法设立的证券经营机构签订承销协议，由证券经营机构承销。委托销售又分为包销和代销两种方法。包销是根据承销协议商定的价格，证券经营机构一次性全部购进发行公司公开募集的全部股份，然后以较高的价格出售给社会上的认购者。对发行公司来说，包销的办法可以及时筹足资本，免予承担发行风险，但是股票以较低的价格出售给承销商会损失部分溢价。代销是证券经营机构代替发行公司代售股票，并由此获取一定的佣金，但不承担股款未筹足的风险。

（二）上市

股票上市是指股份有限公司公开发行的股票经批准在证券交易所进行挂牌交易。经批准在证券交易所上市交易的股票称为上市股票，股份获准上市交易的股份有限公司称为上市公司。

1. 上市目的

股份有限公司申请股票上市，一般出于以下目的：

（1）增强股票流动性。IPO后，便于投资者随时购买，可以提高股票的变现能力。

（2）提高公司知名度。IPO后，无异于各种公众媒介在为公司做免费广告。一旦公司为社会所熟知、信赖和肯定，公司声誉就会得到提高，顾客就会增多，销售就会扩大。

（3）谋求再次发股筹资。IPO 必须经过证监会的审批并接受相应的监管，严格执行股票上市的规定，披露各种财务信息，增强了社会公众对公司的信赖，有利于吸引投资者在公司增发股票时乐意购买公司的股票。

（4）便于确定公司价值。IPO 后，流通价格是确定公司价值的参考标准和直接依据。

（5）改善资本结构。IPO 和 IPO 后增发可以降低公司负债比率（资产负债率），同时，上市公司后资金实力和社会信用得到了提升，能够促进公司的债务筹资（如发行债券、银行借款等），调整负债结构。

（6）分散公司风险。IPO 后，越来越多的投资者愿意认购公司股份，公司一旦将增发股份出售给这些购股者，就让投资者分担了公司经营性风险，同时降低了公司金融性风险（负债风险）。

2. 上市弊端

股票上市虽然可以实现上述目的，但对公司也会产生不利影响。其主要表现在：

（1）股票上市后，公司必须按规定定期向外界公布各种信息并向有关部门呈送相应会计报表，由此增加公司财务报告成本。

（2）定期信息披露，可能会泄露公司的某些商业秘密。

（3）股价有时会歪曲公司实际经营状况和财务状况，影响公司声誉。

（4）IPO 可能会分散公司控制权，IPO 后股份集中可能转移公司控制权，IPO 后股份增发可能稀释公司控制权，造成财务治理困难。

3. 上市条件

公司公开发行的股票来到证券交易所挂牌上市，条件非常严格。《证券法》规定，股份有限公司申请其股票上市，必须符合下列条件：

（1）股票经国务院证券管理部门批准已向社会公开发行。

（2）公司股本总额不少于 3000 万元人民币。

（3）公司发行股份达到公司股份总数的 25% 以上，公司股本总额超过 4 亿元人民币的公开发行比例为 10% 以上。

（4）公司在最近三年内无重大违法行为，财务会计报告无虚假记载。

（5）符合证券交易所规定的其他条件。

（三）再发行

严格来讲，股票再发行属于增资发行，分为无偿发行和有偿发行。前者包括股票股利（送股）、转增和股票分割（拆股），其中最常见的是送股，将在第七章第二节中详细论述。这里仅介绍有偿发行。

1. 再发行方式

有偿发行方式主要有配股和增发新股。

（1）配股。配股（allotment of shares，AS）是指向原股东按其持股比例、以低于市价的某一价格配售一定数量新股的筹资行为。

（2）增发新股。与配股相比，增发新股至少有三点不同：一是发行对象没有固定，即便定向增发也是如此；二是发行价格是市场价；三是增发有公开增发（非定向）和非公开增发（定向）之分。

2. 再发行条件

上市公司配股或增发新股除了要满足《公司法》、《证券法》规定的股份公司公开发行股票的基本条件外，还必须满足《上市公司证券发行管理办法》的有关规定。一是组织机构健全，运行良好。二是具有持续盈利能力，如最近三年连续盈利。三是财务状态良好，如最近三年及一期财务报表未被注册会计师出具保留意见、否定意见或无法表示的审计报告。四是最近 36 个月财务会计文件无虚假记载，无其他重大违法行为。

（1）配股附加条件。上市公司向原股东配股时，除满足公开发行股票的一般规定外，还要符合以下规定：

第一，拟配售股份数量不超过本次配售股票前股本总额的30%。

第二，控股股东应当在股东大会召开前公开承诺认配股份的数量。

第三，采用代销方式发行。

（2）增发新股附加条件。增发新股与配股至少有三点不同：一是发行对象不固定，即便定向增发也是如此；二是发行价格是市场价；三是增发有公开增发（非定向）和非公开增发（定向）之分。公开增发条件是：

第一，最近三个会计年度加权平均净资产收益率不低于6%。

第二，除金融企业外，最近一期期末不存在金额较大的交易性金融资产和可供出售金融资产、借予他人款项、委托理财等金融性投资的情形。非公开增发相对于公开增发、配股，要求要低得多。

（四）首次发行定价

股票发行价格在股票筹资方案中至关重要。发行价定得过低，不能以较低的成本筹集到所需的资金；发行价定得过高，不能吸引潜在的投资者。股票发行价格通常有等价、时价和中间价。等价是以股票面值为发行价，也称平价发行或面值发行。时价是以现行市场价格为基准的发行价，也称市价发行。中间价是介于现行市场价格与面值之间的发行价。时价和中间价可能是溢价（高于面值），也可能是折价（低于面值）。《公司法》规定，公司不得折价发行股票。

根据《证券法》规定，采取溢价发行股票的，其发行价格由发行人与主承销商（证券公司）协商确定。发行人通常会参考公司的经营业绩、净资产、发展潜力、发行数量、行业特点、股市状态等，确定发行价格。价格确定方法主要有可比公司法、现金流量折现法、增加值法。

1. 可比公司法

可比公司法也称市场比较法，基本思路是根据可比公司可比指标来推断目标公司的可比指标，即：

目标公司市场价格 = 目标公司可比指标 × 可比公司市场价格 ÷ 可比公司可比指标

可比指标主要有每股收益、每股净资产和每股销售收入，所以，可比公司法又分为市盈率法、市净率法、市销率法和综合法。

（1）市盈率法。设目标公司每股收益（earnings per share, EPS）为 EPS，可比公司市盈率为 P/E，市盈率 = 每股市场价格/每股收益，则目标公司每股发行价格为：

$$PPS = EPS \times P/E$$

（2）市净率法。设目标公司每股净资产（book value per share, BPS）为 BPS，可比公司市净率为 P/B，市净率 = 每股市场价格/每股净资产，则目标公司每股发行价格为：

$$PPS = BPS \times P/B$$

（3）市销率法。设目标公司每股销售收入（sales per share, SPS）为 SPS，可比公司市销率为 P/S，市销率 = 每股市场价格/每股销售收入，则目标公司每股发行价格为：

$$PPS = SPS \times P/S$$

（4）综合法。当然最好是将三者结合起来，避免单一指标的片面性，烫平单一指标的波动性，设三者的权重分别为 w_1、w_2 和 w_3，平均每股发行价格为：

$$PPS = w_1 \times EPS \times P/E + w_2 \times BPS \times P/B + w_3 \times SPS \times P/S$$

【例 5 – 2】现有甲、乙、丙、丁四个可比公司，其 P/E、P/B、P/S

如表5-3所示。

表5-3 可比公司可比指标 单位:%

可比指标	甲	乙	丙	丁
市盈率	20	12	24	16
市净率	3.0	1.5	2.5	2.0
市销率	1.8	1.2	1.5	0.9

假定：（1）可比公司甲、乙、丙、丁的重要性之比为4:3:2:1；（2）可比公司的相关比率P/E、P/B、P/S的重要性之比为3:2:5；（3）目标公司可比指标EPS、BPS、SPS分别为1.2元、9.2元、15.0元。

要求：运用可比公司法估算目标公司的每股发行价格PPS。

解

甲、乙、丙、丁四个可比公司的综合市盈率（平均市盈率）为：

$$P/E = 20 \times \frac{4}{10} + 12 \times \frac{3}{10} + 24 \times \frac{2}{10} + 16 \times \frac{1}{10} = 18(\%)$$

甲、乙、丙、丁四个可比公司的综合市净率为：

$$P/B = 3.0 \times \frac{4}{10} + 1.5 \times \frac{3}{10} + 2.5 \times \frac{2}{10} + 2.0 \times \frac{1}{10} = 2.35(\%)$$

甲、乙、丙、丁四个可比公司的综合市销率为：

$$P/S = 1.8 \times \frac{4}{10} + 1.2 \times \frac{3}{10} + 1.5 \times \frac{2}{10} + 0.9 \times \frac{1}{10} = 1.47(\%)$$

目标公司的每股发行价格为：

$$PPS = w_1 \times EPS \times P/E + w_2 \times BPS \times P/B + w_3 \times SPS \times P/S$$
$$= 0.3 \times 18 \times 1.2 + 0.2 \times 2.35 \times 9.2 + 0.5 \times 1.47 \times 15.0$$
$$= 0.3 \times 21.6 + 0.2 \times 21.62 + 0.5 \times 22.05 = 6.48 + 4.324 + 11.025$$
$$= 21.829(元/股)$$

2. 现金流量折现法

现金流量折现法（DCF）是财务估价最基本方法。从股票发行的现金流量分布情况看，现金流入是发行收入，现金流出是未来各年支付的现金股利，设每年发放的每股现金股利（dividend per share，DPS）为DPS_t，公司所用的折现率为k，则股票发行的每股净现值为：

$$NPV = PPS - \sum_{t=1}^{n} \frac{DPS_t}{(1 + k)^t}$$

从公司角度看，公司要求 $NPV = PPS - \sum_{t=1}^{n} \frac{DPS_t}{(1 + k)^t} > 0$。

从股东角度看，股东要求 $NPV = PPS - \sum_{t=1}^{n} \frac{DPS_t}{(1 + k)^t} < 0$。

从资本市场均衡角度看，$NPV = PPS - \sum_{t=1}^{n} \frac{DPS_t}{(1 + k)^t} = 0$。

当资本市场处于均衡，即净现值等于 0 时，只有确定各期现金股利，再采用适当折现率，就可以估计每股发行价格。而各年现金股利的大小取决于公司股利政策，下面仅分析两种特殊的股利政策：

（1）零增长股利政策。假定公司未来采用零增长股利政策（固定股利政策），上年股利为 DPS_0，且 $DPS_t = DPS_0$ 表现为永续年金式的现金股利，这时，每股发行价格为：

$$PPS = \frac{DPS_0}{k}$$

这个计算式简单，但较为片面。因此，我们不妨利用上述可比公司法的基本思路，将每股收益、每股净资产（账面价值）、每股销售收入指标吸纳过来，计算出来的结果较为全面和合理。

设股利支付率（dividend pay-out ratio，DPR）为 DPR，$DPR = DPS \div EPS$，则市盈率的计算式可以转换为：

$$P/E = PPS \div EPS_0 = \frac{DPS_0}{k} \div EPS_0 = \frac{DPS_0}{EPS_0} \div k = DPR_0 \div k$$

这时，市盈率法下的每股发行价格为：

$$PPS = EPS_0 \times P/E = EPS_0 \times DPR_0 \div k$$

设净资产收益率（return of equity，ROE）为 ROE，$ROE = EPS \div BPS$，则市净率计算式可以转换为：

$$P/B = PPS \div BPS_0 = \frac{DPS_0}{k} \div BPS_0 = \frac{DPS_0}{EPS_0} \times \frac{EPS_0}{BPS_0} \div k = ROE_0 \times DPR_0 \div k$$

这时，市净率法下的每股发行价格为：

$$PPS = BPS_0 \times P/B = BPS_0 \times ROE_0 \times DPR_0 \div k$$

设销售净利率（return of sale，ROS）为 ROS，$ROS = EPS \div SPS$，则市销率计算式可以转换为：

$$P/S = PPS \div SPS_0 = \frac{DPS_0}{k} \div SPS_0 = \frac{DPS_0}{EPS_0} \times \frac{EPS_0}{SPS_0} \div k = ROS_0 \times DPR_0 \div k$$

这时，市销率法下的每股发行价格为：

$$PPS = SPS_0 \times P/S = SPS_0 \times ROS_0 \times DPR_0 \div k$$

将三种情况综合起来，设三者权重分别为 w_1、w_2 和 w_3，综合每股发行价格为：

$$PPS = w_1 \times EPS_0 \times DPR_0 \div k + w_2 \times BPS_0 \times ROE_0 \times DPR_0 \div k + w_3 \times SPS_0 \times ROS_0 \times DPR_0 \div k$$

$$PPS = (w_1 \times EPS_0 + w_2 \times BPS_0 \times ROE_0 + w_3 \times SPS_0 \times ROS_0)DPR_0 \div k$$

【例 5 - 3】目标公司每股收益 EPS、每股净资产 BPS、每股销售收入 SPS 分别为 1.2 元、9.2 元、15.0 元，三个指标的重要性之比为 3 : 2 : 5，与例5 - 2 相同，假定股利支付率 DPR 为 45%，净资产收益率 ROE 为 15%，销售净利率 ROS 为 10%，公司资本成本 k 为 12%。

要求：估算股票每股发行价格 PPS。

解

若仅根据原始零增长股利模型，则每股发行价格为：

$$EPS = 1.2, \ DPR = 45\%$$

$$PPS = \frac{DPS_0}{k} = \frac{EPS_0 \times DPR_0}{k} = \frac{1.2 \times 45\%}{12\%} = 4.5(元/股)$$

若根据引入可比公司法的综合模型，则每股发行价格为：

$$ROE = 15\%, \ ROS = 10\%, \ k = 12\%$$

$$PPS = (w_1 \times EPS_0 + w_2 \times BPS_0 \times ROE_0 + w_3 \times SPS_0 \times ROS_0)DPR_0 \div k$$

$$PPS = (0.3 \times 1.2 + 0.2 \times 9.2 \times 15\% + 0.5 \times 15.0 \times 10\%) \times 45\% \div 12\% = 5.2(元/股)$$

（2）稳定增长股利政策。假定公司未来采用稳定增长股利政策，$DPS_t = DPS_0 (1 + g)^t$ 为固定增长式的现金股利，这时，每股发行价格为：

$$PPS = \frac{DPS_0(1+g)}{k-g} = \frac{DPS_0}{k} \cdot \frac{1+g}{1-g \div k}$$

稳定增长股利模型与零增长股利模型相比较，每股发行价格多一个系数 $\frac{1+g}{1-g \div k}$，因此，可以推断，市盈率法下的每股发行价格为：

$$PPS = EPS_0 \times P/E = \frac{1+g}{1-g \div k}EPS_0 \times DPR_0 \div k$$

市净率法下的每股发行价格为：

$$PPS = BPS_0 \times P/B = \frac{1+g}{1-g \div k} BPS_0 \times ROE_0 \times DPR_0 \div k$$

市销率法下的每股发行价格为：

$$PPS = SPS_0 \times P/S = \frac{1+g}{1-g \div k} SPS_0 \times ROS_0 \times DPR_0 \div k$$

综合法下的每股发行价格为：

$$PPS = \frac{1+g}{1-g \div k}(w_1 \times EPS_0 + w_2 \times BPS_0 \times ROE_0 + w_3 \times SPS_0 \times ROS_0)$$

$DPR_0 \div k$

【例5－4】承例5－3，假定股利增长率为9%。

要求：估算股票每股发行价格。

解

仅根据原始的稳定增长股利模型，则每股发行价格为：

$g = 9\%$

$$PPS = \frac{DPS_0}{k} \frac{1+g}{1-g \div k} = \frac{EPS_0 \times DPR}{k} \frac{1+g}{1-g \div k} = \frac{1.2 \times 45\%}{12\%} \frac{1+9\%}{1-9\% \div 12\%}$$

$= 19.62(元/股)$

根据引入可比公司法的综合模型，则每股发行价格为：

$$PPS = \frac{1+g}{1-g \div k}(w_1 \times EPS_0 + w_2 \times BPS_0 \times ROE_0 + w_3 \times SPS_0 \times ROS_0)$$

$DPR_0 \div k$

$$PPS = \frac{1+9\%}{1-9\% \div 12\%}(0.3 \times 1.2 + 0.2 \times 9.2 \times 15\% + 0.5 \times 15.0 \times$$

$10\%) \times 45\% \div 12\% = 22.67(元/股)$

3. 增加值法

增加值法分为市场增加值法、股东增加值法和经济增加值法。有关原理可参见第一章第五节。

（1）市场增加值（market value added，MVA）的计算

市场增加值 = 股权增加值 + 债务增加值

　　　　　　 =（股权市场价值 - 股东原始投资）

　　　　　　　 +（债务市场价值 - 债权人原始投资）

　　　　　　 = 股权市场价值 + 债务市场价值

$$-（投入股权资本 + 投入债务资本）$$

$$=企业价值 - 原始投入资本$$

$$MVA = SVA + BVA = (E - SI) + (B - DI) = V - OI$$

式中：SVA 为股权增加值，BVA 为债务增加值，V 为企业（市场）价值，OI 为企业原始投入资本，E 为股权市场价值，SI 为股东原始投资，B 为债务市场价值，DI 为债权人原始投资。

（2）股东增加值（shareholder value added，SVA）的计算

$$SVA = MVA - BVA$$

一般来说，债务价值通常保持不变，$BVA = 0$。

$$SVA = MVA$$

（3）经济增加值（economic value added，EVA）的计算

$$经济增加值 = 税后营业利润 - 资本成本总额$$

$$= 税后营业利润 - 资本成本 \times 原始投入资本$$

$$= (税后资产报酬率 - 资本成本) \times 原始投入资本$$

$$EVA = EBIT(1 - T) - K_W \times OI = [ROA(1 - T) - K_W] \times OI$$

式中：$ROA = EBIT/OI$ 为资产报酬率，K_W 为企业（平均）资本成本。

（4）市场增加值与经济增加值的关系

据第二章第三节所述企业自由现金流量

$$企业现金流量 = 息税前利润 \times (1 - 所得税税率) - 经营性投资净增加$$

$$= 税后营业利润 - 原始投入资本增加额$$

$$FCFC = EBIT(1 - T) - \Delta CE - \Delta WC = EBIT(1 - T) - \Delta OI$$

据上述稳定增长模型

$$企业价值 = 企业（下期）现金流量 \div (企业资本成本 - 增长率)$$

$$V = FCFC \div (K_W - g)$$

$$市场增加值 = 企业价值 - 原始投入资本$$

$$= 企业现金流量 \div (企业资本成本 - 增长率)$$

$$- 原始投入资本$$

$$= (税后营业利润 - 原始投入资本增加额)$$

$$\div (资本成本 - 增长率) - 原始投入资本$$

$$MVA = V - OI = FCFC \div (K_W - g) - OI = [EBIT(1 - T) - \Delta OI] \div (K_W - g) - OI$$

$$MVA = [EBIT \times (1 - T) - \Delta OI - OI \times (K_W - g)] \div (K_W - g)$$

$$MVA = [EBIT \times (1 - T) \div OI - \Delta OI \div OI - (K_W - g)] \times OI \div (K_W - g)$$

因 $\Delta OI / OI = g$

$$MVA = [ROA \times (1 - T) - K_W] \times OI \div (K_W - g) = EVA \div (K_W - g)$$

此式表明：市场增加值与经济增加值的关系是：

市场增加值 = 经济增加值 ÷ (资本成本 - 增长率)

可见，MVA 等于未来 EVA 的现值，取决于三个要素：一是企业资产报酬率，反映企业的盈利能力，由投资（固定资产投资和营运资金垫支）活动决定；二是企业资本成本，反映股东和债权人所要求的期望收益率，由投资者的收益期望和资本结构决定；三是企业增长率，由外部环境和企业竞争力决定。

（5）股权价值的计算

当债务价值保持相对不变，债务增加值等于 0。

股权增加值 = 市场增加值

股权价值 = 股权增加值 + 股东原始投资 = 市场增加值 + 原始投入资本

（五）再发行定价

严格来讲，股票再发行包括送股（股票股利）、配股和增发新股，由于送股属于股票无偿发行，将在第七章第二节中详细论述，这里仅介绍配股和增发新股。

1. 配股的价格确定

按照惯例，配股时新股的认购权在原股东之间根据持股比例进行分配，因此，配股相当于赋予了现有股东的配股权。

（1）配股权。是指原股东享有的按其持股比例以低于市价的价格认购一定数量新股的权利，它是一项优惠权，实际上也是一种短期的买权（看涨期权）。在股权登记日前登记在册的股东享有配股权。

（2）配股价。配股一般采取网上定价发行的方式，配股价由发行公司和主承销商（证券公司）协商确定。

（3）配股条件。配股除了符合公开发行股票的条件外，还应当符合以下规定：一是拟配售股票数量不超过本次配售股份前股本总额的30%；二是控股股东应当在股东大会召开前公开承诺认配股份的数量。

（4）配股除权价。配股权公告通常在股权登记日前颁发，此时股票的市场价格中含有配股权的价值，因此，要在股权登记日后对股票进行除权（exit - rights，XR）处理。除权后股票的基准价格为：

$$P_X = \frac{P_0 + P_A \times a}{1 + a}$$

式中：P_X 为除权价，P_0 为配股前市场价，除权日前一个交易日的收盘价，P_A 为配股价，a 为配股率，等于配股数量与配股前股票数量的商，只有当原股东全部行使了配股权，实际配股率等于拟订配股率。

除权价提供计算除权日股价涨跌幅度的基准，是一个理论价格。除权后若市场价高于除权价，则称为"填权"，表示参与配股的股东财富增加了；反之，若除权后市场价低于除权价，则称为"贴权"，表示参与配股的股东财富减少了。

（5）配股权价值。上面提到，配股权是一种买权，表示原股东以低于市场价的价格购买新股，即配股权执行价格低于市场价格，为价内买权（实值买权）。此时配股权价值为：

$$c = (P_X - P_A) a$$

【例 5 – 5】某公司拟用配股方式筹资。2013 年 12 月 31 日总股本 10000 万股，2014 年 4 月 8 日为除权日，拟每 10 股配 2 股，配股价 5.7 元，配股说明书公布前 20 个交易日的股票收盘价平均数是 7.5 元。

要求：估算配股除权价、配股权价值以及分析是否参与配股对股东财富影响。

解

$P_0 = 7.5$，$P_A = 5.7$，$a = 0.2$

配股除权价为：

$$P_X = \frac{P_0 + P_A \times a}{1 + a} = \frac{7.5 + 5.7 \times 0.2}{1 + 0.2} = 7.2 (元)$$

配股权价值为：

$$c = (P_X - P_A) a = (7.5 - 5.7) \times 0.2 = 0.36 (元)$$

假定某股东拥有公司股票 1000 万股，配股前价值为 7500 万元。若公司所有股东均行使了配股权，则该股东配股后拥有的股票价值为 8640 万元（7.2 × 1200），也就是说，该股东花费了 1140 万元（5.7 × 200）参与配股，持有的股票价值增加了 1140 万元。

但若该股东没有参与配股，因该股东持股比例 10%，使配股率下降了 10%，配股后股票除权价格为：

$$P_X = \frac{P_0 + P_A \times a}{1 + a} = \frac{7.5 + 5.7 \times 0.2 \times (1 - 10\%)}{1 + 0.2 \times (1 - 10\%)} = 7.225 (元)$$

因该股东配股后仍持有公司股票 1000 万股，其股票价值为 7225 万元，股东财富损失了 275 万元（7500 - 7225）。

2. 增发新股的价格确定

一般来说，增发新股的价格确定方法可以比照首次公开发行股票，但要根据当时的市场价格环境。

二 公司债券发行及定价

债务筹资分为直接债务筹资和间接债务筹资，前者是发行公司债券；后者分为货币性债务筹资和实物性债务筹资，即银行借款和金融性租赁。下面以公司债券估价为例。

（一）公司债券发行

公司债券是公司依照法定程序发行、约定一定期限内还本付息、用以记载和反映债权债务关系的有价证券。公司债券是长期债券，发行的目的通常是为建设大型项目筹集大笔长期资金。

公司运用债券形式在资本市场上筹资，必须正确地估价。若估价过低，公司因达不到理想的发行收入而遭受损失；若估价过高，公司因容易发生发行失败而遭受损失。

公司债券发行价格是债券发行人时所使用的价格，相应的，是公司债券的购买价格，即债券投资人所支付的价格，通常有三种形式：溢价（发行价格大于票面价格）、折价（发行价格小于票面价格）和平价（发行价格等于票面价格）。

究竟是哪种形式的发行价格，取决于以下四项因素：一是债券面值。面值也称本金，是企业将来归还的数额，是终值，而发行价格是企业现在收到的数额，是现值。债券发行价格的高低从根本上取决于面值的大小。二是票面利率。它是债券发行人定期支付的利息与债券面值的比率，决定了支付利息的大小，与债券发行价格呈正向关系。三是市场利率。它是衡量债券票面利率高低的参照指标，与债券发行价格呈反向关系。四是债券涵盖期限。它是债券发行的起止日期，期限越长，风险越大，发行价格越低。

（二）公司债券发行定价

1. 附息债券发行定价

债券定价通常采用现金流量折现法。附息债券的现金流入是发行收入，现金流出是各期等额利息与到期本金。发行附息债券的净现值为：

$NPV = P - I(P/A, k, n) - M(P/F, k, n) = P - i \times M(P/A, k, n) - M(P/F, k, n)$

式中：P 为附息债券发行价格，k 为市场利率，i 为票面利率，M 为债券面值，I 为票面利息，n 为债券期限。

从发债公司角度看，$NPV = P - i \times M(P/A, k, n) - M(P/F, k, n) > 0$。

从资本市场均衡角度看，$NPV = P - i \times M(P/A, k, n) - M(P/F, k, n) = 0$。这时，附息债券发行价格（内在价值）的计算式为：

$$P = i \times M(P/A, k, n) + M(P/F, k, n) = \sum_{t=1}^{n} \frac{i \times M}{(1+k)^t} + \frac{M}{(1+k)^n}$$

【例 5 - 6】某企业计划发行一种附息债券，面值为 1000 元，票面利率 10%，期限 6 年，按年付息，到期一次归还本金。

要求：当市场利率为 8% 或 12% 时，该债券的发行价格分别是多少？

解

$i = 10\%$，$M = 1000$，$n = 6$

当市场利率为 8%，即 $k = 8\%$，该债券发行价格为：

$P = 10\% \times 1000 \times (P/A, 8\%, 6) + 1000 \times (P/F, 8\%, 6)$

$P = 100 \times 4.6229 + 1000 \times 0.6302 = 1092.49$（元）

当市场利率为 12%，即 $k = 12\%$，该债券发行价格为：

$P = 10\% \times 1000 \times (P/A, 12\%, 6) + 1000 \times (P/F, 12\%, 6)$

$P = 100 \times 4.1114 + 1000 \times 0.5066 = 917.74$（元）

此例表明，票面利率大于市场利率，发行价格高于面值，称为溢价发行；票面利率小于市场利率，发行价格低于面值，称为折价发行。当然，票面利率等于市场利率的情况，称为平价发行。可见，在确定附息债券发行价格的四个影响因素（上已列举）中，债券面值、票面利率在债券发行时参照市场情况和发行公司的具体情况已经确定下来，并载明于债券上，剩下的仅决定于票面利率与市场利率的一致程度。为了协调债券买卖双方的利益，就要调整发行价格。

2. 利随本清债券发行定价

利随本清债券的现金流入是发行收入，现金流出是到期的总利息和本金，因计息方式有单利和复利之分。在单利条件下，发行利随本清债券的净现值为：

$$NPV = P - (\sum I + M) (P/F,k,n) = P - M(1 + i \times n) (P/F,k,n)$$

式中：P 为利随本清债券发行价格，k 为市场利率，M 为债券面值，$\sum I = i \times n \times M$ 为总利息，i 为计息利率，n 为债券期限。

因此，在单利和资本市场均衡的条件下，利随本清债券的发行价格为：

$$P = M(1 + i \times n) (P/F, \ k, \ n) = \frac{(1 + i \times n) M}{(1 + k)^{n}}$$

在复利条件下，发行利随本清债券的净现值为：

$$NPV = P - (\sum I + M) (P/F,k,n) = P - M(F/P,i,n) (P/F,k,n)$$

式中：$\sum I = (1 + i)^{n} M - M = (F/P,i,n) M - M$

因此，在复利和资本市场均衡的条件下，利随本清债券的发行价格为：

$$P = M(F/P, \ i, \ n) (P/F, \ k, \ n) = \frac{(1 + i)^{n} M}{(1 + k)^{n}}$$

在现实财务活动中，单利计息情况居多。

【例 5 - 7】某企业计划发行一种利随本清债券，面值为 1000 元，计息利率 10%，期限 6 年，到期一次还本付息。

要求：当市场利率为 8% 或 12%，并在单利和复利计息方式下，该债券的发行价格分别是多少：

解

$i = 10\%$，$M = 1000$，$n = 6$

当市场利率为 8%，即 $k = 8\%$

若单利，利随本清债券的发行价格为：

$P = 1000 \times (1 + 10\% \times 6) (P/F, \ 8\%, \ 6)$

$\quad = 1600 \times 0.6302 = 1008.32 (元)$

若复利，利随本清债券的发行价格为：

$P = 1000 \times (F/P, \ 10\%, \ 6) (P/F, \ 8\%, \ 6)$

$\quad = 1000 \times 1.7716 \times 0.6302 \doteq 1116.46 (元)$

当市场利率为 12%，即 $k = 12\%$

若单利，利随本清债券的发行价格为：

$P = 1000 \times (1 + 10\% \times 6) (P/F, \ 12\%, \ 6)$

$$= 1600 \times 0.5066 = 810.56 (元)$$

若复利，利随本清债券的发行价格为：

$$P = 1000 \times (F/P, 10\%, 6)(P/F, 12\%, 6)$$

$$= 1000 \times 1.7716 \times 0.5066 = 897.49 (元)$$

此例表明同样存在这样一个规律：当计息利率大于市场利率，发行价格高于面值，称为溢价发行；反之，当计息利率小于市场利率，发行价格低于面值，称为折价发行。同时存在一个规律，复利的溢价幅度要远大于单利，单利的折价幅度要远大于复利。

3. 贴现债券发行定价

贴现债券的现金流入是发行收入，现金流出是到期本金，其净现值为：

$$NPV = P - M(P/F, k, n)$$

式中：P 为贴现债券发行价格，k 为市场利率，M 为债券面值，n 为债券期限。

在资本市场均衡的条件下，贴现债券的发行价格为：

$$P = M(P/F, k, n)$$

【例 5 - 8】某企业计划发行一种贴现债券，面值为 1000 元，期限 6 年。

要求：当市场利率为 8% 或 12%，该债券的发行价格分别是多少？

解

$M = 1000$，$n = 6$

（1）当市场利率为 8%，即 $k = 8\%$，贴现债券的发行价格为：

$$P = 1000 \times (P/F, 8\%, 6) = 1000 \times 0.6302 = 630.2 (元)$$

（2）当市场利率为 12%，即 $k = 12\%$，贴现债券的发行价格为：

$$P = 1000 \times (P/F, 12\%, 6) = 1000 \times 0.5066 = 506.6 (元)$$

从例题得知，市场利率越高，贴现债券发行价格越低；反之亦然。

值得一提的是，利随本清债券和贴现债券属于零息债券，但不能望文生义，发债公司不要承担付息义务。事实上，利随本清债券虽无票面利率，但有计息利率，利息是在到期日支付。贴现债券虽无利息支付条款，但其发行价格远低于面值，可见，其利息是在发行日提前支付了。

第三节　资本成本计量

　　资本成本是财务活动中运用极为密集和广泛的管理工具。从筹资角度讲，资本成本是公司取得资本使用权的机会成本，是制定筹资决策的基础；从投资角度讲，资本成本是公司让渡资本使用权的机会成本，是制定投资决策的依据。

　　在市场经济中，企业往往无法无偿地筹集所需要的资金，更不能无偿地使用所筹集的资金。长期外源性筹资的成本是企业筹集和使用长期外源性资金所付出的代价，即资本成本。从广义上讲，企业筹集和使用的无论是长期资金还是短期资金，都有资本成本，但财务理论与实务关注的重点是筹集和使用长期资金的成本。资本成本的考察，既要从个别筹资角度，也要从全部筹资角度。

一　类别资本成本

　　资本成本由用资费用和筹资费用构成。用资费用是资金的占用成本，指企业在生产经营过程中因使用资金向资金供给者所支付的费用，如向股东支付的股利、向债权人支付的利息等。筹资费用是资金的获取成本，是指企业在筹集资金过程中为获得资金而付出的费用，如向银行支付的借款手续费，发行股票、债券而支付的佣金、税费、印刷费、手续费、律师费、资信评估费、公证费、担保费、广告费等。用资费用是主要的、基本的资本成本，属于经常性、定期性支付项目，与筹资数量、使用期限呈正相关。筹资费用属于一次性支付项目，与筹资数量关系不大，仅与筹资次数有关。正因为如此，计量资本成本时，将筹资费用作为筹资额的减项，将用资费用除以净筹资额，其计算式为：

$$资本成本 = \frac{用资费用}{筹资额 - 筹资费用} = \frac{用资费用}{净筹资额}$$

　　类别资本成本分普通股资本成本和债务资本成本，资本分为普通股资本和债务资本，筹资分为普通股筹资和债务筹资一样。

　　（一）普通股资本成本

　　简称普通股成本，也称股权资本成本，是长期经营性筹资成本的代表。如前所述，普通股筹资是股权筹资，股权筹资方式包括发行股票和留存收益。前者是外源性筹资，属于本章内容；后者是内源性筹资，属于第七章内容。但是，发行股票和留存收益的筹资成本估算模型基本相同，不同的是，前者需要支付发行成本（筹资费用），后者仅包括使用成本（用资费用）。因此，这里先讲留存收益成本，即不包括发行成本的股权成本，有关留存收益的其他问题将在第七章中论述。

股权成本无法像债务成本那样可以直接计算得出。但股权成本的计算，存在多种方法，主要有稳定股利增长模型、资本资产定价模型和债务成本加风险溢价模型。

1. 稳定股利增长模型

（1）不涉及筹资费用的普通股成本。不包括筹资费用的股权成本实际是旧股资本成本，即留存收益成本。留存收益由企业净利润形成，包括盈余公积和未分配利润，其所有权属于普通股股东。从表面上看，企业使用留存收益不需要现金流出，似乎不必付出代价。事实上，留存收益可以视为股东对企业的一种再投资。股东之所以愿意将净利润留存于公司，没有通过股利分配程序拿走投资于其他项目，是因为希冀取得与普通股等价的报酬。因此，留存收益成本也是一种机会成本，体现为股东再投资所要求的最低报酬率。留存收益的多寡与股利分配此消彼长。而股利分配取决于公司净利润的多寡和股利政策，具有很大的不确定性。在确定股票发行价格时，其中一种方法是采用现金流量折现法的稳定股利增长模型为：

$$P_0 = \frac{DPS_0(1+g)}{k-g}$$

既然如此，在这种方法下，普通股成本的计算式为：

$$K_E = \frac{DPS_0(1+g)}{P_0} + g = \frac{DPS_1}{P_0} + g$$

式中：P_0 为当前每股市场价格，DPS_0、DPS_1 分别为上年、本年支付的每股股利，g 为未来的股利增长率。

运用这一模型最关键的问题是如何估算股利增长率。目前主要有三种方法：一是根据过去的股利支付数据，运用几何平均数计算方法，估计未来的股利增长率；二是根据公司拟订的可持续增长率，直接作为未来的股利增长率；三是根据证券中介机构、财务分析师的预测，推断未来的股利增长率。

【例5-9】某公司股票目前每股市场价格40元，上年每股发放股利

3.2 元，预计以后每年增长 5%，计算该公司的股权成本。

解

$DPS_0 = 3.2$ 元，$P_0 = 40$ 元，$g = 5\%$

采用稳定增长股利模型，普通股成本为：

$$K_E = \frac{DPS_0(1+g)}{P_0} + g = \frac{3.2 \times (1+5\%)}{40} + 5\% = 13.4\%$$

（2）涉及筹资费用的普通股成本。包括筹资费用的股权成本实际是新股资本成本，即发行股票成本。发行股票会产生筹资费用，这时的普通股成本的计算式为：

$$K_E = \frac{DPS_1}{P_0(1-f)} + g$$

式中：f 为筹资费用率或发行费用率。

【例 5-10】承例 5-9，若发行新股的筹资费用率为 4%，计算该公司的股权成本。

解

$DPS_0 = 3.2$ 元，$P_0 = 40$ 元，$g = 5\%$，$f = 4\%$

普通股成本为：

$$K_E = \frac{DPS_1}{P_0(1-f)} + g = \frac{3.2 \times (1+5\%)}{40 \times (1-4\%)} + 5\% = 13.75(\text{元/股})$$

可见，考虑筹资费用，普通股成本有所上升。总之，外源性普通股成本比内源性普通股成本高，新股成本比旧股成本高。

2. 资本资产定价模型

按照资本资产定价模型 CAPM，普通股成本的计算式为：

$$K_E = R_f + \beta(R_M - R_f)$$

式中：K_E 为股权成本，β 为公司股票收益率相对于市场平均收益率的变动幅度，R_f 为无风险利率，R_M 为市场平均收益率。

【例 5-11】某公司 β 为 1.2，当无风险利率为 6%，市场平均收益率为 12%，计算该公司的股权成本。

解

$\beta = 1.2$，$R_f = 6\%$，$R_M = 12\%$

采用资本资产定价模型 CAPM，普通股成本为：

$$K_E = 6\% + 1.2 \times (12\% - 6\%) = 13.2\%$$

3. 债券成本附加风险溢价模型

根据风险补偿原理，股权成本要大于债务成本，因此，股票成本等于债券成本加上一个风险溢价，其计算式为：

$$K_E = K_B + R_R$$

式中：K_B 为税后债券成本，R_R 为风险溢价。

风险溢价通常根据经验判断。按照行业惯例，风险溢价区间为 3% —5%。如一个中等风险的企业，风险溢价取 4%，若其税后债券成本为 9%，普通股成本为：

$$K_E = K_B + R_R = 9\% + 4\% = 13\%$$

（二）债务资本成本

债务成本包括公司债券成本、长期借款成本和金融性租赁成本。由于债务资本的用资费用（利息）在所得税前列支，需要考虑所得税的影响。同时，债务资本的使用有期限约束，而且用资费用相对稳定，导致债务成本大大不同于股权成本，因此，债务成本可以不考虑时间价值，不像股权成本那样必须考虑时间价值。这里只涉及债券成本和借款成本。

1. 不考虑时间价值也不考虑筹资费用的借款成本

若不考虑时间价值，债务成本计算式为：

$$K_B = \frac{I(1-T)}{B(1-f)} = \frac{i \times M(1-T)}{B(1-f)} = \frac{K_b \times M(1-T)}{B(1-f)}$$

式中：I 为债务利息，T 为企业所得税税率，B 为债务筹资额，i 或 K_b 为债务利率，即税前债务成本，M 为债务面值，f 为债务筹资费用率。

若债务筹资为长期借款，可以不考虑筹资费用。由于其归属于私募债务，筹资费用率很小，可以忽略不计。更重要的是，长期借款筹资额为债务面值，即 $B = M$。因此，长期借款成本计算式为：

$$K_B = i(1-T) = K_b(1-T)$$

【例 5 - 12】某公司取得 10 年期借款 1000 万元，年利率 9%，每年付息一次，到期一次还本，筹资费用率为 0.1%，所得税税率为 25%，计算长期借款成本。

解

$i = 9\%$，$B = M = 1000$ 元，$f = 0.1\%$，$T = 25\%$

考虑筹资费用：

$$K_B = \frac{I(1-T)}{B(1-f)} = \frac{i \times M(1-T)}{B(1-f)} = \frac{9\% \times 1000 \times (1-25\%)}{1000 \times (1-0.1\%)} = 6.76\%$$

不考虑筹资费用

$$K_B = i(1 - T) = K_b(1 - T) = 9\% \times (1 - 25\%) = 6.75\%$$

可见，长期借款的筹资费用率可以忽略不计。

2. 不考虑时间价值但考虑筹资费用的债券成本

若债务筹资为公司债券，必须考虑筹资费用。一是公司债券筹资属于公募债务，筹资费用率较高，不能忽略，其筹资费用主要包括公司债券申请发行手续费、注册费、印刷费、上市费以及推销费用等。二是公司债券筹资额不一定等于债务面值。因此，当公司债券平价发行，即 $B = M$ 时，公司债券成本计算式为：

$$K_B = \frac{i \times M(1 - T)}{B(1 - f)} = \frac{i(1 - T)}{1 - f} = \frac{K_b(1 - T)}{1 - f}$$

同样，当公司债券溢价发行时，即 $B > M$，则公司债券成本为：

$$K_B = \frac{K_b \times M(1 - T)}{B(1 - f)} < \frac{K_b(1 - T)}{1 - f}$$

当公司债券折价发行时，即 $B < M$，则公司债券成本为：

$$K_B = \frac{K_b \times M(1 - T)}{B(1 - f)} > \frac{K_b(1 - T)}{1 - f}$$

可见，税前债务成本 K_b，即债务利率 i，必须去除两个因素后，才能转化为税后债务成本 K_B。一是所得税；二是筹资费用。

【例5－13】某企业发行 8 年期面值 1000 元、票面利率 9%、每年付息一次、到期一次还本的债券，发行费用率 4%，拟发行 10000 张，所得税税率为 25%。

要求：当发行价格分别为 1000 万元、1080 万元、910 万元时，计算公司债券成本。

解

$i = 9\%$，$M = 1000$ 元，$f = 4\%$，$T = 25\%$

（1）当发行价格为 1000 万元，属于平价发行，公司债券成本为：

$$K_B = \frac{i \times M(1 - T)}{B(1 - f)} = \frac{9\% \times 1000 \times (1 - 25\%)}{1000 \times (1 - 4\%)} = 7.03\%$$

（2）当发行价格为 1080 万元，属于溢价发行，公司债券成本为：

$$K_B = \frac{i \times M(1 - T)}{B(1 - f)} = \frac{9\% \times 1000 \times (1 - 25\%)}{1080 \times (1 - 4\%)} = 6.51\%$$

（3）当发行价格为 910 万元，属于折价发行，公司债券成本为：

$$K_B = \frac{i \times M(1-T)}{B(1-f)} = \frac{9\% \times 1000 \times (1-25\%)}{910 \times (1-4\%)} = 7.73\%$$

可见，溢价发行的公司债券成本相对较低，折价发行的公司债券成本相对较高。

3. 考虑时间价值但不考虑筹资费用的借款成本

若考虑时间价值，会使债务成本的计算变得较为复杂，而且当考虑时间价值时，考不考虑筹资费用，情况会有一定出入。

若不考虑筹资费用，债务成本计算式为：

$$B = I(P/A, K_b, n) + M(P/F, K_b, n) = i \times M(P/A, K_b, n) + M(P/F, K_b, n)$$

式中：B 为债务筹资额，I 为债务利息，i 为债务票面利率（名义利率），M 为债务面值，n 为债务期限，K_b 为债务实际利率，即税前债务成本。

根据上式计算出来的是税前债务成本，需要转换为税后债务成本。

$$K_B = K_b(1-T)$$

【例 5 - 14】承例 5 - 13，假定不考虑筹资费用，但要考虑时间价值。在溢价和折价情况下，计算公司债券成本。

解

$i = 9\%$，$M = 1000$ 元，$n = 8$ 年，$T = 25\%$

（1）若溢价发行，$B = 1080$ 元

得：$1080 = 9\% \times 1000 \times (P/A, K_b, 8) + 1000 \times (P/F, K_b, 8)$

采用试误法：

$1119.42 = 9\% \times 1000 \times (P/A, 7\%, 8) + 1000 \times (P/F, 7\%, 8) = 90 \times 5.9713 + 1000 \times 0.5820$

$1057.49 = 9\% \times 1000 \times (P/A, 8\%, 8) + 1000 \times (P/F, 8\%, 8) = 90 \times 5.7466 + 1000 \times 0.5403$

再采用内插法：

$$K_b = 7\% + \frac{1119.42 - 1080}{1119.42 - 1057.49} \times (8\% - 7\%) = 7.64\%$$

$$K_B = K_b(1-T) = 7.64\% \times (1-25\%) = 5.73\%$$

可见，在溢价发行的情况下，考虑时间价值但不考虑筹资费用的债券成本 5.73%，比不考虑时间价值但考虑筹资费用的债券成本 6.51% 低。

（2）若折价发行，$B = 910$ 元

得：$910 = 9\% \times 1000 \times (P/A, K_b, 8) + 1000 \times (P/F, K_b, 8)$

$946.64 = 9\% \times 1000 \times (P/A, 10\%, 8) + 1000 \times (P/F, 10\%, 8) = 90 \times 5.3349 + 1000 \times 0.4665$

$850.98 = 9\% \times 1000 \times (P/A, 12\%, 8) + 1000 \times (P/F, 12\%, 8) = 90 \times 4.9676 + 1000 \times 0.4039$

$$K_b = 10\% + \frac{946.64 - 910}{946.64 - 850.98} \times (12\% - 10\%) = 10.77\%$$

$$K_B = K_b(1 - T) = 10.76\% \times (1 - 25\%) = 8.07\%$$

可见，在折价发行情况下，考虑时间价值但不考虑筹资费用的债券成本 8.07%，比不考虑时间价值但考虑筹资费用的债券成本 7.73% 高。

4. 考虑时间价值也考虑筹资费用的债券成本

若考虑筹资费用，债券成本的计算式为：

$$B(1 - f) = I(P/A, K_b, n) + M(P/F, K_b, n) = i \times M(P/A, K_b, n) + M(P/F, K_b, n)$$

【例 5 - 15】承例 5 - 14，假定考虑发行费用，分溢价和折价计算债券成本。

解

$i = 9\%$，$M = 1000$ 元，$n = 8$ 年，$f = 4\%$，$T = 25\%$

（1）若溢价发行，$B = 1080$ 元

得：$1036.8 = 1080 \times (1 - 4\%) = 9\% \times 1000 \times (P/A, K_b, 8) + 1000 \times (P/F, K_b, 8)$

$1057.49 = 9\% \times 1000 \times (P/A, 8\%, 8) + 1000 \times (P/F, 8\%, 8) = 90 \times 5.7466 + 1000 \times 0.5403$

$1000.032 = 9\% \times 1000 \times (P/A, 9\%, 8) + 1000 \times (P/F, 9\%, 8) = 90 \times 5.5348 + 1000 \times 0.5019$

$$K_b = 8\% + \frac{1057.49 - 1036.8}{1057.49 - 1000} \times (9\% - 8\%) = 8.36\%$$

$$K_B = K_b(1 - T) = 8.36\% \times (1 - 25\%) = 6.27\%$$

可见，在溢价发行情况下，同时考虑时间价值和筹资费用的债券成本 6.27%，比考虑时间价值但不考虑筹资费用的债券成本 5.73% 高。

（2）若折价发行，$B = 910$ 元

得：$873.6 = 910 \times (1 - 4\%) = 9\% \times 1000 \times (P/A, K_b, 8) + 1000 \times (P/F, K_b, 8)$

$946.64 = 9\% \times 1000 \times (P/A, 10\%, 8) + 1000 \times (P/F, 10\%, 8) = 90 \times 5.3349 + 1000 \times 0.4665$

$850.98 = 9\% \times 1000 \times (P/A, 12\%, 8) + 1000 \times (P/F, 12\%, 8) = 90 \times 4.9676 + 1000 \times 0.4039$

$$K_b = 10\% + \frac{946.64 - 873.6}{946.64 - 850.98} \times (12\% - 10\%) = 11.53\%$$

$$K_B = K_b (1 - T) = 11.52\% \times (1 - 25\%) = 8.65\%$$

可见，在折价发行情况下，同时考虑时间价值和筹资费用的债券成本 8.64%，比考虑时间价值但不考虑筹资费用的债券成本 8.07% 要高。

优先股筹资和混合筹资的资本成本计量较为复杂，但其大小应当居于普通股成本和债务成本之间。如优先股成本，与债务成本相比，优先股股利税后支付，没有政府补贴，资本成本相对较高；与普通股成本相比，优先股股利支付优先，风险较小，资本成本相对较低。因此，优先股成本为 K_P，$K_B < K_P < K_E$。

二　平均资本成本

受诸多因素制约，企业不可能仅仅使用单一方式，往往需要通过多种方式筹集所需要的资本。为此，需要计算确定企业全部资本的平均成本。平均资本成本（WACC）分为综合资本成本和边际资本成本。前者是决定未来资本结构的平均资本成本；后者是维持现有资本结构而增加筹资的平均资本成本。

（一）综合资本成本

综合资本成本是以各类资本占全部资本的比重为权数，对各类别资本成本进行加权算术平均确定的，其计算式为：

$$K_w = \sum_{i=1}^{n} K_i w_i$$

式中：K_w 为综合资本成本；K_i 为第 i 类筹资的分类资本成本；w_i 为第 i 类筹资占全部筹资总额的比重。

综合资本成本的特点是：分类资本成本 K_i 是事先确定的，关键问题是权重 w_i 的确定。权重（目标资本结构）通常有三种确定方案：

（1）按账面价值确定。根据资产负债表上的债务与股权资料，计算极为方便。然而，账面资料反映的是历史，脱离现实，更不符合未来，容易歪曲真实面目。

（2）按市场价值确定。根据债务与股权的市场价值来确定，能够较好地反映企业当前实际情况。为了弥补市场价格变动频繁的不便，也可以选用平均市场价格。但是，由于债务与股权的比例变动较为频繁，计算出来的平均资本成本也变化很大。

（3）按目标价值确定。根据债务与股权目标价值（未来预计的目标市场价值）确定。按目标价值确定的权重能够体现未来（期望）的资本结构，克服了按账面价值只反映过去的资本结构和按市场价值只反映现在的资本结构的弊端。然而，客观、合理地确定目标价值谈何容易，其推广难度较大。

【例 5－16】某企业按市场价值预测的目标资本结构有两个方案：一是长期债务 40%，优先股 10%，普通股 50%；二是长期债务 30%，优先股 10%，普通股 60%。税后债务成本为 6.4%，优先股成本为 8.3%，普通股成本 13.2%。如何决定资本结构。

解

$K_B = 6.4\%$，$K_P = 8.3\%$，$K_E = 13.2\%$

第一个方案：$w_1 = 0.4$，$w_2 = 0.1$，$w_3 = 0.5$

$$K_w = \sum_{i=1}^{n} K_i w_i = 6.4\% \times 0.4 + 8.3\% \times 0.1 + 13.2\% \times 0.5 = 9.99\%$$

第二个方案：$w_1 = 0.3$，$w_2 = 0.1$，$w_3 = 0.6$

$$K_w = \sum_{i=1}^{n} K_i w_i = 6.4\% \times 0.3 + 8.3\% \times 0.1 + 13.2\% \times 0.6 = 10.67\%$$

应当选择第一个方案。

（二）边际资本成本

企业无法在某一资本成本水平下无节制筹资。当筹资额在某一限度内，资本成本可能是一定的；当筹资额超出这个限度时，资本成本就会增加。这种由筹资额增加而引起的资本成本的增加，换言之，每增加一个单位资本而增加的成本，就是边际资本成本。

追加筹资时，企业可能仅采取某种筹资方式。但是，采取单一筹资，一是通常无法达到所需要的较大筹资额，二是会破坏既定的目标资本结构。因此，追加筹资往往需要通过多种筹资方式组合来实现，这时，与综合资本成本一样，边际资本成本也是按加权算术平均来确定的，其计算式为：

$$K_w = \sum_{i=1}^{n} K_i w_i$$

可见，边际资本成本与综合资本成本的计算相同。不同的是，综合资本成本假定 K_i 是已知变量，w_i 是目标变量；而边际资本成本假定 w_i 是已知变量，K_i 是目标变量。

边际资本成本计算步骤如下：

第一步：确定目标资本结构。企业财务决策者确定当前（某种）的资本结构为最佳资本结构，要求今后增资时予以保持。

第二步：测算分类资本成本的变化。企业财务决策者通过分析资本市场和筹资能力后，测算随着企业筹资规模的增加，各种类别资本成本的变化及其大小。

第三步：计算某类筹资追加总额突破点（breakthrouth point，BP）。根据目标资本结构和各类筹资追加额及资本成本变化临界点（critical point，CP），确定某类筹资追加总额突破点，其计算式为：

$$BP_i = \frac{CP_i \cup K_i}{w_i}$$

式中：BP_i 为第 i 类筹资追加总额突破点，$CP_i \cup K_i$ 为第 i 类筹资追加额和资本成本临界点，w_i 为第 i 类筹资的占比。

第四步：计算边际资本成本。根据计算出来的筹资突破点，可以得出若干组筹资范围，并分别计算其平均资本成本，得出各种筹资范围内的边际资本成本。

【例 5 - 17】某企业目标资本结构为：长期债务 40%，优先股 10%，普通股 50%。由于扩大经营规模的需要，拟定追加筹资，经分析认为追加筹资后维持目前的资本结构，并测算出随着追加筹资各种资本成本的变化，见表 5 - 4。

解

第一步：确定目标资本结构，长期债务、优先股、普通股的比例为 4：1：5。

第二步：测算各类筹资追加额和资本成本的变化，见表 5 - 4 第 3 栏和第 4 栏。

表 5 - 4　　　　　　　　　　追加筹资的分类资本成本预测

筹资方式	资本结构	筹资追加额	资本成本	筹资突破点
长期债务	40%	80000 元以下	7%	200000 元
		80000—200000 元	8%	500000 元
		200000 元以上	9%	
优先股	10%	40000 元以下	10%	400000 元
		40000—120000 元	11%	1200000 元
		120000 元以上	12%	
普通股	50%	500000 元以下	14%	1000000 元
		500000—10000000 元	15%	2000000 元
		10000000 元以上	16%	

第三步：计算筹资追加总额突破点，共有 6 个，见表 5 - 4 第 5 栏。

$$BP_i = CP_i \cup K_i \div w_i = 80000 \div 40\% = 200000（元）$$
$$BP_i = CP_i \cup K_i \div w_i = 200000 \div 40\% = 500000（元）$$
$$BP_i = CP_i \cup K_i \div w_i = 40000 \div 10\% = 400000（元）$$
$$BP_i = CP_i \cup K_i \div w_i = 120000 \div 10\% = 1200000（元）$$
$$BP_i = CP_i \cup K_i \div w_i = 500000 \div 50\% = 1000000（元）$$
$$BP_i = CP_i \cup K_i \div w_i = 1000000 \div 50\% = 2000000（元）$$

因有 6 个筹资追加总额突破点，且各不相同，故有 7 个筹资追加范围：20 万元以下；20 万—40 万元；40 万—50 万元；50 万—100 万元；100 万—120 万元；120 万—200 万元；200 万元以上。

第四步：计算边际资本成本，见表 5 - 5 第 5 栏。

表 5 - 5　　　　　　　　　　边际资本成本计算结构

筹资总额	筹资方式	资本结构	资本成本	边际资本成本
200000 元以下	长期债务	40%	7%	10.8%
	优先股	10%	10%	
	普通股	50%	14%	

筹资总额	筹资方式	资本结构	资本成本	边际资本成本
200000—400000 元	长期债务	40%	8%	11.2%
	优先股	10%	10%	
	普通股	50%	14%	
400000—500000 元	长期债务	40%	8%	11.3%
	优先股	10%	11%	
	普通股	50%	14%	
500000—1000000 元	长期债务	40%	9%	11.7%
	优先股	10%	11%	
	普通股	50%	14%	
1000000—1200000 元	长期债务	40%	9%	12.2%
	优先股	10%	11%	
	普通股	50%	15%	
1200000—2000000 元	长期债务	40%	9%	12.3%
	优先股	10%	12%	
	普通股	50%	15%	
2000000 元以上	长期债务	40%	9%	12.8%
	优先股	10%	12%	
	普通股	50%	16%	

第四节　长期外源性筹资决策

长期外源性筹资涉及企业债务资本和股权资本来源及其比例关系，是企业筹资决策的核心问题。其决策的关键问题是企业通过改变债务资本和股权资本的占比，从而影响综合资本成本以及公司价值。

一　长期外源性筹资决策的影响因素

影响长期外源性筹资的因素众多，也非常复杂。下面将这些因素适当归纳一下。

（一）内部因素

1. 企业自身条件

（1）企业成长能力。若企业销售增长较快且较稳定，说明其获利能力较强，则企业负担固定成本（经营性成本和金融性成本）的能力相对较强，负债比率可定得高一点。若销售具有较大的波动性，说明经营性风险较大，则不宜采用较高的金融性杠杆。

（2）企业财务实力。若企业资本规模较大，且资产流动性较强，说明企业财务状况较好，有能力承受金融性风险，则负债比率可以定得高一点。

（3）企业资产结构。拥有大量固定资产的企业，主要通过长期负债和发行股票来筹集资金；拥有较多流动资产的企业，更多依赖流动负债来筹集资金。用于抵押借款的资产较多的公司，举债可多一点；以研发为主的公司，则负债要少一点。

2. 经营者行为和态度

若企业经营者不愿让企业控制权旁落他人，或者有浓烈的风险爱好，则他会尽可能地采用债务筹资方式，宁愿不发行新股。相反，若经营者不愿承担金融性风险，则可能使用较低的金融性杠杆，降低债务资本比重。

3. 企业风险

影响筹资决策的企业风险分为经营性风险与金融性风险。一般来说，经营性风险由企业投资决策引起，表现在资产报酬率的变动上；金融性风险由企业筹资决策引起，表现在每股收益的变动上。若企业风险大，则会倾向于低债务资本结构。

（二）外部因素

1. 资本市场

（1）金融市场。证券市场是相对发达的金融市场，银企关系较为松散，负债率较低；反之，信贷市场占据主要地位的金融市场，银企关系较为紧密，通常负债率较高。

（2）行业类型。一般来说，与服务业相比，制造业的负债率通常较低。此外，与低增长行业相比，高增长行业的负债率较低。

2. 经济环境

（1）经济预期。主要表现在市场供求状况和通货膨胀水平。若市场需求增加，而市场供给没有相应地增加，企业成本机会就会上升，则负债率可低一点；反之亦然。若通货膨胀水平上升，货币购买力下降，企业机会成本上升，则负债率可低一点；反之亦然。

（2）经济杠杆。国民经济中较为重要的三个经济杠杆是税率、利率和汇率，对资本结构影响不容忽视：一是负债具有税盾效应，所得税税率

越高，利息的抵税利益越大，企业倾向于高负债。二是利息是企业的固定
负担，利率越高，利息负担越重，企业倾向于低负债。但若企业必须负
债，且预计市场利率会上升，企业倾向于长期债务（长期借款或发行债
券）。三是汇率上升会引起进口企业经营性成本的提高，同时可能引发物
价上涨和利率上升，企业倾向于低负债。

3. 股东和债权人的态度

企业最重要的两个外部利益相关人是股东和债权人，其态度对资本结
构的影响极大。股东尤其是控股股东，倾向于企业采用较高的金融性杠
杆；债权人尤其是长期债权人，倾向于企业采取低负债率政策。

二 长期外源性筹资决策的基本方法

利用债务筹资具有"双刃剑"效应。适当利用债务，可以降低企业资本
成本，也能够带来金融性杠杆利益；但是，随着企业负债比率逐渐提高，金
融性风险在逐渐加大，引起债务成本和股权成本的同时增加。因此，确定一
个合适的债务比率，便是筹资决策的重大问题。目前的筹资决策方法主要有
金融性杠杆法、资本成本比较法、每股收益无差异点法和公司价值法。

（一）金融性杠杆法

金融性杠杆法是直接根据金融性杠杆来选择资本结构。金融性杠杆的
计算式为：

$$DFL = \frac{EBIT}{EBIT - I} = \frac{EBIT/V}{EBIT/V - i \times B/V} = \frac{ROA}{ROA - i \times \dfrac{B/E}{1 + B/E}}$$

式中：$EBIT$ 为息税前利润，I 为债务利息（固定金融性成本），i 为
债务利率，V 为企业资产，B 为负债，E 为股东权益，ROA 为总资产报
酬率。

经整理，得：

$$\frac{B/E}{1 + B/E} = \frac{ROA}{i}\left(1 - \frac{1}{DFL}\right)$$

【例 5 – 18】某企业欲维持现有的金融性杠杆，$DFL = 2$，负债利率
9%，要使资产报酬率达到 12%，应当如何确定资本结构？

解

$DFL = 2$，$i = 9\%$，$ROA = 12\%$

$$\frac{B/E}{1 + B/E} = \frac{ROA}{i}\left(1 - \frac{1}{DFL}\right) = \frac{12\%}{9\%}\left(1 - \frac{1}{2}\right) = \frac{2}{3}$$

$B/E = 2$，说明债务与股权之比为 $2:1$。

金融性杠杆的另一表达式为：

$$ROE = \left[ROA + (ROA - i)\frac{B}{E} \right](1 - T)$$

经整理，得：

$$\frac{B}{E} = \frac{ROE \div (1 - T) - ROA}{ROA - i}$$

【例 5 - 19】某企业现有资产报酬率 12%，负债利率 9%，所得税税率 25%，要使净资产收益率达到 18%，应当如何确定资本结构？

解

$i = 9\%$，$ROA = 12\%$，$T = 25\%$，$ROE = 18\%$

$$\frac{B}{E} = \frac{ROE \div (1 - T) - ROA}{ROA - i} = \frac{18\% \div (1 - 25\%) - 12\%}{12\% - 9\%} = 4$$

说明债务与股权之比 $4:1$。

（二）资本成本比较法

资本成本比较法是在适度金融性风险条件下，通过计算不同筹资方案的综合资本成本，并以此为标准进行资本结构决策。企业筹资分为创立期的初始筹资和成长期的追加筹资，筹资决策相应分为初始筹资决策和追加筹资决策。

1. 初始筹资决策

【例 5 - 20】某企业初始成立时需要资本总额 8000 万元，有以下三个筹资方案，资料见表 5 - 6，分别计算综合资本成本，并比较哪个方案最好。

表 5 - 6　　　　　　　　　　不同筹资方案具体情况　　　　　　单位：万元、%

筹资方式	甲方案		乙方案		丙方案	
	筹资额	资本成本	筹资额	资本成本	筹资额	资本成本
长期借款	800	4.8	1600	7.2	1200	6
公司债券	1600	7.5	2400	9	2000	8
优先股	600	10	1000	12	800	11
普通股	5000	16	3000	14	4000	15
合计	8000		8000		8000	

解

甲方案：

$$K_w = \sum_{i=1}^{n} K_i w_i = 4.8\% \times \frac{800}{8000} + 7.5\% \times \frac{1600}{8000} + 10\% \times \frac{600}{8000} + 16\% \times$$

$$\frac{5000}{8000} = 12.73\%$$

乙方案：

$$K_w = \sum_{i=1}^{n} K_i w_i = 7.2\% \times \frac{1600}{8000} + 9\% \times \frac{2400}{8000} + 12\% \times \frac{1000}{8000} + 14\% \times \frac{3000}{8000}$$

$$= 10.89\%$$

丙方案：

$$K_w = \sum_{i=1}^{n} K_i w_i = 6\% \times \frac{1200}{8000} + 8\% \times \frac{2000}{8000} + 11\% \times \frac{800}{8000} + 15\% \times \frac{4000}{8000}$$

$$= 11.50\%$$

可见，乙方案的综合资本成本最低，在金融性风险适度的情况下，应选择乙方案。

2. 追加筹资决策

【例 5 - 21】承例 5 - 20，企业创业时选择了乙方案，在成长过程中需要追加筹资 2000 万元，有 A、B 两个筹资方案，资料见表 5 - 7，应当选择哪个方案。

表 5 - 7　　　　　　　　不同筹资方案具体情况　　　　　　单位：万元、%

筹资方式	A 方案		B 方案	
	追加筹资额	资本成本	追加筹资额	资本成本
公司债券	1200	9.6	800	8.4
优先股	400	11	600	12
普通股	400	15	600	16
合计	2000		2000	

解

（1）直接针对追加筹资方案

A 方案：

$$K_w = \sum_{i=1}^{n} K_i w_i = 9.6\% \times \frac{1200}{2000} + 11\% \times \frac{400}{2000} + 15\% \times \frac{400}{2000} = 10.96\%$$

B 方案：

$$K_w = \sum_{i=1}^{n} K_i w_i = 8.4\% \times \frac{800}{2000} + 12\% \times \frac{600}{2000} + 16\% \times \frac{600}{2000} = 11.76\%$$

可见，在金融性风险适度的情况下，应选择 A 方案。

（2）将追加筹资方案与初始筹资方案（已选）汇总

将 A 方案与乙方案汇总：

$$K_w = \frac{7.2\% \times 1600}{10000} + \frac{9\% \times 2400 + 9.6\% \times 1200}{10000} +$$

$$\frac{11\% \times (1000 + 400)}{10000} + \frac{15\% \times (3000 + 400)}{10000} = 11.544\%$$

将 B 方案与乙方案汇总：

$$K_w = \frac{7.2\% \times 1600}{10000} + \frac{9\% \times 2400 + 8.4\% \times 800}{10000} +$$

$$\frac{12\% \times (1000 + 600)}{10000} + \frac{16\% \times (3000 + 600)}{10000} = 11.664\%$$

可见，在金融性风险适度的情况下，应选择 A 方案。

上例中，根据股票的同股同利原则，原股票要按新股票的资本成本计算，也就是说，全部股票按新发行股票的资本成本计算平均资本成本。

资本成本法计算原理较易理解，过程也较简单。但它以资本成本为决策准则，没有具体考量金融性风险因素影响，决策目标实际为利润最大化而不是股东财富最大化，适用于资本规模小、资本结构简单的非股份制企业。

（三）每股收益无差异点法

长期外源性筹资结构是否合理，可以通过分析每股收益的变化来衡量，能够提高每股收益的筹资结构是合理的资本结构，这就是每股收益无差异点法。

每股收益无差异点通常分为每股收益无差异点息税前利润、每股收益无差异点销售额和每股收益无差异点销售量。论述时以每股收益无差异点息税前利润为主线，顺便推导出每股收益无差异点销售额（量）。

每股收益无差异点息税前利润是指无论是股权筹资，还是债务筹资，普通股每股收益一定相等的息税前利润，即每股收益不受筹资方式影响的盈利水平。先不考虑优先股。

1. 不考虑优先股

在不考虑优先股的情况下，每股收益的计算式为：

$$EPS = \frac{(EBIT - I)(1 - T)}{N} = \frac{(m \times Q - F - I)(1 - T)}{N} = \frac{[(1 - v)Q - F - I](1 - T)}{N}$$

$$EPS = \frac{(EBIT - I)(1 - T)}{N} = \frac{(m' \times S - F - I)(1 - T)}{N} = \frac{[(1 - v')S - F - I](1 - T)}{N}$$

式中：EPS 为每股收益，$EBIT$ 为息税前利润，I 为债务利息（固定金融性成本），T 为所得税税率，N 为普通股股数，F 为固定经营性成本，Q 为销售量，m 为单位边际贡献，v 为单位变动经营性成本，S 为销售额，m' 为边际贡献率，v' 为变动经营性成本率。

在每股收益无差别点上，无论是采用股权筹资，还是采用债务筹资，每股收益都是相等的。若以 EPS_1 代表股权筹资，以 EPS_2 代表债务筹资，则有 $EPS_1 = EPS_2$，即：

$$EPS_1 = \frac{(EBIT_1 - I_1)(1 - T)}{N_1} = \frac{(EBIT_2 - I_2)(1 - T)}{N_2} = EPS_2$$

能使上式成立的息税前利润（$EBIT_1 = EBIT_2$）为每股收益无差异点息税前利润，其计算式为：

$$\frac{(EBIT - I_1)(1 - T)}{N_1} = \frac{(EBIT - I_2)(1 - T)}{N_2}$$

经整理，每股收益无差异点息税前利润为：

$$EBIT^* = \frac{N_2 I_1 - N_1 I_2}{N_2 - N_1}$$

同样，每股收益无差异点销售额是每股收益不受筹资方式影响的销售额，其计算式为：

$$S^* = (EBIT^* + F) \div m'（因 m' \times S - F = EBIT）$$

同样，每股收益无差异点销售量是每股收益不受筹资方式影响的销售量，其计算式为：

$$Q^* = (EBIT^* + F) \div m（因 m \times Q - F = EBIT）$$

【例 5 - 22】某公司现有资本 5000 万元，需要增资 1000 万元。可以发行股票，发行价格为 20 元/股；也可以发行债券，利率为 12%，所得税税率为 25%，其他资料见表 5-8。

要求：

（1）每股收益无差异点息税前利润。

（2）每股收益无差异点每股收益。

表 5-8　　　　　原资本结构和追加筹资后资本结构资料　　　　单位：万元

筹资方式	原资本结构	增资后资本结构	
		发行普通股	发行公司债券
公司债（利率 10%）	800	800	800+1000（12%）
普通股（面值 10 元）	1500	2000	1500
资本公积	1800	2300	1800
留存收益	900	900	900
资本总额合计	5000	6000	6000
普通股股数（万股）	150	200	150

（3）若预计筹资后企业息税前利润为 550 万元，应当采用何种筹资方式？

（4）若公司变动经营性成本率为 60%，固定经营性成本为 1000 万元，求每股收益无差异点销售额。

（5）若预计筹资后企业销售额为 4000 万元，应当采用何种筹资方式？

解

$N_2 = 150$，$N_1 = 150 + \dfrac{1000}{20} = 200$（万元）

$I_1 = 800 \times 10\% = 80$，$I_2 = 800 \times 10\% + 1000 \times 12\% = 200$（万元）

（1）每股收益无差异点息税前利润为：

$$EBIT^* = \frac{N_2 I_1 - N_1 I_2}{N_2 - N_1} = \frac{150 \times 80 - 200 \times 200}{150 - 200} = 560（万元）$$

（2）无差异点每股收益为：

$$EPS_1 = \frac{(EBIT - I_1)(1 - T)}{N_1} = \frac{(560 - 80)(1 - 25\%)}{200} = 1.8（元/股）$$

$$或\ EPS_2 = \frac{(EBIT - I_2)(1 - T)}{N_2} = \frac{(560 - 200)(1 - 25\%)}{150} = 1.8（元/股）$$

无差异点对应的每股收益和息税前利润，如图 5-1 所示。

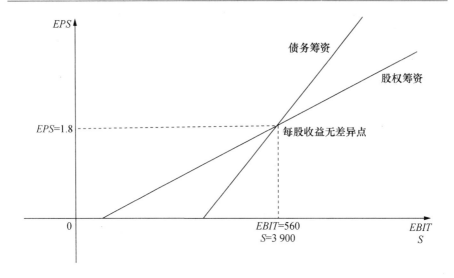

图 5 - 1 普通股、公司债券每股收益无差异点息税前利润分析

（3）预计筹资后息税前利润为 550 万元

$$EPS_1 = \frac{(EBIT - I_1)(1 - T)}{N_1} = \frac{(550 - 80)(1 - 25\%)}{200} = 1.7625(元/股)$$

$$EPS_2 = \frac{(EBIT - I_2)(1 - T)}{N_2} = \frac{(550 - 200)(1 - 25\%)}{150} = 1.75(元/股)$$

事实上，从图 5 - 1 可以看出，该预计息税前利润小于每股收益无差异点息税前利润，没有达到均衡点，但股权筹资的每股收益大于债务筹资每股收益，应当选择股权筹资。

（4）每股收益无差异点销售额为：

$$S^* = (EBIT^* + F) \div m' = (560 + 1000) \div (1 - 60\%) = 3900(万元)$$

（5）预计筹资后销售额为 4000 万元。

$$EPS_1 = \frac{(m' \times S - F - I_1)(1 - T)}{N_1} = \frac{(0.4 \times 4000 - 1000 - 80)(1 - 25\%)}{200} =$$

$1.95(元/股)$

$$EPS_2 = \frac{(m' \times S - F - I_2)(1 - T)}{N_2} = \frac{(0.4 \times 4000 - 1000 - 200)(1 - 25\%)}{150} =$$

$2.00(元/股)$

事实上，从图 5 - 1 可以看出，该预计销售额小于每股收益无差异点销售额，已经超出均衡点，且股权筹资每股收益小于债务筹资每股收益，应当选择债务筹资。

2. 考虑优先股

在考虑优先股的情况下，每股收益的计算式为：

$$EPS = \frac{(EBIT - I)(1-T) - D}{N} = \frac{(m \times Q - F - I)(1-T) - D}{N} = \frac{(m' \times S - F - I)(1-T) - D}{N}$$

式中：D 为优先股股息。

【例 5 - 23】 承例 5 - 22，第三种方案是可以发行优先股，股息率 14.4%，见表 5 - 9。

表 5 - 9　　　　　　　　　原资本结构和追加筹资后资本结构资料　　　　单位：万元

筹资方式	原资本结构	增资后资本结构		
		发行普通股	发行公司债券	发行优先股
公司债券（利率10%）	800	800	800 + 1000（12%）	800
优先股				1000（14.4%）
普通股（面值10元）	1500	2000	1500	1500
资本公积	1800	2300	1800	1800
留存收益	900	900	900	900
资本总额合计	5000	6000	6000	6000
普通股股数（万股）	150	200	150	150

要求：

（1）每股收益无差异点息税前利润。

（2）每股收益无差异点的每股收益。

（3）若公司变动经营性成本率为60%，固定经营性成本为1000万元，求每股收益无差异点销售额。

解

上例已经解决了普通股筹资与公司债券筹资的每股收益无差异点，此例解决了普通股筹资与优先股筹资的每股收益无差异点。当然，不存在公司债券筹资与优先股筹资的每股收益无差异点，因为它们的 $EPS - EBIT$ 线是平行的，不会相交。

$$N_3 = 150, \quad N_1 = 150 + \frac{1000}{20} = 200（万元）$$

$$I_3 = I_1 = 800 \times 10\% = 80（万元），\quad D = 1000 \times 14.4\% = 144（万元）$$

（1）每股收益无差异点息税前利润为：

$$EPS_1 = \frac{(EBIT - I_1)(1-T) - D}{N_1} = \frac{(EBIT - 80)(1-25\%) - 0}{200}$$

$$EPS_3 = \frac{(EBIT - I_3)(1-T) - D}{N_3} = \frac{(EBIT - 80)(1-25\%) - 144}{150}$$

当 $EPS_1 = EPS_3$，则 $EBIT^* = 848$（万元）

（2）无差异点的每股收益为：

$$EPS_1 = \frac{(EBIT - I_1)(1-T) - D}{N_1} = \frac{(848 - 80)(1-25\%) - 0}{200} = 2.88(元/股)$$

或 $EPS_3 = \frac{(EBIT - I_3)(1-T) - D}{N_3} = \frac{(848 - 80)(1-25\%) - 144}{150} = 2.88$

（元/股）

（3）每股收益无差异点销售额为：

$$S^* = (EBIT^* + F)/m' = (848 + 1000)/(1 - 60\%) = 4620(万元)$$

普通股筹资与优先股筹资的无差异点对应的每股收益和息税前利润，如图 5 - 2 所示。可以看出，普通股筹资与优先股筹资的无差异点大于普通股筹资与公司债券筹资的无差异点。

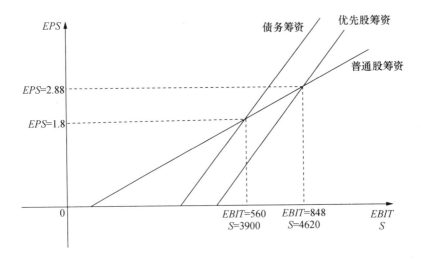

图 5 - 2　普通股、公司债券、优先股每股收益无差异点息税前利润分析

应当说明的是，该方法仅考虑资本结构对每股收益的影响，并假定每股收益最大，股票价格最高。但是，没有考虑金融性风险，或者说没有考虑资本结构对经营性风险的影响。随着负债逐渐增加，金融性风险逐渐加大，股票价格会有逐渐下降的趋势，因此，单纯利用每股收益无差别点法可能会作出错误的决策。在资本市场不完善的情况下，企业主要根据每股收益大小作出投资决策，每股收益增加的确有利于股票价格的上升。

（四）公司价值法

以每股收益高低为标准进行筹资决策，其根本缺陷是没有考虑风险因素。然而，只有在风险不变的情况下，每股收益的增长才会直接导致股价上升。实际上，随着每股收益的增长，风险也随之加大。若每股收益的增长不足以补偿风险增加所需要的报酬，尽管每股收益在增加，股价仍会下降。因此，公司最佳资本结构应当是公司价值最大而不是每股收益最大的筹资结构，况且，公司价值最大的资本结构的综合资本成本达到最低。

1. 什么是公司价值

关于公司价值，目前主要有三类观点：

（1）公司价值是未来净利润的折现值，其计算式为：

$$V = EAT \div K_w = EBT(1 - T) \div K_w = (EBIT - I)(1 - T) \div K_w$$

式中：V 为公司价值，EAT 为公司净利润，K_w 为公司资本成本。

此观点简单，有一定合理性，但难点在于：一是未来净利润不易确定，更何况还要假定未来净利润是年金；二是资本成本也很难确定。

（2）公司价值是股票的现行市场价值，其计算式为：

$$V = E = PPS \times N$$

式中：V 为公司价值，E 为股权价值，PPS 为每股市场价格，N 为普通股股数。

此观点直观，有一定的客观合理性，但难点在于：一是股票价格的影响因素很多，且经常处于频繁变动之中；二是公司价值仅包括股权价值，忽视了债务价值与股权价值的相互影响，更何况，若公司价值仅包括股权价值，则不必也无法进行资本结构决策。

（3）公司价值是股票的现行市场价值与债务的现行市场价值之和，其计算式为：

$$V = E + B$$

式中：V 为公司价值，E 为股权价值，B 为债务价值。

此观点吸收了前两种观点的长处：一是公司价值既包括股权价值，也包括债务价值；二是公司净利润属于股东，以区别于债权人。正因为如此，此观点获得了广泛的认可，成为目前正统、主流的观点。

2. 公司价值的计算

假设公司营业收益可以永续，股东与债权人投入及其回报水平不变，股权市场价值可表达为：

$$E = \frac{(EBIT - I)(1 - T)}{K_E}$$

若还考虑优先股，优先股股利为 D，其表达式为：

$$E = \frac{(EBIT - I)(1 - T) - D}{K_E}$$

式中：K_E 为普通股资本成本，采用资本资产定价模型 CAPM 估计。

$$K_E = R_E = R_f + \beta(R_M - R_f)$$

因此，综合资本成本为：

$$K_w = \sum_{i=1}^{n} K_i w_i = K_E \frac{E}{V} + K_B \frac{B}{V} = K_E \frac{E}{V} + K_b(1 - T)\frac{B}{V}$$

式中：K_B 为税后债务成本，K_b 为税前债务成本。

【例 5 - 24】某公司年息税前利润为 500 万元，资本全部由普通股构成，普通股账面价值为 2000 万元，所得税税率为 25%。该公司认为目前的资本结构不够合理，准备用发行债券回购部分股票的办法予以调整。经咨询调查，目前债务利率和股权资本成本情况见表 5 - 10。

表 5 - 10　　　　　不同债务水平对公司债务成本和权益成本的影响

债券市场价值（万元）	税前债务成本（%）	股票 β	无风险利率（%）	市场平均收益率（%）	股权成本（%）
0	—	1.20	10	15	16
200	10	1.30	10	15	16.5
400	11	1.40	10	15	17
600	12	1.60	10	15	18
800	13	1.90	10	15	19.5
1000	14	2.40	10	15	22

要求：计算筹集不同金额债务时的公司价值和综合资本成本。

解

根据表 5 - 10 资料，运用股票价值计算式，计算发行不同金额债券时的股票市场价值及公司价值，然后运用加权平均资本成本的计算式，计算综合资本成本，见表 5 – 11。

表 5 – 11　　　　　　　　　　　公司价值和综合资本成本

债券市场价值（万元）	股票市场价值（万元）	公司价值（万元）	税前债务成本（％）	股权成本（％）	综合资本成本（％）
0	2343.75	2343.75	—	16	16
200	2181.82	2381.82	10	16.5	15.74
400	2011.76	2411.76	11	17	15.45
600	1783.33	2383.33	12	18	15.73
800	1523.08	2323.08	13	19.5	16.14
1 000	1227.27	2227.27	14	22	16.84

从表 5 – 11 中可以看到，在没有债务的情况下，公司价值是股票市场价值。当公司用债务资本部分地替换股权资本时，一开始公司价值上升，综合资本成本下降；在债务达到 400 万元时，公司价值最高，综合资本成本最低；债务超过 400 万元后，公司价值开始下降，综合资本成本上升。因此，债务为 400 万元的资本结构是最佳的。

本章小结

长期外源性筹资是企业第二财务行为，其来源渠道和方式相互交错，形成一个庞大筹资体系，它能够满足长期经营性投资需要，优化企业资本结构，贯彻筹资战略意图，对财务目标产生重大影响。长期外源性筹资按性质分为长期经营性筹资和长期金融性筹资，前者包括普通股筹资和补偿贸易筹资；后者包括债务筹资和混合证券筹资，其中债务分为公司债券、长期借款、金融性租赁；混合证券分为优先股、认股权证、可转换债券等。

筹资项目定价是长期外源性筹资决策的基础，其主要方法有现金流量折现法 DCF、可比公司法（市盈率法、市净率法、市销率法）和增加值法。普通股发行的定价方法除了 DCF 外，还有债券定价加溢价法、除权价格法等，在股票初次发行和再发行两个环节上有一定区别。债券发行的定价方法主要是现金流量折现法。

资本成本评价是长期外源性筹资的另一个核心问题，有类别资本成本和平均资本成本之分。类别资本成本分为两大类：一是普通股成本，分不考虑筹资费用的旧股成本和考虑筹资费用的新股成本，成本计算方法有股利稳定增长模型法、资本资产定价模型法和债券成本附加风险溢价模型法。二是债务成本，分不考虑时间价值也不考虑筹资费用的长期借款成本、不考虑时间价值但考虑筹资费用的债券成本、考虑时间价值但不考虑筹资费用的长期借款成本、考虑时间价值也考虑筹资费用的债券成本，考虑时间价值时，成本计算方法主要是现金流量折现法。平均资本成本分为两大类：一是综合资本成本，通常用于假定类别资本成本 K_i 不变，在不同资本权重 w_i 下作出筹资决策；二是边际资本成本，通常用于假定不同资本权重 w_i 不变，在类别资本成本 K_i 发生变化的情况下作出筹资决策。

长期外源性筹资决策的实质是决定债务资本和股权资本各占多大比例，从而确定综合资本成本和公司价值。影响筹资决策的因素众多，大致分为内部因素和外部因素。筹资决策方法较多，应用较为广泛的有金融性杠杆法、资本成本比较法、每股收益无差异点法和公司价值法。

第六章　营运资金管控：第三财务行为

营运资金既包括短期经营性投资，也包括短期外源性筹资。短期经营性投资（本章第二节）与长期经营性投资（第四章）、金融性投资（第八章）一起，构成企业投资体系，短期外源性筹资（本章第三节）与长期外源性筹资（第五章）、内源性筹资（第七章）一起，构成企业筹资体系。可见，营运资金管控具有承上启下的作用，对应的短期经营性投资（大部分流动资产）和短期外源性筹资（几乎所有流动负债）依次分布在资产负债表左上部和右上部，见表 1 - 4。

营运资金管控既是短期投资行为，也是短期筹资行为，且牢牢占据企业供、产、销链条核心位置，所以位列第三财务行为，是基于长期经营性投资荣膺第一财务行为，长期外源性筹资屈居第二财务行为。

第一节　营运资金管控与财务目标

营运资金是指企业占用在流动资产上的资金，通常有广义和常义之分。广义的营运资金是指企业流动资产总额；常义的营运资金也称净流动资产，是指企业流动资产与流动负债的差额。本章是指后者。

一　营运资金构成

既然营运资金指的是净营运资金，即流动资产与流动负债的差额，那么，要了解营运资金的构成，就必须首先了解流动资产与流动负债及其构成。

（一）流动资产及构成

流动资产是指一年内或超过一年的一个营业周期内可以耗用或变现的资产，是短期投资（短期经营性投资和短期金融性投资）的结果，按不同标准可以进行不同分类：

1. 流动资产的占用形态

按占用形态，流动资产分为现金、交易性金融资产、应收票据、应收账款、预付款项、应收利息、应收股利、其他应收款、存货和一年内到期的非流动资产十类。

现金是指可以立即用来购买物品、支付各项费用、偿还债务的交换媒介和支付手段，主要包括库存现金和活期银行存款，有时也将即期票据视为现金。现金是流动性最强的流动资产，可直接支用，也可立即投入流通。拥有大量现金的企业具有很强的偿债能力和风险抵抗能力。然而，现金占用不会带来报酬，即使有报酬也极低。因此，一个财务活动做得好的企业，不会保留过多的现金。

交易性金融资产是指企业拥有的各种随时变现的有价证券，包括股票、债券和基金份额。企业投资于交易性金融资产的目的是在提高资产收益性的同时，增强资产流动性。因此，持有一定数量的有价证券，作为现金的转换形式，不失为一种较好的财务战略。

应收票据是企业在生产经营中形成的一种债权凭证，指企业因销售产品或提供劳务而收到持有的尚未到期兑现的商业汇票。商业汇票按承兑人不同分为商业承兑汇票和银行承兑汇票；按是否计息分为无息商业汇票和有息商业汇票。

应收账款是指企业在销售产品或提供劳务中形成的对客户应收未收的款项，发生在买方市场。在商品经济条件下，为加强市场竞争力，或者改变商业策略，企业拥有一定数量的应收账款是不可避免的。

预付款项指企业在采购商品或接受劳务中形成的对供应商预先支付的款项，发生在卖方市场。为了及时采购所需要的商品，不得不预付部分甚至全部的货款。

应收利息是企业进行债券投资（短期与长期）形成的收入，伴随在交易性金融资产、可供出售金融资产、持有至到期投资之中。

应收股利是企业进行股票投资（短期与长期）形成的收入，伴随在交易性金融资产、可供出售金融资产、长期股权投资之中。

其他应收款是除资金周转、销售、生产、采购、对外投资之外形成的应收款项。具体情况见下面第二种分类。

存货指企业在生产经营中为生产或销售耗用而储备的各种资产，包括商品、产成品、半成品、在产品、原材料、辅助材料、低值易耗品、包装物等。为防止生产或销售中断，通常需要保留一定数量的存货，是十分必要的，且存货占流动资产的比重通常较大。

2. 流动资产的形成渠道

按形成渠道，流动资产分为：

（1）销售（流通）中形成的流动资产，如应收票据（无息、有息）、应收账款、存货（产成品、半成品）；

（2）采购（流通）中形成的流动资产，如预付款项、存货（原材料）；

（3）生产中形成的流动资产，如存货（在产品）、其他应收款；

（4）对外投资中形成的流动资产，如交易性金融资产、应收利息、应收股利。

3. 流动资产的内在属性

按内在属性，流动资产分为经营性流动资产和金融性流动资产。

（1）经营性流动资产。也称短期经营性投资，包括现金①、无息应收票据、应收账款（买方市场）、预付款项（卖方市场）、应收股利（对应于控制型长期股权投资）、其他应收款和存货七类。经营性流动资产属于对内投资和短期经营性投资。

（2）金融性流动资产。也称短期金融性投资，包括交易性金融资产、有息应收票据、应收利息（对应于交易性金融资产、可供出售金融资产、持有至到期投资）、应收股利（对应于交易性金融资产、可供出售金融资产、非控制型长期股权投资）四类。金融性流动资产属于对外投资和短期金融性投资，是第八章的内容。

4. 经营性流动资产的外在形式

按外在形式，经营性流动资产分为永久性流动资产和波动性流动资产。前者是满足生产经营最低需要的必备条件，如现金、存货，必须保有一定规模，以应对生产经营不虞之需；后者随季节性变化（临时需要）

---

① 关于现金是不是经营性资产，学界有三种看法：一是将现金全部视为经营性资产。原因是持有现金是为了满足生产经营需要，如有多余，应当用于购买有价证券。二是将现金全部视为金融性资产。原因是现金原本是一种金融性资产，生产经营需要多少现金，企业外部人无法知道，企业内部人也未必清楚。三是将现金的一部分视为经营性资产，另一部分视为金融性资产。原因是企业可以根据行业（市场）或企业历史的1元销售占用现金（现金/销售收入）和企业本期销售收入来确定现金，这部分现金是经营性资产，多余的现金是金融性资产。作者持第三种观点。

而相应波动。

（二）流动负债及构成

流动负债是指一年内或超过一年的一个营业周期内需要偿还的债务，是短期筹资（短期经营性筹资和短期金融性筹资）的结果，按不同标准可以进行不同分类：

1. 流动负债的来源形态

按来源形态，流动负债分为短期借款、交易性金融负债、应付票据、应付账款、预收款项、应付职工薪酬、应交税费、应付利息、应付股利、其他应付款和一年内到期的非流动负债十一类。

短期借款是指借入期限在一年以内的各种借款，如银行借款。

交易性金融负债是指企业采用短期盈利模式进行筹资而形成的负债，属于一种衍生金融工具，目的是近期内出售或回购，如应付短期债券。

应付票据是企业在生产经营中形成的一种债务凭证，是指企业因采购商品或接受劳务而发出的尚未结清的商业汇票，是一种期票。

应付账款是指企业在采购商品或接受劳务中形成的对供应商应付未付的款项，发生在买方市场。

预收款项是指企业在销售产品或提供劳务中形成的对客户预先收取的款项，发生在卖方市场。

应付职工薪酬是指企业根据有关规定应付给职工的各种薪酬，包括工资（基本工资、奖金、津贴和补贴）、职工福利费、社会保险金（养老、医疗、失业、工伤、生育）、住房公积金、工会经费、职工教育经费和非货币性福利七类。这些薪酬是企业必须付出的人力成本，也是激励职工的基本手段，在尚未支付前，形成企业的一项负债。

应交税费是指企业根据有关规定向国家缴纳的各种税费，包括流转税（增值税、消费税、营业税、关税）、所得税、其他税（资源税、土地增值税等）三大类。这些薪酬是企业必须承担的社会义务，在尚未缴纳前，停留在企业，形成企业的一项负债。

应付利息是企业按债务合同约定应支付的利息，伴随在短期借款、交易性金融负债（应付短期债券）、长期借款和应付债券（长期债券）之中。

应付股利是企业股东大会（或类似机构）审议批准的股利分配方案确定的应分配给股东的现金股利（投资者的利润），实际支付前，形成一笔负债。

其他应付款是除金融信用、商业信用、结算过程、分配过程之外形成的应付款项。具体情况见第二种分类。

2. 流动负债的形成渠道

按形成渠道，流动负债分为：

（1）银行信用中形成的流动负债，如短期借款、应付利息（短期、长期借款）；

（2）债券信用中形成的流动负债，如交易性金融负债、应付利息（短期、长期债券）；

（3）商业信用中形成的流动负债，如应付票据（无息、有息）、应付账款、预收款项；

（4）社会信用中形成的流动负债，如应付职工薪酬、应交税费；

（5）股票信用中形成的流动负债，如应付股利（普通股、优先股）。

3. 流动负债的外在形式

（1）按金额是否确定，流动负债分为四类：第一，金额确定的流动负债，如短期借款、应付票据、应付账款、预收款项、应付职工薪酬。第二，金额视经营情况确定的流动负债，如应交税费、应付股利。第三，金额不确定而需要估计的流动负债，如产品质量担保引起的预计负债。第四，或有负债，如未决诉讼、应收票据贴现、信用担保等可能导致损失的或有事项而形成的债务责任。

（2）按是否支付利息，流动负债分为有息流动负债和无息流动负债。前者如有息应付票据、短期借款等；后者如无息应付票据、应付账款等。

4. 流动负债的内在属性

按内在属性，流动负债分为经营性流动负债和金融性流动负债。

经营性流动负债，也称短期经营性筹资，包括无息应付票据、应付账款、预收款项、应付职工薪酬、应交税费、应付股利（普通股）和其他应付款七类。经营性流动负债是自发性流动负债，属于短期经营性筹资，几乎全部是外源性的，具有自发形成、无须付息和滚动使用三个特征，如应付账款。

金融性流动负债，也称短期金融性筹资，包括短期借款、交易性金融负债、有息应付票据、应付利息（短期、长期借款，短期、长期债券）和应付股利（优先股）五类。金融性流动负债是临时性流动负债，属于短期金融性筹资，几乎全部是外源性的，带有强烈的人为安排的痕迹，如短期借款。

（三）营运资金来源与用途

营运资金是流动资产减去流动负债后的余额，其合理依据是：若流动资产仅仅等于流动负债，则不足以保证偿债。这是因为，第一，流动负债的到期与流动资产的变现（现金生成），不可能做到同步同量；第二，为了维持正常经营条件，企业不可能出清全部流动资产来偿还流动负债，必须留有足够（即使要求尽可能低）的现金、应收账款和存货。第三，有些流动资产（如预付款项）的消耗，不一定会带来用以偿还流动负债的现金。

1. 营运资金来源

流动资产大于流动负债时，可以把一定数额的营运资金作为安全边际，以防止流动负债"穿透"流动资产。如某企业现有 500 万元流动负债的具体到期时间不易判断，现有 800 万元流动资产的具体变现时间和金额也不好预测，营运资金 300（800 - 500）万元是流动负债试图"穿透"流动资产的"缓冲垫"。因此，营运资金越多，流动负债的偿还越有保障，短期偿债能力越强。

营运资金的存在表明了，流动负债仅仅提供了部分流动资产的资本来源。营运资金所以称为营运资本，且能够成为流动负债的"缓冲垫"，是因为另一部分流动资产来源于长期资本（长期负债和股权权益），换言之，营运资金全部来源于长期资本。

根据资产负债表，可知：

流动资产 + 非流动资产 = 流动负债 + 长期负债 + 股东权益

将上式略作变形，得：

营运资金 = 净流动资产

　　　　　= 流动资产 - 流动负债

　　　　　= 长期负债 + 股东权益 - 非流动资产

　　　　　= 长期资本（长期筹资）- 非流动资产 = 长期净筹资

再作整理，得：

流动资产 = 流动负债 + 长期净筹资

可见，企业流动资产一部分来源于流动负债，另一部分来源于长期资本，即长期资本提供了部分流动资产的资本来源，换言之，长期资本提供了全部营运资金的资本来源。

另外，营运资金为正数，表明长期资本大于非流动资产，超出部分被用于供给流动资产，且超出数额越大，企业财务状况越稳定；反之，营运资金为负数，表明长期资本小于非流动资产，部分非流动资产由流动负债提供资本来源，企业财务状况不太稳定。

2. 营运资金用途

营运资金本身是一个矛盾体。一方面，要筹集足够的流动负债（有时是长期资本），来满足流动资产周转的最低需要；另一方面，要保留足够的流动资产，来满足流动负债偿还的最低需要。因此，营运资金用途无非是：第一，维持正常生产经营条件；第二，维持偿债能力。第一个用途是本章第二节的内容，下面仅讨论第二个用途。

营运资金是一个绝对数，与企业规模高度相关，不便于企业之间的比较。如甲企业营运资金 300 万元（流动资产 800 万元，流动负债 500 万元），而乙企业营运资金也是 300 万元（流动资产 500 万元，流动负债 200 万元），但两个企业的偿债能力不同。因此，实务中常用营运资金配置比率和流动比率来替代营运资金作为偿债能力指标。

（1）营运资金配置比率。较好地衡量营运资金的偿债能力的合理性指标是营运资金配置比率，其计算式为：

营运资金配置比率 = 营运资金 ÷ 流动资产

上述甲企业的营运资金配置比率是 37.5%（300/800），表示流动负债提供流动资产的资本来源占 62.5%，即 1 元流动资产需要偿还 0.625 元流动负债；乙企业的营运资金配置比率是 60%（300÷500），表示流动负债提供流动资产的资本来源占 40%，即 1 元流动资产需要偿还 0.4 元流动负债。可见，乙企业的偿债能力比甲企业大。由此得出结论：营运资金配置比率越高，偿债能力越强。

（2）流动比率。流动比率与营运资金有很强的关联性。营运资金是流动资产减去流动负债，流动比率是流动资产除以流动负债。其计算式为：

流动比率 = 流动资产 ÷ 流动负债

流动比率大小也可以衡量营运资金的偿债能力。上述甲企业的流动比率为 1.6（800÷500）；乙企业的流动比率为 2.5（500÷200）。可见，乙企业的偿债能力比甲企业大。由此得出结论：流动比率越高，偿债能力越强。

可见，流动比率与营运资金配置比率呈正相关，可以相互换算。

营运资金配置比率 = 1 - 1 ÷ 流动比率

流动比率 = 1 ÷ （1 - 营运资金配置比率）

二 营运资金分类

正如许多财务指标具有经营性与金融性一样，营运资金分为经营性营运资金与金融性营运资金。营运资金具有来源多样性、金额波动性、周转短期性、形态易变性等特点，而且内容丰富，需要进行系统分类。

（一）经营性营运资金：短期经营性投资、短期经营性筹资

营运资金等于流动资产减去流动负债，以此类推，经营性营运资金等于经营性流动资产减去经营性流动负债。

1. 经营性营运资金来源

参照营运资金计算式，得出：

经营性营运资金 = 经营性流动资产 − 经营性流动负债

= 净经营性流动资产

上已讲述，经营性流动资产包括现金、无息应收票据、应收账款、预付款项、应收股利（控制型长期股权投资）、其他应收款和存货七类。经营性流动负债包括无息应付票据、应付账款、预收款项、应付职工薪酬、应交税费、应付股利（普通股）和其他应付款七类。按重要性大小分布在以下四个环节。

销售（流通）中的经营性营运资金 = 现金 + 无息应收票据 + 应收账款 + 产成品存货 + 半成品存货 − 预收款项 − 应交税费

生产中的经营性营运资金 = 现金 + 在产品存货 + 其他应收款

− 应付职工薪酬 − 其他应付款

采购（流通）中的经营性营运资金 = 现金 + 预付款项 + 原材料存货

− 无息应付票据 − 应付账款

对外股权投资中的经营性营运资金 = 现金 + 应收股利（长期股权投资）

− 应付股利（普通股）

一般来说，销售、生产环节的经营性营运资金的数值会大于 0，表明该环节短期经营性投资的强度较大。采购环节的经营性营运资金的数值会小于 0，表明该环节短期经营性筹资的强度较大。对外股权投资环节的经营性营运资金的数值可能大于 0，也可能小于 0，表明该环节短期经营性投资和短期经营性筹资（表现为负债）基本均衡。

2. 经营性营运资金构成：短期经营性投资和短期经营性筹资

经营性营运资金有四个部分值得特别关注：一是现金，分布在销售、生产、采购、对外股权投资所有环节；二是应收账款，加上无息应收票

据，减去预收款项，分布在销售环节；三是存货，包括原材料、在产品、半成品、产成品，分布在采购、生产、销售环节；四是应付账款，加上无息应付票据，减去预付款项，分布在采购环节。

现金、应收账款、存货（经营性流动资产）共同构成短期经营性投资。应付账款（经营性流动负债）是短期经营性筹资的典型代表。

（二）金融性营运资金：短期金融性筹资

同样，金融性营运资金等于金融性流动资产减去金融性流动负债。

1. 金融性营运资金的来源渠道

仿照营运资金计算式，得出：

金融性营运资金＝金融性流动资产－金融性流动负债

＝净金融性流动资产

从上得知，金融性流动资产包括交易性金融资产、有息应收票据、应收利息（交易性金融资产、可供出售金融资产、持有至到期投资）、应收股利（交易性金融资产、可供出售金融资产和非控制型长期股权投资）四类。金融性流动负债包括短期借款、交易性金融负债、有息应付票据和应付利息（短期债务和长期债务）、应付股利（优先股）五类。按重要性大小分布在以下四个环节。

　　银行信用中的金融性营运资金

＝短期借款－应付利息（短期借款、长期借款）

　　商业信用中的金融性营运资金

＝有息应收票据－有息应付票据

　　债券信用中的金融性营运资金

＝交易性金融资产＋应收利息（交易性金融资产、可供出售金融资产、持有至到期投资）－交易性金融负债－应付利息（短期融资券、长期债券）

　　股票信用中的金融性营运资金

＝应收股利（交易性金融资产、可供出售金融资产、非控制型长期股权投资）－应付股利（优先股）

一般来说，银行信用环节的金融性营运资金数值会小于0，表明该环节短期金融性筹资强度较大。商业信用、债券信用、股票信用环节的金融性营运资金的数值可能大于0，也可能小于0，表明这些环节短期金融性投资与短期金融性筹资基本均衡。

2. 金融性营运资金的构成：短期金融性筹资

金融性营运资金应当重点关注短期借款，分布在银行信用环节。因此，短期借款（金融性流动负债）是短期金融性筹资的典型代表。

三 营运资金管控内容

通过以上分析可知，经营性营运资金主要由现金、应收账款、存货、应付账款构成，金融性营运资金主要由短期借款构成。现金、应收账款、存货三种流动资产，应付账款、短期借款两种流动负债，是营运资金管控必须重点关注的内容。

（一）营运资金投资：短期经营性投资

从财务本质上，现金、应收账款、存货、应付账款属于经营性营运资金，短期借款属于金融性营运资金。但是，从财务对象上讲，现金、应收账款、存货属于短期经营性投资，也称营运资金投资。营运资金投资的结果是经营性流动资产，包括现金、应收账款、存货。

本章第二节重点讨论营运资金投资。

（二）营运资金筹资：短期外源性筹资

应付账款属于短期经营性筹资，短期借款属于短期金融性筹资，两者合称短期外源性筹资，也称营运资金筹资。营运资金筹资的结果有两个：一是经营性流动负债；二是金融性流动负债。

本章第三节重点讨论营运资金筹资。

因此，营运资金投资和营运资金筹资的基本内容，见表6-1。

表6-1　　　　　　　　　　营运资金管控内容

五类重要营运资金	财务本质		财务对象	
	经营性营运资金	金融性营运资金	短期经营性投资（营运资金投资）	短期外源性筹资（营运资金筹资）
现金	√		√	
应收账款	√		√	
存货	√		√	
应付账款	√			√
短期借款		√		√

综上所述，认识营运资金应当遵从两个基本思路：第一，营运资金分为经营性营运资金（短期经营性投资与短期经营性筹资）和金融性营运资金（短期金融性筹资）；第二，营运资金管控分为营运资金投资（短期经营性投资）和营运资金筹资（短期外源性筹资，包括短期经营性筹资与短期金融性筹资）。

四　营运资金管控对股东财富的影响

一般来说，大多财务学者比较关注长期财务决策（如长期经营性投资、长期外源性筹资）与财务目标关系，忽视营运资金管控与财务目标的关系。然而，营运资金管控作为企业短期财务活动的核心内容，不仅有助于提高资金使用效率，更重要的是有助于提高企业价值。

（一）营运资金投资额与净营业现金流量负相关

分析营运资金投资决策时，通常假定在不影响企业正常利润的前提下，节约流动资产可以增加企业价值。这一假设合理性源于：

$$某年净营业现金流量 = 税后经营利润 + 折旧 - 营运资金净增加$$
$$= 息税前利润 \times (1 - 所得税税率) + 折旧$$
$$- (年末营运资金 - 年初营运资金)$$

即：$CF_t = EBIT_t \times (1 - T) + D_t - (WC_{t1} - WC_{t0})$

可见，当不影响企业正常盈利时，降低营运资金投资，可以增加净营业现金流量，从而提高企业价值。

另外，根据企业价值估计的现金流量折现模型：

$$V = \sum_{t=0}^{n} \frac{CF_t}{(1 + K_W)^t}$$

式中：V 为企业价值，CF_t 为各期的企业现金流量，K_W 为企业资本成本。

从模型可以看出，如果说长期经营性投资对财务目标的最大贡献是确定企业现金流量 CF_t，长期外源性筹资对财务目标的最大贡献是确定企业资本成本 K_W，那么，营运资金管控对财务目标的最大贡献是进一步落实企业现金流量 CF_t，使之趋于稳定化和最大化。

流动资产所起到的作用是协助长期资产实现了最大生产能力。换言之，流动资产并无产生现金流量的能力，只是为企业再生产活动正常进行提供必要条件。

（二）营运资金周转期与净资产收益率负相关

净资产收益率 = 销售净利率 × 总资产周转率 × 权益乘数

$$= （净利润÷销售收入）×（销售收入÷总资产）$$
$$×（总资产÷净资产）$$

可见，当不影响企业正常盈利时，节约营运资金投资，可以提高营运资金周转率，而提高总资产周转率，进而提高净资产收益率，最终提高企业价值。

那么，营运资金周转率（倒数为营运资金周转期）的最佳标准是什么？

存货周转期、应收账款周转期和应付账款周转期的具体计算如下：

存货周转期 = 原材料存货周转期 + 产品存货周转期

$$= （原材料存货×360）÷购货成本$$
$$+ （产品存货×360）÷销货成本$$

应收账款周转期 = （应收账款×360）÷赊销收入

应付账款周转期 = （应付账款×360）÷赊购成本

现金周转期 = 存货周转期 + 应收账款周转期 − 应付账款周转期

根据营运资金循环过程，如图 6-1 所示。

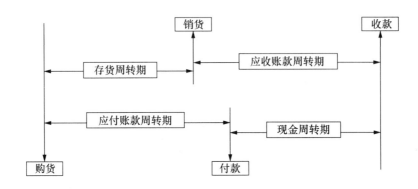

图 6-1　营运资金循环过程

然而，营运资金周转期的理想状态是：

营运资金周转期 = 存货周转期 + 应收账款周转期 − 应付账款周转期

可见，营运资金循环的理想境界是营运资金周转期等于现金周转期。若营运资金周转期大于现金周转期，则会延长经营性流动资产周转期；反之亦然。

第二节 短期经营性投资：营运资金投资

短期经营性投资，也称营运资金投资，其结果形成经营性流动资产（金融性流动资产是金融性投资的结果，为第八章的基本内容），其政策优劣、成本高低、规模大小，直接决定企业价值。

一 短期经营性投资政策

制定营运资金管控战略通常面临两种决策：一是需要投入多少营运资金；二是如何筹集所需营运资金。前者是短期经营性投资政策；后者是短期外源性筹资政策。本节讲述短期经营性投资政策；下一节讲述短期外源性筹资政策。

（一）短期经营性投资政策制定的影响因素

企业资产分为流动资产和非流动资产，流动资产有经营性和金融性之分，这里仅指经营性流动资产。企业资产总额中经营性流动资产和非流动资产各自占有的比例称为企业资产组合。如何确定资产组合是短期经营性投资策略重要内容。在企业全部资产中，究竟应当安排多少经营性流动资产，以便形成合理的资产组合。

经营性流动资产的需求取决于经营性流动资产周转率（次数）和销售收入，进而分解为经营性流动资产周转期（天数）、每日销售收入和销售成本率。

短期经营性投资 = 销售收入 ÷ 经营性流动资产周转率

　　　　　　　 = 经营性流动资产周转期 × 日均销售收入

　　　　　　　　 × 销售成本率

1. 经营性流动资产周转期

流动资产周转期与流动资产投资正相关。流动资产周转期主要由流动资产各组成部分周转期构成，主要组成部分有现金、应收账款、存货。

经营性流动资产周转期 = 现金周转期 + 应收账款周转期 + 存货周转期

（1）行业背景与技术特征。不同行业，1元销售占用经营性流动资产的比率（经营性流动资产/销售收入）相差悬殊，如机械制造业比商品流通业要高，商品流通业比采掘业要高。同一行业的不同细分市场，1元销售占用流动资产的比率也不同，如五金超市比食品超市要高，因为食品的保质期决定了该市场的流动资产周转期较短。同一细分市场的不同采购、生产、销售模式，1元销售占用流动资产的比率也有差异，如分步骤生产的企业比采用自动化流水线生产的企业要高，因为自动化机械化水平越高，占用的固定资产越多。同一采购、生产、销售模式的不同企业规模，1元销售占用流动资产的比率也有区别，规模小的企业比规模大的企业要高，因为企业规模越大，筹资能力和风险抵抗能力通常越强，占用较多的非流动资产。

（2）外部经济环境。不同国家类似企业流动资产周转期存在明显区别。同一国家不同地区（发达与欠发达、东部与西部、沿海与边疆）类似企业流动资产周转期也有显著差异。如订货至到货的时间，与外部环境息息相关。

（3）企业流动资产管理效率。同一行业背景与技术特征、外部经济环境的企业，1元销售占用流动资产的比率不同。如存货管理水平低的企业，其1元销售占用流动资产的比率要高于行业平均数。采用计算机管理信息系统的企业，其1元销售占用流动资产的比率要小于行业平均数。

2. 日均销售收入

若一个企业的流动资产管理效率不变，销售收入越大，所需要的流动资产越多。当销售收入增长时，需要更多的现金、应收账款、存货支持，会引起流动资产投资骤然增加。

3. 销售成本率

若一个企业的流动资产管理效率和营业收入不变，营业成本上升，需要有更多的流动资产投资。

（二）短期经营性投资政策类型

一个企业必须选择与其业务需要和管理风格相匹配的短期经营性投资政策。若政策过于保守，就会选择较高的经营性流动资产占用水平，保证资产具有较高的流动性和安全性，但盈利性较低；反之亦然。

经营性流动资产规模按功能分为两部分：一是正常需要量；二是保险储备量。无论是正常需要量还是保险储备量，通常均根据1元销售占用经营性流动资产的比率来确定，用来表示流动资产规模的相对情况。流动资产正常需要量和保险储备量的不同组合，构成了不同的短期经营性投资政策。

1. 适中式营运资金投资政策

适用式营运资金投资政策也称适中式短期经营性投资策略，是指在安排经营性流动资产投资规模时，不仅保证正常需要量，而且精心安排平均保险储备量，以防不测。例如，某企业根据以往经验，正常需要量占销售额的30%，平均保险储备量占销售额的10%，那么，适中的短期经营性投资政策是安排流动资产占销售收入的40%，即销售额为100万元，流动资产为40万元。

2. 紧缩式营运资金投资政策

紧缩式营运资金投资政策也称冒险式短期经营性投资策略，是指在安排经营性流动资产投资规模时，通常只安排正常需要量，不安排保险储备量，即使安排保险储备量也远小于平均保险储备量，以便提高企业收益。该政策的特点是流动资产与销售收入比率较低，收益、风险均高。上例中，适中式政策是安排流动资产占销售额的40%，则紧缩式政策是安排流动资产占销售额的比例小于40%，如30%。追求高报酬、承担高风险的企业家和财务经理通常采用这种政策。

采用紧缩式政策的企业通常利用适时制（Just In Time，JIT）存货管理技术，将原材料等存货尽可能紧缩，同时将应收账款和现金余额保持在最低水平。

紧缩式政策可能伴随高风险，这种高风险可能源于紧缩的信用政策和存货政策，紧缩的信用政策可能减少企业销售收入，紧缩的产品存货政策不利于顾客进行商品选择，从而影响企业销售。也可能源于缺乏充足的现金用于偿还应付账款。

只要不可预见的事件没有降低企业资产的流动性而导致一些严重问题的发生，紧缩式政策就会有利于提高企业价值。

3. 宽松式营运资金投资政策

宽松式营运资金投资政策也称保守式短期经营性投资策略，是指在安排经营性流动资产投资规模时，不仅安排正常需要量和平均保险储备量，而且也安排一定额外保险储备量，以便降低企业风险。该政策的特点是流动资产占销售收入的比率较高，收益、风险均低。上例中，适中式政策是安排流动资产占销售额的40%，则宽松式政策是安排流动资产占销售额的比例大于40%，如50%。经营风格稳健的企业家和财务经理通常采用这种政策。

采用宽松式政策的企业通常保持高水平现金、应收账款和存货。维持高水平的现金通常源于偿付能力的要求，维持高水平的应收账款通常源于宽松的信用政策，维持高水平的存货通常源于存货短缺的压力（防止原材料不足而影响生产或防止产品不足而影响销售）。然而，流动资产投资的收益率较低，会影响企业价值，但由于资产流动性较高，企业营运风险较小。

三种短期经营性投资政策如图6-2所示。

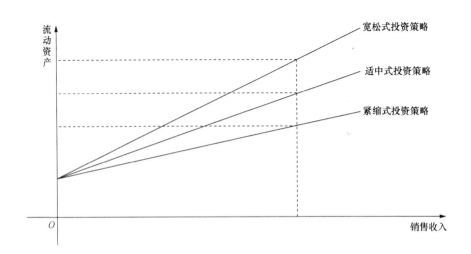

图6-2　营运资金投资政策

二　短期经营性投资成本

短期经营性投资成本分为两类：一是持有成本；二是短缺成本。两类成本此起彼伏。持有成本小，短缺成本就会增加；反之亦然。当然，现金、商业信用、存货的持有成本与短缺成本各有千秋。

（一）现金成本：占用成本和短现成本

现金是流动性最强的资产，包括库存现金、银行存款、银行本票和汇票等。交易性金融资产（有价证券）是现金的一种转换形式和替代品。现金多余时，将现金兑换为有价证券；现金短缺时，将有价证券换回成现金。

现金是可以立即投入流通的交换媒介，其首要特点是普遍的可接受性，即可以有效地立即用来购买商品、货物、劳务或偿还债务。因此，现金是企业中流动性最强的资产，属于现金内容的项目，包括企业的库存现金、各种形式的银行存款和银行本票、银行汇票。

有价证券是企业现金的一种转换形式。有价证券变现能力强，可以随时兑换成现金。企业有多余现金时，常将现金兑换成有价证券；现金流出量大于流入量需要补充现金时，再出让有价证券换回现金。在这种情况下，有价证券就成了现金的替代品。获取收益是企业持有有价证券的基本动因。

企业持有一定数量现金，主要基于以下几方面的动机。

第一，交易动机。交易动机即企业在正常生产经营秩序下应当保持一定的现金支付能力。企业为了组织日常生产经营活动，必须保持一定数额的现金余额，用于购买原材料、支付工资、缴纳税款、偿付到期债务、派发现金股利等。由于企业每天的现金流入量与现金流出量在时间上与数额上通常存在一定程度的差异，因此，企业持有一定数量的现金余额以应付频繁支出是十分必要的。一般来说，企业为满足交易动机所持有的现金余额主要取决于企业销售水平。企业销售扩大，销售额增加，所需现金余额也随之增加。

第二，预防动机。预防动机即企业为应付紧急情况而需要保持的现金支付能力。由于市场行情的瞬息万变和其他各种不测因素的存在，企业通常难以对未来现金流入量与流出量做出准确的估计和预期。一旦企业对未来现金流量的预期与实际情况发生偏离，必然对企业的正常经营秩序产生极为不利的影响。因此，在正常业务活动现金需要量的基础上，追加一定数量的现金余额以应付未来现金流入和流出的随机波动，是企业在确定必要现金持有量时应当考虑的因素。企业为应付紧急情况所持有的现金余额主要取决于以下三个方面：一是企业愿意承担风险的程度；二是企业临时举债能力的强弱；三是企业对现金流量预测的可靠程度。

第三，投机动机。投机动机即企业为了抓住各种转瞬即逝的市场机会，获取较大利益而准备的现金余额。例如，利用证券市价大幅度跌落购入有价证券，以期在价格反弹时卖出证券获取高额资本利得（价差收入）等。投机动机只是企业确定现金余额时所需考虑的次要因素之一，其持有量的大小往往与企业在金融市场的投资机会及企业对待风险的态度有关。

企业除以上三项原因需要持有现金外，也会基于满足将来某一特定要求或者为在银行维持补偿性余额等其他原因而持有现金。企业在确定现金余额时，一般应综合考虑各方面持有动机。但需要注意的是，由于各种动机所需的现金可以调节使用，企业持有的现金总额并不等于各种动机所需现金余额的简单相加，前者通常小于后者。另外，上述各种动机所需保持的现金，并不要求必须是货币形态，也可以是能够随时变现的有价证券以及能够随时融入现金的其他各种存在形态，如可随时借入的银行信贷资金等。

持有现金无疑会产生占用成本；同样地，现金短缺也会发生短现成本。

1. 占用成本：管理成本、机会成本、转换成本

占用成本指企业因保留一定现金而产生的各种现金占用费用，包括：

（1）管理成本。也称固定成本，企业保留现金，对现金进行管理，会发生一定的管理费用，如管理人员工资及必要的安全措施费等。这部分费用具有固定成本的性质，它在一定范围内与现金持有量的多少关系不大。管理成本（management cost，C_M）表示为：

$$C_M = a$$

（2）机会成本。再投资收益是企业不能同时用该现金进行有价证券投资所产生的机会成本（opportunity cost，C_O），这种成本在数额上等于资金成本。例如，企业欲持有 1 万元现金，就只能放弃 1000 元的证券投资收益（假设证券收益率为 10%）。可见，放弃的再投资收益即机会成本属于变动成本，它与现金持有量的多少密切相关，即现金持有量越大，机会成本越高；反之就越小。其计算式为：

机会成本 = 平均现金持有量 × 证券投资收益率

即：$C_O = \dfrac{Q}{2}K$

（3）转换成本。也称交易成本，转换成本（transformation cost，C_T）是指企业用现金购入有价证券以及转让有价证券换取现金时付出的交易费用，即现金同有价证券之间相互转换的成本，如委托买卖佣金、委托手续费、证券过户费、实物交割手续费等。严格地讲，转换成本并不都是固定费用，有的具有变动成本的性质，如委托买卖佣金或手续费。这些费用通常是按照委托成交金额计算的。因此，在证券总额既定的条件下，无论变现次数怎样变动，所需支付的委托成交金额是相同的。因此，那些依据委托成交额计算的转换成本与证券变现次数关系不大，属于决策无关成本。

这样，与证券变现次数密切相关的转换成本只包括其中的固定性交易费用。转换成本与证券变现次数呈线性关系，即转换成本总额 = 证券变现次数 × 每次的转换成本。证券转换成本与现金持有量的关系：在现金需要量既定的前提下，每次现金持有量即有价证券变现额的多少，必然对有价证券的变现次数产生影响，即现金持有量越少，进行证券变现的次数越多，相应的转换成本就越大；反之，现金持有量越多，证券变现次数越少，需要的转换成本也就越小。因此，现金持有量的不同必然通过证券变现次数多少而对转换成本产生影响。其计算式为：

交易成本 = 证券变现次数 × 每次转换成本

　　　　　= （现金需要量 ÷ 现金持有量即证券变现额）× 每次转换成本

即：$C_T = \dfrac{D}{Q}E$

2. 短现成本

短现成本（shortage cost，C_S）是指因现金持有不足而给企业造成的现金短缺损失，包括直接损失与间接损失。直接损失包括：一是需要出售有价证券并承担交易成本；二是出售有价证券不足或不及时而需要紧急借款并承担高额利息；三是紧急借款不足或不及时而被迫紧急抛售存货并承担低价出售损失，或被迫违约并承担违约成本。

短现成本随现金持有量的增加而下降，随现金持有量的减少而上升，即与现金持有量负相关。其计算式为：

短现成本 = 现金短缺成本系数 ÷ 现金持有量

即：$C_S = \dfrac{b}{Q}$

综上所述，现金成本总额为：

$$TC = C_M + C_O + C_T + C_S = a + \frac{Q}{2}K + \frac{D}{Q}E + \frac{b}{Q}$$

明确现金持有的相关成本及其特性，有助于从成本最小化角度确定最佳现金持有量。现金持有量决策就是要在占用成本与短现成本之间寻求均衡。

（二）商业信用成本：提供成本、坏账成本

商业信用提供是短期经营性投资，是直接投资，是经营性流动资产。

从资产类型上讲，商业信用提供是指企业在销售商品或提供劳务中，以延期收款方式形成的借贷关系，或者在采购商品或接受劳务中，以预付款项方式形成的借贷关系，是企业向客户或供应商提供的一种商业信用。因此，商业信用提供为：

商业信用提供 = 应收账款 + 无息应收票据 + 预付款项

从资产本质上讲，商业信用提供是指企业在销售商品或提供劳务中，以延期收款或预先收款方式形成的借贷关系，是企业向客户提供的一种商业信用。因此，商业信用提供为：

商业信用提供 = 应收账款 + 无息应收票据 - 预收款项

第二种情况更便于了解商业信用提供周转期。

商业信用提供周转期 = （应收账款 + 无息应收票据 - 预收款项）

$$\times 360 \div 赊销额$$

应收账款信用作为商业信用最典型的形式，是指企业作为供货商，往往需要在交货一段时间后才收款，应收账款就成为企业短期投资。

扩大应收账款信用，可以增加销售收入，同时也会增加一些必要的成本。因此，应收账款管控的目的，是在充分发挥应收账款功能的基础上，在所增加的收入和所增加的成本之间做出权衡，以确定最佳的应收账款信用政策。

应收账款在生产经营中具有不可或缺的作用，主要包括以下功能：一是扩大产品销路，减少库存，增加销售收入；二是形成应收款项，增加坏账，加剧经营风险。

第一，市场竞争。被动动机。增加销售。在激烈市场竞争中，通过提供赊销可有效地促进销售。因为企业提供赊销不仅向顾客提供了商品，也在一定时间内向顾客提供了购买该商品的资金，顾客将从赊销中得到好处。所以，赊销会带来企业销售收入和利润的增加。

第二，商业策略。主动动机。降低库存。企业持有一定产成品存货时，会相应占用资金，形成仓储费用、管理费用等，产生成本；而赊销则可避免这些成本的产生。所以当企业的产成品存货较多时，一般会采用优惠的信用条件进行赊销，将存货转化为应收账款，节约支出。

1. 提供成本：机会成本、管理成本、现金折扣成本

应收账款作为提高企业价值的一项必要投资，也会产生一些必要的信用提供成本。

（1）机会成本。应收账款会占用企业一定量资金。企业若不把这部分资金投放于应收账款，便可以用于其他投资并可能获得收益，如投资债

券获得利息收入。这种因投放于应收账款而放弃其他投资所带来的收益，是应收账款的机会成本（opportunity cost，C_O）。

机会成本 = 应收账款占用资金 × 资本成本

= 应收账款平均余额 × 变动成本率 × 资本成本

= 日销售额 × 平均收现期 × 变动成本率 × 资本成本

= 全年销售收入 ÷ 360 × 平均收现期 × 变动成本率 × 资本成本

= 全年变动成本 ÷ 360 × 平均收现期 × 资本成本

$$C_O = \frac{S}{360} T \times v' \times K = \frac{V}{360} T \times K$$

（2）管理成本。主要是指在进行应收账款管理时所增加的费用。主要包括调查顾客信用状况的费用、收集各种信息的费用、账簿的记录费用、收账费用等。管理成本可以收账成本（collection cost，C_C）来代替，通常占销售收入的一定比例，表示为：

$$C_C = S \times r_C$$

（3）现金折扣成本。当存在现金条件时，会发生现金折扣成本（discount cost，C_D）。现金折扣成本等于赊销收入与平均折扣率的乘积，其计算式为：

$$C_D = S \times r_D$$

2. 坏账成本

在赊销交易中，债务人因种种原因无力偿还债务，债权人可能无法收回应收账款而产生损失，这种损失就是坏账成本（bad cost，C_B）。可以说，企业发生坏账成本是不可避免的，而此成本一般与销售收入呈正相关，其计算式为：

$$C_B = S \times r_B$$

综上所述，应收账款信用成本总额为：

$$TC = C_O + C_C + C_D + C_B = \frac{S}{360} \times T \times v' \times K + S \times r_C + S \times r_D + S \times r_B$$

明确应收账款信用提供的相关成本及其特性，有助于从成本最小化角度确定最佳应收账款信用提供量。商业信用提供量决策就是要在提供成本与坏账成本之间寻求均衡。

（三）存货成本：备用成本、缺货成本

存货是指企业在生产经营过程中为生产或销售耗用而储备的物资，包括材料、燃料、包装物、低值易耗品、在产品、半成品、产成品、协作件、商品等。存货的有无、高低直接影响着企业的生产经营活动能否顺利进行，并最终影响企业的收益和风险状况。因此，存货管理目标就是要在充分发挥存货功能的基础上，在存货收益与存货成本之间做出权衡，以确定合适的订货经济批量。

存货一般分外购存货和自产存货，前者用于生产（耗用），后者用于销售（耗用）。工业企业的外购存货主要是原材料；商业企业的外购存货是商品。

第一，保证生产或销售的需要。一是保证生产正常进行。生产过程中需要的原材料和在产品，是生产的物质保证。为保障生产的正常进行，必须储备一定量的原材料；否则可能会造成生产中断、停工待料的现象。二是有利于销售。一定数量的存货储备能够增加企业在生产和销售方面的机动性，提高适应市场变化的能力。当企业市场需求量增加时，若产品储备不足就有可能失去销售良机，所以保持一定量的存货是有利于市场销售的。三是便于维持均衡生产，降低产品成本。有些企业产品属于季节性产品或者需求波动较大的产品，此时若根据需求状况组织生产，则可能有时生产能力得不到充分利用，有时又超负荷生产，这会造成产品成本的上升。四是防止意外事件的发生。企业在采购、运输、生产和销售过程中，都可能发生意料之外的事故，保持必要的存货保险储备，可以避免和减少意外事件的损失。

第二，基于价格的考虑。一般情况下，当企业进行采购时，进货总成本与采购物资单价和采购次数有密切关系。而许多供应商为鼓励客户多购买其产品，往往在客户采购达到一定数量时，给予价格折扣，所以企业通过大批量集中进货，既可以享受价格折扣，降低购置成本，也因减少订货次数，降低了订货成本，使总的进货成本降低。

1. 备用成本：订单成本、储存成本

备用存货，必然会发生成本，包括订单成本和储存成本。

（1）订单成本。取得订单发生的成本，分为货物价款和订货成本。货物价款是存货本身的价值，即存货数量与单价的乘积。若年需要量为 A，单价为 P，则货物价款为：

$$C_P = A \times P$$

订货成本包括办公费、差旅费、邮资、电报电话费、运输费等，一部分与订货次数无关，如常设采购机构的基本开支等，称为固定订货费用，用 F_1 表示；另一部分与订货次数有关，如差旅费、邮资等，称为变动订货费用。设每次变动订货费用为 B；订货次数等于存货年需要量（A）与每次订货量（Q）之商，订货成本（booking cost，C_B）计算式为：

订货成本 = 固定订货费用 + 变动订货费用

$$C_B = F_1 + \frac{A}{Q} \times B$$

（2）储存成本。储存货物发生的成本，如存货机会成本、仓库费用、保险费用、破损和变质损失等，一部分与储存数量无关，如仓库折旧、仓库职工固定工资等，称为固定储存费用，用 F_2 表示；另一部分与储存数量有关，如存货机会成本、破损和变质损失、存货保险费用等，称为变动储存费用。设单位变动储存费用为 C，储存成本（conserving cost，C_C）计算式为：

储存成本 = 固定储存费用 + 变动储存费用

$$C_C = F_2 + \frac{Q}{2} \times C$$

2. 缺货成本

存货备用不足，也会造成各种损失，包括原材料缺货损失和产成品缺货损失。前者包括：一是材料供应中断而停工待料并承担停工损失；二是打乱原有生产进程而需要重新调整生产并承担生产准备成本；三是需要紧急订货并承担较高交易成本（订货成本和购置成本）。后者包括：一是产成品中断而拖欠发货并承担存货拖欠损失；二是丧失销售机会并承担销售损失、客户失去损失甚至商誉损失等。

缺货成本（shortage cost，C_S）是变动成本，与存货备用量负相关，用 C_S 表示。

综上所述，存货成本总额为：

$$TC = C_P + C_B + C_C + C_S = A \times P + F_1 + \frac{A}{Q} \times B + F_2 + \frac{Q}{2} \times C + C_S$$

明确存货备用相关成本及其特性，有助于从成本最小化角度确定最佳存货备用量。存货备用量决策就是要在备用成本和缺货成本之间寻求均衡。

三　短期经营性投资规模决策

当销售不变时，若企业安排较小的流动资产投资规模，可以缩短流动资产周转期，节约持有成本；同时也可能引起经营中断，增加短缺成本。当销售不变时，若企业安排较大的流动资产投资规模，会延长流动资产周转期，减少短缺成本；同时，会出现闲置资金，提高持有成本。因此，需要权衡得失，确定最佳短期经营性投资规模，在持有成本和短缺成本之间寻求成本最小化的投资需要额。如图6-3所示。

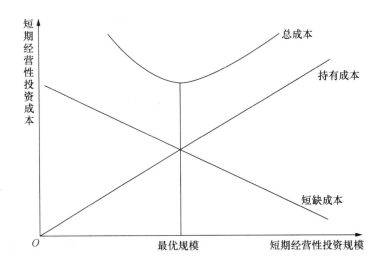

图6-3 最优化营运资金投资规模

(一) 最佳现金占用量决策

企业如果缺乏必要现金，将不能应付业务开支，使企业蒙受损失。企业由此而造成的损失，称为短缺现金成本。短缺现金成本不考虑企业其他资产的变现能力，仅就不能以充足的现金支付购买费用而言，内容上大致包括丧失购买机会（甚至会因缺乏现金不能及时购买原材料，而使生产中断造成停工损失）、造成信用损失和得不到折扣好处。其中失去信用而造成的损失难以准确计量，但其影响往往很大，甚至导致供货方拒绝或拖延供货，债权人要求清算等。

但是，如果企业持有过量的现金，又会因这些资金不能投入周转无法取得盈利而遭受另一些损失。此外，在市场正常的情况下，一般来说，流动性强的资产，其收益性较低，这意味着企业应尽可能少地持有现金，即使不将其投入本企业经营周转，也应尽可能多地投资于能产生高收益的其他资产，避免资金闲置或用于低收益资产而带来的损失。这样，企业便面临现金不足和现金过量两方面的威胁。企业现金管理的目标，就是要在资产的流动性和盈利能力之间作出抉择，确定现金的最佳持有量，以获取最大的长期利益。

对于如何确定最佳现金持有量，经济学家提出了许多模式，这里只介绍现金周转模式、成本分析模式、存货模式和随机模式等几种常见的模式。

1. 现金周转模式

为了确定企业的现金周转期，需要了解营运资金循环过程：首先，企业购买原材料，并非在购买原材料当天就会马上付款，这一延迟的时间段就是应付账款周转期。企业对原材料进行加工，最终生产出产品并卖出，这一时间段就是存货周转期。企业将产品销售，并非在销售产品的当天就能立即收款，这一延迟的时间段就是应收账款周转期。现金周转期是指介于企业支付现金与收到现金之间的时间段，也就是存货周转期与应收账款周转期之和减去应付账款周转期，见图 6 - 1，其计算式为：

现金周转期 = 存货周转期 + 应收账款周转期 - 应付账款周转期

最佳现金持有量 = 全年预计现金需求量 ÷ 现金周转率

= 全年预计现金需求量 ÷ 360 × 现金周转期

【例 6 - 1】某公司全年预计现金需求量 1500 万元，原材料主要采用赊购方式，应付账款平均付现期 50 天，内部存货平均周转天数 95 天，产品主要采用赊销方式，应收账款平均收现期 45 天。

解

现金周转期 = 45 + 95 - 50 = 90(天)

现金周转率 = 360 ÷ 90 = 4(次)

最佳现金持有量 = 1500 ÷ 4 = 375(万元)

2. 成本分析模式

现金持有量与现金持有机会成本关系是现金持有量越大，现金持有的机会成本也就越大；反之亦然，机会成本线的斜率取决于投资报酬率。

短缺成本与机会成本相反，它与现金持有量的关系是现金持有量越大，短缺成本便越小。现金短缺成本会随现金持有量的增加而下降，随现金持有量的减少而上升。

现金管理成本一般是一种相对固定的费用，与现金持有量之间没有明显的变化关系。即当现金持有量在一定范围内时，企业的现金管理成本是保持不变的，表示为与现金持有量平行的横线。

　　最佳现金持有量的成本分析模式，就是对以上三种不同持有现金成本进行分析，使三种成本总额为最低。如果能通过分析找到总成本为最低点的现金持有量，便认为，其从成本角度讲是最合理的现金持有量。如果将上述三种持有现金成本线放在一个图上，便能表现出持有现金的总成本为一条抛物线，该线的最低点，持有现金的总成本为最低。超过此点，现金机会成本上升会大于短缺成本下降的好处，使总成本提高。在此点之前，短缺成本上升的代价又会大于机会成本下降的好处。所以，此抛物线的最低点所对应的横轴上的现金持有量，则是现金各类持有成本的总成本最低的现金持有量，如图6-4所示。

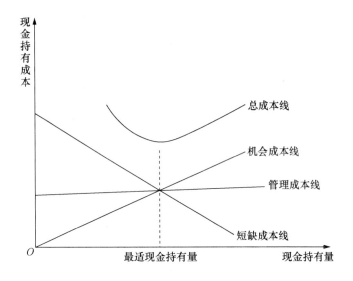

图6-4　持有现金总成本

　　用成本分析模式通常分计算式法和编制表法。

　　（1）计算式法。用 Q 表示现金持有量，K 表示证券投资收益率，a 表示年管理成本，b 表示现金短缺成本系数，现金持有成本计算式为：

$$TC = C_M + C_O + C_S = a + \frac{Q}{2} \times K + \frac{b}{Q}$$

　　最佳现金持有量为：

$$Q^* = \sqrt{\frac{2b}{K}}$$

【例6-2】某公司为提高现金管理水平,决定重新测量最佳现金持有量。经分析,要求的最低资产报酬率为10%,现金短缺成本系数为125000000,年管理成本为3000元。

解

$K = 10\%$,$b = 125000000$,$a = 3000$元

$$Q^* = \sqrt{\frac{2b}{K}} = \sqrt{\frac{2 \times 125000000}{10\%}} = 50000(元)$$

(2)编制表法。编制表法可以忽略管理成本。

【例6-3】某企业根据历史经验和市场资金供应情况测定其每期现金持有量可能为60000—100000元。现有以下五种现金持有量方案,根据测算企业的证券投资收益率为20%,管理成本为18000元。各期机会成本和短缺成本见表6-2。计算该企业的最佳现金持有量。

表6-2　　　　　　　　　　　现金持有成本　　　　　　　　　单位:元

项　目	方案1	方案2	方案3	方案4	方案5
现金持有量	60000	70000	80000	90000	100000
机会成本	12000	14000	16000	18000	20000
短缺成本	10000	5000	2000	500	0
机会成本与短缺成本之和	22000	19000	18000	18500	20000
管理成本	18000	18000	18000	18000	18000
现金持有总成本	40000	37000	36000	36500	38000

通过对上述各方案总成本进行比较,便可发现第三种方案即现金持有量为80000元时成本总额最低,企业最合算,所以,企业的最佳现金持有量应为80000元。

3. 存货模式

存货模式是指在企业最合理现金持有量确定时,用存货的经济批量的原理来确定企业的现金存量。此方法主要解决的是现金资产的持有量与一定时期内企业有价证券最佳变现次数的关系。此方法也必须要求企业有较完整的财务预算,在一定时期内企业现金需要量可预知的基础上,便能用此方法来确定企业最合理的现金资产的平均存量。

持有现金量越大，其机会成本越大；反之亦然。所以当企业每次获取大量现金时，则可能不会长久保留在账户上，而会投资于有价证券，获取较高的利息收入，等到需要使用时，再将其转换为现金。这样便可降低现金持有的机会成本。然而每次将有价证券转换成货币资金时，都要花费一定佣金和手续费等，即现金的转换成本。显然，如果企业收到款项便购入有价证券，需用时便将有价证券转换成货币现金，那么便会大大提高现金的转换成本。所以，运用存货模式来测算企业现金持有量，其目的是要寻求企业现金持有的机会成本（管理成本是相对固定，不用考虑，这也不涉及短缺成本）与现金转换成本两者最低总成本的现金的持有量，如图6-5所示。

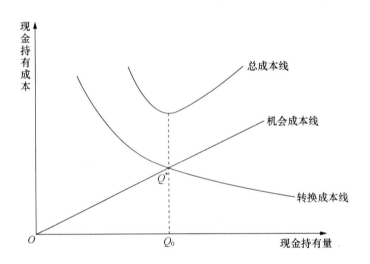

图6-5 现金持有机会成本、现金转换成本与总成本关系

通过图6-5可以看出现金持有的机会成本与其转换成本的变化方向是相反的。持有现金机会成本随现金余额的增大而增大，而转换成本则随着现金持有余额的增大而减小。企业如想既保证其经营现金的充足，又少付出代价，就必须处理好保持日常现金持有量与证券变现的关系，即要找出一定时期内现金最合理的持有量和证券转换的合理次数。

从图6-5可以看出，最合理的现金持有量应该是机会成本线和转换成本线相交点所对应的 Q^* 点。此时企业现金总成本必然最低。因此，最合理现金持有量总成本计算式为：

$$TC = C_O + C_T = \frac{Q}{2} \times K + \frac{D}{Q} \times E$$

对上述计算式求导，便可求出最佳现金持有量 Q^*，即：

$$Q^* = \sqrt{\frac{2D \times E}{K}}$$

可见，最佳现金持有量与有价证券转换成本呈正相关，与利率呈反相关。

【**例6-4**】某企业预计每个月需用现金 80000 元，每天现金收支均衡，有价证券每次转换成本为 100 元。有价证券年利率为 12%。计算该企业月内最合理的现金持有量和月内有价证券转换次数。

解

$D = 80000$ 元，$E = 100$ 元，$K = 12\%$

$$Q^* = \sqrt{\frac{2D \times E}{K}} = \sqrt{\frac{2 \times 80000 \times 100}{12\% \div 12}} = 40000(元)$$

$$N = D \div Q^* = 80000 \div 40000 = 2(次)$$

现金持有量存货模式的运用能较准确地测算出企业一定时期现金的最佳持有量和有价证券转换次数，是财务管理中现金管理的重要手段。但是此方法的运用有一定的限制条件，即它只有在企业一定时期内现金收支均匀、稳定，其需求总量可以预测，短期有价证券可随时转换，并知道其报酬率和每次转换成本的情况下适用。正因为此方法有种种限制或假设条件，如对企业一定时期内现金收支情况发生较大变化的，此方法的计算结果则可能不十分精确，但它可以作为判断合理现金存量的基本标准，再结合历史经验正确地推断出最佳现金持有量。

4. 随机模式

上述存货模式是假设企业各期现金收支稳定，企业一定时期现金的需求总量是可以预测的。但如果这两个条件均不能满足的话，则可考虑采用随机模式。

在随机模式下，企业一定时期的现金需求量是难以预知的，因而现金收支也不稳定，但企业可以根据历史资料测算出一个控制范围，即制定一个现金存量的上下限，当现金存量达到控制范围上限时，即将现金购入有价证券，使企业现金持有量下降。相反，企业现金存量接近控制下限时，便要售出有价证券，转换成现金。企业现金持有量保持中限时，则可保持现金和有价证券原有存量数。

现金控制范围上下限的确定，主要取决于现金持有的机会成本和有价证券的转换成本。假设 H 为上限，L 为下限，其控制图如图6-6所示。

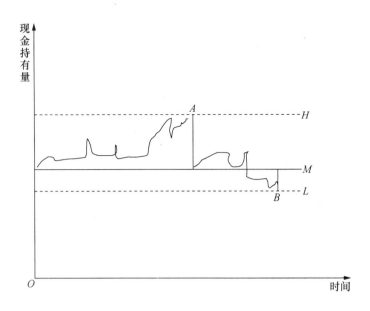

图6-6　现金控制范围

当企业现金持有量达到 H 时，则用现金购入 $(H-M)$ 的有价证券，使现金存量下降到 M 水平。当企业现金持有量低于 L 时，则应售出 $(M-L)$ 的有价证券，使现金存量上升到 M 水平。这样，企业能够确保现金持有量保持在 H 和 L 的控制范围内波动。

企业可以根据历史资料测算出一定时期内现金波动的标准差 (σ)，然后便可以测算出控制范围内货币资金的合理存量，即现金与有价证券进行转换的最佳点。其计算式为：

$$M = L + \sqrt[3]{0.75E \times \sigma^2 \div K}$$

式中：M 为最佳现金持有量（控制点）；E 为有价证券每次转换成本；σ 为某一时期每日现金波动标准差；K 为某一时期有价证券利率。

随机模式下，H、M、L 三者之间的关系式为：

$$H = 3M - 2L$$

即：

$H - M = 2(M - L)$

【例6-5】某企业现金每日变动的标准差为800元，有价证券年利率为9%，每次有价证券转换的固定成本为75元，最低现金控制存量为1400元。假设一年按360天计算。计算现金最佳持有量和现金控制上限。

解

$L = 1400，E = 75，K = 9\%，\sigma = 800$

$M = L + \sqrt[3]{0.75E \times \sigma^2 \div K} = 1400 + \sqrt[3]{0.75 \times 75 \times 800^2 \div 9\% \div 360} = 6640$（元）

$H = 3M - 2L = 3 \times 6640 - 2 \times 1400 = 17120$（元）

当企业现金持有量接近或达到17120元，应购入10480元（17120 - 6640）的有价证券。当现金持有量下降到1400元，可售出5240元（6640 - 1400）的有价证券，这样可以使企业现金持有量始终维持在6640元左右波动。

用随机模式计算企业现金持有量是较为保守的，因为它是建立在企业预计现金需求总量和未来现金收支情况不能预测的前提下，故此法计算的现金持有量一般要比存货模式计算的结果大。

（二）最佳商业信用提供量决策

应收账款信用供给量包括的内容很多，其中最主要的是提供的信用条件，包括信用期限和现金折扣两个要素，而现金折扣由现金折扣期限和现金折扣率组成。信用条件是销货企业要求赊购客户支付货款的条件，通过设计销售合同明确规定什么情形下可以提供的信用量。

1. 信用期间

信用期间是企业允许顾客从购货到付款的时间，即企业给予顾客的付款期间。如某企业允许顾客在购货后的50天内付款，信用期为50天，通常表示为"N/50"。信用期过短，不足以吸引顾客，会引起销售额下降；信用期过长，对销售额提高虽然有利，但若只顾销售额增长而盲目放宽信用期，得到的收益往往会被增加的费用所抵消，甚至造成利润减少。因此，企业必须慎重进行成本—效益对比，确定恰当的信用期。

与应收账款相对应，应付账款也有信用期、现金折扣等信用条件。通常分为两类：一是有信用期但无现金折扣，如（N/30）表示30天内按发票金额全数支付。二是既有信用期也有现金折扣，如（1/10，2/20，N/30）表示10天内付款享受2%现金折扣；11—20天内付款享有1%现金折扣；21—30 天内付款不享有现金折扣。

信用期的确定，主要是分析改变现行信用期对收入和成本的影响。延长信用期，销售收入增加，信用成本前收益（边际贡献）也增加，产生有利影响；与此同时，应收账款增加，机会成本、管理成本和坏账成本也增加，产生不利影响；若前者大于后者，可以延长信用期；否则，不宜延长信用期。缩短信用期，情况与此相反。

信用成本后收益 = 信用成本前收益（边际贡献）- 信用成本

【例 6 - 6】某企业预测的年度赊销收入净额为 2400 万元，现有信用条件是：$N/30$，变动成本率为 65%，证券投资收益率为 20%。假设企业收账政策不变，固定成本总额不变，现有两个备选方案：A：将信用条件放宽到 $N/60$；B：将信用条件放宽到 $N/90$。现方案和两个备选方案估计的赊销收入、坏账百分比和收账费用等有关数据见表 6 - 3。

表 6 - 3　　　　应收账款的机会成本、管理成本和坏账成本　　　　单位：万元

项目	现方案：$N/30$	新方案 A：$N/60$	新方案 B：$N/90$
年赊销额	2400	2640	2800
应收账款周转率（次）	12	6	4
应收账款平均余额	2400/12 = 200	2640/6 = 440	2800/4 = 700
应收账款占用资金	200 × 65% = 130	440 × 65% = 286	700 × 65% = 455
机会成本	130 × 20% = 26	286 × 20% = 57.2	455 × 20% = 91.0
收账费用	24	40	56
坏账损失/年赊销额	2%	3%	5%
坏账成本	2400 × 2% = 48	2640 × 3% = 79.2	2800 × 5% = 140

解

通过计算应收账款信用成本，如表 6 - 4 所示，可以确定最优的信用条件。

表 6 - 4　　　　应收账款的信用成本前收益和信用成本信用后收益　　　　单位：万元

项目	现方案：$N/30$	新方案 A：$N/60$	新方案 B：$N/90$
年赊销额	2400	2640	2800
减：变动成本	2400 × 65% = 1560	2640 × 65% = 1716	2800 × 65% = 1820
信用成本前收益	840	924	980

续表

项目	现方案：$N/30$	新方案 A：$N/60$	新方案 B：$N/90$
减：机会成本	26	57.2	91.0
管理成本	24	40	56
坏账成本	48	79.2	140
信用成本后收益	742.0	747.6	693.0

2. 现金折扣

若企业为顾客提供了现金折扣，则顾客在折扣期内少付的货款产生的"成本"将影响企业收益。当顾客利用了现金折扣，而现金折扣没有促进销售增长时，企业收益就会下降。当然，上述收入上的损失可能会全部或部分由应收账款持有成本的下降所补偿。

现金折扣是企业对顾客在商品价格上的扣减。向顾客提供这种价格优惠，主要目的在于吸引顾客为享受优惠而提前付款，缩短企业的平均收款期。另外，现金折扣也能招揽一些视折扣为减价出售的顾客前来购货，借此扩大销售量。

现金折扣表示方式常采用（5/10，3/20，$N/30$）这样的符号。这 3 个分式的含义分别为顾客 10 天内付款，可享受 5% 的价格优惠，即只需支付原价的 95%；11—20 天内付款，可享受 3% 的价格优惠，即只需支付原价的 97%；21—30 天内付款，不享受价格优惠。

企业采用什么程度的现金折扣，要与信用期间结合起来考虑。例如，要求顾客最迟不超过 30 天付款，若希望顾客 10 天、20 天付款，能给予多大程度的折扣？或者给予 5%、3% 的折扣，能吸引顾客在多少天内付款？无论是信用期间还是现金折扣，都可能会给企业带来收益，但也可能会增加成本。因此，当企业给予顾客某种现金折扣时，应当考虑现金折扣所能带来的收益与成本孰高孰低，权衡利弊。

现金折扣期限放宽（延长）后，销售收入增加，信用成本前收益（边际贡献）也增加；同时，现金折扣率上升，加速应收账款回收，引起应收账款总额减少，机会成本、收账费用和坏账损失也减少。

信用成本后收益 = 信用成本前收益 − 信用成本

【例 6 – 7】承例 6 – 6，企业选择了 B 方案，但为了加速应收账款的回收，决定将信用条件改为 C：2/10，1/20，$N/60$。估计约有 60% 的客户（按赊销额计算）会利用2%的折扣，15%的客户将利用1%的折扣，坏账损失降为4%，收账费用降为40万元。

解

应收账款周转期 = 60% × 10 + 15% × 20 + 25% × 60 = 24(天)

应收账款周转率 = 360/24 = 15(次)

应收账款平均余额 = 2800/15 = 560/3 = 186.67(元)

应收账款占用资金 = 186.67 × 65% = 121.33(元)

机会成本 = 121.33 × 20% = 24.27(元)

通过计算应收账款持有成本，如表6-5所示，可以确定最优信用条件。

表6-5　　　　　　应收账款的信用成本前收益和信用成本后收益　　　　单位：万元

项目	方案B：N/90	方案C：N/30
年赊销额	2800	2800
减：变动成本	1820	1820
信用成本前收益	980	980
减：机会成本	91.0	24.27
管理成本	56	40
坏账成本	140	2800 × 4% = 112
现金折扣	—	2800 × (2% × 60% + 1% × 15%) = 37.8
信用成本后收益	693.0	765.93

（三）最佳存货备用量决策

最佳存货备用量决策通常采用经济批量（Economic Ordering Quantity，EOQ）模型。该模型建立在一系列严格假设的基础上，包括：存货总需求量A为已知，即在一定时期内已经确知或能够预测存货耗用量；每次订货成本B固定不变；能够及时补充存货，且集中一次性入库，而不是陆续到货，平均存货量为$Q/2$；存货价格P稳定，单位成本为常数，无数量折扣；库存持有成本与库存水平呈线性关系，单件存货和单位时间的储存成本C都固定不变；货物是一种独立需求的物品，不受其他货物影响，且不允许缺货。

根据这些假定，经济订货量的决策相关成本模型为：

$$TC = C_B + C_C = \frac{A}{Q} \times B + \frac{Q}{2} \times C$$

1. 经济订货量的基本模型

经济订货量满足：订货成本与储存成本之和最小，或订货成本等于储存成本。决策相关成本最小化的经济订货量为：

$$Q^* = \sqrt{\frac{2A \times B}{C}}$$

最小决策相关成本为：

$$TC = Q^* \times C = C\sqrt{2A \times B \div C} = \sqrt{2A \times B \times C}$$

最佳订货次数为：

$$N = A \div Q^* = \sqrt{A \times C \div 2B}$$

经济订货量占用资金为：

$$U = \frac{Q^*}{2} \times P$$

【例6-8】 假设一化工公司每年需耗用某原材料90000千克，该材料每千克为60元，单位储存成本为20元，每次订货成本为250元。计算经济订货量的有关指标。

解

$A = 90000$ 千克，$B = 250$ 元，$C = 20$ 元，$P = 60$ 元

$$Q^* = \sqrt{\frac{2A \times B}{C}} = \sqrt{\frac{2 \times 90000 \times 250}{20}} = 1500（千克）$$

$$TC = Q^* \times C = 1500 \times 20 = 30000（元）$$

$$N = A \div Q^* = 90000 \div 1500 = 60（次）$$

$$U = \frac{Q^*}{2} \times P = \frac{1500}{2} \times 60 = 45000（元）$$

2. 经济订货量模型的扩展

（1）数量折扣。为了鼓励企业多订货，供应商往往给予企业一定数量折扣，这种折扣尽管对存货单价产生影响，但不影响经济订货量的计算。然而，在一定经济订货量下，企业是否应当享受供应商的数量折扣，要视具体情况而定。若享受数量折扣的订货量小于经济订货量，则应当按经济订货量确定每次批量，这样，既可以享受数量折扣，也可以实现最佳订货量。若享受数量折扣的订货量大于经济订货量，则应当按成本收益原则确定每次批量。

【例6-9】承例6-8，假设供应商承诺给予企业数量折扣，但条件是每次订货量需达到3000千克，单价可降低0.1元。

要求：

①是否应当享受数量折扣？

②每次订货量增加到3600千克，是否应当享受数量折扣？

解

$A = 90000$ 千克，$B = 250$ 元，$C = 20$ 元，$P = 60$ 元

当每次订货量为3000千克，若假定享受数量折扣，成本变化为？

采购成本降低额 = 全年需用量 × 单价降低额 = $90000 \times 0.1 = 9000$（元）

决策相关成本 $TC = \dfrac{A}{Q} \times B + \dfrac{Q}{2} \times C = \dfrac{90000}{3000} \times 250 + \dfrac{3000}{2} \times 20 = 37500$（元）

决策相关成本上升额 = $37500 - 30000 = 7500$（元）

可见，订货量从1500千克（经济订货量）增加到3000千克，尽管享受数量折扣后的决策相关成本上升了7500元，但享受数量折扣后的采购成本，降低了9000元，故应当享受数量折扣。

当每次订货量达到3600千克，若假定享受数量折扣，则成本变化为

决策相关成本 $TC = \dfrac{A}{Q} \times B + \dfrac{Q}{2} \times C = \dfrac{90000}{3600} \times 250 + \dfrac{3600}{2} \times 20$

$$= 42250（元）$$

相关决策成本上升额 = $42250 - 30000 = 12250$（元）

享受数量折扣后的决策相关成本上升额12250元，大于享受数量折扣后的采购成本降低了9000元，故不能享受数量折扣。

（2）再订货点。若提前订货，企业再次发出订货单时尚有一定库存量，称为再订货点（订购下批存货时本批存货的储存量）。其数量等于交货时间与每日存货耗用量的乘积，其计算式为：

$$R = L \times d$$

式中：R 为再订货点；L 为交货时间；d 为每日存货耗用量。

【例6-10】若企业从订货日至到货日的时间为10天，每日存货耗用量为250千克。计算再订货点。

解

$L = 10$ 天，$d = 250$ 千克

$$R = L \times d = 250 \times 10 = 2500（千克）$$

（3）陆续供应和使用。经济订货量模型假定货物是一次性运达，但事实并非如此，常见情形是存货陆续供应和使用。设每批订货量为 Q，每日送货量为 p，每批货物全部送达所需日数称为送货期，则送货期等于 (Q/p)。

因每日存货耗用量为 d，则送货期内全部耗用量为 $Q \times d \div p$。

由于货物是边送边用，每批送完时，最高库存量为 $Q - Q \times \dfrac{d}{p} = Q\left(1 - \dfrac{d}{p}\right)$，而平均库存量为 $\dfrac{Q}{2}\left(1 - \dfrac{d}{p}\right)$。

这时，订货量的决策相关成本为：

$$TC = \frac{A}{Q} \times B + \frac{Q}{2}\left(1 - \frac{d}{p}\right)C$$

经济订货量为：

$$Q^* = \sqrt{\frac{2A \times B}{C\left(1 - \dfrac{d}{p}\right)}}$$

【例 6 – 11】 承例 6 – 8，设每日耗用量为 250 千克，每日送货量为 500 千克。计算经济订货量。

解

$A = 90000$ 千克，$B = 250$ 元，$C = 20$ 元，$d = 250$ 千克，$p = 500$ 千克

$$Q^* = \sqrt{\frac{2A \times B}{C(1 - d \div p)}} = \sqrt{\frac{2 \times 90000 \times 250}{20 \times (1 - 250 \div 500)}} = 2121（千克）$$

（4）保险储备。基本经济批量假定供需稳定，实际情况并非完全如此，企业对存货需求量可能发生变化，交货时间也可能被延误。交货期内，如果出现需求量增大或交货时间被延误，就会发生缺货。为防止由此造成的损失，企业通常留有一定的保险储备。保险储备的计算公式为：

保险储备量 =（预计每日最大耗用量 – 平均每日正常耗用量）

×交货时间

$$B = L(D - d)$$

式中：B 为保险储备量；L 为交货时间；D 为每日存货最大耗用量；d 为每日存货正常耗用量。

在再订货点，企业按 Q^* 订货。在交货期内，若企业对存货需求量很

大或交货时间由于某种原因被延误，企业可能发生缺货。为防止存货中断，再订货点应等于交货期内的预计需求与保险储备之和。即：

$$R = L \times D$$

【例6-12】承例6-10，设每日正常耗用量为250千克，预计每日最大耗用量为300千克，从订货日至到货日的时间为10天。计算保险储备量和再订货点。

解

$L = 10$ 天，$d = 250$ 千克，$D = 300$ 千克

$B = L(D - d) = 10 \times (300 - 250) = 500$（千克）

$R = L \times D = 10 \times 300 = 3000$（千克）

第三节　短期外源性筹资：营运资金筹资

短期外源性筹资，也称营运资金筹资，包括短期经营性筹资（经营性、自发性流动负债）和短期金融性筹资（金融性、临时性流动负债），其政策优劣、成本高低、规模大小，也会极大地影响企业价值。

流动负债分解为临时性流动负债和自发性流动负债。在这种范式下，企业资本来源分为临时来源（临时性流动负债）和稳定来源（自发性流动负债、长期债务和股权权益）。

一　短期外源性筹资政策

短期外源性筹资政策涉及总体上如何为短期经营性投资服务。企业短期经营性投资可以采用短期金融性筹资（金融性、临时性流动负债），可以采用短期经营性筹资（经营性、自发性流动负债），也可以采用长期筹资（长期负债和股东权益）。

短期经营性投资政策，确定了营运资金投资总量（经营性流动资产规模），即需要筹资的总量，涉及短期外源性筹资和长期外源性筹资的组合比例及关系。对应的是，短期外源性筹资政策，主要是决定营运资金筹资的来源结构，即最终确定经营性流动资产中临时来源（临时性流动负债）与稳定来源（自发性流动负债、长期负债和股东权益）的比例关系，通常用易变现率来衡量这种比例关系。

易变现率 ＝［（自发性流动负债 ＋ 长期债务 ＋ 股东权益）

－长期资产]÷经营性流动资产

（一）短期外源性筹资政策制定的影响因素

在企业全部资本中，究竟应当安排多少临时资本来源，其他用稳定资本来源来解决，以便形成合理的资本组合，受以下因素影响：

1. 风险与成本

一般来说，到期日越短，债务不能偿付本息的可能性越大，同时，短期利率变动具有较大的不确定性，因此，短期资本的筹资风险通常比长期资本要大。另外，长期资本的利率通常高于短期资本，且缺乏弹性，长期资本的筹资成本比短期资本要小。

2. 所处行业

企业所处的行业不同，资本组合有较大差异。一般来说，流动资产占资产总额的比例越高，短期资本占资本总额的比例也就越高。

3. 企业规模

随着企业规模的扩大和实力的增强，企业倾向于利用长期资本尤其是长期债务，短期资本所占比例相对下降。

4. 利率

一般而言，当短期利率与长期利率相差无几时，企业倾向于利用长期资本；如果长期利率远远高于短期利率，企业就倾向于利用短期资本，降低资本成本。

（二）短期外源性筹资政策类型

企业对营运资金需求的数量，通常会随销售的变化而变化。例如，对一个生产经营季节性较强的企业，当销售处于旺季时，流动资产需求会直线上升，通常是平时的几倍；当销售处于淡季时，流动资产需求会骤然下降，可能是平时的几分之一。

对任何企业，即使销售处于最低水平，也存在对流动资产的最基本需求。企业生产经营状况处于相对稳定时，流动资产需求具有一定刚性，将这种需求刚性的流动资产定义为永久性流动资产。当企业生产经营发生季节性变化时，流动资产需求在永久性流动资产的基础上变化（增加或减少），将这种需求变化的流动资产定义为波动性流动资产。

从这个意义上讲，流动资产可以分解为波动性流动资产和永久性流动资产。在这种方式下，企业资产运用分为波动性流动资产、永久性流动资产和长期资产（固定资产、无形资产、长期投资等）。

一般来说，永久性流动资产具有相对不变性，最可靠的资本供给是稳定来源（自发性流动负债、长期债务和股东权益）；波动性流动资产具有相对灵活性，最经济办法是通过成本低廉、取得便利的临时来源（临时性流动负债）来解决。永久性流动资产和波动性流动资产对不同筹资方式的不同组合构成了不同的短期外源性筹资政策。

1. 配合型营运资金筹资政策

该政策的基本特点是：对波动性流动资产，用临时性（金融性）流动负债来解决。

波动性流动资产＝临时性流动负债

对永久性流动资产和长期资产，用自发性（经营性）流动负债和长期资本（长期债务和股东权益）来解决。

永久性流动资产＋长期资产＝自发性流动负债
　　　　　　　　　　　　＋长期资本（长期债务和股东权益）

如图 6 – 7 所示。

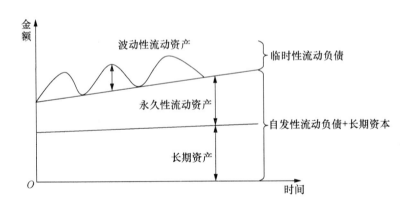

图 6 – 7　配合型营运资金筹资政策

配合型营运资金筹资政策要求企业的临时性流动负债计划严密，实现现金流动与预期安排一致。在季节性低谷时，企业应当除了安排自发性流动负债外，不要安排其他流动负债；只有在波动性流动资产的需求高峰期，企业才会举借各种临时性流动负债。

【例 6 – 13】某企业在生产经营淡季，需占用流动资产 300 万元和固定资产 500 万元；在生产经营旺季，需额外增加 200 万元的季节性存货需求。

解

按照配合型营运资金筹资政策，只有在生产经营旺季，才发生临时性流动负债200万元。无论何时，300万元的永久性流动资产和500万元固定资产均来源于自发性流动负债、长期债务和股东权益。

在生产经营旺季，

易变现率 = (800 - 500)/(300 + 200) = 60%

在生产经营淡季，

易变现率 = (800 - 500)/300 = 100%

一般来说，若企业能够完全驾驭流动资产的使用，采用收益和风险均较适中的配合型营运资金筹资政策是有利的。

该政策基本思想是将资产与负债的有效期匹配，降低企业的偿债风险（不能及时偿还到期债务），并尽可能降低债务成本。但是，筹资来源的有效期与投资去向的有效期匹配，是一种战略性匹配，并不要求完全匹配（实际上也做不到）。原因是：第一，企业不可能为每项投资按其有效期配置单独的筹资，仅能按临时与稳定之分来统筹安排筹资；第二，企业必须具有的股东权益筹资是无限期的，而资产总是有期限的，不可能完全匹配；第三，资产的实际有效期（使用寿命）是不确定的，而负债的偿还期是确定的，必然出现不匹配。

该政策是一种理想状况，对企业资金使用要求较高。资本供给（筹资）有效期结构与资产需求（投资）有效期结构的匹配，也并非所有企业在任何时候的最佳筹资政策。有的企业愿意承担利率风险与偿债风险，较多地运用短期负债；有的企业宁愿让负债的有效期超过资产的有效期，降低利率风险与偿债风险。正因为如此，出现了激进型短期筹资政策与保守型短期筹资政策。

2. 激进型营运资金筹资政策

激进型营运资金筹资政策也称冒险型短期外源性筹资策略，该政策基本特点是：临时性流动负债不仅满足了波动性流动资产的全部需要，也解决了部分永久性流动资产。

波动性流动资产 < 临时性流动负债

如图6-8所示。极端冒险政策是全部永久性流动资产甚至一些长期资产，也采用临时性流动负债（主要指短期借款）。

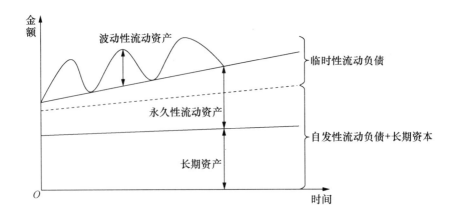

图 6-8 激进型营运资金筹资政策

承例 6-13。若企业的自发性流动负债、长期债务和股东权益的筹资额低于 800 万元，如 650 万元，那么就有 150 万元的永久性流动资产和 200 万元的波动性流动资产要靠临时性流动负债来解决。

在生产经营旺季：

易变现率 = （650 - 500）÷（300 + 200）= 30%

在生产经营淡季：

易变现率 = （650 - 500）÷ 300 = 50%

由于临时性流动负债的资本成本通常低于长期债务和股东权益，加上该政策的临时性流动负债所占比重较大，能够降低企业资本成本。然而，为了满足永久性流动资产的稳定需求，企业必然要在临时性流动负债到期后重新举债或申请债务展期，导致企业继而举债，继而还债，加大企业筹资困难和风险。更有甚者，由于短期负债的利率变动，可能导致企业资本成本提高。因此，该政策的收益性和风险性均较高。

3. 稳健型营运资金筹资政策

也称保守型短期外源性筹资策略，该政策的基本特点是：临时性流动负债仅解决了一部分波动性流动资产，另一部分波动性流动资产，由自发性流动负债和长期资本（长期债务和股东权益）作为资本来源。

波动性流动资产 > 临时性流动负债

如图 6-9 所示。极端保守政策是完全不考虑临时性流动负债（主要指短期借款）。

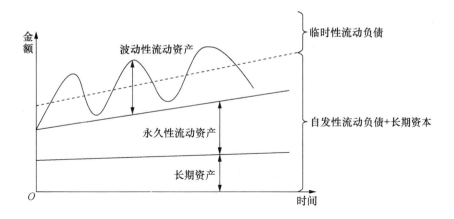

图6-9 稳健型营运资金筹资政策

承例6-13。若企业自发性流动负债、长期债务本和股东权益的筹资额总是高于800万元，如950万元，那么会有50万元的波动性流动资产靠临时性流动负债来解决。

在生产经营旺季，

易变现率 = (950 - 500) ÷ (300 + 200) = 90%

在生产经营淡季，

易变现率 = (950 - 500) ÷ 300 = 150%

该政策的临时性流动负债所占比重较小，企业的偿债风险（无法及时偿还到期债务）较小，同时利率风险（蒙受短期利率变动的损失）较低。然而，由于长期债务和股东权益的资本成本通常高于临时性流动负债，处于经营淡季时，仍需负担长期负债利息，从而降低企业收益。因此，该政策的风险性和收益性均较低。

二 短期经营性筹资：经营性流动负债

短期经营性筹资，也称经营性流动负债，包括无息应付票据、应付账款、预收款项或预付款项、应付职工薪酬、应交税费、应付股利（普通股）等，一般属于自发性流动负债，具有自发形成、无须付息、滚动使用的特点。自发性流动负债的特点是企业收益享受在前，费用支付在后，相当于承接了对方的借款，一定程度上缓解了企业资金短缺。这里仅介绍商业信用接受。

（一）商业信用接受

商业信用接受是短期经营性筹资，是直接筹资，是经营性流动负债。

商业信用接受产生于商品交易，虽然按惯例将其归入"自发性流动负债"，但严格地讲，它是企业主动选择的一种筹资行为，在短期外源性筹资（流动负债）中占有相当大比例。

从负债类型上讲，商业信用接受是指企业在采购商品或接受劳务中，以延期付款方式形成的借贷关系，或者在销售商品或提供劳务中，以预收款项方式形成的借贷关系，是企业从供应商或客户那里接受的一种商业信用。因此，商业信用接受为：

商业信用接受 = 应付账款 + 无息应付票据 + 预收款项

从负债本质上讲，商业信用接受是指企业在采购商品或接受劳务中，以延期付款或预先付款方式形成的借贷关系，是企业从供应商那里接受的一种商业信用。因此，商业信用接受为：

商业信用接受 = 应付账款 + 无息应付票据 - 预付款项

第二种情况更便于了解商业信用接受周转期。

商业信用接受周转期 = （应付账款 + 无息应付票据 - 预付款项）

× 360 ÷ 赊购额

无论如何，应付账款是商业信用中最具代表性的，因此这里着重讲述应付账款。

（二）应付账款信用

应付账款是企业作为买方购进货物暂未付款而欠对方账项，等于向卖方借用资金购进商品，可以满足短期筹资需要。

与应收账款相对应，应付账款也有信用期、现金折扣等信用条件。一是有信用期但无现金折扣，如（$N/30$）。二是有信用期也有现金折扣，如（$2/10$，$1/20$，$N/30$）。后者通常分为免费信用，即买方在规定的折扣期内享受现金折扣而获得的信用；有代价信用，即买方放弃现金折扣所付出代价而获得的信用；展期信用，即买方超过规定的信用期推迟付款而强制获得的信用。

1. 应付账款的信用成本

供应商在信用条件中之所以规定现金折扣，其主要目的是加速资金回收。企业在决定是否享受现金折扣时，应当仔细考虑。

企业购买货物后在供应商规定的折扣期内付款，可以获得免费信用，企业没有因为取得延期付款信用而付出代价。

企业放弃现金折扣，所付出的代价高昂，其大小为：

$$放弃现金折扣的信用成本 = \frac{现金折扣率}{1-现金折扣率} \times \frac{360}{信用期-现金折扣期}$$

【例 6 - 14】某企业按（2/10，N/50）的付款条件购入货物 100 万元。若企业在 10 天后付款，便放弃了现金折扣 2 万元（100×2%），信用额为 98 万元（100 - 2）。计算放弃现金折扣的信用成本。

解

现金折扣率为 2%，信用期为 50 天，现金折扣期为 10 天

$$放弃现金折扣的信用成本 = \frac{2\%}{1-2\%} \times \frac{360}{50-10} = 18.37\%$$

计算表明，放弃现金折扣的信用成本与现金折扣率、现金折扣期正相关，与信用期负相关，与货款额和折扣额无关。可见，企业放弃现金折扣的代价相当高昂。

若企业放弃了现金折扣，推迟付款的时间越长，其信用成本越小。如例 6 - 14，企业将信用期延长至 60 天，其成本下降为：

$$放弃现金折扣的信用成本 = \frac{2\%}{1-2\%} \times \frac{360}{60-10} = 14.69\%$$

2. 是否利用现金折扣的信用决策

企业在附有信用条件情况下获得不同信用，会承受不同代价，要求企业权衡不同信用，迅速做出决策。其影响因素有：

（1）利率。若企业能够以低于放弃现金折扣的隐含利息成本的利率借款，则应当在现金折扣期内借款，以支付货款，享受现金折扣。如例 6 - 14 的同期短期借款利率为 12%，企业应当利用短期借款在折扣期内偿还应付账款；反之亦然。

【例 6 - 15】公司目前采购一批材料，付款条件为（3/10，2/30，1/50，N/90），供应商报价为 1 万元。企业用于支付账款的资金需要在 90 天后才能周转回来，只能通过银行借款解决。若银行利率为 10%，确定公司材料采购款的付款时间和价格。

解

对 10 天内付款享受 3% 现金折扣的方案，放弃现金折扣的信用成本为：

$$放弃现金折扣的信用成本 = \frac{3\%}{1-3\%} \times \frac{360}{90-10} = 13.92\%$$

对于 10—30 天内付款享受 2% 现金折扣的方案，放弃现金折扣的信

用成本为：

$$放弃现金折扣的信用成本 = \frac{2\%}{1-2\%} \times \frac{360}{90-30} = 12.24\%$$

对于30—50天内付款享受1%现金折扣的方案，放弃现金折扣的信用成本为：

$$放弃现金折扣的信用成本 = \frac{1\%}{1-1\%} \times \frac{360}{90-50} = 9.09\%$$

第一、第二种方案，由于放弃现金折扣的信用成本均高于借款利率，应享受现金折扣，以银行借款来偿还所欠货款。第三种方案，由于放弃现金折扣的信用成本低于借款利率，应放弃现金折扣。

对于准备享受现金折扣的两种方案，哪个方案最优？

10天内付款，享受现金折扣300元，要借款金额9700元，时间80天，利息215.56元，净收益84.44元。

10—30天内付款，享受现金折扣200元，要借款9800元，时间60天，利息163.33元，净收益36.67元。

由此可见，第一种方案最佳。

（2）投资收益率。若企业在折扣期内将应付账款用于短期投资，所获得的投资收益率高于放弃现金折扣的隐含利息成本，则应当放弃现金折扣，去追求更高的投资收益。当然，即使企业放弃现金折扣，也应当将付款日推迟到信用期的最后一天。

（3）展期的危害。若企业因缺乏资金而欲展期，如例6-14将付款日推迟到第50天，则需要在降低了放弃现金折扣成本与因展期所带来的损失之间做出选择。展期所引起的结果是企业信誉恶化，可能丧失供应商乃至其他贷款人的信用，或日后可能招致更加苛刻的信用条件。

（4）货比三家。若企业面对两家及以上提供不同信用条件的卖方，应通过衡量和比较放弃现金折扣成本的大小，选择信用成本最小的一家。如例6-14中另有一家供应商提出（1/20，N/50）的信用条件，其放弃现金折扣的信用成本为：

$$放弃现金折扣的信用成本 = \frac{1\%}{1-1\%} \times \frac{360}{50-20} = 12.12\%$$

应付账款的最大优势是容易取得。第一，商业信用是一种持续性信贷方式，无须办理正式筹资手续；第二，没有现金折扣或使用无息应付票据，不负担成本。

三 短期金融性筹资：金融性流动负债

短期金融性筹资，也称金融性流动负债，包括短期借款、交易性金融负债、有息应付票据、应付利息、应付股利（优先股）等，一般属于临时性流动资产，具有机动灵活、富有弹性的特点。本节仅介绍短期借款。

（一）短期借款基本条款

短期借款是指企业向金融机构借入的期限在1年内的各种借款，是短期金融性筹资，是临时性流动负债，是间接筹资，是金融信用（银行信用），在短期外源性筹资中的重要性仅次于商业信用。

短期借款可以随企业需要安排。按偿还方式分为一次性偿还借款和分期偿还借款；按利息支付方式分为收款法借款、贴现法借款和加息法借款；按有无担保分为担保借款和无担保借款。取得简便，使用灵活，通常包括以下内容：

1. 信贷额度

贷款银行与借款企业商定的最高借款限额，称为信贷额度。有效期限通常为1年。一般来说，在信贷额度内，企业可以随时按需要支用借款，但银行并不承担必须贷款的义务。如果企业信用状态恶化，银行就可以中止贷款，不会承担法律责任。

2. 周转信贷协定

贷款银行承诺向借款企业提供一笔不超过某一最高限额的贷款，称为周转贷款协定。在有效期内，只要企业累计借款总额未超过最高限额，银行必须随时满足企业提出的借款要求。企业也要按照周转信贷协定，对贷款限额的未使用部分向银行支付承诺费。

【例6-16】某企业与银行商定的周转信贷额度为5000万元，年度内实际使用了3000万元，承诺费率为0.6%。计算企业应向银行支付的承诺费。

解

周转信贷承诺费 $f = (5000 - 3000) \times 0.6\% = 12$（万元）

3. 补偿性余额

贷款银行要求借款企业按贷款限额或实际用款额的一定比例，计算和保留最低存款余额，称为补偿性余额。对贷款银行而言，补偿性余额有助于降低贷款风险，抵偿其可能遭受的损失；对借款企业而言，补偿性余额提高借款的有效利率，加重企业利息负担。

【例 6 – 17】某企业向银行借款 900 万元，利率 8%，银行要求保留 20% 的补偿性余额，则企业实际可动用的借款为 720 万元。计算该借款的有效利率。

解

借款有效利率 $r = \dfrac{900 \times 8\%}{900 - 900 \times 20\%} = \dfrac{900 \times 8\%}{900 - 180} = \dfrac{72}{720} = 10\%$

4. 借款担保

银行向风险较大或者信用等级难以估摸的企业发放贷款，多数情况下需要担保。担保方式分为保证人和担保物（抵押品和质押品），抵押品通常有设备、存货等，质押品通常有应收账款、股票、债券等。银行一旦选定担保物，按担保物面值（经资产评估）的一定比例（通常为 30%—90%），决定贷款额。这个比例的高低取决于担保物的变现能力和银行的风险态度。担保借款对企业不利：一是担保借款的利率和手续费均要高于无担保借款，会加大企业借款成本；二是向银行提供担保品，会极大限制企业的财产使用和未来筹资能力。

5. 借款偿还

银行借款有一次性偿还和分期偿还（尤其是分期等额偿还）之分。企业不希望采用后一种方式，是因为会提高借款有效利率；银行不希望采用前一种方式，是因为会增加企业的违约风险。

6. 其他承诺

银行有时要求企业为取得借款而做出其他承诺，如及时提供财务报表，保持适当的财务水平（如某一流动比率）。

（二）短期借款信用

1. 短期借款成本

借款利率通常有三种形式：

（1）优惠利率。银行贷款利率的最低限，通常面向财力雄厚、经营状态良好的企业。

（2）浮动优惠利率。一种随市场利率的变化而随时调整变化的优惠利率。

（3）非优惠利率。高于优惠利率，等于优惠利率加上一定百分比。

非优惠利率 = 优惠利率 + 一定百分比

百分比的大小给出了优惠利率与非优惠利率的差距，由借款企业信誉、企业与银行的往来关系、当时信贷状况等决定。

此外，借款利息支付一般分为三种方式：

（1）收款法。也称利随本清法，或到期一次还本付息法。银行向企业发放的贷款，大多采用这种收息方法。

（2）贴现法。一些银行要求采用贴现法，即贷款银行先从贷款本金中扣除利息，贷款到期时借款企业再偿还贷款本金。在这种情况下，企业能够利用的借款额仅仅是本金扣除利息后的差额部分，从而提高了借款的有效利率。

【例6－18】某企业从银行取得借款100万元，期限1年，利率（报价利率）8%。按贴现法付息，企业实际可动用借款为92万元。计算该借款的有效利率。

解

借款有效利率 $r = \dfrac{100 \times 8\%}{100 - 100 \times 8\%} = \dfrac{8\%}{1 - 8\%} = 8.7\%$

（3）加息法。发放分期等额偿还贷款时，银行采用的一种利息收取方法。该方法的特点是，银行根据报价利率计算的利息，加到贷款本金上，计算贷款本息，要求企业在借款期内分期偿还本息。由于分期等额偿还借款，企业实际上仅平均使用了借款本金的一半，却支付了全部利息。这样，企业借款的有效利率高于报价利率大约1倍。

【例6－19】某企业从银行借款10万元，期限1年，利率（报价利率）9%，分12个月等额偿还本息。计算该借款的有效利率。

解

借款有效利率 $r = \dfrac{10 \times 9\%}{10 \div 2} = 18\%$

2. 企业对短期借款的选择

随着金融信贷业的发展，可以向企业提供贷款的金融机构（包括银行和非银行金融机构）日益增多，企业有可能在各种贷款机构之间做出最有利的选择。企业除需要考虑借款类型、借款成本、借款条件外，还应考虑以下因素：

（1）金融机构对贷款风险的政策。不同的金融机构有着不同的贷款风险政策，有的倾向于保守，仅愿意承担较大的贷款风险；有的敢于开拓，敢于承担较大的贷款风险。

（2）金融机构对企业发展的态度。不同的金融机构对企业发展的态度不同。有的乐于为企业发展提供建议，帮助分析企业潜在的财务问题，愿意为具有较大潜力的企业发放大量贷款，渡过财务难关；有的不愿意提供咨询服务，见死不救，恨不得落井下石。

（3）金融机构的服务专业化。一些大型金融机构设有不同的专业部门，分别处理不同类型、不同行业的贷款。企业愿意与这些专业化程度较高的银行合作。

（4）金融机构的稳定性。稳定的金融机构对企业至关重要，可以保证企业借款不会中途发生变故。银行的稳定性取决于资本规模、存款结构、存款水平波动程度等。一般来说，资本雄厚、定期存款所占的比例高、存款水平波动小等，银行的稳定性好；反之，稳定性差。

3. 短期借款优势

短期外源性筹资的主要优势是灵活性，能够有效解决季节性信贷需要，创造了筹资需要和筹资获取之间的同步性。例如，短期借款一般比长期借款具有更少的约束性条款，也不必支付大量的预付成本和（或）信贷合约的初始费用。如果仅在一个短时期内需要资金，短期借款可以使企业维持未来借款决策的灵活性。

（1）具有节税效应。短期借款可以起到节税作用。按现行制度，负债利息计入财务费用，并在所得税前扣除，具有节税效果，使企业缴纳所得税减少，从而增加股东收益。节税额的计算式为：

节税额 = 利息费用 × 所得税率

由此可见，只要是债务资本，就具有节税效应，且利息费用越高，节税额越大。

（2）降低企业资本成本。对资本市场投资者而言，债券投资收益率固定，到期收回本金，比股票投资风险小得多，相应地，所要求的投资收益率也低。对企业而言，债务筹资的资本成本要低于股权筹资的资本成本。因此，运用短期借款能够降低企业资本成本，其计算式为：

$$K_w = \sum_{i=1}^{n} K_i w_i = K_B w_B + K_E w_E$$

可见，当其他筹资和资本成本既定，且债务筹资的资本成本低，债务比率越高，则企业资本成本越低。

（3）获得金融性杠杆效应。负债经营对债权人支付的利息是一项与企业盈利水平高低无关的固定支出，在企业资产报酬率（息税前利润/总资产）发生变动时，会给净资产收益率（净利润/净资产）带来更大幅度的变动，这就是"金融性杠杆效应"，金融性杠杆系数的计算式为（见2.4）

$$DFL = \frac{EBIT_0}{EBIT_0 - I} = \frac{EBIT_0}{EBIT_0 - i \times B} = \frac{EBIT/(E+B)}{EBIT/(E+B) - i \times B/(E+B)}$$

$$= \frac{ROA}{ROA - DAR \times i}$$

式中：DFL 为金融性杠杆系数，$EBIT$ 为税息前利息，I 为债务利息，i 为债务利率，B 为债务筹资额，E 为股权筹资额，ROA 为资产报酬率，DAR 为资产负债率。

此式说明，只要资产报酬率大于债务利率，企业利用短期借款可以盈利，负债经营就能够为企业带来显著的金融性杠杆效应。当然，负债经营与其他许多事物一样，具有两面性。运用得当，企业能够迅速获得经营所需的资金，降低经营成本，减少税收支出，获得杠杆效益；反之，企业会面临灾难。

短期借款的主要劣势是需要持续重新谈判或滚动安排负债。金融机构可能基于企业财务状况变化，或者整体经济环境的变化，在到期日不愿滚动贷款，或重新设定信贷额度。

本章小结

企业营运资金通常是指流动资产与流动负债的差额。流动资产（会计报表列示 10 类）按内在属性分为经营性流动资产和金融性流动资产（第八章内容），前者按外在形式分为波动性流动资产和永久性流动资产。流动负债（会计报表列示 10 类）按内在属性分为金融性流动负债和经营性流动负债，前者表现为临时性流动负债，后者表现为自发性流动负债。

营运资金之所以存在，是因为流动负债的到期与流动资产的变现不可能同步同量；营运资金之所以称为营运资本，是因为流动负债仅仅提供了部分流动资产，另一部分流动资产来源于长期资本（长期负债和股东权益）。

营运资金分为经营性营运资金（经营性流动资产与经营性流动负债之差）和金融性营运资金（金融性流动资产与金融性流动负债之差）。前者一般为正数，分布在销售、生产、采购、控制型长期股权投资环节中，主要涉及现金、应收账款、存货、应付账款等；后者一般为负数，分布在银行信用、债券信用、商业信用、股票信用环节中，主要涉及短期借款等。

由于经营性流动资产通常大于经营性流动负债，金融性流动资产通常小于金融性流动负债，且金融性流动资产是第八章的内容，营运资金管控通常将经营性流动资产归为短期经营性投资（营运资金投资），将经营性流动负债归为短期经营性筹资，将金融性流动负债归为短期金融性筹资，短期经营性筹资与短期金融性筹资合称为营运资金筹资。

短期经营性投资政策有适中式、紧缩式和宽松式营运资金投资政策。各种短期经营性投资成本分为两类：一是持有成本，如现金占用成本（管理成本、机会成本、转换成本）、商业信用提供成本（机会成本、管理成本）、存货备用成本（订单成本、储存成本）；二是短缺成本，如现金短现成本、商业信用坏账成本、存货缺货成本。各种短期经营性投资规模决策方法各有千秋。最佳现金占用量决策方法有现金周转期模式、成本分析模式、存货模式和随机模式等。最佳商业信用提供量决策方法主要是由信用期限、折扣期限和现金折扣决定的边际贡献与信用成本的差额。最佳存货备用量决策方法主要有基本经济订货量模型及其模型扩展。

短期外源性筹资政策有配合型、激进型和稳健型营运资金筹资政策。短期经营性筹资的典型方式是应付账款，其信用成本主要是放弃现金折扣的代价，这个代价通常很大，企业会千方百计地利用现金折扣。短期金融性筹资的典型方式是短期借款，其信用成本取决于借款利率形式（优惠利率、非优惠利率）和利息支付方式（收款法、贴现法、加息法）。

第七章　内源性筹资：第四财务行为

第五章涉及长期外源性筹资，第六章第三节涉及短期外源性筹资，本章涉及内源性筹资，对应的所有者权益分布在资产负债表的右下部，见表1-4。

内源性筹资本来是企业最青睐，也是优先考虑的筹资行为，但因其数量受制于企业盈利大小和股利分配政策，其重要性大打折扣，可称得上第四财务行为。

第一节　内源性筹资与财务目标

按照啄食顺序理论，选择企业筹资，内源性筹资优于外源性筹资。那么，内源性筹资从何而来，存在什么机制，如何影响财务目标。

一　内源性筹资与股利分配

内源性筹资唯一来源[①]是留存收益（盈余公积和未分配利润），其大小取决于公司的盈利能力和股利分配政策。股利分配起源于收益分配，收益分配通常分为收入分配、利润分配和股利分配三个层次，其最终结果无非有两个：一是向股东支付股利，实现股东的投资回报；二是以盈余公积和未分配利润的形式留存于企业，作为股东的再投资，构成企业的内源性筹资。

---

① 有些学者认为，折旧属于内源性筹资，笔者不敢苟同。判断一项财务活动是不是筹资，其会计标准是负债（或股东权益）与资产的同时增加，而提取折旧是费用增加而资产减少。有些专家认为，内部集资属于内源性筹资，笔者也觉得不妥。内部集资大多属于负债（亲戚朋友的借款），虽然符合筹资的判断标准，但它不受法律保护，甚至有些涉嫌违法，具有较大的偶然性，不是企业正规性或经常性的筹资行为。

（一）内源性筹资的本质和目的

内源性筹资（留存收益）与股利分配是一个事物的两个方面，其规模、结构和效率，与股利分配的方式、程序、政策密切相关。

1. 内源性筹资本质

（1）股权筹资。内源性筹资无疑是股权筹资，区别于债务筹资。债务筹资分长期债务筹资和短期债务筹资。前者在第五章做了介绍，包括长期借款和公司债券；后者在第六章后半部分做了介绍，是指全部流动负债。

（2）长期筹资。内源性筹资同长期外源性筹资一样，是长期筹资，与短期经营性筹资相区别。短期经营性筹资全部是流动负债，在第六章后半部分做了论述。

（3）直接筹资。内源性筹资无疑是直接筹资，区别于间接筹资。内源性筹资是股权筹资，与发行股票一样，是直接筹资，也与发行债券一样，是直接筹资。

（4）经营性筹资。筹资按对象分为经营性筹资和金融性筹资。内源性筹资在通常情况下表现为经营性目的。

2. 内源性筹资目的

（1）优化资本结构。增加内源性筹资的比例，可以一举多得：一是可以改善内源性筹资与外源性筹资的比例；二是可以改善股权筹资与债务筹资的比例；三是可以改善直接筹资与间接筹资的比例；四是可以改善长期筹资与短期筹资的比例。

（2）降低筹资风险。随着债务筹资（银行借款、发行债券）的增加，虽然金融性杠杆利益在增加，但同时金融性风险也在增加；外源性股权筹资虽然没有金融性风险，但存在股票发行风险，而且资本成本也较高。

（3）提高公司信用。股东将自己的利润留存在企业，作为再投资，能够固本培元，减少债务筹资，改善财务状况，维护公司偿债能力，提高公司信用水平。

（二）留存收益是内源性筹资的唯一源泉

内源性筹资的唯一来源渠道是留存收益，基本形式是盈余公积和未分配利润，其主要优点有：第一，与外源性股权筹资（股票发行）相比，不会发生实际的现金支出（包括发行价格、发行费、手续费等）。第二，与外源性债务筹资（发行债券和银行借款）相比，不会发生实际的现金支出（包括发行价格、发行费、手续费等），也不必定期支付利息。但是，留存收益会发生机会成本，即股东将资金投放于其他项目上的最大必要报酬率。

在净利润一定的情况下，留存收益与现金股利存在互为消长关系。从这个意义上讲，现金股利是反方向的内源性筹资。留存收益的大小取决于两个因素：一是公司盈利大小，决定了留存收益的基数；二是公司股利分配政策，决定了留存收益率的高低（留存收益率＋股利支付率＝1）。

现金股利后的除权价格为：

$$P = P_0 - DPS$$

式中：P 为除权价格，P_0 为除权时的市场价格，DPS 为每股现金股利。

（三）股利分配的结果决定留存收益

严格来讲，留存收益比外源性股权筹资行为更主动、更简便，不足是受制于企业净利润的多寡和股利分配政策的松紧。

股利分配是企业筹资乃至投资的逻辑延续与必然结果，是满足企业利益攸关人要求的基本手段，是保证企业资产保值增值、简单再生产与扩大再生产的基本前提，是企业获得长期、稳定、快速发展的基本条件，国内外学者对股利分配做了大量的理论与实证研究，涉及股利分配的数额或比率大小、怎样分配等，以及股利分配对企业未来经营业绩的影响程度、如何影响等问题。

股利分配政策是企业将税后利润在现金股利和留存收益之间进行合理配置的策略。除了企业盈利水平外，企业规模大小、所处行业、负债比率、股权结构等，都对股利分配政策产生显著影响。不过，从经济影响和市场效应看，股利分配政策作为企业经营业绩的折射，会对股票价格和企业市场形象产生深刻影响。在这种情况下，从历史和现实相结合的角度出发，制定客观、合理的股利分配政策，无疑是十分必要的。

股利分配政策所以成为企业核心财务问题之一，是因为股利发放关系企业股东和债权人的利益，也关系企业未来发展。若股利支付水平较高，股东可以获得可观的现实投资收益，也会促使股票价格上涨。但是，若股利支付过高，则会导致企业留存收益过低，或者限制企业规模扩张，或者因举债而增加金融性风险，最终影响企业未来发展。若股利支付过低，虽然企业能够拥有较多的发展资金，但违背了股东的意愿和期望，也会导致股票价格下跌，企业形象受损，同样影响企业未来发展。因此，制定适当的股利分配政策，使股利发放与企业未来持续发展相适应，使股票价格稳中有升，是财务目标的必然要求。

二 股利分配与收益分配

收益分配有常义和广义之分。常义收益分配仅指利润分配，是收益分配的基本内容。广义收益分配包括利润分配和收入分配。因此，收益分配具有层次性，如表7-1所示。

表7-1 收益分配顺序、目的与层次

项目	收益分配顺序	收益分配目的	收益分配层次
一、营业收入	营业收入分配	体现营业利润要求	收入分配
减：营业成本			
营业税费及附加			
销售费用			
管理费用			
二、营业利润	企业收入分配	体现企业利润要求	
加：其他利得			
减：其他损失			
三、息税前利润	税前利润分配	满足债权人利益	利润分配
减：财务费用（利息）			
四、利润总额		满足国家利益	
减：弥补以前年度亏损			
减：支付企业所得税			
五、净利润	税后利润分配	体现法定要求	
减：弥补以前年度亏损			
减：提取法定盈余公积			
减：提取任意盈余公积		体现章定要求	
六、可供股东分配利润		满足优先股股东利益	
减：向优先股股东支付股息			
减：向普通股股东支付红利		满足普通股股东利益	
七、未分配利润		体现企业要求	

（一）收入分配：营业收入分配与企业收入分配

收入分配是企业收益分配的首要步骤，包括营业收入分配与企业收入分配，其结果是形成息税利润。

1. 营业收入分配

企业通过销售产品、提供劳务、转让资产使用权等业务活动取得营业收入后，要对营业收入的匹配营业费用（工、料、耗、费）进行弥补，形成营业利润。因此，营业收入分配内容包括营业收入的取得和营业费用的发生。

（1）营业收入的取得。企业收入来源较多，其中营业收入是企业收入的基本组成部分，也是企业能够持续经营的基础条件。企业的再生产过程包括供应、生产和销售三个相互联系、相互制约的阶段。企业只有把生产出来的产品及时销售出去，才能保证再生产过程的持续进行。

影响主营业务收入主要因素是销售量与价格。由于企业一般按照"以销定产"的原则组织生产，那么，对销售量的预测显得尤为重要。科学的销售预测可以加速企业的资金周转，提高企业的经济效益。产品价格是企业获得市场占有率、提升产品竞争能力的重要因素。产品价格的制定会直接或间接地影响营业收入。一般来说，价格与销售量呈反向变动：价格上升，销售量减少；反之亦然。企业可以通过不同的价格制定方法与运用策略来调节产品的销售量，进而调节主营业务收入。

（2）营业费用的发生。不同的收入有不同的匹配费用，其中营业收入的匹配费用主要包括工、料、耗、费，即直接人工、直接材料、间接损耗、期间费用。企业为生产商品或提供劳务而发生的直接材料和直接人工，直接计入生产经营成本；企业为生产商品或提供劳务而发生的间接损耗（主要是机器折耗和物料投入），间接（通过一定方法进行分配）计入生产经营成本。这些生产经营成本随着销售的发生而转入匹配费用。企业为组织生产经营活动而发生的管理费用和销售费用，作为期间费用，直接计入当期损益。对匹配费用进行准确分类，能够明确反映用于生产经营活动的各项支出各是多少，有助于企业及时有效地解费用计划、定额、预算等执行情况，控制费用支出，加强成本管理。

2. 企业收入分配

营业利润是企业利润的基本部分，加上其他利得后，形成息税前利润。

营业收入 = 主营业务收入 + 其他业务收入

营业利润 = 营业收入 - 营业成本 - 营业税费 - 销售费用 - 管理费用 - 资产减值损失

息税前利润 = 营业利润 + 营业外收入 - 营业外支出

财务上的息税前利润与会计上的利润总额有所区别。一般而言，息税前利润不包括财务费用（利息）、公允价值变动损益、投资收益，也不包括企业所得税；而利润总额包括财务费用（利息）、公允价值变动损益、投资收益，但不包括所得税。

（二）利润分配：税前利润分配和税后利润分配

利润分配有常义和广义之分。常义利润分配仅指税后利润分配，是利润分配基本内容。广义利润分配包括税后利润分配和税前利润分配。

1. 税前利润分配

税前利润分配是对息税前利润的分配，其结果是形成净利润。第一，在息税前利润的基础上支付债务利息，满足债权人的利益诉求，形成息税前利润；第二，在息税前利润的基础上，根据有关规定，弥补以前年度亏损（税前弥补）；第三，支付企业所得税，履行对国家的纳税义务，形成净利润。

2. 税后利润分配

税后利润分配是对净利润的分配，其结果是形成未分配利润。第一，弥补以前年度亏损（税后弥补）；第二，按照一定比例提取盈余公积（法定盈余公积、任意盈余公积），形成可供股东分配利润；第三，在可供股东分配利润基础上向股东（包括优先股和普通股）支付股利，形成未分配利润。

税后利润分配按照《公司法》、《企业财务通则》等法规，主要包括以下内容：

（1）弥补以前年度亏损。企业在提取法定公积前，应当首先用当年利润弥补以前年度亏损。企业某一纳税年度发生亏损，准予用以后年度的应纳税所得（税前利润）弥补，一年弥补不足的，可以逐年连续弥补，弥补期最长不得超过五年，五年内不论是盈利或亏损，都作为实际弥补年限计算。连续五年未弥补的亏损，可以用税后利润弥补，其中，税后利润弥补亏损可以用当年实现的净利润，也可以用盈余公积转入。

（2）提取盈余公积。一是提取法定盈余公积。根据《公司法》规定，法定盈余公积的提取比例为当年税后利润（弥补亏损后）的10%。当年法定盈余公积的累积额已达注册资本的50%时，可以不再提取。提取法定盈余公积后，根据企业的需要，可用于弥补亏损或转增资本，但企业用盈余公积转增资本后，法定盈余公积的余额不得低于转增前公司注册资本的25%。提取法定盈余公积的目的是增加企业内部积累，可以增强企业的风险抵抗能力和发展后劲，有利于企业扩大再生产。二是提取任意盈余公积。根据《公司法》的规定，公司从税后利润中提取法定公积后，经股东大会决议，也可以从税后利润中提取任意盈余公积。这样做是为了满足企业经营管理，控制向股东分配股润的水平，以及调整各年度利润分配的波动。

（3）向股东支付股利。根据《公司法》的规定，公司弥补以前年度亏损和提取盈余公积后的税后利润，可以向股东（先优先股后普通股）分派股利。其中，有限责任公司股东按照所实缴的出资比例分取红利，全体股东约定不按照出资比例分取红利的除外；股份有限公司股东按照所持有的股份比例分配，但公司章程规定不按照持股比例分配的除外。

可见，在整个企业分配体系中，股利分配是税后利润分配的关键部分，是利润分配的核心内容，是收益分配的最后环节，也对收入分配产生重大影响。

三　股利分配流程

股利分配是整个收益分配的关键一节。弄清楚股利分配流程非常重要。

（一）股利分配的制约因子

股利分配涉及企业各利益攸关人切身利益，可谓"牵一发而动全身"，以下因素是企业进行股利分配时不得不考虑的。

1. 法律限制

（1）资本保全约束。规定公司无利不分，不能用资本（包括股本和资本公积）发放股利，目的是防止企业资本侵蚀，维护资本完整性，保护完整产权基础，保障债权人利益。

（2）资本积累约束。规定公司弥补亏损后必须按照10%比例提取盈余公积，股利只能从企业可供分配利润中支付。此处可供分配利润包含公司当期的净利润按照规定提取盈余公积后的余额和以前累积的未分配利润。另外，在进行利润分配时，一般应当贯彻"无利不分"的原则，即当企业出现年度亏损时，一般不进行利润分配。

（3）超额累积利润约束。由于资本利得与股利收入的税率不一致，如果公司为了避税而使盈余的保留大大超过公司目前及未来的投资需要时，将被加征额外的税款。

（4）偿债能力约束。要求公司考虑现金股利分配对偿债能力的影响，确定在分配后仍能保持较强的偿债能力，以维持公司的信誉和借贷能力，从而保证公司的正常资金周转。

2. 债权人要求

借款合同、债券合同、金融性租赁合同附有标准性、限制性、惩罚性条款。

（1）除非企业盈利达到一定水平，否则，不得发放现金股利。

（2）现金股利发放规定一个比率上限，或一个水平上限。

（3）若营运资金低于一定标准，不得发放现金股利。

3. 经营者倾向

基于企业短期经营和长期发展考虑，进行利润分配时，需要关注以下因素：

（1）现金流量。由于会计规范的要求和核算方法的选择，公司盈余与现金流量并非完全同步，净收益的增加不一定意味着可供分配的现金流量的增加。公司在进行利润分配时，要保证正常的经营活动对现金的需求，以维持资金的正常周转，使生产经营得以有序进行。

（2）资产的流动性。企业现金股利的支付会减少其现金持有量，降低资产的流动性，而保持一定的资产流动性是企业正常运转的必备条件。

（3）盈余的稳定性。一般来说，公司盈余越稳定，其股利支付水平越高。

（4）投资机会。若公司的投资机会多，对资金的需求量大，则很可能会考虑采用低股利支付水平的分配政策；相反，若公司的投资机会少，对资金的需求量小，则很可能倾向于采用较高的股利支付水平。此外，如果公司将留存收益用于再投资所得报酬低于股东个人单独将股利收入投资于其他投资机会所得的报酬时，公司就不应多留存收益，而应多发放股利，这样有利于股东价值的最大化。

（5）筹资能力（尤其是举债能力）。若公司具有较强筹资能力，随时能筹集到所需资金，那么它会具有较强的股利支付能力，则有可能采取较为宽松的利润分配政策；而对于一个举债能力较弱的公司，宜保留较多的盈余，因而往往采取较紧的利润分配政策。另外，留存收益是企业内部筹资的一种重要方式，它同发行新股或举债相比，不需花费筹资费用，同时增加了公司权益资本的比重，降低了财务风险，便于低成本取得债务资本。

（6）资本结构和资本成本。若一个公司的资产负债率较低，资本成本不高，则运用留存收益筹资的空间较大。

（7）其他因素。由于股利的信号传递作用，公司不宜经常改变其利润分配政策，应保持一定的连续性和稳定性。此外，利润分配政策还会受到其他公司的影响。例如不同发展阶段、不同行业的公司股利支付比例会有差异，这就要求公司在进行政策选择时要考虑发展阶段以及所处行业状况。

4. 股东意愿

（1）控制权。现有股东往往将股利政策作为维持其控制地位的工具。企业支付较高的股利导致留存收益减少，当企业为有利可图的投资机会筹集所需资金时，发行新股的可能性增大，新股东的加入必然稀释公司的控制权。所以，股东会倾向于较低的股利支付水平，以便从内部的留存收益中取得所需资金。

（2）稳定收入。如果股东以现金股利维持生活，他们往往要求企业能够支付稳定的股利，而反对过多的留存。

（3）避税。由于股利收入的税率要高于资本利得的税率，一些高股利收入的股东出于避税的考虑而往往倾向于较低的股利支付水平。

5. 其他因子

（1）通货膨胀。通货膨胀会带来货币购买力水平下降，导致固定资产重置资金不足，此时，企业往往不得不考虑留用一定的利润，以便弥补由于购买力下降而造成的固定资产重置资金缺口。因此，在通货膨胀时期，企业一般会采取偏紧的利润分配政策。

（2）债务契约。一般来说，股利支付水平越高，留存收益越少，企业破产风险加大，就越有可能损害到债权人的利益。因此，为保证自己的利益不受侵害，债权人通常都会在债务合同、租赁合同中加入关于借款企业股利政策的限制条款。

（3）股利分配政策惯性。一般来说，政策实施通常具有惯性。

（二）股利分配基本程序

1. 股利支付方式

（1）现金股利。现金股利也称派现，是股份公司以现金方式发放给股东的股利，它是股利支付的最常见的方式。发放现金股利的多少，主要取决于公司的股利政策和经营业绩。上市公司发放现金股利主要出于三个原因：投资者偏好、减少代理成本和传递公司的未来信息。

公司采取现金股利形式，必须具备两个条件：第一，公司要有足够现金；第二，公司要有足够的未指明用途的留存收益（未分配利润）。一般说来，现金流入超过现金流出的余额越多，现金的可调剂头寸（款项）与机动弹性越大，支付高现金股利的能力越强。相反，当企业的现金头寸吃紧时，企业为了保证应付意外情况的机动性，通常是不愿意也不应当承受太大的财务风险而动用现金支付巨额的股利。

（2）股票股利。股票股利是公司以增发股票方式支付的股利，我国实务中通常也称其为"红股"。股票股利对公司来说，并没有现金流出企业，也不会导致公司的财产减少，而只是将公司的留存收益转化为股本。但股票权利会增加流通在外的股票数量，同时降低股票的每股价值。它不改变公司股东权益总额，但会改变股东权益的构成。

（3）财产股利。财产股利是以现金以外的其他资产支付的股利，主要是以公司所拥有的其他公司的有价证券，如债券、股票等，作为股利支付给股东。有的公司也以自己的产品或服务作为财产股利发放，但它一般不受股东欢迎，因为股东投资入股的根本目的是在未来获取价值，而非获取实物股利。

（4）负债股利。负债股利是以负债方式支付的股利，通常以公司的应付票据支付给股东，有时也以发放公司债券的方式支付股利。发放这种股利的公司多发生在公司宣告了发放股利后因财务状况发生突变，营运资金匮乏，因而发放股利具有困难，公司只能以增加负债的方式来应对财务状况发生的突变。

财产股利和负债股利实际上是现金股利的替代，但这两种股利支付形式在我国不太常见，且我国法律规定公司不能发放财产股利和负债股利，只能发放现金股利和股票股利。

2. 股利发放方案

公司股利发放必须遵守相关要求，按照具体方案进行。一般情况下，先由董事会提出股利分配预案，后由股东大会决议通过才能进行分配。股东大会决议通过分配预案后，要向股东宣布股利发放方案，确定股权登记日、除息日和股利发放日。

（1）预案公布日。一般由董事会制订并提交股东大会决定的日期。

（2）股利宣告日。股东大会决议通过并由董事会将股利支付情况对外予以公告的日期。公告中将宣布每股应支付的股利、股权登记日、除权除息日、股利发放日等。

（3）股权登记日。有权领取本期股利的股东资格登记的截止日期。凡是在此指定日期收盘前取得公司股票，成为公司在册股东的投资者都可以作为股东享受公司分派的股利。在此指定日期后取得股票的股东则无权领取本次分派的股利。

（4）除权除息日。股利与股权分离，领取股利的权利与股票分离的日期。在除权除息日前购买的股票，有权领取本次股利，而在除权除息日当天或以后购买的股票，则不能领取本次股利。由于失去了"领息"权利，除权除息日的股票价格会下跌。

（5）股利发放日。也称股利支付日，公司按照公布分红方案向股权登记日在册股东实际支付股利的日期。

【例7-1】2013年5月15日，某公司董事会发布了2012年度股利分配方案，该方案已经2013年4月29日召开的公司股东大会审议通过，股利分配方案如下：

（1）发放年度：2012年度。

（2）发放范围：截至2013年5月23日证券交易所（公司在沪上市）收市后，在中国证券登记结算有限责任公司上海分公司登记在册的全体股东。

（3）本次分配以72483519600股为基数，向全体股东每10股派发现金红利3元（含税，个人所得税税率为10%），共计派发现金股利21174055880元。

（4）实施日期：预案公布日2013年4月29日，股利宣告日2013年5月15日，股权登记日为2013年5月23日，除权除息日为2013年5月24日，股利发放日为2013年6月4日。

（5）实施办法：无限售条件的流通股股东的现金红利委托中国证券登记结算有限责任公司上海分公司通过其资金清算系统向股权登记日登记

在册并在上海证券交易所各会员单位办理了指定交易的股东派发，投资者可于股利发放日在其指定的证券营业部领取现金红利。有限售条件的流通股股东的现金红利由本公司直接发放。

四 内源性筹资对股东财富的影响

内源性筹资对股东财富的总体影响是，既影响股东当前财富，也影响股东未来财富，需要精心制定股利分配政策。若内源性筹资多，股利分配少，股东当前财富小；若内源性筹资少，股利分配多，股东当前财富大。具体表现在：

（一）调节企业资本成本最低化

根据企业价值估计现金流量折现模型：

$$V = \sum_{t=0}^{n} \frac{CF_t}{(1 + K_W)^t}$$

式中：企业价值为 V，各期的企业现金流量为 CF_t，企业资本成本为 K_W。

从式中可以看出，如果说长期经营性投资对财务目标的最大贡献是确定企业现金流量 CF_t，长期外源性筹资对财务目标的最大贡献是确定企业资本成本 K_W，营运资金管控对财务目标的最大贡献是进一步落实企业现金流量 CF_t，那么，内源性筹资对财务目标的最大贡献是进一步调节企业资本成本 K_W，使之趋于最低化。

（二）促进企业资本结构最优化

资本结构包括但不限于以下四个方面：

1. 期限结构

涉及长期筹资与短期筹资比例关系。长期筹资的特征有：第一，具有股权性，如普通股、优先股、留存收益；也具有债务性，如长期借款、公司债券、金融租赁。第二，具有经营性，如普通股、留存收益；也具有金融性，如优先股、长期借款、公司债券、金融租赁。第三，具有内源性，如留存收益；也具有外源性，如普通股、如优先股、长期借款、公司债券、金融租赁。

短期筹资的特征有：第一，具有债务性。第二，具有外源性。第三，具有经营性，如无息应收票据、应收账款、预收款项、应付职工薪酬、应交税费、应付股利（普通股）；也具有金融性，如短期借款、交易性金融负债、带息应收票据、应付利息、应付股利（优先股）。

长期筹资和短期筹资各自特征及其结合，为期限结构的优化提供了思路。

2. 性质结构

涉及股权筹资与债务筹资比例关系。股权筹资特征有：第一，具有长期性。第二，具有内源性，如留存收益；也具有外源性，如普通股。第三，具有经营性，如普通股；也具有金融性，如优先股。

债务筹资的特征有：第一，具有外源性。第二，具有金融性。第三，具有长期性，如长期借款、公司债券、金融租赁；也具有短期性，如短期借款、交易性金融负债、应付账款、应付票据（无息和有息）、预收款项、应付职工薪酬、应交税费、应付利息、应付股利（普通股和优先股）。

股权筹资和债务筹资各自的特征及其结合，为性质结构的优化提供了思路。

3. 用途结构

涉及经营性筹资与金融性筹资比例关系。经营性筹资特征有：第一，具有股权性。第二，具有长期性，普通股、留存收益、补偿贸易；也具有短期性，如自发性流动负债。第三，具有内源性，如留存收益；也具有外源性，如普通股、补偿贸易、自发性流动负债。

金融性筹资的特征有：第一，具有外源性。第二，具有股权性，如优先股；也具有债务性，如临时性流动负债、长期借款、公司债券、金融租赁。第三，具有长期性，如优先股、长期借款、公司债券、金融租赁；也具有短期性，如临时性流动负债。

经营性筹资和金融性筹资各自的特征及其结合，为用途结构的优化提供了思路。

4. 来源结构

涉及内源性筹资与外源性筹资的比例关系。内源性筹资的特征有：第一，具有股权性。第二，具有长期性。第三，具有经营性。

外源性筹资的特征有：第一，具有股权性，如普通股、留存收益、优先股；也具有债务性，如短期债务、长期债务。第二，具有长期性，如普通股、留存收益、优先股、各种长期负债；也具有短期性，如各种流动负债。第三，具有经营性，如普通股、留存收益、补偿贸易、自发性流动负债；也具有金融性，优先股、长期借款、公司债券、金融租赁、临时性流动负债。

内源性筹资和外源性筹资各自特征及其结合，为来源结构的优化提供了思路。

从以上分析可知，内源性筹资数量的变化，不仅会要求外源性筹资的规模和结构发生改变，而且会要求期限结构、性质结构、用途结构、来源结构发生改变，从而促进资本结构优化。

第二节　内源性筹资的转移或替代形式

股票股利（送股）由留存收益转化而来；股票配售（配股）带有一定股票股利成分，要分流一部分留存收益；股票回购（减股）作为现金股利替代，要占同一部分留存收益；股票分割（拆股）具有股票股利的功能。因此，股票股利、股票配售、股票回购、股票分割一起构成内源性筹资体系。

一　股票股利

股票股利，俗称送股或红股，或送红股，是一种特殊形式的股利，也是一种无偿股票发行方式。用于发放股票股利的，主要是当年可供分配利润，尤其是当年净利润。

在总股利一定的情况下，股票股利与现金股利互为消长关系。股票股利不同于现金股利。现金股利进入了股东腰包，股票股利留存企业内，构成企业的一项内源性筹资。

（一）送股对公司财务的影响

股票股利不会改变原有股东持股比例，但会改变所有者权益内部结构。发放股票股利后有影响的项目和无影响的项目，见表 7 - 2。

表 7 - 2　　　　　　　　发放股票股利后的项目影响

有影响的项目	无影响的项目
1. 所有者权益内部结构 2. 股票数量（增加） 3. 每股收益（下降） 4. 每股市价（下降）	1. 股东持股比例 2. 现金流量 3. 资本结构（包括资产总额、负债总额、股东权益总额不变） 4. 股票市场价值（若利润和市盈率不变） 5. 公司价值

【例7-2】某公司2012年实现净利润12000万元，2012年12月31日所有者权益情况见表7-3中"股票股利发放前"，年末每股收益（EPS_0）为2.4元，且近期保持相对稳定，2013年5月15日宣布发放股票股利，5月23日为股权登记日，按10送2的比例即送股率（b）发放股票股利，股权登记日的收盘价（P_0）12元。

表7-3　　　　　　　　　　送股后的所有者权益情况

单位：万元

所有者权益项目	送股前	送股后
股本（每股1元）	5000	6000
资本公积	5000	16000
盈余公积	2500	2500
未分配利润	15000	3000
合计	27500	27500

解

1. 送股对股票数量的影响

送股后的股票数：$N = N_0 \times (1 + b) = 5000 \times (1 + 20\%) = 6000$ 万股

借：利润分配——未分配利润　　　　　　12000（12×1000）

贷：股本　　　　　　　　　　　　　1000（1×1000）

资本公积　　　　　　　　　11000[（12-1）×1000]

发放股票股利对所有者权益内部结构的影响通常有两种会计处理方法。一是股票股利按市价确定，未分配利润按市价减少（增加的股数×每股市价），股本按面值增加（增加的股数×每股面值），差额作为资本公积；二是股票股利按面值确定，未分配利润按面值减少（增加的股数×每股面值），股本按面值增加（增加的股数×每股面值），资本公积不变。本书采用第一种会计处理方法，也是国际惯例。

2. 送股对每股收益的影响

送股后，除权除息日每股收益会下降。送股后的每股收益为：

$EPS = EPS_0 \div (1 + b) = 2.4 \div (1 + 20\%) = 2.0$（元/股）

3. 送股对每股净资产的影响

送股后，每股净资产会上升。原来每股净资产为：

$BPS_0 = 27500 \div 5000 = 5.5$ （元／股）

送配后的每股净资产为：

$BPS = BPS_0 \div (1 + b) = 5.5 \div (1 + 20\%) = 4.58$（元／股）

4. 送股对每股价格的影响

送股后，除权除息日每股价格也会下降。送股后的每股价格为：

$P = P_0 \div (1 + b) = 12 \div (1 + 20\%) = 10.00$（元／股）

这个除权价格是一个理论价格，是根据股权登记日的收盘价计算出来的。若除权除息日的市价高于除权价，为填权；反之，为贴权。

（二）送股意义

1. 对股东的影响

具有避税效果，抵消增发股票的消极后果。对股东来讲，股票股利优点主要有：

（1）派发股票股利后，理论上每股市价会成比例下降，但实务中这并非必然结果。因为市场和投资者普遍认为，发放股票股利往往预示公司会有较大程度的发展和成长，这样的信息传递会稳定股价或使股价下降比例减少甚至不降反升，股东便可以获得股票价值相对上升的好处。

（2）由于股利收入和资本利得税率的差异，如果股东把股票股利出售，还会给他带来资本利得纳税上的好处。

2. 对公司的影响

保留现金资产，控制股价，有利于吸引投资者。对公司来讲，股票股利优点主要有：

（1）发放股票股利不需要向股东支付现金，在再投资机会较多的情况下，公司就可以为再投资提供成本较低的资金，从而有助于公司的发展。

（2）发放股票股利可以降低公司股票的市场价格，既有利于促进股票的交易和流通，又有利于吸引更多的投资者成为公司股东，进而使股权更为分散，有效地防止公司被恶意控制。

（3）股票股利的发放可以传递公司未来发展前景良好的信息，从而增强投资者的信心，在一定程度上稳定股票价格。

二 股票配售

股票配售也称配股，常常与送股一起，统称为送配股，是上市公司的一种特殊市场行为。

配股在第一章第二节中已经论述过。但由于配股价通常大大低于市场价，配股就带有送股的成分，因此，配股是有偿股票发行方式，也是无偿股票发行方式；是外源性筹资，也是内源性筹资。

（一）配股对公司财务的影响

配股时，若所有原股东都行使配股权，则不会改变股东持股比例，但会改变所有者权益内部结构，且表7-1中所有项目几乎为有影响的项目。

【例7-3】某公司2012年实现净利润12000万元，2012年12月31日所有者权益情况见表7-4"配股前"，年末每股收益（EPS_0）2.4元，且近期保持相对稳定，2013年5月15日宣布配股，5月23日为股权登记日，按10配3的比例即配股率（a）进行配股，配股价（P_A）7元，股权登记日的收盘价（P_0）12元。

表7-4　　　　　　　　　配股后的所有者权益情况

单位：万元

所有者权益项目	配股前	配股后
股本（每股1元）	5000	6500
资本公积	5000	21500
盈余公积	2500	2500
未分配利润	15000	7500
合计	27500	38000

解

1. 配股对股票数量的影响

配股后的股票数增加为：

$N = N_0 \times (1 + a) = 5000 \times (1 + 30\%) = 6500$（万股）

借：利润分配——未分配利润　　　　　$7500（5 \times 1500）$

　　银行存款　　　　　　　　　　　$10500（7 \times 1500）$

贷：股本　　　　　　　　　　　　　　$1500（1 \times 1500）$

　　资本公积　　　　　　　　　　$16500[（12 - 1）\times 1500]$

2. 配股对每股收益的影响

配股后，除权除息日的每股收益会下降。配股后每股收益为：

$EPS = EPS_0 \div (1 + a) = 2.4 \div (1 + 30\%) = 1.85$（元/股）

3. 配股对每股净资产的影响

配股后，每股净资产会上升。配股后的每股净资产为：

$$BPS = BPS_0 \div (1+a) = 5.5 \div (1+30\%) = 4.23 (\text{元/股})$$

4. 配股对每股价格的影响

配股后，除权除息日的每股价格也会下降。配股后每股价格为：

$$P = (P_0 + P_A \times a) \div (1+a) = (12 + 7 \times 30\%) \div (1+30\%) = 10.85 (\text{元/股})$$

（二）配股意义

对股东，避免增发的消极后果；对公司，既可以筹资，也可以稳定投资者。

以上讲述了现金股利、送股和配股三种市场行为，且是单独讲述的。事实上，在资本市场上，这三种市场行为可能同时存在，这时除权价格的通用式为：

$$P = (P_0 - DPS + P_A \times a) \div (1+a+b)$$

（1）若仅有现金股利：$P = P_0 - DPS$

（2）若仅有送股：$P = P_0 \div (1+b)$

（3）若仅有配股：$P = (P_0 + P_A \times a) \div (1+a)$

（4）若同时有现金股利和送股：$P = (P_0 - DPS) \div (1+b)$

（5）若同时有现金股利和配股：$P = (P_0 - DPS + P_A \times a) \div (1+a)$

（6）若同时有送股和配股：$P = (P_0 + P_A \times a) \div (1+a+b)$

（7）若同时有现金股利、送股和配股：$P = (P_0 - DPS + P_A \times a) \div (1+a+b)$

三　股票回购

股票回购是上市公司从股票市场赎回本公司发行在外的一定数量股票。股票回购后，可以将回购股票注销，也可以将回购的股票作为"库藏股"，日后为管理层收购、员工持股计划、债转股等做准备，或在需要资金时再出售。一般来说，公司不得随意回购本公司的股份。只有在满足相关法律的情形下才能股票回购。股票回购按目的分为红利替代型和服务战略型，这里仅涉及红利替代型股票回购。

（一）股票回购的基本问题

1. 股票回购方式

（1）要约回购。也称要约招标回购，是指公司向股东发出要约回购部分股票。反观之，股东以拍卖方式回售部分股票。要约回购价格通常高于当前市价。

（2）公开收购。也称公开市场收购，指公司在公开交易市场上以当前市价回购股票。其特点是公允。

（3）协议回购。也称私下协议回购，指公司以协议价格直接向一个或几个主要股东回购股票。其特点是灵活性强。协议回购价格通常高于当前市价。

2. 股票回购动机

（1）替代现金股利。现金股利政策会增大公司未来派现压力。当公司资金富余时，通过回购股东所持股票将现金分配给股东，这样，股东就可以根据自己的需要选择继续持有股票或出售获得现金。这种红利替代型股票回购常常与股票股利相提并论。

（2）改变公司资本结构。无论现金回购还是举债回购股份，都会提高公司财务杠杆水平，改变公司资本结构。公司认为股权资本在资本结构中所占比例较大时，为了调整资本结构而进行股票回购，可以在一定程度上降低整体资本成本。

（3）传递公司信息。由于信息不对称和预期差异，证券市场上的公司股票价格可能被低估，而过低的股价将会对公司产生负面影响。一般情况下，投资者会认为股票回购意味着公司认为其股票价值被低估而采取的应对措施。

（4）基于控制权的考虑。控股股东为了保证其控制权，往往采取直接或间接的方式回购股票，从而巩固既有的控制权。另外，股票回购使流通在外的股份数变少，股价上升，从而可以有效地防止敌意收购。

3. 股票回购的法律规定

一般来说，公司不得随意回购本公司股份。只有满足相关法律规定，才能进行股票回购。我国《公司法》第一百四十三条规定：公司不得收购本公司股份。但是有下列情况之一的除外：一是减少公司注册资本；二是与持有本公司股份的其他公司合并；三是将股份奖励给本公司职工；四是股东因对股东大会作出的公司合并、分立决议持异议，要求公司收购其股份的。

4. 股票回购与股票股利的关系

股票回购之所以常常与股票股利相提并论，是因为：一是回购价通常不等于市场价，使股票回购带有股票股利的性质；二是股票股利只有以后才能转化为资本利得，而股票回购提前实现了资本利得；三是股票股利是资本增加的正向内源性筹资，而股票回购是资本减少的反向内源性筹资。

（二）股票回购对股东财富的影响

股票回购减少股东持股比例，也会引起公司资产减少，所有者权益减少，所有者权益结构通常也会发生改变。当不考虑税收，股票回购和现金股利对股东财富影响没有差别；但当考虑税收，因税差效应，股票回购下股东获得的财富，要多于现金股利下股东获得的财富。

【例7－4】某公司2012年实现净利润12000万元，2012年12月31日所有者权益情况见表7－5"减股前"，年末每股收益2.4元，且近期保持相对稳定，2013年1月8日以每股价格15元赎回发行在外的股票2%（r），当日收盘价（P_0）12元。

表7－5　　　　　　　　　　减股后所有者权益情况

单位：万元

所有者权益项目	减股前	减股后
股本（每股1元）	5000	4900
资本公积	5000	3900
盈余公积	2500	2500
未分配利润	15000	14700
合计	27500	26000

解

1. 股票回购对股票数量的影响

股票回购后股票数减少为：

$N = N_0 \times (1 - r) = 5000 \times (1 - 20\%) = 4900$（万股）

　　借：股本　　　　　　　　　　　　　　　100（2% × 5000）
　　　　资本公积　　　　　　　　　　　　1100[（12 － 1）× 100]
　　　　利润分配——未分配利润　　　　　300[（15 － 12）× 100]
　　　贷：银行存款　　　　　　　　　　　　　　1500（15 × 100）

2. 股票回购对每股收益的影响

股票回购后，每股收益会上升。股票回购后每股收益为：

$EPS = EPS_0 \div (1 - r) = 2.4 \div (1 - 2\%) = 2.45$（元/股）

3. 股票回购对每股净资产的影响

股票回购后，每股净资产会上升。股票回购后每股净资产为：

$$BPS = BPS_0 \div (1 - r) = 5.5 \div (1 - 2\%) = 5.61(元/股)$$

4. 股票回购对每股价格的影响

股票回购后，每股价格会上升。股票回购后每股价格为：

$$P = P_0 \div (1 - r) = 12 \div (1 - 2\%) = 12.24(元/股)$$

（三）股票回购的意义

1. 优势

（1）巩固既定控制权或者转移公司控制权；（2）提高公司每股收益和每股市价；（3）改善资本结构；（4）抵御收购风险或者满足并购需要。

2. 劣势

（1）股票回购需要大量资金支付回购成本，容易造成资金紧张，降低资产流动性，影响公司的后续发展。

（2）股票回购无异于股东退股和公司资本的减少，也可能会使公司的发起人股东更注重创业利润的实现，在一定程度上削弱了对债权人利益的保护，也忽视了公司的长远发展，损害了公司的根本利益。

（3）股票回购容易导致公司操纵股价。公司回购自己的股票容易导致其利用内幕消息进行炒作，加剧公司行为的非规范化，损害投资者的利益。

四　股票分割

股票分割也称拆股或股票拆细，是公司管理当局将某一特定数额的新股按一定比例交换一定数额流通在外的旧股，即将一股旧股拆分成多股新股。

（一）股票分割的基本问题

股票分割除了会计处理与股票股利不同外，两者在实务上的差异较小。美国纽约证券交易所规定，发放 25% 以上的股票股利被视为股票分割。

1. 股票分割与股票股利关系

股票分割不属于股票股利，但可以产生股票股利的效果。股票分割与股票股利非常相似，都是在不增加股东权益总额的情况下增加了股份数量；所不同的是，股票股利虽不会引起股东权益总额的改变，但股东权益结构发生了变化，而股票分割之后，股东权益总额和股东权益结构都不会发生任何变化，变化的只是股票面值。

2. 股票分割意义

（1）降低股票价格。股票分割会使每股市价降低，买卖该股票所需资金量减少，从而可以促进股票的流通和交易。流通性的提高和股东数量的增加，会在一定程度上加大对公司股票恶意收购的难度。此外，降低股票价格还可以为公司发行新股做准备，因为股价太高会使许多潜在投资者力不从心而不敢轻易对公司股票进行投资。

（2）传递利好信号。股票分割是向市场和投资者传递"公司发展前景良好"的信号，有助于提高投资者对公司股票的信心。与股票分割相反，如果公司认为其股票价格过低，不利于其在市场上的声誉和未来再筹资时，为提高股票价格，会采取反分割措施。反分割又称股票合并或逆向分割，是指将多股股票合并为一股股票的行为。反分割显然会降低股票的流通性，提高公司股票投资的门槛，它向市场传递的信息通常都是不利的。

（二）股票分割对公司财务的影响

股票分割不会改变股东持股比例，同时，所有者权益总额不变，股权结构不变，资本结构不变，股东财富不变，公司价值不变，但会增加发行在外的普通股股数，同时，股票面值降低。

【例 7 - 5】某公司 2012 年实现净利润 12000 万元，2012 年 12 月 31 日所有者权益情况见表 7 - 6 "拆股前"，年末每股收益 2.4 元，且近期保持相对稳定，2013 年 1 月 4 日假设该公司按照 1 : 2 的比例进行股票分割，当日收盘价（P_0）12 元。

表 7 - 6　　　　　　　　减股后所有者权益情况　　　　　　　单位：万元

所有者权益项目	拆股前	拆股后
股本	5000（每股 2 元）	5000（每股 1 元）
资本公积	5000	5000
盈余公积	2500	2500
未分配利润	15000	15000
合计	27500	27500

解

（1）股票分割对股票数量的影响

股票分割后的股票数由原来的 2500 万股增加到 5000 万股。

（2）股票分割对每股收益的影响

股票分割后，每股收益会减少，由原来 4.8 元/股减少到 2.4 元/股。

（3）股票分割对每股净资产的影响

股票分割后，每股净资产会降低，由原来的 11 元/股降低到 5.5 元/股。

（4）股票分割对每股价格的影响

股票分割后，每股价格会下降，由原来的 12 元/股下降到 6 元/股。

值得一提的是，在一定条件下，一个公司现金股利、送股、配股、股票回购和股票分割五种市场行为可能同时存在，这时，除权价格的通用式为：

$$P = (P_0 - DPS + P_A \times a) \div (1 + a + b) \frac{c}{1 - r}$$

第三节　决定内源性筹资的股利分配政策

股利政策是指企业在不违反国家有关法律的前提下，根据本企业具体情况制定。股利政策既要保持相对稳定，又要符合公司财务目标。在实际工作中，通常有以下几种股利政策可供选择。股利政策是股东当前利益与企业未来发展之间权衡的结果，会引起股东权益规模与结构、企业资产规模的变化，对企业目标的实现具有重大影响。

一　剩余股利政策

剩余股利政策的理论基础是 MM 理论以及股利无关论，应用前提是具有良好投资机会。剩余股利政策是指公司存在良好投资机会时，根据目标资本结构，测算出项目投资所需的股权资本，先从盈余中留用，然后将剩余的盈余用于股利分配，即净利润首先满足公司投资需求，若有剩余，则派发股利；若无剩余，则不派发股利。根据 MM 理论，在完美资本市场中，公司股利政策与普通股每股市价无关，只随着公司投资、筹资方案的制定而自然确定。

（一）剩余股利政策要点

剩余股利政策通常遵循四个步骤：第一，设定公司目标资本结构，此时，公司综合资本成本达到最低；第二，制定公司最佳资本预算，并根据公司目标资本结构估计项目投资所需要增加的股权资本数额；第三，最大限度地使用留存收益来满足项目投资所需要增加的股权资本数额；第四，留存收益在满足公司项目投资需求后，若有剩余，则可以进行股利分配；若无剩余，则不分配股利，不足部分通过发行新股解决。

【例7-6】今年净利润800万元，明年准备新增项目投资1000万元，目前的最佳资本结构为 $B \div E = 2 \div 3$。

（1）若公司采用剩余股利政策，应当如何筹资和发放股利？

（2）若公司明年新增项目投资1500万元，其他条件不变，应当如何筹资和发放股利？

解

（1）股权筹资 $= 1000 \times 3 \div 5 = 600$（万元）

全部来自内源性筹资，净利润还有剩余，可以发放股利 $= 800 - 600 = 200$ 万元。

债务筹资 $= 1000 \times 2 \div 5 = 400$（万元）

用银行借款或发行债券解决。

（2）股权筹资 $= 1500 \times 3 \div 5 = 900$（万元）

内源性筹资仅能解决800万元，剩下的100万元需要发行新股，没有股利发放。

债务筹资 $= 1500 \times 2 \div 5 = 600$（万元）

用银行借款或发行债券解决。

（二）剩余股利政策利弊

剩余股利政策优势：留存收益优先满足再投资的需要，有利于降低再投资的资本成本，维持最佳资本结构，实现企业价值最大化的长期性。

剩余股利政策缺陷：若完全执行剩余股利政策，则每年发放的股利会随着投资机会和盈利水平的波动而波动。当盈利水平维持不变，股利发放额与公司投资机会的多寡呈反方向波动；当投资机会维持不变，股利发放额与公司盈利水平的高低呈同方向波动。此外，剩余股利政策不利于股东安排个人收入与支出，不利于公司树立市场形象和声誉，一般仅适用于公司初创阶段。

二　不变股利政策

不变股利的理论基础是信号传递理论，应用前提是具有较大盈利能力。不变股利政策指公司将每年派发的股利固定在某一特定水平上。一般来说，公司只有确信未来经营状况不会发生逆转时，才会宣布实施不变股利政策。

（一）不变股利政策要点

这一政策的要点是首先确定股利发放额，且一般不会随投资需求波动而波动。在较长时期内，无论公司盈利状况如何，将股利发放固定在某一水平。因此，采用固定股利政策，要求公司对未来的盈利能力和支付能力能够做出准确的判断。一般来说，公司确定的固定股利额不宜太高，以免陷入无力支付的被动局面。固定股利政策通常适用于经营状况比较稳定或正处于成长期的企业，且很难长期使用。

【例 7 – 7】今年净利润 800 万元，明年准备新增项目投资 1000 万元，目前的目标资本结构为 $B \div E = 2 \div 3$，确定的固定股利水平 400 万元。

解

固定股利为 400 万元

股利后剩余 = 800 – 400 = 400（万元）

股权筹资 = 1000 × 3 ÷ 5 = 600（万元）

内源性筹资仅能解决 400 万元，剩下的需要依靠外源性（股权）筹资，即发行新股。

发行新股 = 600 – 400 = 200（万元）

债务筹资 = 1000 × 2 ÷ 5 = 400（万元）

用银行借款或发行债券解决。

（二）不变股利政策利弊

不变股利政策优势：第一，固定股利作为此政策的核心信息，向市场传递公司正常发展的信号，有利于公司树立良好的市场形象，增强股东信心，稳定股票价格。第二，此政策有助于股东安排股利收入和支出，有利于吸引那些打算进行长期投资并对股利收入有很高依赖性的股东。第三，此政策可能会不符合剩余股利理论，但考虑到股票市场受多种因素的影响（包括股东心理预期和其他要求），为了将股利维持在稳定的水平上，即使推迟某些投资方案或暂时偏离目标资本结构，也可能比降低股利更为有利。

不变股利政策缺陷：无论公司盈亏，股利支付不变，容易造成股利分配与实际利润相脱节；当公司困难甚至亏损时，必然侵蚀公司资本，导致公司财务状况恶化,影响公司后续发展;不符合无利不分的股利分配原则,也与现行《公司法》相违背。

三 稳定增长股利政策

稳定增长股利政策理论基础是信号传递理论,应用前提是具有较大盈利能力。

(一) 稳定增长股利政策要点

稳定增长股利政策是指在较长时期内,无论公司盈利状况如何,将股利发放按一定比例或一定金额稳定增长。一般来说,公司只有在确信未来经营状况不会发生逆转才会宣布实施稳定增长股利政策。因此,采用稳定增长股利政策,要求公司对未来盈利能力和支付能力能够做出准确判断。一般来说,公司确定的固定股利额不宜太高,以免陷入无力支付的被动局面。固定或稳定增长股利政策通常适用于经营状况比较稳定或正处于成长期的企业,且很难长期使用。

【例 7 - 8】 今年净利润 800 万元,明年准备新增项目投资 1000 万元,目前的目标资本结构为 $B \div E = 2 \div 3$,当年股利水平 400 万元,从下年起增长 20%。

解

发放股利为 480 万元（400 × 1.2）

股利后剩余 = 800 - 480 = 320 （万元）

股权筹资 = 1000 × 3 ÷ 5 = 600 （万元）

内源性筹资仅能解决 320 万元

外源性 (股权) 筹资 = 600 - 320 = 280 （万元）,即发行新股。

债务筹资 = 1000 × 2 ÷ 5 = 400 （万元）

用银行借款或发行债券解决。

(二) 稳定增长股利政策利弊

稳定增长股利政策优势:第一,此政策本身的核心信息含量——稳定增长股利向市场传递公司正常发展的信号,有利于公司树立良好的市场形象,增强股东信心,稳定股票价格。第二,此政策有助于股东安排股利收入和支出,有利于吸引那些打算进行长期投资并对股利收入有很高依赖性的股东。第三,此政策可能会不符合剩余股利理论,但考虑到股票市场受多种因素的影响(包括股东心理预期和其他要求),为了将股利维持在稳定的水平上,即使推迟某些投资方案或暂时偏离目标资本结构,也可能比降低股利或股利增长率更为有利。

稳定增长股利政策缺陷：无论盈亏，股利支付只升不降，容易造成股利分配与实际利润脱节；当公司困难甚至亏损时，必然侵蚀资本，影响公司后续发展；不符合无利可分的股利分配原则，也与现行《公司法》相违背。

四　固定股利支付率政策

固定股利支付率政策理论基础是在手之鸟理论，应用前提是具有较大盈利能力。固定股利支付率政策是指公司将每年净利润的某一固定百分比作为股利分派给股东。这一百分比称为股利支付率，股利支付率一经确定，一般不得随意变更。

（一）固定股利支付率政策要点

在这一股利政策下，只要公司税后利润一经确定，派发的股利也就相应确定。股利支付率越高，留存收益率越低。

公司每年面临的投资机会和筹资渠道均不相同，且均会影响到公司的股利分派，所以，在现实生活中，一成不变地奉行固定股利支付率政策的公司并不多见。固定股利支付率政策比较适用于那些经营状况和财务状况均较稳定的公司。

【例7－9】今年净利润 800 万元，明年准备新增项目投资 1000 万元，目前的目标资本结构为 $B \div E = 2 \div 3$，股利支付率为 40%。

解

发放股利为 320 万元（800 × 40%）

股利后剩余 = 800 － 320 = 480（万元）

股权筹资 = 1000 × 3 ÷ 5 = 600（万元）

内源性筹资仅能解决 480 万元

外源性（股权）筹资 = 600 － 480 = 120（万元），即发行新股。

债务筹资 = 1000 × 2 ÷ 5 = 400（万元）

用银行借款或发行债券解决。

（二）固定股利支付率政策利弊

固定股利支付率政策优点：第一，采用固定股利支付率政策，股利与公司盈余能够紧密的配合，体现了"多盈多分、少盈少分、无盈不分"的股利分配原则。第二，由于公司的获利能力是经常变动的，因此，每年的股利分配也应当随着公司盈利的变动而变动。

固定股利支付率政策缺点：第一，大多数公司每年的盈利很难保持相对稳定，导致年度间的股利波动较大，容易向股东传递经营状况不稳定、投资风险较大的不良印象。第二，盈利多的公司，并不能代表公司有足够现金流用来支付与盈利相匹配的股利额，容易使公司面临较大财务压力。第三，要确定合适的固定股利支付率，难度较大。

较长时期内，无论公司盈利状况如何，将发放的股利固定在某一百分比上。优点：充分体现多盈多分、少盈少分、不盈不分的原则；有利于依赖股利收入的股东妥善安排收入和支出。缺点：当公司盈利不稳定时，引起股利分配频繁变动；当现金不够充足时，形成较大财务压力；股利支付率的确定是股利政策的核心内容，难度较大。

五　低正常股利加额外股利政策

低正常股利加额外股利政策理论基础是在手之鸟理论和信号传递理论，应用前提是具有较大盈利能力。

（一）低正常股利加额外股利政策要点

低正常股利加额外股利政策是指公司事先设定一个较低的正常股利额，每年除了按正常股利额向股东发放股利外，在公司盈余较多、现金较为充裕的年度，再向股东发放一部分额外股利。但是，一般来说，额外股利并不固定，意味着公司不一定永久地提高了股利支付率，可以用计算式表示为：

$$Y = a + bX$$

式中：Y 为每股股利，X 为每股收益，a 为正常每股股利，b 为额外股利支付率。

相对来说，对盈利波动较大或者现金流量很不稳定的公司，低正常股利加额外股利政策是一种不错的选择。

【例 7 - 10】今年净利润 800 万元，明年准备新增项目投资 1000 万元，目前的目标资本结构为 $B \div E = 2 \div 3$，当年股利水平 150 万元，预计下年盈利较高，发放额外股利 200 万元。

解

明年发放股利为 350 万元（150 + 200）

股利后剩余 = 800 - 350 = 450（万元）

股权筹资 = 1000 × 3 ÷ 5 = 600（万元）

内源性筹资仅能解决 450 万元。

外源性（股权）筹资＝600－450＝150（万元），即发行新股。

债务筹资＝1000×2÷5＝400（万元）

用银行借款或发行债券解决。

（二）低正常股利加额外股利政策利弊

低正常股利加额外股利政策优势：第一，公司在股利发放上留有余地，增强了公司的财务弹性，赋予公司财务决策具有较大的灵活性。公司可以根据每年的具体情况，选择不同的股利发放水平，以稳定和提高股价，实现财务管理目标。第二，对股利具有高度依赖性的股东，每年可以得到虽较低但比较稳定的股利收入，从而吸引这一部分股东。

低正常股利加额外股利政策缺陷：第一，额外股利时有时无，容易造成股利波动，若年份之间公司盈利的频繁波动使额外股利不断变化，造成每年分派的股利差异较大，容易给股东传递收益不稳定的信号。第二，公司在较长时间持续发放额外股利后，股东可能会误认为"正常股利"，一旦取消，传递的信号可能会被股东认为公司经营状况和财务状况恶化，进而导致股价下跌。

本章小结

内源性筹资是股权筹资，是长期筹资、直接筹资、经营性筹资。留存收益作为内源性筹资的唯一来源，与股利分配互为消长关系。股利分配是收益分配的核心内容和关键环节。收益分配按层次包括税前收益分配和税后收益分配，按顺序包括收入分配（分为营业收入分配和企业收入分配两个环节）、利润分配（分为税前利润分配、税中利润分配和税后利润分配三个环节）和股利分配。涉及企业各利益相关人的切身利益，可谓"牵一发而动全身"，应当考虑法律限制、债权人要求、企业（经营者）倾向、股东意愿等各种因素影响。股利分配形式有现金股利、股票股利、财产股利和负债股利，常见的是现金股利和股票股利，不常见的财产股利与负债股利的本质是现金股利。留存收益作为内源性筹资的唯一形式，其大小受当年盈利和股利分配政策的制约。内源性筹资对股东财富的影响是：一是降低企业资本成本；二是改善企业资本结构。

内源性筹资转移方式是股票股利和股票配售，替代方式是股票回购和股票分割。股票股利（送股）与现金股利在股利一定的情况下互为消长关系，是一种内源性筹资。股票配售（配股）带有送股的成分，具有一定的内源性筹资性质。股票回购（减股）是指公司出资将其发行在外的普通股以一定价格赎回予以注销或者作为库存股的行为。股票回购分为红利替代型和战略谋求型，前者作为现金股利的替代。一般来说，公司不得随意回购本公司的股票，只有满足相关法律规定后方可进行股票回购。股票分割（拆股）是指公司将旧股拆细为新股的行为。股票分割与股票股利非常相似，均是在不增加股东权益总额的情况下增加了股票数量，所不同的是，股票股利虽然不会改变股东权益总额，但会引起股东权益结构的变化，而股票分割之后，股东权益总额和股东权益结构均不会发生变化，变化的只是股票面值。

股利分配政策可以决定内源性筹资的大小，是指在法律允许的范围内，企业对是否发放股利、发放多少股利、何时发放股利所制定的方针与策略。股利往往可以向市场传递一些信号，如股利有无、多寡、是否稳定、是否增长等，这些信息往往是大多数投资者推测公司经营状况和财务状况以及发展前景的依据。因此，股利政策事关公司的市场形象，合理的股利政策有利于提高公司价值。在股利分配实务中，可供选择的股利政策通常是剩余股利政策、固定股利政策、稳定增长股利政策、固定股利支付率政策、低正常股利加额外股利政策。

第八章 金融性投资：第五财务行为

第四章涉及长期经营性投资，第六章第二节涉及短期经营性投资，本章涉及金融性投资，对应的资产分布在资产负债表的左中部，见表1-4。

金融性投资指企业对外投资，与经营性投资（对外长期经营性投资除外）企业对内投资相区别。严格来讲，对外投资也有长期投资和短期投资之分。对外长期投资包括可供出售金融资产、持有至到期投资、长期股权投资三个会计科目；对外短期投资是指交易性金融资产一个会计科目。控制型长期股权投资属于长期经营性投资（第四章已论及），现金替代品交易性金融资产属于短期经营性投资（第五章已论及），因此，金融性投资包括两部分：一是除现金替代品之外的对外短期投资；二是除控制型长期股权投资之外的对外长期投资。

金融性投资不属于企业正统经营范围。否则，与其将金融性投资交给经营者做，不如股东亲自做，可以节省不菲的交易成本。另外，金融性投资虽然不能为社会创造财富，但能为企业闲置资金寻找出路，分散投资风险，放大企业价值和社会财富，俨然成为企业财务活动的缓冲地带。因此，金融性投资无疑是企业不可或缺的财务行为，本书称其为企业的第五财务行为。

第一节 金融性投资与财务目标

金融性投资是指企业（作为投资者）将多余的现金投于股票、债券、基金份额、衍生金融产品等金融工具，谋求理想而现实的回报。所谓"理想而现实"，是指当企业闲置现金目前找不到高盈利经营性投资项目时，投资于金融工具比储存于银行要强。因此，金融性投资能够帮助企业更好地实现财务目标。

一 金融性投资特征与流程

金融性投资对象主要是证券，故也称证券投资。金融性投资具有高度市场性、投机性和风险性，在特征、程序上根本区别于经营性投资（无论是长期还是短期）。

（一）金融性投资特征

既然金融性投资不属于企业的正统经营业务，那为什么企业总是乐此不疲呢？原因是金融性投资是企业不可或缺的财务行为。

1. 金融性投资本质

金融性投资与长期经营性投资、短期经营性投资有着本质的区别：

（1）金融性投资是对外投资。固定资产投资、存货投资等经营性投资的对象是实体资产，分布在企业内部；而金融性投资的对象是其他证券发行人的证券，分布在企业外部。

（2）金融性投资有直接—间接投资，也有间接—间接投资。经营性投资的注资人和用资人之间无媒介，是直接投资，分为直接—直接投资（固定资产投资）和间接—直接投资（控制型长期股权投资）。金融性投资的注资人和用资人之间有媒介，是间接投资。若此媒介仅是金融工具，则这种间接投资是直接—间接投资，如股票投资和债券投资；若此媒介是金融工具与金融机构的重合，则这种间接投资是间接—间接投资，如基金份额投资。当然，企业进行金融性投资的未来趋势是间接—间接化。

（3）金融性投资既有短期投资，也有长期投资。短期投资对象是非现金替代品交易性金融资产，长期投资对象是可供出售金融资产、持有至到期投资、非控制型长期股权投资。企业参与金融性投资的未来趋势是短期化。

2. 金融性投资目的

一个有着正常经营业务的工商企业，金融性投资目的主要有三个：

（1）提高收益性。在多数情况下，企业进行金融性投资，表面上是投资，实质上是投机。尽管投机风险较大，但一旦遇上好机会，企业往往可以获得可观的投资收益。因此，金融性投资可以满足投机的需要，能够保障资产的收益。

（2）降低风险性。前已说过，金融性投资的未来趋势是间接—间接投资，它是一种集合信托融资机制，既采用聚合募资，也采用组合投资。因此，金融性投资通过多样化分散原理，能够确保资产的收益，同时分散资产的风险。

（3）补充流动性。金融性投资总体上虽介于长期经营性投资与短期经营性投资之间，但有些金融性投资，一念之间就会变成长期经营性投资或短期经营性投资。例如，非控制型长期股权投资（金融性投资），若增加股权比例或通过其他手段，则会变为控制型长期股权投资（长期经营性投资）。再如，非现金替代品交易性金融资产（金融性投资），若频繁甚至无节制地买入与卖出，则会变为现金替代品交易性金融资产（短期经营性投资——现金）。一般来说，企业可能在某一特定时期（如旺季）会产生现金闲置，通过证券买入将现金转换为证券；也可能在某一特定时期（如淡季）会出现现金紧缺，会通过证券卖出将证券转换为现金。因此，金融性投资通过证券与现金的相互转换，能够加速资产的流动，为确保资产的收益、分散资产的风险创造条件。

（二）金融性投资流程

1. 选择合适的投资对象

企业从事金融性投资，首先要选择合适的投资对象：是选择哪一种证券（股票或者债券），还是选择哪一家证券发行人发行的证券；是选择单一证券，还是选择证券组合等。投资对象选择很关键，关系到投资的成败。投资对象选择得好，可以更好地实现投资目标；投资对象选择得不好，则有可能蒙受损失。

2. 确定恰当的投资成本

证券价格受多种因素影响，通常变化很大，尤其是股票价格。买入价格不仅是证券投资的成本，而且关系到证券投资的收益与风险。若买入价格过高，则会增加投资风险，降低投资收益。因此，买入价格的确定是一项重要的证券投资决策。当然，确定证券的买入价格，实际上就是确定证券的买入时机。若企业选对了证券或证券组合，却选错了买入时机，也会造成证券投资决策失误。

3. 进入正常投资程序

（1）委托。投资者买卖证券一般通过委托证券经纪人（证券公司）方式进行，按照相关的法律规定，投资者在进行证券买卖之前，首先要到经纪人处（一般是证券公司的营业部）开立账户，包括证券账户和资金账户。证券账户是用于登记投资者所持有的证券种类、名称、数量及相应权益变动情况的一种账册。资金账户用于存放投资者资金，记录证券交易资金的币种、余额以及变动情况，类似于银行的活期存折。

投资者开户后，就可以进行证券买卖，但必须通过委托证券经纪人进行，不能亲自到交易所办理。这就是"委托"。在目前电子化交易方式下，投资者只需凭证券账户卡、资金账户卡以及交易密码向经纪人下达委托指令即可完成证券买卖。

（2）成交。经纪人在接受投资者委托后，即按照投资者指令进行申报竞价，然后成交。申报竞价的方式随着科学技术的发展也在不断地变化着，目前，计算机终端申报竞价已被世界各国证券交易所采用。计算机终端申报竞价是指证券公司交易员在计算机终端机上将买卖报价指令输入到交易所的计算机主机，然后由计算机配对成交。

所有买卖申报由计算机交易按照"价格优先，同等价格下时间优先"的原则自动撮合成交，并通过交易所的通信系统，即时将行情向市场公开。

（3）交割与清算。投资者委托证券经纪人买卖各种证券之后，只有完成清算和交割，才算完成了一个完整的交易过程。所谓证券交割也称证券结算，是指买入证券方交付价款领取证券，卖出证券方交出证券收取价款的收交活动。

（4）过户。证券过户就是投资者从交易市场买进证券后，变更持有人姓名的手续。证券过户一般只限于记名股票。办理过户的目的是为了保障投资者的利益。只有及时办理过户手续，才能成为新股东，享有应有的权利。

目前，证券交易已实行"无纸化交易"，证券结算的完成即实现了过户，由计算机自动过户系统一次完成，无须投资者另办过户手续。

二　金融性投资主流对象：证券

金融性投资从会计科目角度包括非现金替代品交易性金融资产、可供出售金融资产、持有至到期投资、非控制型长期股权投资，其中非现金替代品交易性金融资产含股票、债券和基金份额，可供出售金融资产也含股票、债券和基金份额，持有至到期投资仅含债券，非控制型长期股权投资仅含股票。因此，金融性投资的对象至少包括股票、债券和基金份额，这些对象统称为证券。

（一）证券内涵及特征

证券是社会化大生产和商品经济发展到一定阶段的必然产物。证券的产生和发展，离不开信用制度、公司制度、监管制度和法律制度的建立和健全。

从一般意义上讲，证券是指用以证明或设定权利所做成的书面凭证，且能够给持有人带来收益的证明。证券表明证券持有人或第三者有权取得该证券拥有的特定权益，或证明其曾经发生过的行为。从形式上讲，证券是一张记载一定文字且制作精美的纸；从本质上讲，证券是一种表彰一定法律关系和反映一定权利与义务的凭证。

从法律意义上讲，证券是指各类记载并代表一定权利的法律凭证的统称，用以证明持券人有权依其所持证券记载的内容而取得应有的权益。证券通常具有三个基本特征：

（1）书面特征。证券采用书面形式或者与之具有同等效力的形式，如电子形式。证券电子化或证券无纸化的出现，不能消灭证券的书面性的既成事实。

（2）法律特征。证券反映的是某种法律行为的结果，即法律事实。证券的出现、存在、使用、流通以及所包含的特定内容，由法律规定并受法律保护。凡是根据政府有关法规发行的证券都具有法律效力。

（3）权利特征。证券是一定权利的化身，持有者凭此可以享有和行使相应的权利。证券与其所代表的权利密切结合，不可分离，持有证券是行使权利的唯一条件，不持有证券就不能行使权利。

纸币是一种财产而不是代表一种财产权利，所以，纸币不应作为金券。

（二）证券外延及层次

证券是资本市场的主要信用产品，筹资人的主要筹资媒介，投资人的主要投资对象，社会资源的主要配置手段。其丰富与否是市场经济的基本标志，信用经济的基本要素，虚拟经济的基本成分。

1. 证券的最广义性

证券在历史长河中先后出现过无价证券和有价证券，这就是最广义的证券。

（1）无价证券。是指本身没有价值，且不能流通从而不能形成交易价格的凭证，无价证券记载并代表的权利是事务权，权利行使是一次性的，且不能转让，不能孳生收益，主要有以下形式：一是凭据证券，如我国计划经济时代和买方经济背景下的粮票、油票、布票、煤票等，凭借这些证券可以买入粮食、食油、布料等。二是证件证券，是指单纯证明某一特定事实的书面凭证，如借据、收据、会员卡、存款单、保险单等。三是资格证券，是指表明证券持有人具有行使一定权利资格的书面凭证，如各种类型的资格证书，如身份证、出生证书、结婚证书、毕业证书、护照、驾照等，以及车船机票、电影票、入场券等。四是金额证券，是指在券面上记载一定金额，并能够在一定范围内作为金钱替代物的证券。典型的金额证券就是邮票，还有代金券、购物券等。

（2）有价证券。是指本身没有价值，但能流通从而能形成交易价格的凭证，有价证券记载并代表的权利是财产权，权利行使是多次性的，且能转让，能孳生收益，在形式上表现为：证券票面上标有一定金额，证明证券持有人对特定财产拥有一定权利，它之所以无价值但有价格，是因为它拥有一定财产权利，持券者可以借此直接取得一定量的商品、货币、收入（利息、股息等），从而可以在证券市场上流通，形成了交易价格。

有价证券与无价证券的最大区别是有无价值，主要表现在：有价证券受法律保护，能够用于流通，并在交易中引起价值或财产权利的变化。

2. 证券的广义性

广义证券指有价证券，包括商品证券、货币证券和资本证券。

（1）商品证券。也称商品市场证券，是指持券人对一定量的商品拥有所有权或者使用权的凭证，如提单、运单、仓单等，也即人们通常所说的单据。商品持券人被视为商品的所有者或者使用者，丧失商品证券就相当于丧失商品的所有权或者使用权。

（2）货币证券。也称货币市场证券，是指持券人或第三方对一定量的货币拥有索取权或者请求权的凭证，也即人们通常所说的票据。从性质上分为商业票据和银行票据，前者包括商业汇票和商业本票；后者包括银行汇票、银行本票和支票。《票据法》规定了支票、汇票和本票三种票据形式。

一是支票。出票人签发的，委托办理支票存款业务的银行或者其他金融机构在见票时无条件支付确定的金额给收款人或者持票人的票据。支票属于委付票据和即付票据，一般分为现金支票和转账支票。

二是汇票。出票人签发的，命令付款人在见票时或者在指定日期无条件支付确定金额给收款人或者持票人的票据。汇票属于委付票据和信用票据，分为银行汇票和商业汇票。汇票必须向付款人提示承兑后方为有效。

三是本票。出票人签发的，承诺自己在见票时无条件支付确定的金额给收款人或者持票人的票据。本票属于自付票据和信用票据，分为银行本票和商业本票。我国不允许发行商业本票。可以这样理解银行本票：现实中的银行本票相当于商业银行发行的"货币"，流通中的货币相当于中央银行发行的"本票"。

（3）资本证券。也称资本市场证券，是指持券人对一定量的资本拥有所有权、债权、信托权及其孳生的收益拥有索取权的凭证，如债券、股票和基金份额等。

一是原生证券。也称基本证券，是指证券价格、风险和收益的大小，主要取决于证券发行人的财务状况，普通股票、普通债券和基金份额属于原生证券。

二是衍生证券。衍生证券是指持券人对一定量的资本及其原生证券孳生的收益拥有索取权的凭证，如期货、期权和混合证券等。

影响有价证券价格的因素很多，主要是预期收入和市场利率，因此，有价证券价格实际上是资本化了的收入。所以，这里的 valuable 中的 value 是一种预期的价值，而非实际的价值，既然好似预期，就存在风险、存在变数。

3. 证券的常义性

常义的证券仅指资本证券，包括原生证券和衍生证券。资本证券是常见、重要的有价证券，在日常生活中，人们通常所说的"证券"即是指资本证券。如无特殊说明，本章所说的"证券"一词也是指资本证券。

4. 证券的狭义性

狭义的证券仅指资本证券中的原生证券，如股票、债券和基金。这三类与财务、金融工作者生活最为接近。

5. 证券的最狭义性

最狭义的证券仅指原生证券中的股票。在老百姓交流中，经常将股票与证券混为一谈，或用股票代替证券，其主要原因是股票是最常见的证券。

证券的五个层次，见图 8 - 1。

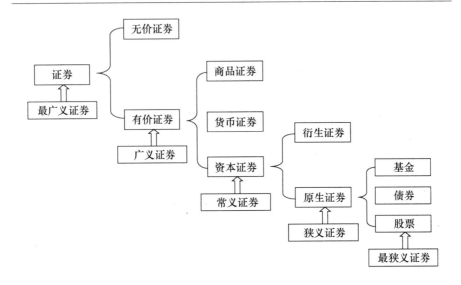

图 8-1 证券五个层次

（三）证券分类

1998 年 12 月 29 日通过、2004 年 8 月 28 日第一次修正、2005 年 10 月 27 日修订、2013 年 6 月 29 日第二次修正的《证券法》规定的证券包括股票、公司债券和国务院依法认定的其他证券。《证券法》未规定的证券，适用《公司法》和其他法律、行政法规；政府债券、证券投资基金份额适用《证券法》；证券衍生品种，由国务院依照《证券法》的原则规定。

根据不同标准，证券可以进行不同分类，以下是主要分类。

1. 企业证券和政府证券

企业证券是指各类企业发行的证券。企业证券按行业性质分为非金融企业证券和金融企业证券（金融证券）。前者主要是工商企业发行的证券，后者是金融机构发行的证券。企业证券按企业组织形式分为公司证券和非公司证券。公司证券既有股票，也有债券。非公司证券就是债券。

政府证券是指各级政府发行的证券，如国债和地方政府债券。由于政府发行的证券全部是债券，政府证券便是政府债券。政府债券是政府凭借强大的国家信用，按照一定程序向投资者出具的一种债权债务关系的凭证，如国库券和公债。前者发行的目的是弥补财政赤字，后者发行的目的是筹集建设资金。

区分政府证券和企业证券的意义在于它们的信用大小不同。

2. 债权证券和所有权证券

债权证券是指持券人是证券发行人债权人的证券，或者以债权为证券权利内容的有价证券。普通债券是典型、基本的债权证券。根据债权的具体内容，分为金钱债权证券和物品债权证券，前者如票据、债券等，后者如提单、仓单等。

所有权证券是指持券人是证券发行人所有者的证券，或者以所有权为证券权利内容的有价证券。普通股票是典型、基本的所有权证券。根据所有权的具体内容，分为代表股份的证券如股票、股单等，代表可转换股份的证券如可转换优先股、可转换债券等，代表可认购股份的证券如认股权证、股票期权等。

值得一提的是，还有一类证券是物权证券。一般情况下，物权是不需要通过证券表现的，但在特殊条件下，为了方便行使权利，可以将某种物权表现在证券上，如属于担保物权的抵押权和质权，可以通过法律程序做成抵押证券和质权证券。

区分所有权证券和债权证券的意义在于它们的适用法律不同。

3. 原生证券和衍生证券

原生证券也称基本证券，是指其价格、风险和收益大小主要取决于证券发行人财务状况的证券，普通股票和普通债券属于原生证券。例如，债息支付有赖于债券发行人的偿债能力；股利支付主要取决于股票发行人的盈利能力。

衍生证券是指其价格、风险和收益从根本上取决于基础证券的价格、风险和收益。主要分为两类：一是一般凭证式证券，如可转换证券、可赎回证券、认股权证、存托凭证等混合证券；二是严格合约式证券，如期货、期权等派生证券。

4. 直接证券和间接证券

直接证券是指证券投资者作为资金的最终供给者和所有者、证券发行人作为资金的最终需求者和使用者的证券。股票、债券和各种复合证券是直接证券。

间接证券是指证券投资者作为资金的最终供给者和所有者、证券发行人并非作为资金的最终需求者和使用者而是作为资金的管理者或者中介的证券。基金和各种衍生证券是间接证券。

5. 上市证券和非上市证券

上市证券也称挂牌证券，是指由证券发行人向证券交易所提出申请，经证券交易所依法审核同意后，并经证券主管机关批准，由证券发行人与证券交易所签订上市协议，获得在证券交易所内（场内）公开发行和交易的证券。

非上市证券也称非挂牌证券，是指证券发行人未提出上市申请或提出上市申请因不符合上市条件而未获批准，不允许在证券交易所内分开发行和交易，但可以在证券交易所（场外）私募发行和交易的证券。

区分上市证券和非上市证券的意义在于它们的流通性和规范性不同。

6. 固定收益证券和非固定收益证券

固定收益证券指持券人取得的收益是固定不变的，也就是说，证券持有人在特定时间内能够预先确认收益大小，如固定利率债券和优先股股票。

非固定收益证券是指持券人取得的收益会随着客观条件的变化而变化的证券，如浮动利率债券和普通股股票。

区分固定收益证券和不固定收益证券的意义在于它们的风险性和收益性不同。

7. 记名证券和无记名证券

记名证券是指在证券上记载特定权利人的姓名或名称的证券，如记名股票和记名企业债券。记名证券的转让方式一般为背书，除交付外，还需履行过户手续。

无记名证券是指在证券上没有记载特定权利人的姓名或名称的证券，如无记名股票和国库券。无记名证券的转让方式比较简单，仅依交付而转让。

区分记名证券和无记名证券的意义在于证券的转让方式不同。

三　金融性投资对股东财富的影响

金融性投资对股东财富的总体影响是，金融性投资虽然不能创造企业价值，但可以放大企业价值，从而可以更好地实现财务目标。具体表现在：

（一）消灭企业闲置现金

企业在某一发展阶段（如扩张期）或某一经营时期（如旺季）会出现一定数量闲置现金，如果不加利用，会影响资金使用效率。闲置现金通常有两个去向：

1. 短期经营性投资（类现金）

当闲置现金数量超过一定界限（上限）时，企业应当将其中一部分转换成现金替代品交易性金融资产，作为短期经营性投资（类现金）；当闲置现金数量低于一定界限（下限）时，企业应当将现金替代品交易性金融资产（类现金）转换成现金。

这是现金与短期经营性投资（类现金）之间以流动性为导向的相互转换。转换频率（交易频率）极高，但收益性极低，且花费较昂贵的交易成本。当现金总量水平极高时，这种转换是缓解闲置现金压力的现实处置方法。

2. 金融性投资

在保留一定数量现金能够满足生产经营需要的基础上，企业应当将多余现金买入非现金替代品交易性金融资产、可供出售金融资产、持有至到期投资和非控制型长期股权投资，作为金融性投资；当发现有报酬较高的金融性投资工具时，企业应当将报酬较低的金融性投资工具部分或全部卖出。当发现有较好的经营性投资项目时，企业应当将金融性投资工具部分或全部卖出。

这是现金与金融性投资之间以收益性为导向的相互转换。如果企业暂时找不到好的经营性投资项目，就会选择买入金融性投资工具；或者如果暂时找不到报酬率较高的金融性投资工具，就会选择买入报酬率较低的金融性投资工具。当现金总量水平能够维持生产经营的最低需要时，这种转换是缓解闲置现金压力的基本处置方法。

（二）倒逼企业资产结构优化

严格来讲，企业的正统经营业务是从事经营性投资。存货投资（短期经营性投资）的目的是采集生产所需要的劳动对象，固定资产投资（长期经营性投资）的目的是购置生产所需要的劳动资料。企业从事金融性投资是不得已而为之，目的是消灭"闲置现金"。然而，当大量资金扎堆于金融性资产时，就会对企业资产结构形成巨大的压力，产生优化资产组合的强烈冲动，倒逼企业努力改善资产结构。

第二节　金融性投资估价

金融性投资大体包括股票投资、债券投资、基金份额投资和衍生金融产品投资，这四类投资的估价差异较大。

一　股票投资估价

买入某公司股票，就成为该公司股东，股东按照其所持有的股份享有权利和承担义务。有关股票的基本问题在第五章第一节中已经详细介绍。

股票估价的目的是通过计算其内在价值，和股票市价进行比较，做出买入、卖出或继续持有的投资决策。

股票估价最重要（因最常见），也最困难（因价值影响因素最复杂）。企业进行股票投资时，首先要估计拟投资的股票价值，以确定购买价格是否合理。股票价值更是瞬息万变，但无论如何，也是未来现金流量的现值总和，只是现金流量的有无、大小没有规律。现值计算中的未来现金流量分为：投资构成现金流出，若是长期持有股票，股利构成现金流入；若是中途卖出时，股利和资本利得（卖价）构成现金流入。现值计算中的折现率取决于当前利率和现金流量的风险水平。

（一）股票基本估价模型

从某个投资者看，股票价值由一系列未来现金流量（现金股利和资本利得）的现值之和，其基本估价模型为：

$$P = \frac{D_1}{1+r} + \frac{D_2}{(1+r)^2} + \frac{D_3}{(1+r)^3} + \cdots + \frac{D_n}{(1+r)^n} + \frac{P_n}{(1+r)^n}$$

式中：$D_t(t=1, 2, \cdots, n)$ 为每年股利，P_n 为资本利得（股票卖价），r 为必要收益率。

从所有投资者看，当第一个投资者将股票卖出后，接手的第二个投资者的未来现金流量仍然是现金股利和资本利得，以后接手的其他投资者依旧如此。若将一种股票所有投资者串联起来就会发现，资本利得是投资者之间股票买卖的现金收付，并非来源于股票发行公司，这种投资者之间的一收一付是相互抵消的。因此，股票真正能够给所有投资者带来的未来现金流量是现金股利（股票发行公司每年向股东派发的），就像单一投资者买入股票后准备永远持有一样。正因为这样，股票估价的基本模型改善为：

$$P = \frac{D_1}{1+r} + \frac{D_2}{(1+r)^2} + \frac{D_3}{(1+r)^3} + \cdots = \sum_{t=1}^{\infty} \frac{D_t}{(1+r)^t} = \sum_{t=1}^{\infty} D_t \times (P/F,r,t)$$

在实际应用股票估价模型时，面临的主要问题是如何预计未来现金股利和如何确定折现率。从理论上讲，折现率应当是投资者所要求的必要收益率。但现金股利的估计要复杂得多，因为要无限期地预计未来多年的现金股利，实际上不可能做到。有鉴于此，需要对未来现金股利做出一些适当假设。

（二）股票估价模型的扩展

对未来现金流量的假定，形成以下几种常见的股票估价模型。

1. 不变股利估价模型

若未来现金股利固定不变（零增长），设上年每股股利为 DPS_0（为了简便起见，这里仅用 D_0 表示），每年支付的股利就是一个永续年金，则股票估价模型为：

$$P = \frac{D_1}{1+r} + \frac{D_2}{(1+r)^2} + \frac{D_3}{(1+r)^3} + \cdots = \frac{D_0}{1+r} + \frac{D_0}{(1+r)^2} + \frac{D_0}{(1+r)^3} + \cdots$$

$$P = \frac{D_0}{1+r} + \frac{D_0}{(1+r)^2} + \frac{D_0}{(1+r)^3} + \cdots = \sum_{t=1}^{\infty} \frac{D_0}{(1+r)^t} = \frac{D_0}{r}$$

【例 8-1】A 公司股票每年每股现金股利 2 元，必要收益率 16%，计算该股票每股价值。

解

$D_0 = 2$，$r = 16\%$

$$P = \frac{D_0}{r} = \frac{2}{16\%} = 12.5 \ (\text{元／股})$$

该股票每年为投资者带来 2 元的现金股利收入，当必要收益率为 16% 时，相当于每年获得 12.5 元的投资收益，所以，其每股价值等于 12.5 元。

2. 稳定增长股利估价模型

若股票未来现金股利在上年股利（D_0）的基础上，每年以某一稳定速度（g）增长，则股票估价模型为：

$$P = \frac{D_1}{1+r} + \frac{D_2}{(1+r)^2} + \frac{D_3}{(1+r)^3} + \cdots = \frac{D_0(1+g)}{1+r} + \frac{D_0(1+g)^2}{(1+r)^2} +$$

$$\frac{D_0(1+g)^3}{(1+r)^3} + \cdots$$

$$P = \frac{D_0(1+g)}{1+r} + \frac{D_0(1+g)^2}{(1+r)^2} + \frac{D_0(1+g)^3}{(1+r)^3} + \cdots = \sum_{t=1}^{\infty} \frac{D_0(1+g)^t}{(1+r)^t} =$$

$$\frac{D_0(1+g)}{r-g} = \frac{D_1}{r-g}$$

【例 8 - 2】 A 公司准备购买 B 公司的股票，该股票上年每股股利为 2 元，预计今后每年以 4% 的增长率增长，A 公司经过分析后，认为必须达到 20% 的投资收益率，才能购买该股票。计算该股票的价值。

解

$D_0 = 2$，$r = 20\%$，$g = 4\%$

$$P = \frac{D_0(1+g)}{r-g} = \frac{2 \times (1+4\%)}{20\% - 4\%} = 13 \text{（元/股）}$$

该股票价值 13 元/股，只有当市场价格低于 13 元，A 公司投资才划算。

3. 两阶段增长股利估价模型

实际上，现金股利在公司不同发展时期增长方式不同。两阶段增长股利模式最为常见，也最为典型。若设上年股利为 D_0，未来每年股利为 D_t，第一阶段的时期数为 n，股利增长率为 g_{1t}（$t=1$，2，3，$\cdots$，n），折现率为 r_1（假定该阶段机会成本相同）；第二阶段的时期数为 m，股利增长率为 g_{2t}（$t=1$，2，3，$\cdots$，m），折现率为 r_2（假定该阶段机会成本相同），则股票估价模型为：

$$P = \sum_{t=1}^{n} \frac{D_0 \times (1+g_{1t})^t}{(1+r_1)^t} + \frac{1}{(1+r_1)^n} \sum_{t=n+1}^{n+m} \frac{D_n \times (1+g_{2t})^t}{(1+r_2)^t}$$

下面再将这个模型适当简化。

（1）若第一阶段每年现金股利呈不规则增长，第二阶段每年现金股利在第一阶段基础上呈稳定增长，股利增长率为 $g_{2t} = g_2$，则股票估价模型为：

$$P = \sum_{t=1}^{n} \frac{D_0 \times (1+g_{1t})^t}{(1+r_1)^t} + \frac{D_n \times (1+g_2)}{r_2 - g_2} \times (1+r_1)^{-n}$$

（2）若第一阶段每年现金股利呈稳定增长 $g_{1t} = g_1$，第二阶段每年现金股利在第一阶段的基础上呈稳定增长，则股票估价模型为：

$$P = \frac{D_0 \times (1 + g_1) \left[1 - \frac{(1 + g_1)^n}{(1 + r_1)^n} \right]}{r_1 - g_1} + \frac{D_0 \times (1 + g_1)^n \times (1 + g_2)}{r_2 - g_2} \times (1 + r_1)^{-n}$$

（3）若第一阶段每年现金股利呈零增长，即 $g_1 = 0$，第二阶段每年现金股利在第一阶段的基础上呈稳定增长，则股票估价模型为：

$$P = \frac{D_0 [1 - (1 + r_1)^{-n}]}{r_1} + \frac{D_0 \times (1 + g_2)}{(r_2 - g_2)(1 + r_1)^n} = D_0 \times (P/A, r_1, n) + \frac{D_0 \times (1 + g_2)}{r_2 - g_2} \times (P/F, r_1, n)$$

【例 8 - 3】 A 公司准备购买 B 公司的股票，B 公司上年每股股利 1.5 元，预计 B 股票未来三年每年每股股利会出现 3 种情况：一是呈不规则增长，定基增长率分别为 5%、10% 和 15%；二是呈稳定增长，环比增长率为 5%；三是呈零增长。预计该股票从第四年起每年在第三年的基础上呈稳定增长，环比增长率为 4%。A 公司经过分析后，认为前三年要达到 10% 的投资收益率，从第四年起要达到 8% 的投资收益率。估算该股票价值。

解

$D_0 = 1.5$ 元，$n = 3$ 年，$m = \infty$，$g_2 = 4\%$，$r_1 = 10\%$，$r_2 = 8\%$

（1）若第一阶段每年现金股利呈不规则增长，定基增长率 $g_{11} = 5\%$，$g_{12} = 10\%$，$g_{13} = 15\%$，第二阶段每年现金股利在第一阶段最后一年基础上呈稳定增长，环比增长率 $g_2 = 4\%$，其他数据如上，则该股票价值为：

$$P = \sum_{t=1}^{n} \frac{D_0 \times (1 + g_{1t})^t}{(1 + r_1)^t} + \frac{D_n \times (1 + g_2)}{r_2 - g_2} \times (1 + r_1)^{-n}$$

$$= \frac{1.5 \times (1 + 5\%)}{(1 + 10\%)} + \frac{1.5 \times (1 + 10\%)}{(1 + 10\%)^2} + \frac{1.5 \times (1 + 15\%)}{(1 + 10\%)^3} + \frac{1.5 \times (1 + 15\%)(1 + 4\%)}{8\% - 4\%} \times (1 + 10\%)^{-3}$$

$= 1.4318 + 1.3637 + 1.2960 + 33.6964 = 37.79$ （元/股）

（2）若第一阶段每年现金股利呈稳定增长，环比增长率 $g_1 = 5\%$，第二阶段每年现金股利在第一阶段最后一年基础上呈稳定增长，环比增长率 $g_2 = 4\%$，其他数据如上，则该股票价值为：

$$P = \frac{D_0 \times (1 + g_1) \left[1 - \frac{(1 + g_1)^n}{(1 + r_1)^n} \right]}{r_1 - g_1} + \frac{D_0 \times (1 + g_1)^n \times (1 + g_2)}{r_2 - g_2} \times (1 + r_1)^{-n}$$

$$= \frac{1.5 \times (1 + 5\%) \left[1 - \frac{(1 + 5\%)^3}{(1 + 10\%)^3} \right]}{10\% - 5\%} + \frac{1.5 \times (1 + 5\%)^3 \times (1 + 4\%)}{8\% - 4\%} \times$$

$$(1 + 10\%)^{-3} = 4.1032 + 33.9198 = 38.023 (元/股)$$

（3）若第一阶段每年现金股利呈零增长，环比增长率 $g_1 = 0$，第二阶段每年现金股利在第一阶段最后一年基础上呈稳定增长，环比增长率 $g_2 = 4\%$，其他数据如上，则该股票价值为：

$$P = \frac{D_0 \left[1 - (1 + r_1)^{-n} \right]}{r_1} + \frac{D_0 \times (1 + g_2)}{(r_2 - g_2)(1 + r_1)^n}$$

$$= \frac{1 \times \left[1 - (1 + 10\%)^{-3} \right]}{10\%} + \frac{1 \times (1 + 4\%)}{(8\% - 4\%)} \times (1 + 10\%)^{-3}$$

$$= 2.4869 + 19.5342 = 22.0211 (元/股)$$

（三）股票的期权估价

股东对公司债务负有限责任。若股东不能如期清偿债务，公司就有破产和被接管的危险，股东的剩余为 0；若股东按期足额支付债务本息，股东不仅仍然可以拥有公司，而且可以获得全部剩余。因此，股票价值相当于一个买权多头。

由于股东"可以但非必须"通过清偿到期债务而获得公司，这个买权以公司价值为市场价格，以到期债务本息为执行价格，以债务期限为有效期。

【例8-4】A 公司目前有两年到期的债务本息 6600 万元，经评估，公司价值为 20000 万元，假定公司收益波动率为 30%，无风险利率为 5%。估计股票的价值。

解

B—S 模型的影响因素分别为：

$S = 20000$ 万元，$X = 6600$ 万元，$r = 5\%$，$\sigma = 30\%$，$T = 2$ 年

$e^{-rT} = e^{-0.05 \times 2} = e^{-0.1} = 0.9048$

$$d_1 = \frac{\ln \frac{S}{X \times e^{-rT}}}{\sigma \sqrt{T}} + \frac{\sigma \sqrt{T}}{2} = \frac{\ln \frac{20000}{6600 \times 0.9048}}{0.3 \times \sqrt{2}} + \frac{0.3 \times \sqrt{2}}{2} = 3.0605$$

$d_2 = d_1 - \sigma \sqrt{T} = 3.0605 - 0.3 \times \sqrt{2} = 2.6362$

$N(d_1) = N(3.0605) = 0.9989$

$N(d_2) = N(2.6362) = 0.9958$

$c = S \times N(d_1) - X \times e^{-rT} \times N(d_2)$

$c = 20000 \times 0.9989 - 6600 \times 0.9048 \times 0.9958 = 14031.40（万元）$

可见，根据 B—S 模型，股票价值为 14031.40 万元。

债券是最古老的证券品种，是债券投资者持有的一种债权债务凭证。债券投资者一旦买入某公司债券，就成为该公司的债权人。有关债券的基本问题在第五章已经详细介绍。

二　债券投资的估价

债券估价具有较大的现实意义。企业进行债券投资时，必须首先估计拟投资债券的内在价值，以确定买入价格是否合理。债券价值是瞬间的，指在债券期限内未来现金流量的现值之和。现值计算中的未来现金流量分为：投资构成现金流出。若将债券持有至到期，利息和本金构成现金流入；若是将债券中途卖出，利息和资本利得（卖价）构成现金流入。现值计算中的折现率取决于当前利率和现金流量的风险水平。

（一）附息债券的估价

附息债券是一种票面利率固定、分年付息、到期还本的典型债券，符合债券现金流量的典型惯例，其基本估价模型为：

$$P = \sum_{t=1}^{n} \frac{i \times M}{(1+r)^t} + \frac{M}{(1+r)^n} = \sum_{t=1}^{n} \frac{I}{(1+r)^t} + \frac{M}{(1+r)^n} = I \times (P/A, r, n) + M \times (P/F, r, n)$$

式中：P 为债券价值，i 为票面利率，I 为每年利息，M 为面值，r 为折现率（市场利率，即投资者要求的必要收益率），n 为持有期（债券从持有至到期所涵盖的年限）。

值得一提的是，还有一个重要变量，就是债券期限 T。从债券发行市场（一级市场）买入持有至到期，持有期等于债券期限，即 $n = T$；从债券发行市场买入中途卖出，持有期小于债券期限，即 $n < T$。从债券流通市场（二级市场）买入，无论是否持有至到期，付息期通常小于债券期限。

【例 8 - 5】A 公司 2014 年 5 月 10 日拟买入 B 公司同日发行的附息债券，打算持至到期，该债券面值为 1000 元，期限 5 年，票面利率为

10%，当前市场利率为8%。

要求：

（1）债券内在价值是多少？

（2）若市场利率为12%，其他条件不变，结果如何？

（3）若A公司买入两年后将其卖出，其他条件不变，结果如何？在此基础上，当市场利率为12%，结果又如何？

（4）若A公司买入B公司两年前发行的该类债券（从二级市场买入），其他条件不变，结果如何？在此基础上，当市场利率为12%，结果又如何？

解

$i = 10\%$，$M = 1000$ 元，$T = 5$ 年

（1）当市场利率为8%，即 $r = 8\%$，$n = T = 5$，该债券内在价值为：

$P = 1000 \times 10\% \times (P/A，8\%，5) + 1000 \times (P/F，8\%，5)$

$\quad = 1000 \times 10\% \times 3.9927 + 1000 \times 0.6806 = 399.27 + 680.6 = 1079.87$（元）

可见，只有买入价低于1079.87元，A公司投资才划算。

（2）当市场利率为12%，即 $r = 12\%$，$n = T = 5$，该债券内在价值为：

$P = 1000 \times 10\% \times (P/A，12\%，5) + 1000 \times (P/F，12\%，5)$

$\quad = 1000 \times 10\% \times 3.6048 + 1000 \times 0.5674 = 360.48 + 567.4 = 927.88$（元）

可见，只有买入价低于927.88元，A公司投资才划算。

综合（2）和（1）得出结论：第一，当票面利率高于市场利率，债券价值大于面值；当票面利率低于市场利率，债券价值小于面值。第二，当票面利率一定，市场利率越高，投资者能够接受的债券价格越低。第三，当市场利率一定，票面利率越高，投资者能够接受的债券价格越高。

（3）若A公司买入B公司的债券两年后卖出，$n = 3 < T = 5$

当市场利率为8%，债券卖出价格为：

$P = 1000 \times 10\% \times (P/A，8\%，3) + 1000 \times (P/F，8\%，3)$

$\quad = 1000 \times 10\% \times 2.5771 + 1000 \times 0.7938 = 257.71 + 793.8 = 1051.51$（元）

可见，只有卖出价高于1051.51元，A公司投资才划算。

综合（3）和（1），得出结论：当票面利率大于市场利率，付息期越短，投资者能够接受的债券价格越低。

当市场利率为12%，债券卖出价格为：

$P = 1000 \times 10\% \times (P/A，12\%，3) + 1000 \times (P/F，12\%，3)$

$= 1000 \times 10\% \times 2.4018 + 1000 \times 0.7118$

$= 240.18 + 711.8 = 951.98（元）$

可见，只有卖出价高于951.98元，A公司投资才划算。

综合（3）和（2）得出结论：当票面利率小于市场利率，付息期越短，投资者能够接受的债券价格越高。

（4）若A公司买入的是B公司两年前发行的债券，$n = 3 < T = 5$

当市场利率为8%时，债券内在价值为：

$P = 1000 \times 10\% \times (P/A，8\%，3) + 1000 \times (P/F，8\%，3)$

$= 1000 \times 10\% \times 2.5771 + 1000 \times 0.7938$

$= 257.71 + 793.8 = 1051.51（元）$

可见，只有买入价低于1051.51元，A公司投资才划算。

综合（4）和（1）得出结论：当票面利率大于市场利率，付息期小于债券期限的债券价格，要低于付息期等于债券期限的债券价格，换言之，从二级市场买入并持有至到期的债券，比从一级市场买入的并持有至到期的债券，投资者能够接受的价格要低。

当市场利率为12%，债券内在价值为：

$P = 1000 \times 10\% \times (P/A，12\%，3) + 1000 \times (P/F，12\%，3)$

$= 1000 \times 10\% \times 2.4018 + 1000 \times 0.7118 = 240.18 + 711.8 = 951.98$（元）

可见，只有买入价低于951.98元，A公司投资才划算。

综合（4）和（2）得出结论：当票面利率小于市场利率，付息期小于债券期限的债券价格，要高于付息期等于债券期限的债券价格，换言之，从二级市场买入并持有至到期的债券，比从一级市场买入的并持有至到期的债券，投资者能够接受的价格要高。

（二）其他债券的估价

1. 平息债券的估价

平息债券是一年内付息次数不小于两次的附息债券，其一般估价模型为：

$$P = \sum_{t=1}^{m \cdot n} \frac{I \div m}{(1 + r \div m)^t} + \frac{M}{(1 + r \div m)^{m \times n}} = \frac{I}{m} \times (P/A, r/m, m \times n) +$$

$M \times (P/F, r/m, m \times n)$

式中：m 为一年内付息次数，其他符号同上。

与附息债券相比，一年内付息次数为 m 的平息债券，每期支付利息和折现率降低到了 $1/m$，付息次数和折现次数增加到了 m 倍。

【例 8 - 6】 承例 8 - 5，若债券一年付息 2 次。

要求：

（1）当市场利率为 8%，其他条件不变，结果如何？

（2）当市场利率为 12%，其他条件不变，结果又如何？

解

$i = 10\%$，$M = 1000$ 元，$n = T = 5$ 年，$m = 2$ 次

（1）当市场利率为 8%，即 $r = 8\%$，债券内在价值为：

$$P = \frac{1000 \times 10\%}{2} \times (P/A, \ 8\%/2, \ 2 \times 5) + 1000 \times (P/F, \ 8\%/2, \ 2 \times 5)$$

$$= 50 \times (P/A, \ 4\%, \ 10) + 1000 \times (P/F, \ 4\%, \ 10)$$

$$= 50 \times 8.1109 + 1000 \times 0.6756 = 405.55 + 675.6 = 1081.15 \ （元）$$

只有买入价低于 1081.15 元，A 公司投资才划算。

综合例 8 - 6（1）与例 8 - 5（1）得出结论：当票面利率大于市场利率时，第一，一年计息两次（可推广到多次）的债券，比一年计息一次的债券，投资者能够接受的价格要略高。第二，付息次数和折现次数增加的效果大于每期支付利息和折现率降低的效果。

（2）当市场利率为 12%，即 $r = 12\%$，债券内在价值为：

$$P = \frac{1000 \times 10\%}{2} \times (P/A, \ 12\%/2, \ 2 \times 5) + 1000 \times (P/F, \ 15\%/2, \ 2 \times 5)$$

$$= 50 \times (P/A, \ 6\%, \ 10) + 1000 \times (P/F, \ 6\%, \ 10)$$

$$= 50 \times 7.3601 + 1000 \times 0.5584 = 368.01 + 558.4 = 926.41（元）$$

只有买入价低于 926.41 元，略小于情况（1）的 927.88 元，A 公司投资才划算。

综合例 8 - 6（2）与例 8 - 5（2）得出结论：当票面利率小于市场利率时，第一，一年计算两次（可推广到多次）的债券比一年计算一次的债券，投资者能够接受的价格要略低。第二，付息次数和折现次数增加的效果小于每期支付利息和折现率降低的效果。

通过附息债券和平息债券估价模型可以看出，影响债券定价的因素有

市场利率或必要收益率、票面利率、到期时间、付息期和付息次数。

2. 利随本清债券的估价

利随本清债券是到期一次还本付息的零息债券，我国很多债券属于这种类型。在计算利息时，有单利和复利之分，影响利息大小。

单利情况比较多见，其基本估价模型为：

$$P = \frac{M \times (1 + i \times T)}{(1 + r)^n} = M \times (1 + i \times T) \times (P/F, \ r, \ n)$$

复利情况较少见，其基本估价模型为：

$$P = \frac{M \times (1 + i)^T}{(1 + r)^n} = M \times (F/P, \ i, \ T) \times (P/F, \ r, \ n)$$

式中：i 为计息利率，T 为债券（计息）期限，n 为债券持有期，即到期期限。

【例 8 - 7】A 公司 2014 年 5 月 10 日拟买入 B 公司同日发行的利随本清债券，该债券面值为 1000 元，期限 5 年，计息利率为 10%，当前市场利率为 8%。问 A 公司认为合理的债券发行价格是多少？

要求：

（1）分单利和复利，判断债券内在价值是多少？

（2）分单利和复利，若市场利率为 12%，其他条件不变，结果如何？

（3）分单利和复利，若 A 公司买入两年后将其卖出，其他条件不变，结果如何？在此基础上，当市场利率为 12%，结果又如何？

（4）分单利和复利，若 A 公司买入的是 B 公司两年前发行的该类债券（从二级市场买入），其他条件不变，结果如何？在此基础上，当市场利率为 12%，结果又如何？

解

$i = 10\%$，$M = 1000$ 元，$T = 5$ 年

（1）当市场利率为 8%，即 $r = 8\%$，$n = T = 5$

单利情况下，该债券内在价值为：

$P = 1000 \times (1 + 10\% \times 5) \times (1 + 8\%)^{-5} = 1000 \times 1.5 \times 0.6806 = 1020.9(元)$

复利情况下，该债券内在价值为：

$P = 1000 \times (1 + 10\%)^5 \times (1 + 8\%)^{-5} = 1000 \times 1.6105 \times 0.6806 = 1096.1(元)$

单利情况下买入价低于 1020.9 元，复利情况下买入价低于 1096.1 元，A 公司投资才划算。且存在两个规律：一是复利情况的债券价格要大于单利；二是当计息利率大于市场利率，债券价格高于面值。

（2）市场利率为 12%，即 $r = 12\%$，$n = T = 5$

单利情况下，该债券内在价值为：

$$P = 1000 \times (1 + 10\% \times 5) \times (1 + 12\%)^{-5} = 1000 \times 1.5 \times 0.5674 = 851.1(元)$$

复利情况下，该债券内在价值为：

$$P = 1000 \times (1 + 10\%)^5 \times (1 + 12\%)^{-5} = 1000 \times 1.6105 \times 0.5674 = 913.8(元)$$

单利情况下买入价要低于 851.1 元，复利情况下买入价要低于 913.8 元，A 公司投资才划算。且存在两个规律：一是复利情况的债券价格大于单利；二是当计息利率小于市场利率，债券价格低于面值。

（3）若 A 公司买入 B 公司的利随本清债券，两年后卖出，其他条件不变，结果又如何？

结果同（2）。不同的是，这里的卖出价，单利情况下买入价要高于 1190.7 元，复利情况下买入价要高于 1278.4 元，A 公司投资才划算。

（4）若 A 公司买入 B 公司两年前发行的利随本清债券

市场利率为 8%，即 $r = 8\%$，$n = 3 < T = 5$

单利情况下，该债券内在价值为：

$$P = 1000 \times (1 + 10\% \times 5) \times (1 + 8\%)^{-3} = 1000 \times 1.5 \times 0.7938 = 1190.7(元)$$

复利情况下，该债券内在价值为：

$$P = 1000 \times (1 + 10\%)^5 \times (1 + 8\%)^{-3} = 1000 \times 1.6105 \times 0.7938 = 1278.4(元)$$

单利情况下买入价要低于 1190.7 元，复利情况下买入价要低于 1278.4 元，A 公司投资才划算。可见，付息期小于债券期限时的利随本清债券价格，大于付息期等于债券期限时利随本清债券价格，这是因为前者的现金流量的折现年限要小。

当市场利率为 12%，即 $r = 12\%$，$n = 3 < T = 5$

单利情况下，该债券内在价值为：

$$P = 1000 \times (1 + 10\% \times 5) \times (1 + 12\%)^{-3} = 1000 \times 1.5 \times 0.7118$$

= 1067. 7(元)

复利情况下，该债券内在价值为：

$P = 1000 \times (1 + 10\%)^5 \times (1 + 12\%)^{-3} = 1000 \times 1.6105 \times 0.7118 = 1146. 35(元)$

3. 贴现债券的估价

贴现债券往往是折价发行的，其基本估价模型为：

$$P = \frac{M}{(1 + r)^n} = M \times (P/F, r, n)$$

【例8-8】A公司2014年5月10日拟购买B公司同日发行的贴现债券，该债券面值为1000元，期限5年，当前市场利率为8%。问A公司认为合理的债券发行价格是多少？

解

$M = 1000$元，$T = 5$年

（1）市场利率为8%，即$r = 8\%$，$n = T = 5$，其内在价值为：

$P = 1000 \times (P/F, 8\%, 5) = 1000 \times 0.6806 = 680.6(元)$

只有买入价低于680.6元，投资者投资才划算。

（2）市场利率为12%或6%，即$r = 12\%$，其他条件不变，其内在价值分别为：

$P = 1000 \times (P/F, 12\%, 5) = 1000 \times 0.5674 = 567.4(元)$

$P = 1000 \times (P/F, 6\%, 5) = 1000 \times 0.7473 = 747.3(元)$

综合（2）和（1），市场利率越高，投资者要求的债券价格越低；反之亦然。

（3）若A公司买入B公司的贴现债券，两年后卖出，$n = 3 < T = 5$，其卖出价格为：

$P = 1000 \times (P/F, 8\%, 3) = 1000 \times 0.7938 = 793.8(元)$

卖出价只有高于793.8元，A公司投资才划算。

（4）若A公司买入B公司两年前发行的贴现债券（从二级市场C公司手中），$n = 3 < T = 5$，其内在价值为：

$P = 1000 \times (P/F, 8\%, 3) = 1000 \times 0.7938 = 793.8(元)$

买入价只有低于793.8元时，A公司投资才划算。可见，计息期小于债券期限的贴现债券价格，要大于计息期等于债券期限的贴现债券价格，这是因为前者的现金流量的折现年限要小。

（三）债券的期权估价

既然股票价值是以公司价值为市场价格、以债券本息为执行价格的一个买权，而债券价值是公司价值与股票价值差额，那么，债券价值等于公司价值与股票买权空头价值之和，其计算式为：

$$B = V - E = V - c$$

式中：B 为债券价值，V 为公司价值，E 为股票价值，c 为股票买权价值（符号为正，表示买权多头；符号为负，表示买权空头）。

事实上，若公司价值低于债务本息，债权人拥有公司，债务价值等于公司价值；若公司价值高于债务本息，无论高多少，债务价值等于债务本息。

【例 8－9】 承例 8－4，计算债券价值。

解

例 8－4 通过 B—S 模型计算，股票买权多头价值为：

$$c = 14031.4 \text{ 万元}$$

债券价值等于公司价值与买权空头价值之和

$$B = V - c = 20000 - 14031.4 = 5968.6 \text{（万元）}$$

三 基金份额投资的估价

基金是证券投资基金的简称，基金份额是证券投资基金管理公司发行的受益凭证或股份。通过基金份额的发行，集中基金投资者的资金，交由基金托管人托管和基金管理人管理，从事股票、债券等证券投资，以规避投资风险和取得投资收益的证券投资工具。基金份额与股票、债券一起，构成资本证券的三大原生品种。

（一）基金概述

基金是投资基金。基金有投资基金和公益基金之分，前者是投资性质基金；后者是公益性质基金，如养老基金、慈善基金、捐赠基金、保险基金等。

基金是证券投资基金。投资基金有证券投资基金和其他投资基金（如创业投资基金）之分。证券投资基金主要投资于成熟企业或上市公司，具体是在证券市场上交易的股票、债券等。创业投资基金主要投资于创业企业，特指那些具有高成长能力、高创新潜力、高资金需求的未上市科技型中小企业。

1. 基金构成要素

证券投资基金通常有三层含义：第一，基金是一种金融工具。股份或受益凭证在我国称为基金份额，具有可交易性。第二，基金是一个金融机构。基金作为机构投资者之一，在我国证券市场扮演越来越重要的角色。第三，基金是一项金融制度。基金存在和发展的基础起源于它是一种集腋成裘、利益共享和风险共担的集合投资制度。

证券投资基金在不同国家或地区有不同称谓。美国称其为共同基金或互惠基金；英国和中国香港称其为单位信托基金；一些欧洲国家称其为集合投资计划；日本和中国台湾称其为证券投资信托基金。

证券投资基金涉及的主要当事人包括：第一，基金投资者。我国称其为基金份额持有人，是基金的委托人，也是基金财产的所有者。第二，基金管理人。由投资顾问担当，包括基金管理公司、资产管理公司等，是基金的受托人（代理人）之一，也是基金财产经营者，通常也是基金的发起人，主要负责基金的设计和成立、发行和募集、投资和管理、收益分配和信息披露等。第三，基金托管人。由商业银行或信托投资公司充任，是基金的受托人（代理人）之二，也是基金财产名义持有人和保管人，主要负责基金财产的保管与处分、执行基金管理人的指令、对基金管理人的运营活动进行监督等。

2. 基金分类

目前，对基金的划分有不同角度并呈多样化趋势，之所以如此，主要是因为各国的历史、社会、经济、文化等不同。根据不同的标准对投资基金进行分类，可以更好地了解和把握这种投资工具的发展变化。

（1）按组织形式，分为契约型基金和公司型基金。契约型基金是基于信托合约而筹集资金，基金本身不是一个经营实体，而是一个资金载体。涉及三个当事人：第一，委托人，即基金投资者，我国称为基金份额持有人，是指社会投资者。第二，受托人，涉及两类：一是基金管理人，通常由投资顾问担任，包括基金管理公司、资产管理公司甚至证券公司；二是基金托管人，通常由商业银行担任。第三，受益人，委托人也是受益人，也就是说，这种信托是自益信托，见图8-2。

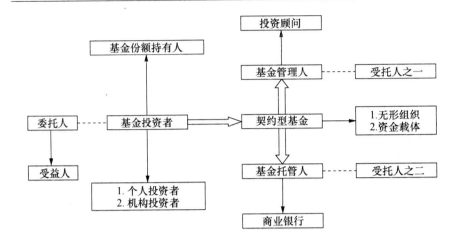

图8－2　契约型基金基本结构

公司型基金以发行股票方式筹集资金，基金本身是一个投资公司和财务实体。涉及三个当事人：一是一级委托人，即基金投资者，也称基金股东；二是一级代理人兼二级委托人，即基金本身，也称投资公司；三是二级代理人，涉及两类：一是基金管理人，由基金自行代理或由外聘的基金管理公司代理；二是基金托管人，通常由商业银行担任，见图8－3。

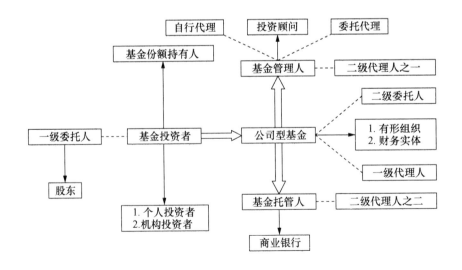

图8－3　公司型基金基本结构

英国以契约型基金为主，美国以公司型基金为主。2006 年 6 月 1 日起施行的《证券投资基金法》规定，我国证券投资基金全部是契约型基金。下面的基金份额估价问题以契约型基金为基础。契约型基金与公司型基金的主要区别，见表 8 - 1。

表 8 - 1　　　　　　　契约型基金与公司型基金的主要区别

区别	契约型基金	公司型基金
1. 设立依据	信托法	公司法
2. 资产性质	信托财产	法人财产
3. 投资者地位	合同受益人	公司股东
4. 筹资约束	无法对外负债	能对外负债
5. 存续期	有	无
6. 运营	信托合同	公司章程
7. 发展历史	长，起源于英国	短，发端于美国

（2）按运营方式，分为封闭式基金和开放式基金。封闭式基金是指基金规模固定，基金募集和发行前已确定。在发行阶段，基金发起人设立基金时，限定了基金份额总数，筹集到这个规模后，进行封闭。在交易阶段，发行期满后，基金份额流通在证券交易所（场内）进行，基金买卖在基金投资者与基金投资者之间。

开放式基金是指基金规模不固定，可以随时增减变动。在发行阶段，基金发起人设立基金时，基金份额总数不固定，可视市场情况追加或缩减。在交易阶段，发行期满后，基金份额流通在场外进行，基金买卖在基金投资者与基金管理人之间。基金投资者可以根据市场情况，申购（增加）基金份额，或者赎回（减少）基金份额。反观之，基金管理人根据基金投资者的要求，卖出（增加）基金份额，或者买入（减少）基金份额。

我国封闭式基金是老基金，呈快速萎缩趋势；开放式基金是新基金，呈快速扩张趋势。目前开放式基金约占基金市值的 90%。以下基金份额估价问题以开放式基金为基础。封闭式基金与开放式基金的主要区别，见表 8 - 2。

表 8 - 2   封闭式基金与开放式基金的主要区别

区别	封闭式基金	开放式基金
1. 期限	有，有固定封闭期	无，除非基金清盘
2. 规模限制	有，规模固定	无，可以随时增减
3. 交易方式	场内，证券交易所	场外
4. 交易价格形成	主要取决于市场供求	主要取决于基金份额净值
5. 交易费用	场内交易费，类似股票交易	场外交易费，申购费和赎回费
6. 信息披露	每周一次	每日一次
7. 投资策略	注重长期投资	关注基金资产流动性
8. 发展历史	早	晚

（3）其他分类。主要从以下几个方面着眼：

第一，按投资对象，分为股票基金、债券基金、货币市场工具基金和衍生金融工具基金。股票基金指主要投资于股票的基金。我国 2004 年 7 月 1 日起施行的《证券投资基金运作管理办法》规定 60% 以上的基金资产投资于股票的为股票基金。

债券基金指主要投资于债券的基金。我国 2004 年 7 月 1 日起施行的《证券投资基金运作管理办法》规定 80% 以上的基金资产投资于债券的为债券基金。

货币市场工具基金指主要投资于货币市场工具（如大额存单、汇票、本票等）的基金。我国 2004 年 7 月 1 日起施行的《证券投资基金运作管理办法》规定基金资产仅投资于货币市场工具的，为货币市场工具基金。

衍生金融工具基金是指主要投资于衍生金融工具（如期货、期权、股票价格指数、认股权证等）的基金。

混合基金指同时均匀地投资于上述各种证券的基金。2004 年 7 月 1 日起施行的《证券投资基金运作管理办法》规定投资于股票、债券和货币市场工具，并且股票投资和债券投资的比例不符合股票基金和债券基金的规定比例的，为混合基金。

第二，按风险与收益的关系，分为成长型基金、收入型基金和平衡型基金。成长型基金是一种注重追求未来成长的基金；收入型基金是一种注重追求当期收入的基金；平衡型基金是一种同时追求当期收入和未来成长平衡的基金。

第三，按筹资与投资的关系，分为国内基金、国际基金、海外基金和国家基金。国内基金也称在岸基金，是一种筹资于境内并投资于境内的基金，许多基金大多是国内基金。国际基金也称内资基金，是一种筹资于境内并投资于境外的基金，如我国的合格境内机构投资者（QDII）基金。海外基金也称离岸基金，是一种筹资于境外并投资于境外（通常是第三国）的基金。国家基金也称外资基金，是一种筹资于境外并投资于国内的基金，如我国的合格境外机构投资者（QFII）基金。

第四，按运营特点，分为对冲基金（如量子基金、老虎基金、美洲豹基金）、套利基金和保本基金等。

第五，按金融创新，分为交易所交易基金（ETF）、上市开放式基金（LOF）、伞形基金、基金的基金（FOF）等。

应当注意，上述各种分类之间并非全部相互独立，也有一些相互重叠部分。例如，契约型基金，由于该基金主要投资于股票，也称为股票基金。

（二）基金份额估价的原理和方法

基金份额估价不同于债券估价，更不同于股票估价，需要首先对基金份额估价原理和方法有所了解。

1. 基金份额价值的构成要素

（1）面值。基金份额面值是构成基金的基本单元，通常为 1 元，是认购价的基础。

（2）认购价。基金份额认购价是发行市场表现出来的市场价格，相对于基金份额持有人而言。若从基金份额发行人来说，就是发行价或发售价。

（3）净值。基金份额净值是构成开放式基金份额交易价的基础，需要运用估值技术加以评估。基金份额净值只是封闭式基金份额交易价的影响因素。

（4）交易价。基金份额交易价是流通市场表现出来的市场价格。对开放式基金份额持有人而言，分为申购价和赎回价；从开放式基金份额发行人来看，相应为卖出价和买入价。对于封闭式基金，就是基金投资者之间的上市买卖价。

2. 基金份额估价特点

按照现金流量折现模型 DCF，资产价值是其未来现金流量的现值。

如股票估价，是根据股票投资者未来所取得的各期现金流量（现金股利），采用一定的折现率得出。债券估价也是如此。然而，基金估价不同，它是根据基金投资者当前所取得的所有现金流量（基金分红等），无须折现得出。

主要原因是：股票投资、债券投资的未来收益（股利、利息）可以预测，而基金份额投资的未来收益无法预测，因基金份额的收益取决于基金的收益。但是，以下两个原因导致基金收益不能合理估计：第一，基金的证券组合经常处于变换之中；第二，基金的收益来源主要是资本利得。既然基金份额的"未来"收益无法准确预测，就应当着重关注基金份额的"当前"收益，即基金净资产的"现在"价值。

3. 基金份额估价基础

基金份额净值（net value of the fund shares，NVFS），也称基金单位净值，简称基金净值，是基金份额估价的基础，也是计算基金收益率的基础数据，其计算式为：

$$NVFS = NFA \div FS = (FA - FL) \div FS$$

式中：NFA 为基金净资产（net fund assets，NFA），等于基金资产减去基金负债，FA 为基金资产（fund assets，FA），FL 为基金负债（fund liabilities，FL），FS 为基金份额数（fund shares，FS）。

基金资产包括三大类：最主要的是买入的各类证券；其次是保留的货币资金；最后是用于基金运营的其他资产。

基金负债包括两大类：一是应付未付的基金管理费和基金托管费；二是年末结算的基金运营费，如登记费、律师费、审计费、广告费、交易费等。若是公司型基金，基金负债还包括发债和借款。但这里讲的是不能发债和借款的契约型基金。

4. 基金份额估价方法

基金份额估价的方法包括已知价法和未知价法。已知价法，也称事前价法，是指计算基金资产市值的标准是前一个交易日的收盘价。未知价法，也称事后价法，是指计算基金资产市值的标准是当日的收盘价。投资者在当日收盘前无法确切地知道当日基金的收盘价，要等到第二个交易日。我国目前规定采取的是未知价法，也是国际惯例。

5. 基金份额估价应注意的问题

（1）封闭式基金份额需要估价，相对简单且每周估计一次；开放式基金份额更需要估价，比较复杂且每日估计一次。

（2）封闭式基金份额的买卖在场内进行，其交易价格的形成主要受市场供求关系的影响，可能脱离基金份额净值，如同股票价格脱离股票面值一样，基金份额净值只有比较意义和象征性。因此，封闭式基金份额通常只需估计认购价。

（3）开放式基金份额的买卖在场外进行，其交易价格的形成必须以基金份额净值为基础，且构成申购价和赎回价的主体部分，基金份额净值具有决定意义。可见，开放式基金份额通常需要估计认购价、基金份额净值、申购价和赎回价。

正因如此，我们主要关注开放式基金份额的估价。封闭式基金份额的认购价估计可以比照开放式基金份额的认购价估计。

（三）开放式基金份额的估价

开放式基金份额的估价包括认购价、基金份额净值、申购价和赎回价。

1. 认购价估计

开放式基金份额的认购价是基金首次发行的销售价格，其计算式为：

认购价 = 基金份额面值 + 认购费用

认购基金份额 = （净认购金额 + 认购期利息）÷ 基金份额面值

可见，认购价和认购基金份额确定的基本原理，与申购价和申购基金份额相同（以下将详细介绍）。认购与申购的不同之处是：第一，认购通常要考虑认购期利息；第二，认购价的确定基础是基金份额面值，而申购价的确定基础是基金份额净值。

最新修订并于 2011 年 10 月 1 日起施行的《证券投资基金销售管理办法》规定基金销售机构办理基金销售业务，可以按照基金合同和招募说明书的约定向投资人收取认购费、申购费、赎回费、转换费和销售服务费等费用。实践中，基金管理人针对不同类型的基金可以设置不同的认购费用率。例如，我国股票基金的认购费用率大多为 1%—1.5%，而债券基金通常低于 1% 等。

2. 基金份额净值估计

估计基金份额净值，表面上是估计基金净资产，实际上是估计基金资产。而基金资产的主要部分是证券，且只有证券才有必要去估计。因此，基金管理人应于每个交易日当天对基金的各种证券资产进行估价，以确定其现行公允价值。按照投资对象的不同，证券资产估价方法如下。

（1）任何上市流通的有价证券，以估价日该有价证券在证券交易所挂牌的市价（收盘价，下同）估值；估价日无交易的，以最近交易日的市价估值。

（2）未上市的股票，应区别处理：配股和增发新股，按照估价日在证券交易所挂牌的同一股票的市价估值；首次公开发行的股票，按成本估值。

（3）配股权证，从配股权日起到配股确认日止，按市价高于配股价的差额估值；若市价低于配股价，按配股价估值。

（4）如有确凿证据表明上述方法对基金估值不能客观反映其公允价值，基金管理人可根据具体情况，并与基金托管人协商，按最能反映公允价值的价格估值。

3. 申购价估计

基金投资者申购基金份额时，除基金份额净值外，还要支付一笔申购费用，因此，当日申购价（purchase price，PP）等于当日基金份额净值加上申购费用（purchase cost，PC），其计算式为：

$$PP = NVFS + PC$$

式中：PP 为申购价，NVFS 为基金份额净值，PC 为申购费用。

在计算式中，基金份额净值的估计刚才已经搞定，剩下的是申购费用。

申购费用包括：代销中介机构（通常是商业银行或证券公司）的佣金、基金管理人收取的手续费（主要用于基金运营费用）。

申购费用支付有两种模式：一是前端支付模式。申购费用在申购时支付。二是后端支付模式。申购费用在申购时不支付，在赎回时才支付。我国开放式基金大多采用前端付费模式。

申购费用的数学处理有两类方法：

（1）外扣法。指申购费用的计算以净申购金额为基础，即根据净申购金额的一定比例计算申购费用，然后用基金份额净值加上申购费用就是申购价。其基本步骤如下：

申购价 = 当日基金净值 ×（1 + 申购费用率）

净申购金额 = 申购金额 ÷（1 + 申购费用率）

= 申购金额 ÷（1 + 申购费用 ÷ 净申购金额）

即 $PP_E = NVFS + PC = NVFS \times (1 + PCR_E)$

式中：PCR_E 为外扣法下申购费用率（purchase cost rate，PCR）。

（2）内扣法。指申购费用的计算以申购金额为基础，即根据申购金额一定比例计算申购费用，然后用基金份额净值加上申购费用就是申购价。其基本步骤如下：

申购价 = 当日基金净值 ÷（1 - 申购费用率）

净申购金额 = 申购金额 ×（1 - 申购费用率）

　　　　　= 申购金额 ×（1 - 申购费用/申购金额）

即 $PP_I = NVFS + PC = NVFS \div (1 - PCR_I)$

式中：PCR_I 为内扣法下申购费用率（purchase cost rate，PCR）。

一般来说，外扣法申购费用率略大于内扣法申购费用率。可以证实，若外扣法申购费用率等于内扣法申购费用率，即 $PCR_E = PCR_I$，则外扣法申购价小于内扣法申购价，即 $PP_E < PP_I$。

【例 8 - 10】 某人用 50000 元申购开放式基金，该基金份额净值为 1.28 元，外扣法申购费用率为 2.5%。

要求：

（1）计算申购价；

（2）若内扣法申购费用率等于外扣法申购费用率，结果又如何？

解

$NVFS = 1.28$，$PCR_E = 2.5\%$

（1）外扣法申购价为：

$PP_E = NVFS \times (1 + PCR_E) = 1.28 \times (1 + 2.5\%) = 1.312(元)$

（2）$PCR_E = PCR_I = 2.5\%$，内扣法申购价为：

$PP_I = NVFS \div (1 - PCR_I) = 1.28 \div (1 - 2.5\%) = 1.3128(元)$

可见，当外扣法申购费用率等于内扣法申购费用率，外扣法申购价小于内扣法申购价。

4. 赎回价估计

基金投资者赎回基金份额时，除基金份额净值外，还要支付一笔赎回费用，因此，当日赎回价（redemption price，RP）等于当日基金份额净值减去赎回费用（redemption cost，RC），其计算式为：

$RP = NVFS - RC$

式中：RP 为赎回价，$NVFS$ 为基金份额净值，RC 为赎回费用。

赎回费用包括：代销中介机构的佣金和基金管理人的手续费。赎回费率一般按照持有时间的长短分级设置。持有时间越长，适用的赎回费用率越低。

赎回费用数学处理也有两种方式：

（1）外扣法。是指赎回费用的计算以净赎回金额为基础，即根据净赎回金额的一定比例计算赎回费用，然后用基金份额净值减去赎回费用就是赎回价。其基本步骤如下：

赎回价 = 当日基金净值 ÷（1 + 赎回费用率）

净赎回金额 = 赎回金额 ÷（1 + 赎回费用率）

　　　　　 = 赎回金额 ÷（1 + 赎回费用/净赎回金额）

即 $RP_E = NVFS - RC = NVFS ÷ (1 + RCR_E)$

式中：RCR_E 为外扣法下赎回费用率（redemption cost rate，RCR）。

（2）内扣法。是指赎回费用的计算以赎回金额为基础，即根据赎回金额的一定比例计算赎回费用，然后用基金份额净值减去赎回费用就是赎回价。其基本步骤如下：

赎回价 = 当日基金净值 ×（1 - 赎回费用率）

净赎回金额率 = 赎回金额 ×（1 - 赎回费用率）

　　　　　　 = 赎回金额 ×（1 - 赎回费用/赎回金额）

即 $RP_I = NVFS - RC = NVFS × (1 - RCR_I)$。

式中：RCR_I 为内扣法下赎回费用率（redemption cost rate，RCR）。

可以证实，若外扣法赎回费用率等于内扣法赎回费用率，即 $RCR_E = RCR_I$，则外扣法赎回价大于内扣法赎回价，即 $RP_E > RP_I$。

【例 8 - 11】 某人想赎回 40000 份开放式基金，该基金份额净值为1.28 元，外扣法赎回费用率为 1.8%。

要求：

（1）计算净赎回价；

（2）内扣法赎回费用率等于外扣法赎回费用率，结果又如何？

解

$NVFS = 1.28$，$RCR_E = 1.8\%$

（1）外扣法赎回价为：

$RP_E = NVFS ÷ (1 + RCR_E) = 1.28 ÷ (1 + 1.8\%) = 1.2574（元）$

（2）$RCR_E = RCR_I = 1.8\%$，内扣法赎回价为：

$$RP_I = NVFS \times (1 - RCR_I) = 1.28 \times (1 - 1.8\%) = 1.2570(元)$$

可见，当外扣法赎回费用率等于内扣法赎回费用率，外扣法赎回价大于内扣法赎回价。

无论对申购价还是对赎回价，我国过去普遍实行内扣法，但自2007年5月以来，有关法规要求采取外扣法。为了更好地掌握外扣法，不妨将外扣法与内扣法作为对比学习。

（四）开放式基金份额的申购与赎回

无论申购，还是赎回，一律实行"未知价法"。

1. 开放式基金份额的申购

开放式基金份额的申购采用"金额申购"法，即"金额换份额"，其计算式为：

申购份额 = 申购金额 ÷ 申购价

若采用外扣法，则：

申购份额 = 申购金额 ÷ 外扣法申购价

若采用内扣法，则：

申购份额 = 申购金额 ÷ 内扣法申购价

或者经过转换，则：

申购份额 = 净申购金额 ÷ 基金份额净值

【例8－12】承例8－10，计算申购份额；当内扣法申购费用率等于外扣法申购费用率，结果又如何？

解

（1）$PP_E = 1.312$ 元，外扣法申购份额为：

申购份额 = 申购金额 ÷ 外扣法申购价 = 50000 ÷ 1.312 = 38110 （份）

（2）$PP_I = 1.3128$ 元，内扣法申购份额为：

申购份额 = 申购金额 ÷ 内扣法申购价 = 50000 ÷ 1.3128 = 38087 （份）

2. 开放式基金份额的赎回

开放式基金份额的赎回采用"份额赎回"法，即"份额换金额"，其计算式为：

净赎回金额 = 赎回份额 × 赎回价

若采取外扣法，则：

净赎回金额 = 赎回份额 × 外扣法赎回价

若采取内扣法，则：

净赎回金额 = 赎回份额 × 内扣法赎回价

或者经过转换，则：

赎回金额 = 赎回份额 × 基金份额净值

【例 8 – 13】 承例 8 – 11，计算净赎回金额；当内扣法赎回费用率等于外扣法赎回费用率，结果又如何？

解

（1）$RP_E = 1.2574$ 元，外扣法净赎回金额为：

净赎回金额 = 赎回份额 × 外扣法赎回价 = 40000 × 1.2574 = 50296（元）

（2）$RP_I = 1.2570$ 元，内扣法净赎回金额为：

净赎回金额 = 赎回份额 × 外扣法赎回价 = 40000 × 1.2570 = 50280（元）

四 衍生金融产品投资的估价

20 世纪 60 年代以来，以转移风险和规避监管为目的的金融创新活动风起云涌，一系列衍生金融产品应运而生。如今，衍生金融产品成为越来越重要的投资工具。

衍生金融产品也称衍生金融工具或衍生金融资产，与基础金融产品相对应，建立在基础金融产品的有关基础变量之上，其价格、收益和风险随着基础金融产品的变动而变动，或者根据相关基础金融产品的预期价格变化来进行定价。这里所说的基础金融产品，不仅包括现货金融产品，如债券、股票、银行定期存款单等，也包括衍生金融产品，如期货、期权等。作为衍生金融产品的基础变量包括利率、汇率、股票价格、股票价格指数、天气温度指数等。

衍生金融产品可以按照基础金融产品种类、风险与收益特性、交易方法的不同，有不同分类。一是按产生形态，分为独立衍生金融产品和嵌入衍生金融产品；二是按交易场所，分为交易所交易的衍生金融产品和OTC 交易的衍生金融产品；三是按基础金融产品性质，分为股权类衍生金融产品、货币类衍生金融产品、利率类衍生金融产品和信用类衍生金融产品；四是按衍生金融产品交易特点，分为远期类衍生金融产品、期货类衍生金融产品、期权类衍生金融产品和互换（掉期）类衍生金融产品。

在衍生金融产品中，最重要的是衍生证券，包括证券期货、证券期权、认股权证、可转换债券、附认购权证债券等。

（一）证券期货及估价

证券期货是买卖双方签订的在未来某一特定时间按照确定价格买卖一

定数量的特定证券的合约。证券期货的标的物不是一般商品，而是证券尤其是与证券有关的指标（如股票指数、利率等）。目前，证券期货品种主要有股指期货、股票期权、利率期货等，典型代表是股指期货。

股指期货，全称为股票价格指数期货，是目前证券期货市场最为热门、发展最快的期货品种。由于股票价格指数往往代表证券市场的总体价格水平，因此，购买股指期货可以实现投资多元化，分散风险。2006 年 9 月 8 日，中国金融期货交易所经国务院同意在上海成立，并于 2010 年 4 月 16 日正式推出沪深 300 股指期货合约。中国金融期货交易所的成立，对深化资本市场改革，完善资本市场体系，发挥资本市场功能，具有重要的战略意义。

（二）证券期权及估价

证券期权品种主要包括股票期权、股指期货、利率期权、股指期货期权等，典型代表是股票期权。关于期权的估价，可以参考第三章第三节的期权估价原理。

（三）认股权证及估价

第五章详细介绍了认股权证。认购权的内在价值计算式为：

$$c_w = \max\left[(P - X)b, \, 0\right]$$

式中：c_w 为认购权（内在）价值，P 为股票市价，X 为认购价格（约定价格），b 为每张认股权证可认购的普通股股数。

从计算式可以看出，认购权证包括三个要素：一是认购数量 b，确定每一份认股权证可以认购多少公司发行的普通股股数；二是认购价格 X，确定行权时的约定价格；三是认购期限，有效期内，可以行使认购权，超过有效期，认购权失效。同时，只有市价大于认购价，投资者才会行使认购权。

1. 认购权具有稀释效应

（1）行使认购权后，公司股票数增加到为：

$$n + m \times b$$

式中：n 为流通在外的普通股票数，m 为发行认购权证的份数，b 每份认购权证可以购买的普通股票数。

（2）行使认购权后，公司股票价值下降为：

$$P = \frac{V + m \times b \times X}{n + m \times b}$$

式中：V 为行权时的股票市场价值；X 为行权时的执行价格。

2. 认购权与股票买权的关系

（1）认购权的内在价值为：

$$c_w = \max\left[(P-X)b, \ 0 \right] = \max\left[\left(\frac{V+m \times b \times X}{n+m \times b} - X \right)b, \ 0 \right]$$

$$c_w = \max\left[\left(\frac{V+m \times b \times X}{n+m \times b} - X \right)b, \ 0 \right] = \max\left(\frac{V-n \times X}{n+m \times b} \times b, \ 0 \right) = \frac{n \times b}{n+m \times b}$$

$$\max\left(\frac{V}{n} - X, \ 0 \right)$$

（2）股票买权的内在价值为：

$$c = \max(S-X, \ 0) = \max\left(\frac{V}{n} - X, \ 0 \right)$$

（3）比较认购权内在价值与股票买权的内在价值会发现，认购权价值与股票买权价值的关系为：

$$c_w = \frac{n \times b}{n+m \times b} \times c$$

【例 8 – 14】某公司发行认购权证 100 万张，每张权证可认购普通股 2 股，目前公司发行（流通）在外的股票数 2000 万股，规定执行价格 32.8 元，2 年后可行使认购权，目前股票市场价格 31.2 元，股票价格波动率 20%，无风险利率为 6%。

要求：

（1）行权后的股票价格变化情况；

（2）计算认购权价值。

解

$n = 2000$，$m = 100$，$b = 2$，$X = 32.8$ 元

（1）2 年后市场价格低于执行价格，认购权证持有人自然不会行使认购权。2 年后市场价格升高到大于执行价格（如 35 元），认购权证持有人肯定会行使认购权，这时普通股票每股价值为：

$$P = \frac{V+m \times b \times X}{n+m \times b} = \frac{35 \times 2000 + 100 \times 2 \times 32.8}{2000 + 100 \times 2} = 34.8 \ （元）$$

可见，行使认购权后，每股价格有所下降。

（2）股票买权价值 c。

B—S 模型的影响因素分别为：

$S = 31.2\ 元，X = 32.8\ 元，r = 6\%，\sigma = 20\%，T = 2\ 年$

$e^{-rT} = e^{0.06 \times 2} = e^{-0.12} = 0.8869$

$$d_1 = \frac{\ln \dfrac{S}{X \times e^{-rT}}}{\sigma \sqrt{T}} + \frac{\sigma \sqrt{T}}{2} = \frac{\ln \dfrac{31.2}{32.8 \times 0.8869}}{0.2 \times \sqrt{2}} + \frac{0.2 \times \sqrt{2}}{2} = 0.3889$$

$$d_2 = d_1 - \sigma \sqrt{T} = 0.3889 - 0.2 \times \sqrt{2} = 0.1061$$

$$N(d_1) = N(0.3889) = 0.6513$$

$$N(d_2) = N(0.1061) = 0.5422$$

$$c = S \times N(d_1) - X \times e^{-rT} \times N(d_2)$$

$$c = 31.2 \times 0.6513 - 32.8 \times 0.8869 \times 0.5422 = 20.32 - 15.77 = 4.55$$

（元）

认购权价值 c_w 为：

$$c_w = \frac{n \times b}{n + m \times b} \times c = \frac{2000 \times 2}{2000 + 100 \times 2} \times 4.55 = 8.27\ （元）$$

可见，可以得出结论：每张认股权证可认购的普通股 $b > n/(n - m)$，认购权价值大于股票买权价值；每张认股权证可认购的普通股 $b < n/(n - m)$，认购权价值小于股票买权价值。

（四）可回购证券及估价

可回购证券包括可回购普通股、可回购债券和可回购优先股，以可回购债券最常见。

可回购债券（callable bond，CB）也称可赎回债券，是一种特殊的公司债券，在债券到期日前，债券发行人（债务人）"可以但非必须"按一定价格从债券投资者（债权人）手中回购（赎回）全部或部分发行在外的债券。这种债券是债权人给予债务人一个回购权，这个回购权相当于一个买权，即债务人是买权多头，债权人是买权空头。从债券投资者角度，可回购债券价值的计算式为：

$$CBV = BV - c_c$$

式中：CBV 为可回购债券价值，BV 为普通债券价值，c_c 为回购权价值（买权价值）。

可见，可回购债券价值低于普通债券价值。

【例 8 - 15】一种面值 1000 元、票面利率 10%、期限 8 年的可回购债券，契约条款规定，4 年后债券发行人可以按 1000 元赎回这种债券。若债券发行人 6 年后行使回购权，市场利率 8%，投资者的期望收益率等于市场利率，无风险利率 6%，债券价格波动率 2%。

解

（1）与可回购债券相对应的普通债券价值 BV 为：

$$BV = 1000 \times 10\% \times (P/A, 8\%, 8) + 1000 \times (P/F, 8\%, 8)$$
$$= 1000 \times 10\% \times 5.7466 + 1000 \times 0.5403 = 574.66 + 540.3$$
$$= 1114.96(元)$$

（2）6 年后，债券发行人行使回购权，届时的普通债券价值为：

$$P = 1000 \times 10\% \times (P/A, 8\%, 2) + 1000 \times (P/F, 8\%, 2)$$
$$= 1000 \times 10\% \times 1.7833 + 1000 \times 0.8573$$
$$= 178.33 + 857.3 = 1035.63(元)$$

（3）6 年后的普通债券价值的现值为：

$$S = P \times (P/F, 6\%, 6) = 1035.63 \times 0.7050 = 730.12(元)$$

（4）回购权价值 c_c。B—S 模型的影响因素分别为：

$$S = 730.12 \ 元, \ X = 1000 \ 元, \ r = 6\%, \ \sigma = 2\%, \ T = 6 \ 年$$

$$e^{-rT} = e^{0.06 \times 6} = e^{-0.3}6 = 0.6977$$

$$d_1 = \frac{\ln \dfrac{S}{X \cdot e^{-rT}}}{\sigma \sqrt{T}} + \frac{\sigma \sqrt{T}}{2} = \frac{\ln \dfrac{730.12}{1000 \times 0.6977}}{0.02 \times \sqrt{6}} + \frac{0.02 \times \sqrt{6}}{2} = 0.9522$$

$$d_2 = d_1 - \sigma \sqrt{T} = 0.9522 - 0.02 \times \sqrt{6} = 0.9033$$

$$N(d_1) = N(0.9522) = 0.8296$$

$$N(d_2) = N(0.9033) = 0.8171$$

$$c_c = S \times N(d_1) - X \times e^{-rT} \times N(d_2)$$
$$= 730.12 \times 0.8296 - 1000 \times 0.6977 \times 0.8171$$
$$= 605.71 - 570.09 = 35.62(元)$$

（5）可回购债券价值为：

$$CBV = BV - c_c = 1114.96 - 35.62 = 1079.34(元)$$

（五）可回售证券及估价

可回售证券包括可回售普通股、可回售债券和可回售优先股，以可回售债券最常见。

可回售债券（putable bond，PB）也称可退回债券，是一种特殊的公司债券，在债券到期日前，债券投资者（债权人）"可以但非必须"按一定价格从债券发行人（债务人）手中回售（退回）全部或部分已经购买的债券。这种债券是债务人给予债权人的一个回售权，这个回售权相当于一个卖权，即债权人是卖权多头，债务人是卖权空头。从债券投资者角度，可回售债券价值的计算式为：

$$PBV = BV + p_p$$

式中：PBV 为可回售债券价值，BV 为普通债券价值，p_p 为可回售权价值（卖权价值）。

可见，可回售债券价值高于普通债券价值。

【例 8-16】 一种面值 1000 元、票面利率 10%、期限 8 年的可回售债券，契约条款规定，4 年后债券投资者可以按 1000 元退回这种债券。若债券投资者 5 年后行使退回权，市场利率 12%，投资者的期望收益率等于市场利率，无风险利率 6%，债券价格波动率 2%。

解

（1）与可回售债券相对应的普通债券价值 BV 为：

$$BV = 1000 \times 10\% \times (P/A, 12\%, 8) + 1000 \times (P/F, 12\%, 8)$$
$$= 1000 \times 10\% \times 4.9676 + 1000 \times 0.4309$$
$$= 496.76 + 430.9 = 927.66(元)$$

（2）5 年后，债券投资者行使回售权，届时的普通债券价值为：

$$P = 1000 \times 10\% \times (P/A, 12\%, 3) + 1000 \times (P/F, 12\%, 3)$$
$$= 1000 \times 10\% \times 2.4018 + 1000 \times 0.7118$$
$$= 240.18 + 711.8 = 951.98(元)$$

（3）5 年后的普通债券价值的现值为：

$$S = P \times (P/F, 6\%, 5) = 951.98 \times 0.7473 = 711.41(元)$$

（4）可回售权价值 p_p。B—S 模型的影响因素分别为：

$$S = 711.41 元, X = 1000 元, r = 6\%, \sigma = 2\%, T = 5 年$$
$$e^{-rT} = e^{0.06 \times 5} = e^{-0.3} = 0.7408$$

$$d_1 = \frac{\ln \dfrac{S}{X \times e^{-rT}}}{\sigma \sqrt{T}} + \frac{\sigma \sqrt{T}}{2} = \frac{\ln \dfrac{711.41}{1000 \times 0.7408}}{0.02 \times \sqrt{5}} + \frac{0.02 \times \sqrt{5}}{2} = -0.8828$$

$$d_2 = d_1 - \sigma \sqrt{T} = -0.8828 - 0.02 \times \sqrt{5} = -0.9275$$

$$N(-d_1) = N(0.8836) = 0.8115$$

$$N(-d_2) = N(0.9283) = 0.8233$$

$$p_p = X \times e^{-rT} \times N(-d_2) - S \times N(-d_1) \quad p_p = 1000 \times 0.7408 \times 0.8233 -$$
$711.41 \times 0.8115 = 609.9 - 577.31 = 32.59(元)$

（5）可回售债券价值为：

$$PBV = BV + p_p = 927.66 + 32.59 = 960.25 （元）$$

（六）附认购权债券及估价

附认购权债券（bond with warrant，WB）是一种特殊的公司债券，在债券到期日前债券投资者（债权人）"可以但非必须"按一定价格从债券发行人（债务人）手中认购一定数量的股票。显然，这种债券就相当于债务人给了债权人一个买权，即债权人是买权多头，债务人是买权空头。从债券投资者角度，附认购权债券价值的计算式为：

$$WBV = BV + c_w$$

式中：WBV 为附认购权债券价值，BV 为普通债券价值，c_w 为认购权价值（买权价值）。

可见，附认购权债券价值高于普通债券价值。

上面已经论述了认购权估价原理，在此不再赘述。

【例8－17】一种面值1000元、票面利率5%、期限10年的附认购权债券50万张，契约条款规定，每张债券附1份认购权，认购权可以在4年后按执行价格32元认购1股普通股票，目前流通在外的普通股票为1000万股，该股票市场价格30元，价格波动率30%，市场平均收益率9%，无风险利率6%。

解

（1）股票买权价值 c。B—S模型的影响因素分别为：

$S = 30$ 元，$X = 32$ 元，$r = 6\%$，$\sigma = 30\%$，$T = 4$ 年，$e^{-rT} = e^{0.06 \times 4} = e^{-0.24} = 0.7866$

$$d_1 = \frac{\ln \dfrac{S}{X \times e^{-rT}}}{\sigma \sqrt{T}} + \frac{\sigma \sqrt{T}}{2} = \frac{\ln \dfrac{30}{32 \times 0.7866}}{0.3 \times \sqrt{4}} + \frac{0.3 \times \sqrt{4}}{2} = 0.5925$$

$$d_2 = d_1 - \sigma \sqrt{T} = 0.5925 - 0.3 \times \sqrt{4} = -0.0075$$

$$N(d_1) = N(0.5925) = 0.7232$$

$$N(d_2) = N(-0.0075) = 1 - N(0.0075) = 1 - 0.5030 = 0.4930$$

$$c = S \times N(d_1) - X \times e^{-rT} \times N(d_2) \quad c = 30 \times 0.7232 - 32 \times 0.7866 \times 0.4930 = 21.70 - 12.41 = 9.29(元)$$

（2）认股权证价值为：

$n = 1000$，$m = 50$，$b = 1$

$$a = \frac{n \times b}{n + m \times b} = \frac{1000 \times 1}{1000 + 50 \times 1} = 0.9523$$

$$c_w = c \times a = 9.29 \times 0.9523 = 8.85 \text{（元）}$$

（3）与附认购权债券相对应的普通债券价值 BV 为：

$$BV = 1000 \times 5\% \times (P/A, 9\%, 10) + 1000 \times (P/F, 9\%, 10)$$
$$= 1000 \times 5\% \times 6.4177 + 1000 \times 0.4224$$
$$= 320.89 + 422.4 = 743.29 \text{（元）}$$

（4）附认购权债券价值 WBV 为：

$$WBV = BV + c_w = 743.29 + 8.85 = 752.14 \text{（元）}$$

（七）可转换证券及估价

可转换债券（convertible bond，KB）是一种特殊的公司债券，其持有人可以在约定时期内按约定价格将公司债券转换为该公司股票。债券持有者在转换权行使前是发行公司的债权人，在转换权行使后成为发行公司的股东。因此，可转换债券既有债券的性质，也有股票的性质，其价格受到市场利率和股票价格的双重影响。对投资者来说，既可以获取利息，锁定基本收益，又可以从股价上涨中获取资本收益。

1. 可转换债券转换价格的调整

可转换债券转换价格会随着股票价格涨跌升降。由于公司发放现金股利、股票股利（送股）或转增股本、配股或增发新股等，股票价格会有所下降，可转换债券会贬值。

若发放现金股利（红利），转换价格调整为：

$$P = P_0 - DPS$$

若发放股票股利（红股）或转增股本，转换价格调整为：

$$P = P_0 \div (1 + b)$$

若配股或增发新股，转换价格调整为：

$$P = (P_0 + P_A \times a) \div (1 + a)$$

若红利、红股和配股同时存在，转换价格调整为：

$$P = (P_0 - DPS + P_A \times a) \div (1 + a + b)$$

式中：P 为调整后每股转换价格，P_0 为调整前每股转换价格，DPS 为每股现金股利，b 为送股率（包括转增率），a 为配股率（包括增发率），P_A 为配股价（增发价）。

【例 8 - 18】一种面值 1000 元、转换比率为 5 的可转换债券，转换价格为 200 元（1000÷5），但在债券有效期内，公司按 10 送 1 派发了股票股利。求调整转换价值。

解

$P_0 = 200$ 元，$b = 10\%$

送股后，转换价格应调整为：

$P = P_0 \div (1 + b) = 200 \div (1 + 10\%) = 181.82（元）$

2. 可转换债券内在价值

可转换债券条款规定，债券投资者（债权人）在债券到期日前，"可以但非必须"按一定比例或价格将手中的债券全部或部分转换成普通股。显然，这个转换权相当于给予债券投资者对公司股票的一种买权。从债券投资者角度，可转换债券价值计算式为：

$KBV = BV + c_k$

式中：KBV 为可转换债券价值，BV 为普通债券价值，c_k 为可转换权价值（买权价值）。

由于可转换债券的转换权与债券不能分离，其价值没有单独表现的机会。当股票市场价格低于转换价格，行权可能性很小，可转换债券价值接近于普通债券价值；当股票市场价格大于转换价格，行权可能性很大，可转换债券价值等于普通债券价值与转换权价值之和，为换取的股票价值。

$KBV =$ 换取的股票价值 $=$ 转换比率 $\times$ 股票市价

这时，可以推断，可转换权价值 c_k 为：

$c_k = KBV - BV$

【例 8 - 19】一种面值 1000 元、票面利率 5%、期限 10 年、转换比率 20（1 换 20）、转换价格 50 元的可转换债券。合同规定，债券投资者可以在 4 年后行使可转换权，市场利率为 6%，求可转换债券价值。

解

（1）4 年后，当股票市场价格下降到 50 元以下（如 45 元），可转换债券持有人就会放弃行使可转换权，这时可转换债券价值近似于普通债券价值。

（2）4 年后，当股票市场价格上升到 50 元以上（如 55 元），可转换债券持有人就会行使可转换权，这时可转换债券价值 KBV 为：

$20 \times 55 = 1100$ （元）

与可转换债券相对应的普通债券价值 BV 为：

$$BV = 1000 \times 5\% \times (P/A, 6\%, 10) + 1000 \times (P/F, 6\%, 10)$$

$$= 1000 \times 5\% \times 7.3601 + 1000 \times 0.5584$$

$$= 368.01 + 558.4 = 926.41 (元)$$

可转换权价值 c_k 为：

$$c_k = KBV - BV = 1100 - 926.41 = 173.59 \quad （元）$$

第三节 金融性投资收益

投资者除关注金融性投资估价外，还习惯于考评金融性投资收益率。如果说金融性投资估价是事前财务行为，那么金融性投资收益考评是事后财务行为。不同投资形成的收益考评大相径庭。

一 股票投资收益

股票投资收益率是指在一定时期内所得收益（股利和资本利得）与投入本金（股票买入价格）的比率。股票投资收益不同于债券投资收益，不存在到期收益率，也不存在当期收益率，只有持有期收益率和预期收益率。

（一）持有期收益率

持有期收益率在是否考虑时间价值的情况下有所不同。

1. 不考虑时间价值的持有期收益率

不考虑时间价值（也不考虑交易费用）的持有期收益率计算式为：

$$R_h = \frac{D + \dfrac{P_1 - P_0}{h}}{P_0}$$

式中：P_0 为股票买入价，P_1 为股票卖出价，h 为股票持有的期数，D 为股票持有期的年均每股股利。

【例 8-20】某公司 2010 年 3 月 1 日以每股 2.8 元买入另一家公司的股票，该股票面值为 1 元，一直持有至 2013 年 2 月 27 日，持有 3 年，其间获得 3 次现金股利，每年每股股利为 0.4 元，每股卖出价格为 3.7 元。

要求：不考虑时间价值，求股票投资的内含收益率。

解

$P_0 = 2.8$ 元，$P_1 = 3.7$ 元，$h = 3$ 年，$D = 0.4$ 元/股

$$R_h = \frac{D + \dfrac{P_1 - P_0}{h}}{P_0} = \frac{0.4 + \dfrac{3.7 - 2.8}{3}}{2.8} = 25\%$$

2. 考虑时间价值的持有期收益率

考虑时间价值（不考虑交易费用）的持有期收益率计算式为：

$$NPV = P_0 - D \times (P/A,\ R_h,\ h) - P_1 \times (P/F,\ R_h,\ h) = 0$$

【例 8 - 21】承例 8 - 20，若考虑时间价值，求股票投资的内含收益率。

解

$P_0 = 2.8$ 元，$P_1 = 3.7$ 元，$h = 3$ 年，$D = 0.4$ 元/股

因 $D \times (P/A,\ R_h,\ h) + P_1 \times (P/F,\ R_h,\ h) = P_0$

则 $0.4 \times (P/A,\ R_h,\ 3) + 3.7 \times (P/F,\ R_h,\ 3) = 2.8$（元）

采用试误法：

若 $R_h = 20\%$

$0.4 \times (P/A,\ 20\%,\ 3) + 3.7 \times (P/F,\ 20\%,\ 3) = 0.4 \times 2.1065 + 3.7 \times 0.5787 = 2.98 > 2.8$（元）

若 $R_h = 24\%$

$0.4 \times (P/A,\ 24\%,\ 3) + 3.7 \times (P/F,\ 24\%,\ 3) = 0.4 \times 1.9813 + 3.7 \times 0.5245 = 2.73 < 2.8$（元）

再采用插值法：

$$R_h = 20\% + \frac{2.8 - 2.98}{2.73 - 2.98} \times (24\% - 20\%) = 22.88\%$$

（二）预期收益率

假设股票市场处于有效均衡状态，即在任何时点股票价格能够完全反映有关该公司所有可以获得的公开信息，且股票价格对新信息能够迅速做出反应，那么投资者就能够以公平的市场价格购买股票。也就是说，股票市场价格等于内在价值。在这种假设条件下，股票预期收益率等于必要收益率，也就是说，使股票未来现金流量的现值等于股票买入价格的折现率。

对于长期股票投资者，若未来现金流量服从固定股利增长模型：

$$P_0 = \frac{D_0 \times (1 + g)}{R_E - g}$$

将上式移项整理，得：$R_E = \frac{D_0 \times (1 + g)}{P_0} + g$

式中：R_E 为预期收益率，P_0 为股票买入价格，D_0 为上年股利，g 为股利增长率。

从上式得知，预期收益率可以分解为两部分：第一部分是 $D_0 \times (1 + g) \div P_0$，为股利收益率，是根据预期现金股利除以当前股价计算出来的，第二部分是 g，为股利增长率。

【例 8 – 22】 某股票的当期价格 16 元，上年股利 1.2 元，预计未来股利将以 8% 的速度固定增长。求该股票的预期收益率。

解

$P_0 = 16$ 元，$D_0 = 1.2$ 元/股，$g = 8\%$

$R_E = D_0 \times (1 + g) \div P_0 + g = 1.2 \times (1 + 8\%) \div 16 + 8\% = 16.1\%$

【例 8 – 23】 某企业计划购买稳定增长现金股利股票 A，其 β 为 2.0，上年 DPS 为 1.6 元，今后以 10% 的速度增长。假定市场平均收益率为 10%，无风险利率为 6%。

要求：

（1）企业应在什么内在价格购买股票，才值得投资；

（2）若该股票现行购买价格为 40 元，企业预期内含收益率是多大；

（3）若该股票现行购买价格为 50 元，企业预期内含收益率是多大？

解

$D_0 = 1.6$ 元/股，$g = 10\%$，$\beta = 2.0$，$R_f = 6\%$，$R_M = 10\%$

（1）股票投资的必要收益率为：

$K_E = R_f + \beta \times (R_M - R_f) = 6\% + 2.0 \times (10\% - 6\%) = 14\%$

股票的内在价值为：

$P_0 = D_0 \times (1 + g) \div (R_E - g) = 1.6 \times (1 + 10\%) \div (14\% - 10\%) = 44$ （元）

可见，只有当市场价格不高于 44 元，企业才会投资。

（2）当股票现行价格为 40 元，预期的内含收益率为：

$R_E = D_0 \times (1 + g) \div P_0 + g = 1.6 \times (1 + 10\%) \div 40 + 10\% = 14.4\%$

在这种情况下，预期的内含收益率大于必要收益率。

（3）当股票现行价格为50元，预期的内含收益率为：

$R_E = D_0 \times (1 + g) \div P_0 + g = 1.6 \times (1 + 10\%) \div 50 + 10\% = 13.52\%$

在这种情况下，预期的内含收益率小于必要收益率。

二　债券投资收益

债券投资收益率是指在一定时期内所得收益与投入本金的比率。为方便比较，债券投资收益率一般以年率为计量单位。债券投资收益率有当期收益率、持有期收益率和到期收益率，分别反映投资者在不同买卖价格和期限下的收益水平。

对债券投资的收益率大小，评价时通常采用两种方式：一是不考虑时间价值；二是考虑时间价值。

（一）当期收益率

当期收益率也称直接收益率，是指债券的年实际利息收入与实际买入价格的比率。本期收益率的计算式为：

$$R_c = \frac{I}{P_0}$$

式中：R_c 为票面收益率，I 为票面利息或计息利息，P_0 为债券买价。

此计算式仅适用附息债券和利随本清债券，不适合贴现债券。

【例 8 - 24】 某公司购买另一家公司发行的附息债券，面值1000元，票面利率8%，偿还期6年。若每张购买价格分别是925元、1000元和1078元时，求当期收益率。

解

$I = 1000 \times 8\% = 80$（元）

当 $P_0 = 925$ 元，买价小于面值，即 $P_0 < M$，当期收益率为：

$R_c = I \div P_0 = 80 \div 925 = 8.65\%$

当 $P_0 = 1000$ 元，买价等于面值，即 $P_0 = M$，当期收益率为：

$R_c = I \div P_0 = 80 \div 1000 = 8\%$

当 $P_0 = 1078$ 元，买价大于面值，即 $P_0 > M$，当期收益率为：

$R_c = I \div P_0 = 80 \div 1078 = 7.42\%$

可见，买价越高，当期收益率越低；反之亦然。本例对附息债券而言，若是利随本清债券，计息利率也是8%，不考虑利息的再投资收益，结果一样。

（二）持有期收益率

1. 不考虑时间价值的持有期收益率

债券持有人在债券买入到债券卖出所涵盖的期限内得到的收益率。附息债券的持有期收益率计算式为：

$$R_h = \frac{I + \dfrac{P_1 - P_0}{h}}{P_0}$$

零息债券（包括利随本清债券和贴现债券）的持有期收益率计算式为：

$$R_h = \frac{\dfrac{P_1 - P_0}{h}}{P_0}$$

式中：P_0 为债券买入价，P_1 为债券卖价，I 为债券持有期的年利息，h 为债券买入到债券卖出所涵盖的期限（不同于债券期限 T）。

【例 8-25】某公司 2012 年 1 月 1 日从一级市场以 1024 元买入另一家公司同日发行的面值 1000 元、票面利率 8%、期限 8 年的附息债券，一直持有至 2014 年 12 月 31 日，卖出价格 1075 元。

要求：

（1）计算持有期收益率；

（2）若从二级市场买入的是两年前（2010 年 1 月 1 日）发行的该债券，一直持有至 2015 年 12 月 31 日，其他条件不变，结果又如何？

解

$i = 8\%$，$I = 1000 \times 8\% = 80$ 元，$P_0 = 1024$ 元，$P_1 = 1075$ 元，$h = 3$ 年，$T = 8$ 年

当 $h = 3$，持有期收益率为：

$$R_h = \frac{I + \dfrac{P_1 - P_0}{h}}{P_0} = \frac{80 + \dfrac{1075 - 1024}{3}}{1024} = 9.47\%$$

当 $h = 4$，持有期收益率为：

$$R_h = \frac{I + \dfrac{P_1 - P_0}{h}}{P_0} = \frac{80 + \dfrac{1075 - 1024}{4}}{1024} = 9.06\%$$

2. 考虑时间价值的持有期收益率

当考虑时间价值时，债券投资收益率是投资者获得的未来现金流量净现值等于 0 的折现率，即内含报酬率。考虑时间价值时，一般要计算持有

期收益率和到期收益率。

对附息债券，持有期收益率为：

$$NPV = P_0 - I \times (P/A, R_h, h) - P_1 \times (P/F, R_h, h) = 0$$

对零息债券（利随本清债券和贴现债券），持有期收益率为：

$$NPV = P_0 - P_1 \times (P/F, R_h, h) = 0$$

【例 8－26】 承例 8－25，在考虑时间价值情况下，如何计算持有期收益率。

解

$i = 8\%$，$I = 1000 \times 8\% = 80$ 元，$P_0 = 1024$ 元，$P_1 = 1075$ 元，$h = 3$ 年，$T = 8$ 年

当 $h = 3$，持有期收益率为：

$$80 \times (P/A, R_h, 3) + 1075 \times (P/F, R_h, 3) = 1024(元)$$

$$80 \times (P/A, 10\%, 3) + 1075 \times (P/F, 10\%, 3) = 80 \times 2.4869 + 1075 \times 0.7513 = 1006.60 < 1024(元)$$

$$80 \times (P/A, 9\%, 3) + 1075 \times (P/F, 9\%, 3) = 80 \times 2.5313 + 1075 \times 0.7722 = 1032.62 > 1024(元)$$

$$R_h = 9\% + \frac{1024 - 1032.26}{1006.59 - 1032.26} \times (10\% - 9\%) = 9.32\%$$

当 $h = 4$，持有期收益率为：

$$80 \times (P/A, R_h, 4) + 1075 \times (P/F, R_h, 4) = 1024(元)$$

$$80 \times (P/A, 9\%, 4) + 1075 \times (P/F, 9\%, 4) = 80 \times 3.2397 + 1075 \times 0.7084 = 1020.71 < 1024(元)$$

$$80 \times (P/A, 8\%, 4) + 1075 \times (P/F, 8\%, 4) = 80 \times 3.3121 + 1075 \times 0.7350 = 1055.10 > 1024(元)$$

$$R_h = 8\% + \frac{1024 - 1055.10}{1020.71 - 1055.10} \times (9\% - 8\%) = 8.90\%$$

（三）到期收益率

1. 不考虑时间价值的到期收益率

债券持有人在债券买入后一直持有至到期日涵盖的期限内所获得的收益率。附息债券到期收益率为：

$$R_m = \frac{I + \dfrac{M - P_0}{m}}{P_0}$$

单利计息情况下，利随本清债券的到期收益率为：

$$R_m = \frac{\dfrac{M \cdot (1 + i \cdot T) - P_0}{m}}{P_0}$$

贴现债券的到期收益率为：

$$R_m = \frac{\dfrac{M - P_0}{m}}{P_0}$$

式中：M 为债券面值，P_0 为债券买价，i 为附息债券的票面利率或利随本清债券的计息利率，I 为附息债券到期前的年利息，m 为债券买入后一直持有至到期日所涵盖的期限（不一定等于债券期限 T）。

【例 8 – 27】某公司 2012 年 1 月 1 日从一级市场以 1 056 元买入另一家公司同日发行的面值 1000 元、单利计息利率 8%、期限 8 年的利随本清债券，一直持有至到期日。

要求：

（1）计算到期收益率；

（2）若以 1163 元从二级市场买入的是两年前（2010 年 1 月 1 日）发行的该债券，其他条件不变，结果又如何？

解

$i = 8\%$，$M = 1000$ 元，$P_0 = 1056$ 元，$T = 8$ 年

当 $m = 8 = T = 8$，到期收益率为：

$$R_m = \frac{\dfrac{M \times (1 + i \times T) - P_0}{m}}{P_0} = \frac{\dfrac{1000 \times (1 + 8\% \times 8) - 1056}{8}}{1056} = 6.91\%$$

当 $m = 6 < T = 8$，$P_0 = 1163$ 元，到期收益率为：

$$R_m = \frac{\dfrac{M \times (1 + i \times T) - P_0}{m}}{P_0} = \frac{\dfrac{1000 \times (1 + 8\% \times 8) - 1163}{6}}{1163} = 6.84\%$$

2. **考虑时间价值到期收益率**

对附息债券，到期收益率为：

$$NPV = P_0 - I \times (P/A, R_m, m) - M \times (P/F, R_m, m) = 0$$

对单利计息利随本清债券，到期收益率为：

$$NPV = P_0 - M \times (1 + i \times T) \times (P/F, R_m, m) = 0$$

$$R_m = \sqrt[m]{M \times (1 + i \times T)/P_0} - 1$$

对贴现债券，到期收益率为：

$$NPV = P_0 - M \times (P/F, R_m, m) = 0$$

$$R_m = \sqrt[m]{M/P_0} - 1$$

【例 8 – 28】承例 8 – 27，在考虑时间价值的情况下，如何计算到期收益率。

解

$i = 8\%$，$M = 1000$ 元，$P_0 = 1056$ 元，$T = 8$ 年

当 $m = 8 = T = 8$，到期收益率为：

$$R_m = \sqrt[m]{M \times (1 + i \times T)/P_0} - 1 = \sqrt[8]{1000 \times (1 + 8\% \times 8)/1056} - 1$$
$$= 5.66\%$$

当 $m = 6 < T = 8$，$P_0 = 1163$ 元，到期收益率为：

$$R_m = \sqrt[m]{M \times (1 + i \times T)/P_0} - 1 = \sqrt[6]{1000 \times (1 + 8\% \times 8)/1163} - 1$$
$$= 5.89\%$$

三 基金份额投资收益

虽然作为间接投资的基金份额投资不同于作为直接投资的股票投资和债券投资，但收益来源具有相似性：一是基金分红，类似于债券利息和股票红利；二是基金份额买卖价差收入（资本利得），类似于债券买卖价差和股票买卖价差。然而，基金分红机制较为特殊。债券利息通常以票面利率或计息利率加以规定，股票红利取决于公司成长性和股利政策，而基金分红依赖于基金收益构成及其增长性。

（一）基金收益构成

1. 利息收入

基金利息收入包括两类：一是银行存款利息。基金在任何时刻必须保留一定数额的现金，将这些现金存入银行，可以获得利息收入。二是债券利息。基金投资于各种债券，也能从债券投资中定期获得利息收入，如债券基金。

2. 股利收入

基金股利收入是基金买入并持有上市公司发行的股票，从而取得上市公司派发的股利，如股票基金。股利有现金股利和股票股利之分。现金股利可以在除息日直接计入基金收益，股票股利在除权日不能直接计入基金

收益，需要对因股票股利（送股）而发行的股票进行估值来体现基金收益。

3. 资本利得

基金的资本利得是基金因买卖证券（股票、债券等），卖出价高于买入价而获得的差价。不过，这种资本利得分为两种情况：一是已实现的资本利得。逢低买入某证券，待该证券价格上涨到一定价位后再卖出，这是现实买卖差价。二是未实现的资本利得。逢低买入某证券后，尽管该证券价格上涨，但并未卖出而是继续持有，这是账面买卖差价，会计上称为公允价值变动损益。未实现的资本利得尽管是一个账面数字，但它会引起基金份额净值的增加，对开放式基金有重大影响（前已叙述）。

要严格区分基金资本利得和基金份额投资者资本利得，前者是基金买卖证券（股票、债券）的价差，后者是基金份额投资者买卖基金份额的价差。

（二）持有期收益率

对开放式基金份额持有者而言，申购基金份额不会长期持有，适当时候可能赎回。对封闭式基金份额持有者而言，更是如此，今天买入基金份额，明天可能卖出基金份额。因此，计算基金份额投资收益率，一般只计算持有期收益率。同样，是否考虑时间价值，持有期收益率计算有所不同。

1. 不考虑时间价值的持有期收益率

考虑时间价值（不考虑交易费用）的持有期收益率计算式为：

$$R_h = \frac{FSB + \dfrac{P_1 - P_0}{h}}{P_0}$$

式中：P_0 为基金份额买价；P_1 为基金份额卖价；h 为基金份额持有期；FSB 为基金份额持有期的年均每份基金分红（fund share bonus, FSB）。

【例 8-29】某公司 2011 年 5 月 1 日申购一种开放式基金，该基金份额面值为 1 元，申购价为 1.25 元，一直持有至 2013 年 4 月 29 日，持有 2 年，其间获得 2 次基金分红，每年每份基金分红为 0.1 元，赎回价为 1.45 元。

要求：若不考虑时间价值，求基金份额投资的内含收益率。

解

$P_0 = 1.25$ 元，$P_1 = 1.45$ 元，$h = 2$ 年，$FSB = 0.1$ 元

$$R_h = \frac{FSB + \dfrac{P_1 - P_0}{h}}{P_0} = \frac{0.1 + \dfrac{1.45 - 1.25}{2}}{1.25} = 16\%$$

2. 考虑时间价值的持有期收益率

考虑时间价值（不考虑交易费用）的持有期收益率计算式为：

$$NPV = P_0 - FSB \times (P/A, R_h, h) - P_1 \times (P/F, R_h, h) = 0$$

【例 8 - 30】承例 8 - 29，若考虑时间价值，求基金份额投资的内含收益率。

解

$P_0 = 1.25$ 元，$P_1 = 1.45$ 元，$h = 2$ 年，$FSB = 0.1$ 元

$0.1 \times (P/A, R_h, 2) + 1.45 \times (P/F, R_h, 2) = 1.25$（元）

$0.1 \times (P/A, 14\%, 2) + 1.45 \times (P/F, 14\%, 2) = 0.1 \times 1.6467 + 1.45 \times 0.7695 = 1.28 > 1.25$（元）

$0.1 \times (P/A, 16\%, 2) + 1.45 \times (P/F, 16\%, 2) = 0.1 \times 1.6052 + 1.45 \times 0.7432 = 1.238 < 1.25$（元）

$$R_h = 14\% + \frac{1.25 - 1.28}{1.238 - 1.28} \times (16\% - 14\%) = 15.43\%$$

四　衍生金融产品投资收益

衍生金融产品投资的共同特征是保证金交易。除此以外，具有市场信息公开、交易效率高、操作简便和灵活、合约履行有保证特征等。这些特征赋予衍生金融产品投资极高的收益，这种高收益具有以下特征：

（一）杠杆性

衍生金融产品交易只要支付一定比例保证金，就可以进行全额交易，不需要实际上的本金转移，合约的了结一般也采用现金差价结算的方式进行，只有那些要求在期满日以实物交割方式履约的合约才需要买方交足贷款。因此，衍生金融产品投资具有一定的杠杆效应。保证金比率越低，杠杆效应越大，收益越大；反之亦然。例如，若期货交易保证金为合约金额的 5%，则期货交易者可以控制 20 倍的交易合约资产，具有以小搏大的效果。当然，在交易者收益（盈利）成倍放大的同时，所承担的风险（损失）也在同倍放大，基础金融产品价格的轻微变动，会引起交易者的巨大盈亏，同时，这种杠杆效应在一定程度上催生了市场的高度投机性。

（二）跨期性

衍生金融产品交易双方通过对利率、汇率、股价等因素变动趋势的预

测和判断，约定在未来时间按照一定条件进行交易或选择是否交易。无论是哪一种衍生金融产品，都会影响交易者在未来一段时间内或未来一定时点上的现金流量，足以可见其跨期交易性特点十分突出。因此，交易双方对利率、汇率、股价等因素的未来变动趋势判断准确与否，直接决定交易者盈亏。

（三）联动性

衍生金融产品的价值与基础金融产品及其基础变量紧密联系、规则变动。衍生金融产品与基础变量相联系的支付特征，通常由衍生金融产品合约规定，其联动关系既可以是简单线性关系，也可以是非线性函数或者分段函数。

（四）风险性

衍生金融产品的交易后果取决于交易者对基础变量未来价格的判断的准确程度。基础金融产品价格的变幻莫测决定了衍生金融产品交易盈亏的不确定性，这种不确定性是衍生金融产品风险性的一个重要诱因，也是衍生金融产品风险性的一个重要方面。国际证监会组织 1994 年 7 月报告认为，衍生金融产品伴随着以下风险：

（1）因对方违约，没有履行承诺造成损失的信用风险；

（2）因资产或指数价格不利变动可能带来损失的市场风险；

（3）因市场缺乏交易对手而导致投资者不能平仓或变现带来的流动性风险；

（4）因交易对手无法按时付款或交割可能带来的结算风险；

（5）因交易或管理人员的人为错误或系统故障、控制失灵而造成的操作风险；

（6）因合约不符合所在国法律，无法履行或合约条款遗漏及模糊导致的法律风险。

本章小结

金融性投资是对外投资，有直接—间接投资；也有间接—间接投资，有短期投资，也有长期投资目的主要是提高收益性，降低风险性，补充流动性，主流投资对象是证券，包括股票、债券、基金份额、衍生金融产品等。金融性投资虽然不能创造企业价值，但可以放大企业价值，具体表现在：一是消灭企业闲置现金；二是倒逼企业资产结构优化。

金融性投资估价是事前财务决策问题。股票是最常见的证券，其投资估价最复杂，基本估价模型是现金流量折现法 DCF，特殊估价模型有固定股利模型、稳定增长股利模型、两阶段增长股利模型等，此外的股票估价方法是期权估价法 OPM。债券是最古老的证券，其投资估价较简单，基本估价模型是现金流量折现法，附息债券估价是典型，也是平息债券、利随本清债券、贴现债券估价的基础。基金份额是一种新兴证券，其投资估价最方便、简易，其中开放式基金份额投资估价不能采用现金流量折现法，应当以基金份额净值为基础。衍生金融产品大多是嵌入期权的证券，其投资估价以其相应原生金融产品估价为基础，普遍采用期权估价法。

金融性投资收益是事后财务评价问题。股票投资收益衡量标准是持有期收益率和到期收益率。持有期收益率在是否考虑时间价值的情况下有所不同；预期收益率考虑了时间价值。债券投资收益的衡量标准是当期收益率、持有期收益率和到期收益率。当期收益率无须考虑时间价值。持有期收益率、到期收益率在是否考虑时间价值的情况下有所不同。更重要的是，附息债券、利随本清债券、贴现债券投资收益各有千秋。基金份额投资收益的衡量标准仅涉及持有期收益率。它在是否考虑时间价值的情况下有所不同。

参考文献

［1］胡振兴：《企业财务活动论的评述和反思》，《中南财经政法大学学报》2012 年第 5 期。

［2］胡振兴、韩鹏：《公司财务管理》，北京大学出版社 2012 年版。

［3］胡振兴、张慧：《中小企业市场性融资的结构体系与生态模型》，《学习与实践》2014 年第 3 期。

［4］张志宏：《财务管理》，中国财政经济出版社 2008 年版。

［5］孙福明：《企业理财学》，清华大学出版社 2009 年版。

［6］彭韶兵：《财务管理》，高等教育出版社 2003 年版。

［7］陆正飞：《财务管理》，东北财经大学出版社 2001 年版。

［8］熊剑、罗淑贞：《财务学原理》，暨南大学出版社 2007 年版。

［9］陈雨露：《公司理财》，高等教育出版社 2003 年版。

［10］谷祺、刘淑莲：《财务管理》，东北财经大学出版社 2007 年版。

［11］郭复初、王庆成：《财务管理学》，高等教育出版社 2009 年版。

［12］荆新、王化成、刘俊彦：《财务管理学》，中国人民大学出版社 2009 年版。

［13］马忠：《公司财务管理理论与案例》，机械工业出版社 2011 年版。

［14］韩新宽：《财务管理学》，哈尔滨工业大学出版社 2007 年版。

［15］赵振全：《公司理财》，高等教育出版社 2003 年版。

［16］曹中：《财务管理实务》，立信会计出版社 2005 年版。

［17］江景：《财务管理教程》，立信会计出版社 2009 年版。

［18］卢家仪：《财务管理》，清华大学出版社 2011 年版。

［19］陆正飞：《中国上市公司融资行为与融资结构研究》，北京大学出版社 2005 年版。

［20］任淮秀：《证券投资学》，高等教育出版社 2007 年版。

［21］王文华：《现代企业理财学》，立信会计出版社 2003 年版。

［22］杨雄胜：《财务管理原理》，北京师范大学出版社 2007 年版。

[23] 中国注册会计师协会：《财务成本管理》，中国财政经济出版社 2011 年版。

[24] 财政部会计资格评价中心：《财务管理》，中国财政经济出版社 2010 年版。

[25] 余玉苗：《中级财务管理》，清华大学出版社 2009 年版。

[26] 张思强：《财务管理理论与实务》，中国农业大学出版社 2008 年版。

[27] 姚海鑫：《财务管理》，清华大学出版社 2007 年版。

[28] 栾庆伟、迟国秦：《财务管理》，大连理工大学出版社 2011 年版。

[29] 陈荣奎：《公司财务管理》，厦门大学出版社 2006 年版。

[30] ［美］斯蒂芬·A. 罗斯等：《公司理财·精要版》，方红星译，机械工业出版社 2007 年版。

[31] ［美］詹姆斯·C. 范霍恩：《财务管理与政策》，刘志远译，东北财经大学出版社 1996 年版。

[32] ［美］爱斯华斯·达莫德伦：《公司财务：理论与实务》，曾力伟译，中国人民大学出版社 2001 年版。

[33] 王庆成、孙茂竹：《我国近期财务管理若干理论观点述评》，《会计研究》2003 年第 6 期。

[34] 段伟宇：《再论中国财务管理理论的创新趋势》，《经济与管理》2011 年第 5 期。

[35] 余新培、卢清文：《现代财务管理理论发展简述》，《理财与审计》2004 年第 3 期。

[36] 王化成、张顺葆、彭文：《战略视角下广义财务管理理论研究框架》，《北京工商大学学报》（社会科学版）2012 年第 6 期。

[37] 王玉洲：《基于战略实施的财务管理研究》，《商业会计》2014 年第 13 期。

[38] 何宜庆、章丽娜、倪姝俊：《中小企业融资行为影响因素分析——基于结构方差建模视角》，《生产力研究》2012 年第 7 期。

[39] 汪平、闫甜：《营运资本、营运资本政策与企业价值研究——基于中国上市公司报告数据的分析》，《经济与管理研究》2007 年第 3 期。

[40] 陈威、李改萍：《基于利益相关者理论的现代财务管理目标研究》，《重庆工商大学学报》（社会科学版）2014 年第 4 期。

［41］宋英慧、刘朝阳：《财务管理目标新论》，《经济纵横》2009 年第
1 期。

［42］魏宝香：《中小企业项目投资的分析与选择》，《经济问题》2012 年
第 12 期。

［43］耿建梅：《企业资本结构合理性对筹资决策的影响》，《理论导刊》
2014 年第 10 期。

［44］袁卫秋、董秋萍：《营运资本管理研究综述》，《经济问题探索》
2011 年第 12 期。

［45］李树根：《政府干预、公司资源和股利政策——基于沪深 A 股上市
公司的实证研究》，《财经论丛》2014 年第 6 期。

［46］粟立钟、黄同鹤：《股利政策的投资者保护机制》，《北京工商大学
学报》（社会科学版）2014 年第 1 期。

［47］魏宝香：《关于提升净现值在项目投资评价中运用的研究》，《经济
问题》2013 年第 6 期。

［48］黄辉：《基于不同目标的城市污水处理项目投资方案评价研究》，硕
士学位论文，重庆大学，2014 年。

［49］赵贞：《国际化经营对企业财务决策的影响研究——基于中国 A 股
市场的分析》，对外经济贸易大学，2014 年。

［50］胡秀群：《高管过度自信与公司现金股利政策研究》，《天津大学》
2013 年。

［51］纪同臻：《营运资金管理策略与企业竞争力、营业绩效相关性研
究》，《中国海洋大学》2012 年。

［52］孔宁宁、张新民、吕娟：《营运资本管理效率对公司盈利能力的影
响——基于中国制造业上市公司的经验证据》，《南开管理评论》
2009 年第 6 期。

［53］李洁：《中小企业营运资本管理效率对绩效的影响——基于我国中
小企业的面板证据》，《经济经纬》2011 年第 4 期。

［54］王竹泉、逄咏梅、孙建强：《国内外营运资金管理研究的回顾与展
望》，《会计研究》2007 年第 2 期。

［55］杜媛、姚连军：《企业经营性营运资金管理重心与管理策略研
究——离散度下的启示》，《财经论丛》2014 年第 10 期。

［56］陈收、吴其鸿、宋振、黎传国：《营运资本对产品市场竞争绩效的影

研究——基于环境动态性的调节效应》，《软科学》2014 年第 1 期。

[57] 袁卫秋：《营运资本管理效率对企业盈利水平和盈利质量的影响研究》，《河北经贸大学学报》2015 年第 2 期。

[58] 刘怀义：《营运资本管理政策影响因素实证研究》，《南开经济研究》，2010 年第 3 期。

[59] 刁伍钧、扈文秀：《营运资金管理政策与其管理绩效的关系研究——基于白酒行业上市公司》，《经济与管理研究》2011 年第 8 期。

[60] 王竹泉、刘文静、高芳：《中国上市公司营运资金管理调查（1997—2006）》，《会计研究》2007 年第 12 期。

[61] 王竹泉、刘文静、王兴河、张欣怡、杨丽霏：《中国上市公司营运资金管理调查（2007—2008）》，《会计研究》2009 年第 9 期。

[62] 中国海洋大学企业营运资金管理研究课题组、王竹泉：《中国上市公司营运资金管理调查：2009》，《会计研究》2010 年第 9 期。

[63] 曹玉珊：《重大融资、经营性营运资金管理效率与企业绩效来自中国上市公司的经验证据》，《财经理论与实践》2015 年第 1 期。

[64] 郑蓉、干胜道：《不同渠道上市民营公司现金股利分配比较》，《经济与管理研究》2013 年第 2 期。

[65] 郑蓉、干胜道、舒轶：《不同所有权上市公司股利分配意愿的比较研究》，《经济与管理研究》2011 年第 8 期。

[66] 胡国柳、李伟铭、张长海、蒋顺才：《股权分置、公司治理与股利分配决策：现金股利还是股票股利?》，《财经理论与实践》2011 年第 1 期。

[67] 蓝辉旋、叶勇、黄雷：《控制性股权结构对股利分配的影响研究》，《开发研究》2012 年第 4 期。

[68] 赵华：《论留存收益成本的经济学属性及其有效衡量》，《工业技术经济》2003 年第 4 期。

[69] 李艳荣：《上市公司内源融资的实证研究》，《商业经济与管理》2002 年第 8 期。

[70] 叶阁泽：《公司股东股利分配请求权之解析》，《福建论坛》（人文社会科学版）2012 年第 8 期。